Materialien aus Hochschule und Forschung

111 |

Claudia Koepernik | Johannes Moes | Sandra Tiefel | Hrsg.

GEW-Handbuch Promovieren mit Perspektive

**Ein Ratgeber
von und für
DoktorandInnen**

D1726254

Herausgeber der Reihe „GEW-Materialien aus Hochschule und Forschung"
ist der Hauptvorstand der Gewerkschaft Erziehung und Wissenschaft
(GEW) Vorstandsbereich Hochschule und Forschung. In der Reihe erscheinen
Publikationen zu Schwerpunktthemen der gewerkschaftlichen Arbeit in
Hochschulen und Forschungseinrichtungen.

Bibliografische Informationen der Deutschen Bibliothek
Die Deutsche Bibliothek verzeichnet diese Publikation in der Deutschen
Nationalbibliografie; detaillierte bibliografische Daten sind im Internet über
<http://dnb.ddb.de> abrufbar.

Gesamtherstellung und Verlag:
W. Bertelsmann Verlag GmbH & Co. KG
Postfach 10 06 33, 33506 Bielefeld
Telefon: (05 21) 9 11 01-11, Telefax: (05 21) 9 11 01-19
E-Mail: service@wbv.de, Internet: www.wbv.de

Umschlaggestaltung, Innenlayout & Satz: Christiane Zay, Bielefeld
ISBN 3-7639-3289-5   **Best.-Nr. 60.01.586**
© 2006, W. Bertelsmann Verlag GmbH & Co. KG, Bielefeld

Inhalt

F Publikation und Profession 375

Anhang 439

Promovieren mit Perspektive

Gerd Köhler

Sie wollen promovieren – lassen Sie sich nicht davon abschrecken. Sie wollen wissen, wie Sie Ihre Promotion finanzieren und organisieren – lesen Sie die Beiträge dieses „GEW-Handbuches: Promovieren mit Perspektive". Die Texte sind von DoktorandInnen für DoktorandInnen geschrieben. Wenn Sie Anregungen oder zusätzliche Informationen haben oder mit unseren Positionen nicht einverstanden sind, teilen Sie es uns mit. Wir wollen ein „lernendes Handbuch" anbieten.

An den deutschen Hochschulen wird die Kluft zwischen den hohen Erwartungen an die Forschungsleistungen jüngerer Wissenschaftlerinnen und Wissenschaftler einerseits und deren konkreten Arbeitsbedingungen und Fördermöglichkeiten andererseits größer. In der Beschreibung der Missstände in der heutigen Promotionspraxis gibt es bei Wissenschaft und Politik viel Übereinstimmung. Weit auseinander klaffen allerdings die hochschulpolitischen Vorstellungen über die notwendigen Reformen und deren finanzielle Umsetzung. Es fehlt ein Gesamtkonzept für die Förderung jüngerer Wissenschaftlerinnen und Wissenschaftler, das attraktiv genug ist, nicht nur die altersbedingt ausscheidenden zu ersetzen, sondern auch die zusätzlich für die Realisierung der „Wissensgesellschaft" erforderlichen forschungsqualifizierten Arbeitskräfte zu sichern.

In diese Auseinandersetzung wollen wir uns einmischen – auch mit dem „GEW-Handbuch: Promovieren mit Perspektive". Drei Ziele verfolgen wir mit unserem Handbuch:

Zum einen wollen wir Studierende zur wissenschaftlichen Arbeit an einem Promotionsthema motivieren. Neue Fragestellungen aufzuwerfen, den wissenschaftstheoretischen Rahmen auszuweisen, die aufgabengerechte Methodik zu finden und weiterzuentwickeln sowie die wissenschaftlichen und gesellschaftspolitischen Folgen ihrer Forschung zu diskutieren – das sind Elemente wissenschaftlicher Arbeit, die nicht nur die eigenen Horizonte erweitern sollen. Diejenigen, die in Hochschulen und Forschungseinrichtungen forschen und lehren wollen, müssen eine erfolgreiche Promotion nachweisen. In zunehmendem Maße gilt das auch für diejenigen, die in Wirtschaft und Gesellschaft berufliche Tätigkeiten ausüben wollen, welche auf kontinuierlichen wissenschaftlichen und technologischen Weiterentwicklungen basieren.

Zum zweiten wollen wir den Promovierenden praktische Hilfestellungen geben, ihre wissenschaftliche Arbeit materiell abzusichern und so zu organisieren, dass sie eigenständig arbeiten und sich selbstbewusst in die Forschungszusammenhänge ihrer Teams und Forschungseinrichtungen integrieren können.

Zum dritten wollen wir die jungen Wissenschaftlerinnen und Wissenschaftler unterstützen, die sich für Verbesserungen der Promotionsphase einsetzen, in ihren Fachbereichen, Hochschulen und Forschungsinstituten auf nationaler und internationaler Ebene.

Die in der GEW organisierten Doktorandinnen und Doktoranden haben ihr Sprachrohr in der „GEW-Projektgruppe DoktorandInnen". Sie hat sich mit der materiellen und sozialen Lage der Promovierenden befasst, die mangelnde Betreuung vieler Doktorarbeiten kritisiert, Vorschläge des Wissenschaftsrates und der Hochschulrektorenkonferenz zur inhaltlichen Strukturierung der Promotionsphase diskutiert und sich mit dem Aufbau von „Graduierten-Schulen" im Rahmen der Exzellenz-Initiative von Bund und Ländern auseinander gesetzt. Sie arbeitet mit der „Promovierenden-Initiative" der Begabtenförderungswerke und dem Promovierendennetzwerk „THESIS" zusammen, um eine wirksame Interessenvertretung der DoktorandInnen zu erreichen.

Die GEW hat sich, unterstützt von Education International (EI), dem weltweiten Zusammenschluss der Bildungsgewerkschaften, im Rahmen des Bologna-Prozesses zu Wort gemeldet, um einer Politik entgegenzuwirken, die die Promotion als dritte Phase des Studiums interpretiert. Die Promotion in den Hochschulen wird nicht dadurch attraktiver, dass die Promovierenden auf unzureichender Stipendienbasis im Studierendenstatus ohne wirkliche Beteiligung an der Hochschulselbstverwaltung ihre wissenschaftliche Arbeit machen. Die GEW setzt sich für Alternativen ein, wie sie in den skandinavischen Ländern und in den Niederlanden heute schon praktiziert werden: Promotion als erste Phase eigenständiger wissenschaftlicher Arbeit. Dort werden die DoktorandInnen als wissenschaftliche MitarbeiterInnen beschäftigt, ausgestattet mit entsprechenden Selbstverwaltungsrechten, vergütet wie andere HochschulabsolventInnen – auf der Basis tarifvertraglich geregelter Arbeitsverträge. Ein anerkannter Status und verlässliche Beschäftigungsbedingungen könnten die Auswanderung vieler Promotionen aus den Hochschulen stoppen. Das könnte auch für den „Brain Drain" in die USA gelten. Die Hochschulen müssen aktiv werden, wenn sie wieder wettbewerbsfähig werden wollen. Ihre „Forschungsfähigkeit" wird auch davon abhängen, ob sie in der Lage sind, jüngere Wissenschaftlerinnen und Wissenschaftler mit attraktiven Promotionsbedingungen zu halten.

Auf der Grundlage einer kritischen Bestandsaufnahme zur Lage der Forscher im europäischen Forschungsraum haben die europäischen WissenschaftsministerInnen im Frühjahr 2005 eine „Europäische Forschungscharta" beschlossen, die strategische Weichenstellungen für die europäische Wissenschaftspolitik vornimmt. Die GEW unterstützt die darin formulierten Kernforderungen nach einer quantitativen Ausweitung der Zahl des Forschungspersonals und einer qualitativen Verbesserung ihrer Arbeitsbedingungen. Nachhaltige Qualitätsverbesserungen sind nur zu erreichen, wenn attraktive und kreativitätsfördernde Perspektiven angeboten werden.

Der Dank gilt den Mitgliedern der „GEW-Projektgruppe DoktorandInnen", die die Texte des GEW-Handbuchs zusammen mit weiteren ExpertInnen geschrieben haben.

Der besondere Dank gebührt Claudia Koepernik, Johannes Moes und Sandra Tiefel, die mit viel Verständnis und Nachdruck die Redaktion des Handbuchs erfolgreich übernommen haben. Die Abteilung Öffentlichkeitsarbeit des GEW-Hauptvorstands hat die Publikation tatkräftig unterstützt.

Gerd Köhler, Frankfurt/Main, August 2005

Promovieren mit Perspektive. Ein Handbuch von DoktorandInnen für DoktorandInnen – zum Anliegen des Handbuches

Johannes Moes, Sandra Tiefel

Promovieren ist ein hartes Stück Arbeit. Dies wird allen Beteiligten im Laufe der Promotionsphase klar. Es gibt Schwierigkeiten und Anstrengungen, die unabänderlich zu dieser Qualifikation dazugehören: das Ringen um Erkenntnis, Probleme der Forschungspraxis, Unsicherheiten beim Betreten von wissenschaftlichem Terrain, das „noch von keinem Menschen betreten wurde" und die oft qualvolle Einsicht, dass sich in der unter Mühsal geschriebenen Dissertation nur wenige der gewonnenen Erkenntnisse unverändert wiederfinden. Das können wir nicht ändern, sondern euch nur schonend darauf vorbereiten. Aber wir als Promovierende erfahren auch viele Schwierigkeiten, die sich nicht notwendig aus der Promotion selbst ergeben, sondern aus schlechten Rahmenbedingungen und veralteten Strukturen an deutschen Hochschulen und bei der wissenschaftlichen Nachwuchsförderung. Mit diesem Handbuch wollen wir nicht nur diese Missstände, sondern auch Möglichkeiten aufzeigen, diesen abzuhelfen: Hierbei konzentrieren wir uns zum einen auf Informationen, die die hochschulpolitischen Perspektiven und Reformtendenzen aufgreifen und beurteilen helfen und verfolgen zum anderen das Ziel, ganz konkret Hilfen für die verschiedenen Entscheidungen und Probleme zu geben. In dieser Einleitung trennen wir diese beiden Anliegen, indem wir zunächst ganz allgemein die gegenwärtige Promotionssituation in Deutschland anhand von bekannten Statistiken und internationalen Vergleichen verdeutlichen (Abschnitt 1). Danach stellen wir unsere Positionen für notwendige Reformen der Promotionsphase dar (Abschnitt 2), um im Anschluss daran die Möglichkeiten, die dieses Handbuch für die eigene Promotion bietet, darzulegen.

1 Allgemeines zum Promovieren in Deutschland

1.1 Statistische Zahlen

Die Studien zum Promovieren in Deutschland sind dünn gesät (vgl. Kasten). Es gibt Statistiken über die abgeschlossenen Promotionen; und in Befragungen von Promovierten oder auch Promovierenden werden teilweise Aussagen über die Dauer, Erfolgsquote und die Betreuungssituation der Promovierenden zusammengefasst. Für eine grundlegende Reform deutscher Promotionsbedingungen sind aber verlässliche Aussagen über das Promovieren in Deutschland unerlässlich.

Ohne Status – keine Zahlen. Wie viele Promovierende es überhaupt in Deutschland gibt (und damit: wie viele potentielle LeserInnen dieses Buches) bleibt ein Geheimnis des Bildungssystems. Die Zahl der gegenwärtig Promovierenden wird sehr unpräzise auf 50.000 bis 100.000 geschätzt.[1] Da es keinen einheitlichen Status für Promovierende gibt, gibt es auch keine Basis zur Erfassung der Gesamtzahl. Im Hochschulrahmengesetz (HRG) sollte durch die fünfte Novellierung von 2002 ein einheitlicher Status eingeführt werden (im §21 zu „Doktorandinnen und Doktoranden"). Nachdem aber die Novelle als Ganzes 2004 durch das Verfassungsgericht für ungültig erklärt wurde, ist dieser Paragraf in die „Reparaturnovelle" von Ende 2004 nicht wieder aufgenommen worden. In einigen Bundesländern jedoch wurde die ursprüngliche Formulierung des §21 zwischen 2002 und 2004 ins Landesrecht übernommen[2], allerdings kann bislang auf keiner Ebene, sei es bundesweit, in einem Bundesland, oder selbst auf der Ebene einer Universität eine gesicherte Angabe über die Zahl der aktuell Promovierenden gemacht werden.

Die Abschlüsse: Zumindest die Zahl der jährlich abgelegten Promotionen wird vom Bundesamt für Statistik erfasst. Diese machen einen Anteil von über 10% der jährlich abgelegten Prüfungen aus (Prüfungsstatistik 2003), sie werden vom Statistischen Bundesamt aufgeschlüsselt nach Fächern, Geschlecht, Staatsangehörigkeit und Alter.[3] Diese Zahlen sind aufschlussreich, um sich zu vergegenwärtigen, welchen Stellenwert die Promotion in Deutschland hat. Die absolute Zahl der Promotionen hat sich in Deutschland zwischen 1980 und 2000 von 12.000 auf 25.000 mehr als verdoppelt; seitdem sinkt sie wieder um jährlich knapp 4%. Mit der absoluten Zahl dürfte Deutschland eine europäische Spitzenposition einnehmen, auch wenn die Abschlusszahlen sich in vielen Ländern in diesem

---

[1] Der Wissenschaftsrat (2002, S. 7) schreibt: „Über die Anzahl der Promovierenden in Deutschland sind nur grobe Schätzungen möglich, sie dürfte im hohen fünfstelligen Bereich liegen". Im deutschen Bericht für die Bologna-Folgekonferenz in Bergen heißt es dann: „Around 100,000 students are currently studying at doctoral level" (BMBF/ KMK 2005, S. 11).

[2] Eine Sammlung und Bewertung der landesgesetzlichen Regelungen im Bereich Promotion findet sich online (Moes 2003: LINK).

[3] Die Prüfungsstatistik wird vom Statistischen Bundesamt seit 2003 online frei zugänglich gemacht (LINK).

Zeitraum verdoppelten. Auch relativ zur Bevölkerung liegt Deutschland im oberen Feld der OECD-Länder (OECD 2001: LINK): Hierzulande besitzen 2% eines Altersjahrgangs den Doktortitel, im Vergleich zu einem OECD-Durchschnitt von 1,1%. Höher ist dieser Wert nur in der Schweiz (2,5%) und in Schweden (2,7%). Die USA beispielsweise liegen mit etwa 40.000 Promotionen im Jahr beim Anteil eines Jahrgangs mit 1,3% nur wenig über dem OECD-Durchschnitt.

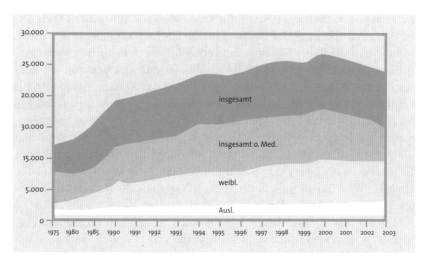

Abb. 1: Promotionen in Deutschland 1975-2003 (Anteile Medizin, Frauen, Ausländer-Innen); Quelle: Eigene Zusammenstellung nach Statistisches Bundesamt 2004: LINK

Ein Blick auf den Anteil von Frauen an den Promovierten zeigt die Notwendigkeit, die Abschlüsse immer differenziert nach Fächern zu betrachten: Insgesamt liegt der Frauenanteil an den Promotionen nach konsequentem Wachstum bei fast 38% (2003, gegenüber knapp 20% 1980; ohne Medizin nur 32% zu 14%). Dies aber ist ein Durchschnittswert von sehr unterschiedlichen Anteilen in den einzelnen Disziplinen: Er reicht von einer Gleichverteilung in Medizin und Kunst- und Kulturwissenschaften über ein knappes Drittel in Wirtschafts-, Rechts- und Sozialwissenschaften wie auch in Mathematik und den Naturwissenschaften bis hinunter zu 10% in den Ingenieurwissenschaften. Wenn wir, nach dem Vorbild von z.B. Finnland, einen „Korridor" von 40-60% Anteil beider Geschlechter als Ziel von Gleichstellungspolitik formulieren, bedarf es noch großer Anstrengungen in einigen Fächerkulturen. Unter den von uns 2002 recherchierten Ländern liegt Deutschland damit im Hintertreffen, dieses Bild müsste aber ebenfalls nach Fächern differenziert werden (Kupfer/Moes 2004: LINK).

Auch in Bezug auf die Internationalisierung hat Deutschland im Ländervergleich Nachholbedarf, zumindest was den Anteil der ausländischen AbsolventInnen angeht: Zwischen 1980 und 2000 lag dieser immer unter 8% und hat sich erst 2003 auf 10% erhöht. Ähnlich niedrig ist dieser Anteil im Vergleich mit elf europäischen Ländern und den USA nur in skandinavischen Ländern oder Polen (ebd.).

Schaut man auf die Fächerverteilung, machen die medizinischen Fächer den Löwenanteil der Promotionen mit aktuell knapp 8.000 Abschlüssen pro Jahr aus, auch wenn ihr Anteil an der Gesamtzahl langsam sinkt (von 46% im Jahr 1980 auf 34% in 2003). Nach der Medizin haben Mathematik und Naturwissenschaften einen fast ebenso großen Anteil (28%), mit kleineren Anteilen folgen die rechts-, wirtschafts- und sozialwissenschaftlichen Fächer (15%) sowie Kunst- und Kulturwissenschaften (12%) und Ingenieurwissenschaften (9%, alle lt. Prüfungsstatistik 2003). Für uns heißt das, dass bei allen Aussagen über die Promotion in Deutschland die zum Teil sehr verschiedenen „Promotionskulturen" der Fächer berücksichtigt werden müssen. Die Bedingungen in der Medizin sind so verschieden, dass wir sie nicht berücksichtigen (siehe Kasten), aber auch die gravierenden Unterschiede zwischen den Natur- bzw. Ingenieurwissenschaften und den Geistes- und Sozialwissenschaften sind zu beachten. Während in den „Laborwissenschaften" die Promotion tendenziell eingebettet in inhaltliche und soziale (d.h. auch: hierarchisch organisierte) Forschungszusammenhänge geschieht, werden in den Geistes- und Sozialwissenschaften die Promotionsthemen häufig individuell gewählt und bearbeitet. Dies hat auch Folgen für die vorherrschenden Wege zur Promotion: In den Geistes- und Sozialwissenschaften ist nach allem, was aus den wenigen Studien (siehe Kasten) bekannt ist, die Promotionsdauer höher als in der Mathematik und den Naturwissenschaften (nicht aber den Ingenieurwissenschaften). Denn die Promotionsphase ist hier regelmäßig schlechter strukturiert und materiell abgesichert, und vielfach verbunden mit einem Bündel „promotionsferner" Tätigkeiten.

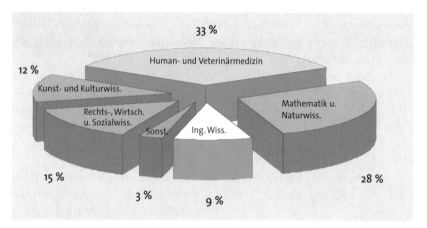

Abb. 2: Fächerverteilung Promotionen 2003; Quelle: Eigene Zusammenstellung nach Statistisches Bundesamt 2004: LINK

Die Promotion ist in den einzelnen Fächern sehr unterschiedlich häufig verbreitet. In manchen Fächern ist es ganz normal, nach Abschluss des Studiums zu promovieren; in anderen Fächern ist eine Promotion eine Ausnahme. Nicht nur in der Medizin, wo der Doktorgrad oft für den Regelabschluss gehalten wird, sondern auch z.B. in der Chemie ist der Anteil der AbsolventInnen des berufsqualifizierenden Examens (Diplom, Staatsexamen, Magister), die danach einen Doktortitel erwerben, sehr hoch. Diese „Promotionsintensität"[4] fällt auch innerhalb der Fächergruppen sehr verschieden aus, sie ist im Vergleich zwischen Mathematik und Chemie oder Wirtschaftswissenschaft und Sozialwissenschaften jeweils mehr als dreimal so hoch (vgl. Tabelle 1). Wichtig ist zu bemerken, dass die Promotionsintensität dabei bei Frauen und Männern sehr unterschiedlich ausfällt, oder noch deutlicher: dass sie bei Männern stets höher liegt als bei Frauen, also teilweise den männlichen Überhang in den technischen Fächern noch verstärkt, teilweise ihren geringen Anteil unter den AbsolventInnen wieder ausgleicht: Selbst in „Frauenfächern" wie Germanistik, Psychologie oder Veterinärmedizin, wo der Frauenanteil bei den AbsolventInnen noch bei etwa 80% liegt, sinkt er so unter den Promotionen auf knapp 60%, weil die Männer doppelt oder dreimal so oft promovieren. Hier ist ein Schlüssel zu

---

[4] Wir übernehmen die Angaben und die Definition des Wissenschaftsrates (2002), der die Zahl der Promotionen eines Prüfungsjahres zu den Studienabschlüssen drei Jahre vorher in Beziehung setzt, dort aber einen Mittelwert bildet und die Lehramtsprüfungen aus Primar- und Sekundarstufe 1 abzieht. In anderen Quellen wird die Zahl der Promotionen relativ zur Anzahl der ProfessorInnen berechnet.

suchen, warum der Anteil von Professorinnen im Lehrkörper nur so langsam steigt: Schon auf der Ebene der Promotion werden Frauen überdurchschnittlich abgeschreckt, zu wenige werden ermutigt, es fehlen weibliche Vorbilder im Lehrkörper etc. (→Promotion und Geschlechterverhältnis).

Fach(gruppe)	Promotionen absolute Zahl 2003 (1980)	Anteil an Promotionen gesamt in Prozent 2003 (1980)	Frauenanteil 2003 (1980), in Prozent	Promotions-intensität 2000 (weiblich), in Prozent	Durch-schnittsalter 2003 (kein Erst-studium)
Medizin	7.725 (5.680)	34 (46)	49 (26)	78 (72)	32,1
Humanmedizin	7.193 (5.387)	31 (44)	47 (26)	80 (75)	32,1
Veterinärmedizin	532 (293)	2 (2)	73 (37)	60 (51)	31,6
Mathematik u. Naturwiss.	6.412 (2.739)	28 (22)	31 (12)	34 (26)	32,2
Mathematik	588 (184)	3 (2)	28 (5)	18 (12)	–
Chemie	1.744 (1.162)	8 (10)	30 (9)	69 (55)	–
Biologie	1.669 (466)	7 (4)	47 (30)	44 (36)	–
Ing.Wiss.	2.153 (997)	9 (8)	10 (1)	13 (9)	34,1
Agrar-, Forst- und Ernährungswiss.	501 (331)	2 (3)	34 (21)	20 (14)	34,8
Sportwiss.	85 (10)	0 (1)	26 (30)	3 (2)	36,7
Rechts-, Wirtschafts- und Sozialwiss.	3.342 (1.232)	31 (10)	31 (10)	9 (7)	32,6
Politik- und Soz.Wiss.	394 (258)	2 (2)	40 (20)	18 (15)	–
Wirtschaftswiss.	1075 (492)	5 (4)	24 (7)	6 (4)	–
Rechtswiss.	1.765 (457)	8 (4)	34 (7)	14 (10)	–
Kunst- und Kulturwiss.	2.825 (1.232)	12 (10)	52 (28)	11 (8)	–
Sprach- und Kulturwiss.	2.512 (1.079)	26 (30)	43 (27)	12 (8)	36,7
Geschichte	454 (161)	2 (1)	35 (23)	27 (22)	–
Kunst, Kunstwiss.	313 (102)	51 (27)	62 (39)	6 (6)	37,0
Insgesamt ohne Medizin	15.318 (6.541)	66 (54)	32 (14)	15 (11)	33,5
Insgesamt	23.043 (12.221)	100 (100)	38 (20)	21 (17)	33,0
USA	40.710 (ca. 30.000)	–	45 (ca.33)	–	33,3 (Median)

Tabelle 1: Promotionen 2003 (1980) nach Fächern, Geschlechtsverteilung, Intensität

Quellen

Prüfungsstatistik 2003, eigene Berechnungen; Promotionsintensität 2000 nach Wissenschaftsrat 2002, Tab. 4; USA nach Hoffer 2004 und Nerad 2002

Gender Mainstreaming

Seit einigen Jahren ist das Konzept von Gender Mainstreaming als geschlechterpolitische Strategie in aller Munde, so auch in Hochschulzusammenhängen. „Gender" bezeichnet im Englischen die Geschlechtsidentität oder -rolle im Gegensatz zu einem biologisch definierten „sex". „Mainstreaming" bedeutet wörtlich so etwas wie „in den Hauptstrom ('mainstream') einordnen". Zusammen bedeutet dies, dass „gender" als Kategorie überall mitgedacht werden soll. Gender Mainstreaming stellt ein Politikkonzept dar, dessen Ziel es ist, eine Gleichstellung von Frauen und Männern in allen Lebensbereichen durchzusetzen. Die Sichtweise auf die Situation und Interessen der Geschlechter soll z.B. bei Entscheidungen und bei der Darstellung von politischen und sozialen Sachverhalten (wie Statistiken) integriert werden. Gender Mainstreaming bedeutet weiterhin Aufmerksamkeit dafür, wie sich bestimmte, besonders politische Entscheidungen auf die Geschlechter unterschiedlich bzw. diskriminierend auswirken. Oft ist eine geschlechterdifferenzierte Analyse des Status quo, zum Beispiel eine regelmäßige Statistik über die Promotionsneigung von Frauen und Männern in den einzelnen Fächern, ein erster Schritt zur Verbesserung.

Ein Beispiel für Gender Mainstreaming als Politikansatz ist z.B. die Regelung, dass Eltern bei Inanspruchnahme von Elternzeit nicht benachteiligt werden, egal ob es sich um Väter oder Mütter handelt, wie etwa in der Frage eines ‚Elternjahrs' für StipendiatInnen der Promotionsförderwerke. Die Förderrichtlinien des Bundesforschungsministeriums hatten hier jahrelang Väter benachteiligt; diese sind nunmehr formal gleichberechtigt, und es hängt von der Förderpraxis der einzelnen Förderwerke ab, ob sie Männer und Frauen gleichbehandeln. Auch die Forderung nach Unisex-Tarifen bei privaten Kranken- und Rentenversicherungen – also gleiche Kosten bei den Tarifen für Frauen und Männer, egal ob eine Gruppe häufiger Autos kaputtfährt oder Kinder bekommt – gehört zu den praktischen Beispielen des Gender Mainstreamings. Allerdings bedeutet das nicht, dass Gender Mainstreaming als Konzept Frauenförderung ausschließt; diese wird im Gegenteil dort, wo Frauen benachteiligt werden, als immer noch notwendig erachtet. Ein weiteres Instrument des Gender Mainstreaming ist das Gender Budgeting, d.h. die Überprüfung eines öffentlichen Haushaltes daraufhin, wem welche Gelder zukommen. Wichtig ist ebenfalls, dass Gender Mainstreaming als „top-down"-Prozess konzipiert ist, also die Entscheidungs- und Umsetzungsstrukturen von den obersten Ebenen nach unten hin durchgesetzt werden sollen. Letzteres ist auch ein Kritikpunkt an Gender Mainstreaming. Kritik besteht daran, dass „von oben" definiert wird, wie die Bedürfnisse und Lebenslagen von Männern und Frauen seien sollen. Fraglich ist ferner, ob die zumeist männlichen Personen in den Führungsgremien die nötige Weitsicht und das Interesse entwickeln können, um Veränderungen durchzusetzen. Weitere Kritik des Ansatzes bezieht sich darauf, dass Gender Mainstreaming die Geschichte und Diskussionen der Frauenbewegung ignoriert, besonders die Herkunft aus den sozialen Bewegungen und den damit verbundenen Anspruch an eine gesamtgesellschaftliche Emanzipation. Denn die die Geschlechterverhältnisse bedingenden gesellschaftlichen, sozialen und ökonomischen Voraussetzungen werden durch die Politik des Gender Mainstreaming nicht in Frage gestellt. So wird beispielsweise zunehmend Frauenförderung nicht mit dem Ziel von Gerechtigkeit und Gleichbehandlung von Männern und Frauen begründet, sondern mit Verweis auf den Verlust der „Humanressource Frau" und ihrer guten Ausbildung gerechtfertigt. Im Bereich Hochschule und Forschung findet sich dies ebenfalls, wenn über die „ungenutzten Leistungspotenziale von Frauen" geredet wird, die im Rennen um das „Kapital der Köpfe" nutzbar gemacht werden sollen. Wenn dabei auch vermeintlich ausgeprägtere soziale Kompetenzen von Frauen in die Argumentation mit einfließen, fördert das Geschlechtergerechtigkeit nicht, sondern zementiert gesellschaftlich tradierte Geschlechterrollen.

Aus dieser Kritik kann man für die politische Praxis die Forderung nach einer kritischen und reflektierten Aneignung des Gender Mainstreaming-Konzepts ableiten. Prinzipiell ist die Idee, Geschlecht in allen Bereichen des Denkens und Handelns mit einzubeziehen, sinnvoll, bei der konkreten Umsetzung muss geprüft werden, inwiefern die Strategie hilft, Geschlechtergerechtigkeit herzustellen und bestehende Verhältnisse zu ändern. Gender Mainstreaming bietet die Chance, das Geschlechterverhältnis auf einer breiteren gesellschaftlichen Ebene zu diskutieren, da es die Perspektiven und Lebensrealitäten von beiden Geschlechtern mit einbezieht.

Quellen und Links

Gender Mainstreaming (2003), In: Historisch-kritisches Wörterbuch des Feminismus, Band 1, Hamburg, S. 395–401.
Genderkompetenzzentrum zum Thema Gender Mainstreaming:
http://www.genderkompetenz.info/gendermainstreaming/(14.06.05).

Andrea Adams

Obwohl von den Prüfungsämtern das Durchschnittsalter bei Abschluss der Promotion erfasst wird, gibt es keine genauen Angaben über die Dauer von Promotionen. Das durchschnittliche Alter zum Zeitpunkt der Promotion liegt im Jahr 2003 bei 33,0 bzw. 33,5 Jahren (ohne Medizin); es ist in den letzten zehn Jahren um 15 Monate gestiegen, besonders stark in Fächern wie Kunstwissenschaften und Geschichte. Abgesehen von den deutlichen Fächerunterschieden, die auch im internationalen Vergleich ähnlich ausfallen[5], muss natürlich berücksichtigt werden, dass schon ein paar Promotionen von SeniorInnen diesen Durchschnitt deutlich erhöhen, sinnvoller wären also Angaben eines Altersmedian.[6] Dieser gibt das Alter an, unter dem die Hälfte aller Promovierten liegt, er liegt 2003 bei 31 Jahren, also zwei Jahre unter dem Alterdurchschnitt. Dass das Durchschnittsalter steigt, könnte allgemein ebenso Ergebnis einer verlängerten Studienzeit sein wie auch auf gestiegene Schwierigkeiten hindeuten, für die eigene Dissertation eine Finanzierung zu finden – es ist kein sicherer Hinweis auf eine gestiegene Promotionsdauer, verstanden als Zeit zwischen Studienabschluss und Promotion.

Die Dauer ist selbst bei abgeschlossenen Promotionen schwierig zu berechnen. Die Frage ist, welche Zeiten in die eigentliche „Bearbeitungszeit" im engeren Sinne einberechnet werden: Zählen Promotionsvorbereitung, die Suche nach Finanzierung, die in manchen Fächern sehr lang ist, oder die Phasen promotionsferner oder sogar promotionsfremder Tätig-

---

[5] Vgl. Nerad 2002, S. 84 und Abb. 14ff. Nerad hebt interessanterweise hervor, dass die Fächerunterschiede im Promotionsalter sich für die USA beim Altersvergleich bei der ersten Anstellung oder bis zur Festanstellung wieder aufheben.
[6] Vgl. hierzu auch Wissenschaftsrat 2002, S. 9f und Tabelle 1.

keit zur Promotionsdauer? Schließlich gibt es noch beim Abschluss der Promotion Zeiten, in denen Gutachten erstellt und auf die Abschlussprüfung gewartet wird. Inwieweit sollen solche institutionell sehr unterschiedlichen Wartezeiten zu der Dauer dazu gerechnet werden? Fest steht aus den wenigen vorhandenen Studien (vgl. Kasten Empirische Studien über Promovierende): Die Vorstellung einer dreijährigen Promotion, wie sie teilweise durch die hochschulpolitische Diskussion geistert, ist unter den gegenwärtigen Promotionsbedingungen in den allermeisten Fällen eine Fiktion.

Völlig unerforscht ist der Anteil der abgebrochenen Promotionen: Erfasst werden nur die abgeschlossenen Dissertationen, insofern wird mit der Promotionsintensität nur die erfolgreiche Promotion angegeben. Spezielle Studien über Abbruchquoten gibt es unserer Kenntnis nach nicht. Es spricht aber nichts dagegen, ähnlich wie bei den Erststudien von einer hohen Abbruchquote (bei Erststudien durchschnittlich 25%) auszugehen. Eine hohe Abbruchquote stellt nicht unbedingt ein Problem dar: Sie kann auch Anzeichen für ein erfolgreiches Einfädeln in den Arbeitsmarkt sein oder andere Gründe haben. Die Abbruchquote wird aller Wahrscheinlichkeit nach analog zum Studium in den Sozial- und Geisteswissenschaften höher liegen als in den Natur- und Technikwissenschaften, nicht nur bedingt durch schlechtere materielle Absicherung und Strukturierung, sondern auch einfach durch indirektere Wege der Berufseinmündung in den ersteren Fächern. Genauere Studien über diese Zusammenhänge könnten auch zu einer Enttabuisierung des Themas für die Promovierenden beitragen: Abbruch kann ein sinnvoller Schritt für die Erwerbsbiografie sein.

Empirische Studien über Promovierende – ein kurzer Überblick

Viele, ob ProfessorInnen, PolitikerInnen oder auch Promovierende, fühlen sich berufen, über die Promotionsphase in Deutschland Aussagen zu machen. Leider passiert dies allzu oft aus einer sehr eingeschränkten subjektiven Erfahrung und ohne nähere Kenntnis des Status quo. Dass die Diskussion zur Promotionsreform in Deutschland weniger faktengeleitet ist, kann auf die fehlende empirische Basis zurückgeführt werden. Die Zahl der gehaltvollen Studien, die einen Überblick über die Promotionslage geben, ist in Deutschland eher überschaubar. Von einer Gesamtbefragung, wie sie in den USA jährlich unter allen Promovierten des Jahrgangs angestellt wird, sind wir weit entfernt. Die Prüfungsämter erheben unseres Wissens nur die Zahl der abgeschlossenen Promotionen, differenziert nach Ort, Fach, Geschlecht, Alter und Staatsangehörigkeit der AbsolventInnen.

Eine löbliche Ausnahme bildet aber z.B. die Empfehlung des Wissenschaftsrates von 2002, die unabhängig von den zum Teil diskussionsbedürftigen Reformvorschlägen eine gute Darstellung des Ist-Zustandes und seiner Probleme bietet (LINK). Zudem gibt es inzwischen verschiedene Einzelstudien, die, obwohl sie sich meist auf einen räumlichen oder fachlichen Schwerpunkt beschränken, das Wissen über die Promovierten bzw. die Promovierenden zu verbessern versuchen.

Die Erhebung von Jürgen Enders und Lutz Bornmann aus dem Jahre 1999 mit 2.200 AbsolventInnen aus sechs Fächern gehört dabei zu den fundiertesten und hat zu einer ganzen Zahl an Veröffentlichungen geführt (zum zentralen Buch von 2001 vgl. die Darstellung in →Promotion und Beruf). Enders, der sich kontinuierlich mit dem Wissenschaftlichen Nachwuchs und den Berufsbedingungen in der Wissenschaft beschäftigt, arbeitet im Auftrag der DFG an einer Fortschreibung der Studie.

Mit fast 10.000 Antworten von Promovierenden hat die Online-Befragung von THESIS im Sommer 2004 eine überraschend breite Resonanz gehabt. Die Studie untersucht Finanzierungs- und Betreuungsverhältnisse der Promovierenden und bestätigt, dass in Deutschland Promovierende hauptsächlich in Beschäftigungsverhältnisse in der Wissenschaft eingebunden sind. Mit ihrer Betreuung seien die DoktorandInnen überwiegend zufrieden (vgl. Kasten THESIS-Studie in →Der Promotionsprozess als Arbeit).

Für die bayrischen DoktorandInnen wurde vom Bayrischen Staatsinstitut für Hochschulforschung und Hochschulplanung 2004 eine Untersuchung durchgeführt (ausführlich Berning/Falk 2005), an der sich fast 3.000 Promovierende und knapp 700 BetreuerInnen beteiligten. Von den Themen und Ergebnissen, die sicher nicht nur für Bayern Gültigkeit haben, gibt es viele Überschneidungen zur THESIS-Befragung, die Ergebnisse werden aber stärker nach Fächern differenziert.

Abgesehen von diesen Studien gibt es eine Gruppe von Befragungen, die sich mit der Situation von Promovierenden oder Promovierten einzelner Programme oder Universitäten befassen: z.B. der Graduiertenkollegs der DFG oder des PHD-Programms des DAAD, des Berliner NaFöG-Förderprogramms, der Promovierenden der Uni Bielefeld oder der Promovierten der Uni Marburg, des Wissenschaftszentrums Berlin, der Wissenschaftlichen MitarbeiterInnen der TU Berlin (LINKS) und andere.

All diese Studien zeigen: Es gibt ein deutliches Interesse an Informationen über die Situation der Promovierenden und eine grobe Übereinstimmung der Ergebnisse. Aufgrund der unterschiedlichen Datenlagen und Erhebungsverfahren kann aber von einem fundierten und repräsentativen Gesamtbild keine Rede sein. Angesichts der zunehmenden europäischen Dimension der Wissenschaft und der Einbeziehung der Promotionsphase in den so genannten „Bologna-Prozess" (→Von Bologna nach London) gibt es zudem ein gesteigertes Interesse an einem europäischen Vergleich von Promotionsmodellen. Neben der (englischsprachigen) Übersicht über ein Dutzend europäische Länder und die USA des Hochschulforschungsinstituts CEPES können wir hier außerdem auf unsere eigene, kürzere aber ähnlich gelagerte Studie „Promovieren in Europa" (Kupfer/Moes: LINK) verweisen, in der ebenfalls die Promotionslage in zwölf europäischen Ländern dargestellt und verglichen wird.

Trotz dieser einzelnen Untersuchungen innerhalb Deutschlands und Europa fehlt es an übergreifenden Statistiken, damit nicht nur die gegenwärtige Lage der Promovierenden erfasst werden kann, sondern auch damit fundierte Reformempfehlungen entwickelt und -programme über Ländergrenzen hinweg auf den Weg gebracht werden können.

Quellen und Links

Beiträge zu Berning/Falk, der THESIS-Studie, der Europapolitik und einzelnen Projekten finden sich auch im Themenheft: Das Promotionswesen im Umbruch; Beiträge zur Hochschulforschung 2005(1); (online unter http://www.ihf.bayern.de/dateien/beitraege/Beitr_Hochschulf_1_2005.pdf) (16.06.05).

Berning, Ewald; Falk, Susanne (2005): Promovieren an den Universitäten in Bayern. Praxis – Modelle – Perspektiven. München, Bayrisches Staatsinstitut für Hochschulforschung und Hochschulplanung (im Erscheinen).

Enders, Jürgen; Bornmann, Lutz (2001): Karriere mit Doktortitel? Ausbildung, Berufsverlauf und Berufserfolg von Promovierten; Frankfurt/Main (campus).

Kupfer, Antonia und Johannes Moes (2004): Promovieren in Europa. Ein internationaler Vergleich von Promotionsbedingungen. 2., überarb. Aufl. Frankfurt/Main, GEW MatHoFo 104: 97, http://www.promovieren.de.vu/pie.pdf (16.06.05).

Sadlak, Jan (Hg., 2004): Doctoral Studies and Qualifications in Europe and the United States: Status and Prospects. UNESCO-CEPES Studies on Higher Education. Bucarest. http://www.cepes.ro/publications/pdf/Doctorate.pdf (16.06.05).

Wissenschaftsrat (2002): Empfehlungen zur Doktorandenausbildung; Saarbrücken Drs.5459/02; online unter http://www.wissenschaftsrat.de/texte/5459-02.pdf (16.06.05) Weitere Studien auf: http://promovieren.de.vu/Material/pid-10.htm (16.06.05).

1.2   Internationale Dimensionen

Die Promotionssituation in Deutschland stellt im Vergleich mit anderen europäischen Ländern oder den USA keine Ausnahme dar (Kupfer/Moes 2004: LINK), viele Charakterzüge finden sich hier wie dort, z.B. die Differenzen in der Ausstattung der Fächer, die Klagen über eine zu lange Promotionsdauer oder der Versuch, außeruniversitäre Arbeitsmärkte für Promovierte zu erschließen. Unterschiede gibt es nur in der Tendenz: Wie gesagt gehört Deutschland zu den Ländern mit einer relativ hohen Zahl von Promotionen pro Jahrgang. Andererseits gibt es hierzulande relativ weniger Beschäftigungsmöglichkeiten im Forschungsbereich als bspw. in den USA (Europäische Kommission 2002: LINK). So lässt sich auch die relativ hohe Abwanderung Promovierter in andere Länder oder den außeruniversitären Arbeitsmarkt erklären. Deutschland gehört zu den Ländern, in denen die DoktorandInnen in der Mehrheit als Beschäftigte der Universität in Forschung und Lehre tätig sind. Die Anfertigung der Dissertation wird hier von den Promovierenden in einem isolierten Zweierverhältnis ohne stärkere Strukturierung vorangetrieben. Damit unterscheidet sich dieses „kontinentaleuropäische" Modell von der eher angloamerikanischen Tradition, in der die Promovierenden oft im Studierendenstatus verbleiben und in festen sozialen Lern- und Forschungszusammenhängen einer „Graduate School" promovieren. In Graduate Schools werden allerdings auch schon AbsolventInnen von BA-Studiengängen als „graduates" aufgenommen, welche also von Alter und Bildungsgang weniger fortgeschritten sind als deutsche Promovierende. Die Unterschiede fallen aber oft innerhalb eines Landes, zwischen den einzelnen Disziplinen und „Promotionskulturen", stärker aus als zwischen zwei Ländern, weshalb bei Verallgemeinerungen stets Vorsicht geboten ist.

Bei den von unserer Projektgruppe 2003 in der Studie „Promovieren in Europa" (Kupfer/Moes 2004: LINK) untersuchten Promotionsstrukturen stellte Deutschland insofern eine Ausnahme dar, als dass in vielen Ländern in den 1990er Jahren strukturelle Reformen der Promotionsphase in Gang gesetzt worden sind. Viele Länder haben da, wo es sie noch nicht gab, eine am US-amerikanischen Vorbild orientierte Form der „Graduate School" eingeführt. Besonders die skandinavischen Länder oder auch die Niederlande haben dabei die Vorteile einer „strukturierten" Promotion mit den Vorzügen attraktiver Arbeitsbedingungen für die Promovierenden verbunden: In diesen Systemen ist – ähnlich wie in Deutschland – die Beschäftigung auf Stellen an Universität oder Forschungsinstituten die Regel für Promovierende. Allerdings werden dort die Promovierenden auch – anders als in der deutschen Promotionskultur üblich – für die Arbeit an der Promotion in der Regel angemessen bezahlt. Zusätzliche Tätigkeiten in der Hochschule wie Lehre und Selbstverwaltung sind tarifvertraglich geregelt und dürfen in der Regel max. 25% der Wochenarbeitszeit betragen. Eine Ausbeutung der Arbeitskraft Promovierender für die Aufrechterhaltung des Universitätsbetriebs, wie es in der deutschen Hochschullandschaft besonders im Zuge der zunehmenden Sparzwänge üblich ist, wird so zumindest erschwert.

Die europäische Dimension hat für die Promotionsphase in den letzten Jahren trotz fehlender übergreifender Reformen auch in Deutschland an Bedeutung gewonnen: Zum einen gibt es das Bestreben, einen Europäischen Forschungsraum, die „European Research Area" (ERA) zu bilden, in dem die nationalen Forschungssysteme kooperieren und sich gegenseitig stärken. Besonders die Europäische Kommission hat sich in diesem Zusammenhang profiliert und die Situation und Interessen von NachwuchsforscherInnen (Early Stage Researchers) in diesem Prozess hervorgehoben. Zum anderen haben sich die europäischen Regierungschefs zum Ziel gesetzt, bis zum Jahr 2010 einen „Europäischen Hochschulraum", die „European Higher Education Area" (EHEA) zu verwirklichen. Dazu werden auf Konferenzen alle zwei Jahre der Stand dieses Prozesses diskutiert und neue Ziele festgesetzt. Nach der Konferenz von Bologna im Jahr 1999 wird dieser Prozess auch „Bologna-Prozess" genannt, mittlerweile sind hier 40 europäische Länder involviert, fünf weitere wurden auf der Folgekonferenz in Bergen im Mai 2005 aufgenommen. In Deutschland sind die Folgen des Bologna-Prozess besonders in der unvermuteten Dynamik der Umstellung auf die Bachelor- und Master- Studienabschlüsse sichtbar.

Andere Aspekte des Prozesses betreffen Evaluierungs- und Akkreditierungsmechanismen und, seit der Konferenz in Berlin 2003, auch die Promotionsphase (→Von Bologna nach London).

Unklar ist, ob die Europäisierung zu einer Angleichung der Promotion in den „Bologna-Ländern" führen wird und wie diese aussehen könnte. Eine Vereinheitlichung auf dem jeweils besten Niveau der Konzepte einer strukturierten Promotion einerseits und von attraktiven Arbeits- und Karrierechancen andererseits wäre zu wünschen, ist aber nicht wahrscheinlich. Für Deutschland wäre eine Harmonisierung der Systeme in Richtung von „Promotion als fortgesetztes Studium" ein Rückschritt und würde gravierende Änderungen im Wissenschaftssystem bewirken.

Europäisierung und Internationalisierung heißen aber auch, dass Promovierende stärker gefördert werden, um befristete Auslandsaufenthalte durchzuführen und internationale Kooperationen einzugehen. Langsam etablieren sich auch Modelle binationaler Abschlüsse der Promotion (→Erfahrungsbericht Cotutelle de Thèse). Dennoch wollen solcherlei Möglichkeiten gut geplant und auf ihren Zweck durchdacht sein. Und schließlich bedeutet Internationalisierung immer auch die Herausforderung einer Öffnung des gerade in Deutschland in vielen Disziplinen noch sehr national-geschlossen organisierten Wissenschaftssystems. Zu dieser Öffnung können gerade Promovierende als „wissenschaftlicher Nachwuchs" beitragen. Der Austausch mit anderen Ländern kann hoffentlich auch hierzulande zu sinnvollen Reformen der Promotionsphase führen.

1.3   Reformbemühungen in Deutschland

Dass die Promotionsphase in Deutschland reformbedürftig ist, darüber besteht seit längerem Konsens unter den hochschulpolitischen Akteuren. Das seit Jahrzehnten etablierte Modell verträgt nicht einfach eine Verdopplung der Zahlen in einer sich insgesamt rasch ändernden Hochschullandschaft. Die häufig als „Lehrlingsmodell" charakterisierte enge und wenig strukturierte Verbindung von PromovendIn und „Doktorvater" oder (weniger häufig) „Doktormutter" erscheint vielen Akteuren im Lichte sich wandelnder Produktionsbedingungen wissenschaftlichen Wissens nicht mehr zeitgemäß. Sogar über die allgemeine Richtung dieser Reform herrscht wenig Streit, es geht um eine besser und transparenter „strukturierte" Promotion und eigene Institutionen, um diese zu sichern. Umso verwunderlicher ist das Beharrungsvermögen der Universitäten. Sie haben mit dem Promotionsrecht das exklusive Recht, also die alleinige Verfügung darüber, wer in Zukunft die Richtung der Wissenschaft bestimmen wird; mancher „Ordinarius" redet auch gerne lateinisch vom „proprium" (dem „Eigenen") der Universitäten. Warum werden anerkannte Strukturschwächen dann nicht behoben? In vielen europäischen Ländern kam es in den 1990er Jahren zu einer strukturellen Reform der Promotionsphase, in Deutschland steht eine Strukturreform immer noch aus.

Einen Reformanfang und wichtige Erfahrungen hat es mit der Etablierung der „Graduiertenkollegs" durch die DFG seit Anfang der 1990er gegeben (→Promovieren in Kollegs und Zentren). Durch die Graduiertenkollegs wurden Erfahrungen mit einer mehr „strukturierten" Promotion gewonnen, die Kollegs bieten einen thematischen und sozialen Zusammenhang, nicht nur für die PromovendInnen, sondern auch für eine gewisse Teamarbeit (und sozialen Druck) zwischen den betreuenden ProfessorInnen. Die Graduiertenkollegs haben mittlerweile eine ernst zu nehmende Masse gewonnen, im Schnitt sind in diese etwa 10% der Promovierten eingebunden, in Fächern wie Mathematik oder Physik sind es bis zu 15%. Am Vorbild der DFG-Graduiertenkollegs sind viele Projekte ausgerichtet, seien es die einzelner Länder oder einiger Begabtenförderwerke. Damit lässt sich die Kollegstruktur aber nicht sehr viel breiter ausbauen, zumal sie mittlerweile auch an ihre strukturellen Grenzen gestoßen ist. Graduiertenkollegs sind nicht auf Dauer eingerichtet und integrieren von der Idee her nur einen kleinen Kreis von Promovierenden und Lehrenden. Die Wissenschaftlichen MitarbeiterInnen, die die Hauptmasse der Promovierenden bilden, sind nur in Ausnahmefällen, aber nicht systematisch integriert. Konsequent schlagen der Wissenschaftsrat (2002) und auch die Hochschulrektorenkonferenz (2003) die Einrichtung einer Dachstruktur für Promotionskollegs an den Universitäten vor, die als „Graduiertenzentren" oder „Zentren für Doktorandenstudien" bezeichnet werden. Über diese sollen die thematisch oder sozial nicht eingebundenen Promovierenden integriert werden. Solch eine Institution müsste anders als die Kollegs auch auf Dauer gestellt werden und sowohl Serviceleistungen (Beratung, Auswahlverfahren, Angebote zur Vermittlung von Schlüsselqualifikationen, Aufbau weiterer Kollegs, Budgetverantwortung) als auch die Interessenvertretung anbieten oder bereits vorhandene Angebote systematisieren und öffentlich machen.

Anstelle einer flächendeckenden Reform gibt es seit ein paar Jahren in vielen Projekten einer besser strukturierten Promotion ein Experimentieren mit neuen institutionellen Formen. Es gibt „Graduiertenzentren", „Graduate Schools" oder auch „Promotionsstudiengänge". Sie werden teilweise durch Förderprogramme wie das Projekt „Promovieren an Hochschulen in Deutschland" oder auch „Internationale Promotionsprogramme" (PHD bzw. IPP, getragen von DAAD und DFG) (ko-)finanziert. Teilweise gibt es auf „Elitenbildung" oder „Exzellenzförderung" ausgerichtete Projekte einzelner Bundesländer, partiell sogar eigene Initiativen einzelner Universitäten oder Forschungsinstitutionen (→Promovieren in Kollegs und Zentren). Einige dieser Experimente erscheinen als problematisch, gewisse Verschulungstendenzen lassen um die Qualität bzw. um eine Arbeitsüberlastung durch weitere promotionsferne Tätigkeiten fürchten, außerdem ist die „Eliteorientierung" recht diskussionswürdig. Das Hauptproblem dieser Ansätze aber dürfte darin bestehen, dass sie bisher nicht zu einer tatsächlichen Strukturreform führen und nicht die nötige Breite und Dauer entwickeln, die für eine institutionelle und kulturelle Reform vonnöten wäre.

In jüngster Zeit hat zudem der „Föderalismusstreit" zwischen Bund und Ländern über die Kompetenzverteilung in der Bildungspolitik zu Rückschlägen bei der Reform der Promotionsphase geführt. Gerade mit der Blockade des von der Bundesregierung angeregten Wettbewerbs um „Spitzenuniversitäten" ist auch die Einrichtung und Finanzierung von immerhin 40 „Graduiertenschulen" vorläufig gestoppt worden, deren Etablierung ein zentraler Bestandteil dieser Ausschreibung war. Erst im Juni diesen Jahres ist so genannte „Exzellenzinitiative" auf den Weg gebracht worden.

Eine Fortführung und Verstetigung der Reformbemühungen ist aber unabdingbar, wenn es zu einer Strukturveränderung kommen soll. Es sind noch viele konkrete Fragen und Probleme politisch und praktisch ungelöst, deren Beantwortung für eine sinnvolle Verallgemeinerung der Reformen notwendig ist. Sie betreffen direkt die Interessen der Promovierenden, deshalb haben wir sie als in der GEW zusammengeschlossene DoktorandInnen diskutiert und stellen unsere Vorstellung von guten Promotionsbedingungen abschließend zur Diskussion.

2 Notwendige Reformen für Promotionen mit Perspektive

Die Struktur der Promotion in Deutschland ist unter den veränderten Rahmenbedingungen reformbedürftig: Dies ist allgemein erkannt worden, und Reformen liegen auch im Interesse der Promovierenden. Die Richtung der anstehenden Reformen ist klar: Die Promotion entwickelt sich weg vom intransparenten und von einseitiger Abhängigkeit geprägten „Lehrlingsmodell" hin zu einer stärker strukturierten Promotion, die eingebettet ist in neue institutionelle Formen wie Kollegs und Graduiertenzentren. Mit diesen wird derzeit experimentiert, und diese Experimente machen gleichzeitig mögliche Schwachpunkte deutlich, die es bei einer Strukturreform zu vermeiden gilt. Dann könnten die deutschen Universitäten den über zehnjährigen Vorsprung wettmachen, den andere Länder bei der Reform der Promotionsphase mittlerweile gewonnen haben. In dem folgenden Kasten dokumentieren wir die Kurzfassung der Forderungen der GEW zur Promotionsphase und diskutieren hier abschließend einige der Herausforderungen der gegenwärtigen Reformen. Denn es liegt auch in der Macht der Promovierenden, nicht nur individuell existierende Spielräume für die eigene Promotion zu nutzen, sondern auch vor Ort gemeinsam Verbesserungen und Reformen der allgemeinen Rahmenbedingungen ihrer Promotion durchzusetzen.

Neun Forderungen für eine Reform der Promotionsphase (2003)

Sicherung und Verbesserung von Qualität und Qualifizierung

1. Die GEW fordert, in allen Bundesländern Graduiertenzentren und Promotionskollegs einzurichten. Diese sollen für alle Promovierenden entsprechende Qualifizierungsangebote bereitstellen und ihnen eine optimale Promotionsphase und den Erwerb von Schlüsselqualifikationen ermöglichen.

2. Umfang der Arbeit, Rechte und Pflichten sollen zwischen den Promovierenden, den wissenschaftlichen BetreuerInnen sowie den Fachbereichen durch verbindliche Vereinbarungen geregelt werden. Die erfolgreiche Einhaltung dieser Promotionsverträge muss über entsprechende Zielvereinbarungen initiiert und honoriert werden.

Status und Mitbestimmung

3. Promovierende leisten selbstständige wissenschaftliche Forschung. Sie sollen deswegen als vollwertige Mitglieder der scientific community anerkannt werden. Sie müssen institutionell integriert und mit den erforderlichen Sachmitteln ausgestattet werden. Sie sollen der Gruppe der wissenschaftlichen MitarbeiterInnen zugeordnet werden und über volle Mitbestimmungsmöglichkeiten in den Hochschulgremien verfügen.

Qualität hat ihren Preis

4. Eine Qualitätssteigerung erfordert Investitionen von Bund und Ländern. Die Zahl der Promovierenden in Wissenschaft und Wirtschaft soll nachhaltig steigen, damit die Bundesrepublik in der europäischen und weltweiten Bildungslandschaft wieder wettbewerbsfähig wird oder – in einigen Fachrichtungen – wettbewerbsfähig bleibt.

Öffnung und Internationalisierung

5. Um die internationale Attraktivität der deutschen Hochschulen zu erhöhen, müssen auch die aufenthalts- und arbeitsrechtlichen Regelungen für ausländische Studierende und Promovierende erleichtert werden.

6. Internationale Erfahrungen und Kooperationen müssen auf allen Ebenen gefördert werden.

Karrierechancen für Frauen

7. Der Anteil von Frauen in der Promotionsphase muss in allen Fachrichtungen mindestens dem Anteil der Studentinnen entsprechen. Die Umsetzung dieses Ziels muss Inhalt von Zielvereinbarungen werden. Die Ergebnisse sollen evaluiert werden.

Forschung braucht Planungssicherheit

8. Der Weg zur Wissenschaft führt über feste Beschäftigungsverhältnisse. Der Organisationsbereich Hochschule und Forschung der GEW fordert im Rahmen eines zukünftigen Tarifvertrags Wissenschaft für alle Promovierenden Qualifikationsstellen. Diese sollen auf vier Jahre befristet sein. 75% der Arbeitszeit sollen der Arbeit an der Promotion dienen, 25% weiteren Tätigkeiten in Lehre, Forschung oder Instituts- und Gremienarbeit. Das soll vertraglich vereinbart werden.

Reformen setzen verlässliche Rahmendaten voraus

9. Bund, Länder und Hochschulen müssen zukünftig sicherstellen, dass verlässliche Daten über die Zahl der Promovierenden, ihre soziale Lage und die Kosten der Promotionsphase erhoben werden.

Unsere Empfehlungen für Promotionsstrukturreformen, die wir schon 2003 unter dem Titel „Neun Forderungen für eine Reform der Promotionsphase" veröffentlicht hatten, haben bislang nichts an ihrer Aktualität verloren, einige Punkte wollen wir aber im Folgenden noch differenzierter betrachten.

2.1 Graduiertenzentren aufbauen

Es gibt in Deutschland seit Anfang der 1990er Jahre Erfahrungen mit der Organisation von Graduiertenkollegs. Nicht nur in Trägerschaft der DFG lässt sich die Kollegstruktur weiter ausbauen, um Promovierenden und ihren BetreuerInnen einen thematischen Diskussionszusammenhang und eine soziale Struktur bieten zu können, die für die Promotion hilfreich ist. Es werden aber niemals alle Promovierende in Promotionskollegs eingebunden werden können. Außerdem ist es nicht sinnvoll, thematisch orientierte Kollegs auf unbefristete Dauer einzurichten oder für jedes Kolleg getrennt bestimmte Serviceangebote zu machen. Um Angebote an alle Promovierenden eines Faches oder einer Universität machen zu können, ist die Einrichtung von „Graduiertenzentren" als einer Dachstruktur sinnvoll. Damit diese eine kritische Masse erreichen, sollten sie fachübergreifend, in sinnvollen Fällen auch hochschulübergreifend eingerichtet werden. Sie müssen es leisten, für alle Promovierende der jeweiligen Fächer oder Hochschulen sinnvolle Angebote zu machen und sie in das Programm zu integrieren, unabhängig davon, ob die Promotionen über Planstellen oder drittmittelfinanzierte Forschungsprojekte, über Stipendien oder andere Quellen finanziert sind. Auf der Ebene der Graduiertenzentren ist auch die Koordination von Weiterbildungsangeboten in akademischen Schlüsselqualifikationen sinnvoll, ebenso wie die Beratung oder Konfliktvermittlung. Wenn die Orientierung am angloamerikanischen Modell der „Graduate School" nicht beim Etikett stehen bleiben soll, dann müssen die Hochschulen im eigenen Interesse flächendeckend Graduiertenzentren als dauerhafte Einrichtungen schaffen, um die Bedeutung der Wissenschaftlichen Nachwuchsförderung herauszustreichen und deren Interessen inner- und außeruniversitär zu vertreten. Für solche Graduiertenzentren müssen in der hochschulpolitischen Diskussion Mindestanforderungen und Leitbilder festgelegt und die einzelnen Einrichtungen in Bezug darauf evaluiert werden. Promovierende können dazu beitragen, positive Beispiele bekannt zu machen und Druck auf die eigene Einrichtung ausüben, sich an diesen zu orientieren. Auch hierzu will dieses Handbuch mit Informationen und Anregungen beitragen.

2.2 MitarbeiterInnen integrieren

Entscheidend für das Gelingen einer Strukturreform wird die Einbeziehung der Promovierenden sein, die als wissenschaftliche MitarbeiterInnen auf Planstellen oder in drittmittelfinanzierten Forschungsprojekten beschäftigt sind. Zahlenmäßig stellen diese den größten Anteil der Promovierenden in Deutschland. Bislang werden sie im Alltag aber nur wenig als Promovierende wahrgenommen und kaum innerhalb der Arbeitszeit bei ihrer Promotion gefördert, sondern häufig als billige Arbeitskräfte genutzt, um Engpässe in unterfinanzierten Studiengängen und Forschungsprojekten zu überbrücken. Als Gründe für Unterbrechungen der Promotion machen laut THESIS-Befragung (Kasten in →Der Promotionsprozess als Arbeit) 58,8% der Befragten die Belastung durch andere wissenschaftliche oder universitäre Aufgaben verantwortlich. Um die Promotionszeiten zu verkürzen und die Qualität der Promotionen zu erhöhen, ist es notwendig, die Wissenschaftlichen MitarbeiterInnen als Promovierende in den Blick zu nehmen, sie für das Promovieren zu bezahlen und ihre Promotionsbedingungen zu verbessern. Die Hauptfinanzierung auf Mitarbeiterstellen ist eine große Chance für ein Land, das gegenwärtig in Europa wohl am meisten Promotionen jährlich verzeichnet. Denn innerhalb des Status quo ist nicht nur der größte Teil der Finanzierung der Promotionen gesichert, sondern bedeutet die Beschäftigung auf Stellen gleichzeitig einen Gewinn an Berufserfahrung in Forschung und Lehre, die Integration der Promovierenden als anerkannte Mitglieder der Scientific Community und eine hohe Qualität originärer Forschungsleistungen unter den Promotionen. Demgegenüber ist die Finanzierung über Stipendien auch für viele Promovierende weniger attraktiv, wie die Entwicklung der Graduiertenkollegs in den Mangelfächern oder auch die Einrichtung von Stellen im „Elitenetzwerk Bayern" zeigt. Das Konzept von Wissenschaft als Beruf bedeutet immer, dass die eigene individuelle Qualifikation und der sinnvolle Beitrag zur Wissensproduktion sich nicht ausschließen, sondern gegenseitig bedingen. Für Deutschland ist klar, dass die Promotion typischerweise die erste Phase des Berufs und nicht eine weitere Phase des Studiums ist, wie es auf europäischer Ebene alternativ diskutiert wird.

2.3 Status, Dauer und Statistik

Auch wenn der entsprechende Paragraf 21 des HRG weggefallen ist, der einen eigenen Status als DoktorandIn einführte, bedarf es weiter eines einheitlichen Status für Promovierende, der diese für ihre Arbeit an der Promotion anerkennt. Denn bislang unterscheiden sich die Promotionswege sehr stark nach der Finanzierungsgrundlage, aber auch nach ihrem Sozialversicherungsstatus. Es sollte politisches Ziel sein, zum Beispiel im Rahmen der Verhandlungen über einen Wissenschaftstarifvertrag, eine einheitliche Beschäftigungskategorie für DoktorandInnen zu schaffen. Elternzeiten, Teilzeitarbeit und die hochproblematische Festlegung von „Promotionszeiten ohne Beschäftigung", wie sie im HRG vorgesehen ist (→Arbeitsrechtlicher Rahmen und Steuerrecht) könnten so vereinheitlicht und gerecht geregelt werden. Die Befristungsdauer sollte sich dabei nicht an der Fiktion einer dreijährigen Promotionsdauer orientieren, die allem empirischen Anschein nach schon ohne Belastung durch promotionsferne Tätigkeiten unrealistisch ist und auch in den europäischen Nachbarländern oder den USA nicht erreicht wird. Wenn man von einer vierjährigen Promotionsdauer ausgeht, bei der die promotionsfernen Tätigkeiten in Forschung und Lehre auf ein klar definiertes Maß (im Umfang von 25% einer Vollzeitstelle) beschränkt bleiben, ist für eine weit realistischere Finanzierung gesorgt. Heutzutage ist traurige Realität, dass die Dissertationen der wissenschaftlichen MitarbeiterInnen allzu oft mit einem „Stipendium der Agentur für Arbeit" zu Ende geschrieben werden. Für sinnvolle Reformen ist es aber als erster Schritt vonnöten, mehr Wissen über die Promotion in Deutschland zu sammeln und entsprechende Erhebungen durchzuführen. Dies liegt nicht nur in der Verantwortung von Bund und Ländern, sondern auch der einzelnen Hochschulen.

2.4 Auswahl, Betreuung und Studienprogramm

In der gegenwärtigen Situation ist in den Geistes- und Sozialwissenschaften die Zulassung zur Promotion selten ein Problem, wohl aber die Finanzierung. Je mehr Programme für eine strukturierte Promotion angeboten werden, die für die Promovierenden auch Ressourcen bereitstellen, desto drängender stellt sich die Frage nach den Kriterien der Auswahl der Promovierenden. Die Vergabe von Promotionsstellen erfolgt oft nicht aufgrund nationaler oder gar internationaler Ausschreibungen und transparenter Kriterien. Dementsprechend gering scheint die Neigung, für die Promotion die Universität zu wechseln. Wir kritisieren Positionen, die nur die allerbesten KandidatInnen zur Promotion zulassen wollen und sich für eine hohe Selektivität aussprechen. Die Zahl der Promotionen erscheint in Deutschland nicht zu hoch, und eine wissensbasierte Gesellschaft braucht eher mehr als weniger AkademikerInnen mit eigenständiger Forschungserfahrung. Anstatt überall Programme zur Exzellenzförderung aufzubauen, braucht es in der Breite eine gute Förderung guter KandidatInnen.

Ähnliches gilt für die Betreuung der Promotionen; diese findet oft auf einem hohen Niveau und in einem positiven, vertrauensvollen Verhältnis zwischen BetreuerInnen und Promovierenden statt. Von vielen Promovierenden werden andererseits aber (z.B. in der THESIS-Befragung) Defizite in der Betreuung beklagt: seltene Treffen, schlechte Vorbereitung und ungenaue Rückmeldungen sind nicht selten an der Tagesordnung. Was fehlt sind klarere, schriftliche Verabredungen über Art und Umfang der Betreuung sowie eine fachbereichsöffentliche Diskussion darüber, was gute Betreuung heißt. Die BetreuerInnen selbst müssen betreut werden, d.h. sie brauchen Austausch und Fortbildungsangebote, und die Verantwortung für die Betreuung muss stärker auf die Einrichtung übergehen, um die teilweise unproduktive Zweierbeziehung zu ergänzen. Wenn Promovierende als Promovierende deutlicher an der Universität sichtbar werden, dann ist schon eine Voraussetzung für bessere Betreuung geschaffen. Die Verantwortung hierfür muss verstärkt bei der Einrichtung (Fakultät oder Fachbereich) angesiedelt werden, und diese muss bei Erfüllung entsprechender Zielzahlen durch die Universitätsleitung mit Budgetsteigerungen belohnt werden.

Die zurzeit im Aufbau befindlichen Promotionsprogramme und -studiengänge zeigen, dass im Reformeifer leicht des Guten zu viel getan wird und Strukturierung in Verschulung umschlagen kann: Das „begleitende" Studienangebot erreicht in manchen Programmen einen Umfang von mehr als einem Jahr Vollzeitstudium, dies dürfte eher die Promotion verlängern und die Qualität der Dissertationen senken als eine sinnvolle Strukturierung anzubieten. Ein pauschales Studienprogramm ignoriert die individuellen Voraussetzungen und Bedürfnisse der Promovierenden. Ziel müsste es stattdessen sein, möglicherweise ebenfalls in Form von Promotionsvereinbarungen, individuelle Vereinbarungen über konkrete Seminare zu treffen, die für die Promotion nutzbringend sind.

Interessenvertretung für Promovierende

Wer vertritt die Interessen der Promovierenden? Bei kaum einer Mitgliedergruppe an der Universität ist die Antwort so unklar wie in diesem Fall. Es gibt nicht die eine Organisation, die für alle DoktorandInnen und Doktoranden sprechen kann. Zu verschieden ist die Situation von Promovierenden, und es fehlt ein einheitlicher Status. In der Gruppe der Wissenschaftlichen MitarbeiterInnen sind sie an der Universität in den entsprechenden akademischen Gremien bzw. als Beschäftigte (wie auch an den außeruniversitären Forschungseinrichtungen), im Personal- oder Betriebsrat vertreten, werden aber kaum als Promovierende wahrgenommen. Auf der anderen Seite verschwinden sie, wenn sie an der Universität mit dem Studienziel Promotion eingeschrieben sind, in der Masse der Studierenden und ihrer Vertretungen. Die ‚externen' Promovierenden, die an der Uni nicht mehr oder noch nicht, oder zum Teil auch niemals beschäftigt oder eingeschrieben sind, bleiben mit ihren Interessen gänzlich unsichtbar. Hochschulpolitisch ist diese Zersplitterung erst einmal eine Schwäche.

Anders ist es z.B. in den Niederlanden oder Schweden, aber auch in Großbritannien oder Irland: Dort gibt es über die ‚Students Unions' (die ‚Verfasste Studierendenschaft', die aber auch alle die Aufgaben wahrnimmt, die in Deutschland das Studentenwerk übernimmt) gewählte PromovierendenvertreterInnen, die für alle Promovierenden sprechen können und selbstverständlich in den politischen Prozess einbezogen sind. In dieser Hinsicht ähnelt die Situation in Deutschland eher den Ländern Mittel- und Osteuropas. Solange es keinen eigenen Status für Promovierende gibt (wie er in der gekippten fünften Novelle des Hochschulrahmengesetzes vorgesehen war), wird es keine einheitliche Interessensorganisation geben.

Ob hierzulande jemand für die Promovierenden Partei ergreift, ob so eine Stimme hörbar wird, ob bei politischen Anhörungen, Gremien usw. Promovierende eingeladen werden, ist heute von Glück und Zufall abhängig. Geredet wird oft über Promovierende, selten einmal mit ihnen. Dabei gibt es zumindest einige Ansätze, um Promovierendeninteressen zu vertreten. Diese unterscheiden sich in erster Linie durch ihre Zielgruppenspezifik oder das Spektrum ihrer Aktivitäten, aber hochschulpolitisch liegen sie nicht sehr weit auseinander, auch wenn sie vielleicht unterschiedliche Reformaspekte mehr oder weniger betonen.

Das bundesweite „Interdisziplinäre Netzwerk für Promovierende und Promovierte e.V." THESIS kümmert sich mit klarer Struktur um die unterschiedlichsten Aspekte der Vernetzung und hat heute über 500 Mitglieder. Neben Regionaltreffen und Stammtischen, Seminaren und gemeinsamen Segeltörns werden auch gemeinsame politische Positionen erarbeitet und die Vereinsvorsitzenden vertreten die Interessen der Promovierenden auf Veranstaltungen und gegenüber der Hochschulpolitik.

THESIS ist auch die deutsche Vertretung in EURODOC, dem 2002 gegründeten europäischen Netzwerk von Promovierendenvertretungen. Hier sind Organisationen aus mittlerweile 21 Ländern zusammengeschlossen. Diese bemühen sich um einen länderübergreifenden Austausch und vertreten auf europäischer Ebene, ob im Bologna-Prozess oder bei den Diskussionen um einen europäischen Forschungsraum, die Promovierenden (→Von Bologna nach London).

Bei der „Promovierenden-Initiative" gibt es anders als bei THESIS keine Vereinsmitgliedschaft oder gesellige Aktivitäten. Bei den etwa vier jährlichen Treffen diskutieren StipendiatInnen der insgesamt elf bundesdeutschen Begabtenförderwerke (→Finanzierung der Promotion) mit insgesamt knapp 3.000 geförderten Promovierenden nicht nur die Förderpolitik ihrer jeweiligen Stiftungen, sondern auch allgemeinere Anliegen aller Promovierenden. Meist werden die VertreterInnen von den jeweiligen StipendiatInnenvertretungen entsandt, die in einigen Förderwerken einen merklichen Einfluss auf die Förderpolitik oder z.B. die Auswahl neuer StipendiatInnen haben. Bislang gibt es aber nicht in jedem Förderwerk gewählte SprecherInnen oder eine Mitbestimmungsstruktur. Aktuell gibt es Entwicklungen, die hoffen lassen, dass nach der Studienstiftung der deutschen Wirtschaft auch die Konrad-Adenauer- und die Hanns-Seidel-Stiftung und besonders auch die größte Fördereinrichtung, die Studienstiftung des deutschen Volkes, stipendiatische Interessensvertretungen einrichten.

An den großen außeruniversitären Forschungseinrichtungen sind Promovierende zum Teil als Wissenschaftliche MitarbeiterInnen beschäftigt (und dann auch über den Betriebsrat vertreten), zum Teil erhalten sie Stipendien (→„International Research Schools"). Bei der Max-Planck-Gesellschaft wurde 2003 das MPG PhD Network gegründet, im Mai 2005 entstanden innerhalb der Helmholtz-Gemeinschaft die „Helmholtz Juniors". Beide Vereinigungen möchten DoktorandInnen in den Forschungsinstituten vernetzen, Informationen weiterleiten und in die Pläne zur Reform der Nachwuchsausbildung einbezogen werden.

Bei den Einrichtungen einer ‚strukturierten Promotion' wie den Graduiertenkollegs der DFG, den Projekten des Programms „Promovieren an Hochschulen in Deutschland" etc. gibt es nur zum Teil eine geregelte, manchmal auch eine informelle Mitbestimmung der Promovierenden. Zu den Anforderungen der Geberorganisationen gehört eine Vertretungsstruktur der Promovierenden bisher aber nicht. Und so gibt es an einzelnen Universitäten, Einrichtungen oder in den Disziplinen immer wieder Versuche von Promovierenden, sich (auch) zur Vertretung der eigenen Interessen zu vernetzen. Diese Initiativen haben aber immer mit ungeregelten Einflussmöglichkeiten, mit mangelnder Infrastruktur und auch mit dem notwendigerweise häufigen Wechsel der Aktiven zu kämpfen. Häufig werden von ehrenamtlich Engagierten mühevoll Informationen gesammelt und Positionen erarbeitet, die allerdings nur bei gutem Willen der entsprechenden Gremien Eingang in die Diskussionen finden, bei fehlender kontinuierlicher Vertretung aber wieder in Vergessenheit geraten.

Um diese Nachteile auszugleichen, hat Ende 2002 die Gewerkschaft Erziehung und Wissenschaft GEW die bundesweite „Projektgruppe DoktorandInnen" ins Leben gerufen. In dieser arbeiten seitdem ein knappes Dutzend promovierende und promovierte GEW-Mitglieder daran, die Möglichkeiten der ‚Bildungsgewerkschaft' (von anderen Gewerkschaften sind uns keine ähnlichen Aktivitäten bekannt) für eine Verbesserung der Promotionsphase in Deutschland zu nutzen. In der Projektgruppe werden aktuelle Entwicklungen analysiert und kommentiert, Positionen entwickelt und an die Öffentlichkeit gebracht, etwa zweimal jährlich wird auch das interessierte Umfeld an Wochenendveranstaltungen in die Diskussion einbezogen. Dabei geht es nicht nur um klassische Gewerkschaftsthemen wie Arbeitsrechte und die soziale Absicherung, sondern genauso um eine sinnvolle Strukturierung der Promotion, um die Einrichtung von Graduiertenzentren oder z.B. die

Verbesserung der Betreuungsverhältnisse. Die GEW kann die Arbeit durch eine professionelle Infrastruktur, einen aktuellen Internetauftritt, Werkverträge und Seminarangebote und nicht zuletzt ihren hochschulpolitischen Einfluss unterstützen. Und ihrerseits hat die Gewerkschaft ein vitales Interesse, dem wissenschaftlichen Nachwuchs eine politische Plattform zu bieten, und insofern neue Initiativen, sei es an einzelnen Hochschulen oder Forschungsinstituten, zu fördern.

LINKS

http://www.thesis.de (16.06.05)
http://www.eurodoc.net (16.06.05)
http://www.promovierenden-initiative.de (16.06.05)
http://www.phdnet.mpg.de (16.06.05)
http://www.promovieren.gew.de (16.06.05)

Besonders um ein sinnvolles Studienprogramm zu bestimmen, aber auch um die Promotionsbedingungen in einer spezifischen Einrichtung zu verbessern, bedarf es einer Struktur von Interessensvertretungen für Promovierende. Zwar wird es absehbar eine zentrale Interessensorganisation nicht geben (vgl. Kasten Interessenvertretung für Promovierende). Dezentral aber gibt es einige Ansätze. Und dieses Buch ist hoffentlich dafür geeignet dazu anzuregen, weitere Promovierendenvertretungen in einzelnen Einrichtungen zu gründen. Denn anders als bei anderen, hochschulpolitisch weit umstritteneren Themen, sind im Bereich der Promotionsreform viele Akteure guten Willens, neue Strukturen einzuführen, wenn überzeugende Vorschläge und Beispiele guter Praxis präsentiert werden. Eine Promotion bedeutet meistens, Neuland zu betreten und Unübersichtlichkeit zu bewältigen oder sogar für sich zu nutzen. Für die Reform der Promotionsphase gilt Ähnliches, wir wünschen uns Promovierende, die dies nutzen.

3. Promovieren ist wissenschaftliche Arbeit – Promovierende sind WissenschaftlerInnen

Obwohl in Deutschland die größte Gruppe der Promovierenden als wissenschaftliche MitarbeiterInnen beschäftigt ist, gilt das Promovieren in der öffentlichen Diskussion als individuelle Qualifikation und erhält damit eher den Status einer mehr oder weniger privat motivierten Weiterbildung. Auch einige am Bologna-Prozess beteiligte Länder sprechen beim Promovieren von der dritten Phase des Studiums und verweisen damit auf den Ausbildungs- und Qualifizierungscharakter der Promotion. Und selbst die Reformbemühungen im Kontext strukturierter Promotionsangebote, insbesondere durch die Anlehnung an die Modelle angloamerikanischer Graduate Schools unterstützen durch die Gefahr der Verschulung das Bild, dass DoktorandInnen sich primär in Ausbildung befinden. Promovieren als wissenschaftliche Arbeit nicht anzuerkennen, weil sich die DoktorandInnen damit zugleich weiterbilden, ist in einer Informations- und Wissensgesellschaft, in der das life-long-learning und damit auch die stetige berufliche Weiterbildung die Voraussetzung jeglicher, aber besonders auch akademischer Arbeit darstellt, geradezu paradox. Zudem ist es nicht zu leugnen, dass Dissertationen einen beträchtlichen Anteil am wissenschaftlichen Fortschritt leisten, die Diskurse mit neuen Erkenntnissen befruchten, interdisziplinäres und internationales Neuland entdecken, Forschungsmethoden weiterentwickeln etc.

Schon aufgrund des Innovations- und Autonomiepotentials der DoktorandInnen darf Promovieren nicht als Studienäquivalent gesehen, sondern muss als das anerkannt werden, was es ist: als qualifizierte Forschungsarbeit junger WissenschaftlerInnen. Die Etablierung dieser wissenschaftlichen Wertschätzung von Promovierenden und deren Forschungsarbeit beginnt bei den DoktorandInnen selbst. Die Verdeutlichung der Arbeitssituationen und -prozesse kann in diesem Zusammenhang wichtige Impulse nicht nur für die Hochschulpolitik geben, sondern auch für die Anerkennung der eigenen Promotionsleistung und damit zu der aktiven Verbesserung der individuellen Promotionssituation beitragen. Und so wird folgend zunächst der Erwerbsarbeitscharakter der Promotion rekonstruiert (3.1), um in einem zweiten Schritt Überlegungen zur Notwendigkeit eines hochschulrechtlichen Status der DoktorandInnen zu diskutieren (3.2), nicht zuletzt auch um bei dem in Planung befindlichen Wissenschaftstarifvertrag die Interessen Promovierender berücksichtigt zu sehen.

3.1   Der Erwerbsarbeitscharakter des Promovierens

Ist Promovieren wirklich Arbeit? Da der Arbeitsbegriff in Deutschland sich primär an formalen Kriterien wie der sozialversicherungspflichtigen Beschäftigung orientiert und alle anderen Tätigkeiten wie z.B. die Reproduktionsarbeit in Haushalt und Familie, das Ehrenamt oder die berufliche Weiterbildung in der Freizeit nur in programmatischen Reden, aber nicht bei der sozialen Absicherung Wert geschätzt werden, ist diese Frage ungebrochen mit „ja" zu beantworten. Denn: In Deutschland ist es von den Zahlen her der typische Fall, dass Promovierende auf einer befristeten Planstelle der Universität oder als MitarbeiterIn in einem Forschungsprojekt befristet beschäftigt sind. Je nach Fach und Universität sind diese Stellen mindestens mit einer halben, teilweise einer dreiviertel bis hin zu einer ganzen BAT IIa-Stelle dotiert. Sie sind abhängig von Fach, Universität oder Drittmittelgeber auf meist drei, seltener auch auf bis zu fünf Jahre befristet. Die meisten der über 50.000 Stellen für wissenschaftliche und künstlerische MitarbeiterInnen an den deutschen Hochschulen (2003, ohne Medizin) dürften Promotionsstellen sein (vgl. Tabelle 2: Finanzierungsarten Promotion). Zu einem weit kleineren Teil gibt es Forschungsstellen auch in den außeruniversitären Forschungsinstituten, dort werden Promovierenden gewöhnlich halbe Stellen BAT IIa geboten.[7]

Wie die Tabelle zeigt, gibt es parallel zu angestellten Promovierenden in einem weitaus geringeren Teil auch Stipendien zur Finanzierung der Promotion.[8] Zudem werden, ohne dass es darüber Statistiken gäbe, Doktorarbeiten z.b. auch durch Familienangehörige oder von den DoktorandInnen selbst nebenberuflich und damit durch universitäts- und forschungsfremde Beschäftigungen finanziert. Aufgrund der fehlenden Sozialversicherung zählen diese nicht über Anstellung finanzierten DoktorandInnen nicht zur Gruppe der Erwerbstätigen und ihre Promotionen damit nicht als Arbeit. Dieser formale Unterschied in der Finanzierung hat auch inhaltliche Konsequenzen und bringt weitere strukturelle Benachteiligungen mit sich: Mit der Begründung, dass ein Stipendium eine Konzentration auf die eigene Promotion erlaubt, müssen StipendiatInnen in den meisten Fällen ihren Arbeitsplatz und die benötigte Infrastruktur (Zugang zu Internet, Bibliotheken, Archiven oder Laboren) selbst organisieren und finanzieren und sind nicht wie die wissenschaftlichen MitarbeiterInnen in einen universitären Arbeitsalltag oder in die jeweilige Scientific Community integriert (Fehlende Informationen über und damit geringere Teilnahmemöglichkeiten bei Arbeitsgruppen, Tagungen, Publikationen etc.).

---

[7] Einen wichtigen Aspekt sollten Promovierende und Promovierwillige, aber ebenso auch HochschulpolitikerInnen und -forscherInnen bei der Finanzierungsfrage im Kopf haben: eine Finanzierung aus anderen Quellen spielt nicht nur für eine Minderheit unter den Promovierenden eine Rolle, die nicht in der Wissenschaft Fuß gefasst haben. Denn die Finanzierung über Stellen (ob nun mit Lehrverpflichtung oder in Forschungsprojekten) und auch über Stipendien ist so kurz befristet, dass in den meisten Fällen eine Promotion innerhalb der ausfinanzierten Zeit nicht möglich ist. Zusätzlich werden viele Promotionen unbezahlt geplant, d.h. für die Erarbeitung eines Exposés oder Forschungsantrages werden meist wiederum externe Finanzierungen bemüht. Daher ist es für die meisten Promovierenden Realität, Teile der Promotion über „externe" Finanzierungsquellen abzusichern. Eine „Hauptfinanzierung" wird meist durch relevante Anteile einer „Nebenfinanzierung" ergänzt.

[8] Promotionsstipendien gibt es heutzutage in erster Linie über die von der Deutschen Forschungsgemeinschaft getragenen Graduiertenkollegs, über die Nachwuchsförderung der Länder und über die vom Bundesministerium für Bildung und Forschung finanzierten Begabtenförderwerke.

	Gesamt	%	weiblich	weibl. in %
Befristetes Wiss. und Künstl. Personal an Hochschulen, ohne Medizin (2003)	54.498	100	17.120	31
Davon Stellenplan	21.217	39	6.805	32
Öffentliche Drittmittel	20.308	37	6.406	32
Private Drittmittel	4.268	8	1.200	28
Sonstige	8.705	16	2.709	31
Vollzeit	27.926	51	6.511	23
Teilzeit, mind. 2/3	3.904	7	1.340	34
Teilzeit 1/2 bis unter 2/3	21.183	39	8.661	41
Teilzeit, weniger als 1/2	1.485	3	608	41
Forschungsinstitute (2000)	4.900			
Fraunhofer-Gesellschaft	320	7		
Helmholtz-Gemeinschaft	1.760	36		
Max Planck-Gesellschaft	1.870	38		
Leibniz-Gemeinschaft	950	19		
Stipendien	n. bek.		Ca. 19% Hauptfinanzquelle	
DFG Graduiertenkollegs	4.129		1.671	41
Begabtenförderwerke	2.804		1.319	47
Davon Studienstiftung	810		354	44
Davon Böckler	353		201	57
Nachwuchsförderung Länder	n. bek.			
Externe Finanzierung	n. bek.		Ca. 10% Hauptfinanzquelle	

Tabelle 2: Finanzierungsarten Promotion 2003 bzw. 2000

Quellen

Statistisches Bundesamt, Fachserie 11 / Reihe 4.4 Personal an Hochschulen 2003; Außeruniversitäre Forschung Stand 2000: Wissenschaftsrat 2002, S. 30; DFG-Graduiertenkolleg; Befragung; Begabtenförderwerkezahlen 2003 BMBF; Hauptfinanzierungsquelle nach THESIS-Befragung 2004

Diese strukturelle Benachteiligung erinnert nicht zufällig daran, dass dieselben Tätigkeiten bei Müttern und Hausfrauen im Vergleich zu Erzieherinnen und Haushälterinnen einmal als freiwillige Reproduktionsaufgaben und das andere Mal als Erwerbsaufgaben definiert werden.

Die Finanzierungsarten verteilen sich nicht gleichmäßig über die Fächer: In den Ingenieurwissenschaften, die als Mangelfach definiert werden, werden zu einem weit höheren Prozentsatz volle Stellen vergeben. Sogar in den Graduiertenkollegs, die sonst strikt stipendienbasiert sind, können hier als Ausnahme Stellen ausgeschrieben werden, um die Wettbewerbsfähigkeit zum Arbeitsmarkt der freien Wirtschaft zu erhalten. Die Zahl der Stellen ist hier und in Mathematik- und Naturwissenschaften relativ größer als in den Geistes- und Sozialwissenschaften. Dort ist die Zahl der Stellen geringer und die Bedeutung von Stipendien und externer Finanzierung höher. Allerdings haben die Graduiertenkollegs und die „Eliteprogramme" der Länder Nordrhein-Westfalen, Niedersachsen und Bayern eher einen „bias" zu Mathematik und den Naturwissenschaften. Diese Benachteiligung der Geistes- und Sozialwissenschaften bei den Finanzierungsmöglichkeiten findet sich ebenso in anderen Ländern, z.b. auch in Schweden (vgl. Kupfer/Moes 2004: LINK). Weil in diesen Fächern auch Frauen einen höheren Anteil unter den Promovierenden halten, bedeutet eine Benachteiligung dieser Fächer übrigens indirekt auch eine Benachteiligung der Doktorandinnen. Vielleicht gibt es gerade aufgrund dieser vertrauten strukturellen geschlechtsbezogenen Diskriminierungen so wenige Gegenstimmen gegen die Tendenz, den Ausbau von Stipendien bei Promovierenden voranzutreiben, obwohl die Abwanderung qualifizierter NachwuchswissenschaftlerInnen aus den deutschen Universitäten aufgrund prekärer Arbeitsbedingungen und fehlender Absicherung als massives Problem allen hochschulpolitischen Akteuren bekannt ist.

Anders als die meisten Mütter können auch Promovierende ohne sozialversicherungspflichtige Anstellung die Qualifikation für ihre Tätigkeit nachweisen. Sie haben mit dem Hochschulabschluss ihre wissenschaftlichen Kenntnisse, Fertigkeiten und Fähigkeiten zertifiziert bekommen und arbeiten selbständig und in fachlichen Kontexten an für die Scientific Community relevanten Forschungsfragen, generieren neue Erkenntnisse und entwickeln Methoden weiter. Ohne die entsprechende Qualifikation und die Anbindung an aktuelle Forschungsdiskurse sowie die Anwendung innovativer Perspektiven oder Verfahren werden Doktorarbeiten weder an Universitäten angenommen noch werden Stipendien dafür ausgelobt. In der Frage, was denn nun ein Forscher oder eine Forscherin ist, schließen wir uns der Europäischen Kommission an, die hierfür in ihrer „Empfehlung über die Europäische Charta für Forscher und einen Verhaltenskodex für die Einstellung von Forschern" eine Definition liefert: Demzufolge lautet die Beschreibung von ForscherInnen:

„Spezialisten, die mit der Planung oder der Schaffung von neuem Wissen, Produkten, Verfahren, Methoden und Systemen sowie mit dem Management diesbezüglicher Projekte betraut sind. Spezieller noch bezieht sich diese Empfehlung auf alle Personen, die in Forschung und Entwicklung in jeder Laufbahnstufe unabhängig von ihrer Klassifizierung beruflich tätig sind. Damit sind alle Tätigkeiten einbezogen, die sich auf ‚Grundlagenforschung‘, ‚strategische Forschung‘, ‚angewandte Forschung‘, ‚experimentelle Entwicklung‘ und ‚Wissenstransfer‘ beziehen, wozu auch Innovation und beratende Tätigkeiten, Leitungs- und Lehrtätigkeiten, Wissensmanagement und Management von geistigem Eigentum, die Verwertung von Forschungsergebnissen oder der Wissenschaftsjournalismus gehören. Unterschieden wird zwischen NachwuchsforscherInnen und erfahrenen ForscherInnen:

Nachwuchsforscher sind definiert als Wissenschaftler in den ersten vier Jahren (Vollzeitäquivalent) ihrer Forschungstätigkeit einschließlich der Forschungsausbildungszeit.

Erfahrene Forscher sind definiert als Wissenschaftler mit mindestens vierjähriger Erfahrung in der Forschung (Vollzeitäquivalent) seit Erreichen eines Hochschulabschlusses, der die Zulassung zur Promotion in dem Land, in dem der Abschluss gemacht wurde, gibt, oder bereits promovierte Wissenschaftler, unabhängig davon, wie lange sie zur Promotion gebraucht haben.“ (Europäische Kommission 2005, S. 16f.: LINK)

Die Anerkennung der HochschulabsolventInnen als NachwuchsforscherInnen und damit auch der Promotion als wissenschaftliche Arbeit ist im europäischen Hochschulraum bislang den skandinavischen Ländern und den Niederlanden am besten gelungen. Sie bieten DoktorandInnen nicht nur sozialversichungspflichtige Beschäftigungsverhältnisse, sondern haben darüber hinaus auch noch verschiedene Angebote für eine strukturierte Promotion und Forschungssupervison als Standards etabliert und belegen damit, dass qualifizierte Arbeit und berufliche Weiterbildung sich ergänzen und nicht ausschließen. Wie oben beschrieben, streben auch wir eine Hochschulreform an, die eine solche individuell zu strukturierende Promotionsphase ermöglicht, in der sich selbständige wissenschaftliche Arbeit und Qualifizierung integrieren lassen. Hierzu bedarf es u.E. der Definition und Verankerung eines DoktorandInnenstatus, der trotz der unterschiedlichen Finanzierungs- und Beschäftigungsformen einheitliche Standards etablieren hilft und so mit der Verbesserung der Promotionsbedingungen in Deutschland auch einen Beitrag zu wissenschaftlicher Mobilität und internationaler Zusammenarbeit in Europa leistet.

3.2 Positive Effekte eines (arbeits-)rechtlich verankerten DoktorandInnen-Status

Promovierende befinden sich in sehr unterschiedlichen Situationen, je nachdem, ob sie als Wissenschaftliche MitarbeiterInnen in der Lehre oder in der Forschung beschäftigt sind, ob sie sich über ein Stipendium eines

Graduiertenkollegs oder einer Stiftung finanzieren oder ob sie ihren Lebensunterhalt durch gänzlich promotionsfremde Tätigkeiten sichern müssen. Für die Promotion sind demzufolge nicht nur die Fächerunterschiede, die disziplineigenen „Promotionskulturen" und die persönliche Promotionsintensität prägend, sondern neben der individuellen Betreuung und dem Grad der Integration in die jeweilige Scientific Community vor allem die Art der Finanzierung.

Die Unterschiede sind auch ein Zeichen von Flexibilität in der Promotionsgestaltung und repräsentieren Fächerkulturen ebenso wie individuelle Arbeitsweisen und Bedürfnislagen. Und diese Varianz der unterschiedlichen Promotionswege in Deutschland soll durch einen übergreifenden DoktorandInnen-Status auch nicht nivelliert werden. Es gibt jedoch mehrere gute Gründe, warum ein einheitlicher Rechtsstatus für DoktorandInnen nicht nur für die Promovierenden selbst, sondern auch für die Verbesserung der Promotionsphase an deutschen Universitäten ein Schritt in die richtige Richtung ist.

Erstens werden mit der Etablierung eines DoktorandInnen-Status die Universitäten stärker in die Pflicht genommen, ihre Verantwortung in der Nachwuchsförderung ernst zu nehmen. Die durch das Bundesverfassungsgericht am 27.7.2004 aufgrund der Juniorprofessur für verfassungswidrig erklärte 5. Novelle des Hochschulrahmengesetzes (HRG) beinhaltete auch den völlig unstrittigen § 21 HRG, der die Landesgesetzgeber zur Einführung eines DoktorandInnenstatus aufforderte und den Hochschulen den Auftrag gab, den Promovierenden in Zukunft „forschungsnahe Studien" anzubieten und den „Erwerb akademischer Schlüsselqualifikationen" zu ermöglichen. Dieser Passus harmonierte mit den Empfehlungen von Hochschulrektorenkonferenz und Wissenschaftsrat, neben Promotionskollegs auch Graduiertenzentren einzurichten, die allen Promovierenden einer Universität unabhängig von ihrer Förderung promotionsflankierende Angebote unterbreiten sollen. „Die forschungsbezogene Ausbildung von Doktoranden aufgrund einer kompetitiven Zulassung in Zentren für Doktorandenstudien bringt nicht nur den DoktorandInnen Vorteile einer intensiven interdisziplinären und zeitlich berechenbaren Betreuung. Sie bietet auch strukturelle Vorteile für die Universitäten und ihre Fakultäten/Fachbereiche, indem dadurch international wettbewerbsfähige, profilbildende Schwerpunkte in Forschung und Nachwuchsförderung gegründet oder gestärkt werden können" (HRK 2003, B.IV.1). Neben der Schaffung eines leichteren Zugangs zu forschungsrelevanter Infrastruktur (Bibliothek,

Internet, Archive, Labore etc.) erleichtert diese institutionelle Einbindung über einen formal festgelegten Status die Koordination von Arbeitsgruppen, die Information über und die Einladung zu Tagungen und Kongressen sowie die damit verbundenen Publikationsmöglichkeiten. Generell würde damit also die Präsenz von NachwuchswissenschaftlerInnen in der Scientific Community befördert.

Die stärkere Integration in wissenschaftliche Arbeitszusammenhänge sowie die kollegiale Betreuung im Kontext von Kollegs und Zentren könnte zweitens quasi nebenbei das traditionelle „Lehrlingsmodell" der Promotion ablösen. So würden mit der stärkeren Verpflichtung der Universitäten durch den DoktorandInnenstatus auch Alternativen in der Promotionsbetreuung entwickelt und erprobt werden. Promovierende wären dabei ebenso wie die Hochschullehrenden durch die kollegiale Betreuung mit neuen Formen der Zusammenarbeit und Kooperation konfrontiert. Sie könnten den größeren Spielraum nutzen, ihre Wünsche bei der Auswahl und Mitgestaltung der Graduiertenzentrumsangebote deutlich zu machen und die vorhandenen Strukturen für die eigenen Bedürfnisse weiter auszubauen. Eine solch aktive Beteiligung an der Arbeits(platz)gestaltung könnte die Ausbildung des Qualifikationsprofils von NachwuchswissenschaftlerInnen, wie es der Wissenschaftsrat formuliert, nachhaltig befördern. Demnach sollen Promovierte neben ihrer fachlichen Qualifikation über Vermittlungskompetenzen, Fertigkeiten bei der interdisziplinären Bearbeitung eines Forschungsthemas, Projektmanagementfähigkeiten sowie Erfahrungen in der Mitarbeiterführung, der internationalen Forschungskooperation und zudem auch berufsfeldrelevante Schlüsselqualifikationen verfügen (vgl. WR 2002, S. 48, →Akademische Schlüsselqualifikationen). Zudem muss deutlich werden, dass Weiterbildung im Rahmen wissenschaftlicher Qualifikation nicht länger als Residualkategorie begriffen werden darf, sondern ein Qualitätsmerkmal ist, das für alle qualifizierte Arbeit in der Wissens- und Informationsgesellschaft konstitutiv ist.

Drittens ermöglicht der DoktorandInnenstatus durch die Zuordnung aller Promovierenden zu einer Gruppe, der der Wissenschaftlichen MitarbeiterInnen, die Mitbestimmung in der Hochschule. Neben der Einbeziehung in Gremienarbeit und strukturelle wie inhaltliche Entscheidungsprozesse steht dabei die Interessenvertretung der Promovierenden an erster Stelle. Ein sehr wichtiger Punkt wäre z.B. die Durchsetzung der in Qualifikationsstellen vertraglich zugesicherten Promotions- und Forschungszeiten. Dabei könnte das schwedische Modell die Zielsetzung darstellen, in dem promovierende MitarbeiterInnen maximal ein Viertel ihrer Arbeitszeit für promotionsfremde Tätigkeiten (Lehre, Gremien etc.) aufbringen dürfen.

In Deutschland bleibt bei der vertraglich fixierten Arbeitszeit in den wenigsten Fällen Zeit für die Promotion und eigene Qualifizierung. In den Landeshochschulgesetzen (Moes 2003: LINK) und auch in den Arbeitsverträgen wird dies zwar oft mindestens als Sollbestimmung festgelegt. Die Realität sieht aber häufig genug anders aus. Dies zeigt z.b. die Studie, die unter MitarbeiterInnen der TU Berlin angefertigt wurde, aber auch die Erhebung des Promovierendennetzwerkes THESIS (zu den empirischen Untersuchungen vgl. Kasten). Promovierende werden oft in den Augen der ProfessorInnen, und vielleicht auch in ihrem Selbstverständnis, nicht für die Promotion, sondern nur für ihre Mitarbeit in Forschung, Lehre und universitären Dienstleistungen bezahlt.

Nach unserer Erfahrung besteht das Hauptproblem der Promotion im Rahmen einer Stelle als Wissenschaftliche/r MitarbeiterIn in der zeitlichen Belastung durch „promotionsferne" Tätigkeiten. Die Verpflichtungen im Rahmen einer Planstelle an der Universität beziehen sich meist auf die Lehre, hinzu kommen Prüfungsverpflichtungen und sonstige Serviceaufgaben. Promovierende werden oft ohne Lehrerfahrung ins „kalte Wasser" der eigenständigen Durchführung von Lehrveranstaltungen geworfen. Begleitende Fortbildungen, Beratungsangebote oder Supervision fehlen meist. Zudem werden Promovierenden teilweise unbeliebte Veranstaltungen oder Themen zugeordnet. Daher ist die Lehre in den ersten Jahren für sie unter Umständen sehr zeitaufwändig. Hinzu kommen Korrektur von Klausuren, Betreuung von Labor- oder Hausarbeiten und Prüfungsbeisitz, dazu die Mitarbeit in akademischen Gremien. Diese Belastungen erhöhen sich durch die Überlast an den Universitäten und die Stellenkürzungen, die oft zuerst auf die Wissenschaftlichen MitarbeiterInnen durchschlagen. Ähnliches gilt für MitarbeiterInnen in drittmittelfinanzierten Forschungsprojekten an der Universität: Auch für sie verschärfen sich die Arbeitsbedingungen durch Unterfinanzierung der Universitäten, verkürzte Förderzyklen, verstärkten Aufwand durch Zwischenberichte und -evaluationen etc. Eine Vertretung der Interessen der DoktorandInnen wäre durch die Anerkennung als Statusgruppe einen großen Schritt weitergebracht.

Doch obwohl einige Länder diese Neuerung im Bereich der Promotionsphase auch schon in ihre Landeshochschulgesetze übernommen hatten, sind wir von einer bundeseinheitlichen Regelung des DoktorandInnen-Status leider weiter als zuvor entfernt (vgl. Moes 2003: LINK). Dabei erfordern gerade die angestrebten Reformen in Folge der Entwicklung des europäischen Hochschulraums eine ideelle und formale Wertschätzung der Arbeitsleistungen von Promovierenden, die sich auch an sozial abgesicherten Arbeitsplätzen mit Mitbestimmungsmöglichkeiten und planbaren Karrierewegen zeigt. Die Attraktivität des Arbeitsplatzes Hochschule lässt im Vergleich mit der außeruniversitären Forschung oder anderen Ländern zu wünschen übrig (Enders/de Weert 2004). Wäre es nicht an der Zeit, dies zu ändern?

4   Aufbau und Nutzung des Buches

Die Umbruchssituation im deutschen Bildungssystem gibt uns Promovierenden die Chance bei den Reformen mitzudiskutieren, eigene Positionen zu entwickeln und diese auch öffentlich zu vertreten. Als in der GEW-Projektgruppe zusammengeschlossene DoktorandInnen und DoktorInnen haben wir nicht nur während unserer eigenen Promotionen vielfältige Erfahrungen mit der Strukturvielfalt und teilweise -willkür sammeln können, sondern wir setzen uns seit nunmehr über zwei Jahren auch intensiv mit den hochschulpolitischen Diskussionen zur Promotionsphase in Deutschland auseinander. Neben der Studie „Promovieren in Europa" (Kupfer/Moes 2004: LINK), der Synopse zu den Ländergesetznovellen mit Promotionsbezug (Moes 2003: LINK) und der Veröffentlichung verschiedener Positionspapiere als Beitrag von Promovierenden ist dieses Handbuch nun ein weiteres Projekt zur Artikulation von Interessen und Erwartungen von Promovierenden in die Reformbemühungen. Auf der Basis breiter Informationen über gegenwärtige Rahmenbedingungen des Promovierens in Deutschland verfolgen wir mit diesem Buch auch immer das Ziel, mehr Promovierende zu einer gemeinsamen Vertretung ihrer Interessen zu motivieren. Das Handwerkszeug liefern wir mit diesem Buch: Informationen über inländische und ausländische Bedingungen des Promovierens, Positionen und Recherchehilfen. Wenn das Handbuch seinen Zweck erfüllt, dann ist es ebenso eine Anregung zur hochschulpolitischen Auseinandersetzung wie eine Hilfe für die eigene Promotion.

Promovierende MedizinerInnen brauchen zusätzlich andere Ratgeber!

Dieses „Handbuch Promovieren" ist für Promovierende aller Fächer als Hilfestellung gedacht, aber dennoch: Medizinische Promotionen finden innerhalb deutlich anderer Rahmenbedingungen statt als in den anderen Disziplinen.

■ MedizinerInnen können auf eine lange Tradition bei dem Erwerb des Doktortitels zurückblicken. Im Alltagsverständnis wird die Betitelung Herr Doktor oder Frau Doktor oft synonym zu ÄrztInnen verwandt und diese Tatsache verweist auf eine Art Normalitätserwartung, dass MedizinerInnen auch promoviert sind. Diesem Image folgend beginnen auch mehr als 95% aller MedizinstudentInnen eine Doktorarbeit, meist im Laufe des klinischen Studiums. Bis zu 80% eines Jahrgangs beenden auch innerhalb ihres Studiums ihre Doktorarbeit – nur ein Bruchteil strebt aber eine wissenschaftliche Karriere an.

■ Die Möglichkeit, schon während des Studiums eine Promotionsarbeit anzufertigen, gibt es in der BRD neben der Medizin nur noch in der Zahnmedizin. In vielen Ländern wie z.B. in den USA oder England erwirbt man den medizinischen Doktortitel durch erfolgreichen Abschluss des Medizinstudiums. Der wissenschaftliche Doktortitel ist dort für Mediziner wie für alle Naturwissenschaften der PhD. Auch in Deutschland wird inzwischen über eine solche Trennung von Doktortiteln für die medizinische Praxis und solchen für die medizinische Wissenschaft diskutiert (vgl. http://www.zeit.de/2004/08/M-Einh_8aupl-Interview (18.08.05))

■ Der Anteil der Promotionen in Human- und Veterinärmedizin an der Gesamtzahl der Promotionen ist von fast 50% im Jahr 1985 auf ein Drittel im Jahr 2003 gesunken, d.h. die Promotionszahlen sind in den anderen Fächern sehr viel stärker gestiegen. Dieses Handbuch richtet sich entsprechend dieser Tendenzen insbesondere an Promovierende, für die die Promotion nach Abschluss ihres Studiums eine eigenverantwortliche wissenschaftliche Arbeit darstellt und nicht „nur" ein Qualifikationslabel.

Wir haben uns daher entschieden, die medizinischen Fächer in diesem Handbuch nicht extra zu berücksichtigen, auch wenn Teile dieses Buches auch für Promovierende in Medizin wichtig sein können. Daher verweisen wir für spezifische Bedingungen in medizinischen Fächern auf entsprechend spezialisierte Ratgeber.

Promotionsratgeber speziell für Medizin:

Giebel, Werner/Galic, Mirco (2000): Die medizinische Doktorarbeit. Stuttgart: Kohlhammer.
Weiß, Christel/Bauer, Axel (22004): Promotion – Die medizinische Doktorarbeit: von der Themensuche bis zur Dissertation. Stuttgart: Thieme-Verlag.
Wittekind, C./Benicke, M./Kaasch, A./ (2004): Die medizinische Promotion. Leitfaden zum Erfolg. Basel.

LINKS

http://www.medidiss.de/ (16.06.05) konzentriert sich vor allem auf das Promovieren an der Universität Köln, gibt aber einen Überblick über die Formalia medizinischer Promotionen, wenn einen die neoliberalististischen Tendenzen nicht stören.

Das Handbuch gliedert sich in sechs Themencluster, die sich an die Annahme einer Chronologie bei der Planung und Durchführung einer Promotion anzulehnen versuchen.

Cluster A: Promotionsplanung

Cluster B: Finanzierung und soziale Absicherung

Cluster C: Promotionsprozess

Cluster D: Schlüsselqualifikationen

Cluster E: Internationalität

Cluster F: Publikationen und Professionen

Da es aber nicht nur im Leben, sondern auch beim Promovieren häufig anders kommt als ursprünglich gedacht, gibt es keine feste Reihenfolge, in der das Buch rezipiert werden sollte. Die Einzelartikel sind so ausgewählt, dass sie sich gezielt mit spezifischen Aspekten der Promotion auseinander setzen, Ist-Zustände beschreiben und Informationen zu den vielfältigen Aspekten des Promovierens geben. Obwohl jeder Artikel in sich geschlossen ist, werden Überschneidungen zu anderen Themengebieten im Text durch einen Pfeil in Klammern (→z.B. ...) markiert. Wie aus Lexika gewohnt, ermöglichen diese Querverweise ein selektives Lesen entsprechend der eigenen Interessenlagen. Zudem sind zum Schluss jedes Artikels weiterführende Literatur und Links zu Internetadressen aufgeführt. Um die Texte nicht mit mehrzeiligen Ungetümen von Internetadressen zu verunstalten, finden sich im Fließtext immer dann eine solche Klammer: (LINK), wenn am Ende des Artikels eine Webadresse zu dem vorstehenden Themengebiet angegeben ist.

Cluster A und F sind aufgrund ihrer großen thematischen Varianz mit einer kurzen Einleitung versehen, in der das Themenspektrum verdeutlicht und in die Intentionen der Einzelartikel kurz eingeführt wird. Die Cluster B bis E haben statt einer Einleitung einen Leitartikel, in dem neben der Beschäftigung mit dem zentralen Thema auch auf die folgenden Einzelaufsätze verwiesen wird. Diese einführenden Texte sind jeweils durch ihre Nummerierung A1, B1, C1 usw. zu erkennen.

Die Vielzahl der AutorInnen spiegelt die große Bandbreite an unterschiedlichen Rahmenbedingungen, Einflüssen und Wissensgebieten, durch die die Promotionsphase in Deutschland gekennzeichnet werden kann. Wir haben uns bemüht, ExpertInnen zu Wort kommen zu lassen, die aufgrund ihrer Erfahrungen nicht nur institutionelle Bedingungen, Regelwerke oder Routinen beschreiben, sondern auch die Formen der Umsetzung mit den Möglichkeiten und Grenzen thematisieren und kritisieren können. Trotz der Varianz der Artikel lassen sich dabei zwei Beitragsformen unterscheiden. Zum einen gibt es Themenartikel, die einen Überblick über spezifische Sachverhalte (z.b. →Promovieren und soziale Absicherung oder →Publizieren) geben. Diese Beiträge zielen neben der umfassenden Information immer auch auf die Beurteilung und Interpretation von Gegenständen und Prozessen. Zur Illustration des Gesagten und zur Verdeutlichung unterschiedlicher Wege und Ausprägungen von formalen Gegebenheiten sind in diesen Themenartikeln Beispiele aufgeführt, die im Text grau unterlegt sind.

Die zweite Sorte von Beiträgen sind ausgewählte Fallbeispiele: Die AutorInnen berichten von persönlichen Erfahrungen mit Herausforderungen in ihrem Promotionsprozess (z.b. →Interview mit einem promovierenden FH-Absolventen) oder über spezifische Angebote im Promotionskontext (z.b. →Academic Consult). Mit diesen Fallbeispielen wird auch dem informellen Wissen Raum gegeben und so die Themenartikel, die stärker auf die Vermittlung von Fachwissen setzen, ergänzt.

Einen „Ratgeber" im engen Sinn soll dieses Handbuch nicht darstellen; es bestehen auch berechtigte Zweifel, inwieweit eine Ratgeberliteratur mehr erreicht als einen gewissen Umsatz auf dem Büchermarkt. Um die Promotionsphase zu verbessern bedarf es nicht eines Buches, sondern besserer sozialer und materieller Rahmenbedingungen. Wenn dieses Buch mit seinen Informationen und den Fragen, die es aufwirft, wirklich einen Nutzen hat, dann den, Promovierenden Zeit zu ersparen. Zeit, die sie zur Recherche der hier gesammelten Informationen brauchen würden. Zeit, die es kostet, wenn man sich nicht beizeiten die wichtigen Fragen stellt – und sie auch beantwortet. So „ersparte" Zeit und Energie kann dann als „Eigenzeit" genutzt werden oder – und das wäre sehr in unserem Sinne – zur aktiven Mitgestaltung gut strukturierter und in Arbeitskontexte eingebundener Promotionen mit Perspektive.

Literatur

Enders, J. & E. de Weert (2004) The International Attractiveness of the Academic Workplace in Europe, Frankfurt/Main: Gewerkschaft Erziehung und Wissenschaft (GEW).

Europäische Kommission (2002): Towards a European Research Area. Science Technology and Innovation. Key Figures 2002. hftp://ftp.cordis.lu/pub/indicators/docs/ind_kf2002.pdf (13.05.05).

Heublein, Ulrich, Robert Schmelzer und Dieter Sommer (2005): Studienabbruchstudie 2005.
Die Studienabbrecherquoten in den Fächergruppen und Studienbereichen der Universitäten und Fachhochschulen. Hochschulinformationssystem (HIS), Hannover. Kurzinforma-
tion A 1/ 2005. http://www.his.de/Abt2/Foerderung/pdf/Kia/kia200501.pdf (08.03.05).

Hochschulrektorenkonferenz (2003): Zur Organisation des Promotionsstudiums. Entschließung
des 199. Plenums vom 17./18.2.2005 http://www.hrk.de/de/download/dateien/Promotion.pdf
(08.03.05).

Hoffer, Thomas B., et al. (2004): Doctorate Recipients from United States Universities: Summary
Report 2003; Chicago (National Opinion Research Center) http://www.norc.uchicago.edu/
issues/sed-2003.pdf (08.03.05).

Kommission der Europäischen Gemeinschaften (2005): Empfehlung über die Europäische
Charta für Forscher und einen Verhaltenskodex für die Einstellung von Forschern. Brüssel;
http://europa.eu.int/eracareers/pdf/Recommendation_code_charter_DE_final.pdf (12.05.05).

Kupfer, Antonia/Moes, Johannes (2004): Promovieren in Europa. Ein internationaler Vergleich
von Promotionsbedingungen. 2., überarb. Aufl.; Frankfurt/Main (GEW MatHoFo 104);
http://www.promovieren.de.vu/pie.pdf (08.03.05).

Moes, Johannes (November 2003): Promotionsreform in der Landesgesetzgebung. Synopse der
Hochschulgesetze der Länder und ihrer Anpassung an die Novellen des Hochschulrahmengesetzes im Bereich Promotion. http://www.promovieren.de.vu/Material/promotion-in-
lhgn-2003.pdf (08.03.05).

Nerad, Maresi (2002): The PhD in the US: Criticisms, Facts and Remedies; in: Jürgen Enders und
Egbert de Weert (Hg.): Science, Training and Career - Changing Modes of Knowledge Production and Labor Markets. Proceedings of an International Workshop; Enschede (University of
Twente: CHEPS); 81-108; http://www.utwente.nl/cheps/what's_new/latest_news/careercon-
ference/endersconference1-German.pdf (08.03.05).

OECD (2001): Education at a glance. Table C4.1; Graduation rates in tertiary education (1999);
Advanced research programmes; Ph.D or equivalent http://www.oecd.org/dataoecd/27/
28/2672216.xls (08.03.05).

THESIS (2004): „Zur Situation Promovierender in Deutschland. Ergebnisse der bundesweiten
THESIS-Doktorandenbefragung" (duz Special) http://www.duz.de/docs/downloads/
duzspec_ promov.pdf (08.03.05).

Wissenschaftsrat (2002): Empfehlungen zur Doktorandenausbildung; Saarbrücken Drs. 5459/02;
http://www.wissenschaftsrat.de/texte/5459-02.pdf (08.03.05).

LINKS

Informationen zu medizinischer Promotion: http://www.medidiss.de/ (16.06.05).

Statistisches Bundesamt (2004): Prüfungen an Hochschulen 2003; Fachserie 11, Reihe 4.2.
Wiesbaden Gratis Download über den Statistik-Shop unter http://www.destatis.de
(16.06.05).

A Promotionsplanung

Einführung – Zur Komplexität der Herausforderungen des Promovierens

Sandra Tiefel

Bei der Überlegung, ob eine Promotion das Richtige für die eigene Lebens- und Berufsplanung ist, gibt es eine Menge verschiedener Aspekte zu bedenken. Der Doktortitel verspricht ganz allgemein die Verbesserung der beruflichen Karriere, eine Erhöhung der sozialen Anerkennung und damit auch die Steigerung gesellschaftlicher Einflussmöglichkeiten. Ohne dass es dabei offen thematisiert wird, steht hinter dieser ungebrochenen Karrierevorstellung oft das neoliberale Bild eines jungen, dynamischen, ungebundenen, flexiblen und mobilen Mittzwanzigers als Leistungsträger der deutschen Wirtschaft und Wissenschaft. Die Erfahrungen zeigen aber, dass die Promotion keineswegs ein Karrieregarant ist, gerade auch für Menschen mit ungeraden Lebens- und Berufswegen, dass Promovierende mit Phasen fehlender finanzieller und sozialer Absicherung zu rechnen haben und dass prekäre Beschäftigungsverhältnisse insbesondere im Wissenschaftsbetrieb auch mit dem Doktortitel nicht der Vergangenheit angehören. Zudem vergehen, bis die Doktorarbeit geschrieben und veröffentlicht ist, in der Regel fünf bis sechs Jahre.

Und so ist es ratsam, nicht nur über die Zukunft nach der Promotion und die sich damit bietenden Möglichkeiten nachzudenken, sondern auch für die Gestaltung der Promotionszeit Pläne zu machen. Das Promovieren ist eben nur in einzelnen Tätigkeiten dem Studieren ähnlich; von der Grundstruktur ist es selbstverantwortete wissenschaftliche Arbeit. Unabhängig davon, wie die Promotion finanziert wird (→Finanzierung der Promotion) und inwieweit dabei arbeitsrechtliche und sozialversicherungsbezogene Aspekte Berücksichtigung finden (→Promovieren und soziale Absicherung, →Arbeitsrechtlicher Rahmen und Steuerrecht), verlangt der „Promotionsjob" ebenso wie andere akademische Berufe Eigeninitiative und Netzwerkarbeit, kollegiale Zusammenarbeit und hierarchische Einordnung, Präsentations- und Öffentlichkeitsarbeit, engagierte Weiterbildung und Wissenserwerb sowie auch promotionsferne Verpflichtungen wie Koordinations- und Organisationsaufgaben oder administrative Tätigkeiten.

Und so sollten sich alle bei der Planung einer Promotion nicht nur mit den wissenschaftlichen Anforderungen und den formalen Zulassungskriterien (Studienabschlüsse, Güte des Forschungsvorhabens, Einbindung in Fachkultur und Netzwerke etc.) beschäftigen, sondern auch persönliche Bedingungen, Interessen und Voraussetzungen kritisch überdenken. Denn erst mit dem Wissen über potentielle Schwierigkeiten und Behinderungen, die sich aus der persönlichen Lebensgestaltung ergeben, lassen sich frühzeitig Lösungs- und Bewältigungsstrategien für gelingende Promotionsphasen entwickeln.

Promovieren als Arbeit zu verstehen, verdeutlicht die Komplexität, mit der Promovierende und solche, die es werden wollen, sich auseinander setzen müssen. Das Cluster A zu dem Themenkomplex wissenschaftliche, formale und persönliche Voraussetzungen der „Promotion(splanung)" greift die verschiedenen Herausforderungen, denen sich Promotionswillige stellen müssen, auf und gibt in den folgenden Artikeln und Fallbeispielen Anregungen, Denkanstöße und Hilfestellungen zur Promotionsplanung.

Zunächst geht es wie bei jeder anderen Jobsuche darum, die eigenen Kenntnisse und Kompetenzen, das Wissen über die spezifische Thematik und das Interesse an den Arbeitskontexten und -aufgaben einzuschätzen. Artikel →A2 „Motivation, Themen und BetreuerInnenwahl für eine Promotion" von Wolfgang Adamczak sowie Artikel →A3 „Das Exposé „Ja, mach nur einen Plan..." von Ulrich von Alemann bieten Informationen und Reflexionshilfen, um sich über die eigenen wissenschaftlichen Motive und Fähigkeiten ein Bild zu machen. Zudem verdeutlichen sie die fächerübergreifenden Anforderungen bei der ersten Schwelle zur Promotion: das Finden eines Betreuers/einer Betreuerin und das Verfassen eines Exposés über das Forschungsvorhaben.

Nachdem Promotionswillige einen Doktorvater oder eine Doktormutter von ihrem fachlichen Interesse (Kenntnisse über aktuelle Diskurszusammenhänge in der gewählten Disziplin und Spezialisierung, Freude an Recherche, Literatur- oder Archivarbeit etc.) und der wissenschaftlichen Eignung (Forschungserfahrung und -kompetenzen, Publikations- und Präsentationsfertigkeiten usw.) überzeugt haben, gilt es sich möglichst frühzeitig mit den formalen Regelungen, die die Zulassung zur Promotion gestalten, vertraut zu machen. Oftmals ist der Nachweis des (u.U. herausragenden) Hochschulabschlusses nur eine von vielen administrativen Hürden, die es im Verlauf des Promovierens bis zur Abschlussprüfung (→Disputation oder Rigorosum?) zu überwinden gilt. Die Artikel A4 bis A6 beschäftigen sich mit dieser formalen Seite der Promotion: Peter Fischer gibt einen Überblick darüber, was →Promotionsordnungen regeln und verdeutlicht, dass alle Promovierenden sich gerade aufgrund der großen Varianzen in Folge der Bildungshoheit der Länder und der Autonomie der Universitäten frühzeitig mit ihren jeweiligen Ordnungen beschäftigen sollten, da hier Spielräume sind, die mit Zeit und Gremienkenntnissen zu nutzen sind. Heike Brand und Markus Werner geben Informationen und Tipps zur Promotionszulassung von FachhochschulabsolventInnen (→Promovieren mit Fachhochschulabschluss; →Interview mit einem promovierenden FH-Absolventen) und machen ihnen Mut, sich nicht durch bürokratische Auflagen abschrecken zu lassen.

Und schließlich fordert das Promovieren Zeit – viel Zeit – und Promotionsinteressierte sollten sehr genau darüber nachdenken, wie viel Raum sie der Dissertation in ihrem Leben geben wollen oder können. Eine Wochenarbeitszeit unter 20 Stunden fürs Promovieren aufgrund von anderen privaten oder beruflichen Verpflichtungen (Elternschaft, Pflegeaufgaben, Berufstätigkeit etc.) muss als Teilzeitpromotion bewertet werden, die dementsprechend länger dauern wird als die in öffentlichen Diskussionen fantasierten dreijährigen Promotionszeiten. Eine Promotion ist aufwändig und Ressourcen verschlingend, beeinflusst das Denken, Arbeiten und Leben über einen längeren – im Vorhinein nicht bestimmbaren – Zeitraum hinweg und konkurriert mit Freizeit und Sozialzeit. Und so brauchen nicht nur Berufstätige, familiär Gebundene oder Menschen, die durch andere Handicaps behindert werden, Kenntnisse über unterstützende Strukturen und institutionelle Ressourcen, die es ihnen möglich machen, neben ihrer Rolle als DoktorandIn auch noch in anderen „Stücken" mitzuspielen. Informationen über und Anregungen für die Vereinbarkeit der Promotion mit dem übrigen Leben geben die Artikel A7 bis A9. Andrea Adams reflektiert die hemmenden und fördernden Strukturen einer geschlechtshierarchischen Gesellschaft unter dem Titel →Promotion und Geschlechterverhältnis. Sie stellt die Vor- und Nachteile deutscher Frauenförderprogramme im internationalen Vergleich vor und diskutiert darüber hinaus die Problematik geschlechtlicher Zuschreibungen für die einzelnen Individuen im Wissenschaftsbetrieb. Somit ist dieser Artikel auch für Männer interessant, die nicht dem männlichen Ideal „jung und ungebunden" entsprechen wollen oder können. Stefan Matysiak verdeutlicht mit seinem Artikel →Promotion und Behinderung eine weitere Spielart struktureller Benachteiligung, die sich auch in der Wissenschaft reproduziert, und zeigt Möglichkeiten des individuellen Umgangs mit und der politischen Einflussnahme gegen Diskriminierungen auf. Und der letzte Artikel dieses einführenden Themenclusters setzt sich mit den Herausforderungen, denen sich promovierende

Eltern stellen müssen, auseinander. Kinder sind neben Geschlecht und Behinderung das dritte Handicap für eine Promotion in Bestzeiten und bedürfen zusätzlicher Ressourcen. Ulrike Briede macht in ihrem Aufsatz →Promovieren mit Kind auf die strukturellen Hindernisse aufmerksam, gibt Informationen und Tipps zur individuellen Bewältigung von Vereinbarkeitsanforderungen und zeigt notwendige Reformen auf.

Motivation, Themen- und BetreuerInnenwahl für eine Promotion

Wolfgang Adamczak

1 Motivation und Gründe für eine Promotion

Wenn sich das Studium dem Ende zuneigt und das Examen vor der Tür steht, stellt sich die Frage, was danach kommen soll. Mit dem Examen ist die wissenschaftliche Pflichtaufgabe erfüllt. Macht es Sinn, dem nun eine „Kür" folgen zu lassen und noch eine Promotion anzustreben? Eine Promotion ist keine Voraussetzung, um ein guter Mensch zu sein. Oft ist sie aber hilfreich oder sogar notwendig:

- Sie wollen Ihre Berufsaussichten verbessern, denn ohne Promotion bekommen Sie in manchen Berufsfeldern keinen Job, z.B. in Fächern wie Chemie oder Kunstgeschichte.
- Wenn Sie eine akademische Laufbahn einschlagen wollen, geht das ohne Promotion auf keinen Fall.

Es gibt weitere Gründe zu promovieren:

- Eine Professorin oder ein Professor bietet Ihnen eine Promotion an und signalisiert Ihnen damit entgegen Ihres kritischen Selbstbilds, dass er Sie für eine Promotion geeignet hält.
- Sie wollen nach einer Zeit beruflicher Praxis dort gewonnene Erfahrungen mit einer Promotion wissenschaftlich aufarbeiten.

Es gibt einen außerordentlich ehrenwerten Grund für die Promotion:

- Forschungsfragestellungen lassen Sie nicht mehr los, ein spezielles Thema will weiter bearbeitet werden, damit Sie erfahren, „was die Welt im Innersten zusammenhält". Daher wollen Sie auch in Zukunft mit Forschung befasst sein! Da Sie schon in wissenschaftlichen Zeitschriften publiziert und auf wissenschaftlichen Konferenzen vorgetragen haben, haben Sie das Gefühl, dass diese Arbeitszusammenhänge auch ein Teil Ihrer weiteren Lebensperspektive werden sollten.

Es gibt allerdings auch schlechte Motivationen, eine Promotion angehen zu wollen:

- Sie wissen nicht, was Sie sonst machen sollen. Ihre Bewerbungen sind bisher erfolglos geblieben, also suchen Sie zur „Überbrückung" ein Dissertationsthema, um etwas Sinnvolles zu machen.

- Oder Sie wollen den „Praxisschock", den Übergang ins Berufsleben vermeiden, befassen sich erst gar nicht mit einer möglichen Berufstätigkeit außerhalb der Hochschule und wollen lieber in vertrauter Umgebung weitermachen.

Bewusst sollte Ihnen auf jeden Fall sein, dass eine Entscheidung für eine Promotion keine größere Jobsicherheit bringen wird. Sie bietet Ihnen allenfalls eine Erweiterung von Jobmöglichkeiten!

2 Wie kann ich abwägen, ob eine Promotion für mich das Richtige ist?

Bevor Sie im Überschwang der Gefühle und angesichts der sehr guten Note Ihrer Abschlussarbeit auf eine Promotion zusteuern, sollten Sie sich selbstkritisch beurteilen. Schon während des Studiums haben Sie, wenn Sie ehrlich sind, feststellen können, ob Sie ein Typ sind, der für die Forschung geeignet ist. Es gibt durchaus Kriterien, anhand derer Sie dies prüfen können:

- Sind Sie nicht nur kreativ und mit der nötigen Portion Neugier ausgestattet, sondern können Sie auch Fragestellungen entwickeln, die etwas Neues erschließen helfen?
- Können Sie Ihre Ideen auch operationalisieren, in abarbeitbare, zeitlich zu bewältigende Arbeitsschritte herunterbrechen?
- Beherrschen Sie den Fakten- und Methodenkanon Ihres Faches (und angrenzender Fächer)? Können Sie Fragen nicht nur stellen, sondern auch beantworten? Sind Sie in der Lage eine durchaus längerfristige Forschungsstrategie zu entwickeln?
- Ist Ihre eigene Arbeit durch Kontinuität und Beharrlichkeit gekennzeichnet? Verlieren Sie den roten Faden nicht?
- Können Sie Rückschläge ertragen, Sackgassen verlassen und Phasen der scheinbaren Unproduktivität überbrücken?
- Können Sie verschiedene Dinge, die zur Promotion oder zur weiteren Qualifikation gehören, parallel tun, ohne sich zu verzetteln?
- Sind Sie in der Lage, präzise und auf das Wesentliche konzentriert in Wort und Schrift zu kommunizieren, um andere von Ihren Ideen, Arbeitswegen und Ergebnissen zu überzeugen?
- Können Sie dies in angemessener und/oder begrenzter Zeit bewältigen oder treten immer wieder Schreibblockaden auf?

- Haben Sie schon einmal außerhalb der eigenen Universität vor einem unbekannten und fachkundigen Publikum vorgetragen? Haben Sie dort erkennen können, was die Benotungen Ihrer akademischen Prüfungen wirklich wert waren?
- Können Sie die eigenen Ideen, Arbeitswege und Ergebnisse kritisch auf ihre Richtigkeit, Neuigkeit und Produktivität überprüfen? Sind Sie für die Kritik anderer offen? Inwieweit stimmt Ihre eigene Selbsteinschätzung mit Fremdeinschätzungen überein: Sind Sie vielleicht zu bescheiden und ausbeutbar oder sind Sie zu selbstbewusst und für Kritik nicht empfänglich?
- Können Sie entscheiden, wann Sie etwas Wesentliches in der wissenschaftlichen Arbeit erreicht haben und können Sie diesen Teil dann auch mit gutem Gewissen abschließen?

Weitere Fragen müssen abgewogen werden. Eine davon betrifft das Alter. Mit wem werden Sie am Ende Ihrer Promotion um Jobs konkurrieren, wie alt werden diese KonkurrentInnen im Vergleich mit Ihnen dann sein? Ist die Lebenserfahrung, die Sie mit dem höheren Alter vielleicht haben, ein Vorteil gegenüber den KonkurrentInnen? Mit einem Alter von 30 Jahren und mehr zum Beginn der Promotion sinken in Deutschland die Möglichkeiten der Finanzierung einer Promotion. Wie alt sind Sie bei Beginn, wie alt werden Sie beim Abschluss der Promotion sein? Wenn Sie also älter sind und eine Promotion beginnen wollen, welche alternativen Finanzierungsmöglichkeiten gibt es dann für Sie?

Welche beruflichen Perspektiven öffnen sich mit einer Promotion außer einer akademischen Karriere? Die Regel ist, dass ohne Promotion keine akademische Karriere eingeschlagen werden kann, aber mit dem Doktortitel auch andere Wege offen sind. Mit einer Promotion haben Sie auf vielen Gebieten Berufschancen, die Sie auch ohne Promotion hätten. Das fängt beim Lehramt an und hört nicht bei der Freiberuflichkeit auf. Zunehmend gibt es Positionen in Behörden, Museen, Firmen, politischen Parteien und wissenschaftliche Diensten, für die eine Promotion von Vorteil oder sogar notwendig ist. Sie sollten, wenn Sie in der Endphase Ihres Studiums sind, berufskundliche Angebote (auch z.B. der Bundesagentur für Arbeit) nutzen, um sich einen besseren Entscheidungshintergrund zu verschaffen.

Wichtig ist auch die Frage, welche beruflichen Perspektiven sich vielleicht durch die Spezialisierung und ein damit fortgeschrittenes Alter verschließen. Sind Sie z.B. mit der Promotion ein besserer Lehrer als ohne?

Und nicht nur, aber insbesondere für Frauen ist eine weitere Frage ganz entscheidend: Was bedeutet die Promotion für die Familienplanung? Sind Kinder gewünscht? Wann ist der „richtige" Zeitpunkt zum Kinderkriegen (verpasst)? Wie sollte ggfs. die Zeit der Schwangerschaft und Geburt und die ersten Lebensmonate eines Kindes von Mutter und Vater so organisiert werden, dass Elternschaft und Promotion sich nicht ausschließen?

3 Wie finde ich das richtige Thema?

Oft entwickelt sich schon während der Diplom- oder Magisterarbeit ein Promotionsthema, das an die Examensarbeit anschließt. In den Technik- oder Naturwissenschaften wird z.b. von Betreuer oder Betreuerin häufig ein Thema vorgeschlagen. Ein gesichertes Fundament für das weitere wissenschaftliche Fortschreiten ist sicher gut. Es spricht allerdings nicht für eine kreative wissenschaftliche Karriere, ein noch so interessantes Forschungsfeld bis zur „fünfzehnten Stelle hinter dem Komma" auszubeuten. Die Selbstständigkeit bei der Findung und Definition des Themas, Ihre Kreativität, Ihre realistische Einschätzung der Ergiebigkeit und Realisierbarkeit des gewählten Arbeitsvorhabens sprechen für Sie. Sie sollten sich daher fragen, ob und wie Sie Ihre eigene wissenschaftliche Kompetenz durch die Wahl des Themenfeldes auch in Hinsicht auf „neue Horizonte" (Themen, Fragestellungen, Methodiken) erweitern können.

Die Diskussion und der Kontakt mit WissenschaftlerInnen im eigenen Umfeld und an anderen Orten, der Besuch von Tagungen und Konferenzen tragen dazu bei, die Entscheidung für ein Promotionsthema zu befördern. Wenn das Thema eingekreist und als neu und innovativ verifiziert worden ist, sollten Sie klären, in welchem Umfeld die Promotion am besten durchgeführt werden könnte.

Kategorie Geschlecht – kein Thema?

Geschlechterforschung ist populär – in den letzten zwanzig Jahren sind unzählige Forschungsarbeiten zu Themen der Frauen-, Männer und Geschlechterforschung erschienen. Trotzdem hat sich die Forderung, die Kategorie Geschlecht nicht nur in einzelnen Studien speziell zu diesem Thema, sondern generell in jegliche Forschungsarbeit zu integrieren, noch nicht umfassend durchgesetzt. „In meinem Forschungsprojekt geht es nicht um Frauen, also muss ich mich mit diesem Geschlechterkrams auch nicht beschäftigen", mag der eine oder die andere sich denken. Geschlechterforschung, bzw. „Geschlecht" als forschungsrelevant mitzudenken bedeutet aber mehr als die Situation von Frauen darzustellen. Anfangs richtete die Frauenforschung zwar ihren Fokus hauptsächlich auf die soziale Lage von Frauen, verstand sich aber trotzdem nie als bloßes „Beiwerk" zu einer ansonsten als

„allgemeingültig" definierten Forschung. Forschung über Frauen macht stets auch Aussagen über gesamtgesellschaftliche Zusammenhänge. Beispiel Geschichtswissenschaften: Die Erkenntnis, dass die „Menschenrechte" der Französischen Revolution Frauen ausschlossen und nur gleiche Rechte für männliche Franzosen bedeuteten, besagt allgemein etwas über Erfolg und Konzept des Projekts Aufklärung, nicht nur etwas über die Geschichte von Frauen.

Forschung wird erst dann Kriterien von Wissenschaftlichkeit gerecht, wenn sie ihre Voraussetzungen und ihr Erkenntnisinteresse reflektiert. Ein Faktor, der maßgeblich Realität und das Wissen darüber beeinflusst, ist Geschlecht. Eine bewusste oder unbewusste geschlechtliche Zuordnung fällen wir über uns oder andere mehrmals täglich. Es gilt einen Ansatz zu verfolgen, der die Relevanz dieser Einordnungen mitdenkt. Das heißt, die vielschichtigen Bedeutungen zu untersuchen, die gesellschaftliche Konzepte von „Weiblichkeit" und „Männlichkeit" haben können, sowie die konkreten Folgen für Männer und Frauen mit einzubinden. „Geschlecht" formt die Entstehungsweise gesellschaftlicher Bedingungen – und damit auch der Machtverhältnisse – wesentlich, denn die Art und Weise, wie „Männlichkeit" und „Weiblichkeit" definiert werden, welche Vorurteile und Urteile über Frauen und Männer existieren, haben Auswirkungen darauf, wie diese leben. So haben Studien in den Sozialwissenschaften gezeigt, dass die bei vielen Männern ausgeprägte Orientierung an Erwerbsarbeit und das Bild des familiären Alleinernährers Auswirkungen darauf haben, wie aktiv Männer ihre Vaterschaft ausüben können oder wollen. Bei Frauen wird eine ausgeprägte „Erwerbsneigung" dagegen nicht immer als ebenso selbstverständlich gesehen. Unreflektierte Vorannahmen über das Geschlechterverhältnis beeinflussen die Art und Weise, wie wir unsere Welt wissenschaftlich interpretieren, denn eine Wissenschaft, die nur von der Perspektive eines Geschlechtes heraus operiert, produziert verzerrte Erkenntnisse (Promotion und Geschlechterverhältnis).

Um Geschlechteraspekte konkret in die Anlage eines Forschungskonzeptes einzubringen, gilt es also darauf zu achten, geschlechtsbezogenen Verzerrungseffekte („gender bias") in der Forschung zu vermeiden: „Als Quellen geschlechtsbezogener Verzerrungseffekte gelten drei Annahmen, die der Forschung zugrunde liegen können: erstens die Annahme der Gleichheit von Frauen und Männern, wo sie möglicherweise nicht vorhanden ist; zweitens die Annahme der Unterschiedlichkeit von Frauen und Männern, wo sie möglicherweise nicht gegeben ist; drittens die unangemessene Bewertung von Einflussfaktoren, die bei Frauen und Männern gleichartig oder unterschiedlich auftreten" (LINK: Genderkompetenzzentrum). Konkret heißt das, dass im Forschungsvorhaben nicht die Perspektive eines Geschlechts – zumeist die männliche – zur Norm gemacht werden sollte. Wenn also z.B. eine Vollzeitstelle als „Normalarbeitsverhältnis" definiert wird, ist das eine ungenaue Verallgemeinerung, denn hier wird die Realität der männlichen Mehrheit auf alle Menschen übertragen. Ebenfalls problematisch ist es, wenn z.B. bei Planung und Implementierung von Forschung nicht mitgedacht wird, dass die gesellschaftliche Realität sich für Männer und Frauen unterschiedlich darstellen kann. Das geschieht z.B. wenn „Haushalt" oder „Eltern" als kleinste Kategorie der Analyse gebraucht werden und sich differenzierte Aussagen über Männer und Frauen nicht feststellen lassen. Ferner enthält Forschung „Doppelstandards, wenn identisches Verhalten entsprechend geschlechtsrollentypischer Normen und Zuschreibungen unterschiedlich interpretiert und bewertet wird." (Ebd.) Dies passiert u.a., wenn Frauen stereotyp weibliche Eigenschaften und Zuständigkeiten zugeschrieben werden wie z.B. ausgeprägte soziale Kompetenz, Männern dagegen generalisierend Aggressivität und besseres Durchsetzungsvermögen.

Forschung, die die Reflektion über das Geschlechterverhältnis mit einbezieht, bewegt sich immer in einem Spannungsverhältnis. Einerseits sollen Ungleichheiten in der Lebensrealität von Männern und Frauen aufgezeigt werden. Andererseits gilt es aber gleichzeitig, diese Geschlechterunterschiede nicht als feststehendes, „natürlich" Gegebenes zu begreifen, sondern deutlich zu machen, dass diese veränderbar und von politischen und sozialen Begebenheiten abhängig sind. Im Allgemeinen geht es darum, mitzudenken, inwiefern „Geschlecht" eine Auswirkung auf die Ergebnisse oder die grundlegenden Vorannahmen des Forschungsprojektes hat. Selbst wenn nirgendwo ein Mann oder eine Frau im Projekt auftauchen, kann Geschlecht trotzdem eine Relevanz haben: So ist die Untersuchung über die Toxizität bestimmter Stoffe in der Biologie an sich vielleicht genderneutral, die Auswirkungen auf Männer und Frauen können trotzdem unterschiedlich sein.

Verweise:

von Braun, Christina; Stephan, Inge (Hg.) (2000): Gender Studies. Eine Einführung. Stuttgart.
Genderkompetenzzentrum, Aspekte Forschung:
http://www.genderkompetenz.info/gk_h_foA.php (25.03.05)
Kimmel, Michael: Frauenforschung, Männerforschung, Geschlechterforschung: Einige persönliche Überlegungen. In: Meuser, Michael; Neusüß, Claudia (2004), Gender Mainstreaming. Konzepte – Handlungsfelder. (=Schriftenreihe der Bundeszentrale für politische Bildung, 418) Bonn.

Andrea Adams

4 Was ist ein geeignetes Umfeld für eine produktive Promotionsphase?

Eine mit curricularen Elementen strukturierte Promotionsphase ist in allen Disziplinen in Deutschland immer noch eher unüblich. Das war der Grund für die Deutsche Forschungsgemeinschaft, in ihre Förderungsmaßnahmen die Graduiertenkollegs einzuführen. Damit sollte Doktorandinnen und Doktoranden die Möglichkeit gegeben werden, ihre Dissertationen in einem anspruchsvollen, von Zusammenarbeit geprägten Forschungsumfeld anzufertigen. Dissertationen sollen damit in ein übergreifendes Forschungsprogramm, in ein geeignet strukturiertes begleitendes Studienprogramm eingebettet sein und Anreize zur Mobilität und Vernetzung in der internationalen Wissenschaftlergemeinde schaffen. (→Promovieren in Zentren und Kollegs)

Bei der Entscheidungsfindung für Ihre Promotion sollten Sie darauf achten, dass das anvisierte Umfeld zumindest Elemente der o. a. Kollegs enthält, damit Sie produktiv und zügig promovieren können. Man kann auch gemeinsam mit anderen DoktorandInnen versuchen, ein solches Umfeld zu organisieren. Dies ist aber sehr viel aufwändiger zu realisieren (→ DINQS).

Eine ernsthafte Überlegung sollte auch sein, ob Sie sich in einer Arbeitsgruppe im Ausland besser entwickeln können, als das in Deutschland möglich ist. Die Bewährung in einem neuen kompetitiven Umfeld mit anderer Sprache und anderen kulturellen Gegebenheiten, das Sie sich erst (in Konkurrenz mit anderen) erobern müssen, spricht für Ihre Persönlichkeit und wird Ihnen auch in weiteren Lebensphasen helfen, egal ob Sie im akademischen Bereich bleiben oder nicht.

5 Wie finde ich eine gute Betreuerin/einen guten Betreuer?

Die Suche nach einer Betreuung für die Doktorarbeit führt in der Regel zu einer „Doktormutter"/einem „Doktorvater" in der eigenen Universität. Diese haben oft schon Ihre Diplom- oder Magisterarbeit betreut und sind Ihnen seit langem bekannt. Das hat Vor-, aber auch Nachteile. Die Vorteile liegen auf der Hand. Man kennt sich, das gegenseitige (Arbeits-)Verhalten ist geklärt, es bedarf keiner langen Einarbeitungszeit. Die Wortwahl suggeriert aber auch ein bestimmtes Abhängigkeitsverhältnis, das „familiär" beschrieben werden kann.

Die Nachteile sind nicht so offensichtlich, aber durch den Begriff der „familiären" Abhängigkeit gut gekennzeichnet. Wenn Sie mit bekannten Menschen und Themen weiterschreiten, kann leicht auch eine Einengung des wissenschaftlichen Spektrums erfolgen. Ein gutes menschliches Arbeitsklima „ersetzt" vielleicht wissenschaftliche Innovation und Produktivität, die eigentlich so gar nicht vorhanden sind. Ein solches Klima erschwert es auch, Interessenkonflikte offen zu artikulieren und zu klären. Der Schritt zur Mobilität, zum Hinausgehen in die Welt, ohne den Sie im Wissenschaftsbereich (aber auch anderswo) nur schwer Karriere machen können, wird vielleicht unnötig hinausgezögert.

Sie können es auch anders machen! Aufgrund der Literaturkenntnisse, die Sie spätestens für die Erstellung Ihrer wissenschaftlichen Abschlussarbeit benötigt haben, kennen Sie die externen Gruppen, die auch an dem Themenfeld arbeiten, das Sie bearbeiten wollen. Vielleicht haben Sie während Tagungen und Konferenzen schon Kontakt mit diesen bekommen. Schreiben Sie ihnen einen freundlichen Brief, dass Sie gern promovieren wollen und schildern Ihre Fragestellung mit der höflichen Frage, ob Sie sich dort einmal vorstellen können. Kommt keine Antwort, fragen Sie nach vier Wochen mit einem Telefonat an, ob der Brief eingegangen ist und versuchen, einen Vorstellungstermin mündlich zu regeln.

Es gibt aber auch die Möglichkeit, sich auf Stellenausschreibungen zu bewerben. Enthalten diese den Zusatz: „Die Stelle dient auch der Qualifikation", können Sie auch promovieren. Im Bewerbungsgespräch sollten Sie dann nicht nur deutlich machen, warum Sie mit Ihrer Qualifikation und Ihren Fähigkeiten für diese Stelle die geeignete Frau/der geeignete Mann für diese Position sind. Sie sollten auch gezielt und ohne Scheu fragen, ob die oben ausführlich dargestellten Bedingungen für eine produktive Promotionsphase gegeben sind, um erfolgreich und zügig promovieren zu können. Eine wichtige Frage dabei ist die Aufteilung des durch einen Arbeitsvertrag definierten Zeitbudgets. Das Verhältnis von selbstbestimmter Forschung und zusätzlicher Qualifikation zu wissenschaftlichen Dienstleistungen sollte vertraglich in der Arbeitsplatzbeschreibung überwiegend (d.h. mehr als 50%) zugunsten von Forschung und Qualifikation festgelegt sein.

6 Wie entscheide ich mich für eine Betreuerin/ einen Betreuer?

Bevor Sie sich endgültig entscheiden, in welchem Umfeld bei welcher Person Sie Ihre Promotionsphase verbringen wollen, gibt es noch einen einfachen Ratschlag. Bringen Sie in Erfahrung, ob der anvisierte Betreuer/die ausgesuchte Betreuerin schon Personen promoviert hat. Nehmen Sie Kontakt mit deren Doktorandinnen und Doktoranden auf. Diskutieren Sie mit diesen, wie produktiv und verlässlich diese Betreuer sind:

- Publizieren diese regelmäßig und in welchen Zeitschriften? Sind die Doktorandinnen und Doktoranden an diesen Publikationen beteiligt oder stehen sie sogar an erster Stelle?
- Beteiligen diese sich mit ihren Nachwuchsleuten an Konferenzen?
- Werben sie Drittmittel ein, die der Finanzierung des wissenschaftlichen Nachwuchses dienen?
- Gibt es Probleme bei der Einhaltung des Zeitbudgets für selbstbestimmte Forschung?
- Wie lange promovieren die Doktorandinnen und Doktoranden in der Regel?

Junge ProfessorInnen haben vielleicht noch keine Promotionen zum erfolgreichen Abschluss geführt. Aber sie müssen publiziert und sich an Konferenzen beteiligt haben, um für eine Professur „reif" zu sein. Auch die Drittmitteleinwerbung erfolgt nicht erst mit der Berufung zur ProfessorIn! Also gelten viele der o.a. Kriterien auch für ihn oder sie.

Drum prüfe, was sich (nicht ewig, aber für einen wichtigen Zeitraum) bindet, mag altmodisch klingen, ist aber eine gute Grundlage für einen erfolgreichen Einstieg in die Promotion!

Literatur

Adamczak, Wolfgang (2004): Auf dem Weg zur Promotion. In: Grafe, Birgit/Kucharzewski, Irmgard (Hrsg): Studieren und dann promovieren? Ein Leitfaden für Stipendiatinnen und Stipendiaten der Hans-Böckler-Stiftung, Düsseldorf, S. 6–11.

Adamczak, Wolfgang (2003): Ich will promovieren. Anregungen. 6. Auflage Kassel.

Messing, Barbara und Huber, Klaus-Peter (1998): Die Doktorarbeit: Vom Start zum Ziel. Leitfaden für Promotionswillige. Berlin und Heidelberg Springer-Verlag.

LINKS

Begabtenförderungswerke im Hochschulbereich: http://deutschland.dasvonmorgen.de/de/294.php (18.08.05).

Das deutsche Mobilitätsportal für Forscher: http://www.eracareers-germany.de/ (18.08.05).

DFG zu Zielen und Profil von Graduiertenkollegs: http://www.dfg.de/ forschungsfoerderung/koordinierte_programme/graduiertenkollegs/programm_info/ziele_profil.html (18.08.05).

Doktorandennetzwerke: http://www.uni-kassel.de/wiss_tr/Nachwuchs/docnet.ghk (18.08.05)

Förderung des wissenschaftlichen Nachwuchses: http://www.uni-kassel.de/wiss_tr/nachwuchs.ghk (18.08.05).

Leitfaden für Betreuung von Promotionen an der Universität Kassel: http://www.uni-kassel.de/wiss_tr/Nachwuchs/LeitfadenBetreuung.pdf (18.08.05).

Marie Curie-Maßnahmen im Profil: http://www.humboldt-foundation.de/de/programme/mariecurie/profil/index.htm (18.08.05).

Science Next Wave Germany: http://nextwave.sciencemag.org/de/ (18.08.05).

Tipps und Tricks für eine erfolgreiche Promotion: http://www.uni-kassel.de/wiss_tr/Nachwuchs/Promtricks.ghk (18.08.05).

A | 3   Exposé „Ja, mach nur einen Plan ..."[1]

Ulrich von Alemann

1   Vom Nutzen eines Exposés

Jede wissenschaftliche Arbeit ist geplant und nicht spontan. Eine Hausarbeit im Studium, eine Examensarbeit für den Studienabschluss, ein wissenschaftlicher Aufsatz für eine Fachzeitschrift, ein Forschungsprojekt für die Deutsche Forschungsgemeinschaft mit einem halben Dutzend wissenschaftlicher MitarbeiterInnen und erst recht natürlich eine Dissertation: Vom 20-Seiten-Papier bis zur 200-Seiten-Arbeit oder gar zu einem 1000-Seiten-Opus – jede dieser wissenschaftlichen Literaturgattungen verlangt nach einem guten Plan. Mögen die Gegenstände und die Methoden in den Geistes- und Sozialwissenschaften noch so unterschiedlich sein, mag es sich um eine Fallstudie oder um eine aufwändige historische Längsschnittanalyse, mag es sich um eine international vergleichende Studie oder um eine Werkmonographie handeln, das planmäßige und systematische Vorgehen unterscheidet gerade das wissenschaftliche Arbeiten vom z. B. künstlerischen Arbeiten, bei dem Kreativität sicherlich eine größere Rolle spielt. Aber die Unterschiede sind nur graduell, nicht ausschließend. Denn auch ein Roman will gut geplant sein, und gutes wissenschaftliches Arbeiten ist natürlich ohne einen kräftigen Schuss Kreativität nicht denkbar.

Kann man also angesichts der Vielfalt geistes- und sozialwissenschaftlicher Forschung überhaupt einheitliche Regeln für die Planung und den Ablauf von Forschungsprozessen aufstellen? Gehorcht nicht eine Wahlanalyse anderen Regeln als die Ikonographie eines Rembrandt-Gemäldes oder die Untersuchung des Frauenbildes bei Heinrich Heine und der philosophische Diskurs über die Ethik der Gentechnik? Es gibt kein Rezeptbuch für den Ablauf aller Forschungsprozesse nach dem Motto, man nehme eine Hypothese, analysiere sie anhand einiger Fälle, und der Kuchen ist gebacken. Aber trotz unterschiedlicher Vorgehensweisen und methodischer Orientierungen, ob stärker hermeneutisch oder empirisch, ob qualitativ oder quantitativ, ob vergleichend oder fallorientiert, es kön-

---

[1] Wir entnehmen diesen Beitrag in gekürzter Form dem Promotionsratgeber für die Doktorandinnen und Doktoranden der Philosophischen Fakultät, herausgegeben von Sabine Brenner (Düsseldorf 2001), er ist online zu finden unter http://www.phil-fak.uni-duesseldorf.de/politik/Mitarbeiter/Alemann/aufsatz/01_expose2001.pdf (18.08.05).

nen doch einige Grundregeln zur Planung und Darstellung von Forschungsprozessen aufgestellt werden.

Das gilt insbesondere für das Exposé, das man auch Forschungsdesign oder Arbeitsplan nennen kann. Das Exposé ist kein Selbstzweck, denn es muss drei wichtige Aufgaben erfüllen:

a   Grundriss für das eigene Vorgehen

Das Exposé soll von Anfang an Sicherheit über das eigene Vorgehen geben, über Ziele, Hauptfragestellungen, Methoden und die geplanten einzelnen Schritte. Man sollte auf keinen Fall nur die erste Phase und den Ansatzpunkt planen und dann nach der Devise „Schau'n wir mal“ den weiteren Lauf der Dinge der Zukunft überlassen. Da kann es böse Überraschungen geben. Damit soll nicht gesagt werden, dass eine einmal geplante Vorgehensweise sklavisch und formalistisch um jeden Preis umgesetzt werden muss. Natürlich sind Umplanungen immer möglich und werden auch oft vorgenommen. Aber auch bei jeder Umplanung sollte man wieder das ganze zu errichtende Gebäude im Auge behalten und nicht einfach eine tragende Wand verschieben, so dass die oberen Stockwerke in der Luft hängen.

b   Überzeugung des/der Promotionsbetreuers/betreuerin

Natürlich ist es die ganz wichtige zweite Funktion des Exposés, mit dem/der Betreuer/in der Promotion Einigkeit über das Thema zu erhalten. Denn ohne eine solche Anbindung hilft der schönste Plan nicht. Die Hochschullehrer/innen mögen durchaus unterschiedliche Vorstellungen über ein Exposé haben. Mancher stellt sich darunter vielleicht nur eine vorläufige Gliederung vor (davor werden wir später warnen) oder andere wollen vielleicht gleich schon ein erstes Kapitel sehen. Die hier vorgestellten Tipps für die Erstellung eines Exposés können deshalb nur eine grobe Grundrichtung weisen. Sie sind aber in ihren Grundlagen schon recht verallgemeinerungsfähig, weil sie das dritte mögliche Ziel eines Exposés, die Überzeugung eines Geldgebers, mit berücksichtigen.

c   Akquisition von finanzieller Unterstützung

Für viele Promotionen, wenn auch nicht für alle, werden Projektmittel beantragt, ob nun als Stipendium von einer Stiftung oder als Forschungsprojekt bei einem Zuwendungsgeber, z. B. auch bei der Deutschen Forschungsgemeinschaft oder der VW-Stiftung. Aber selbst wenn man für seine Promotion keinen solchen Förderungsantrag formulieren muss, diszipliniert es ungemein, wenn man das Exposé so anlegt, als müsste man einen Geldgeber davon überzeugen. Diese drei Ziele eines Exposés muss man im Auge behalten – die Selbstdisziplinierung, die Betreuerüberzeugung und die Mittelakquisition. Dann fällt es leichter, sich selbst von Nutzen und Notwendigkeit eines guten Projektdesigns zu überzeugen.

2 Vorbild: Aufbau von Forschungsanträgen

Die Deutsche Forschungsgemeinschaft (DFG), die wichtigste staatliche Förderungsinstitution für die universitäre Forschung durch „Drittmittel", verlangt für jeden Antrag, ob aus der biomedizinischen Genforschung oder dem Maschinenbau, aus der Orientalistik oder aus den Sozialwissenschaften, einen einheitlichen Aufbau. Das gilt ganz ähnlich, wenn man einen Antrag auf Promotionsförderung bei den Studienstiftungen der Kirchen, der Gewerkschaften oder den Parteistiftungen stellt. Auch andere wissenschaftliche Stiftungen, wie die VW-Stiftung, die Thyssen-Stiftung oder die Krupp-Stiftung, verlangen selbstverständlich einen wohlformulierten Forschungsantrag. Bei der DFG werden lesenswerte Vorgaben für die Formulierung eines Forschungsantrages gegeben, die online zu finden sind (LINK). Aus diesen Vorgaben kann man viel lernen – nicht nur für das große Forschungsprojekt, sondern selbst für eine kleinere Examensarbeit und erst recht für die Promotion. Wir können festhalten: Für wissenschaftliche Projekte jeglicher Fachdisziplin muss ein Minimum an Klarheit über Thema und Fachgebiet, Stand der Forschung, Ziele und Arbeitsprogramm bestehen. Auch wenn man für eine Promotion keinen Förderungsantrag stellt, so sollte das Exposé sich an den Grunderfordernissen für Forschungsanträge orientieren. Die Generalisierbarkeit der DFG-Vorgaben für Forschungsanträge zeigt sich auch darin, wie ähnlich sich die verschiedenen Stiftungen in ihren Empfehlungen zur Antragsformulierung sind. So gibt beispielsweise die Hans-Böckler-Stiftung, das Mitbestimmungs-, Forschungs- und Studienförderungswerk des DGB, ein Faltblatt mit Hinweisen für Antragsteller/innen zum Aufbau von Forschungsanträgen in einer sehr übersichtlichen Form heraus (LINK).

3 Die Gliederung des Exposés

Nicht nur viele PromovendInnen, sondern auch zahlreiche HochschullehrerInnen stellen sich unter einem ersten Exposé für eine wissenschaftliche

Arbeit eine vorläufige Gliederung des späteren Textes vor. Dies ist aber keineswegs der beste Weg, um eine Dissertation systematisch zu planen. Denn die Gliederung des späteren Textes der Dissertation kann man erst dann vornehmen, wenn man das wesentliche Material beisammen hat und an die Ordnung seiner Gedanken gehen kann. Zuerst muss man wissen, was man überhaupt will. Das heißt, man muss überhaupt zuerst den Problembereich in seinem Fach abstecken, in dem man seine Arbeit ansiedeln will. Dazu muss man den Stand der Forschung kennen, damit man seine eigenen Ziele innerhalb dieses Forschungsstandes verorten kann. Dann kann man in Kenntnis eines Problembereiches und des Forschungsstandes seine eigenen engeren Fragestellungen formulieren, die man mit seiner Arbeit beantworten will. Weiterhin sollte man sich entscheiden, wie man methodisch vorgehen will, welche Methoden man benutzt und welche nicht. Außerdem ist zu klären, wie man an das Ausgangsmaterial für seine Arbeit herankommt, ob ein Feldzugang besteht, ob die Quellen überhaupt vorhanden und zugänglich sind, ob Umfragen, Interviews oder Inhaltsanalysen angesetzt werden und dazu auch mögliche Finanzmittel bereitstehen. In Kenntnis all dieses Wissens sollte man dann einen Arbeits- und Zeitplan aufstellen, der ausreichend Zeit für alle wichtigen Arbeitsschritte enthält. Den Abschluss kann ein vorläufiges Literaturverzeichnis bilden. Damit sollte ein Exposé sieben Kernpunkte umfassen:

Sieben Kernpunkte des Exposés:

1. Problembereich	5. Materialzugang
2. Forschungsstand	6. Arbeitsplan
3. Fragestellungen	7. Ausgewählte Literatur
4. Methoden	

Ein solches Exposé schreibt man nicht einmal schnell in ein paar Tagen herunter. Gerade für den Forschungsstand, für die Fragestellungen und auch für die Methoden muss man schon recherchieren, lesen und insbesondere nachdenken und planen. Zwei bis drei Monate Arbeit stecken sicherlich in einem gut aufgebauten Exposé. Man sollte sich also nicht die Illusion machen, das Exposé sei eine leichte Übung für ein gutes Wochenende. Aber das andere Extrem wäre auch ganz falsch: Viele Monate an einem Exposé zu sitzen, macht die Sache nicht besser, sondern häufig komplizierter und unübersichtlicher.

Einen ähnlichen Mittelweg sollte man beim Umfang des Exposés beschreiten. Zwei bis drei Seiten sind sicherlich zu wenig, aber 20 bis 30 Seiten sind auf jeden Fall zu viel. Damit gewinnt man keine Klarheit, sondern verunklart eher das, was man machen will. Insbesondere erfreut man mit einem endlosen Exposé auf keinen Fall die betreuenden HochschullehrerInnen. Denn diese haben wenig Zeit und wollen eine Sache klar auf den Punkt gebracht sehen. Deshalb ist es als Richtschnur sinnvoll, im Schnitt für jeden Unterpunkt mindestens eine Seite und höchstens zwei Seiten anzusetzen. Das ergibt eine Gesamtlänge eines Exposés zwischen sieben und 14 Seiten, wobei dann natürlich der eine Punkt mal kürzer, der andere Punkt mal etwas länger geraten könnte.

3.1 Problembereich

Wie beim Schach, so prägt auch in der Wissenschaft eine gute Eröffnung den ganzen Spielverlauf. Im ersten Punkt, dem Problembereich, geht es darum, die geplante Arbeit in der Fachdisziplin zu verorten. In welchem Teil, in welcher Subdisziplin des Faches, ist das Thema verortet? Welcher theoretischen oder methodischen Grundrichtung fühlt man sich zugehörig? Was sind die Grobziele der Arbeit? Dies alles gehört in den ersten Teil des Exposés.

In manchen Disziplinen werden Promotionsthemen von den Hochschullehrern/innen vergeben, da die Themen in einem größeren Forschungszusammenhang stehen und möglicherweise aufwändige Apparate benutzt werden müssen. Insbesondere in den Naturwissenschaften, in den Technikwissenschaften oder in der Medizin wird dies so gehandhabt. In den Geistes- und Sozialwissenschaften werden in der Regel die Themen frei vergeben. Häufig erwarten die Hochschullehrer/innen einen Themenvorschlag des Promovenden/der Promovendin, statt konkrete Fragestellungen vorzugeben. Dann steht man vor dem Problem, was eigentlich das Problem sein soll. Am Anfang wissenschaftlicher Neugier steht immer ein konkreter Anstoß, eine Frage, eine Idee, manchmal auch ein Vorschlag von außen oder ein Auftrag. Das klingt so trivial und plausibel: Natürlich muss es ein Problem geben, das man lösen will oder soll. Probleme gibt es zuhauf, nichts einfacher als das, also wo ist das Problem?

Die Problemsuche ist aber durchaus eine schwierige Klippe für den, der ein eigenständiges Forschungsthema sucht. Vielen Studierenden fällt es leicht, bei einem gegebenen wissenschaftlichen Text das Grundproblem zu identifizieren und auf den Punkt zu bringen. Aber wenn nicht das Thema oder der Text vorgegeben sind, sondern das eigene Thema gesucht werden soll, dann wird es schwierig. Schon von vier unterschiedlichen wissenschaftlichen Aufsätzen zu einem Thema das gemeinsame Problem, den kleinsten gemeinsamen Nenner, das Querschnittsthema zu finden und zu formulieren, ist nicht einfach. Eine solche Syntheseleistung muss man bei der Themenfindung für eine wissenschaftliche Arbeit erbringen.

Es gibt keine festen Regeln oder Methoden für die Auswahl eines Forschungsthemas. Aber es gibt einige Fallen, die man vermeiden sollte: Das Thema darf weder „zu weit“ noch „zu eng“ sein. Man darf sich nicht in einer allgemeinen Welterklärung verlieren noch sich auf einem zu engen Feld selbst im Wege stehen. Es sollte nicht zu abgelegen sein, damit man überhaupt an Material herankommt, und nicht allzu tagesaktuell, damit man eine wissenschaftliche Debatte vorfindet, an die man anknüpfen kann. Das Thema sollte einen persönlich interessieren, aber man hüte sich vor dem Herzblut des zu großen Engagements am Problem. Es könnte einen blind machen für die wissenschaftliche Klarheit, für die Kritik, auch gegenüber sich selbst und für die Härte in der Argumentation. Das Thema sollte also wissenschaftlich relevant sein, es sollte interessant sein und man sollte sich selbst für kompetent halten, es auch zu bearbeiten, d. h. man sollte bei der Problemformulierung bereits bedenken, ob das Thema überhaupt bearbeitbar ist, ob Materialzugang besteht, und ob es sich zeitlich durch den/die Doktoranden/in bewältigen lässt.

3.2   Der Forschungsstand

Ob das Thema wissenschaftlich interessant und relevant ist, das kann man im zweiten Schritt testen, in der Erfassung des Forschungsstandes. Das ist kein Selbstzweck, um wissenschaftliche Belesenheit zu demonstrieren. Mit dem Erfassen des bisherigen Forschungsstandes zu meinem Thema beginne ich, mich mit dem Problem bekannt zu machen, mich einzuarbeiten, mich in der Problematik zu Hause zu fühlen. Die Arbeit wird dadurch erleichtert, dass erfasst wird, was bekannt ist über den Forschungsgegenstand, wie er bisher bearbeitet wurde, denn das Rad muss nicht immer wieder neu erfunden werden. Manchmal reicht es auch, es mit ein paar kleinen Gewichten neu auszuwuchten. Insbesondere folgende drei Fragen müssen geklärt werden:

1. Ist das Forschungsproblem bereits früher wissenschaftlich untersucht worden?
2. Lässt sich das Problem überhaupt wissenschaftlich mit vernünftigem Aufwand bearbeiten?

3. Was sind die wichtigsten wissenschaftlichen Positionen in der Forschung zu dem ausgewählten Thema?

In den verschiedenen Disziplinen gibt es Verzeichnisse mit abgeschlossenen und in Arbeit befindlichen Dissertationen, anhand derer man versuchen kann, die erste Frage zu beantworten. Aber natürlich muss man weit über die Dissertationen hinausgehen und die wesentlichen Positionen im gesamten Forschungsstand erfassen. Natürlich ist die erneute Bearbeitung desselben Themas nicht sinnvoll, allerdings kann eine Forschungsfrage durchaus schon Dutzende Male untersucht worden sein, aber wenn eine neue, innovative Methode angewandt wird, die bisher noch nicht eingesetzt wurde, lohnt sich auch eine weitere Analyse.

Den Forschungsstand bearbeiten, heißt in erster Linie Literaturanalyse betreiben. Das beginnt bei Lexika, Handlexika und Monographien, geht über Aufsätze und deren Literaturverzeichnisse und schließlich zum systematischen Bibliographieren in Fachbibliographien und Bibliotheken und schließlich zur Konsultation von Literaturdatenbanken. Dieses Handwerkszeug hat man schon während des gesamten Studiums erlernt und kann es nun für die eigene Forschung anwenden.

Natürlich ist der Umfang einer Literaturanalyse dem geplanten Projektvolumen anzupassen. Die Dissertation muss auf dem Hauptfeld der Thematik die gesamte einschlägige Literatur umfassend berücksichtigen, auch wenn es mehrere hundert Titel sein mögen. Das erste Exposé eines Forschungsprojektes kann sich dagegen auf die Kernliteratur stützen, die im Literaturverzeichnis auf ein bis zwei Seiten Platz hat. Aber natürlich muss es hier die wirklich wichtige und relevante sein. Das zu unterscheiden ist nicht einfach, aber essentiell.

Der Forschungsstand soll aber nicht einfach additiv oder chronologisch erfasst werden, sondern muss im Exposé in Bezug gesetzt werden zu dem vorherigen Punkt und dem folgenden Punkt. Der Literaturstand muss also dem ausgewählten Problembereich und den generellen Forschungszielen angepasst werden, und er muss hinführen zu den eigentlichen Hauptfragestellungen der geplanten Arbeit. Das verlangt eine Ordnung des Literaturstandes nach den wichtigen Positionen, die auch eventuell später in den Fragestellungen wieder auftauchen. Auch hier zeigt sich wieder, dass die Analyse des Forschungsstandes kein Selbstzweck ist, sondern zielgerichtet auf die Hauptfragestellungen der geplanten Thematik ausgerichtet werden muss.

3.3 Fragestellungen

Aus der Kenntnis des Problembereichs sowie dem Wissen über den Forschungsstand kann ich nun im nächsten Schritt meine eigenen Fragestellungen präzisieren und konkretisieren. Damit kommen wir an eine entscheidende Weichenstellung, denn nun geht es um die eigentliche „Konzeptionalisierung“ des Vorhabens. Konzeptionalisierung meint, dass die grundlegenden Konzepte und Begriffe festgelegt sowie Vermutungen über deren Zusammenhang angestellt werden. Es werden Fragen an den Untersuchungsgegenstand formuliert, es werden Hypothesen gebildet, es werden Annahmen über mögliche Ergebnisse formuliert. Die Formulierung von Fragestellungen meint gleichzeitig die Konzentration auf das Wesentliche, auf das Erforschbare – also Eingrenzung des konkret interessierenden Ausschnitts aus der Forschung, aus dem immer unendlich umfassenderen Problemuniversum meiner ursprünglichen Thematik. Also die Eingrenzung auf das Machbare ist gefragt.

Die Formulierung von Fragestellungen und Arbeitshypothesen dient der Eingrenzung des Themas. Man sollte nicht versuchen, die ganze Wissenschaft neu zu erklären. Man muss konkret, realistisch und pragmatisch sein und zunächst das anfangs immer zu große und zu weite Problemfeld abstecken und festlegen. Das ist früh- und rechtzeitig zu tun, um nicht in das Forschungsfeld einfach hineinzustolpern.

Alleine die Suchperspektive, die ein/e Forscher/in einnimmt, ist bereits eine wissenschaftliche und methodische Vorentscheidung. Wissenschaftliche Forschung ist deshalb von Anfang an zielgerichtet, methodisch reflektiert und theoriegeleitet. Sie sollte deshalb explizit formulierte Probleme oder Themen aufgreifen, sie in Fragestellungen oder Hypothesen auffächern, mit denen man an den Forschungsgegenstand herangeht. Ohne Plan und Ziel wird Wissenschaft beliebig und unverbindlich, oder sie lügt sich selbst in die Tasche. Denn bestimmte oder unbestimmte Forschungsinteressen, Perspektiven im Kopf des/der Wissenschaftlers/in lassen sich nie ganz ausschalten. Die Wirklichkeit wird von Wissenschaftlern immer wieder rekonstruiert und nie spiegelbildlich abgebildet. Insofern gehen wir immer mit Vorurteilen und eigenen Erkenntnisinteressen an die Wirklichkeit heran, ob wir es uns eingestehen oder nicht.

3.4 Methoden

Wissenschaftliches Arbeiten erfordert die Anwendung von Methoden. Wer selbständig wissenschaftlich arbeiten will – und darin besteht ja gerade das grundlegende Ziel einer Promotion –, der muss in der Lage sein, das methodische Handwerkszeug seines Faches bei der Beantwortung selbst entworfener Fragestellungen zu nutzen. Wenn es die Neugier ist, die uns zu wissenschaftlichem Arbeiten antreibt, dann sind es die Methoden, die uns befähigen, nach Erkenntnissen zu graben. Ob wir fündig werden, hängt nicht zuletzt vom richtigen Werkzeug ab.

Die Auswahl der geeigneten Werkzeuge kann nur gelingen, wenn man sich vorher einen Überblick darüber verschafft hat, was alles im Methodenschrank vorhanden ist und für welche Zwecke man es nutzen kann.

Die Methoden der Geistes- und Sozialwissenschaften sind überaus vielfältig. Es gibt qualitative und quantitative, es geht um Verstehen und um Erklären, es geht um Fallstudien und um vergleichende Analysen. Es geht um eine Sekundäranalyse, das heißt um vorhandene Daten, die noch einmal neu aufgrund einer neuen Fragestellung ausgewertet werden, oder es geht um Primärerhebungen, wo eigene neue Erkenntnisse, zum Beispiel durch eine Umfrage, erhoben werden. Man muss sich entscheiden, ob man eine Querschnittanalyse oder eine Längsschnittanalyse vornehmen will, ob man eine Auswahl aus wenigen Fällen oder eine Vollerhebung machen will. Allerdings gibt es auch rein theoretische, z.B. wissenschaftstheoretische oder philosophische Fragestellungen, wo sich die Methodenfrage anders stellt, da sie keinen empirischen Forschungsgegenstand haben.

Wichtig ist, dass man nicht einfach eine beliebige Methode „bewusstlos" anwendet, sondern dass man sich darüber klar wird, welche Vor- und Nachteile ein bestimmtes Vorgehen hat. Für nahezu jede Fragestellung, für nahezu jedes Forschungsproblem gibt es eine Vielzahl von möglichen unterschiedlichen methodischen Vorgehensweisen. Deshalb sollte man in diesem dritten methodischen Teil des Exposés nicht nur skizzieren, welche Methode man anwendet, sondern auch reflektieren, welche Methoden man nicht anwendet. So ist ein kurzer Überblick oder eine kurze Überlegung, welche Methoden überhaupt denkbar wären, sehr nützlich, um dann zu begründen, warum man eine bestimmte Methode oder deren Kombination auswählt.

3.5 Materialzugang

Die Auswahl der Methoden ist natürlich auch vom Materialzugang abhängig. Dafür muss man zunächst einmal klären, welches Material man überhaupt untersuchen will. Das werden in den Geisteswissenschaften in der Regel Texte sein, aber es kann sich natürlich auch um Kunstwerke, um Sitten, um kulturelle Gebräuche oder um vieles andere mehr handeln. In den Sozialwissenschaften kann es sich um Einstellungen, um Verhalten, um Sozialstrukturen oder um kulturelle Zusammenhänge handeln, die mit Hilfe von Umfragen, Experteninterviews, Akten- und Dokumentenanalysen, systematischen Beobachtungen, Inhaltsanalysen oder anderen Verfahren, oder sogar mit Hilfe von Laborexperimenten, die zum Beispiel in der Psychologie und in der Pädagogik eingesetzt werden, erfasst werden. Schließlich sind auch rein theoretische Fragestellungen denkbar, wo sich die Materialfrage so nicht stellt.

Für diesen vierten Teil des Exposés müssen ganz praktische Fragen geprüft werden, zum Beispiel das Vorhandensein und die Zugangsmöglichkeit zu Archiven und Akten; die Literaturlage in den Bibliotheken, die Bereitschaft von bestimmten Personen, sich befragen zu lassen; Fragen von Geheimhaltung oder von Datenschutz sind zu berücksichtigen.

Zur Frage des Feldzugangs gehört auch das Problem, was für Kosten dabei entstehen. Sind aufwändige Reisen zu auswärtigen Bibliotheken und Archiven notwendig? Welche Kosten entstehen bei Umfragen oder Inhaltsanalysen? Müssen für diese Kosten zusätzlich Finanzmittel beantragt werden?

Ein Problemfeld kann hochinteressant sein, der Forschungsstand fertig aufbereitet, die Fragestellungen entwickelt, die Methodenfrage gelöst, wenn dann der Materialzugang einfach nicht besteht, dann hätte man umsonst gearbeitet. Deshalb steht das Gesamtprojekt erst dann, wenn auch die Frage des Materialzugangs gelöst ist.

3.6 Arbeitsplan

Eine Fahrt ins Blaue mag am Wochenende ganz reizvoll sein, aber für ein wissenschaftliches Projekt taugt diese Einstellung nicht. Man sollte sich in jedem Fall zunächst eine realistische Zeit vornehmen, in der man sein Projekt abschließen will.

Die Zeitbegrenzung des Vorhabens sollte man durchaus auch mit dem/der Betreuer/in besprechen. Vielleicht hat man selbst den Eindruck, dass der/die betreuende Hochschullehrer/in allzu große Erwartungen in die umfassende Bearbeitung eines Themenbereiches hegt. Eine Promotion aber soll in der Regel kein Lebenswerk sein. Eine Promotion soll einen im wörtlichen Sinne „befördern" vom Studium in den Beruf, das heißt eine Qualifikationsstufe höher.

Wenn man einmal von einem Zweijahresumfang des eigentlichen Dissertationsprojektes ausgeht, so sollte man im Arbeitsplan mindestens für jedes Vierteljahr systematisch auflisten, was in diesen dann insgesamt acht Phasen geschafft werden soll. Man kann dies auch bis auf den Monat herunterbrechen und in einem graphischen Zeitplan auflisten. Wenn man für sein Dissertationsvorhaben Fördermittel als Stipendium oder als Dritt-mittel-Forschungsprojekt erhält, ist ein solcher Arbeitsplan und natürlich seine Einhaltung und die Beachtung der Abgabefrist selbstverständlich. Deshalb diszipliniert ein Forschungsstipendium, selbst wenn es gar nicht sehr viele Finanzmittel erbringen sollte, den ganzen Forschungsprozess ungemein.

Irgendwann ist es so weit: Der Abgabetermin drängt, die Schluss-fassung soll endlich geschrieben sein. Viele drücken sich lange während der Arbeit am Forschungsgegenstand davor, finden immer wieder noch spannende Literatur, die schnell eingearbeitet, noch neue Variablen, die berücksichtigt werden müssen. Oft lässt man sich im Arbeitsplan zu wenig Zeit und Muße für die so wichtige Phase der Formulierung. Wenn man das Material erst einmal zusammen hat und auswerten kann, wird das Schrei-ben schon schnell fließen. Das ist in der Regel ein Irrtum. Denn die Nieder-schrift ist die eigentliche Probe, der Härtetest für die Wissenschaft. Das Problem mag noch so ergreifend, die Fragestellungen noch so provozie-rend, die Quellen mögen noch so spannend, die Interpretation noch so zwingend sein: Erst durch eine überzeugende Präsentation wird daraus ein nützlicher Beitrag zur Wissenschaft. Also: Keine Angst vor dem leeren Blatt. Der/die Wissenschaftler/in ist deshalb auch eine Art Schriftsteller/in, der/die verpflichtet ist, die Erkenntnisse lesbar öffentlich zu kommunizie-ren. Denn erst dadurch erreicht man Intersubjektivität, werden Methode und Vorgehen nachvollziehbar und veröffentlichenswert.

Die Niederschrift eines Berichts ist natürlich individuell sehr ver-schieden. Jedenfalls ist es eine ungeheure Erleichterung, dass dazu heute Textverarbeitungssysteme auf PC zur Verfügung stehen, die Korrekturen, Umstellungen, Ergänzungen und Verknüpfungen mit Fußnoten und Litera-turverzeichnissen ungemein vereinfachen. Auch hierbei wird allerdings der Aufwand oft unterschätzt, denn kaum jemand beherrscht diese Systeme so perfekt, dass alles auf Anhieb gelingt. Der Teufel sitzt im Detail irgendeines kleinen Formatierungsbefehls, der nicht klappen will. Deshalb heißt es auch hier: Genügend Zeit reservieren.

3.7   Ausgewählte Literatur

An den Schluss eines Exposés gehört ein kurzes Literaturverzeichnis. Selbstverständlich ist hier die im Forschungsstand erwähnte Literatur zu dokumentieren. Aber auch sonst kann man sich auf wichtige Kernliteratur beschränken. Ein solches Literaturverzeichnis soll auf einen Blick für den/die Betreuer/in übersichtlich und überschaubar bleiben und nicht etwa in eine seitenlange Fleißarbeit ausufern.

4   Rückblick und Ausblick

Halten wir fest, dass mit dem Exposé einer Dissertation drei Personen überzeugt werden müssen: Der/Die, welche/r die Arbeit schreiben will, der/die wissenschaftliche Betreuer/in, der/die als Hochschullehrer/in die Arbeit akzeptieren, mittragen und befördern soll und schließlich möglicherweise noch Zuwendungsgeber, die ein Promotionsstipendium oder einen Forschungsantrag befürworten sollen. Bereits das Exposé soll die Fähigkeit zu systematischem Arbeiten, zu verständlichem Formulieren und zu einem klaren Blick für das Wesentliche demonstrieren. Deshalb sollte das Exposé weder zu knapp noch zu lang sein. Als nützlich haben sich die sieben Punkte erwiesen: Problembereich, Forschungsstand, Fragestellungen, Methoden, Materialzugang, Arbeitsplan, Auswahlliteratur.

Während der Arbeit an der Dissertation kann man natürlich die Konzeption immer wieder verbessern. Man sollte sich aber davor hüten, alle paar Monate die Arbeit grundlegend umzustellen und die Planung umzuwerfen. Arbeitskrisen und Zweifel sind bei den meisten Vorhaben ziemlich unausweichlich, man sollte sich davon nicht zu schnell ins Bockshorn jagen lassen. Lieber eine einmal gefundene Konzeption verfeinern und konkretisieren als völlig über den Haufen zu werfen. Ganz falsch wäre es, als erstes Exposé eine Gliederung des späteren Textes aufzusetzen und einzureichen, was immer wieder versucht wird. Eine solche Gliederung kann und soll erst viel später angefertigt werden, da sich zu Beginn die Struktur des späteren Textes gar nicht absehen lässt. Denn man weiß ja noch gar nicht, was man nach dem Materialsammeln und der Auswertung wissen wird.

Ein gutes Exposé bildet ein festes Fundament für eine erfolgreiche Dissertation. Dann wird man das Lied von der Unzulänglichkeit menschlichen Strebens aus Brechts Dreigroschenoper Lügen strafen, wo es heißt: „Ja, mach nur einen Plan, sei nur ein großes Licht! Und mach dann noch 'nen zweiten Plan, geh'n tun sie beide nicht". Denn bei der Dissertation geht es ja nicht um den Plan des Lebens, sondern nur um eine wissenschaftliche Qualifikationsarbeit. Und wer hierfür keinen Plan hat, der geht unter.

LINKS

Die Vorgaben der DFG zur Formulierung eines Forschungsantrags finden sich im Merkblatt für Anträge auf Sachbeihilfen mit Leitfaden für Antragstellung unter http://www.dfg.de/forschungsfoerderung/formulare/download/1_02.rtf (18.08.05).

Die Hinweise der Hans-Böckler-Stiftung für Anträge auf Forschungsförderung finden sich unter http://boeckler.de/cps/rde/xchg/SID-3D0AB75D-CDF1710E/hbs/hs.xsl/357.html (18.08.05).

Promotionsordnungen

Peter Fischer

Tina S. ist geschafft, aber eigentlich ganz zufrieden. Mit 360 Seiten ist ihre Dissertation zwar etwas lang geworden, dafür glaubt sie aber die letzten 4 1/2 Jahre empirisch sauber und anspruchsvoll gearbeitet zu haben. Gleich morgen will sie ihre Arbeit abgeben. Als sie sich per Telefon über die Öffnungszeiten des Promotionsprüfungsamtes erkundigt, fällt ihr jedoch fast der Hörer aus der Hand. Die Stelle, die sie von ihrem Doktorvater angeboten bekommen hat, wird sie sich erst einmal aus dem Kopf schlagen müssen. Die Frau aus dem Sekretariat sagt, dass sie neben einer Bescheinigung über das Latinum, drei Scheine im Haupt- und jeweils zwei in jedem Nebenfach einreichen müsse. Zudem sei unklar ob ihr Betreuer, der vor zwei Semestern an eine andere Hochschule gewechselt ist, berechtigt ist die Promotion abzunehmen. Die 180,- € Promotionsgebühr, die sie entrichten soll, scheinen da noch das kleinste Übel zu sein.

Das obige Beispiel ist sicherlich ein „worst-case"-Szenario, doch Fälle, in denen mal eben ein Latinum aus dem Hut gezaubert oder Leistungsnachweise nachgereicht werden müssen, sind keine Seltenheit. Um sich solche oder ähnliche Überraschungen am Ende der Promotion zu ersparen, empfiehlt es sich daher dringend, spätestens nach der Entscheidung zur Promotion, einen Blick in die für das Fach gültige Promotionsordnung zu werfen. Dabei sollte man sich auch nicht auf die Aussagen der BetreuerInnen verlassen, da die wenigsten ProfessorInnen über die aktuellen Inhalte der Ordnung informiert sind. Insbesondere bei der Entscheidung, wer bei mehreren infrage kommenden wissenschaftlichen Betreuungspersonen der oder die ErstbetreuerIn wird, kann eventuell der Blick in die Promotionsordnungen helfen.

Oft werden Promotionen durch überflüssige Regelungen in der Promotionsordnung erschwert und in ihrer Dauer verzögert, so dass man sich unter Umständen für die Universität mit der Promotionsordnung entscheiden kann, die zu den eigenen Voraussetzungen am besten passt. Zudem sind Promotionsordnungen auch veränderbar. Gerade im Zuge der gegenwärtigen Strukturreformen an bundesdeutschen Hochschulen bieten sich gute Chancen, veraltete Regelwerke modernen Anforderungen anzupassen – aber auch das nur mit genügend zeitlichem Vorlauf, damit die Verwaltungs- und Gremienwege noch vor der eigenen „Abschlussprüfung" durchschritten wurden.

1. Was regelt eine Promotionsordnung?

Die Promotionsordnung legt alle formellen Regelungen fest, die zum Erlangen eines Doktorgrades an der jeweiligen Universität nötig sind. Neben den Bestimmungen zur Zulassung, zur Betreuung, zum Promotionsverfahren und zu Prüfungen werden dort auch die möglichen Fächerkombinationen festgelegt. Formal ähneln sich alle Promotionsordnungen, sie beruhen auf den Landeshochschulgesetzen, zählen zu den Verwaltungsverordnungen und sind nach Paragraphen gegliedert.

§ 1 Doktorgrad	§ 12 Die mündliche Prüfung
§ 2 Prüfungsberechtigung	§ 13 Das Rigorosum
§ 3 Prüfungsorgan	§ 14 Die Disputation
§ 4 Die Promotionskommission	§ 15 Bewertung der Promotionsleistungen, Gesamtprädikat
§ 5 Die Prüfungsfächer	§ 16 Akteneinsicht
§ 6 Voraussetzungen für die Zulassung	§ 17 Ungültigkeit
§ 7 Promotionseignungsprüfung	§ 18 Vervielfältigung der Dissertation und Pflichtexemplare
§ 8 Antrag auf Zulassung zur Promotion	§ 19 Urkunde und Vollzug der Promotion
§ 9 Entscheidung über die Zulassung zur Promotion	§ 20 Ehrenpromotion
§ 10 Dissertation	§ 21 Inkrafttreten
§ 11 Beurteilung der Dissertation	Anhang

Beispiel:

Inhaltsverzeichnis der Promotionsordnung für die Sprach- und Literaturwissenschaftliche Fakultät der Universität Bayreuth vom 25. Oktober 2001 (vgl. Bayerisches Hochschulgesetz)

Promotionsordnungen werden in der Regel, je nach innerer Struktur der Universität, von der Fakultät oder dem Fachbereich erstellt und geändert und sind auch dort oder bei den jeweiligen Prüfungsämtern als Druckfassung zu beziehen. Via Internet findet sich die Promotionsordnung auf den Seiten der Universitäten meist über die Links: Studium – Prüfungsordnungen oder über: Einrichtungen – Fakultäten – Prüfungsämter. Manche Universitäten haben auch zentrale Prüfungsämter, bei denen man die Promotionsordnungen beziehen kann.

Anders als die formalen Regelbereiche differieren die inhaltlichen Auflagen sowie Anforderungen an Bescheinigungen und (Studien-)Leistungen leider nicht nur zwischen natur- und geisteswissenschaftlichen Fächern sehr stark, sondern auch innerhalb derselben Disziplinen an unterschiedlichen Hochschulen. Und auch die Vergabe des Doktortitels kann für die Promotion in einer Disziplin an unterschiedlichen Universitäten, etwa aufgrund der Zuteilung des Faches zu unterschiedlichen Fakultäten oder Fachbereichen, verschieden sein. So ist z.B. die Promotion im Fach Pädagogik als „Dr. päd." noch an vielen Universitäten möglich (z.B. an der Universität Dortmund), obwohl sich inzwischen „Dr. phil." weitestgehend durchgesetzt hat. Auch differiert die Zuteilung der einzelnen Disziplinen zu den Fakultäten und Instituten, so dass sich z. B. das Fach Soziologie u.a. in staatswissenschaftlichen, sozialwissenschaftlichen, geistes- und kulturwissenschaftlichen oder philosophischen Fakultäten wiederfinden kann. Erstaunlicherweise kann z.B. auch der Titel „Dr. phil." an einer Universität durch verschiedene Fakultäten vergeben und deshalb auch durch mehrere Promotionsordnungen geregelt sein (vgl. z.B. TU Dresden).

2 Wege zur formalen Aufnahme in den Kreis der Promovierenden

Die Voraussetzung für die Zulassung zur Promotion ist in der Regel ein abgeschlossenes Studium von mindestens acht Semestern Regelstudienzeit. Verlangt werden kann, dass ein Teil dieses Studiums an der Hochschule, an der promoviert werden soll, erfolgte, oder dort optional eine wissenschaftliche Tätigkeit erbracht wird. Bestimmungen für die Promotion nach einem Diplom-, Lehramt-, Magister- und Masterstudium werden jeweils differenziert geregelt. Auch Fachhochschulabsolventen werden in Promotionsordnungen explizit berücksichtigt, wenn auch die Bestimmungen sehr verschieden sind und u.a. die Möglichkeit eines Aufbaustudiums oder einer kooperativen Promotion (mit einem Hochschullehrer der FH als Zweitbetreuungsperson) angeboten wird (→Promovieren mit Fachhochschulabschluss).

Manchmal wird bei Beginn der Promotion eine Annahme als DoktorandIn beim Promotionsausschuss verlangt. Hierbei können gute Noten im Examenszeugnis, das Vorliegen eines Abschlusszeugnisses, die Benennung eines Promotionsthemas und von ein oder zwei HochschuldozentInnen als BetreuerInnen zur Bedingung gemacht werden (vgl. z.B. die Promotionsordnung der Fakultäten für Geistes- und Sozialwissenschaften der Universität Hannover 1999). Damit verbunden ist jedoch nicht unbedingt eine Immatrikulation.

Streng davon zu unterscheiden ist die Promotion in einem Promotionsstudiengang. Wie der Name schon sagt, ist das ein Studiengang mit
Immatrikulationspflicht, Semesterwochenstunden und Leistungsnachwei-
sen. Hierbei werden zumeist Studienschwerpunkte angeboten, die das
Verfassen einer Dissertationsschrift flankieren sollen; Abschlussarten sind
in den meisten Fällen Zertifikate oder in seltenen Fällen auch Master (vgl.
hierzu z.b. den Promotionsstudiengang des Graduiertenzentrums für qualitative Bildungs- und Sozialforschung →Promovieren in Kollegs und Zentren).

Gängig ist auch die Variante der Immatrikulation als Promotions-
student/in, die außer der Einschreibung und regelmäßigen Rückmeldung
keine weiteren Bedingungen an die Promovierenden stellt.

Die Promotion als regulärer Studienabschluss dieser Promotionsstudiengänge ist aber generell nicht möglich. Hierzu gelten wiederum die
Regelungen der jeweiligen Promotionsordnungen. Einige Universitäten
bzw. Fachbereiche oder Fakultäten lassen auch noch die „alte Variante"
einer „direkten" Promotion ohne vorherigen Abschluss zu (vgl. z.b. Kunstgeschichte an der Universität Münster). Verlangt wird gelegentlich nur,
dass einige Semester (2–4) an der Universität, an der man promovieren
will, studiert wurden. Diese Variante rückt aber zusehends in den Hintergrund.

Auch ausländische Studierende können an deutschen Universitäten
promovieren. Entscheidend dabei ist allerdings, dass die bisherigen im
Ausland erbrachten Studienleistungen vom Promotionsausschuss anerkannt werden. Dies gilt auch für Deutsche, die ganz oder zumindest teilweise im Ausland studiert haben. Die meisten Promotionsordnungen enthalten keine besonderen Bestimmungen für ausländische Studierende.
Einige Hochschulen (z.b. die FU Berlin) bieten hingegen eine gemeinsame
Promotion mit ausländischen Universitäten an (→Erfahrungsbericht Cotutelle de Thèse).

Unabhängig von all diesen „Einschreibungs"möglichkeiten ist die
Zulassung zur Promotion. Sie steht oft am Ende des Verfahrens und ist an
verschiedenen Universitäten auch ohne Immatrikulation, Promotionsstudium oder Annahme als DoktorandIn möglich.

3 Formalitäten und Regelungen während des Promovierens

Die Promotionsordnung legt fest, wer eine Promotion wissenschaftlich betreuen darf. Bedeutsam kann dies u.a. bei einer Betreuung durch emeritierte Professoren oder Privatdozenten sein. Selten regelt die Promotionsordnung auch das Verhältnis von DoktorandIn zu BetreuerIn.[1] Hierzu können unabhängig von der Promotionsordnung individuell Absprachen für eine „gute Betreuungspraxis" zwischen DoktorandIn und BetreuerIn getroffen werden. (Anregungen hierfür geben Promotionsvereinbarungen →Der Promotionsprozess als Arbeit)

In diesem Kontext ist es auch wichtig, die Kombinationsmöglichkeiten der Fächer, die im Anhang der Promotionsordnung zusammengestellt sind, zur Kenntnis zu nehmen. Ähnlich dem Magisterstudium sind nicht alle Fächerkombinationen möglich. Und nicht nur Fachhochschul-AbsolventInnen oder BesitzerInnen eines Staatsexamens müssen mitunter zusätzliche Studienleistungen erbringen, z.B. ein zusätzliches Fach belegen oder/und sich abschließend in zwei Nebenfächern prüfen lassen.

§ 6 a Eignungsfeststellungsverfahren

(1) Durch das Eignungsfeststellungsverfahren, das zwei Semester dauert, ist der Nachweis zu erbringen, dass in dem Fach, in dem die Dissertation angefertigt wird, grundsätzlich im selben Maße die Qualifikation zur wissenschaftlichen Arbeit wie von Bewerbern mit der Vorbildung entsprechend § 6 Abs. 1 Nr. 1 erworben wurde.

(2) Zum Eignungsfeststellungsverfahren wird nur zugelassen, wer die Diplomprüfung in einer für das gewählte Promotionsfach einschlägigen Fachrichtung an einer Fachhochschule mit einem Notendurchschnitt von mindestens 2,0 bestanden hat. Gleiches gilt für Kandidaten mit einem Bachelorabschluss. Ebenso wird zugelassen, wer die Erste Staatsprüfung für das Lehramt an Grund- und Hauptschulen bzw. Realschulen (oder entsprechende Lehramtsabschlüsse) mit einem Notendurchschnitt von mindestens 2,0 bestanden hat.

Quelle

Promotionsordnung des Fachbereichs 1: Erziehungswissenschaften der Universität Koblenz-Landau vom 28. August 2002

Weiterhin ist in der Promotionsordnung festgelegt, ob Teile der Dissertation bereits im Vorfeld veröffentlicht sein dürfen und ob die in Deutschland

---

[1] In einzelnen Fällen gibt es Bestimmungen über die Möglichkeit ein Betreuungsverhältnis aufzulösen. Die Teilnahme an Kolloquien und die Berichterstattung der DoktorandInnen an den Betreuer/die Betreuerin könnten in individuellen Promotionsvereinbarungen festgehalten werden.

besonders in den Geistes- und Sozialwissenschaften noch wenig bekannte und genutzte Möglichkeit einer kumulativen Promotion[2] vorgesehen wird.

Unter bestimmten Voraussetzungen ist es manchmal auch möglich, dass eine Dissertation von mehreren Personen abgefasst wird.

Vor allem für ausländische DoktorandInnen ist es wichtig zu wissen, in welchen Sprachen die Dissertation abgelegt werden kann. Oftmals ist die Sprachregelung von der Promotionsordnung an den Promotionsausschuss delegiert, bei dem es dann nachzufragen gilt und gegebenenfalls ein Antrag auf Zulassung einer anderen als der deutschen Sprache für die Dissertationsschrift zu stellen ist.

4 Formalitäten und Prüfungsmöglichkeiten zum Abschluss der Promotion

Am Ende, d. h. nach der Abfassung der Dissertation, steht die Zulassung zur Promotion. Sie muss schriftlich beantragt werden und erfordert den Nachweis der oben aufgeführten Voraussetzungen; also: abgeschlossenes Studium, ggf. Aufbau- oder Promotionsstudienleistungen, oft auch Fremdsprachenkenntnisse. Mit dem Antrag auf Zulassung ist die Einreichung einer Vielzahl anderer Unterlagen neben der abgefassten Dissertation verbunden. Dies kann einige Euro kosten, zumal auch noch eine unterschiedlich große Anzahl an Kopien der Dissertation gefordert wird.

Frühzeitig sollte daher z.B. geklärt werden, ob in der Promotionsordnung Promotionsgebühren vorgesehen sind, die Einreichung eines polizeilichen Führungszeugnisses erfolgen muss oder Latein- und Griechisch-Kenntnisse nachgewiesen werden müssen.

(4) In folgenden Fächern ist der Nachweis von Lateinkenntnissen zu erbringen: Philosophie, Alte Geschichte, Mittlere Geschichte, Neuere und Neueste Geschichte, Bayerische und Fränkische Landesgeschichte, Osteuropäische Geschichte, Landes- und Volkskunde, Klassische Archäologie, Kunstgeschichte, Musikwissenschaft, Musikpädagogik, Buchwissenschaft, Griechisch, Mittel- und Neulatein, Indogermanistik, Indoiranistik, Germanische und Deutsche Philologie, Slavische Philologie, Katholische Theologie. In den Fächern Philosophie und Slavische Philologie kann der Nachweis von Kenntnissen im Altgriechischen an die Stelle des Nachweises von Lateinkenntnissen treten.

(5) In folgenden Fächern ist der Nachweis von Altgriechischkenntnissen zu erbringen: Alte Geschichte, Klassische Archäologie, Indogermanistik, Latein. (...)

---

[2] Kumulative Promotion bezeichnet ein Verfahren, bei dem anstelle einer Monographie mehrere – zuvor veröffentlichte – Einzelpublikationen als Dissertation eingereicht werden können.

(7) Der Nachweis von Fremdsprachenkenntnissen ist durch Schulunterricht von fünf aufsteigenden Jahren mit mindestens ausreichendem Erfolg erbracht. Latein und Altgriechisch werden durch das Latinum beziehungsweise Graecum oder eine gleichwertige Prüfung der Universität Erlangen-Nürnberg nachgewiesen.

Quelle

Promotionsordnung der Universität Erlangen-Nürnberg für den Grad eines Dr. phil. 30. Juli 2004

Neben den Formalia, wie sich der Promotionsausschuss und die Prüfungskommission zusammensetzt, Annahme oder Ablehnung und Begutachtung der Dissertation, Auslegungsfrist und wie das abschließende Verfahren der Promotion seitens der Universität durchgeführt wird (→Disputation oder Rigorosum?), wird dem Doktoranden/der Doktorandin manchmal beim Antrag auf Zulassung eine Wahlmöglichkeit gegeben (wie z. B. in der Promotionsordnung der Phil. Fakultät der WWU Münster, 2001). Einige Universitäten haben Sonderregelungen wie z.B. das Absolvieren einer mündlichen Prüfung im Rahmen eines öffentlichen Kolloquiums, die auch studienbegleitend vor der Prüfungskommission abgelegt werden kann.

Abschließend werden von der Promotionsordnung die Regelungen der Veröffentlichung (Anzahl der Kopien, Druck oder Mikro-Fiche bzw. EDV-Veröffentlichung) getroffen. Der Anachronismus der meisten Promotionsordnungen zeigt sich hier erneut, da nur die wenigsten eine Online-Veröffentlichung im Regelwerk selbst vorsehen, Ausnahmen auf Antrag aber zulassen.

Bei all dem gilt: Fakultäten, Fachbereiche und auch Promotionsordnungen ändern sich! Neben der frühzeitigen Information über die gültige Promotionsordnung ist es daher auch sinnvoll, veraltete Regelungen zu kritisieren und nachdrücklich auf ihre Überarbeitung zu drängen. Der direkte Weg über die HochschuldozentInnen oder den Promotionsausschuss des Fachbereichs muss dabei freilich nicht immer der angeratenste sein. Sie leiden zumeist am wenigsten unter den geltenden Bestimmungen und sehen daher häufig auch wenig Änderungsbedarf. Geschickter wird da in der Regel sein, Änderungen über hochschulpolitische Organisationen, Verbände oder gemeinsame Initiativen anzuschieben. Erfolg versprechend kann es dabei sein, auf reformierte Promotionsordnungen renommierter Universitäten oder die internationale Wettbewerbsfähigkeit zu verweisen. Mit dem Wissen über die Unterschiedlichkeit von Promotionsordnungen ergeben sich mit den richtigen „Verbündeten" gute Chancen, Änderungsanträge für bestehende Ordnungen auf den Weg zu bringen. Eine gute Vorlage z.B. zur Implementierung der elektronischen Veröffentlichung in bestehende Promotionsordnungen bietet die „Allgemeine Fassung einer Promotionsordnung" der Universität Duisburg (LINK). Andererseits bleibt immer auch die Möglichkeit des Universitätswechsels. Dieser zieht in den meisten Fällen jedoch Schwierigkeiten bei der BetreuerInnenwahl nach sich.

Dieser Überblick zeigt, dass die Promotionsordnungen einzelner Universitäten bzw. Fakultäten oder Fachbereiche denkbar unterschiedlich sind. Auch die jüngsten, durch die Einbindung von BA/MA-Studiengängen bedingten Veränderungen, Novellen und Ergänzungen zu den Promotionsordnungen werden aufgrund der Bildungshoheit der Länder daran nichts ändern. Promovierende sind also gefordert, sich über ihre jeweilige Ordnung umfassend zu informieren – und das möglichst früh im Promotionsprozess, um etwaige Auflagen erfüllen oder noch modifizierend Einfluss nehmen zu können.

LINK

„Allgemeine Fassung einer Promotionsordnung" zur Implementierung elektronischer Veröffentlichung von Dissertationen: http://www.ub.uni-duisburg.de/dissonline/promotionsordnung.html (18.08.05).

Promovieren mit Fachhochschulabschluss

Heike Brand

Orte wissenschaftlicher Forschung sind Universitäten und gleichgestellte wissenschaftliche Hochschulen. Aufgabe der Fachhochschulen ist die anwendungsbezogene Lehre. Konsequenz dieser Unterscheidung zwischen Hochschultypen ist zum einen die Beibehaltung einer Hierarchisierung der Hochschullandschaft. Andererseits scheint, aufgrund der ausschließlichen Vergabe des Promotionsrechts an Universitäten, die Möglichkeit einer Promotion den Absolventen und Absolventinnen dieser Einrichtungen vorbehalten. Die auf Basis der Landeshochschulgesetze entwickelten Promotionsordnungen der Fakultäten bzw. Fachbereiche der Universitäten und gleichgestellten Hochschulen eröffnen jedoch auch Personen mit Fachhochschulabschluss prinzipiell die Möglichkeit einer Promotion (vgl. HRK 2001, S. 5). Die Zulassung stellt stets eine Einzelfallentscheidung des zuständigen Hochschulgremiums dar und ist an Zulassungsbedingungen gebunden. Bei Erfüllung der Auflagen ist die Annahme als Doktorand bzw. Doktorandin aber häufig nur ein formaler Akt. Mit diesem Artikel sollen grundlegende Handlungsabläufe des Verfahrens und die Heterogenität der Zulassungsbedingungen transparent gemacht und Perspektiven für den Entwurf individueller Strategien zur Promotionszulassung eröffnet werden.

1 Formale Qualifikation

Zulassungsvoraussetzung für eine Promotion ist ein abgeschlossenes Fachhochschulstudium. Ein Großteil der Fakultäten und Fachbereiche sieht in den Promotionsordnungen als weitere Bedingung eine überdurchschnittliche Qualifikation (z. T. auch Prädikatsexamen) vor. Der Begriff „überdurchschnittlich" wird häufig über eine mindestens „sehr gute" (von 1,0 über 1,3 bis 1,5) oder „gute" Gesamtabschlussnote definiert. In Einzelfällen kann eine mit „sehr gut" bewertete Diplomarbeit weiteres Kriterium sein (vgl. Technische Universität Ilmenau in: HRK 2001, S. 142). Seltener werden „herausgehobene Studienergebnisse" quantitativ bestimmt wie beispielsweise durch die Forstwissenschaftliche Fakultät der Albert-Ludwigs-Universität Freiburg im Breisgau, die Zulassungen zur Promotion an Personen vergibt, „die in der Abschlussprüfung zu den besten 30% des jeweiligen Prüfungskollektivs" zählten (vgl. HRK, S. 109). Nicht alle Promotionsordnungen sehen eine verbindliche Festlegung der Qualifikation vor. Beispielsweise kann am Fachbereich Geschichtswissenschaften der Humboldt-Universität zu Berlin „Befähigten Fachhochschulabsolvent(inn)en … durch Beschluß des Promotionsausschusses der unmittelbare Zugang zur Promotion ermöglicht werden" (vgl. HRK, S. 42).

2 Betreuung

Bei der Vorbereitung einer Promotion sollte schon parallel zur ersten Auseinandersetzung mit dem Thema und der Beschäftigung mit den Zulassungsvoraussetzungen Kontakt zum potentiellen Betreuer oder zur potentiellen Betreuerin der Universität oder gleichgestellten Hochschule aufgenommen werden. Wird bei der Wahl der Professoren oder Professorinnen auch auf Erfahrung im Zulassungsverfahren von Fachhochschulabsolventen oder -absolventinnen geachtet, stellen diese Kenntnisse zu hochschulinternen Abläufen und Strukturen häufig eine wesentliche Unterstützung in der Anfangsphase der Promotion dar. Kontakte zu Hochschullehrern und -lehrerinnen entstehen zum Teil über Empfehlungen von Fachhochschuldozenten und -dozentinnen oder anderen Promovenden und Promovendinnen. Bei gut strukturierter und motivierter Vorstellung des Projektes in Erstgesprächen gestalten sich diese häufig unerwartet unkompliziert und motivierend.

Viele Hochschulen, wie beispielsweise die Technische Universität Dresden, sehen die Möglichkeit einer kooperativen Promotion, der gemeinsamen Betreuung des Dissertationsvorhabens durch Universitäts- und Fachhochschulprofessoren und -professorinnen, vor (HRK 2001, S. 81).

3 Zulassungsvoraussetzungen

Die Zulassung von Fachhochschulabsolventen und -absolventinnen ist meist mit unterschiedlichen Auflagen verbunden, die zum Teil in der ersten Phase der Promotion, spätestens jedoch vor dem Ablegen des Rigorosums bzw. bis zur Disputation erfüllt werden müssen. Der folgende Abschnitt enthält eine Zusammenstellung üblicher Formen zusätzlicher Studienleistungen.

Leistungsnachweise

Leistungsnachweise können durch die Teilnahme an Lehrveranstaltungen erbracht werden und sind häufig mit Scheinerwerb durch Klausuren auf Examens- oder Hauptstudiumsniveau mit variierender Mindestbewertung verbunden.

Aufbaustudium

Ein Aufbaustudium (oder auch Promotionsstudium bzw. Ergänzungs- und Vertiefungsstudium) umfasst etwa zwei bis vier Semester Studienzeit, die an der gewählten Universität oder gleichgestellten Hochschule mit Mindestbewertungen absolviert werden müssen. Ziel dessen ist der Nachweis einer wissenschaftlichen Qualifikation, die beispielsweise am Fachbereich Bauingenieurwesen und Geodäsie der Technischen Universität Darmstadt über die Teilnahme an Lehrveranstaltungen bzw. Prüfungen und die Anfertigung wissenschaftlicher Arbeiten evaluiert wird. Nach Erbringung aller Auflagen wird endgültig über die Annahme als Promovend/Promovendin entschieden (vgl. HRK 2001, S. 67, 68).

Prüfung

Auch Promotionsvorprüfungen (häufig auch Promotionseignungsprüfungen oder Feststellungsprüfungen) als wissenschaftlicher Qualifikationsnachweis können Teil des Zulassungsverfahrens sein. Die Prüfungen auf Examensniveau finden in mündlicher oder schriftlicher Form in mehreren Fächern statt, bedürfen einer Mindestbewertung und können nur bedingt wiederholt werden. An der Physikalisch-Astronomischen Fakultät der Friedrich-Schiller-Universität Jena sind Prüfungen in Pflichtfächern des Grund- und Hauptstudiums, die mit mindestens 2,3 bewertet werden müssen und nur einmal wiederholt werden können, Bestandteile des Eignungsfeststellungsverfahrens (vgl. HRK 2001, S. 145).

Weitere häufig geforderte Zusatzleistungen sind qualifizierte Vorstellungen des wissenschaftlichen Vorhabens, Prüfungsgespräche, Kolloquien oder der Nachweis wissenschaftlicher Studien. Durch diese promotionsvorbereitenden Studien soll, gemäß der Promotionsordnung der Fakultät Umweltwissenschaften und Verfahrenstechnik der Brandenburgischen Technischen Universität Cottbus, „eine vergleichbare Gesamtqualifikationsbelastung" der Fachhochschulabsolventen/-absolventinnen und Promovenden/Promovendinnen mit Universitätsabschluss im Zeitraum von drei bzw. fünf Semestern sichergestellt werden. Inhalt und Umfang werden individuell durch die Zulassungskommission bestimmt (HRK 2001, S. 66).

4 Zulassungsantrag

Spätestens bei Einreichen der Dissertation wird für jedes Promotionsprojekt ein Antrag auf Zulassung gestellt. Ein frühzeitiger Zulassungsantrag ist auch bei Fachhochschulabsolventen und Fachhochschulabsolventinnen nicht obligatorisch, bietet sich aber aufgrund der Besonderheiten des Zulassungsverfahrens und beispielsweise in Bezug auf Anträge für Promotionsstipendien an. Der Promotionsantrag wird, je nach Hochschulstruktur, an Fakultätsrat, Fachbereichsrat, Promotionsausschuss oder Fakultätskonvent gerichtet. Feste Bestandteile des Antrages sind Schulabschlusszeugnis, Diplomzeugnis, Diplomurkunde, Lebenslauf und ein Antragsschreiben, wobei häufig ein formloser Antrag ausreichend ist. Je nach Promotionsordnung sind Exemplare der Diplomarbeit, Begründungen der Promotionsabsicht, Vordiplom (ggf. Leistungsscheine, Teilnahmebestätigungen) oder Führungszeugnisse weitere Antragselemente. Häufig werden Empfehlungen des zuständigen Fachbereiches der Fachhochschule oder Gutachten von Fachhochschuldozenten bzw. -dozentinnen und Universitätsprofessoren bzw. -professorinnen gefordert. Grundlage dieser gutachterlichen Stellungnahmen sind Eignungsgespräche, Exposés oder schriftliche Arbeitspläne. Neben einer positiven Einschätzung des Promotionsvorhabens und der Bestätigung der Befähigung des Fachhochschulabsolventen bzw. der -absolventin ist häufig schon bei Antragstellung die Empfehlung von Auflagen durch den gutachtenstellenden Universitätsprofessor oder die -professorin sinnvoll.

5 Zulassung zur Promotion

Nach Beschlussfassung durch das entscheidungsfindende Hochschulgremium ergeht eine schriftliche Mitteilung an den Antragsteller, der bei positivem Bescheid die grundsätzliche Bereitschaft der Hochschule ausdrückt, „die Dissertation als wissenschaftliche Arbeit zu bewerten und den Doktoranden bei der Erstellung der Arbeit zu unterstützen" (vgl. Thüringer Hochschulgesetz, in: HRK 2001, S. 21). Mit der Zulassung zur Promotion steht dem Fachhochschulabsolventen bzw. der -absolventin der Weg in eine „ganz normale Promotion" offen. Oben genannte Auflagen können innerhalb von Promotions- bzw. Graduiertenstudiengängen und Forschungskolloquien bzw. -werkstätten sinnvoll und an den individuellen Bedürfnissen orientiert, erfüllt werden.

Mit der Annahme als Doktorand bzw. Doktorandin besteht die Möglichkeit, jedoch nicht die Pflicht, einer Immatrikulation als Promotionsstudent bzw. Promotionsstudentin. Formal wird damit der Studierendenstatus mit den zugehörigen Privilegien (Semesterticket, Ermäßigungen usw.) erlangt. Die Erbringung zusätzlicher Studienleistungen ist damit nicht verbunden. Zuständige Hochschuleinrichtung ist die Abteilung Graduiertenförderung des Immatrikulationsamtes. Zur Einschreibung werden einmalig ein Formblatt ausgefüllt und eine Dreifachbescheinigung der Krankenkasse sowie die Bescheinigung über die Zulassung zur Promotion eingereicht. In den folgenden Semestern besteht ausschließlich die Pflicht der Rückmeldung durch Zahlung eines Semesterbeitrages und zum Teil durch die Einreichung einer Erklärung der betreuenden Hochschullehrerin bzw. des betreuenden Hochschullehrers über die fortlaufende Arbeit am Dissertationsvorhaben. Nicht zu verwechseln ist diese fakultative Immatrikulation mit dem unter Punkt 3 erwähnten Promotionsstudium als zusätzliche Studienleistung, hier besteht lediglich eine Namensgleichheit.

6   Fazit

Fachhochschulabsolventen und -absolventinnen mit Promotionsabsichten können sich über verschiedene Quellen (Fachbereiche/Fakultäten; Internetseiten der Hochschulen; Sammelband der Hochschulrektorenkonferenz) zu Promotionsmöglichkeiten und Zulassungsbedingungen der Universitäten und gleichgestellten Hochschulen informieren. Grundsätzlich ist bei der Lektüre der gesetzlichen Grundlagen zu bedenken, dass die Hochschulen häufig über einen Entscheidungsspielraum verfügen, der Ausnahmeregelungen ermöglicht. Deshalb ist auch eine frühzeitige Kontaktaufnahme mit erfahrenen Personen (Hochschulprofessoren, -professorinnen; bereits promovierende Personen mit Fachhochschulabschluss) sehr empfehlenswert. Verhalten sich die Vertreter bzw. Vertreterinnen der Hochschule defensiv, so sollte dies nicht zu der Fehlannahme verleiten, hier würde dem an der Promotion Interessierten die Eignung abgesprochen. Statt sich mit solchen Annahmen selbst zu entmutigen, ist die angemessene Reaktion darauf, nach alternativen Handlungsstrategien zu suchen (Thematisierung der Problematik innerhalb der betreffenden Fakultät, Kontaktaufnahme mit weiteren Hochschulangehörigen bzw. einer anderer Hochschule).

Abschließend bleibt zu bemerken, dass eine Vereinfachung des Promotionsverfahrens für Fachhochschulabsolventen und -absolventinnen durch den Ausbau bestehender gesetzlicher Voraussetzungen zur Vergabe des Promotionsrechtes an Fachhochschulen (vgl. bspw. Hochschulgesetz des Landes Sachsen-Anhalt, in: HRK 2001, S. 19) der Wissenschaftsgemeinschaft eine Anzahl junger ambitionierter Wissenschaftler und Wissenschaftlerinnen zur Verfügung stellen würde, deren Potential bisher durch einen zum Teil demotivierenden Bürokratismus erschöpft wird.

Literatur

Hochschulrektorenkonferenz (Hrsg.) (2001): Promotionsmöglichkeiten für FH-Absolventen: Sammlung der einschlägigen Bestimmungen aus den Promotionsordnungen der Universitäten. Bearbeitung: Karina Dudek. Bad Honnef.

Keller, A. (2000): Promotionsmöglichkeiten von Fachhochschulabsolventen an Universitäten. Übersicht zum gegenwärtigen Stand und Ansatzpunkte für die Weiterentwicklung. 5. Aufl. Berlin.

LINK

Ein „Leitfaden für promotionswillige Sozialarbeiterinnen/Pflegewirtinnen", sicherlich auch auf andere Disziplinen übertragbar, ist unter folgender Internetseite zu finden: http://www.asfh-berlin.de/uploads/media/leitfaden_promo_01.pdf (18.08.05).

Interview mit einem promovierenden FH-Absolventen

Markus Werner

Klaus Müller ist 26 Jahre alt und studierte an der FH Darmstadt Sozialpädagogik. Er absolvierte das staatliche Anerkennungsjahr im Allgemeinen Sozialdienst eines Jugendamtes und entschied sich danach für eine Promotion, da er keine berufliche Perspektive sah, die ihn weiter voranbringen konnte. Bereits während seines Studiums beschäftigte er sich mit dem Gedanken einer Promotion, es dauerte aber eine längere Zeit, bis er per Zufall den „richtigen" Hinweis bekam. Gegenwärtig ist er als Honorarkraft in einem psychosozialen Arbeitsfeld beschäftigt.

Wann hast du das erste Mal an eine Promotion gedacht?

Das erste Mal dachte ich an eine Promotion, als ich mich mit meinem Studienabschluss beschäftigte. Eigentlich wollte ich in meinem Beruf weiterarbeiten. Doch dann übernahm mich die Institution nicht, so dass ich mich für eine Promotion entschied. Durch Zufall lernte ich zuvor auf einem Gewerkschaftsseminar eine Promovierte kennen. Sie gab mir wertvolle Hinweise, an wen ich mich wenden kann, da ich einen FH–Abschluss in Sozialpädagogik habe und es als „relativ" problematisch ansah, einen Doktorvater zu finden, der mich bei meinem Vorhaben unterstützt.

Gab es Personen, die dich bei der Anbahnung des Promotionsprojektes unterstützt haben?

Also, es gab und gibt bis heute niemanden, der mich wesentlich unterstützt. Es kann aber auch daran liegen, dass ich ja noch am Anfang meines Vorhabens stehe. Ich denke, im Laufe der Zeit wird es schon die eine oder den anderen geben, die mir bei meinen Schwierigkeiten helfen und mich unterstützen werden. Ich muss mich halt dann auch selbst drum bemühen. Im Augenblick geht es so. Natürlich ist es schon mal wichtig zu wissen, dass es noch andere FH-AbsolventInnen gibt, die promovieren (LINK). Das ist als mentale Unterstützung gar nicht so unwichtig.

Wann würdest du den Beginn deiner Promotion ansetzen?

Als Zeitpunkt lege ich die Zusage meines Doktorvaters fest, als ich in einem (angenehmen) persönlichen Gespräch mit ihm die erste Phase geplant habe. Für ausschlaggebend halte ich die erste „Zusammenkunft" von Doktorvater und Doktorand.

Wie finanzierst du die Promotion?

Wie ich schon sagte, begann ich die Promotion, nachdem mein Arbeitsverhältnis nicht verlängert wurde, so dass ich die erste Zeit noch von finanziellen Rücklagen profitierte. Danach entschied ich mich für Honorarbeschäftigungen. Gegenwärtig kann ich es noch nicht einschätzen, ob dies eine gute Grundlage für mein weiteres Vorhaben ist. Für mich ist es wichtig, dass ich weiterhin in meinem Arbeitsfeld berufliche Erfahrungen sammeln kann. Wie gut sich das auch langfristig mit dem Promovieren vereinbaren lässt, kann ich noch nicht abschätzen.

Wie und von wem wirst du bei der Promotion unterstützt?

Wichtig ist natürlich der Kontakt zu meinem Doktorvater. Er bietet mehrere Veranstaltungen an, in denen die Doktoranden zusammenkommen und ihre Arbeitsergebnisse vorstellen und diskutieren. Die Arbeitssituation in den Arbeitskreisen ist sehr angenehm und offen. Man beharrt hier nicht auf „Expertentum" und wissenschaftlichen „Lorbeeren", sondern stellt den Arbeitskontext und das Miteinanderarbeiten in den Mittelpunkt.

Was macht dir am meisten Schwierigkeiten beim Promovieren?

Für mich ist es natürlich ein Manko, dass ich nur geringes Wissen über die Theorien und qualitativen Methoden habe. Aber es sind nicht die markanten „Schwierigkeiten", die mich bedrücken. Sie können nach und nach im Arbeitsprozess minimiert werden. Manchmal würde ich mir aber eine Forschungssupervision wünschen, da ich die Supervision aus meiner beruflichen Zeit schätzen gelernt habe. Es gibt zwar eine Vielzahl von Büchern, die den Umgang von diversen „Arbeitsblockaden" thematisieren, doch letztendlich ist es besser, wenn Forschende ihre Anliegen im Gespräch klären. Naja, aber auch hier bin ich wohl wieder selbst gefragt, unterstützende Strukturen zu suchen oder viel-

leicht auch zu initiieren. Das ist das Manko so genannter externer Promotionen.

Was gefällt dir gut beim Promovieren?

Das Promovieren ist für mich das Entdecken von absolutem „Neuland", und ich stoße von Mal zu Mal auf Gedanken, die andere Forschende ähnlich werten. So komme ich zum Schluss, dass ich nicht orientierungslos bin. Es ist eine Bestätigung für mich, wenn gedankliche Parallelen in Büchern auftreten, wenn Sachverhalte schon zuvor so oder ähnlich dokumentiert wurden. Und noch spannender stelle ich mir das vor, wenn ich etwas entdecke, einen Zusammenhang oder eine neue Perspektive, die so noch nicht in Büchern stehen. Das oder so ähnlich ist wohl das Ziel jeder Dissertation, oder?

Was willst du mit der Promotion machen?

Ja, das ist eine gute Frage. Für mich ist es erst mal relevant, die Promotion zum Abschluss zu bringen. Was ich danach mache, ist noch unklar. Eines beschäftigt mich aber schon jetzt: Wenn ich die Promotion ohne berufliche Praxis bewältige, gelte ich auf dem sozialpädagogischen Arbeitsmarkt als Theoretiker, dem die Praxis fehlt. Lege ich dagegen größeren Wert auf die Einschiebung von beruflichen Phasen, verlängert sich die Promotionsphase, dennoch habe ich dann möglicherweise bessere berufliche Chancen.

LINK

Dissertationsliste – Soziale Arbeit der Deutschen Gesellschaft für Sozialarbeit:
http://www.deutsche-gesellschaft-fuer-sozialarbeit.de/disso.shtml (18.08.05).

Promotion und Geschlechterverhältnis

Andrea Adams

Die Promotion ist je nach Geschlecht immer noch eine sehr unterschiedliche Herausforderung, und sie ist eingebettet in ein Wissenschaftssystem, das häufig sehr ungerecht Geschlechterunterschiede macht. Wir haben uns in diesem Handbuch bemüht, einen kritischen Blick auf die Geschlechterverhältnisse in allen behandelten Themen zu werfen: So verstehen wir die Aufgabe des „gender mainstreaming" (→Einleitung). Hier aber geht es dennoch eigens und ausführlich um das Geschlechterverhältnis, da dieses die Realität an den Hochschulen und Forschungseinrichtungen nach wie vor formt – und das für Männer wie für Frauen. Denn diskriminierende Strukturen und Verhaltensweisen, die Frauen bestimmte Rollen zuweisen, bedeuten auch eine Einengung und Benachteiligung von Männern, wenn diese nicht einem traditionellen Männerideal entsprechen können oder wollen, das auf völliger Aufopferung anderer Interessen im Dienste der Wissenschaft beruht. Fakten und Analysen dazu werden im ersten Teil des Artikels präsentiert. Alle Promovierenden sind gefordert, diese Verhältnisse zu verändern, auch für die eigene, individuelle Promotion. Veränderungsstrategien und konkrete Programme werden im zweiten Teil vorgestellt.

1 Frauen an deutschen Universitäten – der Status quo

An deutschen Universitäten sind Frauen erst seit Ende des 19. Jahrhunderts vertreten, erst als Gasthörerinnen und seit 1908 in allen Universitäten auch als eingeschriebene Studentinnen. Während Frauen unter den Studierenden an der vorletzten Jahrhundertwende eine kleine Minderheit ausmachten, sind inzwischen knapp die Hälfte all jener, die ein Studium aufnehmen, Frauen. Auch bei den Studienabschlüssen hält sich das Geschlechterverhältnis noch etwa die Waage, jedoch geschieht bereits bei der Promotion ein deutlicher Einschnitt: Der durchschnittliche Anteil an Frauen unter den Promovierten liegt bei etwas über einem Drittel. Wie auch beim Studium besteht ein großer Unterschied zwischen den einzelnen Fächern, wie aus der Tabelle ersichtlich ist, wobei die Ingenieurwissenschaften den geringsten, Veterinärmedizin den höchsten Anteil an Promovendinnen aufweisen. Interessant ist dabei auch ein Blick auf die geschlechtsspezifische Ausprägung der „Promotionsintensität" in den einzelnen Fächern, also das

Verhältnis der Promotionen zu den einige Jahre vorher abgelegten Abschlussprüfungen (Wissenschaftsrat 2002:7, Anm. 7 u. Tab. 4). Hierdurch wird deutlich, dass sich im Durchschnitt nur halb so viele Absolventinnen wie Absolventen nach dem Studium für eine Promotion entscheiden – in der Veterinärmedizin promoviert fast jeder Mann, aber nur jede zweite Frau nach dem Studium, und auch in Agrar-, Forst- und Ernährungswissenschaften sind es doppelt so viele Männer.

Zuversichtlich stimmt, dass die Zahl der Doktorinnen in allen Fächern und auch in der Gesamtzahl langsam aber beharrlich steigt. Lag der Frauenanteil bei den Promovierten 1980 noch bei 19,6%, war er 1993 bei 30,6% und stieg auf 37,9% im Jahr 2003. Die absolute Zahl der abgelegten Promotionen verdoppelte sich zwischen 1980 und 2000 und sinkt seitdem leicht.

	Frauenanteil 2003 in Prozent	Frauenanteil 1993 in Prozent	Intensität Männer 2000 in Prozent	Intensität Frauen 2000 in Prozent
Ing.Wiss.	10,5	5,9	13,5	9,1
Sportwiss.	25,9	33,3	4,5	2,1
Mathem. u. Naturwiss.	31,0	24,0	38,0	26,0
Rechts-, Soz.- u. Wirtsch.wiss.	31,4	22,0	10,9	6,8
Agrar-, Forst- u. Ernährungswiss.	33,9	26,4	26,5	13,6
Gesamt ohne Med.	33,4	24,7	18,8	10,6
Gesamt	37,9	30,6	24,2	17,4
Humanmed.	47,4	38,7	84,3	75,2
Sprach- u. Kulturwiss.	50,7	40,8	19,6	7,8
Kunstwiss.	62,3	57,8	5,4	5,7
Veterinärmed.	72,2	48,7	90,9	51,7

Tabelle: Prozentuale Geschlechterverteilung nach Fächern

Quelle

Statistisches Bundesamt 2004a (eigene Berechnungen), Wissenschaftsrat 2002

Nicht so hoffnungsvoll wie die steigende Geschlechtergerechtigkeit bei den Promotionen insgesamt ist dagegen, dass das Verhältnis von Frauen gegenüber Männern in der Wissenschaft mit zunehmender Qualifikationsstufe kontinuierlich absinkt. Nach der Promotion entscheiden sich weniger Frauen als Männer zur Habilitation: 2003 waren nur 22,0% der HabilitandInnen weiblich (Statistisches Bundesamt 2004b: S. 254). Ein weiteres Zehntel weniger Frauen als Männer erklomm den wissenschaftlichen Olymp: nur 12,8% aller ProfessorInnen waren 2003 Frauen, darunter nur 8,6% auf einer C4-Professur (Statistisches Bundesamt 2004b, S. 36–38). Die Einstellungspraxis zeigt, dass sich das auch nicht so bald ändern wird: im Jahr 2003 wurden nur 13,4% aller C4- bzw. W3-Professuren mit Frauen besetzt. (BLK 2004, Tab. 5.1.2) Der in Stellenanzeigen üblich gewordene Hinweis, dass bei gleicher Qualifikation Frauen bevorzugt würden, scheint bei den Ernennungen für Professuren folglich bisher keine Rolle gespielt zu haben.

2 Hürden auf dem Weg in die Wissenschaft

Viele Frauen entscheiden sich jedoch für den Ausstieg aus der Wissenschaft, lange bevor überhaupt eine Bewerbung auf eine Professur ansteht. Da der zahlenmäßige Einbruch bei den habilitierenden Frauen besonders gravierend ist, kann die Phase der Promotion und der beruflichen Orientierung danach als ausschlaggebend in der Entscheidung für oder gegen eine Berufstätigkeit in der Wissenschaft gelten. Die Hemmnisse, die Frauen auf ihrem Weg zur Professur begegnen, sind so zahlreich wie vielfältig. Der Mangel an Professorinnen, die für Frauen ein Vorbild für eine eigene akademische Karriere sein könnten, fällt hier besonders schwer ins Gewicht. Weibliche Sozialisation in den Universitäten lässt sich in vielerlei Hinsicht (immer noch) als Marginalisierungsprozess beschreiben. Männlich geprägte Fachkulturen und ein dadurch übermitteltes geringes Zugehörigkeitsgefühl wiegen besonders schwer in einer Wissenschaftskultur, in der die persönliche Beziehung zum Doktorvater (oder seltener zur Doktormutter) wesentlich für den beruflichen Erfolg ist. Dabei muss es sich nicht unbedingt um eine absichtliche Ausgrenzung oder Benachteiligung von Frauen handeln, häufiger und z.T. schwerwiegender sind die Auswirkungen unbestimmter, den Beteiligten eventuell auch unbewusster Kriterien, die Handlungsmaximen beeinflussen. Das kann durch Sprache passieren, wenn die gegenüber Männern hohe Stimme von Frauen als inkompetenter und Argumente von Frauen als weniger stichhaltig wahrgenommen werden. Auch kommen Rollenmuster, die z.B. Männern automatisch hohe Belastbarkeit und Durchsetzungsfähigkeit beimessen, Frauen dagegen reflexhaft einen Gebärwunsch und vor allem Auszeiten für die Kinderfürsorge unterstellen, bei der Besetzung von Stellen zum Tragen. Die Elitenforschung hat ferner gezeigt, dass bei der Nachwuchsrekrutierung die Ähnlichkeit der Biographie der BewerberIn zu derjenigen des Entscheiders (oder selten: der Entscheiderin) eine große Rolle spielt. Für eine Führungsposition, so der Elitenforscher Michael Hartmann, muss die Person, die dorthin will, „vor allem eines besitzen: habituelle Ähnlichkeit mit den Personen, die dort schon sitzen." (Hartmann, 2004, S. 21). Man kann sich vorstellen, dass in der durch männliche, bildungsbürgerliche Professoren geprägten Universitätslandschaft Frauen (neben den Söhnen und Töchtern aus Migranten- oder Arbeiterfamilien) dadurch einen Nachteil haben. Die Bedeutung des „gleichen Stallgeruchs", so Hartmann, wirkt sich besonders in nicht-standardisierten, intransparenten Auswahlverfahren auf die Einstellungschancen aus (ebd.). Diese Einstellungsverfahren existieren auch in den Universitäten, da bei der Besetzung von wissenschaftlichen Mitarbeiterstellen häufig auf bereits durch Studium oder Hilfskraftstellen bekannte AbsolventInnen zurückgegriffen wird und das professorale Wort zumeist das ausschlaggebende ist. Das Arrangement hat auch für die Promovierenden Vorteile, weil sie das für die Promotionsphase zentrale Betreuungsverhältnis zu ihren Doktoreltern bereits abschätzen können. Dennoch ist diese Art der Nachwuchswerbung ungerecht, wenn sie einzelne gesellschaftliche Gruppen strukturell ausschließt. So lag im Jahr 2002 der Frauenanteil am wissenschaftlichen Personal an Universitäten und Hochschulen[1] unter der Professurebene bei nur 31,2% (BLK Bericht, 2003, Tab.1.1).

Problematisch ist ferner die Orientierung der Wissenschaft an dem Ideal des flexiblen, mobilen, möglichst mehr als Vollzeit arbeitenden Wissenschaftlers. Das Ideal des „in Einsamkeit und Freiheit" forschenden Gelehrten, der – entlastet durch Ehefrau und Angestellte – sich um keinerlei Haushalts-, Familien- oder soziale Verpflichtungen kümmern musste, entwickelte sich im 19. Jahrhundert, entsprach aber auch schon damals nicht der Realität der Mehrheit der an den Universitäten und Hochschulen Lehrenden. Selbst für scheinbar ungebundene, nur für die Wissenschaft lebende Singles heute ist dies keine realistische Perspektive für ein langes, gesundes und ausgeglichenes (Berufs)Leben. Frauen wie Männer, die diesem Ideal nicht entsprechen wollen oder können, wird aber eine wissenschaftliche Laufbahn oft unmöglich gemacht. Die aus diesem Arbeitsideal resultierenden Leistungsansprüche an WissenschaftlerInnen und die finanzielle Unsicherheit durch befristete Beschäftigungsverhältnisse behindern beide Geschlechter dabei, Elternschaft und eine akademische Karriere

---

[1] Diese Gruppe umfasst die wissenschaftlichen und künstlerischen Mitarbeiterinnen sowie Dozentinnen und Assistentinnen. Zahlen allein für die Gruppe der auf Qualifikationsstellen promovierenden Frauen konnten nicht ermittelt werden.

zusammenbringen. Trotzdem sind es in der Mehrzahl Frauen, die die wissenschaftliche Laufbahn zugunsten der Familie aufgeben oder deren Karriereweg durch Vereinbarkeitsprobleme erschwert wird (→Promovieren mit Kind). Nach einer Verbleibsstudie von Enders und Bornmann über Promovierte aus sechs Fächern sind die Männer im Zehnjahresverlauf nach der Promotion insgesamt deutlich häufiger erwerbstätig als die Frauen (zu 97% gegenüber 78 bis 83% bei den Frauen, vgl. Enders/Bornmann 2001:102).

3   Frauenförderung als Schritt zu mehr Geschlechtergerechtigkeit an der Uni

Auch in den für ihre Gleichberechtigungspolitik geschätzten skandinavischen Ländern sind Frauen in den Universitäten unterrepräsentiert. In Finnland lehren zwar EU-weit die meisten Frauen unter den ProfessorInnen (2000: 20%[2]) und die Promovierendenquote nähert sich den 50% – allerdings mit einer auffallenden Geschlechtertrennung nach Fächern (Helsinki Group, 2001: 4; Kurki, 2004). Trotz der vergleichsweise hohen Anzahl von Frauen in den Wissenschaften spricht man auch in Finnland von einer leaky pipeline: Je höher die Position in der Wissenschaft ist, desto geringer ist auch hier der Anteil von Frauen. (Kurki, 2004, dies. 2002). In Finnland werden jedoch verschiedene Anstrengungen unternommen, dies zu ändern. Neben der Einrichtung von Ombudspersonen und Gleichstellungskomitees an den Universitäten und Forschungseinrichtungen wird in Finnland auf die Vereinbarung von Quoten gesetzt. Allerdings ist dies keine Muss-, sondern eine Soll-Quote, die – im Gegensatz zu den Versuchen in deutschen Universitäten, Frauenförderung durch eine Art freiwilliger Selbstverpflichtung einzuführen – auch funktioniert. Ein Gesetz von 1995 besagt, dass in allen Gremien mindestens 40% des „Minderheitengeschlechts" vertreten sein sollen, außer es gibt besondere Gründe für eine Abweichung. Dies gilt nicht nur für universitäre Gremien, sondern für alle öffentlichen Einrichtungen und somit auch für die Organisationen, die für die nationale Forschungsplanung und -förderung verantwortlich sind, wie den Vorstand der Academy of Finnland und die vier fachlich getrennten

---

[2] Diese Zahl ist jedoch durch einen kleinen Rechentrick aufgebessert worden: Seit 1998 zählte man einfach die (schlechter bezahlten) Associate Professors, unter denen es eine höhere Frauenquote gab, mit zu der Kategorie der ProfessorInnen. So stieg die Quote der Professorinnen in einem Jahr von 14% 1997 auf 18,4% 1998 (Husu, o.J. [2001]: 3).

National Research Boards. Bis auf den Research Council on Natural Sciences and Technology, wo „nur" 30% Frauen vertreten sind, bestehen diese Vorstände nun zur Hälfte aus Frauen (Husu, o.J. [2001] S. 8).

Auch in Finnland setzt man darüber hinaus wie an bundesdeutschen Universitäten auf klassische Frauenfördermaßnahmen – Trainings, Programme etc. –, um die personelle Gleichstellung der Geschlechter zu befördern. Gleichstellungspolitik ist bisher generell eine Politik der Frauenförderung, da auf der Ebene der wissenschaftlichen Nachwuchsförderung in fast allen Fällen Frauen unterrepräsentiert sind. Neu ist in diesem Zusammenhang die Umsetzung des gender budgetings an bundesdeutschen Universitäten. Im Zuge der an den Universitäten neu implementierten leistungsbezogenen Mittelzuwendung ist es nun möglich, finanzielle Anreize für gerechtere Beteiligungschancen der Geschlechter in Wissenschaft und Forschung zu schaffen. Zum Beispiel wird dies seit 2003 in Hessen umgesetzt: Mittels eines Prämiensystems werden Universitäten für abgeschlossene Promotionen, Habilitationen und Berufungen von Frauen belohnt (Frauenhandbuch, 2003, S. 52). Um eine weitgehende gesellschaftliche Umstrukturierung in allen Bereichen zu verwirklichen wäre es jedoch darüber hinaus auch wünschenswert, eine Angleichung ungleicher Geschlechterverteilungen „geschlechtsneutral" zu verstehen: Dies würde bedeuten, auch Männer für die Arbeitsgebiete zu motivieren, in denen diese unterrepräsentiert sind. Denkbar wäre es zum Beispiel, mehr Männer dazu anzuregen, Studiengänge zu wählen, die in soziale oder pädagogische Berufe, wie z.B. ins Grundschullehramt führen. Da der Anteil der männlichen Habilitanden und Professoren jedoch auch in den Fächern überwiegt, in denen die Studentinnen die Mehrheit ausmachen, bedarf es auf absehbare Zeit keiner eigenen Förderung des männlichen wissenschaftlichen Nachwuchses. Auf dieser Ebene wären dahingegen Überlegungen angebracht, wie man Professoren und Dozenten dazu motivieren könnte, sich und ihre Leistungsansprüche nicht an einem vollzeitarbeitenden, biographisch ungebrochenen „Normal"arbeitsverhältnis auszurichten. Ein Professor, der aufgrund der Pflege seiner Eltern Teilzeit arbeitet oder ein „Sabbatical" nimmt, um endlich Russisch zu lernen, macht seine Absage an das unerreichbare und überholte Gelehrtenideal deutlich – und ermöglicht vielleicht sogar einer Frau den Einstieg in die Professur.

4   Förderungsmöglichkeiten für Promovendinnen

Die konkreten Angebote der Nachwuchsförderung für Promovendinnen sind nach Universität und Bundesland unterschiedlich angelegt, sie sind in der Erprobungs- und Bewährungsphase oder zeitlich begrenzte Sonderprogramme. Es existieren einerseits Möglichkeiten der finanziellen Unterstützung von Frauen für die Promotion. So werden im Rahmen des Fachprogramms „Chancengleichheit für Frauen in Forschung und Lehre" des Hochschul- und Wissenschaftsprogramms HWP (früher Hochschulsonderprogramm) unterschiedliche finanzielle Förderungsprogramme aufgelegt. In einigen Bundesländern werden Promotionsstellen an der Universität finanziert, andere Bundesländer offerieren Stipendien. Es gibt auch Promotionsabschlussstipendien oder Kurzzeitstipendien, die für die Abschlussphase oder zum Formulieren eines Exposés genutzt werden können. Über diese Förderungsmöglichkeiten bietet die Datenbank des Center on Excellence Women in Science (CEWS) einen guten Überblick (LINK). Darüber hinaus existieren Programme für Wissenschaftlerinnen, die in ihren Fächern stark unterrepräsentiert sind wie z.B. in Baden-Württemberg das Irene Rosenberg-Programm zur Promotionsförderung von Frauen in den Ingenieurwissenschaften. Ferner gibt es das Mathilde-Planck-Promotionsprogramm für Absolventinnen von Hochschulen oder Berufsakademien, die eine Fachhochschulprofessur anstreben. An habilitationswillige Frauen richten sich unterschiedliche, ebenfalls nach Bundesland unterschiedliche Angebote.

Einen zweiten Förderungszweig, der manchmal auch mit der finanziellen Förderung parallel angeboten wird, bilden Angebote, die auf die Ausbildung von Schlüsselkompetenzen einerseits und auf Schaffung von Netzwerken andererseits setzen. Das Women's Career Center der Universität Hamburg bietet beispielsweise ein Seminar an, das sich an promotionswillige Frauen in der Früh- oder Vorbereitungsphase der Promotion richtet und Fragen nach Betreuerauswahl, Themenfindung und Finanzierung klären hilft. An der Universität Duisburg-Essen bietet das Mentorinnenprojekt MEDUSE explizit Angebote für Promovendinnen der Geistes-, Gesellschafts-, Bildungs-, und Wirtschaftswissenschaften an (LINK). Neben der Möglichkeit für Promovendinnen über MEDUSE an einem Mentorinnenprogramm teilzunehmen, werden auch „klassische" Schlüsselkompetenz-Kurse angeboten (Berufsorientierung, Work-Life-Balance, Zeitmanagement, Networking →Akademische Schlüsselqualifikationen). Daneben bietet MEDUSE promotionsbegleitende Workshops, die sich konkret Fragestellungen beim Abfassen der Dissertation zuwenden wie beispielsweise Seminare zur Disputation, Themenfindung und Forschungsmethodik.

Neben Mentorinnenprogrammen bieten Zusammenschlüsse von Frauen eine andere Variante des Netzwerkbildens. Einige der etablierten fachwissenschaftlichen Zusammenschlüsse wie beispielsweise der Verein Deutscher Ingenieure, die Gesellschaft Deutscher Chemiker etc. haben in ihren Reihen Arbeitskreise zur Chancengleichheit eingerichtet, daneben gibt es seit längerem Berufsfachverbände für Frauen aus einigen Professionen wie bei den Juristinnen oder im Ärztinnenbund (einen Überblick über diese Zusammenschlüsse bieten die Webseiten des ProFil-Projektes, LINK). An einigen Universitäten finden sich auch lokale Vereinigungen von Wissenschaftlerinnen oder Promovendinnen zur gegenseitigen Unterstützung und Vernetzung, wie in Braunschweig, der TU Berlin oder Heidelberg (LINK).

An allen Universitäten gibt es inzwischen eine zentrale Stelle, die sich mit den Förderangeboten für Frauen auskennt, ein Zentrum für Frauen- oder Geschlechterforschung oder in jedem Fall die Frauen- oder Gleichstellungsbeauftragte. Um sich über die häufig lokalen Angebote besonders im Bereich der promotionsbegleitenden Angebote für Frauen zu informieren, ist ein Besuch dort zu empfehlen. Auch ein Blick auf Webseiten oder Schwarze Bretter ist nicht verkehrt, manchmal existiert eine E-Mail-Verteilerliste. Wichtig ist dies für Informationen z.B. über aktuelle Ausschreibungen für Stellen und Promotionsstipendien.

Auch wenn diese Frauenförderprogramme sinnvoll sind, muss eine kritische Reflexion über frauen- und gleichstellungspolitische Maßnahmen der letzten 20 Jahre ergeben, dass sie bislang nicht in der Lage waren, die Strukturen in der Wissenschaft grundlegend zu wandeln. Besonders die Universitäten weisen eine bemerkenswerte Resistenz gegenüber Veränderungen der Geschlechterordnung auf. Das Beispiel Finnland zeigt, dass dies nicht unbedingt so sein muss. Der Unterschied könnte in einem größeren geschlechterpolitischen Konsens und einer breiteren Akzeptanz der Maßnahmen liegen. Für hier und jetzt heißt das, dass auch Möglichkeiten für die Einzelne bzw. den Einzelnen bestehen, in ihrem oder seinem Arbeits- und Universitätsalltag Geschlechtergerechtigkeit umzusetzen, denn Geschlechterverhältnisse sind nichts als gegeben zu Erduldendes, sondern auch von Menschen je neu Gemachtes. Das bedeutet, dass es nicht hilft, die „Glasdecke" in der Wissenschaft oder den Mangel an Professorinnen zu beklagen. Stattdessen ist es sinnvoller, aktiv nach qualifizierten Frauen zu suchen und für deren Einladung zu sorgen, sei es bei Auswahlverfahren oder bei der Planung von Tagungen und Konferenzen. Männliche Dominanz und hegemoniale männliche Ideale und Verhaltensweisen gehören auch in anderen Bereichen gebrochen, beispielsweise in Arbeitsgruppen, Kolloquien, bei der Konzeption von Vorlesungsreihen und Büchern. Hier sollten Frauen wie Männer auf Gleichstellung achten und sie selber in die Hand nehmen. Wir merken meistens, dass diese Anstrengungen schwierig sind, dass Geschlechtergerechtigkeit bei Knappheit von Zeit oder Finanzen schnell vergessen wird, dass formalisierte Maßnahmen schnell als aufgesetzt wahrgenommen und die praktische Durchsetzung von „den eigenen Leuten" belächelt wird. Dies entlässt uns aber nicht aus der Verantwortung, uns als „wissenschaftlicher Nachwuchs" für die Geschlechtergerechtigkeit in der künftigen Wissenschaft einzusetzen.

Literatur

Bund-Länder-Kommission für Bildungsplanung und Forschungsförderung (BLK) (2004): Frauen in Führungspositionen an Hochschulen und außeruniversitären Forschungseinrichtungen. Achte Fortschreibung des Datenmaterials. (=Materialien zur Bildungsplanung und Forschungsförderung, 122), Bonn.

Burckhardt, Anke; Schlegel, Uta (Hg.) (2003): Warten auf Gender Mainstreaming. Gleichstellungspolitik im Hochschulbereich. (= die hochschule, 2). Institut für Hochschulforschung an der Martin-Luther-Universität, Lutherstadt Wittenberg.

Enders, Jürgen; Bornmann, Lutz (2001): Karriere mit Doktortitel? Ausbildung, Berufsverlauf und Berufserfolg von Promovierten; Frankfurt/Main (campus).

Frauenhandbuch (2003): hrsg. von der Philipps Universität Marburg, Marburg, Druckzentrum Biegenstraße.

Hartmann, Michael (2004): Eliten in Deutschland. In: Das Parlament. Aus Politik und Zeitgeschichte. B 10 (2004), S. 17–24.

Helsinki Group on Women and Science (2001), Women and Science: Review of the Situation in Finland. Finnish National Report by Hannele Kurki, Heidi Kuusi, Helena Vänskä, 31.8. 2001: ftp://ftp.cordis.lu/pub/improving/docs/women_national_report_finland.pdf (19.08.05).

Husu, Liisa o.J. (2001): Gender Equality in Finnish Academia (=Women in European Universities): http://www.women-eu.de/download/HusuCP01_02.pdf (19.08.05).

Kurki, Hannele (2002): Equal opportunity in research (vom 26.4.2002), http://www.research.fi/tasa-arvo2_en.html (Stand: 24. August 2004).

Kurki, Hannele (2004): Equal opportunity in research (vom 11. August 2004), http://www.research.fi/tasa-arvo2_en.html (19.08.05).

Statistisches Bundesamt (2004a): Prüfungen an Hochschulen. Daten zu abgelegten und bestandenen Prüfungen an deutschen Hochschulen im Prüfungsjahr 2003. (=Fachserie 11, Reihe 4.2), Wiesbaden; unter: http://www-ec.destatis.de/csp/shop/sfg/bpm.html.cms.cBroker.cls (19.08.05).

Statistisches Bundesamt (2004b): Personal an Hochschulen 2003. (= Fachserie 11, Reihe 4.4),Wiesbaden; unter: http://www-ec.destatis.de/csp/shop/sfg/bpm.html.cms.cBroker.cls (19.08.05).

Wissenschaftsrat (2002) Empfehlungen zur Doktorandenausbildung: http://www.wissenschaftsrat.de/ texte/5459-02.pdf (19.08.05).

LINKS

Informationen über Förderungsmöglichkeiten zum Hochschul- und Wissenschaftsprogramm (HWP) „Chancengleichheit für Frauen in Forschung und Lehre" (ehemaliges Hochschulsonderprogramm) bundesweit: http://www.cews.org/hwp (19.08.05).

Irene Rosenberg-Programm zur Promotionsförderung von Frauen in den Ingenieurwissenschaften des Landes Baden-Württemberg: http://www.mwk-bw.de/Hochschulen/Frauenfoerderung/Rosenberg_Programm.html (19.08.05).

Mathilde-Planck-Promotionsprogramm für zukünftige FH-Professorinnen in Baden-Württemberg: http://www.gleichstellung-fh-bw.fh-nuertingen.de (19.08.05).

Das Women's Career Center der Universität Hamburg: http://www.frauenforschung-hamburg.de/ wcc/ (19.08.05).

Meduse Mentoring Programm an der Universität Duisburg-Essen: http://www.uni-essen.de/ meduse/ (19.08.05).

Übersicht über bundesweite Mentoring Programme auf der Seite von ProFiL: http://www.profil-programm.de/06_2_mentoring.html (19.08.05).

Übersicht über Frauen-Berufsnetzwerke und Frauenfachverbände in verschiedenen Berufszweigen und Fächern auf den Seiten des ProFiL Projektes: http://www.profil-programm.de/ 06_2_organisation.html (19.08.05).

Arbeitskreis Wissenschaftlerinnen Braunschweig, Seminar, Stammtisch: http://www.wissenschaftlerinnen-bs.de/index.html (19.08.05).

Doktorinnennetzwerk an der Technischen Universität Berlin: http://www.tu-berlin.de/~zenfrau/index-Dok.html (19.08.05).

Interdisziplinäres Doktorandinnen-Kolloquium an der Neuphilologischen Fakultät der Universität Heidelberg: http://www.uni-heidelberg.de/institute/fak9/studium/AK_frauenprom/ (19.08.05).

Promovieren und Behinderung

Stefan Matysiak[1]

Obwohl Behinderte[2] besonders darauf angewiesen sind, eine möglichst hohe Bildung zu erhalten, sind sie überdurchschnittlich häufig von höherer Bildung ausgeschlossen. Die Minderrepräsentanz von Behinderten und chronisch Kranken im Studium setzt sich in der Promotionsphase fort und verstärkt sich. Diese Minderrepräsentanz Behinderter kann nicht auf geistige Leistungseinschränkungen zurückgeführt werden, sondern ist ein Hinweis auf strukturelle Behinderungen, die die Betroffenen in ihrem Bildungsgang erfahren und die als Diskriminierung Behinderter angesehen werden können.

Die Erschwernisse der Betroffenen hängen von der Form der Erkrankung bzw. Behinderung ab. Krankheitstage bedeuten generell Arbeitsausfälle, Beeinträchtigungen des Sehens führen zu einer Reduzierung der Zeitdauer, die vor dem Computer gesessen bzw. gearbeitet werden kann. Medikamente, Allergien sowie chronische Schmerzen reduzieren die Konzentrationsfähigkeit und verlangsamen bzw. unterbrechen die Arbeitsprozesse. Die Zeit für physiotherapeutische Behandlungen, Arztbesuche oder Operationen geht von der Promotion ab. Hörbehinderungen stören bei der Transkription von Interviews, zudem entstehen für die notwendigen besonders hochwertigen Aufnahmegeräte behinderungsbedingte Mehraufwendungen. Bei hochgradigen Sehstörungen ist die Versorgung und Verarbeitung von Literatur schwierig und zeitintensiv. Rollstuhlfahrer finden überall Barrieren vor. Erhöhte Aufwendungen für die Lebensführung entstehen durch selbst zu finanzierende Behandlungen (etwa auch für Heilpraktiker), für Hilfsmittel und Helferinnen. Zudem sind Mehrkosten zur Sicherung einer angemessenen Diät sowie Aufwendungen zur die Sicherung der Mobilität möglich.

Deutsche Hochschulen sind in der Regel eher behindertenfeindliche Einrichtungen. Dies äußert sich einerseits darin, dass auf die besonderen Belange behinderter Promovierender nur unzureichend Rücksicht genommen wird, andererseits in der niedriger Anzahl physisch und psychisch beeinträchtigter Menschen an den Universitäten.

Auf nationaler wie internationaler Ebene bestehen bindende Vorgaben, die eine Diskriminierung von Behinderten verbieten sowie die Gleich-

---

[1] Der Autor erarbeitete für die Hans-Böckler-Stiftung eine interne Studie zu den Problemen und zum Anteil von behinderten Promovierenden: ‚Nachteilsausgleiche in der Promotionsförderung. Studie zur Gleichstellung von Behinderten und chronisch Kranken in der HBS-Promotionsförderung', Mskpt., Göttingen 2004.

[2] Anmerkung der Redaktion: Zur Begriffsbestimmung wer behindert ist bzw. behindert wird, gibt es zahllose Diskurse aber keine einheitliche Definition. Zur Kritik am „Behinderten"begriff siehe z.B. Peter Rödler „Vorsicht vor 'starken' Worten" http://www.uni-koblenz.de/~proedler/stawo.htm (19.08.05).

stellung körperlich und seelisch beeinträchtigter Menschen vorschreiben. Das Grundgesetz der Bundesrepublik Deutschland (Art. 3 Abs. 3 (2) GG), die Antidiskriminierungsrichtlinie der Europäischen Union (Art. 1 u. 5 Richtlinie 2000/78/EG) oder das Behindertengleichstellungsgesetz (§ 1 BGG) verpflichten zur Gleichstellung von behinderten Menschen. Um diese Gleichstellung durchzusetzen, sind Nachteilsausgleiche vorgesehen, bei denen es sich um unterschiedliche Erleichterungen handelt, die die behinderungsbedingten Beeinträchtigungen ausgleichen sollen. Das Ziel der Gleichstellung gilt auch für den Bildungsbereich und ist für das Studium eigens im Hochschulrahmengesetz (§ 2 (4) HRG) verankert worden.

An den deutschen Universitäten sind die Bedingungen für Behinderte gleichwohl traditionell eher ungünstig. Mitte der 90er Jahre erkannte die Kultusministerkonferenz, dass das tendenziell behindertenfeindliche Klima an den Hochschulen „die Neigung [verstärkt], die Probleme behinderter Studierender, die vielfach schwer erkennbar sind, zu vernachlässigen oder zu ignorieren" (Kultusministerkonferenz 1995).

Dies betrifft verschärft auch behinderte und chronisch kranke Promovierende, deren besonderen Bedürfnisse nicht mitgedacht oder zumindest marginalisiert werden. Beratungs- und Hilfsangebote bestehen für behinderte und chronisch kranke PromotionsinteressentInnen nicht. Auch die ansonsten im öffentlichen Leben gewährten Nachteilsausgleiche, mit denen die besonderen Erschwernisse abgefedert werden sollen, existieren für Promovierende nur sehr vereinzelt.

Das Fehlen der eigentlich verpflichtenden Nachteilsausgleiche erstreckt sich bis in die Promotionsordnungen. Obwohl beispielsweise die Kultusministerkonferenz in einer Muster-Rahmenordnung die Verankerung eines Nachteilsausgleichs in den Diplomprüfungsordnungen festlegte (Kultusministerkonferenz 2000), erfolgte eine Übertragung dieser Regelungen in die Prüfungsordnungen für die Promotion nicht. Als eine der wenigen Hochschulen ist bislang lediglich an der Universität Rostock ein Nachteilsausgleich für psychisch und physisch beeinträchtigte Promovierende beschlossen worden. So legt die Promotionsordnung der dortigen Philosophischen Fakultät fest, dass für Promovierende mit Behinderung oder chronischer Erkrankung, die die Verteidigung ihrer Promotion nicht in der vorgesehenen Form ablegen können, andere Prüfungsformen festgesetzt werden können.[3]

---

[3] § 21 Promotionsordnung der Universität Rostock für die Philosophische Fakultät vom 7. Juni 2000 in der Fassung vom 3. Dezember 2003. (Fortsetzung siehe Seite 105)

Überlicherweise hat die nachwachsende wissenschaftliche Elite in der bürgerlichen Wissensgesellschaft jedoch physisch hundertprozentig leistungsfähig zu sein, denn, wie der Volksmund sagt, es steckt nur in einem gesunden Körper auch ein gesunder Geist.

1 Probleme behinderter und chronisch kranker Promovierender

Körperlich oder seelisch eingeschränkte Promovierende sind doppelbelastet. Bereits bei Studierenden bedeuten die Beeinträchtigungen eine zusätzliche Mühe, die einen „besonderen organisatorischen, zeitlichen und materiellen Aufwand" abverlangt (Schnitzer/Isserstedt/Middendorff 2001, 416). Und schon die behinderten Studierenden absolvieren deshalb ihr Studium in vielen Fällen weniger komplikationslos als der Durchschnitt der Studierenden. Die Beeinträchtigungen der Behinderten und chronisch Kranken führen deshalb zu einer gegenüber nicht beeinträchtigten Studierenden deutlich erhöhten Zahl von Studienunterbrechungen, die zumeist mit der Behinderung oder chronischen Erkrankung begründet werden. Jeder zweite der stark sowie mehr als jede dritte der mittelschwer beeinträchtigten Studierenden unterbricht zeitweilig wegen der Beeinträchtigung bzw. zur Regeneration das Studium.

Diese körperlichen Einschränkungen beeinträchtigen auf ähnliche Weise auch Promovierende. Die Beeinträchtigungen bedeuten eine Vielzahl von Nachteilen. Die Betroffenen benötigen mehr Zeit für die Anfertigung ihrer Arbeit und längere Erholungspausen, außerdem entsteht ihnen ein finanzieller Mehrbedarf. Hinzu kommen die Mühen, die wenigen bereits bestehenden Rechte auch noch durchsetzen zu müssen. Da nur ein – wenn überhaupt – sehr geringer Teil dieser Belastungen durch Nachteilsausgleiche aufgefangen wird, stellt die Frage nach einer Promotion für behinderte und chronisch kranke Studierende eine schwerer wiegende Entscheidung dar als für unbeeinträchtigte Menschen.

---

[3] (Fortsetzung von Seite 104) Im selben Sinne auch der § 19 der Promotionsordnung der Theologischen Fakultät der Universität Rostock, aufgestellt auf Grund von Beschlüssen des Rates der Theologischen Fakultät am 12.07.2000 sowie § 10 (8) der Promotionsordnung des Fachbereichs VI Geographie/Geowissenschaften der Universität Trier vom 13. November 2000. Der Versuch des Forums behinderter Juristen und Juristinnen (2002, 36), entsprechende Vorschriften („In Prüfungs- und Studienordnungen sowie in Promotionsordnungen sind Nachteilsausgleiche für Studierende sowie Doktorandinnen und Doktoranden mit Behinderung vorzusehen.") auch in den Landesgesetzen zur Gleichstellung behinderter Menschen zu verankern, ist bislang nicht von Erfolg gekrönt.

2 Repräsentanz behinderter und chronisch kranker Promovierender

Neben den physischen Nachteilen der bereits im Promotionsprozess befindlichen chronisch Kranken und Behinderten kommt es bereits im Vorfeld zu Benachteiligungen, wenn behinderte Studierende den Zugang zur Promotion suchen. Denn insofern die Beeinträchtigungen negativ auf die Studienleistungen durchschlagen, bedeutet eine Behinderung oder chronische Erkrankung bei der Auswahl der PromotionskandidatInnen einen Nachteil gegenüber nicht beeinträchtigten Studierenden. Auch die in der Regel längere Studiendauer benachteiligt behinderte und chronisch kranke Studierende im Konkurrenzkampf um Stellen oder Stipendien bzw. schließt Behinderte vielfach aus den Auswahlverfahren aus, etwa wenn wegen der Behinderungen das Höchstbewerbungsalter überschritten wurde.

Die Folge ist, dass die Rekrutierung und Weiterförderung von studierenden Behinderten in Richtung einer Promotion zahlenmäßig geringer ausfällt, als es ihrem Studierendenanteil entspräche. Gesundheitlich eingeschränkte Menschen sind unter den Promovierenden unterrepräsentiert. Exakte Statistiken, die Auskunft darüber geben könnten, inwieweit körperlich beeinträchtigten Menschen eine gleichberechtigte Teilhabe an höherer wissenschaftlicher Hochschulbildung gelingt, existieren allerdings nicht. Das liegt insbesondere darin begründet, dass die Behinderungen nicht zuletzt angesichts des jeweils unterschiedlichen Status der Promovierenden nicht zentral erfassbar sind.

Nach einer EU-Studie sind 18,3 Prozent der Menschen im Promovierendenalter (25 bis 44 Jahre) durch körperliche Beeinträchtigungen an ihren Aktivitäten gehindert (davon 1,6 Prozent schwer), 12,1 Prozent der 25- bis 44-jährigen Deutschen weisen eine chronische Erkrankung auf (vgl. Matysiak 2004, 8). Von den Studierenden im Alter von mehr als 28 Jahren bezeichneten sich dagegen lediglich insgesamt 18 Prozent als chronisch krank oder behindert (vgl. Schnitzer/Isserstedt/Middendorff 2001, 411). Deutlich ist zudem, dass unter den Schwerbehinderten überhaupt lediglich 6 Prozent eine Universität absolviert haben, unter den leicht Behinderten (mit einem Grad der Behinderung von weniger als 50 v. H.) sind es 8,6 Prozent. Von der Durchschnittsbevölkerung haben hingegen 11,5 Prozent einen Hochschulabschluss. (vgl. Mühling 2000, 16). Der Anteil Schwerbehinderter und chronisch Kranker nimmt vom Studium bis zur Promotion weiter deutlich ab.

Der Übergang vom Studium zur Promotion scheint für Behinderte und chronisch Kranke eine nur schwer zu überwindende Hürde darzustellen. Obwohl Behinderte besonders darauf angewiesen sind, eine möglichst hohe Bildung zu erhalten, sind sie überdurchschnittlich häufig von der Promotion ausgeschlossen. Die Minderrepräsentanz körperlich und seelisch eingeschränkter Menschen in der Promotion kann dabei nicht auf geistige Leistungseinschränkungen zurückgeführt werden, sondern ist ein Hinweis auf strukturelle Behinderungen, die als Diskriminierung Behinderter angesehen werden müssen. Größere Bemühungen, die Bedingungen für chronisch kranke und behinderte Menschen so zu gestalten, dass sie eine gleichberechtigte Chance auf eine Promotion erhalten, sind im deutschen Universitätswesen nicht zu erkennen.

3 Bedingungen der Promotionsfinanzierung

Eine Promotion wird neben der Selbstfinanzierung vor allem mit öffentlichen Mitteln bestritten, so auf einer (halben) Stelle an der Universität oder mit einem Promotionsstipendium eines Begabtenförderwerkes (→Finanzierung der Promotion). Auf beiden Förderwegen sind Behinderte und chronisch Kranke auf unterschiedliche Weise erwünscht bzw. wird auf ihre Belange Rücksicht genommen.

Promovieren mit Hilfe von Begabtenförderwerken

In der Promotionsförderung der Begabtenförderwerke werden chronisch kranke und behinderte Promovierende bislang deutlich benachteiligt. Nachteilsausgleiche, wie sie in anderen Bereichen des öffentlichen Lebens wie der Arbeitswelt fest verankert sind und wie sie in der Begabtenförderung wegen der Belastung durch die Kindererziehung auch Eltern gewährt werden, sind für physisch und psychisch beeinträchtigte Promovierende nicht vorgesehen. In den entsprechenden Richtlinien des Bundesministeriums für Bildung und Forschung (BMBF) ist das Wort „Behinderte" nicht einmal erwähnt (vgl. BMBF 2002). Eine Forderung der Gewerkschaft Erziehung und Wissenschaft (GEW 2001), bei der Stipendienförderung die Belange von Behinderten zu berücksichtigen, wurde bislang nicht umgesetzt. Die Promovierenden-Initiative bemüht sich zwar derzeit, auch in den grundlegenden Richtlinien des BMBF zur Begabtenförderung einen Nachteilsausgleich zu verankern, ein Erfolg dieser Bemühungen ist jedoch derzeit noch nicht absehbar. Neben den allgemeinen Begabtenförderwerken bestehen zwar etwa mit der Stiftung zur Förderung körperbehinderter Hochbegabter[4] und der Dr. Willy-Rebelein-Stiftung[5] Einrichtungen, die sich ausdrücklich der Förderung Behinderter verschrieben haben, diese können jedoch nur eine geringe Zahl von Betroffenen unterstützen.

Hinzu kommen die grundsätzlichen Probleme der Vergleichbarkeit der Leistungen. Dem Anschein nach neutrale Vorschriften oder Kriterien benachteiligen im Auswahlverfahren behinderte und chronisch kranke StudienabsolventInnen in besonderer Weise gegenüber anderen StudienabsolventInnen. Beispielsweise kann eine behinderungs- oder krankheitsbedingte Einschränkung zu Einschränkungen bei der Wahl oder Ausübung von Weiterqualifizierungen im Studium wie Auslandsaufenthalten oder Praktika führen. Derlei Nachteile bedeuten für die Betroffenen eine formale Minderqualifizierung, die zu einer Ablehnung in den Aufnahmeverfahren und damit zu einer mittelbaren Diskriminierung führt.

Einzelne Stiftungen wie die Hans-Böckler-Stiftung haben jedoch immerhin in ihren Aufnahmerichtlinien einen Bonus für Behinderte vorgesehen. Die Konrad-Adenauer-Stiftung lässt im Bewerbungsverfahren Ausnahmen zu, sollte aufgrund einer Behinderung die Altersgrenze überschritten sein. Nachteilsausgleiche für die bereits aufgenommenen Behinderten gibt es in den einzelnen Stiftungen nur zum Teil und nur auf niedrigem Niveau, so vereinzelt die Übernahme von Kosten etwa für Lesehilfen oder Gebärdensprach-Dolmetscher.

Promovieren auf festen Stellen im Öffentlichen Dienst

Das Promovieren auf Stellen im öffentlichen Dienst bedeutet zunächst einmal einen theoretischen Vorteil. So sind Schwerbehinderte bei gleicher Eignung bei Einstellungen im Öffentlichen Dienst bevorzugt zu berücksichtigen (etwa § 3.3 Niedersächsische Schwerbehindertenrichtlinien). Zudem verpflichtet das Neunte Sozialgesetzbuch die Universitäten, Schwerbehinderte in jedem Fall zu einem Vorstellungsgespräch einzuladen, um die Einstellungschancen dieser Bewerberinnen zu verbessern (§ 82 SGB IX). Unterbleibt das Gespräch, kann die Universität auf ein Schmerzensgeld in Höhe von bis zu drei Bruttomonatsgehältern verklagt werden (§ 81 (2) SGB IX). Für die Promotion auf einer Stelle sprechen zudem – neben der generell vorteilhaften Sozialversicherungspflicht – die besonderen Schutzmaß-

---

[4] Stiftung zur Förderung körperbehinderter Hochbegabter, Buchenweg 1, Postfach 677, FL-9490 Vaduz, Fürstentum Liechtenstein, Telefon 00 42/3/2 32 84 24.

[5] Dr. Willy-Rebelein-Stiftung, Bauvereinsstr. 10-12, 90489 Nürnberg 20, Telefon 0911/5860-292

nahmen, die Behinderte genießen. Diese umfassen etwa einen Zusatz-urlaub (§ 125 SGB IX) oder das Recht zur Ablehnung von Mehrarbeit (§ 124 SGB IX).

Was auf dem Papier relativ gut klingen mag, entpuppt sich in der Realität jedoch häufig als Papiertiger. In der Regel dürften die Vorgaben des SGB IX an den Universitäten nicht beachtet werden, und die als Nachteilsausgleich beim Einstellungsverfahren zu gewährende Bevorzugung von Schwerbehinderten kommt ebenfalls selten zum Tragen. Zudem dürfte es aufgrund der universitären Machtstrukturen nicht zu den einfachen Dingen gehören, vorgesetzte Professoren von den besonderen Rechten Schwerbehinderter zu überzeugen. Auch eine Verlängerung einer befristeten Beschäftigung auf einer Promotionsstelle ist wegen einer aus einer Behinderung resultierenden geringeren Arbeitsfähigkeit nicht vorgesehen.

4 Forderungen an die Zukunft

Während körperlich beeinträchtigte Menschen im Studium und im Berufsleben durch eine Vielzahl von Nachteilsausgleichen gleiche Lebens- und Berufschancen erhalten sollen, sind derlei Nachteilsausgleiche in der Promotionsförderung bislang so gut wie nicht vorgesehen. Physisch oder psychisch beeinträchtigten Menschen ist eine gleichberechtigte Teilhabe an der Promotion und damit die Entfaltung ihres Potenzials häufig verwehrt oder zumindest erschwert.

Um diesen beeinträchtigten Menschen auch im Bereich der Promotionsförderung die gleichen Lebens- und Berufschancen zu gewähren, müssten einerseits eine Reihe von Nachteilsausgleichen eingerichtet werden. Andererseits müsste jedoch auch bei den Nichtbehinderten – und hier vor allem den (universitären) Entscheidungsträgern – ein Bewusstsein über die besonderen Probleme chronisch kranker und behinderter Promovierender sowie über deren Rechte auf Teilhabe geschaffen werden.

Auf diese Weise könnte, wie von der Bundesregierung gefordert, auch im Bereich der Promotion „die Lern- und Bildungsfähigkeit unter Berücksichtigung der jeweiligen Behinderung so gut wie möglich" gefördert (Bundesministerium für Arbeit und Sozialordnung 1998, 40) und auch auf der Ebene der höheren wissenschaftlichen Bildung die Gleichberechtigung behinderter Menschen umgesetzt werden.

Literatur:

Bundesministerium für Arbeit und Sozialordnung (Hg.) (1998): Vierter Bericht der Bundesregierung über die Lage der Behinderten und die Entwicklung der Rehabilitation, Bundestags-Drucksache 13/9514. Berlin.

Bundesministerium für Bildung und Forschung (2002): Richtlinien zur Förderung begabter Studentinnen und Studenten sowie begabter Nachwuchswissenschaftlerinnen und wissenschaftler. In der Fassung vom 1.1.2002. Mskpt, o.O.

Gattermann-Kasper, Maike (2004): Für eine barrierefreie Hochschule. Eckpunkte und Maßnahmenkatalog zur Schaffung gleichberechtigter Teilhabemöglichkeiten für Studienbewerber/innen und Studierende mit Behinderung und chronischer Krankheit. Hrsg. v. Deutscher Verein der Blinden und Sehbehinderten in Studium und Beruf e.V. http://www.dvbs-online.de/cmsadmin/download/news89.doc (19.08.05).

Gewerkschaft Erziehung und Wissenschaft (Hg.) (2001): Promovieren mit Perspektive. GEW-Vorschläge zur Verbesserung der Lage der Doktorandinnen und Doktoranden, 5. März 2001. http://userpage.fu-berlin.de/~jmoes/pide/Material/gew-zu-promotion-2001.htm (19.08.05).

Kultusministerkonferenz (Hg.) (1995): Bericht zum Stand der Umsetzung der KMK-Empfehlung "Verbesserung der Ausbildung für Behinderte im Hochschulbereich" vom 25. Juni 1982. (Beschluss der Kultusministerkonferenz vom 8.9.1995). In: Unterstell, Rembert/Heidi Reiners (2001): Studium und Behinderung. Informationen des DSW für Beauftragte für Behindertenfragen und Beraterinnen und Berater bei Hochschulen und Studentenwerken. Hrsg. v. Deutschen Studentenwerk, Informations- und Beratungsstelle Studium und Behinderung. Bonn; http://www.studentenwerke.de/beratun/kapitel1-4a.pdf (17.08.03).

Kultusministerkonferenz (Hg.) (2000): Muster-Rahmenordnung für Diplomprüfungsordnungen/ Universitäten und gleichgestellte Hochschulen, Beschluss der Kultusministerkonferenz vom 16.10.1998 i.d.F. vom 13.10.2000, http://www.kmk.org/hschule/ros/musteru.pdf (19.08.05).

Matysiak, Stefan (2004): Jeder vierte Deutsche chronisch krank. EU-Kommission dokumentiert, wie viele Bürger durch Behinderung beeinträchtigt sind. In: epd sozial Nr. 9/27.02.2004, S. 8.

Mühling, Tanja (2000): Die berufliche Integration von Schwerbehinderten: Ergebnisse einer Analyse des Mikrozensus 1995, http://www.gesis.org/Dauerbeobachtung/Mikrodaten/documents/Veranstaltungen/Nutzerkonferenz2000/paper/text_muehling.pdf (17.08.03).

Schnitzer, Klaus/Wolfgang Isserstedt/Elke Middendorff (2001): Die wirtschaftliche und soziale Lage der Studierenden in der Bundesrepublik Deutschland 2000. 16. Sozialerhebung des Deutschen Studentenwerks, durchgeführt durch das Hochschul-Informations-System. Herausgegeben vom Bundesministerium für Bildung und Forschung. Bonn: http://www.bmbf.de/pub/wslsd_2000.pdf (19.08.05).

LINKS

Deutschlands größte Internet-Datenbank relevanter Adressen, Tipps und Infos für Menschen mit Behinderung: http://www.behinderten-fuehrer.org (19.08.05).

Deutsches Studentenwerk; Beratungsstelle für behinderte Studienbewerber und Studenten: Monbijouplatz 11, 10178 Berlin Tel. 030/ 29 77 27-64, Fax 030/ 29 77 27-69 http://www.studentenwerke.de (19.08.05).

Promovieren mit Kind

Ulrike Briede

1   Aktuelle Situation

Die gute Nachricht zuerst: Elternschaft und eine wissenschaftliche Karrie-re lassen sich vereinbaren – dies sehen wir immer wieder an konkreten Beispielen in unserer Umgebung. Da gibt es die Juniorprofessorin mit zwei Kindern; die wissenschaftliche Mitarbeiterin, deren Kind von der Oma zum Stillen vorbeigebracht wird; den Spielplatzvater, der in jeder freien Minute an seiner Promotion schreibt – sie sind vielleicht sogar ausgeglichener und zufriedener mit ihrem Lebensentwurf als manche kinderlose Kolleginnen und Kollegen.

Allerdings sehen sich Eltern, und in besonderem Maße Frauen, mit vielerlei Schwierigkeiten konfrontiert, die eine Vereinbarkeit von wissen-schaftlicher Karriere und Elternschaft behindern oder sogar unmöglich ma-chen. Junge Akademiker-Paare versuchen in Deutschland meist vergeblich gemeinsame, gleichberechtigte Formen von Elternschaft zu verwirklichen und gleichzeitig ihre berufliche Laufbahn zu verfolgen. Sie stoßen dabei auf Barrieren, deren Ursachen in „patriarchalen" Hierarchien und Traditionen zu suchen sind, wie sie an deutschen Hochschulen noch immer stark aus-geprägt sind. Diese Schwierigkeiten tragen sicherlich dazu bei, dass Pro-movierende, die sich ja in einer beruflichen Qualifikationsphase befinden, nur in geringem Maße an einer Familiengründung interessiert sind. Dabei scheinen Männer und Frauen unterschiedliche Motive dafür zu haben, den Kinderwunsch auf unbestimmte Zeit aufzuschieben. So kommt für Männer eine Familiengründung offenbar noch immer erst dann in Betracht, wenn sie sich beruflich etabliert haben und die ökonomische Absicherung einer Familie gewährleistet werden kann (vgl. Schmitt, 2003). Für die Frauen in Deutschland sind Familien- und Berufsrolle noch immer schwer mitein-ander zu vereinbaren. Nach wie vor sehen sie sich oft gezwungen, eine Ent-scheidung zwischen Beruf und Familie zu treffen. Frauen mit zunehmen-dem Bildungsgrad entscheiden sich immer häufiger der Karriere wegen gegen Kinder: Nach Schätzungen bleiben etwa 40% aller Frauen mit Hoch-schulabschluss in Deutschland kinderlos (vgl. Grünheid 2004).

Ein wesentlicher Grund dafür, dass sich das Promovieren mit Kind schwierig gestaltet, ist der Mangel an qualifizierter und bezahlbarer Kinderbetreuung in Deutschland, besonders in den alten Bundesländern. Wenn nicht ausreichend private finanzielle Mittel vorhanden sind, um qualifizierte Kinderbetreuung einzukaufen, muss ein Elternteil zwangsläufig Karriereambitionen zurückstellen. Dies sind in der Regel die Frauen. Während in Ländern wie Portugal, Belgien, Norwegen und Kanada 80% bis über 90% der Hochschulabsolventinnen mit Kindern unter sechs Jahren erwerbstätig sind, schaffen dies in Deutschland gerade 62% (Institut der deutschen Wirtschaft 2004). Im Gegensatz zu manchen größeren Unternehmen, die über Betriebskindergärten verfügen, bieten deutsche Hochschulen sehr selten eine Kinderbetreuung für Studierende und Beschäftigte.

Die vorherrschenden Arbeitsbedingungen an deutschen Hochschulen sind weitgehend auf traditionell männliche Erwerbsbiographien mit fast vollständiger Entlastung von „Reproduktionsaufgaben" zugeschnitten. Hinzu kommt, dass Wissenschaftlerinnen und Wissenschaftler durch eine Abfolge immer neuer befristeter Beschäftigungsverhältnisse und Qualifikationsstufen bereit sein müssen, bundesweit bzw. international mobil zu sein, was bei doppelt berufstätigen Paaren oft ein Pendeln über weite Strecken erzwingt. Diese Mobilitätsanforderung nimmt keine Rücksicht auf die Familienverhältnisse oder andere Verpflichtungen (→Internationalisierung für Promovierende). Zwar gibt es erste Versuche, diese familienfeindlichen Zwänge durch die Eröffnung gesicherter Beschäftigungsperspektiven („tenure track"-Berufungen) und die Berücksichtigung der Situation der Lebenspartner bei „dual career couples" abzumildern; diese Diskussionen sind aber noch am Anfang und setzen eher nach der Promotionsphase an. Schließlich ist die Meinung weit verbreitet, dass die wissenschaftliche Karriere eine mehrjährige Unterbrechung nicht zulasse, sei es nun für eine Elternzeit oder die Beschäftigung außerhalb der Wissenschaft. Auf Grund des gesellschaftlichen Rollenbildes herrscht bei vielen Professorinnen und Professoren die Vorstellung vor, dass die Mutterschaft zu viel Zeit und Energie beansprucht und dies auf Kosten der wissenschaftlichen Arbeit ihrer Doktorandinnen geht. Promovierende Väter sind diesen Verdächtigungen meist nicht ausgesetzt. Dementsprechend müssen Doktoranden in der Regel nicht befürchten, dass die Elternschaft das Ende ihrer wissenschaftlichen Karriere bedeuten kann. In der Bewältigung des Arbeitsalltags haben aktive Väter, die einen gleichberechtigten Anteil der Kinderfürsorge übernehmen wollen, jedoch mit den gleichen Problemen zu kämpfen, mit denen berufstätige Mütter konfrontiert sind. So sind es größtenteils promovierende Mütter, denen es schwer fällt, Promotionsvorhaben und Familie miteinander zu vereinbaren. Auf Grund der starken Abhängigkeit von der Professorin bzw. vom Professor kann dies nur gelingen, wenn die Betroffenen von ihrer Betreuerin oder ihrem Betreuer – trotz Elternschaft – weiterhin in ihrem Promotionsvorhaben unterstützt werden. Auch Promotionsstipendien sind bisher kaum auf die Belange von Promovierenden mit Kindern ausgerichtet (siehe unten). Da Elternschaft und Promotionsphase häufig parallel stattfinden, bleibt zu hoffen, dass die Lebensumstände von Menschen mit Kindern bei den Promotionsbedingungen in Zukunft von Entscheidungsträgern aus Politik und Hochschule besser berücksichtigt werden. Dafür setzen sich Promovierendenvereinigungen wie z.B. THESIS e.V. politisch ein (vgl. das im Kasten dokumentierte Forderungspapier). An Projekten zur Vereinbarkeit von Familie und Beruf zeigt sich zumindest eine höhere Aufmerksamkeit für das Thema. So sind von dem von der Hertie Stiftung unterstützten Projekt „Audit familiengerechte Hochschule" (LINK) mittlerweile immerhin zwölf Hochschulen als familiengerecht zertifiziert worden. Ob diese äußerst positiven Ansätze tatsächlich die Strukturen an allen deutschen Hochschulen verändern können, bleibt abzuwarten.

Forderungen von THESIS e.V.

Da Elternschaft und Promotionsphase häufig parallel stattfinden, sind die Lebensumstände von Menschen mit Kindern bei den Promotionsbedingungen besser zu berücksichtigen.

- Die deutschen Hochschulen müssen familienfreundlicher werden. Vorrangig erforderlich ist eine familien-ergänzende Kinderbetreuung nach dem amerikanischen Vorbild der „campus-childcare".
- Angesichts der Arbeitsverhältnisse des akademischen Mittelbaus sollten Universitäten ihren Angestellten mit Kindern nicht nur eine ausreichende und qualifizierte Kinderbetreuung anbieten, sondern auch Infrastrukturen schaffen, die flexible Betreuungszeiten möglich machen.
- Um Hochschulen familienfreundlicher zu gestalten, müssen für Forscherpaare Modelle einer doppelten Berufskarriere (dual-career) oder Formen von gemeinsamer Teilzeitarbeit eingeführt werden.
- Die nachweisbaren Auswirkungen von Mutterschaft (weniger Publikationen und langsamerer akademischer Werdegang) müssen Eingang in die Bedingungen curricularer Verläufe finden. Elternschaft sollte Berücksichtigung in der Verweildauerberechnung, bei Berufungsverfahren, in der Beurteilung von Publikationslisten sowie bei der Dauer des Karriereverlaufs finden. Hier sei besonders auf die Verbleibzeiten (12-Jahres-Regelung) und die Juniorprofessur verwiesen: Die Verweildauer an den Hochschulen sollte unbedingt verlängert werden, wenn gleichzeitig – auch ohne offiziell beantragte Elternzeit – Kinder erzogen werden.
- Es müssen Mentoringprogramme für Nachwuchswissenschaftlerinnen (auch in nicht-naturwissenschaftlichen Bereichen) aufgelegt werden. Ein positives Beispiel liefert hier das hessische „MentorinnenNetzwerk für Frauen in Naturwissenschaft und Technik" (www.MentorinnenNetzwerk.de).
- Zu fordern sind Kinderbetreuungsangebote bei akademischen Tagungen und Kongressen, um den Personenkreis mit Kindern nicht von vornherein aus diesem wichtigen Teil des wissenschaftlichen Diskurses auszuschließen.

- Es müssen mehr Förderprogramme aufgelegt bzw. existierende Programme fortgeführt werden, um mehr Frauen mit Kindern eine wissenschaftliche Karriere zu ermöglichen. (Als Beispiel sei hier das Programm „Förderung der Berufungsfähigkeit von Frauen an Fachhochschulen" des Landes Sachsen-Anhalt genannt, welches nun aus Geldgründen leider eingestellt wird.)
- Gesellschaftlich fixierte Geschlechterrollen müssen aufgebrochen werden: Sowohl Familien- als auch Haushaltsarbeit sollte selbstverständlich Aufgabe beider Geschlechter gleichermaßen sein. Dies könnte sich beispielsweise in der gleichmäßigen Wahrnehmung von Elternzeit durch Frauen und Männer äußern.

Berlin, 07. November 2003

Trotz aller Hindernisse ist eine Hochschulkarriere in Deutschland für Mütter und die in der Kinderbetreuung aktiven Väter dennoch möglich. Je nach fachlicher Ausrichtung kann – z.B. auf Grund von flexiblen Arbeitszeiten – die Arbeit an der Hochschule durchaus gut mit den Lebensumständen mit Kind in Einklang gebracht werden. Ebenso kann der Berufswiedereinstieg nach einer Familienpause verglichen mit ähnlichen Positionen in der Wirtschaft während der Promotion recht problemlos erfolgen. Auch kann das verbesserte Zeitmanagement und Organisationsvermögen, das berufstätige Eltern ausbilden müssen, zu einer pragmatischeren und stringenteren Vorgehensweise in der Bewältigung des Promotionsvorhabens führen. Bei Fragen, Unsicherheiten oder Problemen zum Thema Promovieren mit Kind können Eltern sich im Büro der Gleichstellungsbeauftragten der Universität beraten lassen, wo oft sehr wertvolle Tipps gegeben werden. Online finden sich auch mehrere Broschüren zur Vereinbarkeit von Familie und Beruf (LINK).

2 Mutterschutz, Mutterschaftsgeld, Stillzeit

In den letzten sechs Wochen vor dem errechneten Entbindungstermin und bis zum Ablauf von acht Wochen nach der Entbindung dürfen Mütter nicht beschäftigt werden, es sei denn, dass sie sich zur Arbeitsleistung ausdrücklich bereit erklären. Bei vorzeitigen Entbindungen verlängern sich die Fristen zusätzlich um den Zeitraum der Schutzfrist, der nicht in Anspruch genommen werden konnte, d.h. der Mutterschutz beträgt insgesamt mindestens 14 Wochen. Im Mutterschutzgesetz in der Fassung der Bekanntmachung vom 20.06.2002 (BGBl. I S.2318) ist u.a. auch die Gestaltung des Arbeitsplatzes für eine werdende oder stillende Mutter geregelt. Die im Gesetz geschilderten strikten Beschäftigungsverbote für werdende Mütter können für diejenigen Doktorandinnen, die für ihr Dissertationsvorhaben im

Labor oder anderen Gefahrenbereichen arbeiten müssen, zu längerfristigen Unterbrechungen ihrer Versuche und somit zu Problemen führen. In einem solchen Fall empfiehlt es sich, gemeinsam mit der Doktormutter bzw. dem Doktorvater Lösungsmöglichkeiten zu suchen und das weitere Vorgehen während der Schwangerschaft genau abzusprechen. So können einige der wichtigsten anstehenden Versuche auch von studentischen Hilfskräften oder Diplomandinnen und Diplomanden durchgeführt werden. Im ungünstigsten Fall wird die Doktorandin ihre Versuche während ihrer gesamten Schwangerschaft und Stillzeit unterbrechen und sich für diese Zeit auf das Auswerten bereits erhobener Daten sowie Literaturrecherchen beschränken müssen.

Für Doktorandinnen, die z.B. als Wissenschaftliche Mitarbeiterinnen (oder in anderer Form) abhängig beschäftigt und gesetzlich versichert sind, zahlt die Krankenkasse nach entsprechendem Antrag in den sechs Wochen vor und acht Wochen nach der Geburt Mutterschaftsgeld. Dieses folgt ähnlichen Voraussetzungen wie das Krankengeld. Der Arbeitgeber stockt den Kassenbetrag auf, bis die Summe dem durchschnittlichen Nettoverdienst der vergangenen drei Monate entspricht. Für gesetzlich Versicherte, die als Erwerbslose Leistungen beziehen, gilt Entsprechendes. Stipendiatinnen können Mutterschaftsgeld erhalten, wenn sie einen Anspruch auf Krankengeld bei ihrer gesetzlichen Krankenkasse oder Ersatzkasse haben. Promovendinnen in einem Arbeitsverhältnis, die nicht selber gesetzlich krankenversichert sind, können eine Einmalzahlung vom Bundesversicherungsamt beantragen (aktuell 210 €). Studentinnen und familienversicherte Doktorandinnen erhalten kein Mutterschaftsgeld.

Für stillende Mütter gelten besondere gesetzliche Schutzbestimmungen. So ist der stillenden Mutter auf ihr Verlangen die zum Stillen erforderliche Zeit, mindestens aber zweimal täglich eine halbe Stunde oder einmal täglich eine Stunde freizugeben. In der Praxis gestaltet sich die Stillzeit für Doktorandinnen bei guter logistischer Planung recht unproblematisch. An den Hochschulen lassen sich zumeist auch geeignete Räumlichkeiten (wie z.B. ein Krankenzimmer) finden, in die sich die Mutter zum Stillen bzw. zum Abpumpen der Milch zurückziehen kann. Da die Arbeitszeiten von Promovierenden in der Regel ohnehin nicht genau kontrolliert werden, ist es stillenden Doktorandinnen gut möglich, in üblichem Umfang zu arbeiten. Allerdings weichen die Arbeitszeiten wegen der hohen Arbeitsanforderungen zu oft „nach oben" ab, was sich in der Stillzeit dann doch als problematisch erweisen kann.

3 Elternzeit, ihre Dauer und die Finanzierung

Elternzeit (früher Erziehungsurlaub genannt) ist ein privatrechtlicher Anspruch auf Freistellung von der Arbeit. Laut Bundeserziehungsgeldgesetz (BErzGG) vom 9. Februar 2004 haben alle Mütter und Väter, die in einem vertraglichen Beschäftigungsverhältnis stehen, egal ob in Teilzeit oder Vollzeit, Anspruch auf Elternzeit bis zur Vollendung des dritten Lebensjahres des Kindes. Mit Zustimmung der Arbeitgeberseite kann ein Anteil von bis zu zwölf Monaten auf die Zeit bis zum achten Lebensjahr des Kindes übertragen werden. Eine Stundenreduzierung auf eine Arbeitszeit von 15 bis 30 Wochenstunden kann in Betrieben mit mehr als 15 Mitarbeiterinnen und Mitarbeitern, und das sind Universitäten und Forschungsinstitute meist, nur auf Grund von dringenden betrieblichen Gründen verweigert werden. Das Recht auf Elternzeit besteht für Mütter und Väter unabhängig voneinander, es werden also nicht etwa drei Jahre insgesamt aufgeteilt. Das Problem ist, dass abhängig beschäftigte Promovierende häufig auf befristeten Stellen sitzen – dadurch wird die Lage unübersichtlich und führt zu unterschiedlichen Regelungen in der Praxis. Zunächst endet ein befristeter Arbeitsvertrag zum vorgesehenen Zeitpunkt und es gibt kein automatisches Recht auf Verlängerung, unabhängig von Mutterschutz und Elternzeiten. Im Falle der Wissenschaftlichen Mitarbeiterinnen und Mitarbeiter können aber befristete Verträge auf Planstellen um die Dauer von Zeiten ohne Beschäftigung auf Grund von Elternzeit verlängert werden, wenn keine dringenden dienstlichen Gründe dem entgegenstehen – selbst wenn das ursprüngliche Vertragsende in die Elternzeit fällt (→Arbeitsrechtlicher Rahmen und Steuerrecht). Dies betrifft auch die allgemeinen Regeln zur Befristung nach dem Hochschulrahmengesetz (§57b Abs.4): Die maximale Befristungsdauer verlängert sich um die Elternzeiten. Gemeint ist dabei sowohl der Fall einer kompletten Auszeit als auch der Stundenreduzierung nach dem Elternzeitgesetz (dann wird der Arbeitsvertrag um das Äquivalent der weniger gearbeiteten Stunden verlängert). Bei Stellen in Drittmittelprojekten wird eine Verlängerung eines Arbeitsvertrages dadurch schwieriger, dass meist projektgebundene Mittel für eine Elternzeitvertretung aufgebraucht werden. Insofern ist eine Vertragsverlängerung nur dann denkbar, wenn das Projekt auch nach der Elternzeit weiterläuft.

 Hervorgerufen durch gesellschaftliche Denkmuster, die mit Elternschaft verbunden sind, gibt es einen nicht zu unterschätzenden sozialen Druck, der auf Müttern in Deutschland lastet. Danach hätten Mütter mit ihren Kindern zum Wohle derselben besser die ersten Jahre zu Hause zu verbringen, die Väter dagegen für das materielle Wohl der Familie zu sorgen. Ob es für das Wohl des Kindes wirklich erforderlich ist, dass es in den ersten Lebensjahren ausschließlich von der Mutter betreut wird, wird kontrovers diskutiert. So meint z.B. Hassenstein (2001), dass es zwar für die spätere Entwicklung eines Kindes wesentlich sei, dass es während des ersten Lebensjahres volles Vertrauen zu einer Hauptbindungsperson entwickeln könne. Aber auch wenn das Kind tagsüber von jemand anderem betreut werde, würde normalerweise die bereits geknüpfte Bindung zur Hauptbezugsperson bestehen bleiben. Demnach ist es für eine positive Entwicklung des Kindes nicht notwendig, dass die Mutter auf eine Erwerbstätigkeit verzichtet und die Befürchtung einiger junger Mütter, eine Erwerbstätigkeit könne sie von ihrem Kind entfremden, scheint unbegründet.

Bei einer unter berufstätigen Müttern durchgeführten Internet-Umfrage kam heraus, dass die Vorlieben für den Zeitpunkt des Wiedereinstiegs in den Beruf individuell unterschiedlich sind. So hielten die befragten Mütter zu gleichen Teilen den Wiedereinstieg nach jeweils drei, sechs, neun und zwölf Monaten nach der Geburt für optimal. In Ländern wie den USA oder Frankreich ist das gesellschaftliche Bild von Elternschaft sehr viel stärker von berufstätigen Eltern geprägt, die ihr Kind schon nach weniger als einem Jahr in Kinderbetreuung geben.

In Deutschland ist es gerade bei wissenschaftlichen Mitarbeiterinnen und Mitarbeitern auf Qualifikationsstellen verbreitet, schon nach kurzer Zeit nach der Geburt des Kindes zumindest in Teilzeit weiter beschäftigt zu sein. Andererseits versuchen wissenschaftliche Mitarbeiterinnen und Mitarbeiter, Elternzeit zur Konzentration auf die Dissertation zu nutzen, soweit dies mit kleinen Kindern gelingen kann. Insofern sind auch für sie die unten genannten Finanzierungsquellen relevant. An dieser Stelle muss angemerkt werden, dass viele Promovierende, die ein Kind erwarten, falsche Vorstellungen von dem Zeitaufwand haben, den ein Kind beansprucht. Die Vorstellung „... das Baby schläft dann auf dem Balkon und ich schreibe in Ruhe an meiner Diss..." wird so nicht in die Tat umzusetzen sein.

Stipendiatinnen und Stipendiaten beziehen meist weiter ihr Stipendium, das sich allerdings auch für die Elternzeit unproblematisch unterbrechen lässt. Für viele Stipendien gibt es Kinderbetreuungszuschläge. Unter Umständen können auch zusätzliche Kinderbetreuungskosten erstattet werden. Beispielsweise ist bei DFG-Stipendien für Doktorandinnen ein Kinderbetreuungszuschlag vorgesehen. Männliche Doktoranden können diesen nur erhalten, wenn sie allein erziehend oder mit einer Wissenschaftlerin in der Promotions- oder Habilitationsphase verheiratet sind, die selbst keinen Kinderbetreuungszuschlag erhalten kann. Bei den Stipendien der elf Begabtenförderwerke besteht inzwischen die Möglichkeit, die Gesamtförderdauer um ein „Elternjahr" zu verlängern. Dies gilt inzwischen für Mütter und Väter gleichermaßen, nachdem über Jahre lediglich allein erziehende Väter den Müttern auf dieser Ebene gleichgestellt waren und alle anderen Väter keine Zusatzförderung bekommen konnten – ein Förderprinzip, das sicher nicht zur gleichberechtigten Kinderfürsorge beigetragen haben dürfte. Zumindest die Förderrichtlinien des Bundesministeriums für Bildung und Forschung gelten nunmehr ohne Ansehen des Geschlechts. Die Berücksichtung von Belastungen durch Elternschaft bezieht sich aber bisher nur auf Kinder bis zum zwölften Lebensjahr. Es steht zu hoffen, dass früher oder später durch die Geldgeber anerkannt wird, dass auch Kinder über zwölf Jahre Kosten und Zeitaufwand verursachen.

Kosten für Kinderbetreuung kann man steuerlich absetzen. Wenn man als Studentin oder Student eingeschrieben ist, kann es auch sinnvoll sein, beim Jugendamt eine Übernahme der Kosten der Kinderbetreuung bzw. einen Zuschuss zu den Kosten zu beantragen. Auch empfiehlt es sich zu prüfen, ob ein Anspruch auf Wohngeld besteht (→Arbeitsrechtlicher Rahmen und Steuerrecht). Es kann sich für promovierende Eltern finanziell durchaus lohnen, zu heiraten. Dies betrifft nicht nur die jährliche Steuererklärung. So gibt es z.B. bei den Graduiertenkollegs der DFG wie auch bei einigen Förderwerken (z.B. Cusanus) Zuschüsse für Verheiratete. Auch zählen manche Krankenkassen ein Stipendium nicht als Einkommen. In diesem Fall kann z.B. ein mit einem Stipendium promovierender Ehemann bei der berufstätigen Ehefrau familienversichert werden (→Promovieren und soziale Absicherung). Auch bei der Berechnung des Bundeserziehungsgeldes werden die Einkommen beider Eltern berücksichtigt, wobei es wieder eine unterschiedliche Handhabung geben kann, inwieweit das Stipendium hier als Einkommen gewertet wird. Dabei ist es allerdings egal, ob die Eltern verheiratet sind oder in eheähnlicher Gemeinschaft im gemeinsamen Haushalt leben. In manchen Bundesländern bzw. Universitäten gibt es für Promovierende, die während der Promotionsphase Kinder bekommen, besondere Stipendien (z.B. Abschlussstipendien für die

Fertigstellung der Dissertation in Potsdam). Die 2005 neu gegründete Christiane Nüsslein-Volhard-Stiftung will insbesondere Doktorandinnen mit Kindern fördern und vergibt Zuschüsse für Kinderbetreuung und Haushaltshilfen.

4   Erziehungsgeld

Für promovierende Eltern lohnt es sich in den meisten Fällen, einen Antrag auf Erziehungsgeld zu stellen. Erziehungsgeld ist ein Zuschuss zum Einkommen für Eltern, die ihr Kind, das das zweite Lebensjahr noch nicht vollendet hat, betreuen. Es muss nicht zurückgezahlt werden. Wie viel und über welchen Zeitraum Erziehungsgeld gezahlt wird, ist unter anderem abhängig vom Einkommen und von der Auszahlungsweise, für die man sich entscheidet. Auf den Internetseiten des Bundesministeriums für Familie, Senioren, Frauen und Jugend gibt es einen Elternzeitrechner, der Familien ermöglichen soll, die für sie beste Kombination von Elternzeit und Erwerbstätigkeit zu finden (Elternzeitrechner: LINK). Steuerliche Auswirkungen und der voraussichtliche Erziehungsgeldanspruch fließen in die Berechnung mit ein. Allerdings ist das Erziehungsgeld in Deutschland nicht wie z. B. in Schweden am Nettolohn derer orientiert, die es beziehen, sondern liegt (2005) bei maximal 450 € im Monat. Während in Schweden also auch der Elternteil mit höherem Einkommen (und dies sind meist die Väter) ohne materielle Verluste Elternzeit nehmen kann, befördert die Höhe des Erziehungsgeldes in Deutschland eher die Zuordnung der Kinderfürsorge an die geringer Verdienenden, also tendenziell die Mütter.

Anspruch auf Bundeserziehungsgeld hat, wer keine oder keine volle Erwerbstätigkeit ausübt (bis zu 30 Stunden sind gestattet). Da Promotionsstipendien normalerweise nicht versteuert und somit von den meisten Behörden nicht als Erwerbstätigkeit angesehen werden, sind die Chancen für Stipendiatinnen und Stipendiaten, Erziehungsgeld zu bekommen recht gut. Ein Antrag kann bei der zuständigen Erziehungsgeldstelle gestellt werden. Das Erziehungsgeld muss schriftlich für jeweils ein Lebensjahr beantragt werden und dies möglichst bald nach der Geburt. Denn zum einen ist mit einer mehrwöchigen Bearbeitungszeit zu rechnen, vor deren Abschluss kein Erziehungsgeld gezahlt wird, und zum anderen wird das Geld rückwirkend nur für höchstens sechs Monate gezahlt. Der Antrag für das zweite Jahr kann frühestens ab dem neunten Lebensmonat erfolgen. Regelungen zum Erziehungsgeld finden sich im Bundeserziehungsgeldgesetz (BerzGG). In den Ländern Baden-Württemberg, Bayern, Mecklenburg-Vorpommern, Sachsen und Thüringen wird im Anschluss an das Bundeserziehungsgeld im dritten Lebensjahr des Kindes ein Landeserziehungsgeld gewährt. Aber Vorsicht, die Rahmenbedingungen sind unterschiedlich und von Fall zu Fall zu prüfen. So können beispielsweise in Bayern nur Eltern Landeserziehungsgeld beantragen, die bereits seit mindestens einem Jahr vor Antragstellung in Bayern gelebt haben.

5 Kinderbetreuung

Eine wissenschaftliche Karriere für Eltern ist in Deutschland sehr stark vom Vorhandensein und der Qualität der partnerschaftlichen Unterstützung sowie familiärer und privater Netzwerke abhängig. Wer an seiner Dissertation weiterarbeiten will und nicht das Glück hat, vor Ort über ein dichtes soziales Netz und Personen zu verfügen, die freiwillig und unbezahlt für viele Stunden am Tag die Kinderbetreuung übernehmen, ist darauf angewiesen, sich gute Kinderbetreuung zu suchen und diese gegebenenfalls für teures Geld einzukaufen. Auch wenn sich die politische Rhetorik inzwischen gewandelt hat und eine verbesserte Kinderbetreuung von allen Parteien gefordert wird, lässt die Umsetzung auf sich warten. Mit dem Betreuungsanspruch für Kinder ab drei Jahren und der verstärkten Einrichtung von Ganztagsschulen sind erste, aber oft nicht ausreichende Schritte getan. Besonders in den alten Bundesländern und dort besonders für die Kinder unter drei Jahren ist die Betreuungssituation desolat, denn es stehen kaum Krippenplätze zur Verfügung (egal ob von staatlichen, kirchlichen oder anderen Trägern). Auch bei Schulkindern wird nachmittags oder in den Schulferien das Vorhandensein fürsorglicher Eltern vorausgesetzt. Kinderbetreuung findet oft nur bis mittags statt und ist mit den Verpflichtungen an der Universität oftmals nur schlecht in Einklang zu bringen. Alternativ können Eltern sich individuell nach einer Tagesmutter oder einer privaten Elterninitiative umsehen oder gemeinsam mit anderen Eltern an der Hochschule die Hochschulleitung überzeugen, Ressourcen für Kinderbetreuungsprojekte – auch für ältere Kinder während der Schulferien – bereitzustellen. Hierfür gibt es erfreulicherweise inzwischen erste Beispiele, so z.B. an der Universität Hohenheim (LINK).

Einen großen „Standortvorteil" haben promovierende Eltern, die in einem der neuen Bundesländer wohnen. Dort ist es in der Regel unproblematischer eine geeignete Kinderbetreuung zu finden. Nicht nur deswegen ist dort auch die Einstellung des universitären Umfelds viel familienfreundlicher. So haben die Professorinnen und Professoren an ostdeutschen Universitäten meist weniger Bedenken als ihre westdeutschen Kollegen, dass promovierende Eltern stark in ihrer wissenschaftlichen Arbeit eingeschränkt oder weniger belastbar seien als kinderlose Doktorandinnen und Doktoranden. Für viele Doktorandinnen in den alten Bundesländern bedeutet die Schwangerschaft leider nach wie vor das Ende ihrer wissenschaftlichen Karriere, da ihre Doktormutter bzw. ihr Doktorvater der strikten Überzeugung ist, dass Kind und Karriere für eine Frau nicht in Einklang zu bringen sind. Es bleibt zu hoffen, dass sich diese archaischen Ansichten mit dem Generationenwechsel auf den Lehrstühlen deutscher Universitäten verändern werden. Es liegt im Interesse von Frauen und Männern, Familien- und Hausarbeit als selbstverständliche Aufgabe beider Geschlechter zu gestalten. Dies bedarf aber nicht nur der individuellen Anstrengung, sondern auch Arbeitsbedingungen und Betreuungsstrukturen, die eine Vereinbarkeit von Beruf und Familie fördern, anstatt sie zu behindern. Besonders in Hochschule und Forschung besteht hier in Deutschland Nachholbedarf und es liegt in der Verantwortung des wissenschaftlichen Nachwuchses und aller Beteiligten, dies zu ändern.

Literatur

Grünheid, Evelyn (2004): Junge Frauen in Deutschland: Bei hoher Ausbildung kinderlos? In: psychosozial 27, Nr. 95, Heft I/2004: 35–46.

Hassenstein, Bernhard (2001): Verhaltensbiologie des Kindes. 5. Auflage Heidelberg Spektrum, Akad. Verlag, S. 38–42.

Institut der deutschen Wirtschaft (2004): iwd – Informationsdienst des Instituts der deutschen Wirtschaft Köln Nr. 45 vom 5. November 2004.

Schmitt, Christian (2003): Kinderlose Männer in Deutschland – Eine sozialstrukturelle Bestimmung des Sozio-oekonomischen Panels (SOEP) http://www.diw.de/deutsch/produkte/publikationen/materialien/docs/papers/diw_rn04-01-34.pdf (19.08.05).

LINKS

Bundesministerium für Familie, Senioren, Frauen und Jugend; Elternzeitrechner:
http://www.bmfsfj.de/Elternzeitrechner (19.08.05).

Bundeserziehungsgeld und die Konditionen:
http://www.bmfsfj.de/Kategorien/aktuelles,did=16316.html (19.08.05).

Erziehungsgeld und Gesetz zur Elternzeit (Bundeserziehungsgeldgesetz - BErzGG) vom 9. Februar 2004 findet sich unter: http://www.bmfsfj.de/RedaktionBMFSFJ/Abteilung2/Pdf-Anlagen/pdf-bundeserziehungsgeldgesetz-ab-2004,property=pdf.pdf (19.08.05).

„Erziehungsgeld, Elternzeit." Broschüre des Bundesministeriums für Familie, Senioren, Frauen und Jugend kann man sich auf der Homepage des BMFSFJ als PDF-Datei herunterladen: http://www.bmfsfj.de/RedaktionBMFSFJ/Broschuerenstelle/Pdf-Anlagen/PRM-24375-Broschure-Elternzeit,property=pdf.pdf (19.08.05).

Erziehungsgeldstellen sind je nach Bundesland unterschiedlichen Behörden zugeordnet; eine Liste findet sich unter: http://www.9monate.de/Erziehungsgeldstellen.html (19.08.05).

Familie und Beruf vereint: Erfahrungen der preisgekrönten Biologin Anne Bouloumié-Diehl (29.11.2002): http://www.dradio.de/dlf/sendungen/campus/130249/ (19.08.05).

„fast-4ward", ein vom Ministerium für Gesundheit, Soziales, Frauen und Familie des Landes Nordrhein-Westfalen gefördertes Projekt für Vereinbarkeit von Beruf & Familie bietet auf seinen Internetseiten u.a. interessante Informationen zu Themen wie Mutterschutz, Elternzeit und Wiedereinstieg: http://www.fast-4ward.de (19.08.05).

Frauenreferate, Frauenbüros oder Gleichstellungsstellen der Universitäten haben zum Teil Broschüren zur Vereinbarkeit von Familie und Wissenschaft mit konkreten Informationen online gestellt (teilweise mit identischem Text), so zum Beispiel die:

Uni Braunschweig: http://www.tu-braunschweig.de/frauen/themen/eltern (19.08.05).

Uni Mannheim http://www.uni-mannheim.de/frauen/pdf/Vereinbarkeit.pdf (19.08.05).

Uni Stuttgart http://www.uni-stuttgart.de/frauenbeauftragte/publikationen/broschuere_ver einbarkeit.pdf (19.08.05).

Uni Würzburg: http://www.uni-wuerzburg.de/frauenbuero/karriere_mit_kind.htm (19.08.05).

Jung, weiblich, Akademikerin, Mutter: Wie Wissenschaftlerinnen Mutterschaft und Karriere unter einen Hut bringen (29.11.2002): http://www.dradio.de/dlf/sendungen/campus/ 130248/ (19.08.05).

Positionspapier „Promovieren mit Kind" von THESIS findet sich unter http://thesis.wecotec.de/ cmsdata/ 3_Thesis-Positionspapier_-_Promovieren_mit_Kind.pdf (19.08.05).

Pressemitteilung der Promovierenden-Initiative zum ‚Elternjahr' bei den Stipendien der Begabtenförderwerke findet sich unter http://www.promovierenden-initiative.de/materialien/ PMEltern.pdf (19.08.05).

Projekt „Familiengerechte Hochschule" der Hertie Stiftung finden sich unter http://www.familiengerechte-hochschule.de (19.08.05).

Universität Hohenheim: http://www.uni-hohenheim.de/www/marketing/familienfreundlich/ (19.08.05).

Vaeter.de ist eine Internetplattform für Väter und Männer, die Familie und Beruf besser vereinbaren möchten: http://www.vaeter.de/ (19.08.05).

Webportal, das über die gleichstellungspolitischen Maßnahmen und Projekte der Länder informiert (z.B. Wiedereinstiegsstipendien); findet sich unter: http://www.cews.org/hwp/ (19.08.05).

B Finanzierung und rechtliche Rahmenbedingungen

Finanzierung der Promotion

Carsten Würmann

Wer an einer Dissertation arbeitet, muss in dieser Zeit von etwas leben. Die Feststellung ist so einfach wie banal, die Finanzierung des Lebensunterhaltes gestaltet sich allerdings häufig umso schwieriger.

Eigentlich sollte es selbstverständlich sein, dass diejenigen, die mehrere Jahre hochqualifiziert wissenschaftlich arbeiten und damit wichtige Beiträge für ihre Fachdisziplinen wie für die Gesellschaft insgesamt liefern, für diese Tätigkeiten auch entsprechend entlohnt werden. Leider ist man hiervon derzeit in Deutschland weit entfernt: Die Zahl der Stellen, auf denen Nachwuchswissenschaftlerinnen und Nachwuchswissenschaftler im Wissenschaftsbetrieb an ihren Dissertationen arbeiten können, ist in den meisten Fächern geringer als der Bedarf. Gerade in den Sozial- und Geisteswissenschaften werden Qualifikationsstellen für Promovierende oft nur als „halbe" Stellen ausgestattet oder Promotionsstipendien vergeben und diese zudem beide befristet für eine Zeitspanne, die unter der durchschnittlichen Dauer der Promotionen in diesen Fächern liegt. Auf Stellen in allen Fächern stellt sich das Problem, dass die Verpflichtungen zu „promotionsfernen" Tätigkeiten oft eine Promotion innerhalb der Vertragszeit verhindern. Im Gegensatz zu anderen Ländern, aber auch zu den Vorgaben in Gesetzen und Arbeitsverträgen scheint in Deutschland die Auffassung verbreitet, dass wissenschaftliche MitarbeiterInnen nicht für die Anfertigung ihrer Dissertation bezahlt werden.

Diese Aussichten halten viele dennoch nicht davon ab, die Arbeit an einer Dissertation zu beginnen, und sie versuchen, die notwendigen Mittel auf die eine oder andere Art zu akquirieren. Die Wenigsten bestreiten dabei die gesamte Phase der Promotion mit einer Finanzierungsart. Dieses bestätigt auch die THESIS-Befragung von 2004 (THESIS: LINK): Die Finanzierung über Plan- oder Drittmittelstellen an der Universität oder in Forschungsinstituten ist hier zwar mit 67% die dominante Hauptfinanzierungsquelle vor Stipendien (19%). Oft werden aber noch weitere Finanzquellen benötigt, um die Dissertation abzuschließen: Stellen in und außerhalb der Wissenschaft, in Voll- oder Teilzeit, Honorare und Werkverträge, Stipendien, Transferleistungen von PartnerInnen und Familie, selbst die Leistungen von Arbeitslosenversicherung und Sozialamt überbrücken bisweilen Zeiträume bis zum erfolgreichen Abschluss. Positiv formuliert sind die Möglichkeiten der existenzsichernden Finanzierungskonstruktionen so vielfältig wie herausfordernd und letztendlich setzen nur Findigkeit, Ausdauer und Leidensfähigkeit den Promovierenden hier Grenzen.

In diesem Rahmen kann über die zahlreichen Möglichkeiten zu Nebentätigkeiten fern der Promotion kein Überblick gegeben werden. Desgleichen wird nur am Rande auf die Option eingegangen, neben der Berufstätigkeit in einem Beruf außerhalb der Wissenschaft etwa nach Feierabend oder bei reduzierter Arbeitszeit an der Dissertation zu arbeiten. Welche Varianten hier wie geeignet sind, hängt dabei immer davon ab, wer aus welchen Gründen und mit welchem Ziel die Promotion anstrebt.

Auch wird nicht weiter ausgeführt, wie eine Promotion aus Rücklagen, den Zuwendungen der Nächsten oder auch mit Schulden finanziert werden kann – dieses erschließt sich für zu viele nur allzu schnell von selbst. Es bleibt zu hoffen, dass die hier aufgeführten Hinweise und Tipps der einen oder dem anderen dabei helfen, diese Finanzierungsoptionen zu vermeiden.

Dass in vielen Bereichen die Option besteht, im Ausland auf Stellen oder von Stipendien finanziert zu promovieren (→Internationalisierung für Promovierende), sei hier als weitere Möglichkeit zur individuellen Recherche lediglich erwähnt.

1 Berufsperspektive Wissenschaft

Der Fokus liegt im Folgenden auf der Berufsperspektive Wissenschaft und damit auf Beschäftigungsverhältnissen oder auf Stipendien, die es den Promovierenden erlauben, einen Großteil ihrer Arbeitszeit auf die Arbeit an ihrer Dissertation zu verwenden. Dass es immer wieder Menschen gibt, die mit entsprechender Leidenschaft für die Wissenschaft auch unterfinanziert am Küchentisch oder neben dem Brotberuf erfolgreich promovierten und es sogar zur Professur gebracht haben, spricht für diese, macht dieses Modell aber keineswegs zu einer aus wissenschaftspolitischer wie gesellschaftlicher Sicht zu favorisierenden oder auch nur zu akzeptierenden Variante. Die Promotion ist die erste Phase wissenschaftlicher Arbeit und muss als solche in einem entsprechenden Rahmen stattfinden und angemessen bezahlt werden. Sie soll die Chance eröffnen, über den Abschluss der Promotion hinaus im Wissenschaftsbereich tätig zu bleiben. Diese Prämisse gibt den Maßstab vor, an dem Vor- wie Nachteile der Finanzierungsoptionen gemessen werden.

Strukturelle Benachteiligungen

Um hier möglichst allgemein zu informieren, werden die Unterschiede zwischen Fächer- und Personengruppen bei der Darstellung der Angebote vernachlässigt. So ist etwa in den Ingenieur- und teilweise in den Naturwissenschaften die Finanzierung über Stellen weit stärker verbreitet, während in den Sozial- und Geisteswissenschaften die Mittel knapper und die Finanzierungsmodelle daher oft prekärer sind. Dieses hat indirekt auch Auswirkungen in der Geschlechterdimension. Weil der Frauenanteil in den besser ausgestatteten Fächern geringer ist, werden sie schon deshalb im Durchschnitt schlechter bezahlt und abgesichert, ungeachtet von möglichen Diskriminierungen innerhalb der einzelnen Fächer oder Einrichtungen. Es liegt auf der Hand, dass diese strukturellen Unterschiede die Chancen und Möglichkeiten im Einzelfall entscheidend bedingen.

Die Kriterien, nach denen zurzeit der wissenschaftliche Nachwuchs rekrutiert und Stipendien und Fördergelder vergeben werden, sind immer auch Ausdruck und Ergebnis herrschender Meinungen und Vorstellungen. Menschen mit bestimmten Merkmalen und Eigenschaften gelten als geeigneter, bestimmte Aufgaben zu übernehmen, und dieses spiegelt sich auch in Anforderungen der „Geldgeber" wider. So finden sich hier zum Teil starre Altersgrenzen, die von vornherein das Lebensalter von BewerberInnen zum entscheidenden Merkmal erklären. Wenngleich sich erste Anzeichen eines Stimmungsumschwungs abzeichnen – in den USA etwa gilt die Frage nach dem Alter bereits als diskriminierend –, werden ältere Promovierende, die auf etwas „krummeren" Bildungswegen, nach längeren Jahren der Berufstätigkeit oder der Beschäftigung mit Familie und Kindern zur Wissenschaft (zurück)kommen möchten, noch auf längere Sicht im Nachteil bleiben.

An Universitäten und in vielen Forschungseinrichtungen ist die Gleichstellung der Geschlechter bzw. die Steigerung der Karrierechancen von Frauen seit Jahrzehnten ein Thema. Die hierfür installierten Einrichtungen und Maßnahmen haben bisher allerdings noch nicht den Zustand verändern können, dass gerade die hochdotierten und einflussreichen Positionen ganz überwiegend von Männern besetzt sind (→Promotion und Geschlechterverhältnis). Auch bei der Auswahl des wissenschaftlichen Nachwuchses wirken immer wieder die oft beschriebenen und hinlänglich bekannten Mechanismen der Zurücksetzung und Nichtberücksichtigung. Die hier angeführten speziell für Frauen und Mütter auf-gelegten Förderprogramme werden da nur in wenigen Fällen Ausgleich schaffen.

Promovieren auf Stelle oder auf Stipendienbasis?

Stelle oder Stipendium? Was nach einer grundsätzlichen weltanschau-lichen Entscheidungsfrage aussieht, muss sich praktisch vor Ort bzw. in der Praxis wissenschaftlichen Arbeitens gar nicht wesentlich unterschei-den: So können in einer Forschungsgruppe von vier Promovierenden alle einen Arbeitsplatz in einem Universitätsgebäude haben und unter An-leitung eines Professors oder einer Professorin arbeiten. Die eine promo-viert auf einer regulären Universitätsstelle (BAT IIa), eine weitere erhält ein Stipendium eines Begabtenförderungswerkes und zwei weitere finanzie-ren sich über „halbe Stellen" aus Drittmitteln.

Der große Unterschied zwischen Stelle und Stipendium liegt im Sozialversicherungs- und Arbeitsrecht: Die einen sind – neben ihrem uni-versitären Status als DoktorandIn – Arbeitnehmerinnen bzw. Arbeitneh-mer mit allen Rechten und Pflichten (→Arbeitsrechtlicher Rahmen und Steuerrecht), die anderen sind durch Stipendien alimentierte, forschende DoktorandInnen.

Als ArbeitnehmerInnen können sie die jeweils vorhandenen betrieblichen Mitbestimmungsstrukturen nutzen und haben die Möglich-keit, bei Konflikten in letzter Instanz auch vor dem Arbeitsgericht ihr Recht zu suchen. Als Angestellte zahlen sie in die Sozialversicherungssysteme ein (→Promovieren und soziale Absicherung), haben so für den Fall der Arbeitslosigkeit nach Ablauf der Stelle Anspruch auf Arbeitslosengeld und profitieren von den entsprechenden Regelungen für Schwangerschaft und Erziehungszeiten wie auch bei Krankheiten und Behinderung. Sie haben Anspruch auf bezahlten Urlaub, Bildungsurlaub (nicht in allen Bundeslän-dern!) und auf Lohnfortzahlung im Krankheitsfall. Zudem profitieren sie gerade als Beschäftigte an einer Universität von ihrem Status als Angehö-rige einer bekannten Institution – wie zum Beispiel in Form von Visiten-karten, einer offiziellen E-Mail-Adresse der Universität oder dem Recht, den Briefkopf der Universität zu verwenden.

Die folgenden Ausführungen orientieren sich an dieser grundsätz-lichen Differenz: Im ersten Teil werden die Promotionsstellen im Wissen-schaftsbetrieb, unterschieden nach Haushalts- und Drittmittelstellen sowie Stellen in Forschungseinrichtungen, mit ihren Vor- und Nachteilen vorgestellt. Ergänzt ist dieses um einige Hinweise auf Möglichkeiten, in einem Arbeitsverhältnis außerhalb des Wissenschaftsbetriebes zu promovieren. Im zweiten Teil werden die verschiedenen Möglichkeiten genannt, ein Promotionsstipendium zu bekommen.

2 Promovieren auf Stellen – Sozialversicherungspflichtige Finanzierungsarten

Die meisten Menschen, die in Deutschland promovieren, tun dies auf einer Stelle an einer Hochschule. Wenngleich es an sicheren Daten mangelt, so kann davon ausgegangen werden, dass der größte Teil von den ca. 50.000 befristet angestellten wissenschaftlichen und künstlerischen MitarbeiterInnen – von denen die Hälfte auf vollen Stellen tätig ist (→Einleitung Tabelle 2) – an ihrer Promotion arbeitet. An Hochschulen können Promovierende als wissenschaftliche MitarbeiterInnen auf einer Planstelle an einem Lehrstuhl oder drittmittelfinanziert in einem Forschungsprojekt beschäftigt werden. In der Regel wird die Stelle als wissenschaftliche MitarbeiterIn nach BAT IIa vergütet. Rheinland-Pfalz hat als einziges Bundesland eine eigene außertarifliche Stellenkategorie für DoktorandInnen eingeführt, die leicht unterhalb von BAT IIa angesiedelt ist.[1]

2.1 Die wissenschaftliche MitarbeiterInnenstelle

Die wissenschaftliche MitarbeiterInnenstelle, vorzugsweise an dem Fachbereich oder Institut, an dem die Doktorandin respektive der Doktorand promoviert, gilt nach überwiegender Ansicht als der erfolgversprechendste Einstieg in eine Universitätslaufbahn, es ist in jedem Fall der traditionelle, klassische Weg. Die MitarbeiterInnen – so die ideale Vorstellung – lernen durch die Praxis das vielfältige Berufsfeld rund um eine Professur kennen und „wachsen" so gleichsam in die vielfältigen Aufgaben und Gepflogenheiten der jeweiligen Scientific Community hinein.

    Diese MitarbeiterInnenstellen sind Planstellen, d.h. sie sind im Haushalt der Universität bzw. der Fachbereiche fest vorgesehen (was natürlich nicht heißt, dass sie, wenn sie frei werden, nicht auch gestrichen werden können) und sind meistens Professuren zugeordnet. Der Professor bzw. die Professorin ist dienstvorgesetzt.

---

[1] Rheinland-Pfalz:"Beschäftigung wissenschaftlicher Mitarbeiter in befristeten außertariflichen Dienstverhältnissen (VVWMat). Verwaltungsvorschrift vom 6.4.1998". Zit. nach Wissenschaftsrat: Empfehlungen zur Doktorandenausbildung. Saarbrücken, 15.11.2002 (Drs. 5459/02), S. 13.

Die Vergütung nach BAT IIa hängt neben differierenden Ortszu-schlägen zusätzlich vom Dienstalter wie von Familienstand und Kinderzahl ab (siehe Vergütungstabellen nach dem BAT: LINK). Unterschied der Bun-desangestelltentarif (BAT) bisher vor allem zwischen „neuen" (BAT O) und „alten" Ländern, so haben sich mittlerweile Berlin und Hessen aus der Tarifgemeinschaft der Länder ausgeklinkt, hier werden nun vom Land bzw. von den Hochschulen mit den Gewerkschaften eigene Tarife für die Be-schäftigten der Hochschulen ausgehandelt. In der Konsequenz differieren Einkommen wie tariflich geregelte Wochenarbeitszeit je nach Ort und Insti-tution, bei den zumeist vergebenen halben Stellen werden die Unterschiede angesichts des nicht allzu hohen Betrags allerdings weniger bedeutend sein. Für weitere Informationen zu BAT, zu Grundvergütung, Ortszuschlag, wirklichen und fiktiven Lebensaltersstufen und vor allem bei Fragen und Zweifelsfällen können die Personalstelle und (soweit vorhanden) die Perso-nal- und Betriebsräte Auskunft geben. Bleiben Zweifel ob der Richtigkeit, helfen die Gewerkschaften des Hochschulbereiches GEW und ver.di weiter. Für Gewerkschaftsmitglieder sind die entsprechenden Kosten von Beratung und gegebenenfalls Rechtsschutz durch den Mitgliedsbeitrag abgegolten.

Oft werden diese Stellen als „halbe Stellen", d.h. mit der Hälfte der tariflich geregelten Wochenarbeitszeit vergeben. In Disziplinen, in denen es Schwierigkeiten bereitet, entsprechende BewerberInnen zu finden, werden aber auch Zweidrittel-, Dreiviertel- und auch volle Stellen ausgeschrieben.

Unterhalb der Kategorie der wissenschaftlichen MitarbeiterInnen existiert in vielen Bundesländern die Gruppe der wissenschaftlichen Hilfs-kräfte. Diese definiert sich rein formal dadurch, dass sie mit weniger als 50% der Regelarbeitszeit beschäftigt werden. Die Bezahlung ist in der Regel an der unteren Grenze dessen, was eine Person, die zumindest über Mitte 20 ist, zum Leben benötigt. Nichtsdestotrotz werden auch Beschäfti-gungszeiten auf solchen Stellen, wenn sie mehr als ein Viertel der Regel-arbeitszeit betragen, auf die im Folgenden erklärte Höchstbeschäftigungs-zeit angerechnet.

Befristung

Die wissenschaftlichen MitarbeiterInnenstellen sind überwiegend befristet, wobei der Grund für ihre Befristung in der Qualifizierungsmöglichkeit zur Promotion liegt (→Arbeitsrechtlicher Rahmen und Steuerrecht). Wenn-gleich die Höchstbeschäftigungszeit auf solchen befristeten Stellen bis zur Promotion nach den neuen Richtlinien des Hochschulrahmengesetzes max. sechs Jahre beträgt, werden die Stellen in der Regel für geringere Zeiträume ausgeschrieben. Dieses differiert, je nach Usancen der Universitäten, zwischen zwei und fünf Jahren. Kurzfristigere Stellenausschreibungen ergeben sich häufig aus Vertretungen für Erziehungszeiten, Schwangerschaft oder auch Krankheit.

Wissenschaftliche MitarbeiterInnen lehren (in der Regel – je nach Stundenumfang der Stelle – zwischen zwei und vier Semesterwochenstunden), betreuen Studierende, auch in Praktika und Tutorien, nehmen Prüfungen ab, sitzen als BeisitzerInnen in Prüfungen, korrigieren Klausuren und Hausarbeiten, organisieren Tagungen, unterstützen die vorgesetzten Professorinnen und Professoren in Forschung wie Lehre und erledigen die jeweils spezifischen Aufgaben – kurz, sie verrichten einen großen Teil der Arbeiten und Dienstleistungen, die in Forschung, Lehre und der universitären Selbstverwaltung an einem Lehrstuhl bzw. in einem Fachbereich anfallen.

Neben diesen Aufgaben wird von den wissenschaftlichen MitarbeiterInnen die Anfertigung der Qualifikationsarbeit, sprich der Dissertation erwartet. Teilweise ist die Arbeit hieran regulärer Bestandteil der zugewiesenen Arbeitsaufgaben, d.h. ein Teil der Arbeitszeit ist explizit im Arbeitsvertrag für die eigene Forschung und damit die Arbeit an der Dissertation ausgewiesen, teilweise ist dies aber nicht weiter erwähnt. Als Begründung hält in diesen Fällen u. a. die Reduzierung auf eine halbe Stelle her, die übrige Zeit könne dann ja zur Anfertigung der Dissertation genutzt werden. Folglich sollten alle promovierenden MitarbeiterInnen versuchen, dass entsprechende Passagen zum Arbeitszeitkontingent ihrer Dissertationsleistung im Arbeitsvertrag enthalten sind, teilweise ist dies auch in den Landeshochschulgesetzen festgelegt (Moes: LINK).

Des Weiteren – und dieser Trend hat in den letzten Jahren zugenommen – werden so genannte Funktionsstellen, die durch zeitweilige oder auch dauerhaft anfallende Administrations- oder Organisationsaufgaben an Hochschulen und Fachbereichen gekennzeichnet sind, mit promotionswilligen HochschulabsolventInnen besetzt. So werden immer wiederkehrende Aufgaben, wie etwa die Studienberatung, die Koordination von Studiengängen, die Redaktion von Fachzeitschriften, die an einem Lehrstuhl beheimatet sind, die Betreuung einer EDV-Einrichtung oder auch Sekretariatstätigkeiten, die bisher von unbefristet Beschäftigten erledigt wurden, in befristete, mit der Möglichkeit zur Promotion versehene MitarbeiterInnenstellen umgewandelt. Wir halten dieses für einen bedenklichen Trend, da somit dauerhafte Beschäftigungsperspektiven unterhalb der Professur abgebaut werden. Das soll freilich niemanden davon abhalten, sich auch auf solche Stellen zu bewerben. Die Promovierenden sollten sich aber über den Charakter solcher Stellen im Klaren sein: Wenn hier Aufgaben geleistet und unter Umständen sogar so im Arbeitsvertrag erwähnt werden, die zu einem überwiegenden Teil aus promotions- und gar wissenschaftsfernen Tätigkeiten bestehen, lassen sich diese nur schwerlich als Qualifikationsstellen ansehen. Als ausgesprochene Funktionsstellen unterliegen sie den allgemeinen Befristungsregelungen, die befristete Arbeitsverhältnisse stärker reglementieren. Auch hier können die Personalvertretungen sowie die Gewerkschaften beraten.

Die Vor- und Nachteile einer wissenschaftlichen MitarbeiterInnenstelle

Der große Vorteil einer wissenschaftlichen MitarbeiterInnenstelle an einer Hochschule ist die anfangs genannte Idealvorstellung des learning by doing: Die wissenschaftlichen MitarbeiterInnen sind unmittelbar in die wissenschaftliche und universitäre Praxis eingebunden und lernen auf einer solchen Stelle den Alltag eines Professors oder einer Professorin, die Arbeitsabläufe an einem Lehrstuhl sowie den Betrieb an einer Universität aus nächster Nähe kennen. Sie machen eigene Lehrerfahrungen und können von den häufigen Begegnungen mit der vorgesetzten Professorin bzw. dem vorgesetzten Professor, die oder der üblicherweise gleichzeitig die Promotion betreut, auch für die eigene wissenschaftliche Arbeit profitieren, genauso wie durch den ständigen Austausch mit KollegInnen, weiteren MitarbeiterInnen, Post-Docs und AssistentInnen.

Sie können auf diesen Stellen ihre eigenen Netzwerke aufbauen und erfahren unter Umständen schon vorab von frei werdenden Stellen und werden in vielen Fällen auch im Hinblick auf die Berufsperspektiven nach einer erfolgreichen Promotion von ihren Chefs und Doktoreltern nachdrücklich gefördert. Hinzu kommen die Feinheiten des täglichen Umgangs mit Studierenden, die Kriterien zur Beurteilung wissenschaftlicher Leistungen, das Verfertigen von wissenschaftlichen Aufsätzen, die Kunst, einen erfolgreichen Projektmittelantrag zu verfassen, die Präsentation von Ergebnissen auf Tagungen – das alles vermittelt sich in günstigen Fällen durchaus aus der Anschauung und durch eigenes Ausprobieren.

Diese Praxiserfahrung, um mit möglichen Nachteilen zu beginnen, wird allerdings bisher in den wenigsten Fällen koordiniert vermittelt oder gar von entsprechenden Weiterbildungsangeboten theoretisch unterfüttert und ergänzt. Die Ansätze einer strukturierten Promotion (→Promovieren in Kollegs und Zentren), die momentan allenthalben in Deutschland entstehen, beziehen nur selten die wissenschaftlichen MitarbeiterInnen mit ein, eine besondere Koordination von Dienstaufgaben und Qualifikationsangeboten, um etwa die für die Lehre nötigen didaktischen und methodischen Kompetenzen zu erwerben, steckt erst in den Anfängen.

Die Möglichkeit, im Rahmen der Arbeit all die Facetten und Aspekte einer wissenschaftlichen Tätigkeit an der Hochschule kennen zu lernen, ist allerdings genau wie die Nähe zu den Dienstvorgesetzten, die in Personalunion die Arbeit betreuen und schließlich auch bewerten, die häufig verfluchte Crux an einer MitarbeiterInnenstelle. Die Universitäten sind unterfinanziert und dadurch in vielen Bereichen, gerade in der Lehre, stark unterbesetzt. Die Mehrheit der wissenschaftlichen MitarbeiterInnen arbeitet wesentlich mehr als die vorgesehene Arbeitszeit, vor allem auf den Teilzeitstellen, und ist häufig mit Tätigkeiten überlastet, die mit der Promotion gar nichts und häufig auch wenig mit wissenschaftlichem Arbeiten überhaupt zu tun haben. Dass es zudem schwer ist, gerade gegenüber dem oder der Vorgesetzten, der oder die als BetreuerIn über die Promotion und die weitere akademische Zukunft entscheidet, auf korrekten Verhaltensformen oder leidlich zumutbaren Arbeitsbedingungen zu bestehen, liegt auf der Hand. Die krassen Fälle des Missbrauchs sind weit bekannt und bereits Bestandteil der akademischen Folklore, nichtsdestotrotz für viele aber immer wieder Realität: Wissenschaftliche MitarbeiterInnen, die die Vorlesungen ihres Professors halten, die Examensarbeiten korrigieren, die als Ghostwriter Gutachten und zuletzt auch noch die Veröffentlichungen schreiben. Vielleicht findet sich kein Fall mehr, in dem das Hundeausführen für den Doktorvater zu den Dienstaufgaben zählt, viele ProfessorInnen halten sich aber z.B. ein „virtuelles Vorzimmer", indem sie beharrlich den Erwerb von Kompetenzen der elektronischen Kommunikation verweigern.

Ein weiterer Vorteil von wissenschaftlichen MitarbeiterInnenstellen ist die Möglichkeit, sich an der akademischen Selbstverwaltung zu beteiligen und sich in der Personalvertretung zu engagieren. Der Mittelbau ist als Statusgruppe in hochschulpolitische und fachbezogene Entscheidungen involviert und hat Sitz und Stimme in den verschiedenen Gremien.[2] So schön

---

[2] Die Promovierenden werden trotz ihrer Zugehörigkeit zur Universität als eigene Gruppe so gut wie nie repräsentiert. In der 2004 für ungültig erklärten Novellierung des Hochschulrahmengesetzes von 2002 wurden die Länder aufgefordert, die Zugehörigkeit der Promovierenden in den akademischen Gremien zu regeln. In den wenigen Gesetzen, in denen dies unternommen wurde, werden die Promovierenden zumeist aufgeteilt in die Gruppe der wissenschaftlichen MitarbeiterInnen und der immatrikulierten Promovierenden, andere hingegen nicht berücksichtigt. Die so genannte „Reparaturnovelle" des HRG von Ende 2004 verzichtet auf diese explizite Aufforderung an die Länder.

dieses ist, so anstrengend kann es sein, gerade an Fachbereichen, wo durch Sparmaßnahmen die Zahl der Beschäftigten im Mittelbau, zumal der unbefristet Beschäftigten, stark zurückgegangen ist.

Ähnliches gilt für ein Engagement in den Gremien der betrieblichen Interessenvertretung (= Personalrat). Um den genannten Missständen nachdrücklich entgegenzutreten, wäre eine starke Präsenz gerade von befristet beschäftigten MitarbeiterInnen in Personalräten wichtig – weil sie aber eben nur befristet beschäftigt sind, haben sie häufig andere Sorgen, als sich auch noch dort zu engagieren. Das Problem liegt darin, dass die Personalratsarbeit Zeit benötigt, die dann am eigentlichen Arbeitsplatz fehlt. Gerade als befristete wissenschaftliche Mitarbeiterin bzw. als befristeter wissenschaftlicher Mitarbeiter kann man seine Arbeiten in der Lehre oder in termingebundenen Projekten schlecht „liegen lassen". Ein Ausgleich der Personalratsarbeit durch personellen Ersatz im eigenen Arbeitsgebiet oder durch Aufstockung des eigenen, bezahlten Stundenvolumens wird von der Universität aber fast nie geleistet.

Kurz: Wenngleich es sich bei der wissenschaftlichen MitarbeiterInnenstelle sicherlich noch immer um den Königs- bzw. Königinnenweg zur Professur handelt, ist selbst dieser ausgesprochen steinig und endet für viele in der Sackgasse bzw. anderswo als auf dem eigenen Lehrstuhl.

Die Tendenz, die Promovierenden auf diesen Stellen ohne Rücksicht auf ihre weitere berufliche Zukunft in der zur Verfügung stehenden Zeit optimal auszunutzen und sie danach ihrem Schicksal zu überlassen, wird durch den derzeit existierenden Sparzwang und die Mangelwirtschaft strukturell gefördert.

2.2 Drittmittelstellen bzw. Projektstellen

Fast die Hälfte aller Stellen für wissenschaftliche MitarbeiterInnen an den Hochschulen – der Anteil differiert von Disziplin zu Disziplin – wird nicht aus den regulären Haushalten, sondern aus gesondert eingeworbenen Mitteln, den so genannten Drittmitteln finanziert. Ihre Bedeutung nimmt beständig zu, im Zeitraum von 1993 bis 2000 hat sich ihre Zahl verdoppelt, während die Zahl der aus dem Stellenplan und sonstigen Haushaltsmitteln finanzierten Stellen nur um 6% zunahm (vgl. Wissenschaftsrat 2002, Tab. 6: LINK). Die Drittmittel sind dabei Gelder, die zumeist von den großen forschungsfördernden Institutionen wie der Deutschen Forschungsgemeinschaft oder der Volkswagenstiftung, aber auch von anderen staatlichen wie privaten Institutionen und Unternehmen für bestimmte Projekte zur Verfügung gestellt werden.

Die drittmittelfinanzierten Stellen an den Hochschulen unterscheiden sich in vieler Hinsicht kaum von den wissenschaftlichen MitarbeiterInnenstellen, die aus Haushaltmitteln finanziert werden. Die InhaberInnen sind in der Regel arbeitsrechtlich der Universität zugeordnet und gehören zur Gruppe des akademischen Mittelbaus. Sie sind damit auch zur Übernahme von Strukturleistungen, wie Klausuraufsicht, Tätigkeit als BeisitzerIn in Prüfungen oder zur Mitarbeit in der akademischen Selbstverwaltung verpflichtet, meistens allerdings nicht zur Übernahme von Lehrveranstaltungen. In seltenen Fällen kann – wenn der Geldgeber zustimmt – das für das Forschungsvorhaben verantwortliche Hochschulmitglied, d.h. im Allgemeinen die Professorin oder der Professor auch persönlich den Arbeitsvertrag abschließen (Privatdienstverträge). Sie oder er sind in diesen Fällen persönlich – und nicht die Hochschule – ArbeitgeberIn mit allen Rechten und Pflichten.

Die meisten für die Haushaltsstellen beschriebenen Vor- wie Nachteile, die das Eingebundensein in den Wissenschaftsbetrieb sowie die Nähe zu den BetreuerInnen mit sich bringen, gelten gleichermaßen auch für Drittmittelstellen, die unterschiedliche Finanzierungsweise führt allerdings auch zu einigen anderen Problemlagen: Die Grundlage der Stelle ist das Forschungsprojekt mit all den im Antrag als hierfür notwendig formulierten Tätigkeiten. In der Regel ist die Forschung für die eigene Dissertation Teil des Projektes und damit die Abgrenzung nicht immer ganz einfach. Der Vorteil, in Projekten stärker inhaltlich und häufig im Team zu forschen, kann unter Umständen auch Nachteile mit sich bringen, wenn es zu Konflikten zwischen den Anforderungen des Projekts und den Erfordernissen einer Dissertation kommt. So kann etwa Termindruck dazu führen, dass die nötige Zeit für die Fertigstellung der eigenen Arbeit fehlt, umso mehr dann, wenn im Anschluss gleich ein nächstes Projekt folgt.

Zudem besteht die Gefahr, dass gerade bei anwendungsorientierten Projekten, die ja grundsätzlich im Hinblick auf eine Berufstätigkeit auch außerhalb der Universität zu begrüßen sind, die Interessen der AuftraggeberInnen die notwendige Freiheit der Wissenschaft einschränken, wenn etwa durch einzuhaltende Fristen und Termine eine aus wissenschaftlicher Sicht notwendige Vertiefung der Materie nicht mehr erfolgen kann.

Besonders bei dieser inhaltlichen und praktischen Verbindung des eigenen Dissertationsvorhabens mit den Dienstaufgaben können manchmal Konflikte mit KollegInnen oder Vorgesetzten eine existentielle Dimension annehmen: Was geschieht, wenn z.B. das Arbeitsverhältnis beendet wird oder die Betreuungsperson gewechselt werden soll, mit den für die Dissertation erforderlichen Materialien, Unterlagen, Forschungsergebnissen und mit den intellektuellen „Besitzrechten"? Für diese Fälle ist es für Promovierende lebenswichtig, an ihrer Hochschule und in ihrem Fach etablierte Konfliktvermittlungsmechanismen zu finden. Nicht zuletzt deshalb lohnt es sich für Promovierende, sich rechtzeitig und allgemein für die Einrichtung von „Ombudsstellen" oder die Formulierung von „Codes of Conduct" einzusetzen, die diese Fälle berücksichtigen.

Befristung

Die Befristung der Drittmittelstellen hängt in der Regel von den zur Verfügung stehenden Mitteln ab und kann daher kürzer sein als bei Planstellen der Hochschule: meistens ab sechs Monaten aufwärts bis max. fünf Jahre. Auch bei der Ausschreibung gilt häufig eine etwas andere Praxis. So wird denjenigen, welche die Gelder akquiriert haben, zumeist ein größerer Einfluss auf die Stellenbesetzung zugestanden. In der Regel gilt aber: Jede Stelle an einer Uni muss offen und fristgerecht ausgeschrieben werden und den Personalrat passieren. Zum Teil gibt es hier Vereinbarungen mit dem Personalrat, die vereinfachte Verfahren unter bestimmten Voraussetzungen vorsehen, z.B. verkürzte Fristen bei sehr kurzen Vertragslaufzeiten.

Hieraus ergibt sich die Möglichkeit, dass Studierende etwa mit ihrer Abschlussarbeit bereits selbst die Grundlagen für einen Projektantrag legen, wenn ihnen ProfessorInnen bereits frühzeitig diese längerfristige Perspektive eröffnen. So enthält der größte Teil der DFG-Anträge etwa bereits die Namen derer, die für die beantragten Stellen vorgesehen sind. Es ist allerdings zu beachten: Der Personalrat muss diesem Verfahren nicht zustimmen! Um unliebsamen Überraschungen vorzubeugen, ist es in diesen Fällen zu empfehlen, sich eingehender über die üblichen Abläufe zu erkundigen und auch selbst Kontakt mit dem Personalrat der Universität aufzunehmen, sich vorzustellen, wenn auch nur telefonisch, und die Hintergründe zu erläutern. Denn natürlich haben auch Personalräte meistens nichts dagegen, wenn sich jemand auf diesem Weg eine Stelle selbst schafft und unterstützen dieses dann auch – allein sie müssen um diesen Sachverhalt wissen.

2.3 Anderweitige Beschäftigungsverhältnisse

Wenn auch das Promotionsrecht allein bei den Universitäten liegt, so ist die Förderung des wissenschaftlichen Nachwuchses und damit auch und gerade die Ermöglichung der Promotion das erklärte Ziel vieler Einrichtungen der außeruniversitären Forschung. In der Regel arbeiten die Promovierenden hier auf halben Stellen, die auf drei Jahre befristet sind. Die Bezahlung erfolgt in Anlehnung an BAT IIa. Die Vorteile sind auch hier das Eingebundensein in Forschungsteams vor Ort und in die Scientific Community. Zudem ist die Ausstattung häufig besser als an den überlasteten und „ausgezehrten" Hochschulen. Der Vorteil, von den Mühen des Universitätsalltags mit den zahlreichen Tätigkeiten, die von der Arbeit an der Promotion abhalten, weit entfernt zu sein, kann sich auch als Nachteil erweisen, gerade im Hinblick auf eine weitere Karriere an der Universität. Es hängt von den jeweiligen Kooperationen und Konstruktionen der Betreuung ab, inwieweit die InhaberInnen dieser Stellen etwa die Möglichkeiten zur Lehre bekommen.

Die großen Trägerorganisationen und Einrichtungsverbünde sind: Die Fraunhofer-Gesellschaft (LINK) auf dem Gebiet der ingenieurwissenschaftlichen Forschung mit ca. 320 DoktorandInnen (Zahlen vgl. Wissenschaftsrat 2002, S. 29), die Max-Planck-Gesellschaft mit Instituten aus verschiedenen Wissenschaftsbereichen mit knapp 2.000 DoktorandInnen (LINK), die Helmholtz-Gemeinschaft Deutscher Forschungszentren mit ca. 2.500 DoktorandInnen (2004) (LINK) sowie die Leibniz-Gemeinschaft (LINK), ein Zusammenschluss von 84 wissenschaftlich, rechtlich und wirtschaftlich eigenständigen Forschungsinstituten und Serviceeinrichtungen für die Forschung in Deutschland mit ca. 1.400 DoktorandInnen (2003). Die Max-Planck-Gesellschaft richtet zudem seit einigen Jahren in Kooperation mit Universitäten „Research Schools" ein. Hier soll durch strukturierte Programme die DoktorandInnen-Ausbildung verbessert werden (→Die „International Research Schools"). Die Helmholtz-Gemeinschaft hat für 2005 die Einrichtung von Helmholtz-Hochschul-Gruppen angekündigt, in denen DoktorandInnen ebenfalls exzellente Forschungsbedingungen und entsprechende zusätzliche Ausbildungsprogramme geboten werden sollen.

Neben diesen Forschungsinstitutionen tragen noch über 50 Bundeseinrichtungen sowie zahlreiche Landes- und kommunale Einrichtungen mit Forschungsaufgaben zur Förderung des wissenschaftlichen Nachwuchses bei (BMBF: LINK). Inwieweit hier Stellen für Promovierende zur Verfügung stehen und wie sie hierfür mit Universitäten kooperieren, müssen Interessierte bei den entsprechenden Institutionen in Erfahrung bringen.

Darüber hinaus wird Forschung in privaten Einrichtungen und Unternehmen betrieben. Gerade in anwendungsorientierten Forschungsfeldern gibt es von Seiten der Unternehmen und der Industrie ein großes Interesse an den Ergebnissen. So finanzieren sie teilweise nicht nur durch Drittmittel entsprechende Forschungen, sondern unterhalten selbst Forschungs- und Entwicklungsabteilungen. Zum Beispiel bieten große Unternehmen wie Volkswagen oder DaimlerChrysler befristete Stellen in den Unternehmen, um an der Dissertation zu arbeiten (vgl. die Bewerbungsmöglichkeiten auf den Internetseiten der Unternehmen). Auch in kleineren Firmen, die sich etwa häufig als Ausgründungen von Lehrstühlen und Fachbereichen rund um Universitäten ansiedeln, gibt es einen Bedarf vor allem an anwendungsorientierter Forschungsarbeit. Dies wird allerdings zumeist Promovierende in Disziplinen wie etwa den Ingenieurwissenschaften betreffen, in denen die Nachfrage nach solchen Stellen eher unter dem Angebot liegt.

Allerdings kann es durchaus eine interessante Herausforderung für Promovierende sein, Unternehmen von der Relevanz und Notwendigkeit von Dissertationsthemen zu überzeugen, die der Privatwirtschaft auf den ersten Blick weniger attraktiv zu sein scheinen. Eine Promotion in einem Unternehmen erhöht die Chance, nach Abschluss auch weiterhin erfolgreich und gut bezahlt im privaten Sektor tätig zu bleiben oder von hier aus den Sprung in forschungsferne Bereiche zu machen. Wer allerdings das Berufsziel Wissenschaft verfolgt, wird in diesen Konstellationen häufig Mühe habe, die hierfür erforderlichen zusätzlichen Qualifikationen und Erfahrungen in Lehre und Universitätsstrukturen zu erwerben.

Weniger auf einen Einstieg in den Beruf einer Wissenschaftlerin bzw. eines Wissenschaftlers, sondern eher auf den Erwerb einer prestigeträchtigen Qualifikation für die Tätigkeit in führenden Positionen zielen einige Angebote von Beratungs- und Anwaltsfirmen ab. So bietet ein Mannheimer Universitätsprofessor für AbsolventInnen eines wirtschaftswissenschaftlichen Studiums in seiner Firma eine berufsbegleitende Promotion an. Nach der Anstellung in der Beratungsfirma arbeiten die KandidatInnen 2/3 ihrer Zeit in Beratungsprojekten, in der restlichen Zeit werden sie für ihre Promotion freigestellt. Sie sollen dabei sowohl an Beratungsprojekten als auch an ihrer Doktorarbeit kontinuierlich arbeiten. Hierfür wird ein Promotions-Phasenmodell über drei Jahre vorgestellt (http://www.homburg-und-partner.de/karriere/promotionsmodell.html).

Zwei weitere Beratungsfirmen haben ebenfalls Modelle entwickelt, die Beruf und Promotion verbinden.

Bei McKinsey werden in einem „Fellowship-Programm" die TeilnehmerInnen nach einer zweijährigen Arbeitsphase für ein Jahr bei voller Bezahlung freigestellt und können in dieser Zeit eine Promotion absolvieren (www.mckinsey.de/karriere/einstieg).

Die Boston Consulting Group offeriert die Teilnahme an einem Promotionsprogramm. Während der ersten zwei oder drei Berufsjahre wird ein bestimmter Betrag des Gehaltes angespart und leistungsabhängig von dem Unternehmen aufgestockt und ausgezahlt, wenn der Teilnehmer die Promotion beginnen möchte. Wenn nach ein bis zwei Jahren die Promotion abgeschlossen ist, könne der/die TeilnehmerIn problemlos zum Unternehmen zurückkehren (www.bcg.de/karriere/einstieg/scholarship/promotionsprogramm).

Eine relativ neue Wissenschaftsdisziplin geht ebenfalls neue Wege. So bietet der pflegewissenschaftliche Fachbereich am Institut für Medizin-/Pflegepädagogik und Pflegewissenschaft der Humboldt-Universität zu Berlin seit 999 zusätzlich zu der gängigen Betreuung von DoktorandInnen aus dem eigenen Studiengang – seit dem Herbst 2000 in Kooperation mit der Universität Maastricht – ein berufsbegleitendes Promotionsbetreuungsprogramm der Pflegewissenschaft an. Das Programm beinhaltet ein dreisemestriges Propädeutikum zur Vorbereitung auf die eigentliche Forschungsarbeit und ein sich daran anschließendes drei- bis fünfsemestriges Kolleg zum Austausch von inhaltlichen und methodischen Fragen, gegebenenfalls mit eingeladenen Experten (http://www.charite.de/ch/pflege/promotion/promprog.htm).

Während man bei einer vorgesehenen Promotionszeit von einem Jahr wohl kaum von einer soliden Grundlage für eine etwaige Rückkehr in die Wissenschaft ausgehen kann, zeigen diese Programme zumindest eine Richtung an, wie eine engere Verzahnung und Durchlässigkeit zwischen Wirtschaft (oder auch Verwaltung) und Wissenschaft befördert werden könnte.

3   Förderung durch Stipendien

Neben der Promotion auf Stellen gibt es die Möglichkeit, mit einem Stipendium einer staatlichen oder privaten Einrichtung oder Stiftung die Arbeit an einer Promotion zu finanzieren. Der weitaus größte Teil wird dabei aus öffentlichen Mitteln bereitgestellt, die in Form von Stipendien von den elf Begabtenförderungswerken, von der Deutschen Forschungsgemeinschaft im Rahmen ihrer Graduiertenkollegs und von den Einrichtungen zur Förderung des graduierten Wissenschaftsnachwuchses der Bundesländer vergeben werden. Hinzu kommen eine Reihe von Stipendien kleinerer Stiftungen und Einrichtungen, die zahlenmäßig wenig ins Gewicht fallen, aber für die eine oder den anderen genau passen mögen. Daher werden hier einige einschlägige Seiten im Internet angegeben, außerdem wird auf einige Stipendien für bestimmte Fachrichtungen und Fächer verwiesen.

Von einem grundsätzlichen finanziellen Nachteil des Stipendiums gegenüber dem Promovieren in einem Arbeitsverhältnis war bereits weiter oben die Rede: Die Promovierenden mit einem Stipendium müssen eine eigenfinanzierte Krankenversicherung abschließen, sie zahlen nicht in die

Arbeitslosen- und Rentenversicherung ein und erwerben so auch keine Ansprüche (→Promovieren und soziale Absicherung), sie erhalten keine Lohnfortzahlung im Krankheitsfall[3] und keinen bezahlten Urlaub.

Ein Punkt, der bei der allgemeinen Diskussion um die Vor- und Nachteile von Stellen und Stipendien leicht übersehen wird, ist die Tatsache, dass die BewerberInnen auf ein Stipendium bereits mit der Arbeit an ihrer Promotion begonnen haben müssen. Das für eine Stipendienbewerbung notwendige Exposé (→Das Exposé) – für das einige Monate Arbeitszeit zu veranschlagen sind – ist bereits der erste Teil der Arbeit an einer Dissertation und muss ebenfalls irgendwie finanziert werden. Spezielle kurzzeitige Stipendien hierfür gibt es in der Regel nicht.

StipendiatInnen sind gegenüber den StipendiengeberInnen rechenschaftspflichtig und müssen zumeist in regelmäßigen Arbeitsberichten und mit Gutachten von BetreuerInnen und VertrauensdozentInnen über den Fortgang der Arbeit Auskunft geben. Von diesen Bewertungen hängt eine Weitergewährung der Unterstützung ab. Wenngleich die betreuenden ProfessorInnen mit ihren Gutachten auch in diesen Verhältnissen entscheidenden Einfluss haben, so ist die Abhängigkeit weniger stark als in einem Arbeitsverhältnis. Letztlich entscheiden die StipendiengeberInnen. Weil es keinen Rechtsanspruch auf die Verlängerung eines Stipendiums gibt, ist die Situation jedoch unsicherer – die StipendiatInnen sind dem Wohlwollen ihrer GeldgeberInnen ausgeliefert.

Ein weiterer Aspekt, der Vorteile mit sich bringen kann, ist die größere Ortsungebundenheit bei vielen Stipendien – letztendlich ist es egal, wo die notwendige Arbeit erledigt wird. Die damit zum Ausdruck kommende fehlende feste Verankerung an einer Universität bzw. einem Lehrstuhl erweist sich freilich häufig als eines der größten Probleme für StipendiatInnen. Die auf einem Arbeitsplatz selbstverständliche Einbindung in den wissenschaftlichen Alltag muss hier mühsam organisiert werden. Es lohnt sich aber, individuell oder mit anderen Promovierenden zusammen diese „Fürsorge" der eigenen Universität für ihre Promovierenden einzufordern. Oft kann mit etwas gutem Willen noch ein ungenutztes Büro oder Platz in den Bibliotheken für Promovierende bereitgestellt werden (→Arbeitsplatz Promotion). Zusammen mit Kleinigkeiten wie einem Kopierkontingent, einem Internetanschluss oder dem Briefkopf der Universität macht es vielleicht einen entscheidenden Unterschied für die Situation des/der

---

[3] Außer es wurde gegen einen höheren Beitragssatz ein Krankengeldanspruch bei der Krankenkasse versichert.

StipendiatIn. Die StipendiatInnen, die alimentiert vom Stipendium am heimischen Schreibtisch oder der Bibliothek ihre Arbeiten verfasst haben, haben es sehr viel schwerer, ihre wissenschaftliche Laufbahn an der Universität fortzusetzen.

Die fehlende Einbindung und die häufig ungenügende Betreuung durch die Doktoreltern hat schon seit den 1980er Jahren zu Bestrebungen geführt, die Promotionsphase durch entsprechende Programme zu strukturieren und so auch zusätzliche Qualifikationen zu vermitteln. Die Deutsche Forschungsgemeinschaft (DFG) hat seit den 1990er Jahren Graduiertenkollegs eingerichtet, in denen mit Stipendien finanzierte Promovierende zu bestimmten Themen vor allem inter- bzw. transdisziplinär forschen. Die Idee des Kollegs ist von einigen Stiftungen, etwa der Hans-Böckler-Stiftung und der Heinrich-Böll-Stiftung sowie in einigen Programmen der Länder aufgenommen worden (→Promovieren in Kollegs und Zentren).

Während zumindest die elf großen Begabtenförderungswerke ihren StipendiatInnen mit zusätzlichen Angeboten Hilfestellungen fürs erfolgreiche Promovieren geben, beschränken sich einige Landesförderungsprogramme weiterhin allein darauf, die Mittel zu verteilen.

3.1 Die Begabtenförderungswerke

Die elf Begabtenförderungswerke fördern materiell wie ideell besonders begabte und befähigte Absolventinnen und Absolventen aller Fachrichtungen, die an einer deutschen Hochschule zur Promotion zugelassen sind (keine Beschränkung auf Deutsche) und Deutsche mit ausländischem Hochschulabschluss, die zur Promotion bzw. zu einem Aufbaustudium zugelassen sind. Die Mittel hierfür erhalten sie vom Bundesministerium für Bildung und Forschung (BMBF), zum Teil (bei den parteinahen Stiftungen) gehören Mittel des Auswärtigen Amtes dazu, die für die Förderung nichtdeutscher Promovierender bestimmt sind.

Die elf Werke repräsentieren die großen politischen wie religiösen Richtungen und gesellschaftlichen Gruppen in Deutschland. Indem diese mit öffentlichen Geldern in die Lage versetzt werden, wissenschaftlichen Nachwuchs zu fördern, soll, so die formulierte Idee, eine „pluralistische Elitenbildung" befördert werden (BMBF: Begabtenförderungswerke: LINK). Daher berücksichtigen alle Förderwerke neben der besonderen Begabung der BewerberInnen auch ihr gesellschaftliches (oder auch: unternehmerisches) Engagement bzw. ihre politischen, ethischen oder religiösen Positionierungen.

Neben dem einheitlich geregelten materiellen Zuschuss umfasst die Förderung in unterschiedlichem Umfang die Möglichkeit, an einer „ideellen Förderung" durch Seminare, Workshops, Weiterbildungsangebote, Tagungen, Arbeitsgruppen teilzunehmen oder diese aktiv mit zu organisieren und sich zu vernetzen.

Die Stiftungen haben in der Regel VertrauensdozentInnen an den Hochschulen und zum Teil eigene StipendiatInnengruppen. Hier lassen sich eventuell Informationen über das jeweilige Auswahlprozedere erfahren, welche so nicht immer mit allen Feinheiten in den Informationsbroschüren zu finden sind.

Während einige Kriterien wie etwa die Zugehörigkeit zur katholischen Kirche nicht ohne weiteres für jede und jeden zu erfüllen sind, mögen die Anforderungskriterien der verschiedenen Stiftungen auch jenseits der Voraussetzung überdurchschnittliche Studienleistung zumindest im Wortsinn auf viele zutreffen. Das Profil und die ideologische Ausrichtung der den Stiftungen jeweils nahe stehenden Partei oder Institution kann den BewerberInnen hier vielleicht die Auswahl erleichtern. Bei welchen Stiftungen eine Bewerbung aufgrund des eigenen Profils jenseits der Studienleistungen letztlich überhaupt erfolgreich sein kann, muss jede und jeder selbst beurteilen – eine Mehrfachbewerbung ist möglich und angesichts der großen BewerberInnenzahlen zum Teil auch geraten, in den Bewerbungsformularen wird gefragt, ob noch weitere Anträge auf Stipendien gestellt wurden.

Wer das Glück hat, bei mehreren Stiftungen angenommen zu werden, muss sich für ein Stipendium entscheiden, er oder sie kann freilich wechseln, wenngleich dies finanziell wohl nur in wenigen Fällen Sinn ergibt. Die Bezugszeiten von aus öffentlichen Mitteln finanzierten Promotionsstipendien werden auf die mögliche Höchstbezugsdauer angerechnet.

Alle Stiftungen bieten eine einkommensabhängige materielle Förderung von 920 Euro. Hinzu kommen bei den meisten Stiftungen eine Forschungskostenpauschale von 100 Euro sowie – gegebenenfalls – ein Familienzuschlag von 155 Euro und ein Zuschuss zu den tatsächlich anfallenden Kinderbetreuungskosten von 155 bis 255 Euro (alle Angaben: Stand 2005). Des Weiteren werden von einigen Stiftungen Reisekosten und Zuschläge für Tagungs- oder Forschungsaufenthalte im In- und/oder Ausland gewährt.

Die Förderdauer beträgt in der Regel zwei Jahre, es besteht allerdings die Möglichkeit zur Verlängerung um zweimal sechs Monate. Die Verfahrensweisen der einzelnen Stiftungen gegenüber einer Weiterförderung über die zwei Jahre hinaus sind allerdings recht unterschiedlich. Da die Promotionsdauer aber meistens bei mindestens drei Jahren liegt, fördern auch viele Förderungswerke über drei Jahre, wenn entsprechende Fortschritte bei der Anfertigung der Dissertation glaubhaft gemacht werden können.

Müttern und (seit einer Klärung ihrer gleichen Stellung im Jahr 2004) auch Vätern (!) mit Kindern bis zwölf Jahren kann nach den Richtlinien des BMBF darüber hinaus ggf. eine Verlängerung um ein zusätzliches, viertes Jahr gewährt werden. Diese „Kann-Regelung" wird aber von den einzelnen Förderungswerken sehr unterschiedlich gehandhabt. Die Hans-Böckler-Stiftung praktiziert diese Regelung, und mindestens die Heinrich-Böll-Stiftung und die Friedrich-Ebert-Stiftung haben sich diese Praxis inzwischen auch zu Eigen gemacht.

Auf der folgenden Doppelseite finden Sie eine tabellarische Aufstellung der Werke teilweise mit kurzen Hinweisen zu einigen besonderen Charakteristika bzw. Anforderungen.

Stiftungswerk	Kontakt
Studienstiftung des deutschen Volkes Erklärtermaßen spielen bei der Auswahl wirtschaftliche und soziale Aspekte, politische Überzeugungen sowie Weltanschauung, Konfession und Geschlecht keine Rolle. Eine Selbstbewerbung ist nicht möglich, mögliche PromotionsstipendiatInnen werden von ihren ProfessorInnen vorgeschlagen.	Studienstiftung des deutschen Volkes e.V. Ahrstraße 41 | 53175 Bonn Tel.: 02 28-8 20 96-0 | Fax: 02 28-8 20 96-1 03 E-Mail: info@studienstiftung.de Internet: www.studienstiftung.de
Cusanuswerk – Bischöfliche Studienförderung Die BewerberInnen müssen katholisch sein.	Cusanuswerk Bischöfliche Studienförderung Baumschulallee 5 | 53115 Bonn Tel.: 02 28-9 83 84-0 | Fax: 02 28- 9 83 84-99 E-Mail: info@cusanuswerk.de Internet: www.cusanuswerk.de
Evangelisches Studienwerk e.V. Villigst Die BewerberInnen sollten evangelisch sein, Ausnahmen werden aber gemacht.	Evangelisches Studienwerk e.V. Villigst - Promotion - Iserlohner Straße 25 | 58239 Schwerte Tel.: 0 23 04-75 52 15 | Fax. 0 23 04-75 52 50 E-Mail: promotion@evstudienwerk.de Spezielle Fragen beantwortet direkt Studienleiter Dr. Eberhard Müller Tel. 0 23 04-75 52 18 e.mueller@evstudienwerk.de Internet: www.evstudienwerk.de
Hans-Böckler-Stiftung gewerkschaftsnah – für Mitglieder der DGB-Gewerkschaften gelten gesonderte Bewerbungsmodalitäten. Die Hans-Böckler-Stiftung finanziert Individualstipendien und Promotionen in eigenen Promotionskollegs.	Hans-Böckler-Stiftung Abteilung Studienförderung Hans-Böckler-Straße 39 D- 40476 Düsseldorf Tel.: 02 11-77 78-14 | Fax: 02 11-77 78-41 40 Dietrich Einert | E-Mail: Dietrich-Einert@boeckler.de Internet: www.boeckler.de
Studienförderwerk Klaus Murrmann der Stiftung der Deutschen Wirtschaft Arbeitgebernahe Stiftung	Stiftung der Deutschen Wirtschaft sdw im Haus der Deutschen Wirtschaft 11054 Berlin Tel.: 0 30-20 33-15 40 | Fax: 0 30-20 33-15 55 E-Mail: sdw@sdw.org Internet: www.sdw.org
Konrad-Adenauer-Stiftung CDU-nahe Stiftung	Konrad-Adenauer-Stiftung e.V Rathausallee 12 | 53757 Sankt Augustin Tel.: 0 22 41-2 46-0 E-Mail: zentrale@kas.de Internet: www.kas.de **Begabtenförderung und Kultur** Leiter: Dr. Günther Rüther Kontakt: Angelika Beuth

Tabelle 3: (Teil A) Übersicht Begabtenförderungswerke

Stiftungswerk	Kontakt
Heinrich-Böll-Stiftung Grüne/Bündnis 90-nahe Stiftung Die Heinrich-Böll-Stiftung finanziert Individualstipendien und Promotionen in eigenen Promotionskollegs.	Heinrich-Böll-Stiftung e.V. Rosenthaler Straße 40/41 | 10178 Berlin Tel.: 0 30-2 85 34-0 | Fax: 0 30-2 85 34-4 09 E-Mail: info@boell.de Informationen: Bärbel Karger Tel.: 0 30-2 85 34-4 00 E-Mail: karger@boell.de
Friedrich-Ebert-Stiftung SPD-nahe Stiftung	Friedrich-Ebert-Stiftung Abteilung Studienförderung Godesberger Allee 149 | 53175 Bonn Tel.: 02 28-8 83-0 | Fax: 02 28-8 83-6 97 E-Mail: auskunft@fes.de Internet: www.fes.de
Rosa-Luxemburg-Stiftung PDS-nahe Stiftung	Rosa-Luxemburg-Stiftung Franz-Mehring-Platz 1 | 10243 Berlin Tel.: 030-44 31 02 23 | Fax: 0 30-44 31 01 88 E-Mail: studienwerk@rosalux.de Internet: www.rosalux.de
Friedrich-Naumann-Stiftung FDP-nahe Stiftung	Friedrich-Naumann-Stiftung Begabtenförderung Karl-Marx-Straße 2 | 14482 Potsdam Tel.: 03 31-70 19-3 49 | Fax: 03 31-70 19-2 22 E-Mail: mohammad.shahpari@fnst.org Internet: http://www.fnst.de
Hanns-Seidel-Stiftung CSU-nahe Stiftung	Hanns-Seidel-Stiftung e.V. Förderungswerk Lazarettstraße 33 | 80636 München Tel.: 0 89-12 58-0 | Fax: 0 89-12 58-4 03 E-Mail: info@hss.de Internet: www.hss.de

Tabelle 3: (Teil B) Übersicht Begabtenförderungswerke

Vor- und Nachteile

Die Auswahl der StipendiatInnen erfolgt in der Regel von einer Kommission der jeweiligen Stiftung und richtet sich sowohl nach wissenschaftlichen als auch nach Kriterien, die sich aus der weltanschaulichen bzw. politischen Ausrichtung der jeweiligen Stiftung ergeben. Die Chancen aufgenommen zu werden, hängen damit vom Thema und der Güte des Exposés, den Gutachten sowie von den richtigen politischen wie gesellschaftlichen Aktivitäten der Bewerberin bzw. des Bewerbers ab. Interessierte sollten sich deshalb umfassend über die Modalitäten der Aufnahme informieren (zum Beispiel auch bei StipendiatInnen der jeweiligen Stiftung), um abschätzen zu können, inwieweit eine Bewerbung aufgrund wissenschaftlicher und persönlicher Voraussetzungen Erfolg versprechend ist. Informationen hierzu gibt es bei den Stiftungen selbst oder aber auch bei allgemeinen Zusammenschlüssen von Promovierenden, wie z.b. der Promovierenden-Initiative (LINK), der Interessenvertretung der StipendiatInnen der Förderungswerke.

Die Programme und Angebote der Stiftungen können eine Einbindung an der Universität und im jeweiligen Fach nicht ersetzen, sondern nur ergänzen. Von Vorteil sind die Kontakte des Spektrums der jeweiligen Stiftung sicherlich für die, die sich nach der Promotion eher in Richtung einer Tätigkeit in Politik und Verbänden orientieren.

3.2 DFG-Graduiertenkollegs

Die Deutsche Forschungsgemeinschaft (DFG) richtet seit 1990 auf Antrag Kollegs ein, die bis zu neun Jahren gefördert werden können. ProfessorInnen an Universitäten, auch im Ausland, und Forschungseinrichtungen formulieren thematische Schwerpunkte und entwickeln ein Forschungsprogramm, auf das sich Promovierende mit ihren Exposés bewerben können. Die Plätze werden im Allgemeinen in der Wochenzeitung „Die Zeit" ausgeschrieben, eine Übersicht über die existierenden Kollegs gibt es auf den Internetseiten der DFG (LINK). Ein Gremium der beteiligten HochschullehrerInnen entscheidet nach Exposé und Vorstellungsgespräch über die Aufnahme. Die DFG gibt zwar eine Altersgrenze von 28 Jahren an, diese stellt aber nicht immer ein Ausschlusskriterium dar. Das Ausschreibungsverfahren und die in der Regel relativ große Kommission sollten ein offenes Vergabeverfahren befördern, ein persönlicher Kontakt zu einer/m der beteiligten ProfessorInnen kann hier gegebenenfalls von Nutzen sein.

Gefördert wird für 24 Monate mit der Möglichkeit der Verlängerung um weitere zwölf Monate. Bekommt eine Stipendiatin während des Förderungszeitraumes ein Kind, ist eine Verlängerung um weitere drei Monate möglich. Das monatliche Stipendium liegt zurzeit bei 1000 Euro plus eine Forschungskostenpauschale von 103 Euro. Verheiratete und Kinder Erziehende erhalten Zuschläge. Im Jahr dürfen bis zu 3000 Euro hinzuverdient werden. In bestimmten Bereichen, etwa den Ingenieurswissenschaften und der Informatik gibt es die Möglichkeit, die Stipendien zu erhöhen bzw. in Stellen umzuwandeln.

Vor- und Nachteile

Die DFG-Graduiertenkollegs sind als eine Antwort auf eine Situation konzipiert worden, in denen die Promovierenden vor allem allein und ohne Austausch und strukturierendes Programm vor sich hin forschten. Das Kolleg soll einen ständigen, auch interdisziplinären Austausch befördern. Das Forschungs- und Studienprogramm sieht regelmäßige Kolloquien mit Projektpräsentationen, weiterführende thematische und methodische Seminare von den beteiligten HochschullehrerInnen sowie Workshops und Vorträge von GastwissenschaftlerInnen vor. Zum Teil werden diese von den KollegiatInnen selbst organisiert, daneben stehen Gelder für die Organisation eigener Tagungen und für Reisen zu Tagungen, Kongressen und Auslandsaufenthalten bereit.

Diese Möglichkeiten eines umfassenden Begleitprogramms bergen zugleich die Gefahr, dass das Eigentliche – die Arbeit der Dissertation – darunter leidet. Genauso wirkt die Atmosphäre eines Kollegs nur so lange motivierend und produktiv, wie dort ein kollegialer und konstruktiver Austausch gepflegt wird. Ähnliches gilt für die im Kolleg angelegte Möglichkeit, neben der/m Hauptbetreuenden auch von der Hilfe und den Ratschlägen der anderen beteiligten ProfessorInnen zu profitieren. Dieses setzt voraus, dass diese sich alle gleichermaßen engagieren und kooperativ verhalten (→Promovieren in Kollegs und Zentren). Ein weiterer Nachteil, der sich natürlich durchaus positiv auf die Arbeit auswirken kann, ist die teilweise verlangte Residenzpflicht am Ort des Kollegs. Gerade für Promovierende mit PartnerIn und/oder Kindern ist ein Umzug nicht immer einfach zu bewerkstelligen, andererseits ist eine doppelte Haushaltsführung mit dem Stipendium kaum zu finanzieren.

3.3 Weitere Stiftungen

Des Weiteren gibt es noch eine Reihe weiterer Institutionen und privater Stiftungen, die vor allem themen-, fach- oder auch personengruppenspezifische Stipendien, zum Teil ortsgebunden, vergeben, die Höhe und die Laufzeit liegt in der Regel leicht unter denen von DFG und Begabtenförderungswerken. Die im Folgenden Genannten sind eine Auswahl, die vor allem die Bandbreite deutlich machen soll. Ein gute Übersicht und die Möglichkeit, spezifisch zu suchen, bieten die Datenbank des Deutschen Stifterverbandes (LINK), der Stiftungsindex (LINK), die Koordinierungsstelle EG der Wissenschaftsorganisationen (KOWI: LINK) sowie die Stiftungsdatenbank des Maecenata Instituts, Berlin (LINK).

Die **Stiftung Industrieforschung** vergibt Stipendien im betriebswissenschaftlichen und ingenieurswissenschaftlichen Bereich. Die StipendiatInnen sind an eine Hochschule oder Forschungseinrichtung angebunden und werden hier als wissenschaftliche MitarbeiterInnen eingestellt (BAT II).
http://www.stiftung-industrieforschung.de/seiten/stipend.html

Der **Boehringer-Ingelheim-Fonds** finanziert DoktorandInnenstipendien im Bereich biomedizinischer Grundlagenforschung.
http://www.bifonds.de/scholar/scholar.htm

Die **Scheringstiftung** vergibt Promotionsstipendien an DoktorandInnen der Biologie, Medizin, Chemie und deren Schnittbereichen.
http://www.scheringstiftung.de/stipendien.html

Der **Fonds der Chemischen Industrie** (Verband der Chemischen Industrie) fördert in mehreren Programmen NachwuchschemikerInnen durch Vergabe von Promotionsstipendien.
http://www.vci.de/fonds/showdoc/testOpen.asp?Portal=7&DokNr=60645&U

Die **Stiftung Bildung und Wissenschaft** vergibt Promotionsstipendien in den Bereichen Neuere Deutsche Literaturwissenschaft und Zeitgeschichte nach 1945.
http://www.stifterverband.org/site/php/foerderung.php?SID=&seite=StiftungDetail&stiftung=99&herkunft=0&detailansprechnr=463&detailexansprechnr

Die **Gerda-Henkel-Stiftung** fördert DoktorandInnen, die im Bereich der historischen Geisteswissenschaften, vorrangig der Geschichtswissenschaft, der Archäologie, der Kunstgeschichte und historischen Teildisziplinen arbeiten.
http://www.gerda-henkel-stiftung.de/02_foerderung/de_foerderbereiche.htm#promotion

Themenzentriert verfährt die **Deutsche Bundesstiftung Umwelt**, sie berücksichtigt BewerberInnen aller Fachrichtungen mit einem Forschungsvorhaben, das einen Bezug zu aktuellen Umweltproblemen hat.
http://www.dbu.de/stipendien/

Die **Robert-Schumann-Foundation** fördert Doktorandinnen, die an einem Thema zum Aufbau Europas oder der europäischen Zusammenarbeit arbeiten. Sehr gute Französischkenntnisse werden hier vorausgesetzt.
http://www.robert-schuman.org/gb/boursean.htm

Tabelle 4: Themen-, fach- und personengruppenspezifische Förderungen

Für alle, die zu bestimmten Ländern und Regionen forschen, lohnt es sich, Finanzierungsmöglichkeiten bei den entsprechenden nationalen und regionalen Institutionen zu recherchieren.

3.4   Landesgraduiertenförderung

Von 1971 bis 1983 gab es analog zum Bafög ein Graduiertenförderungsgesetz des Bundes. Seitdem ist dieses Angelegenheit der Länder. Die meisten Länder bieten Promotionsstipendien für Doktorarbeiten, die an einer Hochschule in ihrem Hoheitsbereich angefertigt werden. Die Verteilung ist zumeist in die Hände der Universitäten gelegt, die diese nach eigenen Kriterien vergeben. Sie förderten bis vor kurzem im Allgemeinen ohne ein größeres Konzept oder strukturierendes Programm zwei bis maximal drei

Jahre und mit Fördersätzen unter denen der Begabtenförderungswerke und der DFG. Derzeit liegen sie zumeist ca. zwischen 700 Euro und 900 Euro. Einkommen von Ehepartnern werden ab einer bestimmten Höhe angerechnet. Mittlerweile gibt es aber auch hier neue Ansätze. So werden neben der Individualförderung, wie beispielsweise an der Universität Kassel (Universität Kassel: LINK), Promotionen im Rahmen strukturierter Promotionskollegs gefördert. Nordrhein-Westfalen und Niedersachsen haben in Kooperation mit ihren Universitäten in den letzten Jahren mit „graduate schools" neue Modelle der Graduiertenförderung initiiert, diese ähneln den Konzepten der DFG-Graduiertenkollegs oder auch denen der Max-Planck-Research Schools (→Promovieren in Kollegs und Zentren). Diesen entsprechen das Auswahl- und Aufnahmeprozedere. Nordrhein-Westfalen hat seine Promotionsförderung ausschließlich auf die neu eingerichteten „graduate schools" konzentriert, in denen in Kooperation mit Universitäten und Forschungseinrichtungen international ausgeschriebene Promotionsprogramme durchgeführt werden, deren Stipendien zwischen 1270 Euro in den Naturwissenschaften und 1790 Euro in der Informatik liegen. Die Fokussierung auf bestimmte, als zukunftsträchtig angesehene Fächer geht dabei auf Kosten anderer Disziplinen, deren AbsolventInnen es ohnehin schwerer haben, ihre Promotionen zu finanzieren. Einen ähnlichen Fokus auf „graduate schools" in Natur- und Ingenieurswissenschaften unternimmt Niedersachsen: Es fördert Promotionen mit hochdotierten Christoph-Lichtenberg-Stipendien (bis zu 1750 Euro) und versucht, die Graduiertenförderung an strukturierende Promotionsprogramme zu knüpfen.

Hier ist also einiges in Bewegung. Die Aufteilung auf die Länder und von dort die Weitergabe an die Universitäten macht es schwierig, allgemeine Aussagen zu treffen. Die folgende Auflistung gibt einen Überblick, wo es im Internet Informationen über die Programme und Angebote der Bundesländer und einzelner Universitäten gibt. Wie die Verfahren an jeder einzelnen Universität aussehen, muss individuell über die Seiten für Nachwuchswissenschaft bzw. Forschungsförderung recherchiert oder bei den zuständigen Forschungs- und Nachwuchsabteilungen erfragt werden.

Baden-Württemberg
Allgemeine Informationen des Ministeriums für Wissenschaft, Forschung und Kunst zur Landesgraduiertenförderung in Baden-Württemberg:
http://www.mwk-bw.de/Hochschulen/wiss_Nachwuchs/Landesgrad_foerd.html
Informationen der Universität Heidelberg über Graduiertenförderung:
http://www.zuv.uni-heidelberg.de/d6/beratung/lgfg.html

Bayern
Allgemeine Informationen des Bayerischen Staatsministeriums für Wissenschaft, Forschung und Kunst zur Landesgraduiertenförderung:
http://www.stmwfk.bayern.de/forschung/nachwuchs.html
Über die Vergabe entscheiden die Universitäten – aus ihren Seiten geht nicht ohne weiteres hervor, wo diese Gelder letztendlich wie verteilt werden.

Berlin
Allgemeine Informationen der Senatsverwaltung für Wissenschaft zur Landesgraduiertenförderung:
http://www.senwisskult.berlin.de/navigation/start_framesets/hochschulen_start.htm
Informationen der Freien Universität Berlin über die Berliner Graduiertenförderung:
http://www.fu-berlin.de/forschung/foerderung/nachwuchs/nafoeg.html

Brandenburg
Die Graduiertenförderungsverordnung des Landes Brandenburg:
http://www.mdje.brandenburg.de/Landesrecht/gesetzblatt/texte/K55/551-17.htm
Informationen der Universität Potsdam über Graduiertenförderung:
http://www.uni-potsdam.de/forschung/wiss_nachwuchs/gradfoer.html

Bremen
Informationsbroschüre der Uni Bremen zu DoktorandInnen-Stipendien:
http://www.forschungsfoerderung.uni-bremen.de/Kompendium/MA_Doktorandenstipendium.pdf

Hamburg
Informationen der Universität Hamburg über Graduiertenförderung:
http://www.verwaltung.uni-hamburg.de/vp-2/4/41/stip_foerd.html

Hessen
Hessisches Gesetz zur Förderung von Nachwuchswissenschaftlern:
http://www.hessenrecht.hessen.de/gvbl/gesetze/70_Wissenschaft_Forschung_Lehre/70-125-NachwuchswissenschaftlerG/NachwuchswissenschaftlerG.htm
Angebote der Gesamthochschule Kassel:
http://www.uni-kassel.de/wiss_tr/stipendien/gradfoeg.ghk

Mecklenburg-Vorpommern
Informationen zur Landesgraduiertenförderung des Ministeriums für Bildung, Wissenschaft und Kultur des Landes Mecklenburg-Vorpommerns:
http://www.kultus-mv.de/_sites/hochschule/graduierten.htm
Verordnung zur Durchführung des Landesgraduiertenförderungsgesetzes von der Universität Greifswald:
http://www.uni-greifswald.de/~forfoerd/forschungsfoerd.htm

Niedersachsen
Das Land Niedersachsen fördert DoktorandInnen in Graduate Schools, vergibt Stipendien nach dem Graduiertenförderungsgesetz und besondere Christoph-Lichtenberg-Stipendien:
http://www.mwk.niedersachsen.de/master/0,,C360003_N7003_L20_D0_I731,00.html
Informationen zu Stipendien nach dem Graduiertenförderungsgesetz des Landes Niedersachsen an der Universität Oldenburg:
http://www.uni-oldenburg.de/forschung/6245.html

Tabelle 5: (Teil A) Landesgraduiertenförderung

Nordrhein-Westfalen
Das Land Nordrhein-Westfalen vergibt Promotionsstipendien nur im Zusammenhang seiner Graduierten-kollegs:
http://www.mwf.nrw.de/Studieren_in_NRW/Graduiertenkollegs/index.html

Rheinland-Pfalz
Promotionsförderung nach dem Landesgraduiertenförderungsgesetz des Landes Rheinland-Pfalz an der Universität Trier:
http://www1.uni-trier.de/cgi/bin?http://www1.uni-trier.de/cgi/bin?_SID=af053e24bfe04bc1d919d0e53974d1cccda5c32d00027904417386&_bereich=stoeber-baum&_aktion=detail&idverzweigung=10394&_sortierung_artikel=info17_asc

Saarland
Informationen der Universität des Saarlandes zur Promotionsförderung nach dem Landesgraduiertenför-derungsgesetz:
http://www.uni-saarland.de/de/forschung/graduiertenfoerderung/

Sachsen
Förderrichtlinie des Sächsischen Staatsministeriums für Wissenschaft und Kunst zur Gewährung von Pro-motions-, Meisterschülerinnen- und Kontaktstipendien für Frauen:
http://www.smwk.de/elemente/dateien/FoerdRL_Stipendien_HWP.pdf

Sachsen-Anhalt
Informationen der Universität Magdeburg zur Forschungsförderung von Sachsen-Anhalt:
http://www.sachsen-anhalt.de/rcs/LSA/pub/Ch4/fld8afh8kg4yq/fldyc1nldagtx/pgqccfbbr84v/index.jsp

Schleswig-Holstein
Das Landesgesetz des Landes Schleswig-Holstein zur Förderung des wissenschaftlichen und des künstleri-schen Nachwuchses:
http://www.landesregierung-sh.de/landesrecht/221-0-2.htm
Informationen der Universität Kiel zur Förderung durch speziell auf sie ausgerichtete Geldgeber:
http://www.uni-kiel.de/stud/stip3.shtml

Thüringen
Im §28 des Thüringer Hochschulgesetzes steht der Passus zur Graduiertenförderung:
http://www.thueringen.de/de/tmwfk/hochschulen/hsg/u0/u_start.html#p28
Informationen der Universität Jena zur Graduiertenförderung nach dem Landeshochschulgesetz:
http://www.uni-jena.de/content_page_7193.html

Tabelle 5: (Teil B) Landesgraduiertenförderung

3.5 Frauenspezifische Förderprogramme

Es gibt in Deutschland eine Reihe von Förderprogrammen, die sich speziell an Frauen richten und die Qualifikation von Nachwuchswissenschaftlerin-nen unterstützen wollen (→Promotion und Geschlechterverhältnis). In Be-zug auf die Promotionsförderung sind sie in der Regel länderbezogen und können darüber hinaus auch einen fächer- oder themenspezifischen Schwerpunkt haben. Die Finanzgrundlage ist das Hochschul-Wissen-schaftsprogramm des Bundes und der Länder.

Baden-Württemberg bietet zum Beispiel das Irene-Rosenberg-Programm zur Promotionsförderung von Frauen in den Ingenieurwissenschaften. Ingenieurinnen, die in Unternehmen tätig sind und promovieren wollen, bekommen eine 50% BAT-IIa Stelle an einer Universität bezahlt, wenn das Unternehmen die anderen 50% übernimmt. http://www.mwk-bw.de/Hochschulen/Frauenfoerderung/ Rosenberg_Programm.html

Im Mathilde-Planck-Promotionsprogramm des Landes Baden-Württemberg wird die für eine FH-Professur nötige Promotion mit einer 50% BAT-IIa Stelle an einer Fachhochschule gefördert.
http://www.mwk-bw.de/Hochschulen/Frauenfoerderung/planck_Promotion.html

Baden-Württemberg – http://www.mwk-bw.de/Hochschulen/Frauenfoerderung/ Wiedereinstieg_Programm.html –, Rheinland-Pfalz – http://www.mwwfk.rlp.de/Wissenschaft/Frauenfrderung/Wiedereinstiegsstipendien.htm sowie Thüringen – http://www.uni-jena.de/data/unijena_/ einrichtungen/gleich/Merkblatt.pdf – vergeben Wiedereinstiegsstipendien an Frauen, die wegen Kindererziehung oder Berufstätigkeit eine Promotion unterbrochen haben oder eine fehlende Promotion nachholen wollen.

Niedersachsen unterstützt mit dem Dorothea-Erxleben-Programm Frauen, die sich für eine Professur qualifizieren wollen.
http://www.mwk.niedersachsen.de/master/0,,C362710_N6984_L20_D0_I731,00.html

Die Förderung richtet sich auch an promotionsberechtigte Frauen, die sich nach mindestens dreijähriger Berufspraxis mit einer Promotion für eine Fachhochschulprofessur qualifizieren wollen. Promovendinnen werden mit einer 2/3 BAT IIa-Stelle für 4 Jahre gefördert.

Die Christiane-Nüsslein-Volhard-Stiftung unterstützt herausragend qualifizierte junge Frauen mit Kindern auf dem Berufsweg zur Wissenschaftlerin. Insbesondere sollen Doktorandinnen gefördert werden, indem durch die Stiftung Zuschüsse für Kinderbetreuung und Haushaltshilfen zur Verfügung gestellt werden.
http://www.cews.org/informationpool/cipnews.php?aid=281&page=3

Angebote weiterer Länder sowie weitere Informationen bietet die Datenbank des vom Bundesministerium für Bildung und Forschung geförderten Kompetenzzentrums „Frauen in Wissenschaft und Forschung – Center of Excellence for Women in Science" (CEWS: LINK).

4 Suchstrategien

Wo aber erfahren die an der Promotion interessierten jungen WissenschaftlerInnen von all den möglichen Stellen und Stipendien? Der Überblick, der hier geboten wird, kann nur erste Hinweise für die weitere Recherche geben. Eine Anzahl von Adressen wird hierfür genannt. Viele Universitäten bieten auf ihren Seiten im Internet und auch in gedruckten Informationsbroschüren, zum Teil bereits sogar zugeschnitten auf die Interessenlagen einzelner Fachbereiche, Städte und Regionen die wichtigsten Informationen über mögliche Stipendien an. Eine der ersten Adressen für Informationen sollte daher immer die Universität sein, an der gerade das Studium beendet wurde bzw. an derjenigen, an der die Promotion angestrebt wird.

Zudem gibt es an Universitätsverwaltungen, mehr oder weniger ausgebaut und nach außen deutlich gekennzeichnet, verantwortliche Abteilungen und Personen, die NachwuchswissenschaftlerInnen mit Rat und Hilfe zur Seite stehen – es ist allerdings nicht auszuschließen, dass sie erst einmal von ihrer Zuständigkeit überzeugt werden müssen.

Freie Promotionsstellen wie auch Plätze in Graduiertenkollegs werden meistens im Stellenmarkt von „Die Zeit" annonciert. Verpflichtend ist dieses gerade für Stellen freilich nicht, und so finden sich interessante Ausschreibungen häufig lediglich in kleineren Publikationsorganen oder auch nur dem Stellenanzeiger der jeweiligen Universität. Hier kann es sinnvoll sein, auf Informationsdienste spezieller Anbieter wie etwa des Wissenschaftsladens Bonn zurückzugreifen, die für bestimmte Bereiche Stellenanzeigen auswerten und wöchentlich zusenden (LINK).

Grundsätzlich sollte jede und jeder Interessierte die einschlägigen Mailinglisten, Internetportale und auch Zeitschriften und Informationsdienste ihres bzw. seines Faches konsultieren, die Mailinglisten „H-Soz-Kult" und „H-Germanistik" beispielsweise bieten Fachinformationen und Ankündigungen, regelmäßig Ausschreibungen für Stellen, Werkverträge und Stipendien in den Geschichtswissenschaften bzw. in der Germanistik und angrenzenden Disziplinen.

5 Ausblick

So faszinierend die Aussicht ist, die kommenden Jahre in intensiver Beschäftigung mit einer wissenschaftlichen Fragestellung zuzubringen, so heikel wie beschwerlich ist es häufig, dieses Glück zu erreichen: Auch die Arbeit am schönsten und interessantesten Dissertationsthema muss finanziert werden, es muss ein Platz gefunden werden, an dem geforscht und geschrieben werden kann; und wenn es auch so scheint, als ob die Bewohner des Elfenbeinturms der Wissenschaften nur seltsamen Riten und bizarren Bräuchen folgen, so unterliegen auch diese gesetzlichen Bestimmungen, die es zumindest in Grundzügen zu kennen gilt.

In diesem Beitrag wurde ein allgemeiner Überblick über die verschiedenen Finanzierungsmöglichkeiten einer Promotion gegeben und einige der Vor- wie Nachteile benannt. Eine dieser Optionen – die Promotion mit einem Stipendium eines Begabtenförderungswerkes – wird in den beiden folgenden Beiträgen am Beispiel der Promotionsförderung der Hans-Böckler-Stiftung ausführlicher beschrieben. Ein weiterer Beitrag nennt Finanzierungsmöglichkeiten für den leider allzu üblichen Fall, wenn die Stelle oder das Stipendium ausgelaufen sind, aber die Promotion noch nicht beendet ist (→Abschlussfinanzierung). Abhängig von der schließlich gewählten Finanzierungsweise gelten bestimmte Arbeits- (Befristung) und steuerrechtliche Regelungen. Genauso hängt hiervon die soziale Absicherung ab: Bei StelleninhaberInnen sind die Kosten für Kranken-, Pflege-, Arbeitslosen- und Rentenversicherung Bestandteil des Bruttoeinkommens, bei StipendiatInnen vom Stipendium zu zahlende Beträge – Näheres zu diesen rechtlichen Fragen findet sich in den Kapiteln →Arbeitsrechtlicher Rahmen und Steuerrecht und →Promovieren und soziale Absicherung.

Wer eine Dissertation schreiben will, benötigt einen Arbeitsplatz, den sich all diejenigen organisieren müssen, die nicht das Glück haben, über ein mit Kaffeemaschine, dem neuesten Computer und allerlei technischem Equipment ausgestattetes Büro zu verfügen. Was hierbei zu beachten ist und welche zusätzlichen Kosten entstehen können, beschreibt der Beitrag →Arbeitsplatz Promotion.

LINKS

Aktuelle Befragung von 10.000 Promovierenden
THESIS (2004): Zur Situation Promovierender in Deutschland. Ergebnisse der bundesweiten THESIS-Doktorandenbefragung (duz Special); unter: http://www.duz.de/docs/downloads/duzspec_promov.pdf (08.03.05).
Analyse der Situation Promovierender in Deutschland
Wissenschaftsrat (2002): Empfehlungen zur Doktorandenausbildung; Saarbrücken Drs. 5459/02; unter: http://www.wissenschaftsrat.de/texte/5459-02.pdf (08.03.05).
Center of Excellence Woman and Science (CEWS): http://www.cews.org (09.03.2005).
Forschungslandschaft Deutschland
Bundesministerium für Bildung und Forschung: Forschungsportal: http://www.forschungsportal.net/ (09.03.05).
Fraunhofer-Gesellschaft: http://www.fraunhofer.de (09.03.05).
Helmholtz-Gemeinschaft Deutscher Forschungszentren: http://www.helmholtz.de (09.03.05).
Leibniz-Gemeinschaft: http://www.wgl.de (09.03.05).
Max-Planck-Gesellschaft: http://www.mpg.de (09.03.05).
Promovierenden-Initiative (PI): http://www.promovierenden-initiative.de/ (09.03.05).
Stellenanzeigeninformationsdienste
Wissenschaftsladen Bonn: http://www.wilabonn.de (09.03.05).

Überblick über Stiftungen
Bundesministerium für Bildung und Forschung (2003): Die Begabtenförderungswerke der Bundesrepublik Deutschland; unter: http://www.bmbf.de/pub/begabtenfoerderungswerke_aundz.pdf (09.03.05).
Deutscher Stifterverband: http://www.stifterverband.org/ (09.03.05).
Index Deutscher Stiftungen: http://www.stiftungsindex.de/ (09.03.05).

KOWI: Koordinierungsstelle EG der Wissenschaftsorganisationen:
http://www.kowi.de/youngscientists/graduierte/default.htm (04.04.05)
Maecenata Institut: http://www.maecenata.de/1400_informationscentrum/1435_stipen-
diendb.html (09.03.05).

Übersicht über die Landeshochschulgesetze
Moes, Johannes (2003): Promotionsreform in der Landesgesetzgebung. Synopse der Hochschulgesetze der Länder und ihrer Anpassung an die Novellen des Hochschulrahmengesetzes im Bereich Promotion; unter: http://www.promovieren.de.vu/Material/promotion-in-
lhgn-2003.pdf (08.03.05).

Übersicht über die Kollegs der DFG:
http://www.dfg.de/forschungsfoerderung/koordinierte_programme/ graduiertenkollegs/
liste/gk_gesamt.html (09.03.05).
Universität Kassel: Promotionsstipendien der Universität Kassel; unter: http://www.uni-kassel.de/
wiss_tr/stipendien/gradfoeg.ghk (09.03.05).
Vergütungstabellen nach dem BAT u.a. unter: http://www.gew.de/Geld_und_Job.html
(09.03.05).

Promovieren mit Stipendien: Die Promotionsförderung der Hans-Böckler-Stiftung

Werner Fiedler

Eine erhebliche Anzahl von Promotionsstipendien werden durch die elf Begabtenförderungswerke vergeben, die ihre Mittel zur Studien- und Promotionsförderung aus den Finanzen des Bundeshaushaltes beziehen. Die materiellen Förderbedingungen, Stipendien und Nebenleistungen sind daher im Großen und Ganzen ähnlich, Unterschiede sind in der ideellen Förderung zu finden. Darüber hinaus hat jedes Begabtenförderungswerk seine eigenen Aufnahme- und Förderkriterien.

Die Hans-Böckler-Stiftung vergibt Promotionsstipendien an begabte Nachwuchswissenschaftlerinnen und Nachwuchswissenschaftler. Nach den Richtlinien des Bundesministeriums für Bildung und Forschung kann gefördert werden, wer an einer deutschen Hochschule zur Promotion zugelassen ist. Die Studien- und Prüfungsleistungen müssen eine besondere Befähigung zu wissenschaftlicher Arbeit und das Promotionsvorhaben soll zudem einen bedeutsamen Beitrag zur Forschung erkennen lassen.

Die materiellen Leistungen der Promotionsförderung bestehen aus

- Stipendium
- Forschungskostenpauschale
- Mittel für Forschungsaufenthalte im Ausland.

Bei der Feststellung der Eignung bewertet die Hans-Böckler-Stiftung die wissenschaftliche Güte der Promotionsvorhaben sowie die wissenschaftliche Qualifikation und das gewerkschaftliche oder gesellschaftspolitische Engagement der Bewerberinnen und Bewerber.

Die Stipendien werden vergeben

- als individuelle Promotionsvorhaben
- im Rahmen von Graduiertenkollegs oder Doktorandenzentren
- im Kontext drittmittelfinanzierter Forschungsverbünde
- in eigenen von der HBS geförderten Promotionskollegs
- in institutioneller Kooperation mit ausgewiesenen Einrichtungen der Doktorandenförderung an den Hochschulen und außeruniversitären Forschungseinrichtungen.

Die Hans-Böckler-Stiftung ist mit ihrem Angebot insbesondere bemüht, die Defizite der deutschen DoktorandInnenausbildung durch geeignete Angebote zu kompensieren, die insbesondere Formen der wissenschaftlichen Kooperation und der Integration in die Scientific Community unterstützen.

Unter dem Motto „Fördern heißt Fordern" bietet die Hans-Böckler-Stiftung ihren PromotionsstipendiatInnen mehr als ein Stipendium. Im Rahmen der ideellen Förderung gibt es Angebote, die der zusätzlichen Qualifizierung dienen und den Prozess des Promovierens unterstützen sollen. Dazu zählen:

- Betreuung durch die FachreferentInnen sowie durch die Vertrauensdozentinnen und Vertrauensdozenten der Stiftung
- ein umfangreiches Seminarprogramm, das speziell auf die Bedürfnisse von Promovierenden ausgerichtet ist und den Prozess des Promovierens in vielfältiger Weise unterstützt, speziell im Hinblick auf eine Karriere als NachwuchswissenschaftlerIn
- Vermittlung von Schlüsselqualifikationen
- die Beteiligung an einem Praktikaprogramm zur Unterstützung der Berufsfindung und Berufseinmündung
- Durchführung von Tagungen und wissenschaftlichen Konferenzen
- bundesweite Treffen der Promovierenden zu thematischen Tagungen, die sowohl dem Austausch der Forschungsergebnisse dienen als auch die Vernetzung und Kooperation der Promovierenden untereinander sowie mit promovierten Altstipendiaten unterstützen
- die Möglichkeit kleine Arbeitsgemeinschaften zu initiieren, die methodisch, thematisch oder allgemein auf den Promotionsprozess bezogen eine Arbeitsplattform bilden und den Prozess des Promovierens in seinen unterschiedlichen Facetten stützen.
- Darüber hinaus unterstützt die Hans-Böckler-Stiftung die Promovierenden auch bei der Organisation und Durchführung von bzw. bei der Teilnahme an wissenschaftlichen Tagungen im In- und Ausland und zahlt einen Druckkostenzuschuss für besonders gute Promotionen.

Über die direkte Kooperation und Betreuung der geförderten Promovierenden hinaus sind die zuständigen Fachreferenten auch im Bereich der Hochschulreform und der Hochschuldidaktik aktiv und unterstützen im Rahmen kleinerer Pilotprojekte innovative Vorhaben im Kontext der Verbesserung der DoktorandInnenausbildung an den Hochschulen.

LINKS

Bundesministerium für Bildung und Forschung: Begabtenförderungswerke im Hochschulbereich. Bonn; unter: http://www.bmbf.de/de/294.php (24.02.05).

Hans-Böckler-Stiftung. Düsseldorf; unter: http://www.boeckler.de (24.02.05).

Hans-Böckler-Stiftung: Promotionsförderung. Düsseldorf; unter: http://www.boeckler.de/
cps/rde/xchg/SID-3D0AB75D-8047CDDA/hbs/hs.xsl/459.html (24.02.05).

Stipendium – alles super! Oder? Aspekte der Promotionsförderung durch die Hans-Böckler-Stiftung

Malte Krückels

Eine Promotion mit einem Promotionsstipendium hat Vor- und Nachteile. Promovierende bekommen zwar Geld, ohne Tätigkeiten verrichten zu müssen, die nichts mit der Promotion zu tun haben, gleichzeitig sind sie über ihr Stipendium aber auch nicht automatisch sozialversichert und oftmals nicht so gut an universitäre Zusammenhänge angebunden wie wissenschaftliche MitarbeiterInnen. Da aber die Qualifikationsstellen an den Hochschulen – besonders im Bereich der Kultur-, Geistes- und Sozialwissenschaften – knapp sind, eröffnet ein Stipendium von einem der Begabtenförderungswerke vielen NachwuchswissenschaftlerInnen überhaupt erst die finanzielle Möglichkeit zur Promotion.

Manches des Folgenden ist für die Hans-Böckler-Stiftung spezifisch – manches trifft auf alle Förderwerke zu. So ist die Förderhöhe bei allen Werken gleich (im Jahr 2005 betrug sie 920,- Euro/Monat), jedoch bei den maximal 100,- Euro Forschungskostenpauschale/Monat gibt es immer wieder Abweichungen – aus Einsparzwecken natürlich nach unten. Hier ein erstes Lob für die HBS: Sie hat die Pauschale bisher immer in voller Höhe ausgezahlt.

Rein in die Promotionsförderung (der Hans-Böckler-Stiftung)?

Als Erstes muss man natürlich in den Genuss eines solchen Stipendiums gelangen. Deshalb hier nun ein paar Hinweise, von denen einige banal sein mögen, einige hoffentlich auch hilfreich.

Die Bewerbungsunterlagen sind bei der Hans-Böckler-Stiftung anzufordern und natürlich vollständig auszufüllen – wem bei gewerkschaftlichen/gesellschaftspolitischem Engagement nichts einfällt, sollte sich noch mal gut überlegen, ob er hier an der richtigen (Förderwerk-)Adresse ist. Leute, die sich gewerkschaftlich oder gewerkschaftsnah engagiert haben, sollten dort ruhig um ein Empfehlungsschreiben nachfragen, um das darzulegen. Grundsätzlich können Gewerkschaftsmitglieder ihre Bewerbung über die Gewerkschaften einreichen, das hat den Vorteil, dass so bereits ein Gutachten beigefügt werden kann; allerdings sollte man, um ganz sicher zu sein, dass der eigene Antrag in einem solchen Fall nicht irgendwo zwischen Bezirks- oder Landesverband und der zuständigen Stelle auf Bundesebene versackt, parallel eine Kopie der Bewerbungsunterlagen direkt an die Hans-Böckler-Stiftung nach Düsseldorf schicken.

Wie der Name schon sagt, fördern die Begabtenförderwerke Begabte: Klarerweise sollte das wissenschaftliche Projekt denn auch qualitativ gut sein – und dies muss auf jeden Fall auch aus dem beigelegten Gutachten der Promotionsbetreuerin bzw. des Promotionsbetreuers ersichtlich werden. Falls es inhaltliche Differenzen gibt, ist das Gutachten nicht der Platz, um sie auszutragen. Darüber hinaus ist bei der Hans-Böckler-Stiftung laut Satzung das Engagement im gewerkschaftlichen und/oder gesellschaftspolitischen Bereich eine zusätzliche unabdingbare Fördervoraussetzung. Ebenfalls zu erfüllen sind die formalen Kriterien: Promotionszulassung (klaro), aber auch ein „zügig absolviertes Studium" und das Lebensalter zum Zeitpunkt der Bewerbung. Viele Förderwerke sind hier rigoroser als die Hans-Böckler-Stiftung, dennoch: Wenn man beispielsweise um die 20 Semester studiert hat, können sich durchaus eine paar erläuternde Sätze im Anschreiben lohnen (Kindererziehung, Krankheit, studentisches Engagement o.Ä.). Gleiches gilt, wenn man schon nicht mehr so ganz jung ist – besonders ab 40 Jahre wird's kritisch: Zwar weisen die StipendiatInnen (und andere vernünftige Kräfte) schon seit geraumer Zeit darauf hin, dass die Richtlinien des Ministeriums zwar von zu fördernden „NachwuchwissenschaftlerInnen" sprechen, das aber nicht heißt, dass man das ab einem bestimmten Alter nicht mehr sein könne. Zumal es sich auch im Sinne der EU-Antidiskriminierungsrichtlinie um eine Altersdiskriminierung handeln dürfte. Jedenfalls neigen (momentan noch) die Stiftungen dazu, Leute über 40 (teilweise sogar über 35) von vornherein abzulehnen. Die Hans-Böckler-Stiftung, zu deren Zielsetzungen es ja unter anderem gehört, Menschen zu fördern, die aus schwächeren sozialen Verhältnissen stammen oder über den zweiten Bildungsweg an eine Hochschule gelangt sind, vergibt für über 40-Jährige Sonderstipendien aus Eigenmitteln (also nicht aus den Mitteln des Bundes). Wenn man auf eine entsprechende Biografie zurückblicken kann, sollte man versuchen eines dieser Sonderstipendien zu ergattern. Allerdings gibt es davon nur vier Stück im Jahr. Die anderen Förderwerke haben so etwas gar nicht.

Durchaus üblich und auch ratsam ist es, sich bei mehreren Förderwerken zu bewerben. Solche Parallelbewerbungen werden auch im Bewerbungsbogen abgefragt. Auch hier sollte alles ordnungsgemäß angegeben werden – zumal es nicht negativ auffällt, wenn man sich noch bei der Friedrich-Ebert-Stiftung oder bei Villigst beworben hat. Selbst die Konrad-Adenauer-Stiftung ist in diesem Fall nicht als Manko zu sehen, obgleich so was auf eine gewisse politische Beliebigkeit schließen lässt – um es mal vorsichtig zu sagen.

Auswahlrunde

Nach der Bewerbung ist die erste Auswahlrunde zu überstehen. Danach holt die Hans-Böckler-Stiftung für die zweite und entscheidende Phase zwei weitere Gutachten ein: von einem/einer fachlich qualifizierten HochschullehrerIn (dem/der so genannten Vertrauensdozenten/in) und von stipendiatischer Seite (sowie bei Gewerkschaftsmitgliedern zusätzlich eine Stellungnahme der zuständigen Einzelgewerkschaft).

Es hat sich gezeigt, dass es oftmals sehr sinnvoll ist, mit dem/der von der Stiftung benannten VertrauensdozentIn Kontakt aufzunehmen und ihr/ihm ein persönliches Treffen anzubieten. Manchmal ist das eingereichte Exposé nicht ganz so selbsterklärend wie angenommen, so dass ein paar zusätzliche Erläuterungen die entscheidenden inhaltlichen und/oder methodischen Klarstellungen bringen.

Das stipendiatische Gutachten wird von ein oder zwei Mitgliedern der StipendiatInnengruppe der Hans-Böckler-Stiftung am jeweiligen Hochschulort nach einem persönlichen Treffen erstellt. Gegenstand ist hier vor allem Art und Umfang des Engagements. Hier lohnt es sich, ruhig alles vorzubringen, was einem (am besten bereits vorher) eingefallen ist – Gewerkschaft, AStA, SV, Schülerzeitung, Antifa, Seminarleitungen, Jugendarbeit etc.

Insgesamt sollte man vor und während der Bewerbung bei Fragen oder Unklarheiten einfach beim Förderwerk nachfragen. Auch ein Kontakt zu einem/einer örtlichen StipendiatIn kann nur vorteilhaft sein – nicht um sich anzubiedern, sondern weil's sich in vertrauteren Umgebungen einfach besser agieren lässt als auf unbekanntem Terrain. Wenn man beispielsweise erfährt, dass der momentane Bewerberansturm sehr groß ist, kann man überlegen, die eigene Bewerbung auf die nächste Auswahlrunde zu verschieben.

Kollegbewerbungen – aufgepasst!

Die Hans-Böckler-Stiftung vergibt nicht nur Einzelstipendien, sondern auch eine größere Anzahl (bis zu 50%) von Promotionsstipendien an Promotionskollegs und andere Einrichtungen (so genannte institutionelle Kooperationen). Neben den Ausschreibungsbedingungen des Kollegs sind hier natürlich auch die Voraussetzungen der HBS maßgeblich. Die Förderung im Rahmen eines Kollegs kann unter guten Bedingungen Vorteile (Kolloquien, methodische Workshops u.ä.) mit sich bringen. Dazu muss man sich das Angebot des Kollegs anschauen, aber auch die obligatorischen Kurse, damit man nicht nachher mit dem Grad der Verschulung unglücklich ist. Da die Kollegs recht unterschiedliche Verfahren bei der Auswahl anwenden, kann man (meistens) im Falle einer Ablehnung durch ein Kolleg immer noch versuchen, im Rahmen einer Einzelbewerbung ein Stipendium zu erhalten.

In der Promotionsförderung

Die zwei bis drei Jahre Förderung tendieren dazu schnell vorüberzugehen, d.h. es empfiehlt sich, bereits am Anfang der Förderzeit zu überlegen, welche der Zusatzangebote man zu welchem Zeitpunkt wahrnehmen möchte. Insbesondere bei der Hans-Böckler-Stiftung ist das begleitende Programm ziemlich umfangreich. Finanziell gefördert (und zum Teil von der Stiftung selbst angeboten) werden u. a.: Seminare, Auslandsaufenthalte (für Sprachkurse – hab ich selbst leider verpasst – oder Kongressteilnahmen), Mikro-AGs (selbstverantwortete Kleinarbeitsgruppen mit StipendiatInnen, die thematisch/methodisch ähnliches machen – sehr empfehlenswert, um kontinuierliches Feedback zu seiner Forschungsarbeit zu bekommen) oder ein Praktikum (wenn man will – ich persönlich finde, so was verdirbt die Preise: Ohne Geld sollte man sich engagieren, aber doch nicht arbeiten).

In der Hans-Böckler-Stiftung gibt es ein Vertretungsorgan der Promovierenden wie in den meisten anderen Begabtenförderwerken auch. Die Wahl der StipendiatensprecherInnen ins LK (was für Leitungskollektiv steht und deutlich realsozialistischer klingt als es tatsächlich ist) und der weiteren GremienvertreterInnen findet dort statt, wo man auch die ganzen anderen netten MitstipendiatInnen treffen kann: auf der Promovierenden-tagung bzw. -konferenz (jeweils einmal im Jahr). Beides sind Voll-versammlungen der PromotionsstipendiatInnen, auf denen Resolutionen verabschiedet oder politische Projekte angestoßen werden, die aber auch den wissenschaftlichen Austausch in kollegialem Klima ermöglichen.

Also: Tolle Promotionsförderung?

Aus gewerkschaftlicher Sicht ist der Trend zum Abbau von sozialrechtlich abgesicherten Qualifikationsstellen an Hochschulen und anderen wissen-schaftlichen Einrichtungen ein Schritt in die falsche Richtung. Gleichzeitig weist die Praxis der Promotionsförderung aber auch emanzipatorisches Potential auf: Da man quasi seine eigenen Mittel akquiriert, ist man weni-ger stark auf die feudalen Arbeits- und Machtstrukturen, die an der Hoch-schule strukturell herrschen, zurückgeworfen. Und auch das Zusammen-wirken der einzelnen Stipendiatin bzw. des einzelnen Stipendiaten mit dem Förderwerk (also in unserem Beispiel der Hans-Böckler-Stiftung) ist in der Regel gut, weil es sich konzeptionell so verhält, dass beide Seiten das gleiche Primärziel haben: den erfolgreichen Abschluss der Promotion. Wie sich dies am besten bewerkstelligen lässt, ist allerdings immer wieder Gegenstand von Diskussionen und Verhandlungen zwischen Stiftungsver-treterInnen und StipendiatInnen.

LINKS

Hans-Böckler-Stiftung: http://www.boeckler.de (18.03.05).
Promovierenden-Initiative (PI): http://www.promovierenden-initiative.de (18.03.05).
Arbeitsgemeinschaft der Begabtenförderungswerke der Bundesrepublik Deutschland:
http://www.begabte.de (18.03.05).

Abschlussfinanzierung[1]

Claudia Koepernik

Das Ende des Stipendiums ist nahe oder die Stelle läuft bald aus, und die Promotion ist noch nicht fertig? Dann stellt sich die Frage, wie die Abschlussphase finanziert werden kann. Mit dem Arbeitslosengeld bzw. bei Nichtanspruch auf dieses (→Promovieren und soziale Absicherung), dem Arbeitslosengeld II lassen sich nur kurze Phasen überbrücken. Ein Anspruch darauf besteht nur, wenn jemand beschäftigungssuchend ist und für ein zumutbares Arbeitsverhältnis zur Verfügung steht. Auch als eingeschriebene/r PromotionsstudentIn muss man dem Arbeitsmarkt zur Verfügung stehen, um Arbeitslosengeld erhalten zu können.

Auch die Selbständigkeit bringt nicht unbedingt eine nachhaltige staatliche Finanzierungsoption mit sich, könnte aber als Möglichkeit ins Auge gefasst werden, wenn diese nach der Promotion angestrebt wird. Die Bundesagentur für Arbeit gewährt zwar die Möglichkeit, Existenzgründern finanzielle Förderungen zukommen zu lassen, diese sind aber mit gewissen Unwägbarkeiten verbunden. So können EmpfängerInnen von Arbeitslosengeld I einen Antrag auf Existenzgründungszuschüsse („Ich-AG") für die nächsten drei Jahre stellen. Dies ist nach jetziger Rechtslage aber nur noch möglich, wenn die selbständige Tätigkeit bereits im Jahre 2005 aufgenommen wurde (vgl. § 421l SGB III). Das alternativ dazu vorgesehene Überbrückungsgeld (LINK) wird für ein halbes Jahr gewährt und verlangt die Vorlage eines konkreten Businessplans. Die EmpfängerInnen von Arbeitslosengeld II können ein so genanntes Einstiegsgeld beantragen, dessen Gewährung liegt aber allein im Ermessen der Bundesagentur (BMWA: LINK).

Es gibt natürlich Möglichkeiten, sich mit Erspartem und Minijobs oder befristeten Stellen über Wasser zu halten, aber gerade Letzteres zur Sicherung des Lebensunterhalts könnte wieder zu Verzögerungen beim Abschluss der Dissertation führen. Auch auf Eltern und Verwandte kann sicher im Notfall zurückgegriffen werden, aber eher nur für kurze Zeiträume. Außerdem können Darlehen aufgenommen werden, z.B. bei Bildungsfonds (LINK) in Höhe von monatlich 500,-€, oder die private Lebensversi-

---

[1] Die hier gemachten Angaben sind Sammlungen von Antworten verschiedener Mailinglisten zum Thema Abschlussfinanzierung u.a. durch Katharina Gajdukowa (Kontakt: katharina.gajdukowa@staff.uni-marburg.de).

cherung wird beliehen. Eine Lebensversicherung, die einen Sparanteil enthält, kann bis zur Höhe des Rückkaufwertes beliehen werden und ist eine meist günstigere Möglichkeit als ein Bankkredit – vor allem, wenn eine nicht ganz so große Summe benötigt wird (Tarif Check 24: LINK).

Bei diesen Möglichkeiten stehen die Fragen im Vordergrund: Ist die Dissertation eine sinnvolle Investition in die eigene berufliche Zukunft? Ist ihre Beendigung es wert, Schulden (bei der Bank und FreundInnen, Eltern und Verwandten) anzuhäufen? Oft genug führt die Beschäftigung mit der Finanzierungsfrage zu einem Ausweichverhalten: Ich kann ja nicht fertig promovieren, ich muss mich erst um die Finanzierung kümmern...

Andererseits gibt es durchaus (begrenzte) Möglichkeiten, eine Abschlussfinanzierung in Form von Stipendien zu erhalten und diese Suche mit einem vertretbaren Zeitaufwand zu verfolgen. Im Folgenden sollen einige der Möglichkeiten benannt werden, über Aufnahme- und Förderkriterien kann dabei jedoch nur in Ansätzen Auskunft gegeben werden. Die Förderdauer der einzelnen Angebote variiert und liegt bei zwei Monaten bis zu einem Jahr. Genaue Informationen gibt es bei den Anbietern (siehe Linkliste).

- Bei den elf Begabtenförderungswerken ist es eher unüblich, eine Abschlussfinanzierung zu gewähren, doch stehen diesen Stiftungen neben den öffentlichen Geldern des BMBF auch Eigenmittel zur Verfügung, die der Forschungsförderung dienen und somit auch für eine Abschlussfinanzierung zur Verfügung gestellt werden könnten. Beispielsweise haben die AltstipendiatInnen der Friedrich-Naumann-Stiftung für ihre StipendiatInnen einen Notfallfonds für die Abschlussfinanzierung eingerichtet.
- Gelegentlich finden sich explizit ausgeschriebene Abschlussfinanzierungen für die Dissertation, so z.B. in Berlin im Rahmen der Berliner Graduiertenförderung (NaFöG: LINK). Die Voraussetzung ist dafür, dass die Promotion an einer der Berliner Hochschulen angefertigt wird.
- Landesgraduiertenförderung: Bei den Programmen zur Landesgraduiertenförderung lohnt es sich bezüglich einer Abschlussfinanzierung nachzufragen – nicht nur in Berlin, sondern auch in Hessen wurde diese gewährt, bevor die Vergabe der Stipendien in die Hände der Universitäten gelegt wurde.
- Spezielle Förderprogramme für Frauen in den Universitäten und Wiedereinstiegsstipendien der Länder: Beispielsweise gewährt

das Berliner Programm zur Förderung der Chancengleichheit (LINK) für Frauen in Forschung und Lehre Abschlussfinanzierungen, wenn die Dissertation Frauen- und Geschlechterstudien behandelt oder im Bereich der Natur- und Technikwissenschaften liegt. Außerdem muss der Hauptwohnsitz in Berlin sein, wodurch das Ablegen der Promotion außerhalb Berlins möglich ist.

- Fazit-Stiftung (Stiftung der Frankfurter Allgemeinen Zeitung (LINK): Diese gewährt eine Abschlussfinanzierung der Dissertation bei Nachweis finanzieller Notlagen.

- ZEIT-Stiftung (LINK): Sie fördert begabten international und interdisziplinär tätigen wissenschaftlichen Nachwuchs in den Bereichen Rechts- und Geschichtswissenschaften sowie den benachbarten Geistes- und Kulturwissenschaften, vor allem Kunstgeschichte.

- Stiftungen der privaten Wirtschaft: Sie sind weniger als die Begabtenförderungswerke an bestimmte Förderkriterien gebunden, z.b. fördert die Friedrich-Flick-Förderungsstiftung (LINK) Themen aus den Ingenieur- und Wirtschaftswissenschaften.

Der Stiftungsindex (LINK) bietet eine Übersicht über themenspezifische Stipendien, vielleicht lässt sich das Thema der Dissertation in einem der Bereiche verorten und es ergibt sich so eine Möglichkeit für ein Stipendium für die Abschlussphase.

LINKS

Berliner Graduiertenförderung (NaFöG): http://www.fu-berlin.de/forschung/foerderung/nachwuchs/nafoeg.html (04.03.05).
Berliner Programm zur Förderung der Chancengleichheit für Frauen in Forschung und Lehre: http://www2.hu-berlin.de/ffz/ (04.03.05).
Bildungsfonds: http://www.bildungsfonds.de/ (04.03.05).
BMWA: Ich-AG und andere Kleingründungen. Bonn 2005; unter: http://www.existenzgruender.de/ imperia/md/content/pdf/bmwa_ich_ag.pdf (12.08.05).
Fazit-Stiftung: http://www.fu-berlin.de/forschung/foerderung/nachwuchs/fazit.html (04.03.05).
Friedrich-Flick-Förderungsstiftung: http://www.flick-foerderungsstiftung.de/ (04.03.05).
Index Deutscher Stiftungen: http://www.stiftungsindex.de/ (09.03.05).
Stipendien im Überblick: http://www.tu-harburg.de/studium/studienberatung/Stipendien/Stipendien3.html (04.03.05).
Tarif Check 24. Der Versicherungsvergleicher: http://www.pc-gebrauchtteile-welt.de/Seite_02_Versicherungen/Lebensversicherung_13_Kontent.htm (10.03.05).
Überbrückungsgeld: http://www.ueberbrueckungsgeld.de/ (04.08.05).
ZEIT-Stiftung: http://www.zeit-stiftung.de (04.03.05).

Arbeitsrechtlicher Rahmen und Steuerrecht

Cord Würmann

Wer sich zu einer Promotion entschließt wird im Verlauf seiner Bemühungen um die Finanzierung (→Finanzierung der Promotion) schnell feststellen, dass es dafür keinen einheitlichen oder gar optimalen Weg gibt. Generell teilt sich die Gruppe der Promovierenden, wenn sie sich nicht durch private Zuwendungen finanziert, in diejenigen in festen Arbeitsverhältnissen z.b. auf so genannten Promotionsstellen[1] und in diejenigen mit Promotionsstipendien. Aufgrund des unterschiedlichen Charakters dieser beiden Finanzierungsarten sind dabei auch ganz unterschiedliche gesetzliche Rahmenbedingungen zu beachten – sowohl in Bezug auf das Verhältnis zum Arbeitgeber oder Stipendiumsgeber, als auch hinsichtlich der steuerlichen Behandlung der jeweiligen Einkommen bzw. Zuwendungen. Der vorliegende Beitrag soll einen kurzen Einblick in die promotionsbedingten Besonderheiten in diesen Fragen geben. Zusätzlich werden noch kurz die Möglichkeiten für weitere Einnahmemöglichkeiten neben einem Stipendium oder Arbeitsverhältnis beleuchtet.

1 Arbeitsrecht oder Arbeitsverhältnis

Der in Deutschland wohl häufigste Weg, eine Promotion zu finanzieren, ist ein Beschäftigungsverhältnis als wissenschaftliche/r MitarbeiterIn. § 53 Hochschulrahmengesetz (HRG) versteht darunter alle, die an staatlichen bzw. staatlich anerkannten Hochschulen und anderen öffentlich finanzierten Forschungseinrichtungen für wissenschaftliche Tätigkeiten angestellt sind. Egal, ob diese im Einzelnen als Qualifikations-, Projekt- oder Drittmittelstellen bezeichnet werden, fallen sie unter dieselben hochschulrechtlichen Regelungen. Darüber hinaus handelt es sich dabei immer um reguläre Arbeitsverhältnisse, auf die die allgemeinen arbeitsrechtlichen Regelungen Anwendung finden.

Neben dem Arbeitsrecht und zu dessen Ergänzung und Konkretisierung finden in der Regel die Bestimmungen des bundesweiten Ange-

---

[1] Der Schwerpunkt der Ausführungen liegt hier bei den wissenschaftlichen Beschäftigten an staatlichen Hochschulen. Abgesehen von den besonderen Regeln des Hochschulrahmengesetzes gelten die Ausführungen jedoch auch für Promovierende, die sich durch ein anderes Voll- oder Teilzeitarbeitsverhältnis finanzieren.

stelltentarifs für die Beschäftigten des öffentlichen Dienstes (BAT = Bundesangestelltentarif) Anwendung, da die Hochschulen in der Regel Landeseinrichtungen sind. Neuerdings versuchen einige Universitäten – z.b. die Universitäten in Berlin –, sich durch den Austritt aus den Arbeitgeberverbänden der zwingenden Anwendung des einheitlichen Tarifrechts zu entziehen. Denn wenn eine Hochschule nicht Mitglied eines Arbeitgeberverbandes ist, gilt nicht der BAT. Die Gewerkschaften versuchen in diesen Fällen mit den Hochschulen eigene Tarifverträge (so genannte Haustarifverträge) auszuhandeln, die den BAT wieder zur Anwendung bringen. In den seltensten Fällen wird gar kein Tarifvertrag existieren. Aber auch dann müssen die Regelungen des BAT oder anderer Tarifverträge beachtet werden, wenn im jeweiligen Arbeitsvertrag darauf verwiesen wird.

Vom Wissenschaftsrat wurde 2004 empfohlen, einen eigenen Wissenschaftstarifvertrag einzuführen, mit dem der besonderen Situation des wissenschaftlichen Personals (in der Regel befristete Arbeitsverhältnisse, Möglichkeit eigenverantwortlicher wissenschaftlicher Tätigkeit etc.) Rechnung getragen werden soll. Die Gewerkschaften streben wissenschaftsspezifische tarifliche Regelungen im Rahmen des neuen Tarifvertrages öffentlicher Dienst an, der Anfang 2005 mit Bund und Kommunen abgeschlossen wurde. Da die Länder in ihrem Arbeitgeberverband TdL (Tarifgemeinschaft der Länder) aber bisher nicht bereit sind, über die Übernahme dieses neuen Tarifwerks zu verhandeln, sind wissenschaftsspezifische Regelungen nicht in Sicht. Bis auf weiteres werden wissenschaftliche MitarbeiterInnen deshalb weiterhin denselben tariflichen Bestimmungen unterworfen wie das nichtwissenschaftliche Personal der Hochschulen.

2 Befristungsregeln des Hochschulrahmengesetzes

Die meisten Arbeitsverhältnisse von WissenschaftlerInnen werden lediglich befristet abgeschlossen. Unbefristete Funktionsstellen wurden in den letzten Jahren immer mehr abgebaut. Bereits das alte Hochschulrahmengesetz statuierte eine Reihe von Befristungsmöglichkeiten, die dem allgemeinen Arbeitsrecht ansonsten fremd sind. Dies führte zu dem Phänomen, dass nur ein geringer Teil des wissenschaftlichen Personals auf unbefristeten Stellen beschäftigt ist. Zwar sollen nach dem Willen der damaligen Regierung die seit dem 31.12.2004 geltenden §§ 57a bis 57f HRG diesem Befristungswahn unterhalb der Professorenebene Einhalt gebieten, indem die Höchstdauer der Befristung an staatlichen Hochschulen und öffentlich finanzierten Forschungseinrichtungen auf höchstens sechs Jahre bis zur Promotion und weitere sechs Jahre für Promovierte beschränkt wird. Darüber hinaus sollen grundsätzlich nur noch unbefristete Arbeitsverhältnisse mit wissenschaftlichen MitarbeiterInnen begründet werden. Dass die Befristung der MitarbeiterInnenstellen nicht zwingend ist, stellt § 57a Absatz 2 des HRG explizit klar. Die Erwartung, die HRG-Novelle könne dazu beitragen, dass mehr unbefristete Beschäftigungsverhältnisse in der Wissenschaft unterhalb der ordentlichen Professur abgeschlossen werden, hat sich aber bisher nicht erfüllt. Die Hochschulen nutzen diese Möglichkeit leider viel zu wenig.

Im Gegensatz zu der sehr komplizierten Befristungsregelung des alten HRG, hat die Neuregelung für Promovierende den Vorteil, dass der Gesetzgeber mit den sechs Jahren einen im Regelfall angemessenen Zeitraum für die Anfertigung einer Promotion festgeschrieben hat. Auch hat der Gesetzgeber die indirekte Altersbegrenzung für die Anstellung als wissenschaftliche/r MitarbeiterIn dadurch beseitigt, dass jetzt auch länger als vier Jahre nach Abschluss des Studiums unproblematisch eine befristete Stelle an einer Hochschule angenommen werden darf.

Der Pferdefuß offenbart sich aber auch hier – wie so häufig – erst bei genauer Analyse des Gesetzestextes. Die relativ lange Sechsjahresfrist gibt nur den äußersten Rahmen des Möglichen wieder. Vor dem Hintergrund leerer Kassen werden wohl auch weiterhin wesentlich kürzer befristete Stellen für Promovierende ausgeschrieben. Die damit verbundene Unsicherheit für die Promovierenden wird also bleiben.

Auf die Höchstbefristung wird jedes Beschäftigungsverhältnis als wissenschaftliche/r MitarbeiterIn oder Hilfskraft[2] ohne Unterschied angerechnet, das in Deutschland an irgendeiner staatlichen Hochschule oder anderen öffentlich finanzierten Forschungseinrichtung nach Abschluss eines Studiums und vor der Promotion eingegangen wurde. Dies bedeutet, dass die Laufzeit von Teilzeitverträgen voll auf die Höchstbefristungsdauer angerechnet wird, wenn sie mehr als ein Viertel der Regelarbeitszeit umfassen (§ 57b Abs. 2 HRG). Ebenfalls nicht berücksichtigt wird, dass auf vielen Projekt- und Drittmittelstellen laut Vertrag gar keine Gelegenheit zu

---

[2] Wissenschaftliche Hilfskräfte (nicht zu verwechseln mit den studentischen) sind laut Gesetzesbegründung die MitarbeiterInnen, deren Arbeitszeit weniger als die Hälfte der regelmäßigen Arbeitszeit beträgt (Bundestagsdrucksache 818/04 vom 28.10.2004, S. 33). Im Einzelnen regeln dies die jeweiligen Landeshochschulgesetze.

eigener Forschung und damit zum Verfassen einer Doktorarbeit gegeben wird. Bei Vollzeitbeschäftigungsverhältnissen bleibt in diesen Fällen dafür nebenher kaum noch Zeit. Ähnlich gelagert ist das Problem bei den in den Geistes- und Sozialwissenschaften so beliebten Qualifizierungsstellen auf Teilzeitbasis, in der Regel mit der Hälfte der Regelarbeitszeit. Die Arbeitsbelastung kann bei dieser Konstellation mit Tätigkeiten für die/den LehrstuhlinhaberIn, die Lehre oder gar mit Verwaltungstätigkeiten so hoch sein, dass für die eigene Promotion keine Zeit mehr bleibt.

Der Gesetzgeber begründet dieses undifferenzierte Vorgehen damit, dass der tatsächliche Zeitbedarf für das Absolvieren der wissenschaftlichen Qualifizierung bei der Befristung grundsätzlich unbeachtlich sei. Die Möglichkeit der Hochschulen, wissenschaftliche MitarbeiterInnen ohne Promotion befristet einzustellen, besteht also unabhängig davon, ob der Doktortitel tatsächlich erworben bzw. überhaupt angestrebt wird. Diese Ansicht, dass keinerlei sachliche Rechtfertigung für die Befristung mehr notwendig sei, spiegelt sich zwar im Gesetzestext wider, widerspricht aber den sonstigen Begründungen zur Befristungslänge von sechs Jahren, die sich explizit an dem Zeitraum zur Anfertigung einer Doktorarbeit orientiert.

Die Anrechnungswut des Gesetzes findet ihre Grenze bei der Tätigkeit als studentische Hilfskraft (§ 57e HRG). In der Begründung dieser Regelung wird klar gestellt, dass der zu Grunde liegende Studierendenstatus immer vorgeht. Das heißt, auch die im Rahmen ihres Masterstudienganges befristet beschäftigte Hilfskraft muss sich diese Zeit nicht auf die sechsjährige Höchstfrist anrechnen lassen, selbst wenn ein zuvor erworbener Bachelor als vollwertiger Hochschulabschluss anerkannt wird.

Zudem bestimmt das HRG jetzt auch explizit, dass sich das befristete Arbeitsverhältnis verlängert, wenn es aus bestimmten Gründen ausgesetzt wird. So verlängert es sich um die Zeiten der Beurlaubung für eine Weiterbildung, des Wehr- und Ersatzdienstes, der Personalvertretung etc. (§ 57b Abs. 4 Nr. 2,4,5 HRG).

Auch der Mutterschutz und die Elternzeit fallen unter die Verlängerungstatbestände (vgl. § 57b Absatz 4 Nr. 3 HRG). Es wird im Interesse von Eltern sogar von der oben beschriebenen pauschalen Anrechnung jeglicher Beschäftigungszeiten, die über einem Viertel der regelmäßigen Arbeitszeit liegen, abgesehen, wenn die vertraglich ursprünglich vereinbarte Arbeitszeit um mindestens ein Fünftel der regelmäßigen Arbeitszeit für die Betreuung minderjähriger Kinder reduziert wird (§ 57b Absatz 4 Nr. 1 HRG)[3]. Unter der regelmäßigen Arbeitszeit versteht das Gesetz dabei die Wochenarbeitszeit bei Vollzeitbeschäftigung, wie sie durch die geltenden Tarifbedingungen zugrunde gelegt werden. Nach dem Bundesangestelltentarif beträgt diese 38,5 (West) bzw. 40 (Ost) Stunden.

Die Verlängerung des befristeten Arbeitsverhältnisses bemisst sich nach dem Umfang der tatsächlichen Arbeitszeitreduzierung. Dies bedeutet konkret: Lässt sich ein Elternteil zum Zwecke der Kinderbetreuung während eines bestehenden befristeten Arbeitsverhältnisses (egal ob Voll- oder Teilzeit) für ein Jahr komplett beurlauben, verlängert sich der ursprüngliche Arbeitsvertrag zu den vereinbarten Bedingungen um dieses eine Jahr. Wird ein befristetes Vollzeitbeschäftigungsverhältnis für ein Jahr auf die Hälfte reduziert, verlängert sich der Arbeitsvertrag anteilig um ein weiteres halbes Jahr mit der ursprünglich vereinbarten vollen Stundenzahl.

Bei den an deutschen Hochschulen so beliebten Teilzeitarbeitsverhältnissen gilt Entsprechendes. Wird eine befristete Dreiviertelstelle für ein Jahr um ein weiteres Viertel der regelmäßigen Arbeitszeit reduziert, verlängert sich der Vertrag demnach um vier Monate unter den ursprünglich vereinbarten Bedingungen, also mit einer Stundenzahl, die Dreiviertel einer Vollzeitbeschäftigung entspricht.

Nicht berücksichtigt werden durch diese an sich elternfreundliche Regelung jedoch die MitarbeiterInnen, die zugunsten der Kinderbetreuung von vornherein eine Teilzeitbeschäftigung annehmen. Soweit das Arbeitsverhältnis mehr als ein Viertel der regelmäßigen Arbeitszeit umfasst, wird es nach Maßgabe des § 57b Absatz 2 Satz 1 HRG voll auf die Höchstbefristungsdauer angerechnet. Insoweit weist die Neuregelung ein Gerechtigkeitsdefizit auf.

Wer seine Promotion in weniger als sechs Jahren auf einer Stelle als wissenschaftliche/r MitarbeiterIn abschließt, wird vom Gesetzgeber insoweit belohnt, als sich die sechsjährige Höchstbefristungsdauer[4] in der Postdoc-Phase um die „nicht genutzte" Dauer erhöht (§ 57a Abs.1 Satz 2 HRG). Bei der Feststellung dieser Verlängerungszeit wird jedoch auch die Promotionszeit angerechnet, die außerhalb eines Beschäftigungsverhältnisses als wissenschaftliche/r MitarbeiterIn, sondern anderweitig finanziert (z.B. Stipendium), absolviert wurde. Wie diese Promotionszeit festgestellt werden soll, darüber schweigt sich das HRG aus. Der Gesetzgeber überlässt die Regelung den Bundesländern bzw. den einzelnen Hochschulen. Da als einzige sichere Kriterien für den Beginn der Promotion die Immatrikulation als PromotionsstudentIn bzw. die Zulassung zum Promotionsverfahren existieren, kann Promovierenden nur geraten werden, diese formalen Schritte möglichst lange hinauszuzögern, wenn es die Promotionsordnung erlaubt. Hinsichtlich des Abschlusses sollte darauf geachtet werden, dass zumindest die Prüfung (wenn nicht sogar die Veröffentlichung) möglichst zügig nach der Abgabe der Arbeit erfolgt.

Auch wenn zunächst alle Befristungszeiten bis zur Höchstgrenze angerechnet werden, so ist eine befristete Beschäftigung über die sechs Jahre hinaus dennoch möglich, wenn sie aufgrund der allgemein gültigen

---

3 (Siehe Kasten Seite 170) Diese Regelung gilt genauso für sonstige pflegebedürftige Angehörige.

4 In der Medizin sind es neun Jahre.

Maßgabe des Teilzeit- und Befristungsgesetzes sachlich gerechtfertigt ist. Solche sachlichen Gründe sind in der Regel bei der Vertretung befristet freigestellter Personen (z.b. bei Krankheit oder Schwangerschaft) gegeben, aber auch bei bestimmten Projektstellen.[5] Ohne sachlichen Grund sind Befristungen bis zu zwei Jahren zulässig, jedoch grundsätzlich nicht im Anschluss an ein befristetes Arbeitsverhältnis bei derselben Hochschule oder Forschungseinrichtung.[6]

3 Steuerliche Behandlung von Promotionsstellen

Promovierende in Arbeitsverhältnissen an Hochschulen und anderen Forschungseinrichtungen werden als wissenschaftliche MitarbeiterInnen – seien sie nun auf Qualifikations- oder Projektstellen, vollzeit- oder teilzeitbeschäftigt – steuerrechtlich so behandelt wie jede/r andere ArbeitnehmerIn auch. Ihr Einkommen ist steuerpflichtig. Es gelten die allgemeinen Grundfreibeträge und darüber hinaus die Steuersätze, die sich aus der Höhe des Einkommens bestimmen (Progression).[7]

Wissenschaftliche MitarbeiterInnen werden also steuerrechtlich wie alle anderen nichtwissenschaftlichen steuerpflichtigen (Teilzeit-) Beschäftigte behandelt. Wie alle anderen abhängig Beschäftigten können sie daher auch die allgemeinen Steuervergünstigungen nutzen. Dies sind z.b. Kinderfreibeträge und nicht zuletzt die Möglichkeit, bestimmte Ausgaben als Werbungskosten von der Steuer abzusetzen.

Wissenschaftliche MitarbeiterInnen, sei es, dass sie auf Voll- oder auf Teilzeitbasis in so genannten Qualifizierungsstellen beschäftigt sind, konnten die Kosten für die Promotion schon immer als beruflich veranlasste Werbungskosten steuerlich geltend machen. Denn neben Lehr- und Forschungstätigkeiten für die anstellende Hochschule bzw. eine/n ProfessorIn ist auch die eigene Forschungstätigkeit während der regulären Arbeitszeit zum Zwecke einer Promotion Gegenstand des Arbeitsverhältnisses. Die in einem solchen Arbeitsvertrag verwendete Formulierung geht dahin, dass „Gelegenheit zur Promotion" gegeben wird.

Für alle sonstigen Beschäftigungsverhältnisse, bei denen die Promotion nicht Teil der arbeitsvertraglichen Tätigkeit ist, also in der Regel

---

[5] Siehe dazu die Voraussetzungen nach § 14 Abs. 1 des Gesetzes über Teilzeitarbeit und befristete Arbeitsverhältnisse (TzBfG).

[6] Vgl. § 14 Abs. 2 TzBfG.

[7] Im Jahre 2005 liegt der Grundfreibetrag für Ledige bei € 7.664 und für Verheiratete bei € 15.329. Der Eingangssteuersatz beträgt 15%, der Spitzensteuersatz 42%.

auch für die wissenschaftlichen MitarbeiterInnen auf Projektstellen, wurden diese Kosten bisher von den Finanzämtern als solche der „privaten Lebensführung" angesehen, die nach § 12 Nr. 1 Einkommenssteuergesetz (EStG) nicht abzugsfähig sind. Mit der neuen Rechtsprechung des Bundesfinanzhofs (BFH) hat sich diese Einschätzung jedoch für einen großen Teil der Betroffenen geändert. Promotionskosten sind danach immer und im vollen Umfang als Werbungskosten absetzbar, wenn die Promotion beruflich veranlasst ist. Als entscheidendes Kriterium wird angesehen, dass ein Doktortitel die Beschäftigungs- und Einkommenssituation sowie die Aufstiegschancen in dem ausgeübten Beruf verbessert. Dabei wird diese Verbesserung des beruflichen Fortkommens von dem Gericht als „offensichtlich" angesehen, wenn durch die Promotion die bereits beruflich angewendeten Kenntnisse und Fähigkeiten vertieft werden.

In dem entschiedenen Fall[8] konnte daher eine abhängig beschäftigte Krankengymnastin nicht nur die Kosten für ihr Medizinstudium (Schwerpunkt Orthopädie), sondern auch die Kosten für ihre Doktorarbeit in diesem Bereich als Werbungskosten im Rahmen ihrer bisherigen Beschäftigung geltend machen.

Diese Entscheidung lässt sich auf andere Berufe übertragen. So ist die berufliche Veranlassung auch bei den Promovierenden zu bejahen, die eine wissenschaftliche Projektstelle an einer Universität oder sonstigen Forschungseinrichtung haben, solange sie in demselben Fachgebiet ihre Doktorarbeit schreiben.

Ähnlich unproblematisch dürfte der Fall bei ÄrztInnen, AnwältInnen, ArchitektInnen oder auch UnternehmensberaterInnen liegen. Das von ihnen absolvierte Studium ist Voraussetzung für die ausgeübte Tätigkeit. Eine Promotion als vertiefende Qualifikation verbessert die Aufstiegschancen im Beruf.

Bei vielen Geistes- und Sozialwissenschaften ohne ein klares Berufsbild wird die berufliche Veranlassung möglicherweise nicht so eindeutig festzustellen sein. Dieser Umstand sollte jedoch nicht davon abhalten, die tatsächlich aufgelaufenen Kosten zunächst einmal geltend zu machen. Im schlimmsten Fall wird das Finanzamt abschlägig bescheiden. Zumeist hat die Änderung einer Rechtsprechung aber eine großzügige Handhabung durch die SachbearbeiterInnen zur Folge, um weitere (aussichtsreiche) Klagen in diesem Bereich zu vermeiden.

Zu den relevanten Kosten gehören im Einzelnen z.B. die Semestergebühren für die Einschreibung als PromotionsstudentIn, die angeschaffte

---

[8] BFH-Urteil vom 4. November 2003, Aktenzeichen: VI R 96/01; unter:http://www.haus.de/PH2H/PH2HV/ph2hv.htm?page=urteile/index.html&id=11190&suchworte (26.02.05).

Fachliteratur, die Gebühren für die Nutzung von Bibliotheken, die Beiträge für die Teilnahme an Tagungen sowie die damit zusammenhängenden Fahrtkosten. Ebenfalls unter die Werbungskosten fällt die Anschaffung eines Computers (PC oder Notebook), wenn und soweit er zu Promotionszwecken genutzt wird. Dabei kann der Kaufpreis über einen Zeitraum von 36 Monaten nach Anschaffung anteilig (also 1/36 des Kaufpreises pro Monat) bei der jährlichen Einkommenssteuererklärung als Werbungskosten geltend gemacht werden. Möglicherweise wird jedoch davon ein pauschaler Eigennutzungsanteil abgezogen. Dieser kann z.b. bei 20% liegen, aber von Einzelfall zu Einzelfall bzw. von Finanzamt zu Finanzamt variieren. Je aufwändiger die Ausstattung ist und nicht durch die Forschungstätigkeit gerechtfertigt ist (Multimediaanwendungen etc.), desto eher kann davon ausgegangen werden, dass das Gerät auch in größerem Umfange zu anderen Zwecken genutzt wird.

4 Steuerfreiheit des Promotionsstipendiums

Eine andere Möglichkeit, die Promotion zu finanzieren, sind Stipendien.

Die Höhe von Promotionsstipendien bei den Begabtenförderwerken liegt bei 920,- € im Monat. Bei Natur- und Ingenieurswissenschaften können sie auch bei 1.500,- € oder mehr liegen. In dieser Größenordnung (i.d.R. bis 2000,- €) sind Promotionsstipendien weder Arbeitsentgelt noch Lohnersatzleistungen, sondern Zuwendungen, die der Forschungsförderung dienen und deshalb steuerfrei nach § 3 Nr. 44 des Einkommenssteuergesetzes (EStG) sind.[9] Dies gilt jedoch nur für Stipendien, die unmittelbar aus öffentlichen Mitteln durch Stiftungen (z.B. die parteinahen Stiftungen sowie die Stiftungen der Tarifparteien) gewährt werden. Daraus folgt, dass die gewährte Summe den Promovierenden in vollem Umfang („netto") zur freien Verfügung steht.

Es ist jedoch zu beachten, dass von dieser Summe – anders als bei einem Nettoarbeitsentgelt – noch keine Sozialversicherungsbeiträge geleistet wurden. Ein Promotionsstipendium ist nämlich nicht nur steuer-, sondern auch sozialversicherungsfrei (→Promovieren und soziale Absicherung). Es muss also einkalkuliert werden, dass neben den bedarfsdeckenden Ausgaben (Wohnungsmiete etc.), auch noch die Beiträge für die

---

[9] BFH-Urteil vom 4. November 2003, Aktenzeichen: VI R 96/01; unter:http://www.haus.de/PH2H/PH2HV/ph2hv.htm?page=urteile/index.html&id=11190&suchworte (26.02.05).

Kranken- und Pflegeversicherung, die private Haftpflicht- und Hausratversicherung sowie möglicherweise private Altersversorgung, Berufs- oder Arbeitsunfähigkeitsversicherung etc. bestritten werden müssen.

Auf diesem Wege kann ein zunächst relativ hoch erscheinender Betrag schnell schrumpfen, insbesondere wenn durch das Stipendium nicht nur ein Einpersonenhaushalt finanziert werden muss, sondern auch PartnerIn und/oder der vorhandene Nachwuchs. Zwar tragen einige Stipendiumsgeber diesen familiären Umständen Rechnung, indem sie die monatlichen Zuwendungen erhöhen. So zahlt z.B. die Friedrich-Ebert-Stiftung neben der Fördersumme von 920,- € und der Forschungspauschale von 100,- € gegebenenfalls einen Familienzuschlag von 155,- €. Ist dieses aber nicht der Fall, muss nach ergänzenden Finanzierungsmöglichkeiten geschaut werden.

5 Nebenverdienstmöglichkeiten

Aus diesem Grund kommt es häufig sehr gelegen, dass die Promotionstätigkeit nicht nur eine Investition in die Zukunft ist, die Nerven und Geld kostet, sondern durch Dozententätigkeit, Veröffentlichung (VG Wort →Publizieren) u.Ä. auch bereits vor dem Doktortitel Geld einbringen kann.

Gegen diese Art der selbständigen Nebentätigkeit im Rahmen der wissenschaftlichen Arbeit hat in den meisten Fällen auch der Stipendiumsgeber nichts einzuwenden. Um sicherzugehen, sollte dies jedoch vorher anhand der geltenden Förderbedingungen der jeweiligen Institution, gegebenenfalls durch persönliche Rücksprache geklärt werden. Ansonsten kann bei nicht erlaubter Nebentätigkeit nicht nur das Stipendium wegen Verstoßes gegen die Förderbedingungen gekündigt werden. Ein solches Verhalten kann sogar eine strafrechtliche Verfolgung und Verurteilung wegen Betrugs nach sich ziehen!

Die Hans-Böckler-Stiftung z.B. erlaubt es ihren StipendiatInnen, Nebentätigkeiten von bis zu fünf Stunden pro Woche außerhalb der Universität oder bis zu zehn Stunden in der Universität auszuüben. Ansonsten darf nur ein zusätzliches jährliches Einkommen von bis zu 3000,- € durch andere, selbständige Tätigkeiten erzielt werden.

Bei den erzielten Nebeneinkünften handelt es sich grundsätzlich um zu versteuerndes Einkommen. Der darauf angelegte Steuersatz ist für StipendiatInnen jedoch ausgesprochen günstig. Dieser bemisst sich nämlich ausschließlich nach der Höhe der durch die Nebentätigkeiten erzielten

Einkünfte. Die Einkünfte aus dem Stipendium werden hierbei nicht berücksichtigt und unterfallen somit nicht dem so genannten Progressionsvorbehalt. Das bedeutet, dass nicht nur das Stipendium steuerfrei ist, sondern auch die Nebeneinkünfte bis zur Höhe des steuerlichen Grundfreibetrages (siehe 3.). Erst auf die darüber hinausgehenden Einnahmen entfallen Steuern, beginnend mit dem niedrigen Eingangssteuersatz.

Beachtet werden muss jedoch, dass bei abhängigen (Neben-)Beschäftigungsverhältnissen grundsätzlich Sozialversicherungspflicht besteht! Ausnahmen bestehen nur für geringfügige Beschäftigungsverhältnisse (bis zu 400,- € pro Monat). Neben den pauschal vom Arbeitgeber zu entrichtenden Sozialversicherungsbeiträgen wird dabei aber auch die Steuer pauschal abgeführt. Eine selbständige Nebentätigkeit kann für StipendiatInnen daher günstiger sein.

Wohngeld

Gerade wenn von einem Stipendium oder dem Gehalt eines Angestelltenverhältnisses auch PartnerIn und/oder Kinder zu versorgen sind, kann das Geld schnell knapp werden. Dazu kommt, dass die damit verbundenen zusätzlichen Aufgaben dazu führen, dass aus zeitlichen Gründen keine zusätzlichen Einkünfte aus Nebentätigkeiten erzielt werden können. Für die Betroffenen eine doppelt prekäre Situation. Es ist aber auch in diesen Fällen möglich, einen staatlichen Zuschuss zum Unterhalt in Form des Wohngeldes zu erhalten. Das Wohngeldgesetz gewährt Mietern[10] einen Zuschuss zu den Wohnkosten. Dies ist ein Rechtsanspruch, der nichts mit der durch die Sozialhilfe angestrebten Grundsicherung zu tun hat. Der Anspruch auf Sozialhilfe (SGB XII) bzw. Arbeitslosengeld II (SGB II) schließt sogar den Anspruch auf Wohngeld aus. Man sollte sich also nicht scheuen, Wohngeld zu beantragen!

Ob und in welcher Höhe ein Anspruch besteht, hängt von drei Hauptfaktoren ab:

■ Anzahl der zum Haushalt gehörenden Familienmitglieder
■ Höhe des Gesamteinkommens
■ Höhe der zuschussfähigen Miete.

Die Einkommensgrenze, bis zu der eine Unterstützung überhaupt noch in Frage kommt, liegt höher als man vermutet. Bei einem Einpersonenhaushalt liegt sie immerhin bei 830 €. Je mehr Personen zu einem Haushalt gehören, desto höher darf das Einkommen sein, bei einer vierköpfigen Familie immerhin 1.830 €. Wer als Familienmitglied anzusehen ist, was alles zu dem zu berücksichtigenden Einkommen zählt und wie sich die zuschussfähige Miete bildet, ergibt sich im Einzelnen aufgrund der relativ komplizierten gesetzlichen Regelungen. Eine erste Orientierung bieten die kostenlosen Informationsmaterialien des Bundessozialministeriums oder der zuständigen Landesbehörden.

Natürlich kann sich auch für Promovierende auf Stellen die Frage nach Nebenverdienstmöglichkeiten außerhalb der vertraglichen Arbeitszeit stel-

---

[10] Die von dem Gesetz ebenfalls betroffenen Wohnungseigentümer sollen hier nicht mitbehandelt werden.

len, bei Teilzeitarbeitsverhältnissen sogar aus finanzieller Notwendigkeit. Dazu ist zu sagen, dass selbst bei Vollzeitbeschäftigung eine Nebentätigkeit grundsätzlich zulässig ist. Als Beschäftigte des öffentlichen Dienstes müssen wissenschaftliche MitarbeiterInnen ihre Nebentätigkeiten jedoch von der Hochschule als Hauptarbeitgeberin genehmigen lassen.[11] Dafür ist ein entsprechender Antrag zu stellen. Die Genehmigung kann aber nur dann versagt werden, wenn die Nebentätigkeiten mit den Dienstpflichten des Hauptarbeitsverhältnisses kollidieren. Bei Nebentätigkeiten im zeitlichen Umfang von bis zu einem Fünftel der regelmäßigen wöchentlichen Arbeitszeit wird dies in der Regel nicht angenommen.[12] Nebentätigkeiten von Teilzeitbeschäftigten sind dementsprechend genehmigungsfähig, wenn sie zusammen mit der Haupt(teilzeit)tätigkeit an der Hochschule den oben genannten Gesamtzeitrahmen nicht überschreiten.

Innerhalb des geschilderten zeitlichen Rahmens kann daher sogar von einem Anspruch auf Genehmigung gesprochen werde, solange die Nebentätigkeit nicht aufgrund anderer Umstände (zu hohe körperliche Belastung, zeitliche Überschneidungen etc.) mit den Dienstpflichten gegenüber der Hochschule kollidiert. Wird eine Nebentätigkeit dennoch nicht genehmigt, sollte überprüft werden, ob dies nach den Umständen gerechtfertigt ist. Die Gewerkschaften und Personalräte helfen bei dieser Frage weiter.[13]

Steuerlich werden die Einnahmen aus Nebentätigkeiten aber grundsätzlich nicht privilegiert. Werden sie also nicht im Rahmen eines geringfügigen Beschäftigungsverhältnisses erzielt (pauschale Besteuerung), sind sie in der Regel voll zu versteuern. Eine Ausnahme gilt jedoch, wenn die Nebentätigkeit der Regelung zur so genannten Übungsleiterpauschale unterfällt. Nach § 3 Nr. 26 EStG sind Aufwandsentschädigungen in Höhe von bis zu 1.848,- € im Jahr bzw. 154,- € im Monat steuerfrei[14], wenn die Tätigkeit im Rahmen einer allgemeinen Ausbildung von Menschen bei einer staatlichen Stelle oder gemeinnützigen Organisation (Schule, Volkshochschule, Hochschule etc. erfolgt.

---

[11] Vgl. hierzu § 11 des für die Beschäftigten an staatlichen Hochschulen in der Regel geltenden Bundesangestelltentarifvertrags (BAT) in Verbindung mit § 65 Bundesbeamtengesetz (BBG).

[12] Der zeitliche Umfang bemisst sich in Anlehnung an § 65 Abs. 2 BBG.

[13] Unabhängig von der grundsätzlichen Genehmigungsfähigkeit von Nebentätigkeit ist jedoch im eigenen Interesse darauf zu achten, dass die absolute Höchstarbeitszeit gemäß §§ 3 ff. Arbeitszeitgesetz (ArbZG) nicht überschritten wird. Ein Arbeitsvertrag, der diese Arbeitszeitgrenze übersteigt, wäre nämlich nichtig.

[14] Es entfallen darauf auch keine Sozialabgaben, vgl. § 14 Absatz 1 Satz 2 SGB IV.

Dabei spielt es keine Rolle, ob die Tätigkeit selbständig oder nicht-selbständig ist. Ob eine Lehrtätigkeit oder ein Vortrag darunter fällt, kann dann im Einzelfall vom Finanzamt geprüft werden.

6 Fazit

Die Promotion eröffnet ganz eigene Wege, durch Promotionsstellen und Stipendien den eigenen Lebensunterhalt zu bestreiten. Dementsprechend gibt es auch spezielle arbeits- bzw. steuerrechtliche Regelungen. Um diese zum eigenen Vorteil nutzen zu können, ist deren Kenntnis erste Voraussetzung. Die speziellen Regelungen machen jedoch nur einen kleinen Teil der zu beachtenden Vorschriften aus. Ebenso wichtig ist es, sich frühzeitig mit den allgemeingültigen Regelungen zum Arbeits- und Steuerrecht auseinander zu setzen, deren Behandlung den Rahmen dieses Beitrages gesprengt hätte.

Kommt es in diesem Zusammenhang dennoch zu Konflikten, ist es hilfreich, einen kompetenten Ansprechpartner zu haben. Zumindest für Streitigkeiten, die im Rahmen eines Arbeitsverhältnisses entstehen, bietet die GEW, wie auch alle anderen Gewerkschaften, ihren Mitgliedern Rechtsschutz. Und dieses kostenlos! Also nicht nur vor dem Hintergrund kollektiver Interessenvertretung beim Aushandeln von Tarifverträgen, sondern auch in dieser individuellen Hinsicht kann der Beitritt in eine Gewerkschaft Sicherheit bieten und sinnvoll sein.

Literatur:

Wissenschaftsrat (2002): Empfehlungen zur Doktorandenausbildung. Geschäftsstelle des Wissenschaftsrats, Köln.
Wissenschaftsrat (2004): Empfehlungen zu einem Wissenschaftstarifvertrag und zur Beschäftigung wissenschaftlicher Mitarbeiter. Geschäftsstelle des Wissenschaftsrats, Köln.

LINKS

Arbeitszeitgesetz (ArbZG): http://bundesrecht.juris.de/bundesrecht/arbzg/ (14.10.05).
Bundesbeamtengesetz (BBG): http://bundesrecht.juris.de/bundesrecht/bbg/ (14.10.05).
Einkommenssteuergesetz (EStG): http://bundesrecht.juris.de/bundesrecht/estg/ (14.10.05).
Gesetz über Teilzeitarbeit und befristete Arbeitsverhältnisse (TzBfG): http://bundesrecht.juris.de/bundesrecht/tzbfg/ (14.10.05).
Hochschulrahmengesetz (HRG): http://bundesrecht.juris.de/bundesrecht/hrg/ (14.10.05).
Sozialgesetzbuch IV (SGB IV): http://bundesrecht.juris.de/bundesrecht/sgb_4/ (14.10.05).
Wohngeldgesetz (WoGG): http://bundesrecht.juris.de/bundesrecht/wogg_2/ (14.10.05).

Zur Befristungsregelung im neuen Hochschulrahmengesetz:

Entwurf eines Gesetzes zur Änderung dienst- und arbeitsrechtlicher Vorschriften im Hochschulbereich (HdaVÄndG), Bundestags-Drucksache 15/4132 vom 28.10.2004; unter:
http://dip.bundestag.de/btd/15/041/1504132.pdf (14.10.05).

Deutscher Bundestag, Stenografischer Bericht, 146. Sitzung vom 03.12.2004, Plenarprotokoll
15/146; unter: http://dip.bundestag.de/btp/15/15146.pdf (14.10.05).

Zum Steuerrecht:

Lexikon Steuern A-Z auf der Internetseite des Bundesministeriums der Finanzen; unter:
http://www.bundesfinanzministerium.de (14.10.05).

Zum Wohngeld:

Bundesministerium für Verkehr, Bau- und Wohnungswesen: http://www.bmvbw.de >Städtebau
und Wohnungswesen >Wohnraumförderung >Wohngeld (14.10.05).

Promovieren und soziale Absicherung

Cord Würmann

Bei einer durchschnittlichen Promotionsdauer von fünfeinhalb Jahren stellt sich für Promovierende nicht nur die Frage der Finanzierung eines so langen Zeitraums. Es sollten auch einige Gedanken an die soziale Absicherung und damit an das gesetzliche Sozialversicherungssystem verwandt werden. Dieses wird gebildet aus den fünf Bereichen Kranken-, Pflege, Arbeitslosen-, Renten- sowie gesetzlicher Unfallversicherung, die in den jeweiligen Büchern des Sozialgesetzbuches (SGB) geregelt sind.

Wenn die Doktorarbeit unmittelbar im Anschluss an das Studium verfasst wird, stellt sich diese Frage häufig zum ersten Mal, da der Gesetzgeber für Studierende vereinfachende und begünstigende Sonderregelungen vorsieht. Über die Behandlung der Promovierenden finden sich dagegen keine besonderen Regelungen in den Büchern des Sozialgesetzbuches.[1] Auch die bestehende Möglichkeit, sich nach der Maßgabe der entsprechenden Landeshochschulgesetze bei einer Hochschule als „PromotionsstudentIn" einzuschreiben, hat keinen Einfluss auf die Stellung im sozialen Sicherungssystem. Die Anwendbarkeit der Bestimmungen richtet sich somit nach den allgemeinen Regeln und d.h. in den meisten Fällen nach der Einkommensart. Je nachdem, ob der Lebensunterhalt durch Bankkredit, Zuwendungen aus dem Familien- oder Bekanntenkreis, Stipendium, selbständige Tätigkeit oder abhängige Voll- oder Teilzeitbeschäftigung bestritten wird, können sich Unterschiede ergeben.

Vor diesem Hintergrund soll aufgezeigt werden, welche Konsequenzen sich für Promovierende aufgrund des gewählten Finanzierungsmodells im Hinblick auf die einzelnen Bereiche der Sozialversicherung ergeben, was dabei beachtet werden muss bzw. welche Möglichkeiten sich daraus ergeben können. Dabei sollen die Gesetzesverweise den Interessierten einen Einstieg in die Beantwortung damit verbundener speziellerer Fragestellungen erleichtern.

---

[1] Zwar fand sich in der – mittlerweile vom Bundesverfassungsgericht (Urteil vom 27. Juli 2004, http://www.bverfg.de/entscheidungen/fs20040727_2bvf000202.html (14.10.05)) für verfassungswidrig erklärten – 5. Novelle des Hochschulrahmengesetzes zum ersten Mal eine explizite Erwähnung von Doktorinnen und Doktoranden. Dieser Umstand hatte jedoch keine Auswirkung auf die Sozialgesetzgebung. Bei den jüngsten Änderungen wurde ein DoktorandInnenstatus auch nicht wieder eingeführt.

1 Krankenversicherung

Die Krankenversicherung ist im Bewusstsein der meisten Menschen der wichtigste Bereich des Sozialversicherungssystems. Geregelt ist sie im fünften Buch des Sozialgesetzbuches (SGB V). Die Finanzierung erfolgt zum überwiegenden Teil durch die Beiträge der ArbeiterInnen und Angestellten sowie der ArbeitgeberInnen. Bis zum 30. Juni 2005 galt, dass für die Beiträge zu gleichen Teilen Beschäftigte und ArbeitgeberInnen aufkamen. Dies gilt im Grundsatz zwar noch immer. Jedoch reduziert sich seit dem 1. Juli 2005 der paritätisch finanzierte allgemeine Beitragssatz (vgl. § 241 in Verbindung mit § 249 Abs. 1 SGB V) jeweils um 0,9 Prozent, die als „zusätzlicher Beitragssatz" ausschließlich von den ArbeitnehmerInnen zu bezahlen sind (vgl. § 241a in Verbindung mit § 249 Abs. 1 SGB V). Die ArbeitnehmerInnen müssen also 0,45% der Beitragslast der ArbeitgeberInnen übernehmen.

1.1 Sozialversicherungspflichtige Stellen

Zum einen fallen alle Promovierenden auf Qualifizierungs- oder Projektstellen wegen des zugrunde liegenden Angestelltenverhältnisses unter die Versicherungspflicht (vgl. § 5 Abs. 1 Nr. 1 SGB V), zum anderen auch Promovierende auf anderen Stellen. Da es Aufgabe des Arbeitgebers ist – bei Qualifizierungs- und Projektstellen die Universität oder die jeweilige Forschungseinrichtung, bei anderen Stellen das anstellende Unternehmen –, sowohl den eigenen als auch den Arbeitnehmeranteil abzuführen, müssen die Betreffenden im Grunde nur aktiv werden, wenn es um die Auswahl der Krankenkasse geht.[2] Zur Wahl stehen neben den jeweiligen Allgemeinen Ortskrankenkassen (AOK) eine Vielzahl von Betriebs- und Innungskrankenkassen sowie Ersatzkassen.[3] Wer neues Mitglied einer gesetzlichen Krankenkasse geworden ist, ist mindestens 18 Monate an diese Kasse gebunden, kann also vorher nicht kündigen (vgl. § 175 Abs. 4 SGB V).

Die Beitragshöhe variiert je nach Krankenkasse. Im Jahr 2004 lag der durch die unterschiedlichen Satzungen bestimmte Beitragssatz (vgl. § 241 SGB V) bei durchschnittlich 14,2%[4] des beitragspflichtigen Einkommens. Durch die richtige Wahl kann also im Laufe der Zeit Geld gespart

---

[2] Zum allgemeinen Wahlrecht vgl. § 176 Abs. 1 SGB V.

[3] Vgl. hierzu die Auflistung in § 173 Abs. 2 SGB V.

[4] So das Bundesministerium für Gesundheit und soziale Sicherung auf seiner Internetseite http:// www. bmgs.bund.de/deu/gra/themen/gesundheit/gesetzl/index_6731.php (14.10.05).

werden. Gerade Personen mit chronischen Erkrankungen sollten dabei aber nicht nur auf den Preis, sondern auch auf den angebotenen Leistungskatalog achten.

Weiter gehende Ersparnisse versprechen, durch niedrige Prämien und Beitragsrückerstattungen, private Krankenversicherungen. Sie locken darüber hinaus mit einem größeren Leistungsangebot, gerade bei Brille und Zahnersatz. Die Möglichkeit zum Beitritt in eine private Krankenversicherung besteht aber erst ab einem gesetzlich bestimmten monatlichen Bruttoverdienst (im Jahre 2005 lag diese „Jahresarbeitsentgeltgrenze" gemäß § 6 Abs. 6 SGB V bei 46.000 € bzw. 3.900 € im Monat). Nur bei einem über diese Versicherungspflichtgrenze hinausgehenden Verdienst ist der/die ArbeitnehmerIn von der Versicherungspflicht befreit (die so genannte Versicherungsfreiheit, vgl. § 6 Abs. 1 Nr. 1 SGB V).[5] Diese gesetzlich festgelegte Gehaltsgrenze liegt mittlerweile über der Vergütung einer vollen BAT IIa-Stelle. Der Wechsel in eine private Krankenversicherung wird den meisten angestellten Promovierenden aus diesem Grund verwehrt bleiben. Besteht Versicherungsfreiheit, so ist die freiwillige Versicherung in einer gesetzlichen Krankenkasse aber natürlich auch weiterhin möglich (vgl. § 9 SGB V).

1.2 Nicht angestellte Promovierende

Grundsätzlich versicherungsfrei sind dagegen Promovierende, die sich auf andere Art und Weise als durch abhängige Beschäftigung finanzieren.

Dies gilt auch, wenn sie als „PromotionsstudentIn" eingeschrieben sind. Sie fallen nicht unter die studentische Versicherungspflicht. Damit besteht aber auch kein Anspruch darauf, sich zu den gesetzlich festgelegten günstigen Studententarifen der Krankenkassen (vgl. § 245 SGB V) zu versichern. Das Bundessozialgericht[6] hat entschieden, dass PromotionsstudentInnen nicht „Studenten" i.S.d. § 5 Abs. 1 Nr. 9 SGB V sind, da die Promotion nicht mehr zur wissenschaftlichen Ausbildung gehöre.[7] Die Entscheidung besagt jedoch nur, dass kein Recht auf Einstufung nach Studierendenstatus durch die Krankenkasse besteht. Es ist im Einzelfall

---

[5] Eine Ausnahme gilt gemäß § 6 Abs. 7 SGB V jedoch für alle, die bereits vor dem 1. Januar 2003 versicherungsfrei und aufgrund dessen privat krankenversichert waren. Für sie wird die Versicherungsfreiheit weiterhin durch die jeweilige Beitragsbemessungsgrenze (siehe dazu unter 1.2.) bestimmt.

[6] Urteil vom 23. März 1993 – Az.: 12 RK 45/92, abgedruckt u.a. in der Zeitschrift Versicherungsrecht, Jahrgang 1994, S. 376).

[7] Anders als ein Aufbaustudium, welches der wissenschaftlichen Ergänzung und fachlichen Vertiefung diene (vgl. Gerlach in: Hauck, SGB V Kommentar, K § 5 Rn. 383).

aber durchaus möglich, dass bei Erfüllung der sonstigen gesetzlichen Voraussetzungen (innerhalb von 14 Fachsemestern, Höchstalter 30 Jahre) die Versicherung zum Studierendentarif erfolgt.

Bei der Anfertigung einer Doktorarbeit handelt es sich um eine freie wissenschaftliche Tätigkeit, bei der die Betreffenden prinzipiell keinen Weisungen unterworfen sind. Es ist keine abhängige Beschäftigung im Sinne des Sozialversicherungsrechts (vgl. § 7 SGB IV). Promovierende fallen damit nicht unter die Krankenversicherungspflicht nach § 1 Abs. 1 Nr. 1 SGB V. Dies gilt auch dann, wenn sie finanzielle Zuwendungen in Form eines Stipendiums erhalten. Das Stipendium ist eine steuerfreie Zuwendung (§ 3 Nr. 11, 44 Einkommensteuergesetz) und gilt damit nicht als Arbeitsentgelt (vgl. § 14 Abs. 1 SGB IV).

Auch wenn die StipendiatInnen durch Promotionsvereinbarungen gewisse Verpflichtungen gegenüber den Stiftungen eingegangen sind und das Stipendium dadurch nach außen den Charakter eines Arbeitsentgelts annehmen kann, ändert dieses an der grundsätzlichen Einordnung nichts. Solange darüber hinaus keine der übrigen, die Versicherungspflicht begründenden Tatbestände des Katalogs des § 5 Abs. 1 SGB V erfüllt werden, sind StipendiatInnen versicherungsfrei. Sie können sich freiwillig gesetzlich oder privat krankenversichern.

Der krankenversicherungsfreie Status geht auch nicht verloren, wenn ein geringfügiges Beschäftigungsverhältnis eingegangen wird, bei dem über das Jahr gerechnet nicht mehr als 400,- € pro Monat verdient werden (vgl. § 7 SGB V i.V.m. § 8 SGB IV).

Genauso versicherungsfrei sind Promovierende, die ihren Lebensunterhalt hauptsächlich durch selbständige Tätigkeiten finanzieren. Selbständige fallen ebenso nicht unter den abschließenden Katalog der versicherungspflichtigen Personen in § 5 Abs. 1 SGB V.

Die Beitragshöhe der in der gesetzlichen Krankenversicherung freiwillig Versicherten ist ebenfalls durch die Satzungen festgelegt. Gegenüber den Pflichtversicherten (siehe 1.1) müssen StipendiatInnen und hauptberuflich Selbständige jedoch nur einen „ermäßigten Beitragssatz" leisten, der in der Regel über 1%-Punkt unter dem „allgemeinen" liegt. Dafür besteht aber kein Anspruch auf Krankengeld.[8]

Der entsprechend ermäßigte Beitragssatz muss in voller Höhe von den Versicherten selbst aufgebracht werden (vgl. § 250 Abs. 2 SGB V),

---

[8] Hauptberuflich Selbständige können aber einen Krankengeldanspruch beantragen, müssen dafür aber einen wesentlich höheren Beitragssatz leisten.

eine Teilung in den Arbeitnehmer- und den Arbeitgeberanteil gibt es hier nicht. Als Anreiz für freiwillig Versicherte haben einige Kassen (so z.B. die Technikerkrankenkasse, vgl. § 12 a der Satzung) ein System der Beitragsrückzahlung eingeführt. Im Falle, dass lediglich bestimmte Vorsorgeuntersuchungen durchgeführt und ansonsten keine Leistungen in Anspruch genommen wurden, kann jährlich bis zu ein Monatsbeitrag zurückerstattet werden.

Marlene finanziert ihre Promotion durch ihre freiberufliche Arbeit als Filmemacherin. Zu ihren Tätigkeiten gehören hier Kameraarbeit, Schnitt und die Erstellung von DVD-Produktionen. Ein weiteres Standbein hat sie sich durch die Annahme von regelmäßigen Lehraufträgen geschaffen. Ihre freiberufliche Tätigkeit erlaubt es ihr, sich ihre Zeit frei einzuteilen und somit auch Zeit für die Promotion einzuplanen. Allerdings ist ihre Tätigkeit auch sehr auftragsabhängig und sie ist nicht sozialversicherungspflichtig. Für ihre Krankenversicherung, sie hat sich für eine gesetzliche entschieden, und für eine private Rentenversicherung muss sie selbst aufkommen und beim Ausbleiben von Aufträgen hat sie keinen Anspruch auf Arbeitslosengeld. So nimmt sie zurzeit noch die meisten Aufträge an, um sich finanzielle Rücklagen zu bilden, auch um sich beim eigentlichen Schreiben der Dissertation mal längere intensive Schreibphasen zugestehen zu können. Trotz alledem ist sie mit ihrer Form der Finanzierung der Promotion zufrieden, da sie nicht nur ihren Beruf als Filmemacherin liebt und nach der Promotion an einer Kunst- oder Filmhochschule arbeiten möchte, sondern auch, weil die freie Zeiteinteilung ihrer Arbeitsweise entgegenkommt.

Grundlage für die Berechnung bilden die durchschnittlichen monatlichen beitragspflichtigen Einnahmen. Was im Einzelnen darunter fällt, ergibt sich gemäß § 240 Abs. 1 SGB V aus den Satzungen der Krankenkassen. Die dort übliche Formulierung lautet, dass „alle Einnahmen und Geldmittel, die zum Lebensunterhalt verbraucht werden bzw. werden können", darunter fallen. Bei Selbständigen entspricht dieses den zu versteuernden Einnahmen, wie sie sich aus dem vorzulegenden Einkommenssteuerbescheid ergeben. Aber auch ein grundsätzlich steuerfreies Stipendium wird von der Krankenkasse grundsätzlich als Einnahme gewertet, da damit der Lebensunterhalt bestritten wird.

Uneinheitlich wird bei der Beitragsbemessung von den Krankenkassen die Forschungspauschale (Büchergeld) behandelt, die bei den meisten Stipendien einen gesonderten Posten darstellt, da er gerade nicht für den Lebensunterhalt verwendet werden soll. Dementsprechend sollte sie von den Krankenkassen bei der Bemessung der beitragspflichtigen Einnahmen nicht berücksichtigt werden. Geschieht dies dennoch, stellen sich die Kassen offensichtlich auf den Standpunkt, dass diese Summe, da sie den StipendiatInnen zur freien Verfügung steht, zumindest zum Lebensunterhalt verbraucht „werden könne". Damit Letzteres nicht passiert, sollte dieser Teil des Stipendiums bei der Frage zur Einkommenshöhe gar nicht angegeben werden. Lässt sich die Angabe nicht vermeiden, so sollten die Promovierenden nicht leichtfertig eine undifferenzierte Gesamtsumme bilden, sondern den sachbezogenen Charakter der Forschungspauschale deutlich machen.

Das Stipendium ist übrigens kein Hindernis für eine „Mitversicherung" von Promovierenden als Familienmitglieder von vollversicherten Krankenkassenmitgliedern, in der Regel die Eltern oder EhepartnerInnen (vgl. § 10 SGB V). Als Kinder sind Promovierende bei ihren Eltern bis zur Vollendung des 25. Lebensjahres mitversichert (gegebenenfalls verlängert durch Zeiten von Wehr- oder Zivildienst), bei den EhepartnerInnen zeitlich unbegrenzt, solange sie nicht durch eigenes Einkommen aus der Familienversicherung herausfallen – und ein Stipendium wird in diesem Zusammenhang auch aus Sicht der Krankenkassen nicht als Einkommen gewertet.[9]

Bei einer freiwilligen Mitgliedschaft in der gesetzlichen Krankenversicherung verhindert die Beitragsbemessungsgrenze das weitere Anwachsen der Beiträge (vgl. § 223 Abs. 3 SGB V). Für das Jahr 2005 liegt die Bemessungsgrenze bei einem monatlichen Einkommen von 3.525 € bzw. 42.399 € im Jahr.[10] Viel wichtiger als diese gesetzlich bestimmte Begrenzung der Beiträge nach oben ist jedoch, dass auf der anderen Seite die Krankenkassen bei der Bemessung der Beiträge von gesetzlich festgelegten Mindesteinnahmen der freiwillig Versicherten in Höhe von zurzeit 805 € ausgehen müssen (vgl. zu deren Bestimmung § 240 Abs. 4 SGB V). Je nach Beitragssatz der Kasse errechnet sich danach also die konkrete Mindestbeitragshöhe – ein Umstand, der sich für die Promovierenden als nachteilig erweist, die effektiv weniger zur Verfügung haben als dieses sozialrechtliche Existenzminimum. So können sich tatsächliche Beitragssätze ergeben, die im Einzelfall weit über dem von der Satzung bestimmten liegen. Der logisch daraus folgende Gang zum Sozialamt ist wohl vom Gesetzgeber beabsichtigt.

Vor diesem Hintergrund erscheint gerade jungen ledigen Promovierenden in nicht abhängiger Beschäftigung der Abschluss einer privaten Krankenversicherung als attraktiv. Sie locken mit niedrigen Beiträgen,

---

[9] Siehe dazu Rundschreiben zu Einnahmen zum Lebensunterhalt und Gesamteinkommen der GKV in der Fassung vom 07.05.2004; unter: http://www.g-k-v.com/media/Rundschreiben/14032002_Einnahmen_zum_Lebensunterhalt_und_Gesamteinkommen.pdf (14.10.2005).

[10] Die Höhe ergibt sich aus den Regelungen des § 6 Abs. 7 in Verbindung mit Abs. 6 Sätze 2 bis 4 SGB V.

zum Teil auch mit Beitragsrückerstattungen. Bedacht werden muss jedoch, dass die privaten Krankenversicherungen nicht auf dem Solidarprinzip beruhen. Anders als bei den Krankenkassen gibt es dort keine für alle einheitlich geltenden Tarife, sondern es werden bei entsprechender Krankengeschichte die Versicherungsprämien dem existierenden Krankheitsrisiko angepasst. Dieses wirkt sich gerade für Frauen negativ aus. Aufgrund des „Risikos" Schwangerschaft haben sie grundsätzlich höhere Beträge zu zahlen.[11] Auch für Familien mit Kindern überwiegen eindeutig die Vorteile der gesetzlichen Kassen: So sind EhepartnerIn und Kinder ohne Einkommen kostenlos mitversichert (vgl. § 10 SGB V) und Frauen genießen während des Mutterschaftsurlaubs und Frauen und Männer in der Elternzeit grundsätzlich Beitragsfreiheit (vgl. § 192 Abs. 1 Nr. 2 SGB V). Diese und die übrigen Leistungen sind im Zweifelsfall auch vor dem Sozialgericht einklagbar – sogar kostenlos.

Ein unüberlegter Wechsel zur privaten Krankenversicherung kann sich nach einigen Jahren als Bumerang erweisen. Der Weg aus der privaten Krankenversicherung (zurück) in die gesetzliche Krankenkasse ist nämlich ohne einen die Versicherungspflicht begründenden Statuswechsel in der Regel nicht möglich (vgl. § 9 Abs. 1 Nr. 1 SGB V). Dieses bedeutet konkret, dass erst mit Aufnahme eines abhängigen Beschäftigungsverhältnisses wieder Versicherungspflicht besteht (vgl. § 5 Nr. 1 SGB V), womit automatisch die Rückkehr in die gesetzliche Krankenkasse verbunden wäre. Im Falle der Arbeitslosigkeit nach Beendigung der Promotion bzw. nach Auslaufen der Förderung war eine Rückkehr in die gesetzliche Krankenkasse bisher nicht ohne weiteres möglich. Krankenversicherungspflicht bestand nämlich nicht automatisch bei Arbeitslosigkeit, sondern erst, wenn auch Arbeitslosengeld bezogen wurde (§ 5 Abs. 1 Nr. 2 SGB V). Da ein solcher Anspruch nach Jahren der Promotion in den meisten Fällen nicht besteht (vgl. 3.4), blieben die Betroffenen an die private Krankenversicherung gebunden. Seit dem Inkrafttreten des so genannten Hartz IV-Gesetzes am 01.01.2005 ist dieser Problembereich aber entschärft worden. Nach dem neu gefassten § 5 Abs. 1 Nr. 2a SGB V fallen auch diejenigen unter die Versicherungspflicht, die das neu eingeführte Arbeitslosengeld II beziehen. Da darauf gemäß § 7 Abs. 1 SGB II alle erwerbsfähigen Hilfs-

---

[11] Der zur Umsetzung einer EU-Richtlinie eingebrachte Gesetzesentwurf zu einem Antidiskriminierungsgesetz (Bundestagsdrucksache 15/4535 vom 16.12.2004, abzurufen im Internet unter: http://dip.bundestag.de/btd/15/045/1504538.pdf (14.10.05) soll dies verbieten (vgl. § 21 Nr. 5 des Entwurfs). Eine Verabschiedung des Gesetzes in dieser Form ist zu diesem Zeitpunkt jedoch nicht zu erwarten.

bedürftigen einen Anspruch haben, fallen in der Regel auch alle arbeitssuchenden DoktorandInnen unter die Krankenversicherungspflicht, wenn entsprechende Leistungen gezahlt werden.

2 Pflegeversicherung

Der Gesetzgeber hat die Vorschriften über die Pflegeversicherung im Gleichlauf mit denen der Krankenversicherung verfasst. Es gilt das zur gesetzlichen Krankenversicherung Gesagte auch für die Pflegeversicherung. Dieses bedeutet, dass diejenigen, die krankenversicherungspflichtig sind, gleichzeitig auch Beiträge zur Pflegeversicherung leisten müssen, vgl. § 20 im elften Buch des Sozialgesetzbuches (SGB XI). Der Beitragssatz für die Pflegeversicherung ist dabei gesetzlich festgelegt. Nach einer Entscheidung des Bundesverfassungsgerichts bestand die Notwendigkeit, Eltern und Nicht-Eltern differenziert zu behandeln. Danach gilt seit Anfang 2005 ein Beitragssatz von 1,7% der beitragspflichtigen Einnahmen. Kinderlose haben einen erhöhten Beitrag von 1,95% zu zahlen.

Mitglieder von privaten Krankenversicherungen müssen ebenfalls zwingend pflegeversichert sein (vgl. § 23 SGB XI).

3 Arbeitslosenversicherung

Die Arbeitslosenversicherung gewährt allen Personen, die in einem versicherungspflichtigen Beschäftigungsverhältnis (vgl. § 24 SGB III i.V.m. §§ 1, 7 SGB IV) stehen, unter bestimmten Voraussetzungen Entgeltersatz. Die Arbeitslosenversicherung ist geregelt im dritten Buch des Sozialgesetzbuches (SGB III). Trägerin ist seit einer der letzten Gesetzesreformen die Bundesagentur für Arbeit. Finanziert wird sie durch die Beiträge, die im Rahmen der Beschäftigungsverhältnisse zu entrichten sind. Die Höhe ist gesetzlich geregelt (§ 340 Abs. 2 SGB III) und beträgt 6,5% des beitragspflichtigen Einkommens (§ 342 SGB III). Arbeitnehmer und Arbeitgeber tragen diese wiederum je zur Hälfte, wobei der Arbeitgeber beide Anteile direkt abführt.

3.1 Versicherungspflicht

Alle StelleninhaberInnen fallen als ArbeitnehmerInnen unter die Versicherungspflicht, wenn ihre Beschäftigungsverhältnisse nicht die Geringfügigkeitsschwelle von 400 € pro Monat unterschreiten (vgl. § 27 SGB III i.V.m. § 8 SGB IV). Da Selbständige und StipendiatInnen auch in diesem Zusammenhang nicht als Beschäftigte gelten, sind sie versicherungsfrei. Anders als bei der gesetzlichen Krankenversicherung ist aber eine freiwillige Arbeitslosenversicherung nicht vorgesehen.

3.2 Voraussetzungen des Leistungsanspruchs

Im Falle der Arbeitslosigkeit steht nur den Versicherungspflichtigen ab dem Zeitpunkt, an dem sie sich arbeitslos melden, ein Anspruch auf „Entgeltersatzleistung", dem Arbeitslosengeld (nach Einführung des Arbeitslosengeldes II (ALG II) auch Arbeitslosengeld I genannt) zu; dieses aber nur unter der Voraussetzung, dass sie zusätzlich noch die „Anwartschaftszeit" erfüllen (vgl. § 117 SGB III). Für alle Ansprüche auf Arbeitslosengeld I, die nach dem 1. Februar 2006 begründet werden, muss in der davor liegenden zweijährigen Rahmenfrist mindestens zwölf Monate eine versicherungspflichtige Beschäftigung ausgeübt worden sein (vgl. §§ 123, 124 SGB III).[12]

3.3 Leistungen vor der Promotion

Direkt im Anschluss an das Studium ist es in der Regel nicht möglich, die Wartezeit auf ein Promotionsstipendium bzw. eine Promotionsstelle mit Hilfe des so genannten Arbeitslosengeldes I zu überbrücken. Nur in den Fällen, in denen auch während des Studiums eine versicherungspflichtige Tätigkeit ausgeübt wurde, kann überhaupt ein Anspruch entstehen. Vor Beginn des Studiums liegende Beschäftigungszeiträume können wegen der kurzen Rahmenfrist in den meisten Fällen nicht bei der Anwartschaftszeit berücksichtigt werden.

Soll nach Beendigung einer versicherungspflichtigen Beschäftigung die Doktorarbeit geschrieben werden, kann die Zeit bis zum tatsächlichen Beginn der Promotionstätigkeit unproblematisch mit Hilfe des Arbeitslosengeldes überbrückt werden. Eine Finanzierung der Promotion auf diesem Wege ist jedoch nicht möglich! Die Immatrikulation als PromotionsstudentIn allein schließt den Anspruch auf Arbeitslosengeld I zwar nicht aus. (Die strengen Regelungen für Studierende, bei denen grundsätzlich wegen des Studiums kein Anspruch auf Arbeitslosengeld I besteht (vgl. § 120 Abs. 2 SGB III), gelten – laut Dienstanweisung der Bundesagentur

---

[12] Für alle Personen, die sich bis zum 31.1.2006 arbeitslos melden, ist jedoch die Übergangsregelung des § 434j Abs. 3 SGB III zu beachten. Die Voraussetzungen und die Höhe des Anspruchs auf Arbeitslosengeld I richten sich für sie nach den Normen in der Fassung vor dem 1.1.2004. Insbesondere beträgt die Rahmenfrist danach drei Jahre.

für Arbeit – nicht für Promovierende.) Ein Anspruch auf Arbeitslosengeld I besteht aber nur, solange die Betroffenen beschäftigungssuchend sind, das heißt dem Arbeitsmarkt tatsächlich für ein zumutbares Beschäftigungsverhältnis von mindestens 15 Stunden wöchentlich zur Verfügung stehen (vgl. §§ 118, 119, 121 SGB III). Wenn eine von der Arbeitsagentur angebotene und zumutbare Arbeit unter Verweis auf die zeitraubende Promotionstätigkeit abgelehnt wird, geht der Anspruch auf Arbeitslosengeld verloren. Es ist jedoch möglich, sich dem Arbeitsmarkt nur für eine Teilzeitbeschäftigung zur Verfügung zu stellen (mindestens aber 15 Stunden pro Woche). Wenn zuvor ein Beschäftigungsverhältnis mit längerer Arbeitszeit bestand, wird zwar das Arbeitslosengeld I entsprechend gekürzt. Diese Variante lässt aber Zeit für die Promotion und man läuft nicht Gefahr, dass die Agentur einem zumutbare Vollzeitjobs anbietet oder zu zeitraubenden Arbeitsförderungsmaßnahmen schickt. Grundsätzlich sollte es deshalb vermieden werden, allzu forsch mit dem Hinweis auf die Doktorarbeit die zeitliche Auslastung zu betonen. Möglicherweise wird der oder die SachbearbeiterIn den Promovierenden dann sogar verständnisvoll entgegenkommen und sie erst nach einigen Monaten in die Arbeitsvermittlung nehmen. Und es können so die damit zusammenhängenden zeitintensiven Verpflichtungen zumindest für eine gewisse Zeit vermieden werden.

3.4   Leistungen nach der Promotion

Promovierende auf Qualifizierungs- und Projektstellen haben, genauso wie alle anderen versicherungspflichtigen Beschäftigten, nach Auslaufen ihres Vertrages einen Anspruch auf Arbeitslosengeld I, wenn sie innerhalb der letzten zwei Jahre[13] mindestens 360 Kalendertage beschäftigt waren. Dieses wird nach den gesetzlichen Regeln mindestens für sechs Monate gewährt. Die Bezugsdauer kann sich – je nachdem wie hoch der Anteil versicherungspflichtiger Beschäftigung während der Anwartschaftszeit war – bei unter 45-Jährigen auf bis zu zwölf Monate[14] ausweiten (vgl. § 127 SGB III).

Wer die Zeit der Arbeitslosigkeit nach Auslaufen der Promotionsstelle zum Abschluss seiner Promotion nutzen will, muss jedoch wiederum bedenken, dass ein Anspruch nur besteht, wenn man der Vermittlung tatsächlich zur Verfügung steht (siehe 3.3).

---

[13] Drei Jahre in der bis zum 31.1.2006 anwendbaren Fassung.

[14] Die Bezugsdauer kann bis zu 18 Monaten betragen, wenn die Meldung bei der Arbeitsagentur bis zum 31.1.2006 erfolgt und damit ein Anspruch auf Arbeitslosengeld I begründet wird.

Anders gestaltet sich die Situation für Promovierende mit Stipendium. Selbst wenn vor der Promotionsphase – möglicherweise über viele Jahre – Beiträge zur Arbeitslosenversicherung geleistet wurden, begründet dieses hinterher in der Regel keinen Anspruch auf Arbeitslosengeld. Schuld daran ist die kurze Rahmenfrist von zwei Jahren.[15] Bei den derzeit üblichen Promotionszeiten ist es praktisch unmöglich, die notwendige Anwartschaftszeit zu erfüllen.

Vor einem solchen „Verfall" der einmal erworbenen Ansprüche kann man sich jedoch bis zu einem gewissen Grad schützen. Wer sich in der „Zeit der Neuorientierung" nach Beendigung einer zuvor ausgeübten versicherungspflichtigen Beschäftigung bis zum tatsächlichen Beginn der Promotion (die selbst keine Arbeitslosigkeit ist!) kurzzeitig arbeitslos meldet, reduziert seine Anspruchsdauer zwar um diesen Zeitraum. Der Restanspruch auf das Arbeitslosengeld erlischt dann jedoch erst vier Jahre nachdem der Anspruch auf das Arbeitslosengeld durch die Meldung beim Arbeitsamt zunächst entstanden war (vgl. § 147 Abs. 2 SGB III). Erfolgt innerhalb dieser vier Jahre eine erneute Meldung beim Arbeitsamt, z.B. nach Stipendienende, Exmatrikulation oder etwas anderem, kann so der Anspruch auf die verbliebene Bezugsdauer erhalten werden.

3.5 Arbeitslosengeld II

Die Promovierenden ohne Stellen sind, da sie nicht unter die Versicherungspflicht fallen, nach Abschluss ihrer Promotion in der Regel sofort auf die Unterstützung durch das Arbeitslosengeld II zu verweisen. Für diese Leistung sind zwar ebenfalls die Agenturen für Arbeit am gewöhnlichen Aufenthaltsort zuständig. Es handelt sich dabei aber nicht um einen Anspruch aufgrund der in die Arbeitslosenversicherung geleisteten Beiträge, sondern um die staatliche Grundsicherung, die allen erwerbsfähigen Arbeitslosen aus Steuermitteln zusteht, soweit sie bedürftig sind. Das Arbeitslosengeld II wird nach eigenen Voraussetzungen gewährt. Geregelt sind diese im zweiten Buch des Sozialgesetzbuches (SGB II).

Nach dem Auslaufen des Stipendiums bzw. nach Beendigung der frei finanzierten Promotion gilt es vor diesem Hintergrund also Folgendes zu beachten: Einen Anspruch auf Arbeitslosengeld II hat jede/r Erwerbsfähige, die/der bedürftig ist, also den Lebensunterhalt nicht durch eigenes Einkommen oder Vermögen bestreiten kann. Dabei wird die Einkommens-

---

[15] Nur in den wenigsten Fällen wird sich daran etwas ändern, wenn die dreijährige Rahmenfrist für die Begründung eines Anspruchs maßgeblich ist.

und Vermögenssituation der Personen mit berücksichtigt, mit denen die/der Betreffende in einer „Bedarfsgemeinschaft" lebt. Das heißt, das Einkommen der EhegattInnen, LebenspartnerInnen und der in derselben Wohnung wohnenden Angehörigen wird dabei mit berücksichtigt. Wenn das zur Versorgung aller ausreicht, gibt es kein Geld!

Wichtig ist es auch zu wissen, dass das Arbeitslosengeld II nur auf Antrag gezahlt wird und auch nur für die Zeit ab Antragstellung, nicht rückwirkend. Der Antrag muss also sofort mit Beginn der Arbeitslosigkeit gestellt werden. Es sollte aber nicht damit gerechnet werden, die Unterstützungsleistungen umgehend zu erhalten. Die Auszahlung erfolgt erst nach der Bearbeitung des Antrags durch den/die zuständigeN SachbearbeiterIn. Dies kann einige Zeit dauern. Ist die Arbeitslosigkeit absehbar (z.B. nach Auslaufen des Stipendiums), empfiehlt es sich daher, sich bereits vorsorglich arbeitslos zu melden. Dies kann bis zu drei Monate vor dem erwarteten Termin passieren.

Die Höhe des Arbeitslosengeldes II ist erheblich geringer als die des eigentlichen Arbeitslosengeldes (I). Sie orientiert sich allein an der notwendigen Existenzsicherung. Die Regelleistung beträgt 345 € (West) bzw. 331 € (Ost). Hinzu kommen noch sachbezogene Leistungen z.B. für Unterkunft und Heizung.

Die recht geringe Regelleistung kann sogar noch schrittweise um bis zu 60% gekürzt werden, wenn Auflagen der Arbeitsagentur nicht eingehalten oder zumutbare Arbeit abgelehnt werden. Dabei gilt grundsätzlich jede Arbeit als zumutbar, selbst wenn sie nicht dem eigenen Vor- und Ausbildungsstand entspricht. Ausnahmen von der Zumutbarkeit regelt allein § 10 SGB II. Ob das Verfassen einer Promotion in diesem Sinne einen „wichtigen Grund" (vgl. Abs. 1 Nr. 5) darstellt, um zumindest die Annahme einer Vollzeitbeschäftigung ablehnen zu können, kann nicht erwartet werden. Da aber in diesem Bereich viel von der Entscheidung der jeweiligen SachbearbeiterInnen abhängt, sollte sich nicht gescheut werden, die Promotion als sinnvolle berufsqualifizierende Tätigkeit darzustellen.

4 Rentenversicherung

Eine weitere Säule des deutschen Sozialversicherungssystems ist die Rentenversicherung, geregelt im sechsten Buch des Sozialgesetzbuches (SGB VI). Trägerin ist in der Regel die Bundesversicherungsanstalt für

Angestellte (BfA) (vgl. § 125 Nr. 2 SGB VI). Da der damit verbundene Anspruch in der Regel erst jenseits des 60. Lebensjahres fällig wird, und vor dem Hintergrund aktueller Reformdiskussionen, lassen sich hinsichtlich möglicher Ansprüche heute keine gesicherten Vorhersagen treffen. Aus diesem Grund soll in diesem Zusammenhang lediglich auf die Grundsätze der Versicherungspflicht hingewiesen werden.

Als abhängig Beschäftigte trifft StelleninhaberInnen auch im Hinblick auf die Rentenversicherung eine Versicherungspflicht (§ 1 Nr.1 SGB VI). Die Beiträge werden auch hier automatisch von den ArbeitgeberInnen abgeführt. Eine Ausnahme bilden wiederum geringfügige Beschäftigungsverhältnisse (vgl. § 5 Abs. 2 i.V.m. § 8 SGB IV). Ebenfalls befreit sind Angestellte, die Mitglieder berufsständischer Versorgungseinrichtungen sind, wie der Rechtsanwalts- und Architektenkammern (§ 6 SGB VI).

Anders als bei der Krankenversicherung und Arbeitslosenversicherung entfällt die Rentenversicherungspflicht nicht automatisch bei jeder Art von selbständiger Tätigkeit. Vor allem ist derjenige, der ohne eigenes Personal und im Wesentlichen für einen Auftraggeber tätig ist, als „arbeitnehmerähnlicher Selbständiger" gemäß § 2 Nr. 9 SGB VI weiterhin rentenversicherungspflichtig. Eine Befreiung von der Versicherungspflicht kann jedoch – wie bei Angestellten – durch die Mitgliedschaft in berufsständischen Versorgungseinrichtungen erreicht werden, sofern diese bestehen. Nach § 2 Nr. 1 SGB VI sind auch selbständig tätige LehrerInnen und ErzieherInnen rentenversicherungspflichtig. Der Begriff der Lehrtätigkeit wird dabei sehr weit ausgelegt und betrifft z.B. auch Lehraufträge an Hochschulen. Um böse Überraschungen zu vermeiden, sollte vor Aufnahme einer selbständigen Beschäftigung die Frage der Versicherungspflicht, z.B. bei der Gewerkschaft geklärt werden.

Aufgrund fehlender „Beschäftigung" bzw. fehlenden Arbeitsentgeltcharakters der Zuwendungen entfällt die Rentenversicherungspflicht für Promovierende, die sich über Stipendien oder in sonstiger Weise finanzieren. Die freiwillige Rentenversicherung ist aber hier grundsätzlich möglich (vgl. § 7 SGB VI) und kann sich in einigen Fällen anbieten, um die Mindestbeitragszeit zu erreichen und so bereits eingezahlte Beiträge vor dem Verfall zu bewahren. Ob sich dieses lohnt, muss jedoch im Einzelfall geprüft werden.

5   Unfallversicherung

Die gesetzliche Unfallversicherung entstand Ende des 19. Jahrhunderts als Antwort auf die Gefahren der ArbeitnehmerInnen durch die zunehmenden industriellen Produktionsmethoden. Ihre Aufgabe ist daher bis heute sowohl die Verhütung von Arbeitsunfällen als auch die Wiederherstellung der Leistungsfähigkeit der Versicherten bzw. die Entschädigung der Hinterbliebenen nach einem Arbeitsunfall. Sie wird vom Gesetzgeber im siebten Buch des Sozialgesetzbuches (SGB VII) formuliert. Die gesetzliche Unfallversicherung gewährt damit – anders als die Krankenversicherung – Versicherungsschutz nicht unabhängig vom schadensbegründenden Ereignis (Finalitätsprinzip), sondern nur bei spezifischen Risiken im Zusammenhang mit der Tätigkeit im Organisationsbereich eines Unternehmens. Da das Bereitstellen eines sicheren Arbeitsplatzes zum Aufgabenbereich des Unternehmens gehört, wird die gesetzliche Unfallversicherung ausschließlich durch die Unternehmen finanziert. Trägerinnen der Unfallversicherung sind die für den jeweiligen gewerblichen Bereich errichteten Berufsgenossenschaften bzw. die öffentlichen Unfallkassen.

Promovierende fallen bei ihren Forschungstätigkeiten, abhängig von ihrem jeweiligen Status, auf unterschiedliche Weise unter den Schutz der Unfallversicherung.

5.1   Abhängig Beschäftigte

Aus dem oben Gesagten ergibt sich, dass alle abhängig Beschäftigten aufgrund ihres Arbeitsverhältnisses unter den Unfallversicherungsschutz fallen. Also gehören auch Promovierende, die aufgrund eines Arbeitsvertrages mit einer Universität oder einem Forschungsinstitut eine Qualifizierungs- oder Projektstelle bekleiden, zum versicherten Personenkreis (vgl. § 2 Abs. 1 Nr. 1 SGB VII i.V.m. § 7 SGB VII). Denn nicht nur Privatunternehmen, sondern auch die Universitäten und andere öffentliche Forschungseinrichtungen sind als Arbeitgeber versicherungspflichtig. Wegen ihres öffentlich-rechtlichen Charakters sind sie – anders als privatwirtschaftliche Unternehmen – aber nicht Mitglieder der Berufsgenossenschaften, sondern der jeweils regional zuständigen Unfallkassen der öffentlichen Hand.

Vom Versicherungsschutz sind alle Unfälle umfasst, die bei Tätigkeiten eintreten, die im inneren Zusammenhang mit dem Beschäftigungsverhältnis stehen (vgl. §§ 7 Abs. 1, 8 Abs. 1 SGB VII). Dieses gilt vor allem, wenn die Tätigkeiten auf dem Gelände, insbesondere in den Räumlichkeiten z.B. der Universität ausgeübt werden. Darunter fallen aber auch Tätigkeiten außerhalb des Universitätsgeländes, soweit sie dienstlich veranlasst, d.h. auf Weisung des Dienstherrn erfolgen. Dazu gehören die Teilnahme an Kongressen, der Besuch auswärtiger Bibliotheken und anderer Forschungseinrichtungen. In der Regel besteht auch auf dem Weg zu und von der Arbeit Versicherungsschutz (vgl. § 8 Abs. 2 SGB VII).

Nicht mehr unter den Versicherungsschutz fallen so genannte eigenwirtschaftliche Tätigkeiten, die nicht mehr im Interesse der anstellenden Hochschule, sondern im eigenen, privaten Interesse vorgenommen werden. Interessant ist, wie vor diesem Hintergrund Forschungstätigkeiten für die Promotion bewertet werden. Aufgrund der bisher dargestellten allgemeinen Regeln muss wohl gelten, dass alle Forschungstätigkeiten, die innerhalb eines von der Universität initiierten Projekts stattfinden und Gegenstand des Beschäftigungsverhältnisses sind, unter den Schutz der Unfallversicherung fallen, auch wenn dessen Ergebnisse hinterher in die eigene Doktorarbeit Eingang finden.

Wird innerhalb eines Beschäftigungsverhältnisses lediglich Gelegenheit zu eigenverantwortlichen Forschungen gegeben (so genannte Qualifizierungsstellen), fallen entsprechende Tätigkeiten nicht mehr unter den aufgrund des Beschäftigtenstatus gewährten Schutz. Es lässt sich in den meisten Fällen aber wohl auch eine dienstliche Veranlassung für die Tätigkeiten finden, da eine klare Abgrenzung zwischen Forschungstätigkeit aus Eigeninteresse und im Interesse der Hochschule praktisch unmöglich ist, vor allem, wenn die Tätigkeit in den Räumlichkeiten der Hochschule ausgeübt wird und im zeitlichen Zusammenhang mit den durch die/den ArbeitgeberIn veranlassten Tätigkeiten steht. Damit wäre ein Versicherungsschutz gegeben. Etwas anderes gilt, wenn für die Promotion andere Einrichtungen aufgesucht werden und dadurch die eindeutige Zuordnung allein zum Zwecke eigenverantwortlicher Forschung möglich wird. Der Unfallversicherungsschutz über die/den ArbeitgeberIn wird dann aber häufig durch den über die jeweilige Einrichtung ersetzt (siehe dazu 5.3).

Gleiches gilt, wenn das Beschäftigungsverhältnis an der Hochschule überhaupt nicht die Promotionstätigkeit umfasst (z.B. bei Projektstellen, die keinen Bezug zum Thema der Promotion haben). Promovierende unterliegen bei ihren Forschungstätigkeiten dazu nämlich gerade nicht mehr dem arbeitsrechtlichen Direktionsrecht. Da der Arbeitgeber damit keinen Einfluss darauf hat, welche Einrichtungen aufgesucht werden, wird es als unangemessen angesehen, der Universität die damit einhergehenden Risiken aufzuerlegen. Als eigenwirtschaftlich gilt dementsprechend auch die Promotionstätigkeit für diejenigen, die neben einem nichtwissenschaftlichen Beschäftigungsverhältnis als LehrerIn oder in einem noch fachferneren Beruf arbeiten. Die Promovierenden sind damit aber nicht schutzlos. Sie können aufgrund eines bestehenden Status als PromotionsstudentIn (siehe dazu 5.2) oder als berechtigte NutzerInnen von Forschungseinrichtungen (siehe dazu 5.3) Versicherungsschutz genießen.

5.2 Immatrikulation als Promotionsstudent

Genau wie ordentliche StudentInnen während ihrer Ausbildung an einer Hochschule gehören auch die ordnungsgemäß immatrikulierten PromotionsstudentInnen – unabhängig von dem Bestehen eines Beschäftigungsverhältnisses – in den Kreis der versicherten Personen.[16] Davon erfasst sind alle Tätigkeiten, die in einem unmittelbaren räumlichen und zeitlichen Zusammenhang mit ihrer Hochschule und deren Einrichtungen stehen bzw. die dem organisatorischen Bereich der Hochschule zuzurechnen sind[17] und der Promotion dienen. Der Besuch von Veranstaltungen in der Universität, von Bibliotheken oder anderen Einrichtungen der Universität zu Studienzwecken ist somit unfallversichert. Die Immatrikulation pro forma kann den Versicherungsschutz aber allein nicht begründen.

Ist die Immatrikulation verbunden mit einem Promotionsstudiengang, so ist der Besuch der in diesem Rahmen angebotenen Veranstaltungen ebenfalls vom Schutz umfasst, genauso wie Praktika, Exkursionen u.a.[18], sowie Veranstaltungen außerhalb des Universitätsgeländes, wenn sie im Rahmen des Studienganges vorgeschrieben sind.[19] Ebenfalls versichert sind in diesen Fällen die Wege zwischen Wohnung und Universität[20] und (mit-)versicherten Praktika.[21]

Ebenfalls dem Unfallversicherungsschutz unterfallen die Teilnehmer eines Graduiertenkollegs, selbst wenn sie nicht Mitglieder der ausrichtenden Hochschule sind.

---

[16] Ricke in: Kasseler Kommentar, SGB VII, §2 Rn.37; Schmitt, SGB VII Kommentar, § 2 Rn.58 m.w. Nachw.

[17] Bundessozialgericht (BSG) Urteil vom 19.05.1983 Az: 2 RU 79/82 (abgedruckt in der Entscheidungssammlung des BSG Band 55, S.141 ff.).

[18] BSG Urteil vom 30.06.1993 Az: 2 RU 43/92 (abgedruckt in der Entscheidungssammlung des BSG Band 73, S.5 ff.).

[19] Vgl. Schmitt, SGB VII Kommentar, § 2 Rn. 60.

[20] Vgl. BSG Urteil vom 23.04.1975 Az: 2 RU 227/74 (abgedruckt in der Entscheidungssammlung des BSG Band 39, S.252 ff.).

[21] Vgl. Schmitt, SGB VII Kommentar, § 2 Rn. 61.

Nicht von diesem Schutz umfasst ist die Arbeit in der eigenen Wohnung und wenn Einrichtungen außerhalb der Universität aufgesucht werden (z.b. Bibliotheken anderer Universitäten oder sonstiger Träger).

5.3 Nutzer universitärer oder sonstiger öffentlicher Forschungseinrichtungen

Halten sich die DoktorandInnen jedoch mit Zustimmung der Universität oder einer anderen öffentlichen Forschungseinrichtung in deren Räumlichkeiten auf, so besteht in der Regel Versicherungsschutz gemäß § 3 Abs. 1 Nr. 2 SGB VII in Verbindung mit der jeweils geltenden Satzung der zuständigen Unfallkasse. Soweit ersichtlich, enthalten alle Satzungen der zuständigen Unfallkassen der öffentlichen Hand entsprechende Regelungen, nach denen DoktorandInnen während der Nutzung unfallversichert sind. Dieses gilt jedoch nur, wenn die Nutzung mit Zustimmung des Trägers geschieht. Bei frei zugänglichen Bibliotheken ist dieses wohl grundsätzlich, zumindest aber mit Inhaberschaft einer Nutzerkarte der Fall. Ansonsten sollte die entsprechende Zustimmung vorher eingeholt werden.

5.4 Forschungen in privaten Unternehmen

Findet das Promotionsvorhaben in Kooperation mit einem privaten Unternehmen statt und werden dabei dessen Einrichtungen genutzt, ohne dass dem ein Arbeitsvertrag zugrunde liegt, unterliegt der/die DoktorandIn grundsätzlich nicht dem Unfallschutz als Beschäftigte/r. Dies gilt selbst dann, wenn im Zuge der Forschungen betriebliche Tätigkeiten vorgenommen werden und die Ergebnisse der Arbeit dem Unternehmen zustehen oder zumindest zugute kommen. Die Forschungen gelten nämlich nicht als weisungsabhängige, sondern als eigenverantwortliche Tätigkeit und haben damit eigenwirtschaftlichen Charakter. Solange aber mit Zustimmung des Unternehmens gehandelt wird, sind die DoktorandInnen auf dem Betriebsgelände aufgrund § 3 Abs. 1 Nr. 2 SGB VII automatisch versichert, wenn dies die Satzung der zuständigen gewerblichen Berufsgenossenschaft vorsieht. Dieses ist in der Regel der Fall. Um Unsicherheiten auszuschließen, sollte das aber im Vorfeld geklärt werden, vor allem, da es möglich ist, dass der Versicherungsschutz durch die Satzung für grob fahrlässiges Verhalten ausgeschlossen wird.

5.5   Selbständige Tätigkeit an Hochschulen

Unter normalen Umständen fallen alle an den Hochschulen selbständig tätigen Personen nicht unter den gesetzlichen Unfallversicherungsschutz (vgl. § 2 SGB VII). Dies muss vor allem von Promovierenden beachtet werden, die aufgrund von Werk- oder Lehraufträgen an Hochschulen tätig sind. Aufgrund der fehlenden Weisungsabhängigkeit sind dies grundsätzlich keine Beschäftigungsverhältnisse. Im Einzelfall kann die Feststellung des Status aber schwierig sein. Gerade bei den aktuellen Rekrutierungspraktiken der Hochschulen (Vergabe unbezahlter Lehraufträge, Verrichtung „arbeitnehmerähnlicher" Tätigkeiten in Rahmen von Werkverträgen etc.) kann es fraglich sein, ob tatsächlich eine selbständige Tätigkeit gegeben ist. Für die versicherungsrechtliche Einordnung kommt es aber nicht auf die gewählte Bezeichnung des Vertragsverhältnisses an, sondern darauf, welche Art von Tätigkeit faktisch vorliegt. Um mögliche Zweifel bezüglich des versicherungsrechtlichen Status auszuräumen, können Betroffene in einem schriftlichen Verfahren die Clearingstelle der Bundesversicherungsanstalt für Angestellte (BfA)[22] anrufen.[23] Diese stellt dann fest, ob tatsächlich Selbständigkeit besteht und damit gegebenenfalls privat Vorsorge getroffen werden muss.

6   Fazit

Es gibt eine Vielzahl von Möglichkeiten und Wege, die Promotionszeit zu finanzieren. Entsprechend unterschiedlich sind die jeweiligen Folgen für die soziale Absicherung.

So verlockend auf dem ersten Blick eine Finanzierung durch ein Stipendium ist, da sie in der Regel keine direkten Verpflichtungen mit sich bringt und auch noch steuerfrei ist, offenbart sich auf den zweiten Blick der Pferdefuß. Für die soziale Absicherung haben die Promovierenden selbst zu sorgen! Dieses bedeutet volle Beitragslast bei der gesetzlichen Krankenversicherung sowie keine bzw. praktisch keine Möglichkeit in dieser Zeit, Ansprüche auf Arbeitslosengeld oder auf eine Rente bei der BfA zu erwerben, für die Mehrheit eine weitere Vergrößerung der Unsicherheit und der sich ohnehin andeutenden Versorgungslücke.

---

[22] Adresse: Sieversufer 9, 12359 Berlin oder Postfach 10704 Berlin.
[23] Siehe Link zu den Vordrucken des Antragsformulars der Unfallversicherung und den entsprechenden Erläuterungen im Anhang.

Besser sieht es für die Promovierenden mit regulären Arbeitsstellen aus. Sie sind als ArbeitnehmerInnen voll in das soziale Sicherungssystem integriert: zu ihrem eigenen und zum Vorteil des Systems, das alle jungen BeitragszahlerInnen dringend braucht.

Eine Erhöhung der Zahl der Vollzeitpromotionsstellen ist daher anzustreben. Leider scheint in den letzten Jahren der Trend in die entgegengesetzte Richtung zu gehen. Gerade staatliche Forschungseinrichtungen wie die Max-Planck-Gesellschaft setzen zunehmend auf Stipendiumsmodelle. Und schon werden diese auch für die Universitäten diskutiert. Dieses mag den kurzfristigen Sparzielen der öffentlichen Haushalte entgegenkommen, kann aber den Wissenschaftsstandort auf lange Sicht gefährden. Gerade in den Naturwissenschaften wird es für die Universitäten immer schwieriger, wissenschaftlichen Nachwuchs zu rekrutieren. Es gehört mittlerweile schon sehr viel Idealismus dazu, sich auch nur für die relativ kurze Dauer einer Promotion, gegen die finanzielle Sicherheit einer Beschäftigung in der Privatwirtschaft und für die universitäre Forschung zu entscheiden.

Wenn auch die Versorgung aller Promovierenden mit Stellen zurzeit illusorisch erscheint, so ist sie doch anzustreben. Bis dahin würde sich durch die Einführung eines eigenen Status für Promovierende die Möglichkeit eröffnen, entsprechend den Regelungen für StudentInnen, Sondertatbestände bei Kranken-, Arbeitslosen- und Rentenversicherung einzuführen, um eine wenn nicht sogar kostenlose, so doch erschwingliche Mindestsicherung zu erreichen.

Literatur

Hauck, Karl/Noftz, Wolfgang: Sozialgesetzbuch SGB V, Kommentar. (Loseblatt-Ausgabe Stand Januar 2005) Berlin Schmidt.
Kasseler Kommentar Sozialversicherungsrecht. (Loseblatt-Ausgabe Stand 1. Dez. 2004) München Beck.
Schmitt, Jochem: SGB VII, Gesetzliche Unfallversicherung, Kommentar. (2. Aufl. 2004) München Beck.
Als preiswerter allgemeiner Ratgeber zum Sozialrecht:
Winkler, Jürgen: Sozialrecht von A – Z. 2. Auflage im Mai 2005, 432 Seiten, dtv München 11,50 € (ISBN 3-423-05671-1).

LINKS

Allgemein:
Zu den einzelnen Bereichen des Systems der sozialen Sicherung können Publikationen über die Internetseite des Bundesministeriums für Gesundheit und soziale Sicherung kostenlos als Pdf-Datei abgerufen bzw. Broschüren bestellt werden:
http://www.bmgs.bund.de/deu/gra/publikationen/publ.cfm (14.10.05).

Arbeitslosenversicherung:

Bei Fragen zur Arbeitslosenversicherung bietet sich ein Blick auf die Internetseite der Bundesagentur für Arbeit an: http://www.arbeitsagentur.de. Für unabhängige Beratung zum Thema Arbeitslosenversicherung existieren fast in jeder Stadt kostenlose Arbeitslosenberatungen karitativer Träger. Die Adressen sind einfach und schnell über das Internet zu erfahren.

Die angegebenen Paragrafen der Bücher des Sozialgesetzbuches finden sich in der jeweils aktuellen Fassung unter folgenden Internetadressen:

Grundsicherung für Arbeitssuchende SGB II: http://bundesrecht.juris.de/bundesrecht/sgb_2/ (14.10.05).

Arbeitsförderung/Arbeitslosenversicherung SGB III: http://bundesrecht.juris.de/bundesrecht/ sgb_3/ (14.10.05).

Gemeinsame Vorschriften für die Sozialversicherungen SGB IV: http://bundesrecht.juris.de/ bundesrecht/sgb_4/ (14.10.05).

Gesetzliche Krankenversicherung SGB V: http://bundesrecht.juris.de/bundesrecht/sgb_5/ (14.10.05).

Gesetzliche Rentenversicherung SGB VI: http://bundesrecht.juris.de/bundesrecht/sgb_6/ (14.10.05).

Gesetzliche Unfallversicherung SGB VII: http://bundesrecht.juris.de/bundesrecht/sgb_7/ (14.10.05).

Soziale Pflegeversicherung SGB XI: http://bundesrecht.juris.de/bundesrecht/sgb_11/ (26.02.05)
Krankenkasse: Nähere Informationen zur privaten Krankenversicherung finden sich auf der Internetseite des Verbandes der privaten Krankenversicherung (PKV): http://www.pkv.de (14.10.05).

Bei der Auswahl der preisgünstigsten Krankenversicherung helfen diverse Internetseiten mit so genannten Beitragsrechnern. Bei den dort aufgeführten Angeboten der privaten Krankenversicherer ist jedoch zu berücksichtigen, dass deren tatsächlichen Tarife jedoch erst nach einer individuellen Prüfung der Krankengeschichte bindend festgelegt werden.

Unfallversicherung:

Antragsformulare für die Feststellung des sozialversicherungsrechtlichen Status: http://www.deutsche-rentenversicherungs-bund.de >Formulare und Publikationen >Formulare >Versicherung >Statusfeststellung (14.10.05).

Weitere allgemeine Informationen und Publikationen zur Unfallversicherung sowie Links zu den einzelnen Unfallversicherungsträgern, bei denen auch deren Satzungen eingesehen werden können, finden sich unter:

Internetseite des Bundesverbandes der Unfallkassen: http://www.unfallkassen.de (26.02.05). Internetportal der gewerblichen Berufsgenossenschaften http://www.berufsgenossenschaft.de (14.10.05).

Weitere Gesetze:

Einkommenssteuergesetz (EStG): http://bundesrecht.juris.de/bundesrecht/estg/ (26.02.05).

Arbeitsplatz Promotion

Claudia Koepernik

1 Einführung

Die Wahl des Arbeitsplatzes für die Promotion ist abhängig von ganz unterschiedlichen Faktoren und sollte entsprechend den eigenen Interessen, Bedürfnissen und sozialen wie finanziellen Rahmenbedingungen getroffen werden. Den idealen Arbeitplatz für das Schreiben der Dissertation gibt es nicht. Das Spektrum kann vom einsamen Kämmerlein zuhause bis zum Großraumbüro z.b. in einem Forschungsinstitut reichen.

Als erster Schritt steht die Klärung, welche Aufgabenbereiche zu einer Dissertation gehören, um zu einer Arbeitsplanung und entsprechender Arbeitsplatzbeschreibung zu kommen. Die Arbeits- und Zeitplanung wird zwar bereits im Exposé erarbeitet, oft jedoch ohne sich bewusst zu machen, welche konkreten Arbeitsaufgaben dahinter stehen, wo diese Arbeit stattfindet, Arbeitsplätze finanziert werden und welche Probleme dabei auftreten können. Der folgende Beitrag möchte dafür Anregungen geben.

Wer ein Studium erfolgreich beendet hat, verfügt über einen gewissen Kanon an Strategien und Techniken der Arbeitsplatzgestaltung, kennt die unterschiedlichen Arbeitsplätze und vor allem sich selbst und die eigenen Bedürfnisse, um daraus Konsequenzen für die Gestaltung der Promotionsphase zu ziehen.

In einigen Landeshochschulgesetzen, z.b. in Mecklenburg-Vorpommern und Rheinland-Pfalz, finden sich Regelungen, den DoktorandInnen „forschungsorientierte Studien" anzubieten und den Erwerb von Schlüsselqualifikationen zu ermöglichen. Als Konsequenz dieser stärker betonten Verantwortung der Hochschulen für „ihre" Promovierenden lässt sich argumentieren, dass sie ihnen auch eine ausreichende Infrastruktur für ihre Promotion zur Verfügung stellen müssten. Tatsächlich ist es jedoch das Ergebnis eines jahrzehntelangen „Verdrängungsprozesses" der Promovierenden aus den Hochschulen, wenn es heutzutage scheinbar selbstverständlich ist, dass DoktorandInnen für Arbeitsplatz, Arbeitsmaterialien oder Computer und Internetzugang selbst sorgen. Ein Anspruch auf einen Arbeitplatz respektive Büro in der Hochschule besteht für dort nicht Beschäftigte nicht, wird aber teilweise zur Verfügung gestellt. Es lohnt also, sich eventuell auch gemeinsam mit anderen „externen" Promovierenden dafür einzusetzen, dass PC-Arbeitsplätze und Büroräume zur Verfügung gestellt werden. Zudem sollten die Ressourcen genutzt werden können, die auch den Studierenden zur Verfügung stehen, wie Arbeitsplätze in Bibliotheken und PC-Pools.

Promotion ist Arbeit und kein Freizeitvergnügen. Dieses sich und seinem Umfeld bewusst zu machen, ist die erste und sich immer wieder neu aufdrängende Aufgabe bei einer Doktorarbeit. Da das Promovieren keiner klassischen Arbeitssituation entspricht, ist die Trennung von Arbeit und Nichtarbeit, also Doktorarbeit, Familienarbeit und Freizeit oder ggf. anderen Arbeiten selbständig zu leisten. Eine klare Abgrenzung anderen Anforderungen gegenüber ist erforderlich, bestenfalls auch räumlich. Eine Vielzahl von DoktorandInnen schreibt ihre Promotion auf so genannten Qualifizierungs- oder Drittmittel- bzw. Projektstellen innerhalb der Hochschulen. Auch hier bietet sich eine klare Trennung zwischen Erwerbsarbeit und Doktorarbeit, Familienzeit und Engagement an.

2   Bestimmung der Arbeitsaufgaben

Die Arbeitsaufgaben von Promovierenden reichen von Recherchearbeiten, Lektüre, Fragebogenerstellung für quantitative und qualitative Interviews/Befragungen, Datenerhebungen und -auswertung, Laborarbeiten, Experimenten, Beobachtungen usw. bis hin zum eigentlichen Schreiben der Doktorarbeit. Jede dieser Tätigkeiten hat Konsequenzen für die Arbeitsplanung und Arbeitplatzgestaltung sowie die Wahl des Arbeitsplatzes.

Maria, die mit einem Individualstipendium in Psychologie promoviert, hat aufgeschrieben, welche Arbeitsaufgaben während ihrer Promotion auf sie zukommen könnten und wo sie diese erledigen könnte. Dabei ist sie zu folgendem Ergebnis gekommen:

Arbeitsaufgaben	Arbeitsplatz
Recherche	Bibliotheken, Archive, Computerarbeitsplatz (Internet)
Lektüre	Bibliotheken, Archive, Schreibtisch (zuhause oder im Büro)
Fragebogenerstellung	Computerarbeitsplatz, Schreibtisch
Datenerhebung/Durchführung von Interviews	Interviewort, Internet, kein fester Arbeitsplatz
Experimente/Beobachtungen	Labor, zu beobachtende Einrichtung, freie Natur, zuhause
Datenauswertung	Computerarbeitsplatz
Schreiben der Doktorarbeit	Computerarbeitsplatz
Präsentation einzelner Ergebnisse	Kolloquien (Universität), Tagungen, Workshops

Maria schlussfolgert daraus, dass es nicht „den einen Arbeitsplatz" gibt – alle genannten Arbeitsplätze werden Vor- und Nachteile haben und sind abhängig vom gewählten Thema und der Methode ihrer Dissertation, aber auch von den verschiedenen Stadien, in denen sich die Promotion befindet. Sie wird daher in ihrem Arbeits- und Zeitplan nicht nur die konkreten Arbeitsaufgaben darlegen, sondern auch die Arbeitsorte, die sich für sie anbieten.

Vor allem für die Phase des eigentlichen Schreibens der Dissertation macht sich Maria Gedanken, welche Arbeitsplätze für sie am besten geeignet sind, daher stellt sie für sich die Vor- und Nachteile der einzelnen Arbeitsplätze gegenüber:

Arbeitsplatz	Heimisches Arbeitszimmer	Lesesaal, im Idealfall abschließbare Kabine in der Bibliothek	Externes Büro
Vorteile	Ich befinde mich in einem gemütlichen Umfeld und kann mir meine Arbeitsbedingungen so einrichten, wie ich sie brauche.	Ich gehe früh wie jede/r andere zur Arbeit, setze mir feste Arbeitszeiten. In einer Kabine bin ich völlig ungestört, habe aber die Möglichkeit in Pausen zufällig Bekannte zu treffen. Wie in einem richtigen Büro, kann ich meine Sachen einschließen und muss sie nicht jeden Tag rumschleppen.	Ich gehe früh wie jede/r andere zur Arbeit, setze mir feste Arbeitszeiten.
Nachteile	Es gibt häufige Ablenkungen durch Telefonanrufe, meine MitbewohnerInnen oder meine Familie lenken mich ab, plötzlich sind andere Dinge wichtiger als die Doktorarbeit, die ich sonst nicht gerne mache, z.B. putzen.	Leider sind diese Kabinen oft schon lange im Voraus ausgebucht und nicht eine unbegrenzte Zeit nutzbar. Im Lesesaal muss ich mit Störungen durch Studierende rechnen.	Ist mit zusätzlichen Kosten verbunden, kann mir vielleicht nur einen Platz in einem Großraumbüro leisten und könnte durch die anderen abgelenkt werden.
Fazit	Ist für mich nur als ergänzender/ als Zweitarbeitsplatz geeignet, da ich mich zu leicht ablenken lasse.	Ich werde mich auf die Warteliste für eine Kabine in meiner Bibliothek setzen lassen.	Ist eine gute Alternative, die ich noch mal durchdenken werde, als ersten Schritt werde ich mich einfach mal unverbindlich nach kostenfreien (z.B. in der Uni) bzw. kostengünstigen Angeboten umhorchen.

3 Arbeitsplätze für die Promotion

Abhängig von der jeweiligen Arbeitsaufgabe ist auch die Wahl des Arbeitsplatzes. Während Recherchearbeiten meistens in Bibliotheken und Archiven geleistet werden, kann die Wahl des Arbeitplatzes für das Schreiben der Doktorarbeit sehr unterschiedlich ausfallen. Mit den Arbeitsplätzen Bibliotheken, Archive und PC-Pools der Universitäten oder der Nutzung von Laboren und die damit verbundenen Störungen, die auftreten können, hat jede/r schon während ihres/seines Studiums Erfahrung gemacht, vor allem in der Abschlussphase. Diese Erfahrungen bilden die Grundlage für und gegen die Wahl eines bestimmten Arbeitsplatzes.

Heimisches Arbeitszimmer

Es ist zu überlegen, sich zuhause einen Arbeitsplatz einzurichten, da gelegentlich, auch wenn ein Büro zur Verfügung steht, Arbeiten zuhause geleistet werden. Wenn das heimische Arbeitszimmer der Hauptarbeitsplatz ist, sollte dieser idealerweise in einem separaten Raum sein, in dem die Hauptaktivität das Schreiben der Doktorarbeit darstellt. Bei einem zusätzlichen externen Arbeitsplatz entfällt dieser Anspruch.

Anton schreibt seine Doktorarbeit zum größten Teil zuhause. In seiner 1-Raumwohnung steht ein großer Schreibtisch. Auf diesem türmen sich Berge von Materialien, aber auch Briefe und ungelesene Zeitungen. Neben einem Computer mit Bildschirm steht oft noch sein Laptop, auf dem er seine Aufzeichnungen aus der Bibliothek gespeichert hat. Wenn er sich früh an seinen Schreibtisch setzt, muss er immer erst die Materialien zusammensuchen, die er gerade benötigt. Beim Suchen findet er dann häufig interessante Artikel in den rumliegenden Zeitungen, die er dann gerne erst liest, ehe er sich seiner Arbeit widmet. Dazu kommt, dass er mit seinem Computer die ganze Zeit online ist und jede eingehende Mail sofort liest und beantwortet. So ist es oft schon Mittag, ehe er beginnt sich konsequent um seine Arbeit zu kümmern. Aufgrund dieser Erfahrung hat Anton eine Entscheidung getroffen. Er wird seinen großen Schreibtisch verkaufen und sich dafür zwei kleinere Tische anschaffen, um eine räumliche Trennung zwischen Privat- und Promotionstätigkeiten zu erreichen. Auf dem einen Schreibtisch befinden sich nun die Zeitungen, Briefe und der Computer mit dem Internetanschluss, auf dem anderen steht sein Laptop. In die zusätzlichen Ablagefächer sind seine gesammelten Materialien sortiert. Wenn Anton nun morgens mit der Arbeit beginnt, checkt er kurz seine Mails, geht offline und setzt sich dann an den Schreibtisch für die Promotion. Dadurch arbeitet er effektiver und konzentrierter an seiner Doktorarbeit. Anton hätte seinen Schreibtisch auch in zwei Bereiche aufteilen können, aber dann z.B. die Zeitungen immer im Blick gehabt und so auf die Idee kommen können, in ihnen zu blättern. Wenn er jetzt an seinem Promotionsschreibtisch sitzt, befindet sich sein Privatschreibtisch hinter ihm und so wird er weniger abgelenkt.

Um sich beim Schreiben der Doktorarbeit zuhause gegen Störungen zu verwehren, sollten Promovierende ihren Mitbewohnern bzw. der Familie deutlich machen, dass eine Störung nicht gewünscht ist. Seinem Umfeld gilt es zu vermitteln, dass die Doktorarbeit Arbeit ist, auch wenn in diesem Fall das Haus für die Arbeit nicht verlassen wird. Der Wunsch nicht gestört zu werden, könnte nach Absprache oder durch bestimme Zeichen wie Bitte-nicht-stören-Schilder deutlich gemacht werden.

Externer Arbeitsplatz

Promovierende, die z.b. mit Stipendium promovieren, sollten vielleicht mal darüber nachdenken, ob es effektiv ist, sich ein externes Büro zu besorgen. Auf der Suche nach einem externen Büro für das Schreiben der Promotion sollte der erste Schritt die Nachfrage in der jeweiligen Universität/Fakultät bzw. bei dem/der BetreuerIn nach einem freien oder nur zum Teil genutzten Raum im Fakultätsgebäude sein, der zur Verfügung gestellt werden könnte.

Mittlerweile gibt es auch in den meisten Bibliotheken abschließbare Kabinen bzw. Carrels, die für einen längeren, jedoch zumeist begrenzten Zeitraum in der Regel kostenfrei gemietet werden können. So stellt z.b. die Staats- und Universitätsbibliothek Dresden Promovierenden für einen Nutzungszeitraum von 36 Wochen ein Carrel zur Verfügung. Diese Kabinen sind jedoch oft schon lange im Voraus ausgebucht und längere Wartezeiten sind einzuplanen. Promovierende, denen eine solche Kabine zur Verfügung steht, können sie innerhalb der Öffnungszeiten der Bibliotheken nutzen, ähnlich einem externen Büro, und ihre Materialien dort einschließen. Die jeweiligen Nutzungsbedingungen sind in den Bibliotheken zu erfahren.

Sollten diese Schritte fehlschlagen, könnte überlegt werden, sich ein Büro anzumieten. Auf den ersten Blick scheint der Kostenfaktor zu erschrecken, es kann aber durchaus Vorzüge haben. Es könnte sich anbieten, sich mit anderen Promovierenden zusammenzuschließen, um gemeinsam Büroräume anzumieten und sich die Kosten zu teilen. Von Vorteil ist, dass dies ein Ort ist, der ausschließlich für die Doktorarbeit genutzt wird. Promovierende könnten dort ungestörter und effektiver an ihrer Arbeit schreiben und somit eher zum Ziel kommen. So entspricht dieses Büro einer Arbeitsstelle wie jede andere auch.

Berufsbegleitende Promotion

Promovierende mit Qualifizierungs- und Drittmittelstellen haben meist das Glück eigene Büroräume zu haben, die sie unbegrenzt nutzen können. Aber auch hier könnte sowohl eine räumliche Aufteilung des Büros Vorteile bringen, als auch eine zeitliche Trennung der beiden Tätigkeiten, um sich während der Promotion gegen Störungen erwehren zu können. Sonst werden diese Phasen immer wieder von Tätigkeiten der regulären Arbeit unterbrochen.

Karin hat eine Qualifizierungsstelle an einer Universität, mit 50% Regelarbeitszeit, die andere Hälfte soll sie für ihre Promotion nutzen. Sie hat ein schönes, modern ausgestattetes Büro und kann dieses uneingeschränkt nutzen. Im Nachbarzimmer sitzt ihr Chef und Betreuer, daher ist sie neben ihrer regulären Tätigkeit jederzeit für „Sklavenarbeiten" ihres Betreuers verfügbar. Die Einhaltung der vorgegebenen Arbeitsstunden erweist sich aufgrund der zeitaufwändigen kleineren Tätigkeiten, Lehrbelastungen und Projektbeendigungsdruck oft als Makulatur. Karin hat bei ihrem Chef durchgesetzt, dass sie die Tage Donnerstag und Freitag ausschließlich für die Arbeit an der Promotion nutzt und ihm daher zu diesen Zeiten nur in Ausnahmefällen zur Verfügung steht. Auf diese Art und Weise gelingt es Karin fast immer, klar zwischen ihrer regulären Arbeit am Lehrstuhl und der Doktorarbeit zu trennen, auch wenn sie dafür ein und dasselbe Arbeitszimmer benutzt.

Während sich bei der berufsbegleitenden Promotion auf einer Qualifizierungs- und Drittmittelstelle durchaus Synergieeffekte ergeben können, die der Arbeit an Hochschule oder Forschungseinrichtung und der Arbeit an der Dissertation zugute kommen, gibt es auch berufsbegleitende Promotionen, wo die berufliche Tätigkeit promotionsfern erfolgt. Hier lässt sich zwar leichter zwischen Erwerbsarbeit und Doktorarbeit trennen, in den seltensten Fällen können diese Promovierenden aber die Büroräume ihrer beruflichen Tätigkeit für die Promotion nutzen – außer die Promotion erfolgt neben einer selbständigen Tätigkeit. Ein Großteil dieser Promovierenden schreibt ihre Doktorarbeit in ihrer Freizeit und/oder zuhause und ist somit ebenfalls gezwungen, zwischen Doktorarbeit, Freizeit und Familienarbeit zu trennen.

Gerade im Sommer fällt es schwer, im heimischen Arbeitszimmer oder im Büro zu sitzen und an seiner Dissertation zu schreiben. Wem es gelingt, auch draußen effektiv zu arbeiten, könnte die neuen technischen Möglichkeiten wie Notebooks nutzen, die eine flexible Wahl des Arbeitsplatzes ermöglichen. So kann auch die grüne Wiese, der Garten oder der Balkon als Arbeitsplatz genutzt werden. Aber auch ohne Notebook können Literatur- und Korrekturarbeiten im Freien durchaus möglich sein.

4   Ausstattung des Arbeitsplatzes

Egal, wo der Arbeitsplatz für die Doktorarbeit ist, gehört dazu eine gewisse Grundausstattung. Für die Gestaltung des Arbeitsplatzes gibt es im Internet zahlreiche Hilfestellungen. Welche Hinweise Promovierende davon für sich übernehmen, kann jede/r selbst gemäß seiner/ihrer Bedürfnisse entscheiden. Was Promovierende häufig unterschätzen, sind die gesundheitsschädlichen Konsequenzen der Promotion: So manche PromovendIn hat schon mit einer ruinierten Bandscheibe oder geschädigten Augen für die fertige Dissertation bezahlt oder sie aufgrund solcher Gesundheitsschäden nicht beenden können. Deshalb sollte zumindest der Computerarbeitsplatz, an dem viele Stunden verbracht werden, so gesundheitsfördernd wie möglich ausgestattet sein. Im Internet finden sich Seiten mit Tipps zur Gestaltung eines Arbeitsplatzes zu Studien- und Promotionszwecken sowie Checklisten zur Kontrolle des Arbeitsplatzes und der Arbeitsmaterialien (LMU: LINK). Es gibt Anregungen (vgl. Stangl: LINK; LMU: LINK), was auf jeden Fall zu einem Arbeitsplatz gehört und was nicht, welcher Stuhl zu wählen ist, wie die günstigste Position des Computers ist und die richtige Beleuchtung aussehen sollte. Weiterhin finden sich Tipps zum Umgang mit Lärm und Musik und zum Raumklima. Anderswo gibt es Hinweise zur Konzentrationsverbesserung und Motivation am Arbeitsplatz (vgl. FIM: LINK), aber auch zur ergonomischen Gestaltung der Arbeit am Computer, um gesundheitliche Schädigungen, wie Haltungs- und Sehschäden zu vermeiden. Auch bei den Krankenkassen könnten Promovierende nachfragen, ob diese Tipps zur Gestaltung von Arbeitsplätzen oder günstige Angebote für z.b. Sitzbälle für die gesunde Körperhaltung haben. Weiterhin können sehbehinderte und blinde Promovierende Kostenzuschüsse für eine computergesteuerte Arbeitsplatzausstattung bei den Krankenkassen beantragen (vgl. Erfahrungsbericht: LINK).

Da sich die Technik für Computer ständig ändert und für jede Doktorarbeit bestimmte Komponenten und Funktionen benötigt werden, lässt sich kein bestimmter PC oder Laptop empfehlen. Von Vorteil ist ein Internetanschluss, mit dem auch größere Datenmengen gedownloaded werden und E-Mail-Kontakte mit BetreuerInnen und Freunden gepflegt werden können. Wer diesen Internetanschluss selbst finanzieren muss, kann sich nach günstigen Angeboten in der Region erkundigen, wie Funknetze oder Internet aus der Steckdose. Auch gibt es die Möglichkeit eines Online-Stipendiums, so sponsert E-Fellow.net eine T-Online DSL Flatrate (vgl. E-Fellow-Net: LINK).

5   Fazit

Die Wahl des idealen Arbeitsplatzes ist eine individuelle Entscheidung, die von vielen Faktoren und bestimmten Voraussetzungen abhängig ist. Doch gibt es bestimmte Richtlinien zur Gestaltung des Arbeitsplatzes, die Promovierende beherzigen sollten. Wichtig ist die Trennung von Arbeit und Nichtarbeit, idealerweise in Form einer räumlichen Trennung – und wenn es nur zwei Schreibtische sind.

Bei der Suche nach geeigneten Arbeitsplätzen sollten Promovierende selbst aktiv werden und z.b. Büroräume an der Universität einfordern. Dahinter steht der Wunsch einer engeren Anbindung der Promovierenden an die Fakultät.

Wer die Möglichkeit hat, mehrere Arbeitsplätze nutzen zu können, sollte dieses tun. Der Wechsel der Arbeitsplätze kann durchaus die Motivation steigern. Weiterhin sind die soziale Einbindung und ein unterstützendes Umfeld wichtig. Dazu gehören soziale Kontakte und der Austausch mit anderen Promovierenden und WissenschaftlerInnen.

LINKS

3Sat.online (2003): Ergonomie am Arbeitsplatz; unter: http://www.3sat.de/ 3sat.php? http://www.3sat.de/ neues/sendungen/show/51409/ (17.02.05).

E-Fellow.Net (2004): Bewerbung um Online-Stipendium; unter: http://www.e-fellows.net/de/ public/show/detail.php/2039 (16.02.05).

Erfahrungsbericht über die Beantragung einer computergesteuerten Arbeitsplatzausstattung für hochgradig sehbehinderte und blinde Studenten; unter: http://www.zuv.uni-heidelberg.de/ handicap/hilfen/erfahrungsberichte/ computersystem.pdf (17.02.05).

FIM-Neues Lernen, Friedrich-Alexander-Universität Erlangen-Nürnberg (2003): Kurs der virtuellen Hochschule Bayern. Seminar LUST: Lernen und Studieren. Modul 4: Arbeitsplatzgestaltung; unter: http://db.odl.org/vhb-lust/modul4/1.htm (17.02.05).

Ludwig-Maximilian-Universität München (2000): Leguan – Leitsystem für einen guten Anfang. Wissensmanagement für Studierende der Pädagogik: Arbeitsplatz; unter: http://leguan.emp.paed.uni-muenchen.de/strategien/arbeitsplatz/index.html (17.02.05).

Stangl, Werner; Institut für Pädagogik und Psychologie der Johannes Kepler Universität Linz (2000): Arbeitsblätter. Linz; unter: http://www.stangl-taller.at/ARBEITSBLAETTER/LERNTECH- NIK/Arbeitsplatz.shtml (17.02.05).

C Promotion als Prozess

Der Promotionsprozess als Arbeit

Johannes Moes

1 Promotion als Phase

Die Promotionsphase ist ein mehrjähriger Prozess, in der sich nicht nur die Dissertation entwickelt, sondern notwendig auch diejenigen, die sie schreiben. Schließlich ist das Produkt der papiergewordene Beweis der Qualifikation: Wer ein wissenschaftliches Buch schreiben kann, hat mindestens einmal bewiesen, eine längere, eigene Forschungsleistung selbständig erbringen und – was eindeutig eine schwierige weitere Anforderung ist – sie auch in einem langen Text dokumentieren zu können. Neben die eigentliche Arbeit an der Promotion tritt noch eine Vielzahl an weiteren Tätigkeiten, die zum eigenen Kompetenzgewinn beitragen. Die Dissertationsschrift steht zwar stets im Mittelpunkt der Promotion, neben ihrer Abfassung qualifizieren sich Promovierende aber in der Promotionsphase zusätzlich durch weitere, fachabhängige Tätigkeiten. Ob dies nun die Durchführung von Lehrveranstaltungen, weitere Publikationen, Vorträge auf Konferenzen, die Redaktion von Zeitschriften oder die Organisation von Konferenzen und Tagungen sind: All dies bildet ein Bündel von Erfahrungen und Kompetenzen, die nach der erfolgreichen Promotion bei der Einfädelung auf dem Arbeitsmarkt inner- und außerhalb von Wissenschaft und Forschung hilfreich sind. Die ständige Diskussion um zu lange Promotionszeiten (vgl. Kasten zu Dauer) ignoriert, dass durch zusätzliche Tätigkeiten auch die Beschäftigungsfähigkeit verbessert wird, gerade in den Geistes- und Sozialwissenschaften, in denen diese Tätigkeiten besonders verbreitet sind und die gleichzeitig deutlich längere Promotionszeiten aufweisen. Dies soll nicht die promotionsfernen Tätigkeiten in Forschung und Lehre beschönigen, in denen Promovierende als billige Arbeitskräfte eingesetzt werden und die die Promotion be- oder sogar verhindern. Von nicht wenigen Promovierenden ist uns bekannt, dass sie aufgrund von Abhängigkeiten quasi gezwungen sind, künstlich in einem Status als billige Arbeitskräfte zu verharren, während andere AkademikerInnen längst angemessen bezahlt werden. Wir plädieren dafür, dass promotionsferne Aufgaben, die mit der Qualifikation nichts zu tun haben, stattdessen von festangestellten MitarbeiterInnen ausgeführt werden, welche heute in Wissenschaft und Forschung leider unangemessen selten sind. Auch wenn sich ProfessorInnen und Hochschulen dafür deutlich umstellen müssen, sollten sich Promovierende künftig mehr auf ihre Promotion konzentrieren können. Dennoch ist eine kürzere Promotionszeit nicht notwendig besser, obwohl dies zum Teil fast ideologisch vertreten wird: Bei den wachsenden Ansprüchen an Promotionsergebnisse sollte demgegenüber auch einmal über Mindestzeiten diskutiert werden, die eine gründliche Bearbeitung eines eigenen Forschungsbeitrages dauern sollte.

Promotionsdauer

Wie lange die Bearbeitung einer Promotion dauert ist nicht nur im Voraus schwer zu beurteilen. In den existierenden Untersuchungen finden sich wenig verlässliche Angaben über die so genannte Bearbeitungszeit, auch wenn deutlich wird, dass diese nach Fächern und auch nach Promotionsmodell unterschiedlich ausfällt, im Gesamtschnitt beträgt sie 4,2 Jahre (vgl. Bornmann/ Enders 2002). Das Promotionsalter, das vom Statistischen Bundesamt in der Prüfungsstatistik erhoben wird, ist generell eine sehr wenig aussagekräftige Variable, da hier ebenso gut lange Studienzeiten, zwischenzeitliche Berufstätigkeit etc. verborgen sein können. Den Altersrekord hält gegenwärtig ein dreiundneunzigjähriger Theologe in England, der das Durchschnittspromotionsalter des Jahres 2004 in seinem Fach um einiges erhöhen dürfte.

Die Frage ist, welche Vorbereitungen und Aktivitäten werden in die Promotionszeit eingerechnet? Wie werden Zeiten der Promotion neben der Erwerbsarbeit oder der Familienarbeit berechnet, wie werden promotionsferne Tätigkeiten in der Rechnung berücksichtigt? Wird die Erarbeitung eines Exposés hineingerechnet, und nach Abgabe der Dissertation die Zeit bis zur Abschlussprüfung oder bis zur Veröffentlichung? Bei der Berechnung der Bearbeitungszeit bemühen sich Einrichtungen, die Bearbeitungszeit der eigenen Promotionen herunter- und die allgemeinen Zahlen heraufzurechnen. Und auch Promovierende können ein Interesse haben, nur die hauptberuflichen Promotionszeiten zu zählen, wenn es um den Lebenslauf, oder auch die in diesem Sinne problematischen Regelungen des Hochschulrahmengesetzes geht, die die Berufung auf eine Juniorprofessur oder auch die befristete Beschäftigung nach der Promotion über sechs Jahre hinaus von einer ‚Promotionszeit' von weniger als sechs Jahren abhängig machen. Promotionsstipendien, bei denen zumindest keine Verpflichtung zur Übernahme promotionsferner Tätigkeiten besteht, werden meist über drei Jahre finanziert, in der europäischen Diskussion (→Von Bologna nach London) wird von einer Promotionszeit von drei bis vier Jahren Vollzeit ausgegangen, einschließlich der promotionsfernen Tätigkeiten sind sechs Jahre dann ein realistisches Maß.

Wo schon nicht die Bearbeitungsdauer einfach erfasst werden kann, wird stattdessen von einer Promotionsdauer geredet, d.h. der Zeit vom ersten Hochschulabschluss bis zum Abschluss der Promotion, bei Bornmann/Enders dauert dies im Fächerdurchschnitt 1,5 Jahre länger als die reine Bearbeitung, also 5,7 Jahre. In den USA beispielsweise wird nicht nur diese ‚time to degree', sondern sinnvollerweise auch die Zeit bis zur ersten Stelle (‚time to job') oder der ersten Festanstellung (‚time to tenure') gemessen. Explizit oder implizit geht es in allen entsprechenden Diskussionen darum, dass die Promotions- oder die Bearbeitungszeiten zu lang sind. Aber was spricht für eine Verkürzung? Durch den tendenziellen Wegfall der Habilitation als Voraussetzung für eine Professur ist die Promotion aufgewertet und soll sehr viel mehr Qualifikationsnachweis sein als schlicht der Nachweis einer längeren Forschungsarbeit. Soll eine Verkürzung der Bearbeitungszeit nur durch einen erhöhten Druck auf die Promovierenden erreicht werden, oder wird auch ein Absinken der

Qualität der Arbeiten, eine Absenkung der promotionsfernen Belastungen oder auch ein Verzicht auf weitere Qualifikationen neben der Dissertation in Kauf genommen? Wer fordert, die Promotionszeiten und am besten auch den Altersdurchschnitt zu senken, widerspricht damit der Debatte um lebenslanges Lernen, den Möglichkeiten für Patchworkkarrieren gerade in der Wissenschaft und auch den Forderungen nach einer ‚Work-Life Balance', die die Wissenschaft mit Familie und anderen Verpflichtungen vereinbar macht.

Eine Verkürzung der Bearbeitungszeit sollte unserer Meinung nach unbedingt am Interesse der Promovierenden ansetzen. Denn diese wollen ja selbst in den seltensten Fällen länger als drei oder vier Jahre promovieren. Im Promovierendeninteresse kann eine Verkürzung erreicht werden durch eine verbesserte materielle Sicherung, klarer strukturierte Anforderungen und verbesserte Betreuung. Der wichtigste Faktor für eine Verlängerung der Promotionsdauer ist laut der Studie von Bornmann und Enders (2002) die Unterbrechung der Promotion: Wenn diese durch eine bessere materielle Sicherung und verbesserte Betreuung vermieden werden kann, wird das meiste für eine Verkürzung der Promotion getan.

Bis auf Ausnahmefälle dauern Promotionen länger als drei Jahre, selbst wenn die hoffnungsvollen PromovendInnen, die am Anfang dieser Phase stehen, sich dies anders vorstellen. Das bedeutet, sich auf eine längere Reise einzustellen – sehr viel länger, als die erste Abschlussarbeit in Anspruch genommen hat. Wenn die Diplom-, Magister- oder in Zukunft eher Master-Arbeit ein Spurt ist, mit einem festen Abgabetermin und der Tendenz, alle Energien auf die Arbeit zu konzentrieren, dann ist die Promotion eher ein Langstreckenlauf, den diejenigen besser bestehen, die Durchhaltevermögen auch ohne äußerlich gesetzte Nahziele aufweisen und die sich ihre Kräfte einteilen können. Höhen und Tiefen gehören notwendig dazu, und auch Letztere aushalten zu können ist ein Teil der Qualifikation.

Besonders in Abgrenzung zum Bachelor und Master definieren die so genannten „Dublin Descriptors", die in der europäischen hochschulpolitischen Diskussion entwickelt wurden, die Promotion als eigenständige Phase (LINK). Anders als das Studium setzt die Promotion die grundsätzliche Beherrschung der im jeweiligen Forschungsfeld relevanten Methoden und einen systematischen Überblick über den Forschungsstand voraus. Die Promovierenden sollen ein eigenständiges Forschungsprojekt konzipieren, durchführen und im Laufe des Projektes anpassen können. Darin beweisen sie auch ihre wissenschaftliche Integrität. Um ein eigenständiger Beitrag zu diesem Forschungsstand zu sein, muss durch die Promotion die „Grenze des Wissens" erweitert und dies durch Veröffentlichung in angesehenen nationalen oder internationalen Publikationen bewiesen werden. Neben der Fähigkeit zu kritischer Analyse, Bewertung und Synthese neuer und auch komplexer Ideen wird Wert auf die kommunikativen Kompetenzen der Promovierten gelegt, von denen erwartet werden kann, dass sie ihren Forschungsbeitrag zur Förderung der technischen, sozialen oder kulturellen Weiterentwicklung der wissensbasierten Gesellschaft einsetzen.

In den Natur- und Ingenieurwissenschaften mögen die Promovierenden besser in Forschungszusammenhänge eingebunden sein, und strukturierte Promotionsprogramme, wie sie in den folgenden Beiträgen vorgestellt werden, bieten kommunikative Zusammenhänge für den Austausch über die eigene Arbeit. Aber letztlich ist jede/r mit der Promotion allein: Das Schreiben der Dissertation ist immer eine Tätigkeit, in der jede/r auf sich gestellt ist. Der „Einsamkeit des Langstreckenforschers" (Butterworth 2001) lässt sich nicht ausweichen, sie lässt sich nur einbetten in Zusammenhänge, die ein ausgleichendes Gegengewicht bieten können. Auch hier ist der Arbeitsbegriff wieder wichtig: Von der eigenen Arbeit müssen Promovierende sich täglich auch wieder distanzieren können, um den richtigen Abstand zu ihr zu finden – dies tut nicht nur den Promovierenden und ihrer Umwelt, sondern oft sicher auch den Arbeiten gut. Manche ProfessorInnen, aber auch Promovierende idealisieren die Promotion in „Einsamkeit und Freiheit", und dies ist sicher auch eine Typfrage, die für einige genau die richtige Arbeitsform darstellt. Aber auch mit Blick auf veränderte Bedingungen für und Ansprüche an Forschung und Wissenschaft lässt sich sagen, dass diese heute mehr als früher von Kooperation mit anderen, auch über Fächergrenzen hinweg, und mit Kommunikation mit allen möglichen PartnerInnen zu tun hat. Dies sollte sich auch in einer veränderten Promotionsphase niederschlagen.

Zur Promotion gehören, wenngleich sicher nach Fach und beruflicher Orientierung verschieden, Kompetenzen, die für das Schreiben der Dissertation eine notwendige Voraussetzung darstellen. Das Aufbereiten von Literatur, die Strukturierung eines Forschungsfeldes, die eigene Verortung darin, die schriftliche und mündliche Präsentation der eigenen Forschung, die Kommunikation mit ranggleichen, nachfolgenden und hierarchiehöheren WissenschaftlerInnen, nicht selten auch Personalführung: Diese →Akademischen Schlüsselqualifikationen spielen eine wichtige Rolle für die erfolgreiche Promotion. Sie werden aber nicht automatisch erworben und lassen sich auch nicht abstrakt in Kursen vermitteln, sondern müssen gezielt für die Promotion durch Erfahrungslernen erworben werden – welches dann sinnvoll in entsprechenden Kursen reflektiert werden kann. Als sehr individueller Prozess erlaubt die Promotion, die eigenen Stärken herauszufinden und sich einzuordnen, denn für jeden wird die Vorgehensweise und die Gewichtung der Tätigkeiten und Kompetenzen unterschiedlich sein. Die Promotion entwickelt die individuelle WissenschaftlerIn mit allen Stärken und Schwächen (und im guten Fall auch mit einer realistischen Wahrnehmung dieser). Deswegen sind alle allgemeinen Ratschläge relativ und können den eigenen Weg nur flankieren. Relativ nutzbringend können dabei Tipps und Ratschläge aus dem Munde derjenigen sein, die viel Erfahrung und häufigen Kontakt mit Promovierenden und den Tücken des Promotionsprozesses haben. Die Autoren des Beitrags →Promotionskrisen und ihre Bewältigung haben aus ihrer Arbeit als Referenten für die Promotionsförderung der Hans-Böckler Stiftung viel Erfahrung mit den Phasen oder Krisen, die sich im Verlaufe der Promotion ergeben können.

Um die Promotion in so etwas wie eine leistbare Arbeit zu verwandeln, muss man sie definieren und in kleine, leistbare Schritte aufspalten (d.h. „partialisieren") lernen. Dies ist zum einen ein handwerkliches Problem, eine Arbeit in ihrem Umfang richtig einzuschätzen und Prioritäten und Vorgehensweisen zu entwickeln. Sich Pläne zu machen und sich dann auch noch dazu zu bringen, sie einzuhalten (Zerubavel 1999) ist eine zentrale Fähigkeit, die mit der Promotion erworben wird – erworben werden muss, denn ganz ohne sie lässt sich wohl keine Promotion zu einem Ende bringen. Zum anderen ist aber die psychologische Dimension nicht zu unterschätzen (Barkhausen 2003). Diese Verwandlung in profane Arbeit ist immer auch ein Abschied vom eigenen Genie, nach der der (oder die) einsame Gelehrte, wenn er erst den Stand der Erkenntnis erlangt hat, diese in einem einzigen, widerspruchsfreien Werk ohne Pause und Unterbrechung „verewigt". Der Abschied vom Perfektionismus und das Eingeständnis der Endlichkeit der eigenen Erkenntnis erfordert viel Kraft und Selbstbewusstsein. Leichter ist es manchmal, in einer dauerhaften Schleife des „noch nicht" zu kreisen und die eigentliche Arbeit immer weiter aufzuschieben. Mit ihren Befunden zum Aufschiebeverhalten („Procrastination") von Studierenden haben zwei Münsteraner Psychologie-DiplomandInnen breite Aufmerksamkeit gewonnen (LINK). Für Promovierende ist die „Aufschieberitis" in schwacher Form sicher allgegenwärtig, für viele wächst sie sich phasenweise aber auch zu einem großen Problem aus – und es erfordert viel Disziplin, sich alltäglich der langwierigen Arbeit der Promotion zu stellen. Einige selbst gesetzte Regeln können dabei sehr hilfreich sein. Dazu gehören das Setzen von festen Zeiten, wo man nicht erreichbar ist, d.h.

den Telefon- und vor allem Netzwerkstecker zu ziehen und auch die Information an die MitbewohnerInnen und Angehörigen, diese Zeiten einzuhalten (→Arbeitsplatz Promotion). Ein weiterer Schritt besteht darin, sich nicht selbst zu überfordern und sich realistische Ziele zu setzen, die gegebenenfalls auch heruntergesetzt werden müssen.

2 Krisen? Welche Krisen?

Gerne wird der Promotionsprozess von Promotionsratgebern oder BeraterInnen in Phasen oder Krisen unterteilt. Dies zum einen, weil ein mehrjähriges Projekt seinem Wesen nach gewissen Entwicklungen und Schwankungen unterworfen ist. Zum anderen, weil gewisse Krisen fast alle Promovierende betreffen werden und sich mancher Ratgeber so als Orakel beweisen kann. Jenseits davon ist die Diagnose einer „üblichen Krise" für den oder die Promovierende zwar keine konkrete Hilfe, aber doch ein gewisser Trost – es geht nicht nur mir so! Denn selbst wenn alle vermeidbaren Schwierigkeiten durch entsprechende Angebote vermieden werden könnten, müssten Promovierende durch gewisse Phasen und Krisen nun einmal hindurch. Insofern lässt sich mit einer gewissen Wahrscheinlichkeit von allgemeinen Phasen oder auch Krisen des Promotionsprozesses reden (→Promotionskrisen und ihre Bewältigung) – für den oder die Einzelne kann dies, muss aber nicht zutreffen.

Unser Interesse ist es, eine deutliche Linie zu ziehen zwischen den „unvermeidlichen" Krisen, die zu so einem langen Projekt dazu gehören, und den Krisen, die vermeidbar wären, wenn die Promotion besser organisiert und strukturiert wäre. In satirischer Überspitzung findet sich ein Bericht von „Laura promoviert" über eine nicht unwahrscheinliche Promotionsodyssee im Netz (LINK). „Laura" pendelt zwischen ihren verschiedenen Betreuern, ihren zuwiderlaufenden Ratschlägen hin und her und muss sich als Hochschulwechslerin bzw. mit ihrer länderübergreifenden Promotion (Deutschland und Österreich) mit enervierenden bürokratischen Verwirrungen auseinander setzen, bevor sie endlich promoviert wird. Die vermeidbaren Promotionskrisen, wie sie in dieser nur wenig fiktiven Geschichte aufs Extrem getrieben sind, gehören abgestellt; dies liegt in der Verantwortung der Hochschulen und darauf sollten Promovierende auch deutlich hinweisen. Der individuelle Ausweg sollte in jedem Fall darin bestehen, sich Unterstützung durch andere zu holen, sei es im Austausch mit anderen Promovierenden oder den BetreuerInnen, oder durch einen Rückgriff auf entsprechende Beratungsangebote, sei es an der eigenen oder einer anderen Universität, oder professionelle Unterstützung, sei es nun ein →Promotionscoaching, →Forschungssupervision oder auch allgemeine Beratungs- oder Therapieangebote.

Schutz vor einer Übermacht der Krise und davor, dass die Promotion alles andere dominiert bietet aus unserer Sicht eine konsequente Gestaltung der Promotion als Arbeit. Wer – für die Promotion, nicht für andere Gelderwerbstätigkeit – einen Arbeitsplatz (→Arbeitsplatz Promotion) außerhalb der eigenen Wohnung hat, KollegInnen zum Austausch und auch Einbindung in eine Struktur, die für die eigene Arbeit Vorgaben und Feedback liefert, der wird sich weniger in Krisen verlieren.

Während die einen ihre jeweiligen Krisen überwinden und sich weiter zum Abschluss vorkämpfen, bleiben andere eventuell in einer langwierigen Schleife von Problemen hängen, und die Promotion verlängert sich unabsehbar. Dies hat zum einen mit der mangelnden materiellen Absicherung zu tun: nach Bornmann und Enders (2002) verlängern Unterbrechungen der Promotion diese weit über die bloße Unterbrechungszeit hinaus, weil man erst wieder in die Arbeit einsteigen muss. Manche Arbeit wird gar nicht mehr auf realisierbare Zeitpläne oder Gliederungen ausgerichtet, sondern es sammelt sich eine Halde unfertiger Textstücke und Ideen, wie von Walter Moers beschrieben (vgl. Kasten). Eine Option sollte in allen Krisen auch der bewusste Abbruch der Promotion sein. Mit dem Gedanken an einen Abbruch haben laut einer Studie der Universität Bielefeld in Biologie und Chemie schon ein Drittel der Männer und fast 60% der befragten Frauen gespielt (LINK). Die Zahl der AbbrecherInnen ist zwar unbekannt, dürfte aber je nach Fach und Promotionsmodell einen hohen Prozentsatz ausmachen. Ein bewusster Verzicht auf eine Weiterarbeit kann gegenüber einem jahrelangen Verschleppen der Entscheidung ein Vorteil sein, vor allem da ja Promovierende im Gegensatz zu StudienabbrecherInnen schon einen Berufsabschluss vorweisen können. Auch ein Berufseinstieg kann einen Abbruch der Dissertation bedingen. Abbruch ist dabei als nichts Negatives zu sehen.

Aus: **Walter Moers, Rumo und die Wunder im Dunkeln, Piper 2003, S. 140ff.**

[Volzotan Smeik, Haifischmade, befindet sich auf einem Ausflug in die vier Gehirne des Eydeeten Oztafan Kolibril, um sein Allgemeinwissen aufzufrischen. Diese gleichen einer riesigen Stadt, durch die sich die beiden im Flug bewegen. Volzotan hat schon mehrere kleine Gedankenspeicher besichtigt, als ...]

„Ihm fiel ein großes Gebäude in der Ferne auf, das sich von all den anderen Gebäuden durch seine bizarren Umrisse unterschied. Es überragte alles in seiner Umgebung und sah aus wie der Palast eines Architekten, der während der Arbeit daran seinen Verstand verloren hatte. Es gab krumme Türme und unförmige Anbauten, Kuppeln, die auf Kuppeln errichtet waren, Auswüchse, Wucherungen – das war kein Gebäude, eher eine monströse Baustelle. ‚Du meine Güte', staunte Smeik. ‚Was ist das denn?' Kolibril hüstelte verlegen von oben. ‚Ist das auch ein Speicher? Warum sieht er so seltsam aus?' ‚Das ist kein Speicher', ‚Was ist es denn?' ‚Nichts.' ‚Wie: nichts?' ‚Es ist nichts von Bedeutung', ‚Warum ist es dann das auffälligste Gebäude der Stadt?' ‚Darüber möchte ich nicht reden.' ‚Raus mit der Sprache, Doktor – was ist das?' ‚Das ist, äh, eine Doktorarbeit.' ‚Eine Doktorarbeit?' lachte Smeik. ‚Jetzt bin ich aber erleichtert. Ich dachte schon, es sei eine schreckliche Krankheit.' ‚Das ist eine Doktorarbeit gewissermaßen auch.' ‚Ich sehe mir das mal näher an', rief Smeik und hielt geradewegs auf die seltsame Wucherung zu. ‚Kommt nicht in Frage!' rief Kolibril. ‚Sie ist noch unvollständig! Das ist eine von meinen verschiedenen unfertigen Doktorarbeiten. Es ist ein Rohbau.' ‚Macht doch nichts!' Smeik sank weiter herab. [...] Smeik tauchte ein. Er tauchte in Dunkelheit, Schwärze, wie in ein Fass voller Tinte. Er hörte Hunderte, Tausende Stimmen durcheinander, er verstand kaum ein Wort, aber es hörte sich an, als würden wissenschaftliche Formeln und Lehrsätze heruntergeleiert. Dann konnte er plötzlich wieder sehen, die Stimmen waren schlagartig verstummt – und er fand sich innerhalb einer Kuppel wieder, schwebend in der Mitte eines großräumigen Domes, umgeben von diffusem Licht. Smeik sah sich um. Einen Boden konnte er aus der Höhe nicht ausmachen, nach unten verlor sich der Raum in immer dunkler werdendem Grau. Halbfertige Mauern ragten daraus aus wie aus Nebel, Wendeltreppen, die ins Nichts führten, Türme ohne Fenster. Es sah aus wie ein Neubau eines Palastes, dessen Bauherrn das Geld ausgegangen war. ‚Mir ist das peinlich', sagte Kolibril betreten. ‚Ich kann es nicht haben, wenn Leute unfertige Sachen von mir sehen. Das sieht alles so unausgegoren aus.' ‚Unfug!' rief Smeik. ‚Das ist die interessanteste Ruine, die ich je gesehen habe.' ‚Es ist ein Gedankengebäude', seufzte Kolibril. ‚Meine ewige Baustelle. Halbgare Theorien, Ideenruinen. Ich bezweifle, dass ich mit dieser Doktorarbeit zu Lebzeiten jemals zu Rande kommen werde.' Ein Schwarm von grauen Schlangen rauschte durch die Kuppel und flog wispernd an Smeik vorbei. Wirklich greifbar schienen die Würmer nicht zu sein, er hatte den Eindruck, dass sie aus einzelnen winzigen, schwarzen Partikeln bestanden. Staunend sah er ihnen hinterher. ‚Fußnoten', erläuterte Kolibril. ‚Sie sind lästig, aber für eine Doktorarbeit unverzichtbar. Man braucht Unmengen davon.' [...] Es rumpelte, als würden Wagenladungen von Steinen ausgeschüttet, und ein schwarzer Turm wuchs aus dem Grau hervor, wie aufschießender Spargel. Kaum war er errichtet, fuhr ein zweiter neben ihm hoch, nur halb so groß. ‚Sehen Sie?' rief der Doktor. ‚Selbst jetzt kann ich nicht aufhören, daran zu arbeiten. Das sind zwei neue Ideen zur Stützung der Hauptthese.' ‚Was ist das Thema der Doktorarbeit?' fragte Smeik. ‚Der Einfluss der Unvorhandenen Winzlinge auf die zamonische Mikromechanik' antwortete Kolibril zackig. ‚Aha', sagte Smeik. Das klingt spannend.' ‚Nein', seufzte Kolibril. ‚Das tut es nicht. Das klingt völlig verschroben und hoffnungslos speziell. Trotzdem danke.' ‚Jetzt sind Sie wieder zu bescheiden.' ‚Da gebe ich Ihnen Recht. Denn glauben Sie mir. Hinter diesem Thema verbergen sich vielleicht die Lösungen für unsere größten Probleme.' ‚Welche Probleme meinen Sie?' ‚Nun, das Sterben zum Beispiel. Den Tod.' [...]"

3 Betreuungsverhältnisse: unhinterfragte Traditionen statt konstruktive Arbeitskontexte

Wie die Betreuung der Promotion sich gestaltet, ist im deutschen Wissenschaftssystem sehr abhängig von Personen, d.h. dem Doktorvater oder der Doktormutter und den Promovierenden, und von Beziehungen, in erster Linie der Beziehung zwischen PromovendIn und BetreuerIn. Aus eigener Erfahrung und vielen Berichten wissen wir, dass diese Betreuung sehr, sehr unterschiedlich in Form und Qualität sein kann. Die Form variiert nicht nur zwischen den Disziplinen, sondern auch zwischen den einzelnen BetreuerInnen: Wo die einen Wert auf einen engen Kontakt, regelmäßige Gespräche und einen fachlichen Austausch legen, stellen die anderen klar, dass sie „eigenständige Forschung" synonym sehen zur „Tiefseetaucher-Betreuung": Nach der Verabredung des Themas taucht der oder die Promovendin für Jahre ab und kehrt am Ende mit einer – wie auch immer geschriebenen – fertigen Dissertation wieder auf. Wir sympathisieren mehr mit dem ersteren Modell, selbst wenn das zweite, besonders in den Geisteswissenschaften, auch von Promovierenden propagiert wird.

In den Natur- und Ingenieurwissenschaften sind die Arbeitsverhältnisse im Allgemeinen stärker auf Teamarbeit ausgerichtet. In Laboren und Forschungsgruppen gibt es eine intensive Zusammenarbeit, Arbeitsteilung und klarere Teamstrukturen und -hierarchien. Nicht zu unterschätzen ist der Vorteil der Einbindung in einen Forschungsalltag, den Promovierende in diesem Zusammenhang gegenüber dem Promovieren in den „Denkerstuben" haben (die es ebenso in den nicht experimentellen Feldern der Naturwissenschaften gibt). Regelmäßiger Austausch über die Arbeit mit Hierarchiehöheren und „Peers", Hinweise zu Finanzierungs-, Publikations- und Vortragsmöglichkeiten oder auch nur das gemeinsame Mittagessen in der Mensa erleichtern unter Umständen die Forschungsarbeit.

Aber auch von Promovierenden, die in den Forschungsalltag eingebunden sind, wird berichtet, dass das eigene Vorankommen mit der Dissertation und die individuelle Entwicklung als PromovendIn nicht systematisch thematisiert werden. In welchem Fach auch immer, ein Beschäftigungsverhältnis an der Universität oder in einer Forschungseinrichtung macht den oder die Promovierende in erster Linie zu einer Forschungs- oder Lehrkraft, und ihr Status als Promovierende, den es formal bislang gar nicht gibt, bleibt ausgeblendet. Für als Wissenschaftliche MitarbeiterInnen beschäftigte Promovierende hat dies den Vorteil, oft nicht als „Auszubilden-de" gesehen zu werden, was auch ihr Selbstverständnis prägt. Nachteilig kann dies werden, wo die mit der Promotion verbundenen Anforderungen von allen Beteiligten aus dem Arbeitsalltag ausgeblendet und privatisiert werden.

Das Glücken der Beziehung zwischen Promovierenden und ihren Doktoreltern ist also entscheidend für das Gelingen der Promotion. Mit tatsächlichem Glück aber hat dies nur wenig zu tun, mehr mit strukturellen Faktoren des Wissenschaftssystems, das bestimmte Promovierende privilegiert und andere benachteiligt, und dem persönlichen Umgang damit. Der Bildungshintergrund von Promovierenden ist zwar kein erkennbarer Benachteiligungsfaktor, wie Enders/Bornmann (2001) herausgefunden haben – Kinder aus bildungsfernen Schichten werden ganz einfach schon vor dem Hochschulzugang selektiert, und die wenigen Verbliebenen erfahren keine spezifische weitere Benachteiligung (→Promotion und Berufsperspektiven). Das Geschlecht der Promovierenden dagegen dürfte für eine erfolgreiche Promotion, und vor allem eine Integration in die Wissenschaft weiterhin einflussreich sein. Dazu müssen Frauen nicht bewusst diskriminiert werden. Die Schwierigkeiten von Promovendinnen wurzeln tief in der psychologischen Struktur der stark personalisierten Beziehung zwischen Betreuer und Doktorandin: Für den „väterlichen" Mentor und die „protegierte" Doktortochter stehen keine vergleichbaren Verhaltensrepertoires zur Verfügung, wie sie sich in der „Vater-Sohn"-Beziehung ergeben, die darauf angelegt ist, dass der Sohn nach seiner Initiation in Konkurrenz zum Vater tritt, also als vollwertiger Konkurrent anerkannt wird (Dietzen 1990).

Weniger psychologisch argumentiert bedeutet das immer noch ungewohnte Eindringen von Frauen in den Arbeitsmarkt Wissenschaft, dass eben keine Gewohnheiten und Selbstverständlichkeiten für die Beziehungsformen existieren, wie sie sich über die Jahrhunderte zwischen dem „Ordinarius" und seinem männlichen Nachwuchs entwickelt haben. So lassen sich Beziehungsprobleme erklären, die selbst bei gutem Willen aller Beteiligten dies zu ändern klassische Männlichkeitsnormen in der Wissenschaft privilegieren, solange persönliche Beziehungen entscheidender Teil der Qualifizierung des wissenschaftlichen Nachwuchses sind. Parallel dazu werden auch nichtdeutsche Promovierende auf Probleme stoßen, wo sie die „feinen Unterschiede" der Verhaltensweisen im Wissenschaftssystem nicht mitbekommen. Aber auch andere Aspekte können über das Gelingen der Betreuungsbeziehung mit entscheiden. Denn die inhaltliche Übereinstimmung mit dem/der BetreuerIn ist ebenso wichtig für eine problemlose Betreuung. Promovierende, die sich für Methoden oder Themen entscheiden, die in ihrem Fach nicht populär sind, werden nicht nur größere Schwierigkeiten haben, eineN BetreuerIn zu finden, sondern auch, mit diesen zurechtzukommen, wenn diese nicht die gleichen Inhalte oder Methoden vertreten.

Wichtig ist für jede Betreuungsbeziehung in erster Linie eine Klärung der gegenseitigen Ansprüche (s.u.). Aber selbst da, wo die ProfessorInnen die Idealvorstellung von Betreuung mit ihren PromovendInnen ungefähr teilen, lässt die Praxis oft zu wünschen übrig. Ohne den ProfessorInnen oder auch den Promovierenden den guten Willen absprechen zu wollen, leidet die Betreuungspraxis oft unter der professoralen Zeitnot, schlechtem Zeitmanagement, Kommunikationsproblemen und oft auch strukturellen „Beziehungsproblemen". Neben der Klärung der Betreuungsansprüche spricht dies für eine breitere Verteilung der Verantwortung für die Betreuung.

Das deutsche Promotionsmodell wird auch das „Lehrlingsmodell" genannt, nicht unbedingt, weil die Lehrlinge von ihrem Meister so viel lernen, sondern wegen der hohen personalen Abhängigkeit der Qualifizierung. Praktisch ist es der Doktorvater (auch für das Folgende: bzw. die eher seltene Doktormutter), der ein Promotionsthema annimmt, was ein Promotionsausschuss dann formal bestätigt. In vielen Fällen einer Beschäftigung als Wissenschaftliche/r MitarbeiterIn ist der Doktorvater auch der Dienstvorgesetzte, hat also unmittelbare Macht über die beschäftigten Promovierenden. Dazu ist es der Doktorvater, der nicht nur die Arbeit betreut, d.h. Anregungen für Inhalte und Forschungsstrategie gibt, sondern auch in erster Linie als Mentor für eine Integration in die entsprechenden wissenschaftlichen Netzwerke dient. Aber nicht nur die Betreuung, sondern auch die schlussendliche Bewertung der Arbeit und dazu meist auch die Gestaltung der abschließenden Prüfung (→Disputation oder Rigorosum) liegen in seiner Hand. Diese „Rollenbündelung" unterscheidet Deutschland von anderen Ländern, in denen diese Funktionen eher getrennt und auf mehrere Schultern verteilt werden. Dies kann die gemeinsame Auswahl der Promovierenden (und Besetzung der Qualifikationsstellen) durch die jeweilige Einrichtung betreffen, aber auch die Betreuung durch mehrere Personen dort. In vielen Ländern sind die BetreuerInnen von der Bewertung der Arbeit ausgeschlossen, zu der oft GutachterInnen aus anderen Hochschulen,

Fächern oder sogar Ländern herangezogen werden, die teilweise von den Promovierenden über die Jahre ausgesucht werden. Hierzulande gibt es in dieser Richtung erst zaghafte Ansätze, individuell kann es aber für den oder die Promovierende sinnvoll sein, den Spielraum für eine Entpersonalisierung der Betreuung zu nutzen und manche Funktionen aus der Beziehung „auszulagern". In der Praxis werden Promovierende schon jetzt nur in jedem zweiten Fall „hauptsächlich" von den offiziellen Doktoreltern betreut, worauf die Ergebnisse der THESIS-Umfrage (vgl. Kasten) oder auch der bayrischen Promovierendenstudie (Berning/Falk 2004) hinweisen. Besonders in den Natur- und Ingenieurwissenschaften ist ein Betreuungsmix verbreitet, an dem andere ProfessorInnen, häufig aber auch AssistentInnen oder andere Promovierende maßgeblich beteiligt sind. Je besser die Betreuung, desto geringer das Risiko von längeren Unterbrechungen der Arbeit oder dem Abbruch der Promotion.

THESIS DoktorandInnenbefragung 2004

Das interdisziplinäre Netzwerk für Promovierende und Promovierte, THESIS, befragte im Sommer 10.000 DoktorandInnen in Deutschland nach ihrer Motivation für den Beginn einer Dissertation, nach dem gewählten Promotionsmodell (worunter Mitarbeit am Lehrstuhl bzw. Institut, Graduiertenkolleg, Stipendium oder externe Promotion verstanden wurde), nach der Finanzierung der Promotion, nach Betreuung und Zufriedenheit damit sowie nach Unterbrechungen oder Verzögerungen bei der Arbeit an der Dissertation. Die Ergebnisse fielen teils erwartungsgemäß, teilweise aber auch überraschend aus.

Die Antworten zur Frage nach den Motiven nahmen all den KritikerInnen den Wind aus den Segeln, die meinen, heutzutage promovieren die meisten nur, um der schwierigen Arbeitsmarktlage zu entfliehen. Für die DoktorandInnen hingegen sind das Interesse an einem konkreten Thema (85,2%), die Begeisterung für Methoden und Theorien des Fachs (71,7%) und ein allgemeines Interesse am wissenschaftlichen Arbeiten (87,1%) die wichtigsten Beweggründe.

Wie erwartet finanzieren sich zwei Drittel aller DoktorandInnen hauptsächlich über Stellen als wissenschaftliche MitarbeiterInnen oder über Projektstellen an Universitäten oder in außeruniversitären Forschungsinstituten. Stipendien in Graduiertenkollegs oder Individualstipendien sind deutlich seltener die Hauptfinanzierungsquelle (19%). Dass Frauen bei den MitarbeiterInnenstellen weniger, bei den Graduiertenkollegs, Stipendien und externen Promotionen häufiger vertreten sind, lässt sich aus der unterschiedlichen Verteilung der Geschlechter auf die Disziplinen und deren Ausstattung an den Hochschulen erklären – in den Geistes- und Sozialwissenschaften tragen Stipendien deutlich öfter zur Finanzierung bei, auch hier aber überwiegen die Plan- und Projektstellen.

Wie sieht es nun mit der Zufriedenheit der DoktorandInnen in Deutschland mit ihrer Betreuung aus? Die große Mehrheit ist zufrieden, zusammen fast zwei Drittel kreuzten auf dem Fragebogen „bin völlig zufrieden" (ca. 25%) und „bin eher zufrieden" (ca. 40%) an. Völlig unzufrieden sind hingegen lediglich 4,4%. Die konkreteren Fragen nach den Betreuungsleistungen brachten jedoch zum Vorschein, dass weit mehr als die Hälfte der DoktorandInnen zwar denkt, der Betreuer/die Betreuerin habe ausreichend Zeit für sie, sei gut zu erreichen und könne bei fachlichen Problemen weiterhelfen. Gibt es jedoch mal Probleme mit der Arbeit an der Dissertation, sind nach Meinung von 31,1% der DoktorandInnen die BetreuerInnen nicht in der Lage, sie hinreichend zu motivieren.

Dabei ist es sehr aufschlussreich zu sehen, dass die hauptsächliche Betreuung nur in knapp über der Hälfte der Fälle der offizielle Doktorvater/die Doktormutter übernimmt. Ein relevanter Teil der DoktorandInnen (13,4%) gaben an, dass der offizielle Doktorvater/die Doktormutter die Betreuung gar nicht leisten würden. Vornehmlich AssistentInnen, andere ProfessorInnen oder auch mal andere DoktorandInnen springen in die Bresche. Diese im Großen und Ganzen positiven Bewertungen der DoktorandInnen sind allerdings ins Verhältnis mit ihren Erwartungen zu setzen. Ist die Erwartung an die Betreuungsleistung von vornherein nicht sehr groß, sind auch Enttäuschungen seltener zu erwarten und alles erscheint halb so schlimm. Welche Erwartungen und Wünsche die DoktorandInnen an ihre Betreuung haben, wurde aber in der THESIS-Untersuchung nicht erfragt.

Etwa ein Viertel aller DoktorandInnen hat schon Unterbrechungen oder Verzögerungen bei der Arbeit am Dissertationsprojekt erlebt, im Gesamtdurchschnitt waren diese immerhin neun Monate lang. Die mit Abstand wichtigste Ursache dafür sehen sie in der Arbeitsbelastung durch andere wissenschaftliche oder universitäre Aufgaben. Auch Probleme organisatorischer Art (Experimente, Literaturbeschaffung) und die Sicherung des Lebensunterhalts führen zu unfreiwilligen Pausen und verlängern die Promotionsdauer.

Vor dem Hintergrund des Staus quo der Promotionsbedingungen in Deutschland wünschen sich die DoktorandInnen Verbesserungen vor allem bei Beschäftigungsmöglichkeiten für Promovierte an den Hochschulen „neben der Professur", bei der sozialen Absicherung, der Bezahlung und der stärkeren Strukturierung der Promotionsphase: alles Ziele, für die sich auch die Projektgruppe DoktorandInnen der GEW engagiert.

Links:

Die Ergebnisse der THESIS-DoktorandInnenbefragung sind in einer Sonderausgabe der duz – **Das unabhängige Hochschulmagazin erschienen:** http://www.duz.de/docs/downloads/duz-spec_promov.pdf (10.03.05).

Stefan Petri

4　Ausgestaltung der Betreuung und Promotionsvereinbarungen

Systematisch gelernt oder reflektiert haben wohl die wenigsten der PromotionsbetreuerInnen ihre Aufgabe. Nach dem Motto „Betreu die Betreuer" Angebote zu schaffen, wie es sie in anderen Ländern längst gibt, wäre dies die Aufgabe der Hochschulen, die die Lage des wissenschaftlichen Nachwuchses verbessern wollen. Aber auch die Promovierenden selbst sollten im eigenen Interesse ihre Möglichkeiten nutzen, die Betreuung optimal zu gestalten. Das setzt schon vor der eigentlichen Promotionsphase an: Promovierende sollten die Betreuungspraxis ihrer künftigen Doktoreltern kennen, wenn schon nicht aus eigener Erfahrung (mit der Betreuung einer längeren Arbeit oder der Abschlussarbeit), dann doch durch Herumfragen bei FreundInnen und Bekannten. Zwar können und sollen Promovierende sich ein ganzes Netz von Kontakten und „Peers" schaffen, die ihnen inhaltliche Rückmeldung auf ihre Arbeit geben. An der zentralen Bedeutung des Betreuers oder Mentors ändert dies dennoch nichts.

Weder BetreuerInnen noch Promovierende haben notwendigerweise eine klare Vorstellung von den Dimensionen, in denen Betreuung stattfinden kann. Allgemein bestimmt wird die Aufgabe z.B. im „Leitfaden für Betreuung" der Universität Kassel. Danach ist die „Hauptaufgabe der Betreuung [...] die Förderung von Selbstständigkeit, Kreativität und der Fähigkeit zu selbstkritischem Arbeiten. Die Kandidaten sollen vor ‚tiefen Sackgassen' und eigener Selbstüberschätzung bei der eigenen wissenschaftlichen Arbeit bewahrt werden. Sie sollen nicht ‚ins gemachte Bett gelegt' werden, aber sie sollen auch nicht den ‚Urwald roden' müssen. Die Verantwortung einer Hochschullehrerin oder eines Hochschullehrers besteht darin, diese zeitlich begrenzte Qualifikationsphase besser überschaubar und gestaltbar zu machen und die betreuten Personen zu befähigen, Verantwortung für ihre eigene wissenschaftliche Arbeit und Karriere zu übernehmen." (Universität Kassel 2005; S. 5: LINK) Betreuung der Promotion geht über die Hilfestellung bei der Anfertigung der Dissertation hinaus: In der Studie von Berning und Falk (2004) wurden auch Aspekte abgefragt, die mit der Integration in die Wissenschaft zu tun haben: Integration in Forschung, Vorbereitung auf die Lehre, Einweisung in Forschungsmanagement, gemeinsame Publikation, Unterstützung bei Aktivitäten in der Fachöffentlichkeit und Zugang zu wissenschaftlichen Netzwerken. In der Befragung zeigte sich, dass je nach Promotionsmodell (Graduiertenkolleg, Stelle, Stipendium etc.) höchstens die Hälfte der Promovierenden intensiv nach einem dieser Aspekte gefördert wird. StipendiatInnen und „externe" Promovierende haben erwartungsgemäß hier jeweils die geringsten Werte.

Ein großes Problem sind Konflikte zwischen Promovierenden und ihren Doktoreltern. Ein klarer Umgang damit ist an der Universität meist nicht definiert, und es fehlen AnsprechpartnerInnen oder VermittlerInnen, die auch als Anwälte der Promovierendeninteressen dienen können, denn normalerweise haben die BetreuerInnen die stärkere Position in Konflikten. Promovierende können, neben der Inanspruchnahme der entsprechenden Angebote von Studienberatung oder Personalräten, sich VermittlerInnen suchen, z.B. andere ihnen bekannte ProfessorInnen, die Vorsitzenden der Prüfungsausschüsse, DekanInnen oder notfalls auch (Vize-) PräsidentInnen und RektorInnen. In den USA liegt die Verantwortung für die Promotion in den Händen der „Graduate Deans", die unmittelbar unter der Universitätsleitung angesiedelt sind. Über die Einrichtung von Graduiertenzentren z.b. könnten die Universitäten Ombudsposten schaffen, um Konflikte zu vermitteln. Die letzte Lösung für Konflikte ist auch der Wechsel der Betreuung, ein sensibles Thema, das einigermaßen mit Tabu belegt ist. Denn durch die hohe Bedeutung der persönlichen Beziehungen kann es für das innerwissenschaftliche Vorankommen entscheidend sein, ob eine/r frühere/r Doktorvater/-mutter sich ungerechtfertigt vom eigenen Nachwuchs verlassen fühlt. Ausdrückliche Absprachen unter allen Beteiligten können diese Gefahr mindern, aber nicht verhindern. Auf der Ebene der europäischen Wissenschaftspolitik wird die Notwendigkeit von verbesserten Arbeitsbedingungen für Forscher und besonders den wissenschaftlichen Nachwuchs gesehen. Die europäische DoktorandInnenvereinigung EURODOC hat in einer „Training and Supervision Charta" (LINK) die wichtigsten Desiderate und auch die Praxis der Betreuung in verschiedenen Ländern zusammengetragen. Die von der EU-Kommission verabschiedete „Europäische Charta für Forscher und einen Verhaltenskodex für die Einstellung von Forschern" (LINK) bietet Ansatzpunkte, um auch die Arbeitssituation und Betreuung von Promovierenden zu verbessern, die Umsetzung in den einzelnen Ländern ist aber bisher ungeklärt.

Die Lösung für Probleme, die aus der hohen Personalisierung der Betreuung von Promotionen entstehen, liegt in einer höheren Verantwortung der jeweiligen Einrichtung für die Betreuung und einem Mehr an Teamarbeit, einer besseren Strukturierung der Promotionsphase und auch einer gewissen Formalisierung der Betreuung. Beispiele für eine strukturiertere Promotion werden in den folgenden Beiträgen dargestellt. Eine individuelle Verbesserung lässt sich unseres Erachtens aber auch erreichen, indem die gegenseitigen Erwartungen und Ansprüche an das Betreuungsverhältnis schriftlich ausgeführt und vereinbart werden. Wenn am Anfang einer Betreuung somit die Dimensionen und Anforderungen im Gespräch geklärt und ihre Entwicklung von Zeit zu Zeit besprochen wird, dient dies einem besseren Verhältnis zwischen PromovendIn und BetreuerIn. Für eine stärkere Verbindlichkeit solcher Promotionsvereinbarungen auch für die BetreuerInnen ist allerdings auch wichtig, dass diese von der Einrichtung als dritter Seite mit getragen werden. Insofern regen wir einen Prozess an, in dem an Fakultäten und Instituten Promotionsvereinbarungen diskutiert werden und ein Rahmen für deren individuelle Ausgestaltung gesetzt wird. Teilweise existieren schon in einzelnen Projekten, Einrichtungen oder Programmen Promotionsvereinbarungen. Diese sind aber in der Regel nicht individuell zugeschnitten und sehr allgemein gehalten. Beispiele in anderen Ländern wie den Niederlanden oder Norwegen, wo eine entsprechende Vereinbarung Teil des Arbeitsvertrages ist, haben eine höhere Verbindlichkeit und Genauigkeit (LINK). Nach intensiven Diskussionen haben die Projektgruppe DoktorandInnen und die Promovierenden-Initiative gemeinsam Grundsätze für den Abschluss von Promotionsvereinbarungen (siehe Kasten) und eine Musterpromotionsvereinbarung beschlossen, die eine Grundlage für individuell geschlossene Vereinbarungen sein kann. Die strukturellen Defizite der Promotionsphase können Vereinbarungen nicht beheben, sie können aber Teil eines Reformprozesses sein. Für die eigene Promotion empfiehlt sich für alle Promovierenden daneben, sich auch außerhalb der Beziehung zu Doktorvater oder -mutter Austausch und Hilfe zu organisieren, sei es mit anderen, die auf derselben Stufe stehen, oder in der sich zunehmend professionalisierenden Szene von Beratungs- und Coachingangeboten.

Grundsätze für den Abschluss von Promotionsvereinbarungen

1. Einrichtungen, die Promovierende betreuen, sollen in gemeinsamer Diskussion aller Beteiligten unter Einschluss der DoktorandInnen Muster-Promotionsvereinbarungen erarbeiten und beschließen, um die gemeinsame Verantwortung für die erfolgreiche Betreuung Promovierender zu betonen und gemeinsame Ziele festzulegen.

2. Für jedes Promotionsvorhaben soll eine individuelle Promotionsvereinbarung zwischen dem/der PromovendIn, der oder den BetreuerInnen und einem/einer VertreterIn der Einrichtung, an die beide Parteien angebunden sind, abgeschlossen werden. Letzteres kann die Leitung eines Graduiertenzentrums sein, die/der DekanIn eines Fachbereiches oder ein/e benannte/r VertreterIn des Promotionsausschusses.

3. Auf der Grundlage einer Muster-Vereinbarung wird eine Vereinbarung geschlossen, in der Rechte und Pflichten aller drei Seiten festgehalten werden. Die Vereinbarung ist in regelmäßigen Abständen (am ehesten jährlich) unter Beteiligung aller drei Seiten zu überprüfen und entsprechend zu aktualisieren. Bei der Aktualisierung sind die Gründe für Abweichungen von der Vereinbarung gemeinsam zu analysieren und für die Zukunft Abhilfe zu schaffen.

4. Vereinbarungen über die Dauer der Promotion sollten die Realität der Promotionsphase in Deutschland berücksichtigen: dazu gehört eine fächerspezifisch verschiedene, durchschnittliche Promotionsdauer von etwa vier Jahren selbst bei StipendiatInnen von DFG-Graduiertenkollegs, eine übliche und oft auch gewünschte Nebentätigkeit von Promovierenden sowie zeitliche Belastungen z.B. durch Familie oder in außeruniversitären Beschäftigungen. Daraus resultiert das Erfordernis, eine in „Vollzeitbeschäftigungsäquivalent" angestrebte Promotionsdauer entsprechend in Teilzeitdauer umzurechnen.

5. Minimale Elemente der Vereinbarung sind: das Thema der Dissertation und die Namen der an der Vereinbarung Beteiligten, ein Zeitplan für das Projekt, eine Spezifizierung des Ausmaßes der individuellen Betreuung, z.B. die Häufigkeit von Besprechungen, Zeitpunkte zur mündlichen oder schriftlichen Präsentation von Zwischenergebnissen. Außerdem werden das Ausmaß der forschungsorientierten Studien und die maximale Belastung durch (zu benennende) Nebentätigkeiten benannt.

6. Auslandsaufenthalte, die Teilnahme an Konferenzen, Vorträge und Veröffentlichungen werden, sofern sie absehbar sind, in den Zeitplan aufgenommen und die geplanten Finanzierungswege benannt.

7. Es wird benannt, welche Ausstattung dem/der Promovierenden durch die aufnehmende Einrichtung zur Verfügung gestellt wird: Arbeitsplatz, Computer- und Internetzugang, Reise- und Forschungskostenbudget etc.

8. Es wird festgehalten, wie in Konfliktfällen zu verfahren ist und welche unabhängigen AnsprechpartnerInnen in diesen Fällen zur Verfügung stehen. Es werden mögliche Sanktionen für die Nichterfüllung der Vereinbarung sowie dafür zuständige Entscheidungs- und Berufungsgremien benannt. Bei einem Beschäftigungsverhältnis kann die Vereinbarung zum Bestandteil des Arbeitsvertrages gemacht werden.

Die Promovierenden-Initiative und die Projektgruppe DoktorandInnen der GEW haben eine eigene „Muster-Promotionsvereinbarung" erarbeitet und stellen diese zur Diskussion unter: http://www.promovierenden-initiative.de/materialien/pv_ muster.rtf (17.08.05).

5 Kollegiale und professionelle Beratung

Viele Promovierende haben die Erfahrung schon im Studium gemacht: Der größte Lerneffekt ergibt sich oft aus gut funktionierenden Studiengruppen, die die inhaltliche Auseinandersetzung mit dem Thema anregen und gleichzeitig einen sozialen Rückhalt bilden, um über Motivationstiefs hinwegzukommen und Schwierigkeiten des Studienalltags zu bewältigen. Für die Promotionsphase ergibt sich diese Möglichkeit auch, und viele Promovierende schildern die Kooperation mit anderen Promovierenden als das wesentliche Element einer erfolgreichen Arbeit. Im Gegensatz zum Betreuungsverhältnis ist der Austausch nicht an eine asymmetrische Abhängigkeit vom Betreuer/Gutachter/Arbeitgeber gekoppelt und kann auch ohne große Verluste gewechselt werden. Anders als im Studium stellen sich für die Promovierenden zwei Schwierigkeiten: Einerseits haben sie weniger Gelegenheit, andere Promovierende für diese Art Austausch zu finden, denn die Promotion findet zum kleinsten Teil in Seminaren oder Kolloquien statt, und Promovierende sind seltener aufzufinden. Dazu kommt die andere Schwierigkeit: Durch die hohe Spezialisierung der Promotionsthemen ist das Feld für mögliche Kooperationen meist klein und zugleich unübersichtlich, und zwischen den NachwuchswissenschaftlerInnen besteht zusätzlich auch eine latente Konkurrenz, der durch bloßes Ignorieren nicht beizukommen ist. Ein Teil der Promotion besteht zweifellos in einem erfolgreichen „Netzwerken" (→Phil Agre's „Networking on the Network"), und dies schließt ein, auch die anderen Promovierenden im eigenen Feld kennen zu lernen. Dieser Prozess zieht sich allerdings über Jahre hin. An dieser Stelle haben Promovierende in Forschungsgruppen und Graduiertenkollegs einen wichtigen Vorteil gegenüber Promovierenden, die sich ihren inhaltlichen Anschluss erst erarbeiten müssen. StipendiatInnen der Förderwerke erhalten über die ideelle Förderung Gelegenheit, KooperationspartnerInnen für ihre Arbeit kennen zu lernen. Am schwierigsten dürfte der inhaltliche Austausch für externe Promovierende sein.

Der Vorteil von Promotionsarbeitsgruppen hängt stark von persönlicher Sympathie und Vertrauen ab, damit sich eine intensive Kooperation über längere Zeit ergeben kann. Es kann also leichter sein, Kompromisse in anderer Beziehung zu machen. Das kann bei der Gruppengröße sein, bei der drei oder vier verbindlich zusammenarbeitende Promovierende hilfreicher sind als ein Dutzend interessanter Leute, die aber nur bei den für sie selbst wichtigen Themen unvorbereitet vorbeischauen. Kompromisse sind auch beim Thema möglich, so dass nur die gemeinsame Methode den Anknüpfpunkt für die inhaltliche Auseinandersetzung bietet. Oder auch geografisch bzw. zeitlich: Vielleicht bieten monatliche Treffen, zu denen Promovierende über Hunderte von Kilometern anreisen, eine bessere Unterstützung als wöchentliche Kolloquien mit Promovierenden, zu denen sich kein Vertrauensverhältnis aufbaut. Promotionsarbeitsgruppen funktionieren meist selbstorganisiert am besten; ein Beispiel wird weiter unten dargestellt (→DINQS). Dies heißt aber nicht, dass die Gruppenprozesse nicht zusätzlich von außen unterstützt werden können. Teilweise werden finanzielle Ressourcen und die nötige Infrastruktur, aber auch die ideelle Förderung für Treffen, gemeinsam organisierte Tagungen oder gemeinsame Publikationen von Forschungseinrichtungen, den Hochschulen oder auch den Förderwerken bereitgestellt. Seltener und eher als neue Entwicklung gibt es auch eine Anleitung für die gegenseitigen Unterstützungsprozesse innerhalb der Gruppe (→Angeleitete kollegiale Beratung).

Die Unterstützung von Promotionen durch eine externe Beratung, →Forschungssupervision oder ein →Promotionscoaching verbreiten sich zunehmend. Zum einen ist dies ein Ausdruck der Privatisierung von Kosten: Die unzureichende Betreuung an den Universitäten wird aus-geglichen durch private Investition in professionelle Unterstützung. Insgesamt ist „Coaching" in professionellen Zusammenhängen en vogue, fraglos auch sinnvoll und im Wissenschaftssystem deutlich zu wenig etabliert. Zum anderen spricht aber auch viel für eine weitere Rollentrennung: Die inhaltliche Betreuung und der Austausch werden ergänzt durch eine Unterstützungsform, die sich wenig mit den Inhalten der Forschung, sondern vornehmlich mit der Bewältigung konkreter Probleme oder strategischen Fragen befasst. Können nicht tausend Euro, die für ein Promotionscoaching ausgegeben werden, eine sinnvolle Investition sein, wenn damit ein Jahr Lebenszeit weniger auf die Promotion verwandt wird? Nichtsdestotrotz sollten derlei Angebote auch von den Universitäten bereitgestellt und garantiert werden, zumal auf dem „privaten" Markt die Angebote von höchst unterschiedlicher Qualität sind. Da hier keinerlei Bezeichnungen geschützt sind, kann sich jede/r PromotionsberaterIn oder -coach nennen – ein Tätigkeitsfeld von der reinen Beratung bis hin zu einer Titelbeschaffung, die rechtlich im Graubereich agiert. Deswegen ist die Mundpropaganda sicher die beste Empfehlung, wenn ernsthaft nach einer professionellen Unterstützung gesucht wird, und Probesitzungen unverzichtbar.

6 Gegen die Überforderung

Jede erfolgreiche Promotion ist eine große Leistung und der Ausweis der Befähigung zur wissenschaftlichen Arbeit. Vor dem Hintergrund eines gesellschaftlichen Wandels zur immer höheren Bedeutung von Wissen und seiner Verarbeitung können Promovierte sich ihres Wertes selbst bewusst sein. Leider fällt diese Selbstwertschätzung im Arbeitsalltag oft schwer, wenn Promovierende sich mit Ansprüchen von außen konfrontiert sehen oder diese verinnerlichen, die unmöglich alle erfüllt werden können: Die Dissertation soll nicht nur einen entscheidenden wissenschaftlichen Beitrag leisten, sondern innerhalb von drei oder weniger Jahren fertig und am besten auch noch verteidigt und veröffentlicht sein. Gleichzeitig sollen Promovierende Lehrerfahrung, Auslandsaufenthalte, Vorträge und Publikationen, Software- und Sozialkompetenzen und, wenn es nach uns geht, auch noch gesellschaftspolitisches Engagement vorzuweisen haben. Das alles neben der Tatsache, dass Promovierende in Deutschland kaum für ihre Promotion, sondern meistens für andere Tätigkeiten in Forschung und Lehre bezahlt werden – wenn sie denn überhaupt bezahlt werden, denn bei vielen gibt es Zeiten ohne finanzielle Absicherung der Promotion. Und schließlich gibt es ja häufig zusätzlich noch familiäre oder andere soziale Verpflichtungen.

Gegenüber diesen Überforderungen sollten Promovierende sich klar machen: „Die Dissertation ist nicht alles, aber ohne die Dissertation ist alles nichts!" Weniger kategorisch ausgedrückt: Ein Auslandsaufenthalt z.b. ist sicher eine gute zusätzliche Qualifikation, wenn er aber die Fertigstellung der Dissertation (besonders in der finanziell abgesicherten Zeit) verunmöglicht, dann sollte auf diese oder andere zusätzliche Ansprüche an die Promotionszeit besser verzichtet werden. Vielleicht den Konferenzbeitrag nur dann zusagen, wenn man gerade im eigenen Promotionszeitplan liegt? Vielleicht ein Arbeitsangebot vorläufig ausschlagen und lieber Schulden machen, um die Dissertation zu einem Ende zu bringen? Oft genug sind dabei Promovierende selbst die größten FeindInnen ihres eigenen Erfolgs, indem sie sich gegen realisierbare Planungen auch wider bessere eigene Erfahrung wehren. Zum Qualifikationsnachweis der erfolgreich Promovierten gehört also auch durchaus die Erfahrung, von manch liebem Projekt Abstand genommen zu haben, um das zentrale Vorhaben nicht zu gefährden.

Eng verzahnt mit den eigenen überhöhten Ansprüchen ist aber auch die Zähigkeit der widrigen Promotionsbedingungen. Die Tatsache, dass Promovierende sich durch viele Schwierigkeiten hindurchkämpfen müssen, mag ja als ein Teil der Qualifikation gesehen werden – dies sollte aber keine Legitimation für die vermeidbaren Barrieren bieten, die sich der Promotion entgegenstellen. Manche ProfessorInnen oder andere Promovierte neigen dazu, in einer Verklärung der Vergangenheit schlechte Promotionsbedingungen zu rechtfertigen; mit englischem Humor formuliert:

„I fear that the attitude of some departments is rather Victorian to their research students -- that having a miserable time when doing your PhD is character forming and uplifting and you'll thank them for forcing you to spend three years in an unheated office with only a wasp nest for company in the long run. Such sentiments are usually followed by `anyway when I did a PhD we didn't have offices -- we did our research in the departmental lavatories and were hosed down once a month by the cleaning staff. You have it lucky'." (Butterworth 2001)

Qualifikation leitet sich nicht ab von „Qual". Wenn Promovierende gezwungen sind, sich ihren Arbeitsplatz täglich neu zu erkämpfen in

Bibliotheken oder Labors, wenn sie simple Computerprobleme durch das Dickicht einer universitären Bürokratie durchkämpfen müssen, oder wenn sie mühsam Arbeitszeit für die Dissertation gegen die Anforderungen in Lehre, Prüfungen oder Dienstleistungen für den Professor verteidigen: Sind dies notwendige Bestandteile ihrer Qualifikation? Aus unserer Sicht führen schlechte Bedingungen nicht zu guten Fähigkeiten, die für eine Wissenschaft im Dienste der Gesellschaft gebraucht werden: Wer einem Betreuer ausgeliefert ist, der in einer Person außerdem gleichzeitig Arbeitgeber und Gutachter der Dissertation ist, wird lernen, sich anzupassen, anstatt sich in Teamarbeitszusammenhänge einzubringen. Wer nur sporadisch in wenig vertrauensvoller Atmosphäre die eigene Arbeit zur Diskussion stellt, wird eher lernen, sich gegen Kritik zu immunisieren, anstatt auf Anregungen positiv zu reagieren. Wer sich alleine überhöhten Anforderungen an die eigene Arbeit hingibt, wird eher lernen, die Realität notdürftig zu verbiegen, anstatt mit anderen zu einer realistischen Selbsteinschätzung zu kommen. Wer in ständiger Zeitnot, ohne es gelernt zu haben, gezwungen ist, Seminare eigenständig zu konzipieren und zu leiten, wird eher auf den „Luxus" von Fortbildungen und Reflexion über die eigene Lehrbefähigung verzichten lernen, anstatt das Lehren zu lernen. Wer den Wert eigener Erkenntnisse nur nach innerfachlichen Maßstäben zu beurteilen gelernt hat, wird die Fähigkeit vernachlässigen, die eigene Wissenschaft einem „Laien"-Publikum zu vermitteln. Wie aber soll mit solchen Kompetenzen Wissenschaft entstehen, die im Dienst der Gesellschaft steht? Wenn wissenschaftliche Erkenntnis diesem Ziel dienen soll, muss gerade der wissenschaftliche Nachwuchs positive Kompetenzen erlernen – und dafür entsprechende Promotionsbedingungen vorfinden.

In Deutschland ist man immer noch weit davon entfernt, einen einheitlichen Status für Promovierende zu schaffen, der die Promotion als eigenständige Arbeit anerkennt (und bezahlt). Eine bessere strukturierte Promotion unter klar gestalteten Betreuungsbedingungen wird in Pilotprojekten erprobt, die aber teilweise über das Ziel deutlich hinausschießen. Eine institutionelle Verankerung strukturierter Promotion an den Universitäten, etwa als Graduiertenzentren (wie es der Wissenschaftsrat 2002 vorgeschlagen hat), ist in den Umrissen erkennbar, bleibt aber bislang wenig gefüllt (→Promovieren in Kollegs und Zentren). Ob der nun gestartete Wettbewerb um die Finanzierung von 40 so genannten „Graduiertenschulen" durch Bund und Länder (LINK) diese institutionell befördern kann, wird sich zeigen. Bislang werden vor allem diejenigen Promovierenden, die als Wissenschaftliche MitarbeiterInnen das Gros der Promovierenden stellen, bei diesen Projekten meist überhaupt nicht berücksichtigt. Promovierende müssen von promotionsfernen Tätigkeiten entlastet werden, wenn die Promotionszeiten gesenkt werden sollen, oder die Finanzierungsrahmen müssen um den Anteil der promotionsfernen Tätigkeit verlängert werden. Die Betreuung von Promotionen muss klarer strukturiert und von der Bewertung und auch den Dienstvorgesetzten getrennt werden; für die Betreuung muss die Hochschule eine institutionelle Verantwortung übernehmen. Bisher fehlen meist die Anreize für gute Betreuung, oder auch nur Ansätze, deren Qualität festzustellen. An der Universität Kassel ist ein Nachwuchsförderkonzept bekannt, das die Fachbereiche zur Erhebung und Bewertung der Promotionsleistungen verpflichtet. Nach dem Konzept entgehen dort die Qualifikationsstellen von DoktorandInnen, die in weniger als vier Jahren promovieren, einer Wiederbesetzungssperre, und der/die BetreuerIn erhält eine Prämie. Derlei Maßnahmen, wie auch Zielvereinbarungen oder eine Einbeziehung der Promotionen in die leistungsbezogene Mittelvergabe lassen Universitäten bisher meist vermissen, sie wird in der Zukunft immer wichtiger werden. Eine so verbesserte Betreuung steht nicht im Widerspruch zu Beratung und Supervision, die Promovierende sich gegenseitig geben (→Angeleitete kollegiale Beratung) oder von dritter Seite in Anspruch nehmen können (→Promotionscoaching und →Forschungssupervision).

Wenn die unnötigen Belastungen der Promotionsphase abgestellt werden, bleiben noch genügend Schwierigkeiten übrig, die einem längeren Forschungsprozess und Erkenntnisfortschritt naturgemäß innewohnen. Insofern wird eine Promotion stets auch ein Ausweis von Problembewältigungskompetenz bleiben.

Die Verleihung der Doktorwürde und die Aufnahme in die Scientific Community wird gewöhnlich von einem „Produkt" der NachwuchswissenschaftlerIn abhängig gemacht, der Dissertation. Im Produkt, der Abschlussarbeit, sollen sich gebündelt die Qualifikationen ausdrücken, die in einem mehrjährigen Arbeitsprozess, der Promotion, erworben wurden. Vom Prozess verrät aber das Produkt nicht mehr viel. Wie lange seine Herstellung gedauert hat, welche Schwierigkeiten damit verbunden waren, deren Bewältigung ja einen wichtigen Teil der Qualifikation darstellt, und welche Kompetenzen auf dem mehr oder weniger langen Weg erworben wurden, interessiert für die Verleihung des akademischen Grades bislang wenig. All dies ist aber häufig entscheidend für den Verlauf der Promotion und die weitere berufliche Entwicklung. In der Wissenschaft wird oft die Arbeit, die hinter dem Produkt Dissertation steckt, unsichtbar gemacht. Für unser Handbuch fokussieren wir Promotion als Arbeit und können so die Arbeitsbedingungen besser sichtbar machen. Die in diesem Themencluster versammelten Beiträge beleuchten den Prozess der Promotion genauer und stellen auch die Frage, was Promovierende gemeinsam oder individuell tun können, um die damit verbundenen Schwierigkeiten zu bewältigen. Ein „Ratgeber" kann nur auf diese Belastungen hinweisen, zu einem Gutteil müssen Promovierende sich durch diese selbst hindurcharbeiten. Es geht aber – auch in diesem Text – darum, sich individuell und ebenso gemeinsam die Hilfen zu schaffen, die einen positiven Entwicklungsprozess der Arbeit in Gang setzen. Die Höhen und Tiefen und mögliche Verläufe des Promotionsprozesses, Defizite der Betreuung und mögliche Abhilfen thematisiert der einleitende Beitrag. Der im Anschluss folgende Beitrag konkretisiert die benannten Krisen innerhalb der Promotionsphase und zeigt Wege für ihre Bewältigung auf →Promotionskrisen und ihre Bewältigung. Dass der Promotionsprozess im deutschen Hochschulsystem mehr Aufmerksamkeit verdient, ist in den letzten Jahren sehr deutlich geworden, und so gibt es diverse Ansätze, die Promotionsphase besser zu strukturieren – diese werden in den nachfolgenden Beiträgen vorgestellt. →Promovieren in Kollegs und Zentren umfasst eine Bestandsaufnahme von vorhandenen (institutionalisierten) Promotionsprogrammen, das →Gießener Graduiertenzentrum Kulturwissenschaften und die →International Max Planck Research Schools sind konkrete Beispiele für solche Promotionsprogramme und werden in eigenen Texten vorgestellt. Mit institutionellen Angeboten einer strukturierten Promotion sind die Möglichkeiten zum Glück nicht erschöpft, gegen die Schwierigkeiten der Promotionsphase anzugehen. Beispiele, wie Promovierende sich gemeinsam oder auch individuell Unterstützung schaffen können, werden mit dem →DINQS –DoktorandInnennetzwerk und der →Angeleiteten kollegialen Beratung sowie den Beiträgen zum →Promotionscoaching und zur →Forschungssupervision präsentiert. Diese Beiträge sind auch ein Hinweis darauf, dass sich gegenwärtig im Bereich Supervision und Coaching die Unterstützungsmöglichkeiten für Promovierende professionalisieren. Den Abschluss des Themenclusters wie auch der Promotionsphase bildet die Abschlussprüfung, ob nun als →Disputation oder Rigorosum.

Literatur

Barkhausen, Anita (2003): Das große Werk und die kleinen Schritte. Forschungssupervision für den Alltag wissenschaftlichen Arbeitens; In: Perspektive: GLOBAL! Internationale Wissenschaftlerinnenkooperationen und Forschung. Dokumentation der achten Wissenschaftlerinnen-Werkstatt der Promovendinnen der Hans-Böcker-Stiftung vom 9. bis 12. September 2001. Hg. Ingrid Ostermann. Düsseldorf: Edition der Hans-Böckler-Stiftung, 2003, S. 135–142.

Butterworth, Richard (2001): „I did a PhD and did NOT go mad" http://www.cs.mdx.ac.uk/staffpages/richardb/PhDtalk.html (12.07.05).

Dietzen, Agnes (1990): Universitäre Sozialisation: Zur Problematik eines heterosexuellen Beziehungsmodells: Mentor-Protegee, in: Die Philosophin. Forum für feministische Theorie und Philosophie Nr.1, 1990, S.18–40.

Enders, Jürgen und Lutz Bornmann (2002): Was lange währt, wird endlich gut: Promotionsdauer an bundesdeutschen Universitäten; in: Beiträge zur Hochschulforschung (24) 1; 52 – 73; http://www.unibw-muenchen.de/campus/Rat_der_WiMi/Informationen/Infos/ files/ Beitr_Hochschulf_1_2002_S52.pdf (12.07.05).

Wissenschaftsrat (2002): Empfehlungen zur Doktorandenausbildung; Saarbrücken Drs. 5459/02; online unter http://www.wissenschaftsrat.de/texte/5459-02.pdf (12.07.05).

Zerubavel, Eviatar (1999): How To Finish Your Dissertation; Chronicle of Higher Education; http://chronicle.com/jobs/99/10/99101503c.htm (12.07.05).

LINKS

In den „Dublin Descriptors" werden die Qualifizierungsziele nicht nur von Bachelor- und Master-Abschlüssen, sondern mittlerweile auch der Promotion für die europäische hochschulpolitische Diskussion festgehalten: www.jointquality.org/content/ierland/Complete_set_Dublin_Descriptors_2004_1.31.doc (17.08.05).

Das Aufschiebeverhalten, welches nicht nur Promotionen verhindert, heißt als Fachwort Procrastination und wurde u.a. in der ZEIT genauer beschrieben: http://www.zeit.de/2004/44/C-Aufschieben?page=1 (17.08.05).

Die leider nicht sehr fiktive Irrfahrt von „Laura promoviert" schildert die Schwierigkeiten mit Betreuern und Bürokratie: http://www.qualitative-research.net/fqs-texte/2-03/2-03birck-d.pdf (17.08.05).

In der Erhebung der Universität Bielefeld unter DoktorandInnen aus Biologie und Chemie wurde u.a. die Verbreitung von „Abbruchgedanken" erfragt: http://www.uni-bielefeld.de/gleichstellungsbeauftragte/promovendinnen.htm (17.08.05).

Die europäische Doktorandenvereinigung EURODOC hat im September 2004 Material gesammelt um eine European Supervision and Training Charter zu entwickeln: http://www.eurodoc.net/workgroups/supervision/Eurodocsuptrain.pdf (17.08.05).

Die Europäische Kommission hat im März 2005 den Mitgliedstaaten eine „Europäische Charta für Forscher und einen Verhaltenskodex für die Einstellung von Forschern" empfohlen, in der Grundsätze und Anforderungen, auch z.B. für die Rekrutierung und den Umgang mit dem wissenschaftlichen Nachwuchs definiert werden: http://europa.eu.int/ eracareers/pdf/ C(2005)576%20DE.pdf (17.08.05).

Promotionsvereinbarungen sind in anderen Ländern vielfach ausführlicher und stärker auf das individuelle Vorhaben hin zugeschnitten, z.B. in den Niederlanden an der Universität Groningen, in Norwegen ist diese auch Teil des Arbeitsvertrages: http://www.rug.nl/ppsw/faculteit/diensten/po/doc/AIO_opl_en_begel.plan_engelstalig.doc bzw. http://www.uib.no/ur/aktuelle_dokumenter/doctor_degree_contract.html (17.08.05).

Im Rahmen der so genannten „Exzellenzinitiative" (auch „Spitzenuniwettbewerb") sollen auch 40 „Graduiertenschulen" gefördert werden, vgl. die Informationen von Deutscher Forschungsgemeinschaft und Wissenschaftsrat als die durchführenden Organisationen: http://www.dfg.de/forschungsfoerderung/koordinierte_programme/exzellenzinitiative/gra duiertenschulen (17.08.05).

Der Leitfaden zur Betreuung von Promovierenden der Universität Kassel (wortgleich auch bei der Uni Würzburg) gibt Anregungen für ein gutes Betreuungsverhältnis: http://www.uni-kassel.de/ wiss_tr/Nachwuchs/LeitfadenBetreuung.pdf (17.08.05).

Promotionskrisen und ihre Bewältigung[1]

Werner Fiedler, Eike Hebecker

Die Anfertigung wissenschaftlicher Qualifikationsarbeiten, insbesondere das Schreiben von Dissertationen unterliegt einem typischen Kurvenverlauf, der sich über die Zeitachse der Promotion auch in emotionalen Höhen und Tiefen widerspiegelt. Die hier vorliegende idealtypische Kurve beschreibt die Phasen des Arbeitsprozesses an und während der Promotion. Damit sollen sowohl der Arbeitsprozess mit seinen Risiken als auch dessen Steuerungs- und Interventionsmöglichkeiten charakterisiert werden.

Die Modifikationen dieses Kurvenverlaufs im konkreten Einzelfall eines jeden Promotionsvorhabens sind natürlich abhängig von den persönlichen Voraussetzungen und den organisatorischen Rahmenbedingungen. Der Prozess (→Der Promotionsprozess als Arbeit) selbst ist somit in seinen Ausprägungen und seiner zeitlichen Streckung variabel und hängt von den individuellen Ressourcen, aber auch der intrapsychischen Steuerung ab (Locus of control). Eine nicht unwesentliche Variable besteht aber auch in den externen Steuerungs- und Rahmenbedingungen, die den Promotionsprozess begleiten (Coaching, Supervision, Arbeitsbedingungen).

Nicht berücksichtigt sind bei dieser Betrachtung Faktoren und Lebensrisiken, die sich jenseits der Arbeitsdynamik des wissenschaftlichen Arbeitsprozesses selber ergeben können und natürlich gravierenden Einfluss auf diesen haben.

Ziel der Betrachtung ist es, einen Arbeitsprozess zu charakterisieren, der jenseits der wissenschaftlichen Disziplinen und ihren Fachkulturen Promotionsvorhaben allgemein und die Möglichkeiten einer ergebnisorientierten Promotionsberatung und Intervention beschreibt.

Die Beobachtungen, Reflexionen und Empfehlungen beruhen auf unseren langjährigen Erfahrungen in der Betreuung der PromotionsstipendiatInnen der Hans-Böckler-Stiftung, die Erkenntnisse sind aber genauso übertragbar auf Promovierende mit Stellen.

---

[1] Wir entnehmen diesen Beitrag in gekürzter und veränderter Form dem Neuen Handbuch Hochschullehre: Fiedler, Werner; Hebecker, Eike: Promotionskrisen und ihre Bewältigung. Empfehlungen zur zielführenden Planung und ergebnisorientierten Gestaltung des Promotionsverlaufs. In: Neues Handbuch Hochschullehre, F 5.2, Raabe-Fachverlag für Wissenschaftsinformation, Berlin.

1   Die Phase der Vorbereitung

Wichtig für ein Promotionsvorhaben sind das fachdisziplinäre und intellektuelle Umfeld während des Studiums und insbesondere die Erfahrungen in der Endphase des Studiums bei der Abschlussarbeit. Die eigenen Erfahrungen und der Zuspruch von HochschullehrerInnen und wissenschaftlichen MitarbeiterInnen bedeuten zumeist ein Anregungspotential bei der Suche nach einem geeigneten Promotionsthema. Hinzu tritt die Abklärung methodischer und methodologischer Voraussetzungen sowie der organisatorischen Rahmenbedingungen zur Realisierung eines Promotionsprojektes. Alle diese Vorüberlegungen münden in eine mehr oder weniger gezielte Suche nach einem/r wissenschaftlichen BetreuerIn, bei der neben der Berücksichtigung der objektiven Arbeitsfaktoren und der Themeninhalte auch immer zugleich eine Beziehungsdimension gegeben ist, wie sie in der Wortwahl von Doktorvater und Doktormutter, wenn auch in altmodischer Form zum Ausdruck kommt.

Im Prozess des Promovierens überschneiden sich diese Ebenen in fast unauflöslicher Weise, sie sind sowohl gekennzeichnet durch den Arbeitsprozess am Forschungsgegenstand selbst und in der psychosozialen Situation zwischen DoktorandIn und wissenschaftlichem/r BetreuerIn. Generell gilt, dass Arbeitsbeziehungen immer auch soziale Beziehungen sind, für Promovierende gilt dies im besonderen Maße, da sie mit ihrer Promotionsarbeit auch den Prozess einer hochschulischen und akademischen Sozialisation durchlaufen.

Schon der Ausgangspunkt eines beabsichtigten Promotionsvorhabens ist durch ein vielschichtiges Geflecht solcher zu berücksichtigenden Aspekte zu kennzeichnen, als da sind:

- die Entdeckung eines Themas, mit dem man sich zwei, drei oder mehr Jahre herumschlagen muss,
- die Abklärung der arbeitsorganisatorischen Rahmenbedingungen,
- die Beziehungskonstellation bei der Suche nach einem/r BetreuerIn und
- die Frage der Finanzierung.

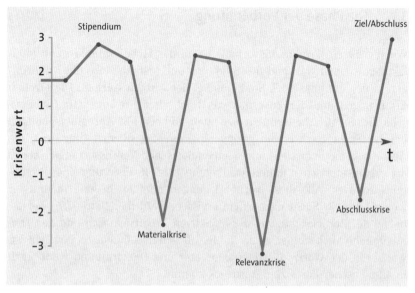

Abb. 3: Höhen und Tiefen der Promotion

Wenn man sich das Kurvendiagramm „Höhen und Tiefen der Promotion" anschaut, so ist diese erste Phase der Abklärung mit einem relativ hohen, positiv besetzten inhaltlichen und emotionalen Niveau verbunden, intellektuelle Freude und Bestätigung aus dem neuen wissenschaftlichen Umfeld unterstützen die Suche nach Thema und BetreuerIn, die ersten Rückmeldungen bei der Erarbeitung eines Exposés und möglicherweise die Zusage einer Stelle oder auch eines Stipendiums sind kennzeichnend für ein hohes, positives Anregungsniveau der ersten Phase einer Promotion.

Die zweite Phase nach der Themenfindung ist die systematische Einarbeitung ins Thema, es folgt zumeist eine vertiefende Literatur- und Materialsichtung, die Erarbeitung eines Forschungsstandes und die Herausarbeitung eigener konkreterer Fragestellungen, die sich zumeist in Thesen oder in der Ausarbeitung eines Exposés niederschlagen.

2 Die Materialkrise

Das Ende dieser Phase der verstärkten und vertieften Einarbeitung wird markiert durch die erste Krise, die man Materialkrise nennen kann. Dissertationsprojekte sollen neue wissenschaftliche Erkenntnisse produzieren, also neue wissenschaftliche Ergebnisse liefern zu einem Thema, in dem es zumeist schon eine fast unübersehbare Fülle an Literatur und Forschungsergebnissen gibt. Dies gilt sowohl für empirische als auch Literaturprojekte. Die Suche nach weißen Flecken in der Wissenschaftslandschaft führt häufig zu überspezialisierten Themen und Fragestellungen, die durch die Abgrenzung zu bereits bestehenden wissenschaftlichen Ergebnissen erzwungen wird. Die Materialkrise besteht eben darin, an eine Überfülle von Material zu Theorien, Methoden, Daten und Quellen zu geraten, die es vermeintlich zu verarbeiten gilt: „Man sieht den Wald vor lauter Bäumen nicht".

In der Verlaufskurve der Promotion sehen wir ein erstes Tief; wie bei allen Krisenphänomenen ist diese Situation vor allem auch emotional zu verstehen. Die Verarbeitung dieser Krisensituation ist eine notwendige Begleiterscheinung eines Promotionsprojektes. Die Abgrenzung und Konkretisierung des eigenen Arbeitsvorhabens ist kennzeichnend für diese Phase und besteht im Wesentlichen in einer kognitiven Form der Krisenüberwindung, die vor allen Dingen darin besteht, zu lernen, Wichtiges und Unwichtiges voneinander zu unterscheiden. Darüber hinaus muss die eigene Fragestellung präzisiert und eine methodische Abklärung und Operationalisierung der Weiterarbeit vorgenommen werden. Aus dieser Krisenphase heraus müssen realistische Arbeitsschritte abgeleitet und ein ergebnisorientiertes Arbeiten an den Tag gelegt werden, um sich mit dem Dissertationsprojekt nicht zu verzetteln. Der umgekehrte proportionale Fall, bei dem die Krise mit dem Mangel an tragfähigem Material einhergeht, sei hier der Vollständigkeit halber auch erwähnt. Aber auch die potenzielle Ausweitung der Materialbasis führt über die konkretisierende Arbeit an der Fragestellung. Diese Schritte, die zum großen Teil auch arbeitsorganisatorische Schritte sind, führen zum Ausweg aus der Krise und zu einer weiteren Bearbeitung des Themas auf einem relativ hohen intellektuellen und emotionalen Niveau, das nach einer gewissen Zeit zu einer weiteren Krise führt.

3 Die Relevanzkrise

Relevanzkrisen markieren eine weitere Phase im Promotionsprozess, sie sind als Sinnkrisen zu interpretieren und haben von daher auch eine sehr ausgeprägte und tiefgehende Bedeutung im Arbeits- und Emotionshaushalt des einzelnen Promovierenden. Dissertationen werden im Regelfall als Einzelarbeiten geschrieben, aber auch in den Formen, bei denen im

Team gearbeitet wird, bleibt immer ein gewisses Maß an Einsamkeit der ForscherInnen vorhanden. Hier soll nicht der Verklärung einer Promotion in Einsamkeit und Freiheit (Schelsky) das Wort geredet werden, sondern diese Phase der Promotion ist ein in dem Prozess notwendiger Schritt der persönlichen Bewährung und der individuellen Qualifikation. Er markiert die Stelle im Kreise der wissenschaftlichen Gemeinde, die der/die NachwuchswissenschaftlerIn anstrebt. Die Relevanzkrise äußert sich vornehmlich darin, dass die Bedeutung der eigenen Forschungsergebnisse, der Stellenwert im Vergleich zu anderen Arbeiten unklar und schwer zu bestimmen ist.

Die Krise wird ausgelöst durch eine Unsicherheit über die Relevanz und Bedeutsamkeit des eigenen Forschungsanspruches und der Forschungsergebnisse.

In dieser Phase werden die eigenen Ansprüche und die Ansprüche anderer an die wissenschaftliche Güte des Promotionsprojektes zum Thema. Neben diesen objektiven Faktoren spielt natürlich auch immer sehr stark die Beziehungsebene insbesondere zum/r wissenschaftlichen BetreuerIn mit hinein, der/die die zentrale Position bei der Bewertung und Anerkennung der eigenen Arbeit einnimmt.

Auch dieses Krisenphänomen ist typisch und unausweichlich; jede wissenschaftliche Arbeit besteht insbesondere in der Qualifikationsphase für NachwuchswissenschaftlerInnen darin, den eigenen Arbeitsprozess und die eigene intellektuelle Arbeit einschätzen zu lernen und sich selbst im Rahmen der Peers eine Stellung und eine Position zu verschaffen. Dies geht einher mit der wissenschaftlichen Sozialisation, die u.a. auch einen bestimmten Habitus erfordert.

Der Krisenausweg zeichnet sich im Wesentlichen durch einen Schritt in die Fachöffentlichkeit aus, besonders wichtig für den Promotionsprozess sind Anlässe, in denen ein Feedback gegeben werden kann. Diese Rückmeldungen sind entweder institutionell vorgegeben oder sie müssen selbst organisiert werden. Dazu gehört vor allem, dass einzelne Ergebnisse in unterschiedlichen Formen der Öffentlichkeit vorgetragen werden, sei es in Kolloquien oder auch auf wissenschaftlichen Tagungen und Konferenzen oder in Kombination mit Vorabveröffentlichungen in Aufsätzen oder bei der Produktion so genannter Paper.

All diese Aktivitäten dienen im Wesentlichen der Etablierung und Einbindung in die Scientific Community und der weiteren Konkretisierung der Arbeits- und damit zusammenhängenden Karriereschritte eine/r NachwuchswissenschaftlerIn. Für viele Promovierende ist die Relevanzkrise nicht nur in der Bedeutung der wissenschaftlichen Arbeit zu sehen; sie hat zugleich biografische Tiefe, da sich in dieser Phase auch die Frage stellt oder gar entscheidet, ob der weitere Berufsweg in die Wissenschaft führt oder nicht.

Diese Phase des notwendigen Feedbacks kennzeichnet auch den Ausweg aus der Relevanzkrise, so dass die Arbeit an dem Dissertationsprojekt auf relativ hohem Niveau fortgeführt werden kann. Die Konturen der Arbeit müssten an dieser Stelle relativ klar erkennbar werden und die letzten Einarbeitungen empirischer oder theoretischer Aspekte schließen diese Phase ab, die dann durch eine dritte Krise abgelöst wird.

4 Die Abschlusskrise

In dieser Phase ist häufig zu beobachten, dass Promovierende nicht fertig werden können oder wollen, insbesondere dann, wenn der ursprüngliche Arbeits- und Zeitplan deutlich überschritten ist. Der Druck wird immer größer, je länger die Arbeit dauert, desto unrealistischer werden die Ansprüche, die man sich selbst stellt oder auch von anderen auszuhalten hat. Neben der Unsicherheit bei der Bearbeitung des Forschungsgegenstandes taucht hier vor allen Dingen die Frage der Unsicherheit über die Zeit danach auf. Viele Promovierende klammern sich an der Promotion fest, da die Arbeitsmarktsituation ungewiss ist. So entsteht eine paradoxe Situation, in der die Ungewissheit über die Zukunft zur Verzögerung bei der Abgabe der Arbeit führt und die Verlängerung der Bearbeitungszeit die Ungewissheit verstärkt. Und nicht zuletzt ist in dem Zusammenhang auch bedeutsam, dass der Abschluss eines Promotionsprojektes immer auch eine Prüfungssituation mit besonderen Anforderungen darstellt, die dazu beitragen kann den Abschluss hinauszuzögern. Diese Unsicherheit wird dann auch häufig in der Beziehungsfrage zu den wissenschaftlichen BetreuerInnen relevant, da hier mehrere Rollen zusammenspielen, die des Vorgesetzten, des/r wissenschaftlichen BetreuerIn und MentorIn und des/r PrüferIn.

Die Auswege aus der Abschlusskrise sind vor allen Dingen darin zu sehen, dass die Frage der Perspektive nach dem Promotionsabschluss frühzeitig thematisiert und angegangen wird, Berufseinmündung und Berufsperspektive sind von daher möglichst schon im Vorfeld und nicht erst in der Endphase zu klären (→Promotion und Berufsperspektiven und

→Berufswege in Wissenschaft und Forschung). Zudem ist auch entscheidend, dass insbesondere der/die wissenschaftliche BetreuerIn diese Abschlussphase bewusst mit steuert und auf einen Abschluss drängt. Man muss deutlich sagen: „Es gibt ein Leben nach der Dissertation!" In vielen Fällen bedarf es jedoch einer guten und gezielten Unterstützung, um den Mut zu haben, „den Deckel zuzumachen" und die Arbeit für fertig zu erklären. Diese innere Einstellung führt im Regelfall zu einer klaren und abschließenden Bearbeitung und Fertigstellung der Dissertation, die dann mit dem Ziel und dem Abschluss in der Promotionsprüfung (→Disputation oder Rigorosum?) ihren emotionalen Höhepunkt findet.

Zwischenfazit

Doktorandinnen und Doktoranden, die ihre Promotion abgeschlossen haben, sind nach dem Durchlaufen dieses Prozesses wissenschaftlich sozialisiert, die Höhen und Tiefen haben sich biografisch ausgeprägt, sowohl was die intellektuelle Arbeit, die Beziehung zum/r wissenschaftlichen BetreuerIn und der wissenschaftlichen Gemeinde, aber auch zu sich selbst angeht. Generell lässt sich sagen, am Ende eines solchen Prozesses haben wir es mit einem anderen Menschen als zu Beginn des Prozesses zu tun.

5 Die goldenen Regeln einer Promotion

Der oben beschriebene Prozess der Promotion mit seinen Höhen und Tiefen und den damit verbundenen arbeitsorganisatorischen und biografischen Risiken ist steuer- und beeinflussbar. Neben arbeitsorganisatorischen Bedingungen sind vor allen Dingen drei Steuerungsgrößen entscheidend, die den Promotionsprozess zentral beeinflussen und gezielt unterstützt werden können:

- die Beziehungsarbeit im wissenschaftlichen Betreuungsverhältnis,
- die persönliche Fähigkeit, den Prozess zu managen und auszuhandeln und
- der Prozess der wissenschaftlichen Produktion, im Sinne des wissenschaftlichen Schreibens als Erkenntnisprozess.

Diese Faktoren werden in der folgenden Darstellung der einzelnen Arbeitsphasen noch näher ausgeführt. Im Grundsatz gilt: Dissertationen scheitern im Regelfall nicht an kognitiven oder intellektuellen Defiziten, sondern meist an mangelnder Selbststeuerung bzw. Selbstmanagement und/oder an überzogenen Ansprüchen und/oder an kommunikativen Störungen in der Beziehungsdimension zum/r wissenschaftlichen BetreuerIn. Kennzeichnend hierfür ist, dass nicht ergebnisorientiert gearbeitet wird. Die wissenschaftliche und soziale Isolation sind Risikofaktoren und überspezialisierte Themenstellungen und unzulängliche Arbeitssituationen führen häufig zu einer suboptimalen Bearbeitung von Promotionsprojekten. Hinzu kommt die oft unzulängliche Beratung und Steuerung durch die wissenschaftlichen BetreuerInnen.

5.1   Die Vorbereitungsphase

Aus Sicht der Promovierenden ist es von daher in der Vorbereitungsphase der Promotion sehr wichtig, die Motive zu prüfen, warum man promovieren will und mit welchen Ansprüchen man es tut; denn aus dem Motiv muss eine Motivation werden, die zwei, drei oder mehr Jahre hält und auch geeignet ist Durststrecken und schwierige Phasen zu überwinden (→Motivation, Themen- und BetreuerInnenwahl für eine Promotion).

Dazu zählt vor allem, das richtige Thema zu finden, dieses frühzeitig einzugrenzen und die eigenen Ansprüche zu sondieren. Promovierende müssen lernen, sich der Kritik auszusetzen, Kritik annehmen zu können, sie konstruktiv zu verwenden und sich in der wissenschaftlichen Gemeinde zu bewegen. Auch die Frage nach der späteren beruflichen Perspektive ist hier zu prüfen. Die von fast allen Promovierenden propagierte Freude an der Forschung und der Spaß am wissenschaftlichen Arbeiten (vgl. THESIS-Studie: LINK) ist eine Grundbedingung, jedoch keine ausreichende Einstellung um den Promotionsprozess zu meistern.

Von daher ist es für die erste Phase im Vorfeld der Beantragung und der Bearbeitung einer Promotion besonders wichtig, auf folgende Punkte zu achten:

- Entscheidend ist, neben der Themenauswahl und Themeneingrenzung die eigene Methodenkompetenz und auch den Methodenaufwand eines Promotionsprojektes realistisch einzuschätzen sowie die Machbarkeit in einem realistischen Zeitrahmen zu konkretisieren.
- Bei empirischen Arbeiten ist es vorab notwendig, den Feldzugang zu sichern. So können beispielsweise Betriebszugänge durch bürokratische Hemmnisse erschwert werden oder rechtliche Einwände von Behörden existieren, die die Umsetzung blockieren.

- Bei experimentellen Arbeiten sind die technischen Voraussetzungen zu klären, die notwendig sind, um zügig zu promovieren. Dazu zählt die Ausstattung der Labore ebenso wie die Verfügbarkeit von EDV-Programmen, Aufzeichnungsgeräte oder der Nachschub an Verbrauchsmaterialien. Dies sind Kostenfaktoren, die refinanziert werden müssen.

Für den Arbeitsprozess selbst ist es dringend notwendig, im Vorfeld die Erwartungen und Ansprüche zu klären, die man selbst mit dem Promotionsprojekt verbindet, aber auch die Ansprüche zu berücksichtigen, die von anderen an das Projekt gestellt werden – insbesondere an die wissenschaftliche Güte und Relevanz des Themas. Dazu reicht es nicht aus, vorab die einschlägige Literatur zu sichten, um den Stand der Forschung gut genug zu kennen. Die jeweiligen Ansprüche variieren in den einzelnen Fächern und erfordern die Kenntnis der jeweiligen Fachkultur. Hilfreich ist es insbesondere, sich andere Dissertationen aus dem eigenen thematischen oder fachlichen Umfeld anzuschauen, um den Umfang und die inhaltliche Güte von Dissertationsprojekten einschätzen zu können.

Zentraler Punkt der Vorbereitungsphase ist die Wahl des/r richtigen BetreuerIn. Dabei sollten sich fachliche, betreuungstechnische und persönliche Aspekte ergänzen. Es ist sinnvoll ein Thema zu wählen, das den Doktorvater/die Doktormutter nicht nur „interessiert", sondern das im Kernbereich seiner Forschungsschwerpunkte liegt. Das garantiert nicht nur die dauerhafte Aufmerksamkeit, sondern auch die fachliche und inhaltliche Qualität der Betreuung – wem nützt es, wenn DoktorandInnen nach kürzester Zeit mit ihren Themen der Augenhöhe der BetreuerInnen enteilt sind. Aber ebenso wichtig ist es, in Erfahrung zu bringen, wie ein/e HochschullehrerIn ihre/seine DoktorandInnen betreut und wie viele Promotionsverfahren er/sie schon erfolgreich durchgeführt hat. Die wissenschaftliche Reputation, die aktuellen Publikationen, die Vernetzung und das Engagement in Forschung und Lehre und der Kontakt zu anderen DoktorandInnen geben hierüber Auskunft.

Nicht zuletzt sollten die persönlichen Aspekte bedacht werden. Dies gilt insbesondere vor dem Hintergrund, dass die wissenschaftliche Betreuung nicht nur eine fachliche Beratung ist. Promovierende und ihre wissenschaftlichen BetreuerInnen stehen auch in einem sozialen Beziehungsverhältnis, in dem beide Seiten voneinander lernen, indem sie den Promotionsprozess ständig neu aushandeln und im Idealfall als Arbeitsbündnis begreifen. Die Promovierenden selbst, aber natürlich auch die wissenschaftlichen BetreuerInnen müssen lernen, dieses Beziehungsverhältnis jeweils neu zu organisieren und zu optimieren, denn viele wissenschaftliche BetreuerInnen sind nicht für die Betreuung von PromovendInnen ausgebildet; spezielle Kenntnisse eines Coachings oder einer Supervision, die den vielfältigen Rollenerwartungen einer Promotionsbetreuung gerecht werden, sind zumeist nicht professionell geschult und entwickelt.

5.2 Die Bearbeitungsphase

Um der drohenden wissenschaftlichen und sozialen Isolation, die für viele Doktorarbeiten kennzeichnend ist, zu entgehen, empfiehlt es sich frühzeitig Arbeitsgruppen zu organisieren, damit man wissenschaftlich kooperieren und sich auch gegenseitig in anderer Form unterstützen kann (→DINQS – DoktorandInnen-Netzwerk). Hilfreich sind Formen des strukturierten Promovierens, wie es in Kollegs und Graduiertenzentren angeboten wird, die spezifische Anforderungen formulieren, entsprechende Supportstrukturen und Angebote bereitstellen und ein gewisses Maß an sozialer Kontrolle gewährleisten.

Viele Promovierende vergeuden viel Zeit damit, sich relativ lange an theoretischen Exzerpten und Literaturlektüre aufzuhalten, um eine vermeintliche Sicherheit im Forschungsfeld zu gewinnen. Diese Herangehensweise, die von vielen HochschullehrerInnen geduldet oder gar empfohlen wird, ist jedoch trügerisch, da die Gefahr besteht, sich in theoretischen Gedankenspielen und intellektuellem „Kleinklein" zu verlieren. Es empfiehlt sich, möglichst schnell ins Forschungsfeld zu gehen, denn man wird mit dem Forschungsgegenstand nur vertraut, wenn man konkret daran arbeitet und sich nicht allzu lange an theoretischen Vorüberlegungen aufhält. Literatur- und Theoriestudium sind eher ein begleitendes Arbeiten; im Mittelpunkt steht die Bearbeitung des Gegenstandes, z.B. die Empirie, die es zu erforschen gilt.

Ein weiterer Fehler vieler Dissertationsprojekte liegt darin, dass erst relativ spät mit dem Schreiben der Arbeit begonnen wird. Auch hier erliegen viele Promovierende einem Trugschluss, da sie glauben, sie könnten erst mit dem Schreiben beginnen, wenn sie alle Literatur gelesen, alle Quellen gesichtet und alle Interviews oder Experimente durchgeführt haben. Der Schreibprozess selbst ist jedoch nicht nur ein Niederschreiben des Erforschten und der wissenschaftlichen Gedanken im Sinne des „Zusammenschreibens". Schreiben ist Teil des wissenschaftlichen Erkenntnisprozesses selbst und muss den gesamten Promotionsprozess begleiten vom ersten Entwurf des Exposés bis zur endgültigen fertig redigierten Fassung der Dissertation. Dies gilt für alle Disziplinen, auch für NaturwissenschaftlerInnen und HistorikerInnen, die häufig einen anderen Arbeitsstil pflegen. Zudem wird der Zeitaufwand des Schreibens von NachwuchswissenschaftlerInnen zumeist unterschätzt (→Schreibprobleme?).

Wichtig ist der ständig zu kontrollierende ergebnisorientierte Arbeits- und Zeitplan, der in Form einer feingliedrigen Arbeitsplanung ausgearbeitet werden sollte, bis hin zur Festlegung, wie viele Stunden am Tag effektiv gearbeitet werden kann. Selbstverständlich sind die notwendigen Pausen, Erholungszeiten und der oft vernachlässigte Urlaub Bestandteile der Gesamtplanung. Zu diesem Zeit- und Selbstmanagement gehört auch die Notwendigkeit von Entlastungsaktivitäten, wie Freizeit, Freunde und Familie, deren Ansprüche ebenfalls bedacht werden müssen (→Zeitmanagement). So manche Beziehung ist an einer Promotion gescheitert. Also auch für die Phase der Promotion bedarf es einer work-life-balance, um den Prozess erfolgreich zu strukturieren.

Eine prekäre Besonderheit ist mit dem Doktorandenstatus verbunden. Die Statuspassage, nicht mehr StudentIn, aber auch noch nicht etablierte/r WissenschaftlerIn zu sein, muss biographisch realisiert und aktiv gestaltet werden. Häufig wird der Fehler gemacht, dass Promotionen wie ein verlängertes Studium aufgefasst werden und die Dissertation als eine etwas größer geratene Abschlussarbeit angesehen wird. Promotionen haben ihren eigenen Prozesscharakter (→Der Promotionsprozess als Arbeit). Wer etwa glaubt, während er/sie an der Dissertation schreibt, alles das nachholen zu können, was er/sie im Studium versäumt hat, verkennt den Eigencharakter eines Promotionsprozesses und verfehlt somit die typische – biographisch aber notwendige – Sozialisation eines/r NachwuchswissenschaftlerIn in dieser Phase. Promotionen sind eigenständige wissenschaftliche Arbeiten, die sich in vielen Punkten von der Situation des Studiums und der Studienabschlussphase unterscheiden.

Die Arbeit an der Dissertation ist zum überwiegenden Teil wissenschaftliche Fleißarbeit und erfordert schlicht handwerkliches Können, das sich an dem zu erforschenden Material entwickelt. Der intellektuelle Reiz der wissenschaftlichen Arbeit, die eigenständige Produktion neuer wissenschaftlicher Erkenntnisse, die Darlegung der Relevanz, also das Spannende und häufig auch Geniale der wissenschaftlichen Arbeit ist im Wesentlichen erst ein Resultat solider und gründlicher Detailarbeit.

Neben dem Selbstmanagement und der Selbststeuerung über ein kontrolliertes Zeit- und Arbeitsbudget ist deshalb auch die Klärung der eigenen sowie der fremden Ansprüche an das Promotionsprojekt wichtig. Das heißt vor allem, dass Anforderungen in ein realistisches Arbeitsprogramm übersetzt werden, um sie erfüllen zu können. Überzogene Ansprüche dürfen und müssen auch abgewendet werden können, denn ein übertriebener Perfektionsdrang und übertriebene Ansprüche sind hinderlich für den Verlauf der Dissertation und münden in Stagnation und Frustration, die im Verlaufskurvenmodell für die Krisenphasen typisch sind.

Fehlgeleitete Ansprüche gefährden den Promotionsabschluss. Es muss gelingen, durch klare Ergebnisse und Zwischenergebnisse, durch eine klare Eingrenzung der Fragestellung in einem abgestimmten und überprüfbaren Arbeitsbündnis den Promotionsprozess zu einem glücklichen und guten Ende zu bringen. Dazu ist es unabdingbar, Zwischenschritte einzuplanen, die vor allem der Organisation von Rückmeldung (Feedback) dienen. Bei diesen Zwischenschritten können Ergebnisse oder Zwischenergebnisse präsentiert werden, z.B. bei den obligatorischen Kolloquien, aber vor allem mit eigenen Beiträgen auf Kongressen und Tagungen im In- und Ausland. Diese Vorträge und Präsentationen von Zwischenergebnissen dienen nicht nur der Steuerung durch Rückmeldungen, sondern hier wird auch durch den Kontakt zu anderen WissenschaftlerInnen die Basis für die eigene Karriereplanung gelegt. Publikation (→Publizieren) und Präsentation sind integraler Bestandteil der wissenschaftlichen Sozialisation.

Diese Anforderungen unterstreichen die Notwendigkeit des Erwerbs von Schlüsselqualifikationen (→Akademische Schlüsselqualifikationen). Dazu zählen Angebote wie Schreibwerkstätten, Moderations- und Präsentationstechniken, hochschuldidaktische Qualifikationen, die in eine systematische DoktorandInnenausbildung gehören und helfen, neben den rein qualifizierenden Aspekten, den Prozess des Promovierens zu steuern. Derartige Zusatzqualifikationen hängen auch mit der Frage zusammen, was nach der Promotion kommt. Will man in der Wissenschaft bleiben oder will man in einem Berufsfeld landen, das außerhalb von Wissenschaft und Forschung angesiedelt ist?

Nicht nur die Befristung von Qualifikationszeiten durch das Hochschulrahmengesetz und die damit bedingte Finanzierungsgrenze, sondern auch die Arbeitsmarkt- und Bewerbungserfordernisse machen deutlich, dass Dissertationsprojekte in einem angemessenen Zeitraum realisiert werden müssen.

In diesem Kontext heißt es auch zu lernen, Abstriche zu machen. Dabei helfen häufig einfache Mechanismen, wie klare Absprachen mit den BetreuerInnen, eine Straffung der Gliederung, das Zusammenfassen von Kapiteln und das schlichte Streichen. Das fällt den ProduzentInnen oft schwerer als externen LektorInnen. Die Folge sind Dissertationen von 800 oder mehr Seiten, die eine Zumutung für alle Beteiligten sind. Da Qualität bekanntlich nicht über Quantität erzwungen werden kann, sollte die abschließende Überarbeitung des Manuskripts als ein Konzentrationsprozess begriffen werden. Was auf 500 Seiten steht, kann auch auf 400, 300 oder 250 Seiten überzeugend dargelegt werden. Dass man sein Thema gut bearbeitet und im Griff hat, erweist sich geradezu an einem Schrumpfungsprozess ohne Qualitätsverlust. Es handelt sich hier jedoch um eine Erkenntnis, für die kein/e DoktorandIn zugänglich ist, bis die Arbeit abgegeben ist. Ein halbes Jahr später wird sie jede/r anerkennen.

Der Endpunkt eines Promotionsprojektes ist die Disputation und/oder das Rigorosum; auch hier gibt es einige organisatorische Hinweise, die beachtet werden sollten (→Disputation oder Rigorosum?). Dazu gehört, die jeweilige Promotionsordnung zu Beginn des Promotionsvorhabens gründlich zu lesen, damit keine ärgerlichen Überraschungen auftauchen, die die Promotion formal hinauszögern könnten, z.B. zusätzliche Scheine, erforderliche Immatrikulationszeiten oder der Nachweis von Sprachkenntnissen etc. In diesem Zusammenhang ist auch die Frage der weiteren GutachterInnen besonders wichtig, die Notwendigkeit eines Zweit-, teilweise eines Drittgutachters ist ebenso eine Frage der frühzeitigen Planung und Absprache. Dieser Aspekt wird häufig vernachlässigt und führt in der Endphase zu vermeidbaren Nacharbeiten und Erklärungen, wenn die Verfahrensschritte mit den beteiligten Personen nicht früh genug und exakt kommuniziert sind.

Die Prüfung selbst ist noch einmal ein spezifisches wissenschaftliches Ritual mit all den Phänomenen die man von Prüfungen kennt. Jedoch kann der Promovierende hier mit einer großen Selbstsicherheit auftreten, insbesondere dann, wenn die Ergebnisse schon vorab zur Diskussion gestellt werden konnten, denn niemand kennt sich im Thema der eigenen Forschung so gut aus wie man selbst. Neben den inhaltlichen Aspekten, die bei Disputation und auch bei Rigorosumprüfungen auftauchen, sollte man vor allem aber im Auge haben, dass mit der Prüfung ein Abschluss eines Verfahrens gekennzeichnet ist, das den/die PromovendIn in die wissenschaftliche Gemeinde aufnimmt, d.h. Habitus und Performance in der

Prüfungssituation sind mindestens ebenso wichtig wie die Präsentation der erforschten Inhalte oder der Prüfungsthemen selbst.

Dabei ist zu beachten, dass auch hier der Beziehungsaspekt zwischen DoktorandIn und wissenschaftlichem/r BetreuerIn durchaus eine große Rolle spielen kann, denn in vielen Fällen steht nicht nur der/die Promovierende auf dem Prüfstand, sondern auch der/die betreuende Hochschullehrerln, der/die sich vor dem Gremium der anderen PrüferInnen und HochschullehrerInnen für die erarbeiteten Ergebnisse des/r Doktorandln quasi mitverantworten muss.

5.3 Wissenschaftliche Betreuung

Die Promotion ist Teil der wissenschaftlichen Sozialisation an der Hochschule und zugleich ein sozialer Prozess der Professionalisierung im Kontext wissenschaftlicher Bildung und Ausbildung. Vor diesem Hintergrund ist die Bedeutung des Verhältnisses Promovierender zu ihren wissenschaftlichen BetreuerInnen besonders relevant, da hier mehrere Rollenerfordernisse zusammenspielen. Die deutsche Promotion ist nach dem Meister-Lehrlings-Modell ausgerichtet und berücksichtigt auf der Seite des/r BetreuerIn nur unzulänglich die unterschiedlichen Funktionen und Aufgaben, die damit verbunden sind. In der Regel ist der/die wissenschaftliche BetreuerIn der/die BeraterIn und MentorIn, zudem ist er/sie häufig aber auch Dienstvorgesetzte/r und in jedem Fall PrüferIn am Ende der Promotion. Hieraus resultiert ein sozialer Beziehungsprozess, der nicht formal geregelt und vom Selbstverständnis der wissenschaftlichen BetreuerInnen abhängig ist.

Die erforderlichen professionellen Qualifikationen, die mit diesen unterschiedlichen Rollen einhergehen, werden im System der deutschen HochschullehrerInnenkarriere nicht systematisch vermittelt und führen von daher allzu oft zu Irritationen und Fehlsteuerungen im Rahmen des Gesamtprozesses. Die Steuerung eines solchen Beziehungsgeflechtes überfordert aber auch die meisten Promovierenden, die von ihren wissenschaftlichen BetreuerInnen nicht nur Rat und Unterstützung in fachlicher Hinsicht erwarten, sondern in vielen Fällen auch in persönlicher, mentaler und/oder psychischer Weise. Der Begriff des Doktorvaters/der Doktormutter verweist auf die persönliche und komplexe Anlage dieser Beziehungsstruktur.

Die Bandbreite der nicht professionellen Promotionsberatungen durch wissenschaftliche BetreuerInnen beginnt bei der Variante: „Na machen Sie mal", die allenfalls wohlwollende Aufmunterung und Unterstützung signalisiert, jedoch keine wirkliche Hilfe darstellt. Die DoktorandInnen werden im Prinzip mit ihren Themen und Schwierigkeiten alleine gelassen. Die Gegenvariante besteht in einer Überfülle an Anregungen nach dem Motto: „Machen Sie mal dies, machen Sie mal das". Auch diese, häufig als Anregung und Ermunterung gedachten Einzelhinweise sind zumeist keine wirkliche Hilfe, da die DoktorandInnen diese Anregungen nicht in ihren Arbeitsprozess eingebettet finden. Sie sehen sich oft den spontan erscheinenden Einfällen ihrer wissenschaftlichen BetreuerInnen ausgesetzt und fühlen sich verpflichtet, immer neuen Aspekten nachzugehen. Solch unzulängliche Beratung führt zu einer Inflationierung der Ansprüche und zu Verunsicherung über die Anforderungen, der Promovierende letztlich zum Opfer fallen können.

Um diesen Komplikationen zu entgehen empfiehlt es sich, auf der pragmatischen Ebene eine Art Arbeitsbündnis mit dem/r wissenschaftlichen BetreuerIn zu etablieren. Dazu zählt es klare ergebnisorientierte Absprachen zu treffen, die auch schriftlich im Sinne eines Ergebnisprotokolls der Beratungsgespräche festgehalten werden. Ebenso sollte zur Vorbereitung von Gesprächen immer ein Papier mit Fragen vorgelegt werden, um die nächsten Arbeitsschritte nicht nur zu besprechen, sondern auch Abweichungen vom Arbeitsplan frühzeitig mit dem/r BetreuerIn zu kommunizieren und neue Zielvereinbarungen zu fixieren. Dabei sind auch methodische Fragen oder Aspekte des Zeitmanagements wichtig, um den Prozess zu strukturieren und in ein transparentes Verfahren zu überführen. Hilfreich ist es oftmals, dem wissenschaftlichen Betreuer ein Teilkapitel der Arbeit zum Lesen zu geben, damit ein konkreter Eindruck über den Stand anhand eines ausformulierten Textes gewonnen werden kann. Damit kann ein gemeinsames Verständnis über Inhalte, Ansprüche und die Güte der Arbeiten erzielt werden. Oftmals divergiert das „Bild" über Gegenstand, Inhalt und Form einer Dissertation in den Köpfen der Beteiligten erheblich und kann zu unliebsamen Überraschungen bei der Beurteilung des Endprodukts führen.

Neben dieser individuellen und pragmatischen Herangehensweise ist jedoch ein strukturiertes und professionalisiertes Betreuungskonzept an den Instituten und Lehrstühlen von Nöten. Die Form einer strukturierten DoktorandInnenausbildung in Promotionskollegs und Graduiertenzentren ist ein wichtiger Schritt in diese Richtung, die neben einer verbesserten fachlichen Betreuung auch Angebote bereitstellen sollte, die den Prozess des Promovierens unterstützen und steuern (→Promovieren in Kollegs und Zentren). Hierzu bieten sich Qualifikationsmöglichkeiten an, die aus der Beratungspraxis und Hochschuldidaktik abgeleitet werden können, so dass neben der Qualifikation im Rahmen der Beratung (Consulting) auch Elemente einer Coaching- oder Mentorenfunktion übernommen werden können. Formen der kollegialen Beratung wären zudem ein mögliches Format für die Promovierenden, um diesen Prozess zu steuern und das Selbstmanagement im Sinne einer Optimierung des Promotionsprozesses zu unterstützen (→Angeleitete kollegiale Beratung). Diese Aufgaben hätten vor allem die Hochschulen selbst in ihren Weiterbildungsprogrammen zu erfüllen, so dass Formen der strukturierten Promotion mit begleitenden Qualifikationen für Promovierende, aber auch für die sie betreuenden WissenschaftlerInnen zur Verfügung gestellt werden.

Literatur und LINKS

Ergebnisse der THESIS-DoktorandInnenbefragung sind in einer Sonderausgabe der duz – Das unabhängige Hochschulmagazin erschienen: http://www.duz.de/docs/downloads/duz-spec_promov.pdf (23.08.05).

Fiedler, Werner; Hebecker, Eike: „Böckler-Kollegs machen fit für Europa". In: Mitbestimmung 11/2004, S. 37–39; auch online unter: http://www.boeckler.de/hbs/hs.xsl/163_31645.html (23.08.05).

Promovieren in Kollegs und Zentren: Entwicklung, Zielsetzungen und Angebote verschiedener Modelle strukturierter Promotion in Deutschland

Sandra Tiefel

Das Promovieren in Graduiertenkollegs und -zentren, Graduate Schools, Nachwuchsgruppen u.ä. wird in den letzten Jahren verstärkt von verschiedenen Wissenschaftsorganisationen[1] als Alternative zum „Promovieren in Einsamkeit und Freiheit" propagiert und durch unterschiedliche Förderinstrumente[2] unterstützt. Diese öffentliche Wertschätzung strukturierter und standardisierter Promotions „ausbildungen" erweckt besonders durch häufige Verweise auf angloamerikanische Graduate Schools schnell den Eindruck, es gäbe in der deutschen Hochschullandschaft einheitliche oder vergleichbare Modelle strukturierter Promotion oder diese wären zumindest im Aufbau befindlich. Das föderalistische Prinzip der Bildungslandschaft macht aber auch vor der Promotion nicht Halt und so entwickeln sich seit Beginn der 1990er Jahre in Abhängigkeit von Disziplin- und Fachkulturen und auf der Basis differierender Kooperationsbeziehungen und Fördergelder verschiedenartige Angebote in der Graduiertenausbildung. Diese Pluralität führt einerseits zu Unübersichtlichkeit und Verwirrung, welche Promotionshilfen von Graduiertenkollegs, -zentren oder -programmen wo angeboten werden. Andererseits werden Promotionswillige gerade durch diese Vielfalt in die Lage versetzt, sich unterstützende Promotionsstrukturen entsprechend ihrer individuellen Interessen, Bedingungen, Zielsetzungen oder Arbeitsweisen zu suchen oder diese sogar im eigenen wissenschaftlichen Umfeld einzufordern bzw. anzuregen. Die folgenden Informationen sollen folglich nicht nur einen ersten Überblick über Rahmenbedingungen, Zielsetzungen und Angebote verschiedener Modelle strukturierter Promotion geben, sondern auch die eigenen Vorstellungen über gute Promotionsbedingungen verdeutlichen helfen.

---

[1] Vgl. hierzu auch die Empfehlungen des Wissenschaftsrates („Personalstruktur und Qualifizierung: Empfehlungen zur Förderung des wissenschaftlichen Nachwuchses" (2001) und „Empfehlungen zur Doktorandenausbildung" (2002)), der Hochschulrektorenkonferenz („Zum Promotionsstudium" (1996) und „Förderung des wissenschaftlichen Nachwuchses" (2001)) und der DFG („Nachwuchsförderung und Zukunft der Wissenschaft" (2000)), die nachdrücklich dazu ermutigen, Promotionsstudiengänge und ‚Graduate Schools' zu errichten.

[2] Zumeist Anschubfinanzierungen zum Aufbau basaler Verwaltungsstrukturen sowie z.T. Stipendien für Promovierende, Postdocs und GastwissenschaftlerInnen.

Die institutionelle Etablierung strukturierter Graduiertenausbildung kann ähnlich wie die Einrichtung von Bachelor- und Masterstudiengängen als Folge der Entwicklung des europäischen Hochschulraumes
gesehen werden und zielt als so genannte Eliteförderung maßgeblich auf
die Sicherung der internationalen Wettbewerbsfähigkeit deutscher Wissenschaften. Der Blick ins (europäische) Ausland beeinflusst dabei auch die
vorherrschenden Organisationsformen der institutionellen Promotionsbegleitung, so dass gegenwärtig zum einen zeitlich befristete und thematisch fokussierte Kollegs und Programme für Promovierende angeboten
und zum anderen dauerhafte Institutionen wie Graduate Schools und Graduiertenzentren geschaffen werden.

1 Entwicklung und Rahmenbedingungen von Kollegs und anderen zeitlich befristeten und thematisch fokussierten Promotionsprogrammen[3]

Die Deutsche Forschungsgemeinschaft (DFG) initiierte Anfang der 1990er
Jahre Graduiertenkollegs, die inzwischen als Vorbild für jene Nachfolge-
modelle strukturierter PromovendInnen„ausbildung" in Deutschland betrachtet werden können, die zeitlich befristet und thematisch fokussiert
sind. Obwohl diese Graduiertenkollegs als Nachwuchsförderung deklariert
werden, verfolgen sie wie die anderen Förderprogramme der DFG im Kern
vorrangig Forschungsförderung. Die frühe Selbständigkeit von Nachwuchswissenschaftlerinnen und -wissenschaftlern wird vorausgesetzt und
Talente aus dem In- und Ausland sollen den Wissenschaftsstandort
Deutschland sichern (vgl. DFG 2003 und DFG-Förderinstrumente: LINK).

Wie bei anderen Projektanträgen zur Förderung von Forschungsvorhaben werden die Graduiertenkollegs bei der DFG zumeist von einer
Gruppe interdisziplinär und international zusammenarbeitender WissenschaftlerInnen beantragt, um spezifische Forschungsfelder und Themen-
schwerpunkte vertiefend bearbeiten zu können. In den meisten Fällen
werden zu einem geförderten Rahmenthema aber keine wissenschaft-

---

[3] Da Kollegs und Programme zeitlich befristet sind bzw. mit veränderten Themenstellungen und Forschungszielen modifiziert weitergeführt werden, wird an dieser Stelle nur ein allgemeiner Überblick über
die Ziele und Strukturen gegeben, auf die detaillierte Nennung bestehender Angebote wird verzichtet.
Ebenso gibt es keinen umfassenden Überblick über alle Angebote strukturierter Promotion, Promotionsstudiengänge sind ganz ausgeklammert, da das den Rahmen dieses Artikels sprengen würde. Anhand der
am Schluss des Artikels zusammengestellten Linkliste können Sie sich bei Interesse an einer Promotion
innerhalb solcher organisierten Forschungszusammenhänge über Internetrecherche individuell über aktuelle Angebote informieren.

lichen Mitarbeiterstellen eingerichtet, sondern Promotionsstipendien ausgelobt. Interessierte und für das Forschungsfeld qualifizierte NachwuchswissenschaftlerInnen können sich dann direkt bei den beteiligten HochschullehrerInnen auf diese Stipendien bewerben (vgl. DFG-Förderinstrumente: LINK) und werden für maximal drei Jahre mit einem Stipendium finanziell unterstützt.

2004 gab es knapp 300 DFG-Graduiertenkollegs, die zu 80% im naturwissenschaftlichen und technischen Bereich einzuordnen sind, in denen ca. 6000 DoktorandInnen an ihren Dissertationen arbeiten. In so genannten Mangelfächern – zumeist Ingenieurswissenschaften – werden die KollegiatInnen in Anlehnung an BAT IIa-Stellen bezahlt. In der Regel erhalten die Kollegmitglieder aber Stipendien, deren Höhe allerdings auch nach Fächern variieren kann. Das konkrete Verhältnis von Stellen zu Stipendien wechselt in Abhängigkeit von den Kollegthemen und disziplinären Zuordnungen, so dass darüber keine allgemeinen Aussagen getroffen werden können. Der Altersdurchschnitt zu Promotionsabschluss wird mit ca. 30,9 Jahren angegeben, die durchschnittliche Promotionsdauer trotz optimierter Betreuung auch mit 4,5 Jahren. Anzumerken ist ein vergleichsweise großer Anteil von 27% ausländischen DoktorandInnen, der zudem stetig ansteigt. Schätzungsweise werden aber nur ca. 6% aller bestandenen Promotionsprüfungen in Deutschland (ohne Humanmedizin) in DFG-Graduiertenkollegs abgelegt (vgl. DFG 2003).

Die an ein Graduiertenkolleg gekoppelte Stipendienvergabe (in Ausnahmefällen auch Stellenvergabe) geht mit spezifischen Angeboten und Pflichten für die Promovierenden einher: Parallel zu der zügigen Erstellung der eigenen Doktorarbeit soll die Sozialisation in die Scientific Community unterstützt werden, was in frühen Publikationen, Vortragsreihen, Auslandsaufenthalten und Lehrverpflichtungen seinen Ausdruck finden soll. Zumeist werden von den HochschullehrerInnen oder den KoordinatorInnen der Kollegs regelmäßig stattfindende Seminare, DoktorandInnenkolloquien, Gastvorträge u.Ä. organisiert und durchgeführt (die Veranstaltungsdichte variiert zwischen zwei und sechs SWS im Semester). Dabei wird von den PromovendInnen neben der aktiven Teilnahme auch eine Beteiligung an organisatorischen und administrativen Dienstleistungen für das Kolleg erwartet. Die Darstellung des eigenen Forschungsstands wird in diesem Kontext zu einem quasi-öffentlichen Ereignis und führt dazu, dass in vielen Fällen die Betreuungsarbeit durch verschiedene Mitglieder der beteiligten WissenschaftlerInnengruppe übernommen wird – auch wenn es formal nur einen bzw. eine HochschullehrerIn als BetreuerIn gibt. Die mögliche Spanne zwischen vielfältiger Anregung und größtmöglicher Verwirrung ist dabei individuell auszuhalten. In den meisten Fällen gilt bei DFG-Kollegs Präsenzpflicht am Hochschul- bzw. Kollegort, was insbesondere bei PromovendInnen, die familiär oder partnerschaftlich in anderen Teilen der Republik gebunden sind, nachteilig für die persönliche Lebensgestaltung sein kann. Für die Arbeitsgestaltung scheint diese Präsenz vor Ort aber von Vorteil zu sein, da in der Regel Kollegarbeitsplätze an der betreffenden Universität mit der notwendigen Infrastruktur vom PC bis zum Bibliothekszugang bereitgestellt werden und regelmäßig und unkompliziert Arbeitsgruppentreffen organisiert werden können.[4]

Neben der DFG vergeben vier von den bestehenden elf Begabtenförderungswerken Stipendien in so genannten Promotionskollegs: Die Hans-Böckler-Stiftung finanziert seit Mitte der 1990er Jahre „Promotionskollegs" mit einer Laufzeit von bis zu sechs Jahren. Mit derzeit neun Promotionskollegs kann sie als Vorreiterin der Förderung strukturierter Promotionsausbildung gesehen werden. Die Heinrich-Böll-Stiftung bietet seit 2000 gemeinsam mit dem Feministischen Institut bzw. der Grünen Akademie Stipendien in Promotionskollegs bzw. zu Schwerpunktthemen an. Das Evangelische Studienwerk e.V. Villigst vergibt seit 1997 einen Teil der Stipendien im Rahmen von vier Promotionsschwerpunkten, die in Kooperation mit HochschullehrerInnen jeweils für die Dauer von fünf Jahren eingerichtet werden. Und die Konrad Adenauer Stiftung vergab erstmals 2003 Stipendien in einem Promotionskolleg.

Vergleichbar den Graduiertenkollegs der DFG werden auch in Promotionskollegs auf Antrag etablierter WissenschaftlerInnen-Gruppen Stipendien zu einem spezifischen Forschungsbereich befristet öffentlich ausgeschrieben, auf die sich interessierte und qualifizierte AkademikerInnen bewerben können. Vorrangiges Ziel ist die Verkürzung von Promotionszeiten und die Erhöhung der Zahl eingereichter Promotionen. Zudem wird neuerdings auch verstärkt auf die Ausbildung von Schlüsselqualifikationen gesetzt, um die Karriereaussichten der KollegiatInnen in Wissenschaft und Wirtschaft zu erhöhen. Entsprechend der je spezifischen Aufnahmebedingungen der Stiftungen zielt diese kollektive Promotionsausbildung dabei neben der Verbesserung der persönlichen beruflichen Aufstiegschancen auch auf die Sicherstellung der Besetzung von Spitzenpositionen in Wissenschaft, Wirtschaft und Politik mit hochqualifizierten VertreterInnen, die den „Geist" der eigenen Stiftung vertreten. Im Unter-

---

[4] Weitere Informationen über die Qualität der Angebote der DFG-Graduiertenkollegs finden sich in einer von der DFG durchgeführten Befragung der DoktorandInnen und Doktoranden der Graduiertenkollegs zur Qualität der Förderung – Deutsche Forschungsgemeinschaft (2003): Entwicklung und Stand des Programms „Graduiertenkollegs". Erhebung 2003. Erste Ergebnisse, Bonn.

schied zur DFG können StipendiatInnen neben den Kollegangeboten in den meisten Fällen auch die übrigen Angebote ihrer Stiftungen in Anspruch nehmen wie z.b. bezahlte Praktika, Sprachschulen, zusätzliche Seminare zu Schlüsselqualifikationen, Forschungsmethoden u.Ä.

Zusätzlich zu den Förderwerken hat auch die Max-Planck-Gesellschaft gemeinsam mit der Hochschulrektorenkonferenz (HRK) durch die Errichtung der →„International Max Planck Research Schools" (IMPRS) eine eigene Initiative zur Nachwuchsförderung gestartet, da „die Ausbildung des wissenschaftlichen Nachwuchses von elementarer Bedeutung für die Zukunft von Wissenschaft, Forschung und Innovation in Deutschland sei. Es gibt aktuell 37 dieser Research Schools, die besonders begabten deutschen und ausländischen Studentinnen und Studenten die Möglichkeit geben, im Rahmen einer „strukturierten Ausbildung unter exzellenten Forschungsbedingungen" zu promovieren. Trotz des Schulbezugs im Namen unterscheiden sich die Research Schools nur graduell von den DFG-Graduiertenkollegs: Auch sie sind thematisch fokussiert, zeitlich befristet und vergeben Stipendien, zum Teil aber auch Stellen.

All diese genannten Angebote und damit auch Verpflichtungen für Promovierende unterscheiden sich in der Anlage nicht wesentlich von denen der DFG-Graduiertenkollegs: Es gibt regelmäßige Veranstaltungen (bis zu sechs SWS), die Erwartung zur aktiven inhaltlichen, organisatorischen und administrativen Mitarbeit sowie die engagierte Präsentation ihrer/seiner Forschung in der wissenschaftlichen Gemeinschaft. Dort wo Präsenzpflicht herrscht, wird in der Regel auch Infrastruktur zur Verfügung gestellt.

2 Graduiertenzentren und Graduate Schools als dauerhafte Organisationsstrukturen zur Unterstützung der Promotionsphase

Im Gegensatz zu den Kollegs sollen die seit Ende der 1990er Jahre entstehenden Graduiertenzentren oder Graduate Schools dauerhafte Einrichtungen darstellen. Da sich diese aber noch in Gründung oder in der Modellphase befinden, ist deren institutionalisiertes Fortbestehen gegenwärtig nicht gesichert, sondern abhängig von Evaluationen und Mittelvergaben. Aus diesem Grund gibt es auch bei den Zentren bislang noch Förderphasen.

Der Begriff Graduate School wird in Deutschland bislang nicht nur für strukturierte Bildungsangebote für „post"-Graduierte, also DoktorandInnen verwendet, sondern auch für Masterstudiengänge, die von privaten

Hochschulen oder durch Ausgründungen aus öffentlichen Hochschulen entstanden sind und eine akademische Grundausbildung zumeist im Wirtschafts- und Rechtsbereich anbieten. Daneben gibt es schon seit längerer Zeit in den Naturwissenschaften Graduate Schools, die sich an dem anglo-amerikanischen Modell orientieren und explizit Angebotsstrukturen zur „Promotionsbegleitung" bereitstellen. Insbesondere verschiedene Länderprogramme zur Promotionsförderung orientieren sich an diesem Modell, so dass seit 1999 unterschiedliche Varianten strukturierter Promotionsbegleitung zumeist in Kooperation mit dem DAAD (Promotion an Hochschulen in Deutschland) oder der DFG entwickelt wurden.[5] Seit 2004 stockt deren Ausbau offensichtlich aufgrund der Finanzmisere der Länder. Generell ist aber eine weitere Etablierung und Ausweitung auch auf nicht naturwissenschaftliche Disziplinen angestrebt. Eins der wenigen bereits existierenden sozialwissenschaftlichen Programme in diesem Förderkontext ist das Internationale Promotionsprogramm Gesellschaftswissenschaften (IPC) der Johann-Wolfgang-Goethe-Universität Frankfurt am Main (IPC: LINK).

Als sozial- und geisteswissenschaftlich orientierte Graduate Schools, die annähernd amerikanischen Standards entsprechen, sind gegenwärtig zwei bekannt: die Bremer Graduate School of Social Sciences (GSSS) und die International Graduate School in Sociology (IGSS) in Bielefeld. Zusätzlich wird seit 2002 der Aufbau der Berlin Graduate School of Social Science (BGSS) mit Mitteln des DAAD und der DFG unterstützt, welche neben einem Promotionsprogramm auch unterschiedliche Master anbietet bzw. koordiniert (BGSS: LINK). Die Finanzierung der teilnehmenden Graduierten ist individuell zu regeln, es gibt seit 2002 keine flankierenden Stipendien mehr.

Die Bremer Graduate School of Social Sciences (GSSS) wird durch die Volkswagenstiftung gefördert und bietet ein Ph.D.-Programm an, in dem max. 40 ausgewählten NachwuchswissenschaftlerInnen neben Seminarangeboten zu quantitativen und qualitativen Forschungsmethoden

---

[5] Die NRW Graduate Schools fördern an bisher rein natur- und technikwissenschaftlichen Forschungsschwerpunkten den „wissenschaftlichen Spitzennachwuchs" als ständige Einrichtung, d.h. im Vollausbau sechs Einrichtungen mal drei Jahre mal 20 Ausgewählte eines Jahrgangs = 360 DoktorandInnen. Und zwar mit „konkurrenzfähigen" Stipendien, einer eingehenden Betreuung (für die mehr als 30% AusländerInnen auch Hilfe bei Behördengängen etc.), Vermittlung von „soft skills" etc. Dafür sollen die DoktorandInnen auch unbedingt nach drei Jahren abschließen. Zudem gab es in Niedersachsen zehn Graduate Schools (Stand: 06/2004) und in Bayern zehn Einrichtungen, die als Elitestudiengänge bezeichnet werden, unter ihnen fünf Internationale Doktorandenkollegs (Stand: 2004). Vgl. Linkliste am Ende des Artikels.

auch Promotionssupervision angeboten wird. Mit Gründung der GSSS 1999 wurde der Prozess, die Grundstudien nach europäischen Maßstäben auf Bachelor und Master umzustellen, konsequent auf die Promotionsphase ausgeweitet. Diese institutionelle Verknüpfung mit den grundständigen Studien soll einen leichteren Übergang zwischen den Studienabschlüssen gewährleisten und die Studien- wie Promotionszeiten insgesamt verkürzen. Das DoktorandInnenstudium, wie es entsprechend der schulischen Konzeption genannt wird, ist auf drei Jahre ausgelegt und im Aufwand mit den Anforderungen eines Masterstudiums vergleichbar (insg. 56 SWS). Da die Ausrichtung international ist, ist die Arbeitssprache englisch und deutsch; ein sechsmonatiger Auslandsaufenthalt wird vorausgesetzt, und neben der kommunikativen Einbindung der DoktorandInnen in Lehre und Forschungsgruppen wird die Selbstorganisation der Promovierenden propagiert. Diese stark verschulte Organisationsform geht einher mit einer thematischen Schwerpunktsetzung[6] wie sie auch in Kollegs zu finden ist. Dabei ist aber anzunehmen, dass sich diese Themenzentrierung über die Jahre zugunsten einer interdisziplinären Ausrichtung erweitern wird. Ziel ist es, durch die Kooperation verschiedener Forschungsinstitute und Fakultäten im In- und Ausland Wissenschaftsnetzwerke institutionell zu verankern, längerfristige Kontakte aufzubauen und damit Synergieeffekte für den Wissenschaftsstandort Bremen und die dort Studierenden und Promovierenden zu erzielen. Dieses Konzept ist ebenso wie das der IGSS – International Graduate School in Sociology an der Fakultät für Soziologie/ Universität Bielefeld deutlich an dem Ideal einer exzellenten – auch im Sinne von ausgrenzender – Eliteförderung ausgerichtet und spricht vor allem sehr junge, ungebundene, mobile und an Mainstream-Forschungsfragen interessierte NachwuchswissenschaftlerInnen an. Die Promotion wird in diesem Kontext vor allem als dritte Phase des Studiums definiert, sie dient der individuellen Qualifikation und wird so als eigenständige wissenschaftliche Forschungsleistung junger, aber qualifizierter WissenschaftlerInnen marginalisiert. Die Bedeutung der Dissertationen für die Scientific Community wird auf diesem Weg vor allem zu einem Gradmesser für die Qualität der Graduate School und ihrer Ausbildungsangebote.

Die IGSS – International Graduate school in Sociology ist in die Fakultät für Soziologie der Universität Bielefeld integriert und bietet für die Dauer von drei 3 Jahren einen Promotionsstudiengang mit Forschungs- und Studienschwerpunkten, die an der Fakultät für Soziologie angesiedelt sind, sowie ein

---

[6] Die Themen-Schwerpunkte sind: transnational relations and political theory, the modern welfare state, social change, population dynamics, and life course.

Integriertes Graduiertenkolleg mit strukturiertem Studienprogramm (viersemestriges Curriculum und DoktorandInnenkolloquium). Zudem wird ein Vorbereitungsjahr für FH/BA-AbsolventInnen angeboten.

Von den DoktorandInnen wird neben der Dissertation die Durchführung von Workshops, Konferenzen und die Organisation eigener Veranstaltungen ebenso erwartet wie zumindest ein mehrwöchiger Forschungsaufenthalt im Ausland. Im Gegenzug verpflichten sich zwei BetreuerInnen mit klar umrissenen Betreuungsaufgaben in Promotionsvereinbarungen. Über die Vollversammlung der DoktorandInnen können im Sinne der Mitbestimmung Empfehlungen ausgesprochen und DoktorandInnen als Vertreter in den Vorstand delegiert werden.

Parallel zu den Graduate Schools werden gegenwärtig so genannte Zentren zur Promotionsbegleitung eingerichtet und geplant. Bislang beispiellos ist das →Gießener Graduiertenzentrum Kulturwissenschaften GGK (LINK), das von der Universitätsleitung initiiert wurde, um eine disziplinübergreifende Struktur für alle PromovendInnen kulturwissenschaftlicher Fächer der Universität bereitzustellen. Mittlerweile werden ca. 150 Promovierenden die Promotion flankierende Angebote unterbreitet und Plattformen zur Selbstorganisation und Vernetzung zur Verfügung gestellt. Neben dem Koordinator und Leiter des GGK gibt es fünf weitere MitarbeiterInnenstellen, die diese Angebote des Graduiertenzentrums koordinieren, planen, durchführen und evaluieren. Mit dieser umfassenden Struktur setzt die Justus Liebig-Universität Standards, die neben der Nachwuchsförderung zur Profilierung der Universität, Imagesteigerung und damit zu Internationalisierung und Anstieg von Drittmittelprojekten beitragen sollen. Dieses „Großprojekt", das aufgrund seines flexiblen Angebots (Kurse, Seminare, Kolloquien, Sektionen, Selbstdarstellungsplattformen etc.) durch Kooperationen mit Kollegs und anderen Programmen eine große Varianz in den Unterstützungsleistungen für Promovierende vorweisen kann, hat inzwischen nationales und internationales Renommee und Vorbildcharakter für andere institutionell verankerte Promotionsstrukturen gewonnen.

Zudem entstehen inzwischen aber auch Graduiertenzentren, die weniger Kapazitäten und Mittel zur Verfügung haben. An der Universität Potsdam wurde beispielsweise 2001 für die Dauer von zunächst drei Jahren ein internationales Graduiertenzentrum (IQN) gegründet (LINK), das an der Mathematisch-Naturwissenschaftlichen Fakultät angesiedelt ist und in dem junge WissenschaftlerInnen unterschiedlicher Nationalität (USA, Russland, Israel, Südamerika) und Fachgebiete zusammenarbeiten. Ziel ist es dabei, die internationale Vernetzung in einem fächerübergreifenden Projekt zu stärken und eine neue Art der Qualität interdisziplinärer Forschung zu ermöglichen. Gemeinsam untersuchen die WissenschaftlerInnen Kopplungsprozesse und ihre Strukturen in der Geo- und Biosphäre. Die Förderung des Forschungsvorhabens durch den DAAD mit fast einer Million Euro kam durch das von ihm aufgelegte Programm „Internationale Qualitätsnetze" (IQN) zustande. Es ist eines von mehreren Programmen im Rahmen der „Zukunftsinitiative Hochschulen" (ZIH) des Bundesministeriums für Bildung und Forschung. IQN dient im Besonderen der Förderung hochkarätiger internationaler Netzwerke in Forschung und Lehre und damit der Gewinnung ausländischer SpitzenwissenschaftlerInnen.

Ein weiteres Beispiel für ein kleineres Zentrum ist das Anfang 2004 in Sachsen-Anhalt mit finanzieller Unterstützung durch die Hans-Böckler-Stiftung gegründete Graduiertenzentrum für qualitative Bildungs- und Sozialforschung (GZBS), das an den Universitäten Halle-Wittenberg und Magdeburg angesiedelt ist. Es hat sich zum Ziel gesetzt, den wissenschaftlichen Nachwuchs in den Sozial- und Erziehungswissenschaften zu fördern und die Ausbildung in Methoden der qualitativen Bildungs- und Sozialforschung zu verbessern. Die Themenschwerpunkte werden entsprechend wissenschaftlicher Trends und Innovationen in einem Turnus von max. sechs Jahren wechseln. Als erstes inhaltliches Rahmenprogramm des Graduiertenzentrums wurde – nicht zuletzt angeregt durch die Ergebnisse und bildungspolitischen Implikationen der PISA-Studie – die Thematik „Bildung und Biographie in Schule und sozialen Arenen" gewählt. Gegenwärtig werden 26 Promovierende betreut.
Anders als in Kollegs wurde hier neben verschiedenen interdisziplinären wissenschaftlichen Arbeits- und Diskussionszusammenhängen ein systematisch angelegtes Lehr- und Studienprogramm in Form eines Promotionsstudiengangs institutionalisiert, das sich konkret an den Dissertationsthemen und dem Forschungsvorgehen orientiert, um die Qualität qualitativer Forschung gewährleisten und gleichzeitig die langen Dissertationszeiten bei qualitativen Studien verkürzen zu können. Aufbauend auf zentrale Grundlagen werden die Spezialisierungen in dem modularisierten Studiengang je nach Interesse und Bedürfnis der beteiligten Promovierenden ausgelegt. Die Abschlussarbeit soll einen Teil der Dissertation darstellen und führt mit dem Absolvieren eines hochschulöffentlichen Kolloquiums zu einem Zertifikat, das die akademische Weiterbildung in Methoden der qualitativen Sozialforschung als wissenschaftliche und berufspraxisbereichernde Qualifikation belegt. Daneben werden Oberseminare, Kolloquien, Arbeitsgruppen, eine Sommerschule, Gastvorträge und Kongresse sowie ein jährlich stattfindender bundesweiter Workshop zu Methoden der qualitativen Bildungs- und Sozialforschung organisiert. Ein Fachorgan, die Zeitschrift für qualitative Bildungs-, Beratungs- und Sozialforschung (ZBBS: LINK), bietet Publikationsmöglichkeiten.

Diese Zentren bieten bislang also nur einer kleineren Gruppe von Promovierenden Angebote, indem bestehende Kolloquien, Kooperationen, Lehr- und Beratungspotenziale etc. unter einem Dach zusammengefasst, systematisiert und öffentlich gemacht werden. Durch die zusätzliche Akquisition von Fördergeldern institutionalisieren sich nach und nach breitere Angebotspaletten. In diesen Phasen des Auf- und Ausbaus von Kollegs, Kolloquien, Arbeitsgruppen bis hin zu modularisierten Promotionsstudiengängen können die Graduierten selbst Interessen und Bedürfnisse mit einfließen lassen und so die Strukturen fachlich, methodisch oder auch im Hinblick auf Mitbestimmungsmöglichkeiten für Promovierende mit gestalten.

Das langfristige Aufgabenspektrum dieser Zentren, die auch in der Empfehlung des Wissenschaftsrats als „Dachorganisationen" für regionale (Nachwuchs)WissenschaftlerInnengruppen und Kollegs charakterisiert werden (vgl. WR 2002), kann vielfältig sein und z.B. folgende Dienstleistungen bereitstellen:

- Erfassung und Veröffentlichung bestehender promotionsdienlicher Angebotsstrukturen und Seminare in einer oder mehreren Hochschulen oder Fakultäten (je nach Größe unterschiedlich),
- Mediation von Promotionsvereinbarungen,
- Beratung von Promovierenden und solchen, die es werden wollen,
- Etablierung und Ausbau von unterschiedlichen Promotionshilfen wie Arbeitszusammenhängen, Netzwerken, Publikationsplattformen etc.
- Schaffung von nationalen und internationalen Kooperationen, Austauschprogrammen von GastwissenschaftlerInnen und Promovierenden,
- Akquirieren von Fördergeldern etc.,
- hochschulpolitische Vertretung der Belange von Promovierenden und vieles andere mehr.

Da die kleineren Zentren aber zumeist nur auf vergleichsweise geringe Fördergelder und personelle Ressourcen zurückgreifen können, scheinen diese notwendigen Schritte zur Etablierung und Institutionalisierung von Promotionsstrukturen bislang nur in Gießen mit großer Vehemenz vorangebracht zu werden. Trotzdem sind die Angebote kleiner Zentren nicht zu gering zu schätzen. Sie bieten aber leider nur einer kleinen ausgewählten Gruppe promotionsbegleitende Hilfen. Die gegenwärtigen Entwicklungen stellen eine gute Basis dafür dar, dass die Gießener Erfolge ausstrahlen und eine größere Zahl von Zentren allen Promovierenden offen stehen, die ein Interesse an Kooperation und Beratung haben – wenn diese Tendenzen von der Hochschulpolitik vehementer verfolgt werden.

3   Fazit

Ob eine und wenn ja, welche institutionelle Form den eigenen Promotionsvorstellungen entgegenkommt, sollte dabei nicht nur aufgrund regionaler oder fachlicher Nähe, sondern auch individuell anhand der eigenen Bedürfnisse nach Einbindung, Verbindlichkeit und Leistungskontrolle geprüft werden.

Zusammenfassend scheinen alle befristeten, auf spezifische Themengebiete zielende Programme zur Graduiertenausbildung zunächst für all die PromovendInnen interessant zu sein, die folgende Bedingungen erfüllen können:

- Das Forschungsinteresse lässt sich in einem aktuellen Themen- bzw. Diskurszusammenhang verorten und passt damit in Forschungsfelder, die in Kollegs oder Programmen angeboten werden.

- Die von außen gestaltete Struktur und damit z.T auch die rigiden Zeit- und Ablaufpläne sollten als bereichernd und nicht als einengend empfunden werden.

- Die Zusammenarbeit in Arbeitsgruppen, der damit bestehende Reziprozitätsanspruch und die Erwartung auch organisatorische Aufgaben zu übernehmen, sollte mit der eigenen Arbeitsweise und den Zeitressourcen vereinbar sein.

- Die Betreuung durch mehr als einen/eine weisungsgebende HochschullehrerIn wird als anregend und nicht als störend empfunden.

- den Erwartungsdruck, neben der Promotion auch an Vorträgen und Publikationen zu arbeiten, Lehrveranstaltungen und Tagungen zu organisieren und durchzuführen sowie Auslandsaufenthalte und Praktika zu absolvieren, als bereichernd und fördernd zu erleben.

- die bestehende Chance auf Mitbestimmung in einem relativ kleinen und flexiblen Forschungsgebilde nutzen wollen und sich selbst und die eigenen Vorstellungen in die Gestaltung der Kollegveranstaltungen mit einbringen.

Das Promovieren an Zentren stellt neben den „closed shop"-Angeboten wie Studiengängen und Kollegs auch hochschuloffene Veranstaltungen und Beratungsangebote oder Infrastruktur und Netzwerke zur Verfügung. Diese werden dementsprechend auch für jene PromovendInnen interessant sein, die schon in unterschiedliche Arbeitszusammenhänge eingebunden sind oder aufgrund anderer beruflicher oder privater Verpflichtungen nur begrenzt Zeit und Ressourcen für punktuelle Veranstaltungen frei haben. Hierzu bedarf es aber noch eines weiteren Ausbaus der Zentrumsstrukturen sowie ihrer Vernetzung innerhalb der Hochschullandschaft. Neben den nötigen Finanzmitteln fehlt es trotz der Übereinstimmung der hochschulpolitischen Akteure für solch eine flächendeckende Strukturreform der Promotionsbegleitung insbesondere an Diskussionen über Mindestanforderungen und Standards für Kollegs ebenso wie für Graduate Schools und Zentren. Dabei gilt es auch deren Verhältnis zueinander stärker ins Blickfeld des Interesses zu rücken, um nicht nur wenige, sondern die Masse der Promovierenden zu erreichen und damit ein tragbares Gegenmodell zu der traditionellen Betreuung allein durch Doktorvater bzw. -mutter zu etablieren. Hier sind nicht zuletzt die Promovierenden selbst gefordert, ihre Interessen einzubringen und Strukturen maßgeblich mitzugestalten.

Literatur

DAAD (2001): Ausschreibung Förderprogramm „Promotion an Hochschulen in Deutschland" (PHD)

Deutsche Forschungsgemeinschaft (2000a): Die zukünftige Förderung des wissenschaftlichen Nachwuchses durch die DFG. Empfehlungen der Arbeitsgruppe „Wissenschaftlicher Nachwuchs" des Präsidiums der DFG. Bonn 2000.

Deutsche Forschungsgemeinschaft (2000b): Nachwuchsförderung und Zukunft der Wissenschaft. Empfehlungen der Arbeitsgruppe „Wissenschaftlicher Nachwuchs" des Präsidiums der DFG (Langfassung). Bonn 19.06.2000.

Deutsche Forschungsgemeinschaft (2003): Entwicklung und Stand des Programms „Graduiertenkollegs". Erhebung 2003. Bonn unter: http://www.dfg.de/forschungsfoerderung/ koordinierte_programme/graduiertenkollegs/download/erhebung2003.pdf (09.03.05).

Hein, Mathias/Hovestadt, Gertrud/Wildt, Johannes (1998): Forschen Lernen. Eine explorative Feldstudie zu Qualifizierungsprozessen von Doktorandinnen und Doktoranden in Graduiertenkollegs. Graue Reihe der Hans-Böckler-Stiftung – Neue Folge 141. Düsseldorf: Der Setzkasten.

Hochschulrektorenkonferenz (1996): Zum Promotionsstudium (= Entschließung des 179. Plenums vom 9. Juli 1996).

Hochschulrektorenkonferenz (2001): Förderung des wissenschaftlichen Nachwuchses (Stellungnahme des 193. Plenums vom 19./20. Februar 2001).

Wissenschaftsrat (1997): Empfehlungen zur Doktorandenausbildung und zur Förderung des Hochschullehrernachwuchses, Köln.

Wissenschaftsrat (2001): Personalstruktur und Qualifizierung: Empfehlungen zur Förderung des wissenschaftlichen Nachwuchses. Berlin, 19. Januar 2001.

Wissenschaftsrat (2002): Empfehlungen zur Doktorandenausbildung, Saarbrücken, 15.11.2002.

LINKS

DFG-Förderinstrumente: http://www.DFG.de/forschungsfoerderung/koordinierte_programme/graduiertenkollegs/liste/gk_gs_nr.html (09.03.05) http://www.dfg.de/forschungsfoerderung/koordinierte_programme/graduiertenkollegs/listen.html (09.03.05) http://www.DFG.de/forschungsfoerderung/koordinierte_programme/graduiertenkollegs/ (09.03.05)-

DFG-Graduiertenkollegs
Graduate School in Bayern: http://www.uni-wuerzburg.de/blick/2003-2/032d10.html (09.03.05).
Graduate Schools in Niedersachsen: http://www.mwk.niedersachsen.de/master/ 0,,C360851_
N360253_L20_D0_I731,00.html (09.03.05).
Graduate Schools in Nordrhein-Westfalen: http://www.mwf.nrw.de/studieren_in_nrw/gradua-
te_deutsch/index.html (09.03.05), http://www.mwf.nrw.de/studieren_in_nrw/ graduate_
deutsch/GS_in_NRW_deutsch/index.html (09.03.05).
Graduate Schools in Sachsen: http://www.smwk.de/de/bw/forschung/hs_forschung/1796.htm
(09.03.05).

Graduiertenzentren, Promotionskollegs und Graduate Schools
Artikel in der Süddeutschen über Graduiertenzentren: http://www.sueddeutsche.de/jobkarrie-re/
berufstudium/artikel/889/28861/print.html (09.03.05).
Berlin Graduate School of Social Science (BGSS): http://www2.hu-berlin.de/bgss/ (09.03.2005).
Graduate School of Production Engineering and Logistics an der Universität Dortmund:
http://129.217.219.184/dyn/epctrl/mod/graduate001825/cat/graduate002068/pri/graduate
(09.03.05).
Graduate School of Social Sciences der Universität Bremen (GSSS): http://www.gsss.uni-bre-
men.de/ (09.03.05).
Graduiertenzentrum für qualitative Bildungs- und Sozialforschung der Universitäten Halle-Wittenberg und Magdeburg: http://www.zbbs.de/ (09.03.05).
Graduiertenzentrum Kulturwissenschaften der Universität Gießen (GGK): http://www.uni-gies
sen.de/graduiertenzentrum/home/index.php (09.03.05).
International Humboldt Graduate School on Structure, Function and Application of New Materials an der Humboldt-Universität zu Berlin: http://www.graduate-school.hu-berlin.de/
(09.03.05). http://www.berlinews.de/wista/archiv/301.shtml (09.03.05).
International Graduate School an der Martin-Luther Universität Halle-Wittenberg (IGraS): In
Gründung http://bionomie.mikrobiologie.uni-halle.de/Outline.pdf (09.03.05)
http://www.verwaltung.uni-halle.de/KANZLER/ZGST/ABL/2003/03%276%2701.html
(09.03.05).
International Graduate School in Sociology (IGSS): Internationaler Promotionsstudiengang an
der Fakultät für Soziologie der Universität Bielefeld http://www.uni-bielefeld.de/soz/igss/
(09.03.05).
Internationales Graduiertenzentrum der Universität Potsdam (IQN): http://www.uni-potsdam.de/
u/iqn/ (09.03.05).
Internationales Promotions-Centrum Gesellschaftswissenschaften an der Universität Frankfurt:
wird im Rahmen des PHD-Programmes („Promotion an Hochschulen in Deutschland") von
DAAD und DFG gefördert; http://www.gesellschaftswissenschaften.uni-frankfurt.de/ipc
(09.03.05).
Max-Planck Research schools: http://www.mpg.de/instituteProjekteEinrichtungen/schoolaus-
wahl/index.html (09.03.05).
Richtlinien der Universität Würzburg zur Einrichtung einer International Graduate School:
http://www.uni-wuerzburg.de/intern/w031210b.html (09.03.05) http://www.uni-wuerz-
burg.de/zv/rechtsamt/wiss_einr/International_Graduate_School.pdf (09.03.05).

Ansgar Nünning, Roy Sommer

C | 4 Gießener Graduiertenzentrum Kulturwissenschaften (GGK)

Die kulturwissenschaftliche Promotion an deutschen Universitäten ist in der Regel eine langwierige Angelegenheit mit ungewissem Ausgang und ungesicherter Zukunft: Eine weiterführende wissenschaftliche Karriere bleibt für den wissenschaftlichen Nachwuchs meist Wunschdenken, und auf dem außeruniversitären Arbeitsmarkt erschwert der hart erkämpfte Doktortitel häufig sogar den Berufseinstieg (Stichwort: Überqualifikation). Auch das noch so große Engagement einzelner Doktorväter und -mütter kann strukturelle Mängel wie fehlende Netzwerke und unklare Qualifizierungswege (Habilitation oder Juniorprofessur?) nicht beheben. Im Gegenteil: Mangelnde Transparenz führt häufig zu persönlichen Abhängigkeiten zwischen Promovierenden und Betreuungspersonen (vgl. Nünning/Sommer 2004).

Das Gießener Graduiertenzentrum Kulturwissenschaften (GGK), eine zentrale Einrichtung der Justus-Liebig-Universität Gießen (JLU), ist ein bundesweit derzeit einzigartiges Reformmodell, das sich angesichts dieser Defizite das Ziel setzt, fächer- und fachbereichsübergreifend zeitgemäße Alternativen für die Promotion zu schaffen. Neben der strukturierten Gestaltung und qualitativen Verbesserung der Graduiertenausbildung stehen dabei die Erhöhung der Forschungsintensität des wissenschaftlichen Nachwuchses sowie die Internationalisierung und Professionalisierung der Promotionsphase im Vordergrund. Seit seiner Gründung im Jahr 2001 hat das GGK systematisch und flächendeckend Reformen der DoktorandInnenausbildung in den geistes- und sozialwissenschaftlichen Fachbereichen an der JLU durchgeführt und sich mittlerweile als eine innovative Ergänzung zur traditionellen Betreuungssituation etabliert.

Die satzungsgemäßen Aufgaben des Zentrums betreffen unterschiedlichste Aspekte der Nachwuchsförderung. Dazu zählen die Schaffung einer interdisziplinären Infrastruktur für die Kommunikation zwischen BetreuerInnen und Promovierenden, die Einbindung der Promovierenden in kulturwissenschaftliche Forschungsprojekte, die Koordination aller Lehrangebote für Promovierende in den kulturwissenschaftlichen Fächern, die Entwicklung und Durchführung zusätzlicher zielgruppenspezifischer Lehr- und Ausbildungsangebote, die Einbeziehung der PostdoktorandInnen als

Lehrbeauftragte, die Beratung bei Fragen der Finanzierung sowie die Unterstützung des wissenschaftlichen Nachwuchses in Vortrags- und Publikationsangelegenheiten. Mitglieder des Zentrums sind alle immatrikulierten DoktorandInnen der drei geistes- und sozialwissenschaftlichen Fachbereiche (derzeit 216 Promovierende). Hinzu kommen nicht immatrikulierte Promovierende (derzeit ca. 200) sowie Promovierende anderer Universitäten (derzeit ca. 100), die als assoziierte Mitglieder die Angebote des Graduiertenzentrums nutzen.

Die Struktur des Zentrums reflektiert den umfassenden Anspruch des GGK (unser Motto lautet: „Promovieren mit System!"), das die Promovierenden vom Beginn der eigenständigen Forschung bis zum Abschluss des Promotionsvorhabens betreut und darüber hinaus bereits frühzeitig arbeitsmarktorientierte Elemente in das Promotionsstudium integriert. Zu den drei Kernbereichen unserer Arbeit zählen:

- das zielgruppenspezifische Studienprogramm mit eigens konzipierten Lehrangeboten, darunter der theoretisches und methodisches Überblickswissen vermittelnde Grundkurs Promotion (sechs vierstündige Sitzungen, vorzugsweise im ersten Semester der Promotion), der daran anschließende Aufbaukurs Promotion (in der Regel vier vierstündige Sitzungen, in denen im zweiten Semester der Promotion die Dissertationsprojekte der TeilnehmerInnen im Vordergrund stehen), Wissenschaftliches Schreiben I (Rezensionen) und II (Artikel) sowie (nach Absprache) der „Vorbereitungskurs Disputation" am Ende der Promotionsphase. Das Studienprogramm wird ergänzt durch Forschungskolloquien, Master Classes und Workshops, die teils von PostdoktorandInnen, teils von externen ReferentInnen angeboten werden. Die Teilnahme an den Veranstaltungen (insbesondere Grund- und Aufbaukurs) wird von den StipendiatInnen der Graduiertenkollegs und des Internationalen Promotionsprogramms in der Regel erwartet, allen anderen Promovierenden ist sie freigestellt.

- wissenschaftliche Sektionen (Arbeitsgruppen), in denen Promovierende mit Unterstützung des GGK selbstorganisiert ihre Promotionsvorhaben diskutieren können, eigenständige Forschungsprojekte vorbereiten und Tagungen planen. Beispiele für von Promovierenden organisierte Veranstaltungen sind u.a. die Tagung „Narratologie" (April 2002), die Spring School „Qualitative Sozialforschung für Promovierende" (März 2003), der

Workshop „Holocaust und Literatur" (Mai 2004), die Tagung „Herausforderungen an politische Kultur und demokratisches Regieren heute" (Nov. 2004) oder die Tagung „Von Mittelerde bis in die Weiten des Alls" (Feb. 2005).

- ein Career Service, der mit einem breit gefächerten Kursangebot gezielt zur arbeitsmarktorientierten Zusatzqualifizierung der Promovierenden sowie zur individuellen beruflichen Zielfindung beiträgt und durch einen jährlich stattfindenden AbsolventInnenkongress Einblicke in unterschiedliche Berufsfelder ermöglicht und Kontakte zwischen Promovierenden und Ehemaligen vermittelt.

Das GGK orientiert sich bei der Gestaltung seiner Angebote stets an den Bedürfnissen der Promovierenden, die ihre Wünsche und Vorstellungen an die Geschäftsführung übermitteln. Dies geschieht entweder individuell oder über die SprecherInnen der Sektionen; eine entsprechende Vertretungsstruktur für Promovierende wird vom GGK durch die Benennung einer/eines Sektionenbeauftragten aus der Geschäftsführung sowie durch regelmäßige Treffen aller SprecherInnen mit der Geschäftsführung (mindestens einmal pro Semester) zum Gedanken- und Informationsaustausch unterstützt.

Literatur

Nünning, Ansgar/Sommer, Roy (2004): „Defizite und Desiderate der deutschen Doktorandenausbildung: Das Gießener Graduiertenzentrum Kulturwissenschaften als Reformmodell." In: Kimmich, Dorothee/Thumfart, Alexander (Hrsg.): Universität ohne Zukunft? Suhrkamp 2004 (S. 203–224).

LINK

Das Gießener Graduiertenzentrum Kulturwissenschaften: http://www.uni-giessen.de/graduiertenzentrum (21.08.05).

Die „International Research Schools" der Max-Planck-Gesellschaft. Ein Fallbeispiel für systematische Graduiertenausbildung

Dirk Hartung

Die Max-Planck-Gesellschaft (MPG), 1948 in Nachfolge der vormaligen Kaiser-Wilhelm-Gesellschaft gegründet, betreibt in etwa 80 Instituten und Forschungseinrichtungen mit über 4.000 WissenschaftlerInnen Grundlagenforschung mit einem Schwerpunkt in der naturwissenschaftlichen Forschung. Ihr Budget von jährlich etwa 1,3 Mrd. € (2003) wird zum überwiegenden Teil von Bund und Ländern zu gleichen Teilen aufgebracht. Die MPG-DoktorandInnen – insgesamt sind es mehr als 3.500 (2003) – stellen den Großteil der etwa 1.500 Promovierenden, die in die (im Januar 2005) 37 so genannten „International Max Planck Research Schools" (IMPRS) eingebunden sind, welche seit dem Jahr 1999 gemeinsam mit den Hochschulen aufgebaut und betrieben werden. Die Bezeichnung „International" soll den Blick auf eine Klientel im Ausland lenken, zugleich wird damit auf die Vernetzung einiger „Schools" mit ausländischen Hochschulen verwiesen. Die IMPRS haben zum Ziel, die Graduiertenausbildung in Max-Planck-Instituten in enger Verbindung mit den Hochschulen zu systematisieren. Weitere dieser Einrichtungen sind vorgesehen. Man kann davon ausgehen, dass in absehbarer Zeit alle dafür infrage kommenden der insgesamt 80 Max-Planck-Institute und Einrichtungen, soweit sie sich z.B. in Campusnähe und im Inland befinden, an dieser Form der Graduiertenausbildung beteiligt sein werden. Bezogen auf die Gesamtzahl der Promovierenden der MPG macht dies einen Anteil von rund 25 Prozent aus.

Die Promotionsmöglichkeiten werden international ausgeschrieben. Erfolgreiche Bewerbungen sind auch aus den Instituten und lokalen Hochschulen heraus besonders für diejenigen, die z.B. bereits als Studentische Hilfskräfte über nützliche Kontakte verfügen, möglich.

Die MPG wirbt für das Programm mit perfekter wissenschaftlicher Infrastruktur; optimaler fachlicher Betreuung; angemessener finanzieller Unterstützung auf der Grundlage von Arbeitsverträgen (BAT II a 1/2 bzw. mit „Gewinnungs- und Haltungszulagen" ggf. je nach Fachrichtung) oder Stipendien sowie mit der Hilfe bei Problemen des täglichen Lebens und sozialer Betreuung auch durch moralische Unterstützung in der Gruppe.

Als formale Voraussetzungen werden für eine erfolgversprechende schriftliche Bewerbung erwartet: hervorragende Studienleistungen sowie Referenzschreiben der Hochschule und Englischkenntnisse. Beim aufwändigen endgültigen Auswahlverfahren mit in der Regel Präsenz „vor Ort" wird z.B. in Interviews auch auf Indizien für emotionale Stabilität und Belastbarkeit geachtet.

1 Anlässe für die Einrichtung der „International Research Schools"

Mit der Gründung von Graduiertenkollegs der Deutschen Forschungsgemeinschaft (DFG) wurde bereits vor längerer Zeit auf Schwächen der bis dahin in Deutschland üblichen Organisation der Promotionsphase reagiert. Für die MPG gab es darüber hinaus folgende besondere Motive:

- Die MPG hatte sich dereinst trotz Angebots nicht an den Graduiertenkollegs der DFG beteiligt. Begründet wurde die Nichtbeteiligung damit, dass man die Dinge federführend in eigenen Händen behalten wollte und die Promovierenden der MPG, anders als in den Kollegs, den Status von ArbeitnehmerInnen und nicht StipendiatInnen hatten – mit den bekannten Folgen für Bezahlung und soziale Absicherung (→Promovieren und soziale Absicherung). Die deutschen Promovierenden der MPG werden im Regelverfahren als ArbeitnehmerInnen nach BAT IIa 1/2 bezahlt, die ausländischen sind StipendiatInnen. Inzwischen kann aufgrund rechtlicher Vorgaben zur Gleichbehandlung von Deutschen und zumindest EU-AusländerInnen zwischen Stipendium und Arbeitsvertrag „gewählt" werden. Allerdings bleibt hierzu offen, wer die Wahl trifft. Das Promovieren auf der Grundlage eines Stipendiums ist aus Sicht der Max-Planck-Institute etwa 40 Prozent billiger.

- Die MPG begegnete mit der Einrichtung der IMPRS auch der zu erwartenden Kritik – wie sich dies in der „Systemevaluierung von DFG und MPG" dann auch bestätigte –, dass die Beziehungen zu den Hochschulen intensiviert werden müssten. Die „Research Schools" sind daher eine gemeinsame Veranstaltung von Hochschulen und Max-Planck-Instituten mit paritätischer Besetzung der Gremien und Lehr- und Betreuungsleistungen beider Seiten. Wie weit die beteiligten Hochschulen die „Schools" auch als ihre

Einrichtungen ansehen oder wegen der Lokalisierung der gemeinsamen Veranstaltungen in Max-Planck-Instituten diese doch mehr der MPG zugehörig erachten, ist von Ort zu Ort verschieden. Promovierende der Hochschulen haben gelegentlich ihr Arbeitszimmer und z.b. Laborzugang in MP-Instituten.

■ Mit dem Angebot von international geläufigen Lernformen für die Graduiertenphase sollen insbesondere BewerberInnen aus dem Ausland angesprochen werden. Tatsächlich beträgt der Ausländeranteil etwa 60 Prozent. Zur Sicherung der Kompatibilität mit im Ausland geläufigen Studienformen und Abschlüssen werden daher von den beteiligten Hochschulen gelegentlich auch einjährige Ausbildungen für Personen mit Bachelor-Abschlüssen zur Vorbereitung auf die „Schools" angeboten. Damit wird ein Signal in Richtung Internationalisierung gesetzt und zumindest symbolisch auf die Notwendigkeit der Einführung von Bachelor- und Masterstudiengängen aus der Sicht der international vernetzten Grundlagenforschung hingewiesen.

■ Schließlich sollen mit den „Research Schools" internationale Netzwerke aufgebaut und insofern auch „Schulen" als inhaltlich und methodisch wirkende Forschungseinrichtungen geprägt werden. Dies hätte den Nebeneffekt, frühzeitig Talente zu entdecken sowie Kontakte und Loyalitäten mit diesen zu sichern, um später in der verschärften internationalen Konkurrenz Vorteile bei etwaigen Berufungsverfahren der so früh erkannten shooting stars in aller Welt zu haben.

2 Organisatorisches

Die „Research Schools" werden für sechs Jahre bewilligt; über eine Fortsetzung wird nach einer Evaluierung nach jeweils drei bis vier Jahren befunden. Beteiligt sind ein oder mehrere MP-Institute sowie Hochschulen am Standort der Institute oder im Ausland. Die „Schools" umfassen im Regelfall 20 bis ca. 40 Promovierende. Es gibt aber auch „Schools", bei denen alle Promovierenden der beteiligten Institute diesen einfach zugeordnet und dementsprechend behandelt werden. Solche Einrichtungen können dann auch mehr als 100 Promovierende umfassen, was aber weder dem Konzept entspricht noch bei den Betroffenen auf Wohlgefallen trifft. Die wissenschaftliche Leitung wird in der Regel durch einen paritätisch besetzten

Board aus ProfessorInnen der beteiligten Hochschulen sowie des MP-Instituts/der MP-Institute wahrgenommen. Das alltägliche Geschehen, die Administration der „Schools" und die faktische Betreuung der Promovierenden sowie die wichtige Aufgabe der Vorauswahl von KandidatInnen obliegen jedoch wissenschaftlich qualifizierten KoordinatorInnen. Diese können sich dabei auf die Infrastruktur und Serviceleistungen der Institute stützen. Ihnen kommt eine Schlüsselstellung für das Geschehen zu, die bis zur detaillierten Organisation der Abschlussprüfungen und Betreuung des Vielvölkergemischs bei privaten Problemen und des Vertrautmachens mit hiesiger Kultur und Lebensgewohnheiten reicht.

3   Das Ausbildungsprogramm

Aus der jeweiligen Bezeichnung der „Schools" geht meist bereits hervor, welches Spektrum an Themen im Rahmen der Promotion bearbeitet werden kann, z.B. die „International Max Planck Research School for Advanced Materials" (Stuttgart) für die Chemisch-Physikalisch-Technische Sektion der MPG oder die „IMPRS for Molecular Cell Biology and Bioengineering" (Dresden) für die Biologisch-Medizinische Sektion der MPG bzw. die IMPRS „Werte und Wertewandel in Mittelalter und Neuzeit" (Göttingen) für die Geistes-, Sozial- und Humanwissenschaftliche Sektion.

Die Themenzentrierung kann so weit gehen, dass die Promovierenden unter dem Dach einer konkreten Fragestellung und vorgegebenen Theorie arbeitsteilig eine Forschungsthematik bearbeiten. Es gibt aber auch „Schools", in denen die Themenwahl in Absprache mit den jeweils primär betreuenden ProfessorInnen ähnlich wie bei sonstigen Promotionsverfahren eher frei vereinbart werden kann.

Der Ausbildungsplan ist im Prinzip auf drei Jahre hin angelegt; eine kürzere Promotionsdauer ist prinzipiell möglich und MPG-typisch auch erwünscht, kommt aber eher selten vor. Die MPG vergibt im Regelverfahren einen zweijährigen Vertrag für das Promovieren, der mit Begründung zweimal ein halbes Jahr verlängert werden kann. Das gemeinsam zu bewältigende Ausbildungsprogramm ist in den „Schools" unterschiedlich reichhaltig. Es gibt jedoch in fast allen Einrichtungen einen Einführungskurs; außerdem so genannte „Elective lectures" von WissenschaftlerInnen, die in ihrer Zunft für herausragend gehalten werden; des Weiteren Summer- und Winterschools; jährlich ein Statusseminar und die Verpflichtung zu weiteren eigenen Vorträgen und Seminarteilnahmen. Auch die Vermittlung so genannter „Softskills" (Arbeitsorganisation, Rhetorik, Verfassen von Texten, Bewerbungsprozeduren etc.) wird in den „Schools" als Teil des Programms gesehen und gilt inzwischen sogar als wesentliches Kriterium bei der Evaluierung und somit Entscheidung über die Fortführung.

Der Grad der Verschulung ist in den „Schools" zweifellos unterschiedlich, die Dichte der Kontrollen und Verpflichtungen auf gemeinsame Aktivitäten sind allgemein jedoch erheblich. Da gelegentlich auch gemeinsames Wohnen und Freizeitaktivitäten in das extracurriculare Programm einbezogen werden, entsteht zuweilen eine Atmosphäre wie an Colleges in den USA mit dem entsprechenden Zusammengehörigkeitsgefühl und Ingroup-Denken. Vor die Wahl gestellt, in „Schools" oder doch lieber konventionell zu promovieren, soll es daher KandidatInnen gegeben haben, die das traditionell doch mehr Freiheiten bietende und mit weniger Belastungen verbundene Verfahren vorzogen.

4 Probleme

Nachdem die ersten „Schools" nach Ablauf von drei bis vier Jahren erfolgreich evaluiert wurden, wird gelegentlich auch über Probleme und Verbesserungsmöglichkeiten nachgedacht. Von Betriebsrats- und Gewerkschaftsseite, aber gelegentlich auch von Seiten der MPG werden folgende Schwierigkeiten gesehen:

- Problematisch ist die Formierung einer „Elite in der Elite" mit Folgen der Abkapselung einerseits und das Empfinden von Benachteiligung bei den übrigen Promovierenden, denen es an formalisierten Angeboten, Zuwendung und Ansprechpartnern mangelt, andererseits. Die Teilnahme sonstiger Promovierender an Veranstaltungen der „Schools" soll hier Abhilfe schaffen. Die Fehlentwicklung, alle Promovierenden eines Instituts letztlich als Mitglieder der „School" zu betrachten, soll jedoch vermieden werden. Dennoch wird darüber nachgedacht, für alle Promovierenden zumindest „doktorvaterunabhängige" neutrale AnsprechpartnerInnen zu schaffen.

- Ein weiteres Problem ist die bislang noch unterschiedliche Bezahlung von Deutschen und AusländerInnen, Promovierenden aus Hochschulen mit Stipendienverträgen und Promovierenden der MPG mit Arbeitsverträgen sowie von Promovierenden aus so genannten Mangelfächern (Chemie, Physik, Informatik und Mathematik mit Möglichkeiten von Zulagen bis hin zu voll BAT IIa) und den übrigen. In cinigen „Research Schools" wird daher entgegen formaler Vorgaben versucht, alle gleich zu bezahlen; teils werden auch informelle Kompensationen geleistet. Langfristig ist allerdings zu befürchten, dass letztlich alle DoktorandInnen mit Stipendien ausgestattet werden, wofür dann das Argument der stärkeren Systematisierung der Promotion als Ausbildungsphase und somit dritter Phase des Studiums genutzt werden könnte.

- Während bildungs- und hochschulpolitisch bemängelt wird, dass der wissenschaftliche Nachwuchs in Deutschland zu spät in die Selbständigkeit geführt wird, tragen die verbindlichere Planung von Abläufen in den „Schools" und die „Curricularisierung" von Lehrinhalten und Forschungsthemen sowie die intensive Betreuung, die gelegentlich gar als „Overprotection" empfunden werden mag, nicht unbedingt zur Selbständigkeit bei.

Als Positivum wird wiederum gesehen, dass der hohe Grad an Internationalisierung und die stärkere konzeptuelle Planung mit zu einem höheren Frauenanteil geführt haben. Über alle Disziplinen hinweg beträgt er bereits durchschnittlich 40 Prozent. Dieser unter Berücksichtigung der vertretenen Fachrichtungen in den „Schools" vergleichsweise hohe Wert macht auf zwei Aspekte aufmerksam. Erstens gibt es in manch anderen Ländern höhere Frauenanteile in Studiengängen, die hier von Frauen nicht so frequentiert sind (z.B. Physik; Astronomie) und zweitens bewerben sich hochqualifizierte Frauen aus Ländern, in denen eine so weit gehende Qualifizierung und darauf aufbauende spätere Berufstätigkeit gegen dortige kulturelle Normen verstößt. Profitieren so betrachtet alle gleichermaßen von der gelegentlich auch skeptisch gesehenen Internationalisierung und Globalisierung?

5 Promovieren mit der Max-Planck-Gesellschaft?

Promovierende, besonders in naturwissenschaftlichen Fächern, finden in den Instituten der Max-Planck-Gesellschaft eine ausgezeichnete wissenschaftliche Qualität und eine gute Ausstattung und Absicherung, um eine gezielte und zügige Promotion zu verfolgen. Ob die Beschäftigung als „normale" DoktorandIn oder die Einbindung in eine der International Max Planck Research Schools mehr zu empfehlen ist, ist abhängig von der individuellen Situation und wissenschaftlichen Ausrichtung. Die „Schools" tragen im Guten wie im Schlechten dazu bei, den Aspekt der eigenen Qualifizierung der DoktorandInnen innerhalb der MPG deutlicher zu betonen. Um die Interessen der Promovierenden als professionelle WissenschaftlerInnen, die gleichzeitig ihre eigene Qualifizierung verfolgen, zu vertreten, bieten sich nicht nur die Betriebsräte innerhalb der MPG an, sondern auch die DoktorandInnenvertretungen der Institute, bzw. institutsübergreifend das „MPG-PhD-Network" (LINK). Auskünfte zu allen Research Schools und zu Modalitäten der Bewerbung gibt die Homepage der MPG: (LINK) unter der Rubrik „Institute, Projekte und Einrichtungen".

LINKS

Max-Planck-Gesellschaft: http://www.mpg.de (21.08.05).
MPG PhD Network: http://www.phdnet.mpg.de (21.08.05).
„International Max Planck Research School for Advanced Materials" (Stuttgart):
http://www.imprs-am.mpg.de (21.08.05).
„IMPRS for Molecular Cell Biology and Bioengineering" (Dresden): http://www.imprs-mcbb.de/
index.html (21.08.05).
IMPRS „Werte und Wertewandel in Mittelalter und Neuzeit" (Göttingen): http://www.imprs-
hist.mpg.de/index.html (21.08.05).

DINQS – DoktorandInnen Netzwerk Qualitative Sozialforschung: Ein gelungenes Beispiel für selbst organisiertes Arbeiten in Netzwerken

DINQS, Manuela Kaiser-Belz

Im Promotionsprozess sind der regelmäßige Austausch und die Eingebundenheit in feste Diskussionszusammenhänge eine wertvolle Unterstützung. In den meisten Fällen bieten Kolloquien dafür einen etablierten Rahmen. Nicht für jede/n PromovendIn ist es aber möglich, regelmäßig an einem Kolloquium teilzunehmen. Räumliche Nähe ist dafür schließlich die Voraussetzung. Insbesondere uni-extern finanzierte Promovierende können nur selten bzw. unregelmäßig auf solche Diskussionszusammenhänge zurückgreifen. Eine fruchtbare Alternative oder aber auch Ergänzung zu institutionalisierten Angeboten kann der selbst organisierte Zusammenschluss mit anderen Promovierenden sein. Eine solche Form der Vernetzung stellt das „DoktorandInnen Netzwerk Qualitative Sozialforschung" (DINQS) dar.

Gegründet wurde dieses interdisziplinäre Netzwerk Anfang 2002 aus der Motivation heraus, entgegen der häufigen Isolation als „Ich-AG" in der Promotionsphase auf einen kontinuierlichen Diskussionszusammenhang zurückgreifen zu können und so infrastrukturelle Defizite in der Promotionsphase auszugleichen. Die TeilnehmerInnen haben sich auf Tagungen oder durch andere Arbeitszusammenhänge kennen gelernt und mit dem Ziel zusammengeschlossen, die eigene Professionalisierung in Forschung und Lehre gemeinsam voranzutreiben. Mittlerweile besteht DINQS aus zehn Mitgliedern, von denen sieben bereits von Anfang an mit dabei waren.

Aufgrund der Überregionalität (Hamburg, Bielefeld, Göttingen, Berlin, Oldenburg) gestaltet sich die Zusammenarbeit wie folgt: Alle vier Monate finden zweitägige Treffen statt, einmal im Jahr gibt es eine gemeinsame Arbeitswoche. Die übrige Zeit wird per E-Mail und auf einer passwortgeschützten Plattform im Internet kooperiert, auf der Daten für interne Diskussionen hinterlegt werden können. Die Arbeit an individuellen Fragen und spezifischen Themen der einzelnen Promotionsprojekte steht dabei im Mittelpunkt. Hierzu wird entsprechend des thematischen Schwerpunktes auf Methoden der qualitativen Sozialforschung gemeinsam an empirischem Material gearbeitet sowie (zumeist) eigene Texte, Gliederungen o.Ä. zur Diskussion gestellt. Aufgrund der Beschäftigung mit verschiedenen Promotionsprojekten erwirbt man Kenntnisse über andere Inhalte und Methodologien. Durch die Arbeit am empirischen Material wird die Anwendung von verschiedenen Forschungsmethoden geübt, so dass sich der Blick auch für andere Vorgehensweisen und das zugrunde liegende Für und Wider öffnet. Immer wieder entstehen dadurch auch Diskussionen zu den unterschiedlichen wissenschaftstheoretischen Positionen, da auch die „wissenschaftliche Heimat" der NetzwerkerInnen im DINQS unterschiedlich ist. Jede/r Einzelne ist also „gezwungen", den Blick auch für andere „Schulen" zu öffnen, kann verschiedene Perspektiven einnehmen, um so zu erproben und abzuwägen, welches Vorgehen für das eigene Projekt das passende ist. Diese Diskussionskultur schult nicht nur das theoretische Wissen enorm, sondern fördert auch die Fähigkeiten, die eigene Arbeit zu reflektieren, wissenschaftlich zu argumentieren und sich zu positionieren. Dies ist gerade dadurch möglich, dass alle den gleichen Status besitzen und sich zwar durchaus ExpertInnentum entwickelt, letztlich aber niemand qua Status „das letzte Wort" hat.

Die gemeinsame Arbeit wird gerade durch den regelmäßigen Austausch und den sich fortlaufend entwickelnden Diskussionszusammenhang als besonders effizient erlebt. Die mittlerweile dreijährige Zusammenarbeit bringt es nun mit sich, dass sich die Forschungsergebnisse verschiedener Promotionsprojekte verdichten. Dies bedeutet für die Gruppe, dass sich die Arbeit am empirischen Material nicht mehr „nur" auf gemeinsame Interpretationen an Einzelfällen beschränkt, vielmehr entstehen auch Diskussionen um die Entwicklung von Kategorien und Kernaussagen der Arbeiten. So können nicht nur (Teil-)Ergebnisse kommunikativ validiert, sondern alle in besonderer Weise in ihren methodischen Fähigkeiten geschult werden. Die Kontinuität in der Auseinandersetzung mit anderen Forschungsarbeiten stellt deshalb einen besonderen Gewinn dar, da alle von den Erfahrungen der anderen Gruppenmitglieder profitieren. Zudem ist die Gruppe durch die Aufnahme neuer Mitglieder mit unterschiedlichen Arbeitsstadien konfrontiert. Dies bietet den einen die Chance, von den Erfahrungen der anderen zu profitieren und den Fortgeschritteneren die Möglichkeit, sich auf Grundfragen ihres Forschungsinteresses zurückzubesinnen.

Neben dieser rein fachlichen Ebene werden auch Rahmenbedingungen wie z.B. die Finanzierung, das Betreuungsverhältnis, (karriere-) strategische Überlegungen usw. diskutiert und beraten. Dazu kann neben bereits verfassten Vortragsmanuskripten oder Artikeln z.B. ebenso auf Stipendienanträge oder Checklisten für Interviewvorgespräche zurückgegriffen werden. Solche „papers" werden immer wieder von Einzelnen erarbeitet und den anderen zur Verfügung gestellt bzw. dienen als Grundlage für weitere Diskussionen. Jedes Treffen wird darüber hinaus zur „Ergebnissicherung" in inhaltlichen Protokollen dokumentiert. Und so werden in dem selbst organisierten Netzwerk Informationen und Ressourcen gebündelt und eigene fachliche Kompetenzen, aber auch so genannte „soft skills" erweitert. Eine Professionalisierung findet dementsprechend nicht nur auf rein wissenschaftlicher Ebene statt, sondern auch hinsichtlich von Diskussionskulturen, Teamfähigkeit, Organisation etc., denn die Diskussionen werden jeweils in wechselnder Besetzung moderiert, die Treffen und die Arbeitswochen müssen geplant und durchgeführt werden etc.

Nun hört sich dieser Bericht womöglich an als wäre es ganz selbstverständlich, dass man interdisziplinär, räumlich entfernt und dann auch noch freiwillig zusammenarbeitet. Dies ist natürlich nur unter bestimmten Voraussetzungen möglich:

- Wesentlich erscheint die Bereitschaft, sich auf die Themen der anderen einzulassen und festgelegte Verbindlichkeiten, wie z.B. an den Treffen regelmäßig teilzunehmen und die entsprechenden Vorbereitungen (Texte lesen usw.) einzuhalten. Hierbei sollte darauf geachtet werden, dass jede/r regelmäßig Gelegenheit erhält, sich inhaltlich einzubringen, was bisweilen Aufforderungscharakter im Sinne einer „Bringschuld" annehmen kann und sich damit auch förderlich auf die Selbstkontrolle im Fortschreiten des eigenen Arbeitsprozesses auswirkt.

- Ferner scheint es für die Institutionalisierung eines solchen Netzwerkes sinnvoll, die Gruppengröße zu begrenzen. DINQS besteht mittlerweile aus zehn Personen, was die Obergrenze zu sein scheint, um noch gute inhaltliche Diskussionen führen zu können – insbesondere, da man neben der eigenen Fachlichkeit auch mit den Themen der anderen vertraut sein muss, um kontinuierlich Prozesse vorantreiben zu können.

- Nicht zu vernachlässigen ist aber auch der so genannte „kleinste gemeinsame inhaltliche Nenner". Es hat sich bei DINQS als hilfreich erwiesen, dass alle Mitglieder ähnliche methodische und methodologische Präferenzen haben. Zwar arbeiten sie mit unterschiedlichen Methoden wie z.B. Diskursanalyse, Konversationsanalyse und Methoden der Biographieforschung und kommen aus verschiedenen Disziplinen (Pädagogik, Soziologie, Sportwissenschaft), diese sind aber alle dem Paradigma der Interpretativen Sozialforschung zuzuordnen. Dieser gemeinsame Nenner ermöglicht erst die Diskussion und inhaltliche Zusammenarbeit trotz der naturgemäß sehr unterschiedlichen Promotionsthemen (vgl. LINK).

Die Zusammenarbeit in einem selbst organisierten Netzwerk unterscheidet sich in wesentlichen Punkten von einem „klassischen" Promotionskolloquium. Eine „Supervision" durch die betreuenden ProfessorInnen findet in diesem Rahmen natürlich nicht statt. Alle Mitglieder befinden sich also in der grundsätzlich gleichen Position ohne Profilierungs- oder Leistungsdruck. Es ist daher auch möglich, zu jedem Zeitpunkt des Promotionsprojektes offene Fragen in die Diskussion einzubringen. Das Lernen wird selbst angeleitet, so dass ein zielstrebiges Arbeiten an den eigenen Schwerpunkten möglich wird. Dies macht die besondere Qualität der selbst organisierten Zusammenarbeit aus. Im Vergleich zum Kolloquium kann man in diesem Rahmen keine reine „Konsumentenhaltung" entwickeln, da die gemeinsame Arbeit dann nicht mehr funktionieren würde. Die daraus entstehende Verbindlichkeit wird bei DINQS durch die persönlichen Kontakte, die sich im Laufe der Zeit entwickelt haben, verstärkt.

Die Freiwilligkeit und der selbst gewählte Kreis schaffen aber gleichzeitig für jedes Mitglied eine hohe Verantwortlichkeit, ohne die der organisatorische Aufwand wohl nur schwer zu leisten wäre. Es wird ja regelmäßig Zeit aufgebracht, um sich zu treffen (inhaltliche Vor- und Nachbereitung, Anreise) und es muss die Bereitschaft vorhanden sein, sich neben der eigenen Thematik auch noch auf die Fragestellungen und Themen der anderen einzulassen. Aus unserer Erfahrung heraus ist der individuelle Nutzen jedoch ungleich größer.

Und so kann dieser Beitrag auch im Sinne eines Plädoyers verstanden werden, sich nicht ausschließlich an den etablierten WissenschaftlerInnen und den institutionalisierten Angeboten zu orientieren, sondern auch die Chancen zu nutzen, die in einer selbst organisierten gegenseitigen „horizontalen" Förderung liegen.

LINK

DoktorandInnen Netzwerk Qualitative Sozialforschung (DINQS): http://www.dinqs.de (09.03.05)

Angeleitete kollegiale Beratung – ein Beispiel, wie Promovierende sich gegenseitig unterstützen können

Ulle Jäger

Während der Promotion gilt es, eine Reihe von anspruchsvollen Aufgaben zu erledigen: ein Projekt eingrenzen, Entscheidungen treffen, sich selbst organisieren, eigene Interessen und Ansprüche klären und durchsetzen, Zeit zum Schreiben finden – und das alles, während das Leben einfach weitergeht und keine Rücksicht auf die gewählte Aufgabe Dissertation nimmt. Angeleitete kollegiale Beratung ist eine Form der gegenseitigen Unterstützung mit supervisorischer Begleitung, die sich in dieser Lebensphase besonders anbietet.

Die klassische Form der kollegialen Beratung macht sich die Idee zunutze, dass Menschen aus ähnlichen Arbeitsfeldern sich gegenseitig qualifiziert beraten können. Es handelt sich um eine Arbeit in Gruppen von Gleichen, die sich nach bestimmten Regeln gegenseitig unterstützen. Der Ablauf steht fest und das Ziel ist es, konkrete Lösungen zu entwickeln. Für Promovierende ist es sinnvoll, eine leicht modifizierte Form zu wählen: die angeleitete kollegiale Beratung.

Ein Beratungsprozess nimmt dabei im Idealfall folgende Form an:

Einführung in die Methode

In einem zweitägigen Workshop lernen Promovierende die Methode kennen. Wertschätzung und Empathie sind die Grundlage der gemeinsamen Arbeit. Das Themenfeld der Lebensphase Promotion wird entlang der aktuellen Anliegen der Gruppe umrissen. Wichtiges Ergebnis dieser Phase ist die Aufhebung der Vereinzelung: Promovierende erkennen, dass viele ihrer Fragen etwas mit der spezifischen Aufgabe Promotion zu tun haben. Die ersten kollegialen Dreiergruppen finden statt. Aus diesen gehen im Anschluss die selbständigen Kleingruppen hervor.

Selbständige kollegiale Gruppen

Die kollegialen Dreiergruppen treffen sich regelmäßig in einem gemeinsam vereinbarten Rhythmus. Dieser sollte zwischen sechs und acht Wochen liegen. Nach einem vorgegebenen Ablauf hat jedes Mitglied die Möglichkeit, eine aktuelle Frage einzubringen. Dabei kann es sich sowohl um inhaltlich-strukturelle als auch um psychosoziale Fragen handeln. Die Bearbeitung einer solchen Frage dauert 45 Minuten. Die Rollen FalleinbringerIn, BeraterIn und ModeratorIn werden für jede Einheit neu festgelegt. Ingesamt dauert ein kollegiales Treffen also 3 x 45 Minuten plus Pause.

Supervision der Kleingruppen

Die selbständigen Kleingruppen werden regelmäßig supervidiert. Die Supervision kann im Rahmen von ein- bis zweitägigen Workshops mit mehreren kollegialen Gruppen oder während eines Gruppentreffens stattfinden. Sie sollte mindestens zweimal pro Jahr durchgeführt werden. Ergänzt werden kann diese Form der Supervision durch thematische Workshops, die sich auf besondere Phasen der Promotion konzentrieren. So hat sich z.b. ein Abschlussworkshop am Ende der Promotionsphase als hilfreich erwiesen.

Angeleitete kollegiale Beratung bietet den Einzelnen Rückhalt in einer Gruppe, fachlichen Austausch auf hohem Niveau und Möglichkeiten zur Vernetzung. Die professionelle Begleitung von selbständigen Kleingruppen ist in verschiedener Hinsicht notwendig. Supervision bietet einen geschützten Raum, in dem krisenhafte Momente aufgefangen und bearbeitet werden können, die den Rahmen der kollegialen Beratung überschreiten. Professionelle Anleitung sorgt für die Würdigung der Leistungen der TeilnehmerInnen. Die supervisorische Feldkompetenz sorgt für eine pointierte Einbringung spezifischer Themen, die immer wieder im Kontext Dissertation auftauchen. Darüber hinaus wird durch das regelmäßige Feedback im supervisorischen Setting die Produktivität des Arbeitsprozesses gewährleistet.

Zum Weiterlesen:

Tietze, Kim-Oliver (2003): Kollegiale Beratung. Problemlösungen gemeinsam entwickeln. Hamburg: Rowohlt.

Promotionscoaching und Forschungssupervision – Beratungsangebote für die Promotionsphase, ihre Aufgabengebiete und Zielsetzungen

Birgit Szczyrba

Das Promovieren ist komplex und unterliegt zudem gegenwärtig, wie alle anderen wissenschaftlichen Arbeitsbereiche, einschneidenden Rationalisierungsprozessen. Arbeitsformen verändern sich und Kompetenzanforderungen steigen. Von Promovierenden werden mehr und höhere Managementqualitäten verlangt: Neben der wissenschaftlichen Recherche-, Reflexions- und Schreibarbeit müssen sie die Gestaltung von Beziehungen, den Umgang mit und Aufbau neuer Arbeitsstrukturen und damit die Selbstdarstellung und -behauptung in der neuen Rolle als wissenschaftlicher „Nachwuchs" eigenverantwortlich leisten (vgl. Buer 2001, S. 246). Und so steigt die Nachfrage nach Beratungsformaten, die die Charakteristika der Promotionsphase und hierbei insbesondere den Umgang mit wissenschaftlichen Betreuungs- und Kooperationsformen berücksichtigen.

Der Beitrag erläutert die zurzeit entstehende Ausdifferenzierung des Beratungsangebotes für Promovierende. Durch eine Darstellung und Unterscheidung von Supervision und Coaching mit ihren unterschiedlichen Entstehungshintergründen und Logiken wird deutlich, wie Promovierende ihre Beratungsanliegen erfassen und formulieren können.

1 Warum differenzierte Beratungsangebote in der Promotionsphase?

Im deutschen Sprachgebrauch ist der Begriff „wissenschaftliche Betreuung" für das Verhältnis zwischen ProfessorInnen und DoktorandInnen üblich. Das Adjektiv „treu" bedeutet etymologisch abgeleitet „fest wie Holz" oder „standfest" (Kluge 2002, S. 928f.). Gemeinsam mit dem Präfix „be" wird daraus „betreuen", was einen Bedeutungshorizont eröffnet wie „fest zu jemandem stehen". Dieser Sicherheit und Zuverlässigkeit ausdrückenden Metapher stehen andere Deutungen gegenüber: Kupfer/Moes (2003, S. 8) sehen in der Bezeichnung „wissenschaftliche Betreuung" einen Ausdruck von Hierarchie und Abhängigkeit sowie von Unmündigkeit auf Seiten der Promovierenden. Dem Betreuer bzw. der Betreuerin werde hingegen Expertise und Reife zugeschrieben. Hein/Hovestadt/Wildt (1998, S. 8) sehen in der klassischen Betreuung eine „Meister-Lehrlings-Beziehung, in der Lernen am Modell durch Abgucken und individuelle Anleitung erfolgt".

Neben mäßiger bis guter Zufriedenheit der Promovierenden mit ihrer wissenschaftlichen Betreuung (vgl. Selent 2004) machen Einzelfälle deutlich, wie die Ausgestaltung der konkreten Betreuung einer gewissen Beliebigkeit unterliegt. Die wissenschaftliche Begleitung durch die Betreuenden hängt maßgeblich von der Persönlichkeit der Betreuenden sowie der Promovierenden und der damit gelingenden oder scheiternden Kommunikation ab (vgl. Senger 2003, S. 86). Neuere Studien (vgl. z.b. Wildt/ Szczyrba 2004) zeigen zudem, dass Promotionsverläufe durch diffuse Rollenkontexte geprägt sind, in denen sich Beratungs-, Bewertungs- und Weisungsaspekte vermischen. Die Beziehungsmuster zwischen betreuenden Hochschullehrenden und Promovierenden mit der traditionellen „Doktorvater- bzw. Doktormutter-Promovierenden- oder Meister-Lehrlings-Beziehung" reichen offenbar nicht mehr aus. Neben die traditionellen Rollen müssen spezialisierte Beratungsrollen treten. Und so zeigt auch die Nachfrage von Promovierenden nach einer Unterscheidung von Angeboten in Trainings, Beratung, Begleitung und Fachkonsultation den Bedarf an professioneller Beratung in differenzierten und reflektierten Rollenmustern in der DoktorandInnenbetreuung.

Supervision und Coaching sind solche Beratungsangebote, die trotz des immer noch gängigen Habitus des Wissenschaftlers bzw. der Wissenschaftlerin, berufliche Schwierigkeiten als wissenschaftliche Probleme zu verpacken und ausschließlich unter Gleichgestellten mithilfe von Fachexpertise zu besprechen (vgl. Buer 2001, S. 246), zunehmend Beachtung bei Lehrenden und Promovierenden finden. Und so entstehen Qualifizierungsinitiativen für Beratende an Hochschulen z.B. für hochschulspezifisch ausgerichtete Supervision und Coaching (vgl. im Überblick Wildt/ Szczyrba/ Wildt 2005).

Supervision und Coaching sind Formate der Beziehungsarbeit (zum Begriff der Beziehungsarbeit vgl. Szczyrba 2003) mit dem Fokus der Beratung bzw. Begleitung im Rahmen von Lern- und Entscheidungsprozessen. Im Folgenden werden beide Formate in ihrer Entstehung, ihren Logiken und ihren jeweiligen Aufträgen erläutert und die Spezialisierungen als Forschungssupervision und Promotionscoaching exemplarisch beschrieben und bewertet.

2 Supervision – zwischen fachlicher Aufsicht und Persönlichkeitsentwicklung

Nachdem Supervision ursprünglich mit der Anleitung von Berufsanfänger-
rInnen und freiwilligen HelferInnen der sozialen Arbeit oder auch mit der
fachlichen Aufsicht und Kontrolle psychotherapeutischer Arbeit begann,
hat sie sich mittlerweile auf verschiedene berufliche Sektoren (Justiz, Bildung, Gesundheit) ausgedehnt. Zunächst galt als Basis für supervisorische
Fähigkeiten die Praxis- und Feldkompetenz der Beratenden. Diese Form
der Supervision wird auch heute meist von Vorgesetzten oder erfahrenen
BerufskollegInnen durchgeführt und unterliegt der Kritik der institutionellen Abhängigkeit mit damit verbundenen Loyalitätskonflikten unter den
AkteurInnen (vgl. Bauer 2004, S. 122). Die traditionelle DoktorandInnenbetreuung lehnt sich diesem Modell der Vorgesetztensupervision an und
unterliegt dementsprechend derselben Kritik.

In Zeiten des aufblühenden Wohlfahrtsstaates in den 1970er und
1980er Jahren entwickeln sich Verständnisse von Supervision, die die
Selbsterfahrung im Beruf thematisieren. Dieser Ansatz wird meist von
einem eher therapeutischen Verständnis geleitet. Auf dem Markt der beratenden AkteurInnen sind es daher meist PsychotherapeutInnen, die diese
Form der Supervision anbieten. Supervision erhält damit ein therapeutisch
konnotiertes Image und wird besonders in Wirtschaft und Wissenschaft
gemieden. Parallel entsteht das Verständnis von Supervision als Selbstre-
flexion im Kontext des Teams, des KlientInnenkontakts und des Institutio-
nenkontextes. Beide Ansätze unterscheiden sich durch eine eher psychologisch bzw. sozialwissenschaftlich fundierte Sicht: Während die Erste sich
auf die inneren Ressourcen des Menschen und damit verbundene Bezie-
hungsgestaltungen konzentriert, bezieht Letztere soziologische Faktoren
wie Lebenslage, Milieu, Geschlechtsrolle u.a. mit ein, die das Handeln des
Menschen entscheidend mitprägen.

Supervision entsteht also in Zeiten, in denen der Wohlfahrtsstaat und
der damit expandierende Formenkreis der Beziehungsarbeit die Ideen von
Gemeinwohl, Uneigennützigkeit und Klientelbezogenheit generieren. Sie
orientiert sich damit an der Professionslogik (vgl. Buer 2004, S. 168) und
kontrolliert sich selbst und die Qualität ihrer Arbeit durch institutionalisier-
te Selbstvergewisserungs- und Selbstreflexionsformate (vgl. Schütze 1994).

Im Rahmen der o. g. Kriterien für das Format Supervision stellt
sich die Frage, wo das Subformat Forschungssupervision zu verorten ist.

Zurzeit findet man verschiedene Auffassungen bzw. Angebote unter dieser Bezeichnung. So verwenden Mruck/Mey (1999, S. 295f.) den Begriff Supervision in einem Beitrag über eine Projektwerkstatt zur Auswertung biografischer Interviewdaten. Mithilfe von Interaktion steuernden Verfahrensregeln werden die TeilnehmerInnen bei ihrer Auswertungsarbeit angeleitet und moderiert. Dieses Kombinationsmodell von Werkstattanleitung und Supervision entspricht in seiner Ausrichtung dem Ansatz der Supervision im Sinne von Aufsicht und Anleitung, die vorwiegend Feldkompetenz (s.o.) – weniger Beratungskompetenz – der Beratenden vorsieht. Forschungssupervision für Promovierende nach diesem Muster zielt folglich auf die Reflexion von Arbeitsprozessen eingebunden in aktuelle Diskurse und Positionierungen der jeweiligen Disziplin bzw. des spezifischen Themenfeldes.

Eine andere Variante, die ebenfalls unter dem Begriff der Forschungssupervision firmiert und wie Mruck/Mey (1999) die Subjektivität der ForscherInnen anerkennt, ist die von Blastik (2000): Forschungssupervision ist demnach ein Forschungslaboratorium, in dem es um die ForscherInnen selbst geht. An der Schnittstelle zwischen Forschungsthema und Leben werden beispielsweise Defizite im Beziehungsnetz und Übertragungsmuster aus frühen Beziehungen aufgespürt. Diese Variante entspricht dem Ansatz der selbsterfahrungsbezogenen Supervision (s.o.), die hauptsächlich PsychotherapeutInnen anbieten. Hier ist eine deutliche Grenzziehung zur Therapie allerdings notwendig, denn SupervisandInnen sind keine PatientInnen. So müssen auch Thematik, Methodik und Gesamtdauer der Beratung in einem Kontrakt sorgfältig auf Formatgrenzen[1] überprüft und eingehalten werden.

Beratungsformate im wissenschaftlichen/hochschulischen Arbeitsrahmen können nicht mit Therapie (= Heilung) gleichgesetzt werden, auch wenn sie emotionale Aspekte berücksichtigen, die innere Ressourcen eines Menschen auf die Probe stellen. Forschungssupervision bearbeitet nicht – wie im Bereich der Therapie – Fragen gelingender bzw. misslingender Lebenspraxis im Sinne von seelischer und/oder psychosomatischer Gesundheit und Krankheit. Beratungsformate für die Promotionsphase rechnen

---

[1] Mit Formatgrenze bezeichnet man die klare Trennung von Auftrag und Anliegen in Abgrenzung zu anderen Beratungsformaten. Taucht z.B. im Coachingprozess ein biografisches Thema auf, das eine gelingende Lebenspraxis und das berufliche Handeln wiederholt behindert, so sollte ein Coach dies erkennen und ein anderes Format, z.B. Therapie, empfehlen. Unseriös wäre das „Miterledigen" therapeutischer Handlungserfordernisse. Um das Übertreten von Formatgrenzen zu verhindern, sind vor Beginn eines Beratungsprozesses genau umrissene Kontrakte zwischen BeraterInnen und Ratsuchenden zu schließen.

mit psychisch durchschnittlich stabilen Fachleuten (vgl. Flamme 2002, S. 212), die im Rahmen ihres Professionalisierungsprozesses die Qualität ihres Handelns im institutionellen und kollegialen Kontext sichern wollen.

Geht man davon aus, dass im Sinne der Professionslogik nach Buer (2004, S. 168) eine Reflexion innerhalb des professionellen Kollektivs der WissenschaftlerInnen stattfindet, dann kann Forschungssupervision für Promovierende aufgefasst werden als eine an Berufsrollen orientierte Reflexion der Person, der sie umgebenden Gruppe und der Institution. Hier zeigt vor allem der „Nachwuchs" den Mut, sich vom autonomen und hoch kompetenten (und daher angeblich nicht beratungsbedürftigen) Habitus in der Wissenschaft zu distanzieren und den persönlichen Transfer in die Wissenschaftswelt als „normalen" sozialen Prozess beruflichen Handelns zu betrachten, der wie alle anderen professionellen Tätigkeiten selbstreflexiv überprüft und gesteuert werden muss (vgl. Buer 2001, S. 246). Die steigende Nachfrage nach Forschungssupervision ist ein erster Indikator für diesen Wandel wissenschaftlicher Selbstverständnisse. Wenn NachwuchswissenschaftlerInnen hier weiter Pionierarbeit leisten und damit helfen, neue wissenschaftliche Arbeits- und Kooperationsformen zu etablieren, wird dies positiven Einfluss auf die Verbesserung der Promotionsbetreuung haben.

3 Coaching für Promovierende als „ArbeitskraftunternehmerInnen"[2] in der Wissenschaft

Der Begriff Coaching ist nicht geschützt und hat in den letzten Jahren einen Boom erlebt, so dass die Angebote so zahlreich sind wie die AnbieterInnen. Das wachsende Interesse an Coaching steht in direktem Zusammenhang mit dem korrodierenden Sozialstaat und weltweiten Reorganisationsprozessen. Im Zuge der sich ausbreitenden Unternehmenslogik (vgl. Buer 2004, S. 168) entsteht Coaching als Einzelberatungsformat zunächst für ManagerInnen (vgl. Looss 2001). Als Trainings- und Beratungsform entstammt es dem Sport und dient der zielgerichteten Verbesserung beruflichen Handelns fernab von etwaigen Selbsterfahrungsanteilen. Mit der erstarkenden ökonomischen Systemlogik in Nonprofit-Bereichen verlangt auch der Wissenschaftsbereich verstärkt nach individueller Leistungserfassung und Karriereplanung. Universitäten suchen vermehrt Zielgruppen,

[2] vgl. Pongratz/Voß 2003

haben KundInnen und vergeben output-gesteuert Mittel für Forschung und Lehre. WissenschaftlerInnen werden hierbei mit einer Marktsituation konfrontiert, in der sie sich möglichst angepasst an jeweilige Leistungsanforderungen durchsetzen sollen.

Hat die Supervision KlientInnen (= Schutzbefohlene), so ist der Coachee nach der Unternehmenslogik eher KundIn. Fördert die Supervision eher die Selbstkritik der SupervisandInnen und ist damit Reflexionsinstrument, so wird das Coaching eher als Anpassungsinstrument an Erfordernisse des Marktes in einer enger werdenden Konkurrenzsituation interpretiert.

Transponiert man diese Logik auf WissenschaftlerInnen und insbesondere Promovierende, so kommt die Unternehmenslogik dem in der Wissenschaft herrschenden Originalitätszwang des/der Einzelnen entgegen. Dissertationen sind keine kollektive Leistung, sondern der Beweis der Fähigkeit, in alleiniger Arbeit mit innovativen Mitteln neue Erkenntnisse zu generieren. Dabei sind Promovierende stets begleitet von der Sorge, ähnliche oder gleiche Erkenntnisse seien schon von anderen gewonnen. Die Konkurrenzsituation ist also gegeben. Trotz verschärfter ökonomischer Prämissen wäre es fatal, die neoliberale Dynamik des Marktes unverändert auf Universitäten zu übertragen, die noch immer nichtkommerzielle Forschungs- und Bildungsaufträge für den Erhalt und die Weiterentwicklung der Gesellschaft erfüllen müssen. Eine unkritische allgemeine Übernahme der Unternehmenslogik in den Bereich der Wissenschaften kann also nicht die Lösung sein. Auch das Coaching im Sinne neoliberaler Marktbedingungen kann nicht uneingeschränkt an Promovierende empfohlen werden.

Ein Gegenmodell zum Coaching als reines Anpassungsinstrument findet sich derzeit an der Universität Dortmund. Hier wurde im Hochschuldidaktischen Zentrum in Kooperation mit der Hans-Böckler-Stiftung das Format Promotionscoaching entwickelt, um Promovierende gezielt bei der Vorbereitung auf die Erbringung der Promotionsleistungen zu unterstützen (vgl. Kruse 2003, Szczyrba/Wildt/Wildt 2005). Es setzt an der Schnittstelle zwischen wissenschaftlicher Betreuung und externer Beratung an. Ziel ist es, an einem neutralen Ort mit einem neutralen Gegenüber das Management eines komplexen Promotionsprojektes zu trainieren. Frei von den in der klassischen Betreuung entstehenden Konflikten oder Komplikationen durch Abhängigkeit von und Verwiesenheit auf die Betreuungsperson ist Gegenstand im Coaching die Gestaltung des Promotionsprozesses unter Berücksichtigung von fachlichen, personalen und sozialen Aspekten.

Immer wieder bedarf es in der Promotionsphase „der Entwicklung einer hohen Motivation, angesichts eines offenen Ausgangs einer selbst gewählten Fragestellung mit selbst zu verantwortenden Mitteln unbeirrt über mehrere Jahre nachzugehen" (Buer 2001, S. 246). Hierbei ist einerseits die Kooperation mit anderen WissenschaftlerInnen notwendig, um der Isolation in geistiger Freiheit vorzubeugen und soziale Netze nicht ungenutzt zu lassen, andererseits bedarf es der klaren Positionierung des Dissertationsthemas zur eigenen Person und der damit verbundenen subjektiv und objektiv hinderlichen und förderlichen Bedingungen, um die abgeforderte Leistung erbringen zu können. Promotionscoaching kann dementsprechend als Prozessreflexion Orientierungen und Handlungswege hinterfragen und neue Lösungswege entwickeln helfen.

4   Fazit

Promovierende können mithilfe spezifischer Angebote für die Promotionsphase dabei unterstützt werden, die Paradoxie der professionellen Anforderungen unter den Bedingungen der Ökonomisierung der Wissenschaft zu bewältigen und in professionellen Gemeinschaften ein individuelles Profil zu entwickeln. Beide Formate – Supervision und Coaching – bieten unter Berücksichtigung der verschiedenen Ausrichtungen – Rolle und Identität in der professional community vs. Leistungsperformanz und Erfolgsstrategien für die Selbstdarstellung – Hilfe bei Aspekten des Selbstmanagements, der Motivationsklärung, bei Zukunftsängsten, Prüfungsstress, Rollenkonflikten in der Betreuungsbeziehung, der Balance von Berufs- und Privatleben, der Karriereplanung, der Koordination von dienstlichen Aufgaben und Forschungsvorhaben, der Vorbereitung auf zukünftige Tätigkeiten an der Hochschule, das Arbeiten und Forschen in der Organisation Hochschule.

Supervision kann bei der an Rollen orientierten Reflexion des Promotionsprozesses und der Zeit danach helfen. Promovierende befinden sich in einer – sozialisationstheoretisch so genannten – Statuspassage, in der die Entwicklung einer eigenen Position zum Forschungsthema im Rahmen der Institution Hochschule von Beziehungsnetzen abhängig ist. Hier steht die Qualität des eigenen Handelns unter Gesichtspunkten der professionellen Identität im Vordergrund.

Coaching ist eher angebracht, wenn die individuelle Leistung und die Bewältigung der Konkurrenzsituation eine wesentliche Rolle spielt. Im Coaching werden vorhandene Fähigkeiten zur Bewältigung von Leistungsanforderungen weiterentwickelt, Abläufe geübt und Strategien des Umgangs mit persönlichen Themen erarbeitet, die sich in der Leistungsperformanz als störend herausstellen könnten.

Beide Formate sind als unerlässlich für die Prozessbegleitung des Promovierens zu bezeichnen und sollten institutionalisiert werden, wenn zum einen menschliche Potentiale professioneller WissenschaftlerInnen als entscheidendes Medium für gesellschaftliche Veränderungs- und Entwicklungsprozesse gesehen werden (vgl. Schreyögg 2004, S. 102), aber gleichzeitig die Förderung menschlicher FunktionsträgerInnen für den Erfolg und das Überleben einer wissensbildenden Organisation notwendig ist.

Literatur

Bauer, Annemarie (2004): „Lieber mit den Wölfen heulen als mit den Schafen blöken?" Anmerkungen zur Kontroverse Supervision und Coaching. In: Buer, Ferdinand/Siller, Gertrud (Hrsg.): Die flexible Supervision – Herausforderungen – Konzepte – Perspektiven. Wiesbaden VS Verlag für Sozialwissenschaften, S. 121–141.

Buer, Ferdinand (Hrsg.): (2001): Praxis der Psychodramatischen Supervision. Ein Handbuch. Wiesbaden VS Verlag für Sozialwissenschaften, 2. Auflage.

Buer, Ferdinand (2004): Über die professionelle Kompetenz, Professionalität kompetent darzustellen. Und welche Rolle die Supervision heute dabei spielt. In: Buer, Ferdinand/Siller, Gertrud (Hrsg.): Die flexible Supervision – Herausforderungen – Konzepte – Perspektiven. Wiesbaden VS Verlag für Sozialwissenschaften, S. 161–202.

Blastik, Anita (2000): „Das Puzzle von Forschung und Leben zusammensetzen". Supervisionsworkshop zu den Mühen und Hindernissen bei der Erstellung wissenschaftlicher Qualifikationsarbeiten. In: Herzog, Margarethe (Hrsg.): Im Netz der Wissenschaft? Frauen und Macht im Wissenschaftsbetrieb. Dokumentation der 6. Wissenschaftlerinnen-Werkstatt der Promovendinnen der Hans-Böckler-Stiftung 1999. Düsseldorf edition der Hans-Böckler-Stiftung, S. 31–36.

Flamme, Norbert (2002): Coaches – Gurus in Nadelstreifen? Eine empirisch-wissenschaftliche Orientierung im Coaching. In: Organisationsberatung Supervision Coaching 3/02 Jahrgang 9, S. 205–215.

Hein, Mathias/Hovestadt, Gertrud/Wildt, Johannes (1998): Forschen Lernen. Graue Reihe der Hans-Böckler-Stiftung, Nr. 141.

Kluge, Friedrich (2002): Etymologisches Wörterbuch der deutschen Sprache. Berlin/New York de Gruyter.

Kruse, Elke (2003): Moderation – Schreibberatung – Coaching: ein Qualifizierungsprogramm für die hochschuldidaktische Moderation. In: Journal Hochschuldidaktik, 14/2, S. 19–21.

Kupfer, Antonia & Moes, Johannes (2003): Promovieren in Europa. Ein internationaler Vergleich von Promotionsbedingungen. Materialien und Dokumente Hochschule und Forschung, Bd. 104, herausgegeben von der Gewerkschaft Erziehung und Wissenschaft und der Hans-Böckler-Stiftung.

Looss, Wolfgang (2002): Unter vier Augen. Coaching für Manager. Landsberg Verlag Moderne Industrie.

Mruck, Katja/Mey, Günter (1999): Selbstreflexivität und Subjektivität im Auswertungsprozess biographischer Materialien. Zum Konzept einer „Projektwerkstatt qualitativen Arbeitens"

PROMOTIONSCOACHING UND FORSCHUNGSSUPERVISION – BERATUNGSANGEBOTE
FÜR DIE PROMOTIONSPHASE, IHRE AUFGABENGEBIETE UND ZIELSETZUNGEN

C | 8

zwischen Colloquium, Supervision und Interpretationsgemeinschaft. In: Jüttemann, Gerd/Thomae, Hans (Hrsg.): Biographische Methoden in den Humanwissenschaften. Weinheim/Basel Beltz, S. 284–306.

Pongratz, Hans J./Voß, G. Günter (2003): Arbeitskraftunternehmer. Erwerbsorientierungen in entgrenzten Arbeitsformen. Berlin Edition Sigma.

Schreyögg, Astrid (2003): Coaching. Eine Einführung für Praxis und Ausbildung. Frankfurt Campus, 6. überarbeitete Auflage.

Schreyögg, Astrid (2004): Der Coach als Dialogpartner von Führungskräften. In: Buer, Ferdinand/Siller, Gertrud (Hrsg.): Die flexible Supervision – Herausforderungen – Konzepte – Perspektiven. Wiesbaden VS Verlag für Sozialwissenschaften, S. 101–120.

Schütze, Fritz (1994): Strukturen des professionellen Handelns, biographische Betroffenheit und Supervision. In: Supervision 26, S. 10–39.

Selent, Petra (2004): Die Doktorand/innenstudie der Fachbereiche 12-16. In: Journal Hochschuldidaktik, 15/1, S. 4–5.

Senger, Ulrike (2003): Internationale Doktorandenstudien. Ein Modell für die Internationalisierung der Doktorandenausbildung an deutschen Hochschulen und Forschungseinrichtungen. Forum der Hochschulpolitik, Bielefeld W. Bertelsmann Verlag.

Szczyrba, Birgit (2003): Rollenkonstellationen in der pädagogischen Beziehungsarbeit. Bad Heilbrunn Verlag Julius Klinkhardt.

Szczyrba, Birgit/Wildt, Beatrix/Wildt, Johannes (2006): Promotionscoaching. Eine Weiterbildung in einem neuen Beratungsformat. In: Wildt, Johannes/Szczyrba, Birgit/Wildt, Beatrix (Hrsg.) (2006 im Druck): Eine Einführung in Formate und Verfahren hochschuldidaktischer Beratung. Bielefeld W. Bertelsmann Verlag.

Wildt, Johannes/Szczyrba, Birgit (2004): Supervision of PhD. Eine qualitative Voruntersuchung zur Einführung von Qualifizierungsinitiativen für die Betreuung/Beratung in der Promotionsphase. Projektbericht an die Hans-Böckler-Stiftung 4/2004.

Wildt, Johannes/Szczyrba, Birgit/Wildt, Beatrix (Hrsg.) (2006 im Druck): Eine Einführung in Formate und Verfahren hochschuldidaktischer Beratung, Bielefeld W. Bertelsmann Verlag.

Forschungssupervision: Ein Fallbeispiel

Anita Barkhausen

Forschungssupervision ist kein geschützter Begriff. Ich verwende ihn jetzt seit etwa fünf Jahren für meine unterstützende Arbeit mit angehenden WissenschaftlerInnen. In dieser Zeit habe ich den Begriff durch meine praktische Tätigkeit und diverse veröffentlichte Fachartikel[1] immer wieder theoretisch umrissen und praktisch mit Leben gefüllt. An dieser Stelle soll eine möglichst schlichte und verallgemeinerbare Definition genügen: Forschungssupervision reflektiert inhaltlich, methodisch und persönlich den Gegenstand und Prozess eines Forschungsprojekts (z.b. bei Dissertationen oder Habilitationen). Was nun folgt, ist eine kurze Vorstellung meines Arbeitsansatzes am Beispiel einer Dissertationssupervision.

Lotta K.* suchte mich als Forschungssupervisorin auf, weil sie – wie sie sagte – ihr Dissertationsthema noch nicht genügend präzisiert habe und sich für die Herausarbeitung einer klaren Forschungsfrage von mir Unterstützung erhoffte. Lotta ist Germanistin, zu diesem Zeitpunkt 29 Jahre alt und fast seit einem Jahr Stipendiatin in der Promotionsförderung eines Begabtenförderwerkes. Bei unserem ersten Zusammentreffen ließ ich mir von Lotta berichten, womit sie sich in ihrer Promotion befassen wollte. Mit gezücktem Notizblock saß ich da und stellte mich darauf ein, aus ihren Zugängen zum Themenfeld im Laufe der nächsten ein oder zwei Stunden eine für sie stimmige Forschungsfrage herauszuarbeiten.

Während ihrer ernsthaft vorgebrachten Ausführungen stellte ich an mir selber eine merkwürdige Konzentrationsschwäche fest. Es fiel mir schwer, Lottas Darlegungen zu folgen. Meine Gedanken schweiften immer wieder ab, obwohl ich weder übermüdet noch anderweitig abgelenkt war. Lotta sprach schon eine ganze Weile und mein Notizblock war immer noch leer. „Warum fällt es mir nur so schwer, mich gemeinsam mit Lotta auf ihr Dissertationsthema zu konzentrieren?", fragte ich mich irritiert. „Schließlich bin ich doch besten Willens, ihr behilflich zu sein." Als Supervisorin lenken mich solche Resonanzen (in der Psychotherapie auch Gegenübertragungsphänomene genannt) nicht etwa von meiner eigentlichen Aufgabe ab, sondern führen mich direkt zum Kern des Problems.

---

[1] kostenloses Download unter http://www.anita-barkhausen.de (10.03.05)

* Name anonymisiert

Während Lotta unangefochten weiter sprach, traf ich innerlich eine Entscheidung. Ich sagte mir: „Wenn ich ihr so schlecht folgen kann, dann erlaube ich mir ab jetzt, gar nicht mehr auf das zu achten, was sie sagt. Stattdessen höre ich einmal genauer hin, wie sie mir von ihrem Promotionsprojekt erzählt." Schon nach wenigen weiteren Minuten war mir klar, was an Lottas Art zu sprechen meine Konzentrationsschwäche ausgelöst hatte. Lotta machte keinen Punkt. Ihre lange Rede bestand aus einem einzigen, nicht enden wollenden Satz. Nach jedem Gedankengang setzte sie ein Komma und ließ einen weiteren Aspekt folgen. Ich machte sie behutsam darauf aufmerksam und bat sie, beim Weitersprechen einmal darauf zu achten, hin und wieder einen Punkt zu machen. Lotta gab sich redliche Mühe, doch es gelang ihr nicht. Damit wurde deutlich, dass es sich hier um mehr als eine unvorteilhafte Sprechgewohnheit handelte.

Was hatte es mit dieser Sprechweise auf sich? Lotta litt unter einem überhöhten Anspruchsniveau. Jeder normale Satz kam ihr zu profan vor, um ihn für sich stehen zu lassen. Sie wollte immer noch etwas hinzufügen, weil alles bisher Gesagte in ihren Ohren nicht ausreichte, um bestehen zu können. Ihr Problem, das Forschungsthema zu konkretisieren, war nur ein frühzeitiger Ausdruck dieses Dilemmas. Ich erkannte: Wenn sich ihr überhöhtes Anspruchsniveau nicht bald auf ein menschliches Maß zurückschrauben ließe, bekäme sie im Laufe ihrer Promotion noch eine ganze Reihe anderer Probleme – wie z.B. eine Schreibblockade, Selbstwertzweifel und Vereinsamungserscheinungen – ganz zu schweigen von der letzten großen Hürde, nämlich die Begrenzungen ihrer Dissertation zu akzeptieren und sie eines Tages für abgeschlossen zu erklären. Menschen wie Lotta laufen Gefahr, aus ihrer Dissertation ein Lebenswerk zu machen; ihr unmenschlich hoher Anspruch macht sie klein.

Ich stellte die Präzisierung ihrer Forschungsfrage für eine Weile zurück und bat sie, mir einmal folgenden Satz zu sagen: „Ich bin nur ein Mensch, mein Tag hat nur 24 Stunden, und ich habe nur ein Leben." Diese Intervention klingt erst einmal banal – ist sie aber nicht, weil hier eine allgemein menschliche Begrenzung mit einem bislang perfektionistischen Selbstbild kollidiert. Durch das Aussprechen integriert sich die neue Botschaft in die Persönlichkeit und verändert diese ein wenig. Anfangs sprach mir Lotta den oben genannten Satz so unbeholfen nach, als würde sie die erste Lektion in einer fremden Sprache auswendig lernen. Es kam ihr künstlich und ein bisschen albern vor, das zu sagen. Aber ihr Gefühl der Künstlichkeit war vor allem ein Zeichen dafür, dass die von mir vorgeschlagenen Worte eine ganz und gar ungewohnte und neue Haltung erforderten. Die Worte fühlten sich noch so fremd für sie an, als würde sie Theater spielen. Ich fragte sie daher, ob es in dem Satz irgendeinen Teil gäbe, dem sie nicht zustimmen könne. Lotta überlegte. Nein, die Aussagen in dem Satz fand sie schon prinzipiell richtig, es fiel ihr nur schwer, so banale Begrenzungen für sich selbst zu akzeptieren. Nun ja, da musste sie durch, befand ich und ließ sie den Satz mehrfach wiederholen. Lotta sagte ihren Satz erst zu mir, dann holten wir einen leeren Stuhl, der ihren Doktorvater symbolisierte, und sie stellte sich vor, ihm gegenüber den gleichen Satz zu sagen. Mit einer ähnlichen Imaginationsübung wiederholte sie diese Äußerung gegenüber den anderen Promovierenden in ihrem Kolleg, gegenüber ihren Eltern, gegenüber der Stiftung etc. Lotta fühlte sich immer selbstverständlicher mit dem Satz und dann kamen ihr Tränen der Erleichterung.

Als Lotta mich zwei Wochen später wieder aufsuchte, berichtete sie mir, dass sie aufgrund unserer vorangegangenen Sitzung das Bedürfnis verspürte, ihr Leben zu entrümpeln. Ihr sei bewusst geworden, dass sie neben der Promotion viel zu viele andere Verpflichtungen habe. Gemeinsam mit mir wolle sie noch einmal überprüfen, was davon realistischerweise zu schaffen sei und wovon sie sich schweren Herzens trennen müsse. Denn sie wäre im Begriff zu akzeptieren, dass auch sie nur ein Leben hätte und ihr Tag nur 24 Stunden enthielte. Wir machten uns also an die Arbeit mit dem Ergebnis, dass Lotta ihre Teilzeitstelle um fünf Stunden reduzierte (der finanzielle Verlust ließ sich verschmerzen) und eine ehrenamtliche Tätigkeit an den Nagel hängte.

Wieder 14 Tage später bat ich sie, mir noch einmal von ihrem Dissertationsthema zu erzählen. Lotta berichtete erneut von ihren Plänen, und dieses Mal konnte ich ihr mühelos folgen. Sie sprach ganz anders, und ich hörte ihr interessiert zu. Während sie sprach, konkretisierte sich Lottas Fragestellung für sie selber erstmalig, und so gelang ihr die Präzisierung ihrer Forschungsfrage schließlich fast ohne mein Zutun.

Natürlich ist die Problemlage bei jeder Forschungssupervision eine andere, aber das Beispiel von Lotta veranschaulicht, wie ich als Supervisorin mit Promovierenden arbeite. Allgemein gesagt geht es mir darum herauszufinden, wo jemand in seinem lebendigen Forschungsprozess blockiert ist. Die meisten dieser Blockaden zeigen sich schon im direkten zwischenmenschlichen Kontakt und lassen sich auch dort bearbeiten. Nun ist es ganz normal, bei einem so komplexen und langfristigen Projekt wie einer Promotion hin und wieder blockiert zu sein. Manchmal steht eine Blockade auch dafür, dass wir kurz vor einer neuen Erkenntnis stehen, und es wäre geradezu fatal, eine solche schöpferische Krise als unproduktiv und furchtbar problematisch abzuwerten. Aber ab wann wird eine Blockade supervisionsbedürftig? Mein Richtwert lautet: Wenn sie über einen Monat anhält und die eigenen Problemlösungsstrategien nicht geholfen haben.

LINK

http://www.anita-barkhausen.de (10.03.05)

Disputation oder Rigorosum? Abschluss der Promotion

Stefan Petri

Dissertation geschafft? Fällt ein großer Stein vom Herzen? Allerdings kommt jetzt noch etwas, und zwar eine (letzte?) Prüfungssituation im akademischen Sektor. Es lohnt sich auch hier, nicht nur die Augen zu schließen und durchzukommen, sondern die Gestaltungsmöglichkeiten, die sich bieten auch zu nutzen – der zu leistende Zeit- und Organisationsaufwand wird oft unterschätzt. Der wichtigste Rat daher gleich vorweg: Es ist immer ratsam so früh wie möglich, am besten vor dem Beginn der Dissertation, die Promotionsordnung deiner Fakultät bzw. deines Fachbereichs (manchmal gibt es auch uni-weit gültige Promotionsordnungen) durchzulesen! Auch wenn der Abschluss noch so weit weg erscheint, kann es sehr nützlich sein, zu wissen, was dich nach der zumeist anstrengenden und stressigen Endphase der Dissertation erwartet. Manche Promotionsordnungen verlangen Scheine in Nebenfächern oder Nachweise von Sprachkenntnissen: Gut, wenn du davon nicht erst kurz vor Abgabe der Doktorarbeit erfährst. Wenn du vorher weißt, welche Schritte erwartet werden, lässt sich der Abschluss der Promotion besser planen. Wie Gesetzestexte oder Verordnungen können auch Promotionsordnungen lückenhaft sein und Graubereiche offen lassen. Bei strittigen oder unklaren Punkten wendest du dich am besten mit deinen Fragen an das Dekanat des Fachbereichs/der Fakultät.

Das Verfassen der Doktorarbeit ist sicher der wichtigste Schritt auf dem Weg zur Promotion, doch auch nach dem Fertigstellen des Manuskripts gibt es noch einige Hürden zu nehmen. In der Promotionsordnung wird (meist) unter dem Punkt „Zulassung zur Promotion" geregelt, welche Voraussetzungen erfüllt sein müssen, um zum Promotionsverfahren zugelassen zu werden. Am besten machst du dir rechtzeitig, d.h. vor Fertigstellung der Dissertation, eine Liste der für die Zulassung zu erfüllenden Aufgaben und integrierst sie – sofern vorhanden – von vornherein in deinen Promotionszeitplan.

Eine Checkliste für das gesamte Prozedere der Promotion hat der Promotionsausschuss der sozial- und geisteswissenschaftlichen Fakultäten der Universität Bamberg ins Netz gestellt, einmal für Promotion mit Disputation http://www.uni-bamberg.de/ppp/promotion/Checkliste_Disputation.doc (10.03.05), einmal mit Rigorosum http://www.uni-bamberg.de/ppp/promotion/Checkliste_Rigorosum.doc (10.03.05). Hier geht es um die notwendigen Formanforderungen bei der Zulassung zur Promotion bzw. der Abgabe der fertigen Dissertation in Form einer Abhakliste. Sieben Musterbriefe sind beigefügt, mit denen die Prüfungskommission zusammengestellt, die erforderlichen Nachweise und Erklärungen abgelegt werden können etc. Daran orientiert kannst du dir deine eigene Checkliste erstellen; noch besser für Mitpromovierende und zukünftige DoktorandInnen wäre es allerdings direkt den Fachbereich oder die Fakultät aufzufordern, ähnliche Checklisten zu erarbeiten und ins Netz zu stellen.

1 Begutachtung der Dissertation

Welche Form die Dissertation haben muss, in welcher Sprache sie abgefasst sein darf, ob Teile daraus vorab veröffentlicht werden dürfen und ob eine kumulative (also eine aus mehreren selbständigen Veröffentlichungen zusammengesetzte) Dissertation zulässig ist, das alles solltest du natürlich schon lange vor dem Fertigstellen und Einreichen der Dissertation geklärt haben. Genügt die Dissertation den formalen Ansprüchen der Promotionsordnung, kann sie zur Begutachtung eingereicht werden. In der Regel legt die Prüfungskommission oder deren Vorsitzende/r fest, welche Personen als GutachterInnen bzw. ReferentInnen bestellt werden. Fast immer sind die BetreuerInnen zugleich auch GutachterInnen der Dissertation. Ein Blick in andere Länder zeigt, dass dies jedoch nicht so sein muss: In den Niederlanden darf der/die BetreuerIn nicht Mitglied der Begutachtungskommission sein (Bsp.: Soz.Wiss. Uni Groningen). In Norwegen muss ein/e GutachterIn der Arbeit aus dem Ausland kommen. Es kann je nach Disziplintradition oder informeller Regelung des Fachbereichs durchaus üblich sein, sich mit der/dem BetreuerIn über in Frage kommende (andere) GutachterInnen bzw. ReferentInnen auszutauschen. Es ist allerdings zu beachten, wie die Promotionsordnung zu GutachterInnen anderer Fachbereiche, anderer Universitäten oder anderer Länder steht.

Die GutachterInnen/ReferentInnen verfassen ein schriftliches Urteil über die Dissertation und benoten sie meist gemäß einer festgelegten Skala, die entweder nach den alten lateinischen Graden oder deutschen Bewertungsstufen erfolgt. Diese lauten auf Latein: summa cum laude, magna cum laude, cum laude oder rite (z.B. Erz.Wiss. HUB). Bzw. auf Deutsch: mit Auszeichnung, sehr gut, gut, befriedigend, ausreichend oder nicht ausreichend/ungenügend (z.B. WiWi Uni Hamburg). Es können auch nach deutschem System Noten vergeben werden, die dann in ein lateinisches Prädikat umgewandelt werden (z.B. Natwiss. Uni Heidelberg).

Ein häufiges Ärgernis mit der Begutachtung der Dissertation ist die lange Zeit, die manche GutachterInnen für sich in Anspruch nehmen, um ihr Gutachten zu erstellen. Es wird von Fällen berichtet, in denen sich dies über Jahre hingezogen haben soll. Manch (neuere) Promotionsordnung legt vernünftigerweise einen maximalen Zeitraum für die Begutachtung fest, üblicherweise liegt der zwischen vier Wochen und drei Monaten. (Beispiel für vier Wochen Natwiss. UniHeidelberg; für drei Monate siehe Soz.Wiss. Uni Bamberg). Offen bleibt die Frage, was passiert, wenn sich die/der GutachterIn nicht an die Frist hält und auf eigenes Nachhaken nicht reagiert. Das Dekanat oder der Promotionsausschuss sollte in einem solchen Fall weiterhelfen können, wobei die Promotionsordnung ihnen allerdings keine Sanktionsmöglichkeiten an die Hand gibt. Vielleicht ist aber in schwer wiegenden Fällen die Berufung einer neuen Gutachterin/eines neuen Gutachters möglich. Steht eine Begutachtungsfrist in der Promotionsordnung, könnte auch (die Androhung einer) Verwaltungsrechtsklage als Möglichkeit in Betracht gezogen werden.

Wird die Dissertation auf Grund der Gutachten abgelehnt, d.h. wenn alle oder die Mehrheit der GutachterInnen die Arbeit für nicht ausreichend erachten (Genaueres steht in der Promotionsordnung), endet das Promotionsverfahren ohne Erfolg. Meist wird ein Exemplar der Dissertation vom Fachbereich/der Fakultät einbehalten. Es gibt Promotionsordnungen, die die Möglichkeit einer teilweisen Überarbeitung einräumen (WiWi Uni Hamburg), andere gewähren die Möglichkeit einer Wiederholung der Dissertation innerhalb einer gewissen Frist (z.B. zwei Jahre, siehe Bauingenieurwesen Bauhaus-Uni Weimar) oder aber die Prüfungskommission darf festlegen, ob eine Überarbeitung in Frage kommt oder nicht.

Ist die Dissertation schließlich angenommen, wartet als nächste Hürde die mündliche Prüfung zur Promotion, die entweder als Verteidigung/Disputation oder Rigorosum oder sogar als beides (s.u.) durchgeführt wird. Die Promotionsordnung legt fest, welche Prüfungsform gilt und – wenn beide Formen möglich sind – unter welchen Bedingungen die eine oder die andere in Frage kommt.

2 Disputation

Unter Disputation versteht man allgemein ein wissenschaftliches Streitgespräch, bei der Promotion meint die Disputation die (öffentliche) Verteidigung der Dissertation. Oft wird daher der Begriff Verteidigung und Disputation synonym verwendet. In der Tradition der Universitäten bis zur

Wende des 18. zum 19. Jahrhundert stand die zeremonielle Verteidigung (Disputation) von Thesen im Vordergrund der Promotion, eigenständige Dissertationen wurden selten verlangt. Heute ist die Disputation, die auch manchmal als Kollegialprüfung bezeichnet wird, eine mündliche Prüfung zum Thema der Dissertation wie es zum Beispiel die Promotionsordnung des Fachbereichs IV (BWL, VWL, Mathematik, Informatik) der Universität Trier formuliert: „Gegenstand der Disputation ist die Dissertation, wobei weitere Probleme des Faches und angrenzender Gebiete einzubeziehen sind, soweit sie mit der Dissertation sachlich oder methodisch zusammenhängen." Es geht also um die wissenschaftliche Diskussion der wesentlichen Aussagen der Doktorarbeit, wobei die/der PromovendIn als wissenschaftliche/r DiskussionpartnerIn und ExpertIn auftritt und gewöhnlich die Disputation mit einem Vortrag über die Dissertation einleitet. Das alles ändert allerdings wenig daran, dass viele PromovendInnen die Disputation als Prüfungssituation erleben. Erkundige dich, ob es möglich ist, die Gutachten der Dissertation (ohne die Benotung) einzusehen. Dort kannst du Hinweise auf Kritik- und Diskussionspunkte finden, was sehr hilfreich für die Vorbereitung auf die Disputation sein kann. Fühlst du dich sicherer wenn FreundInnen moralische Unterstützung geben und du sie gerne dabei haben möchtest, solltest du klären, ob die Disputation öffentlich ist (z.B. Bauingenieurwesen Bauhaus-Uni Weimar), was keineswegs als selbstverständlich vorausgesetzt werden darf. Das gilt in noch viel stärkerem Maße für das Rigorosum. Auch der Besuch einer anderen Disputation oder eines Rigorosums kann eine gute Vorbereitung sein.

In der Disputation sieht sich die/der KandidatIn einem Prüfungsausschuss, Prüfungskommission oder Promotionskommission gegenüber, der oder die sich aus den GutachterInnen der Dissertation sowie ProfessorInnen und wissenschaftlichen MitarbeiterInnen des Fachbereiches zusammensetzen kann. Hier gibt es deutliche Unterschiede zwischen den Promotionsordnungen und es ist genau zu klären, wer in der Kommission vertreten sein darf und wer nicht. Das betrifft auch die Möglichkeit der Teilnahme von WissenschaftlerInnen anderer (ausländischer) Universitäten. Es ist sicher sinnvoll, in Erfahrung zu bringen, ob du die Zusammensetzung der Kommission vorab mit der/dem BetreuerIn der Doktorarbeit besprechen kannst oder wie die Gepflogenheiten am Fachbereich/an der Fakultät sind. Die Promotionsordnungen regeln diese Dinge nicht immer bis ins Detail und es gibt je nach Disziplin oder Fachbereich/Fakultät vielleicht ungeschriebene Regeln oder Traditionen.

Auch die festgelegte Dauer der Disputation kann variieren. Manche Promotionsordnung macht keine Angabe wie lange die Disputation dauert, sondern legt nur fest, wie viel Zeit die/der PromovendIn für ihren/seinen Einleitungsvortrag zur Verfügung hat. Manche legt den Zeitrahmen auf minimal eine Stunde (WiWi HUB) oder maximal 90 Minuten (WiWi Uni Hamburg) oder zwei Stunden (Bauingenieurwesen Bauhaus-Uni Weimar) fest, sagt aber nicht immer etwas über einen Einleitungsvortrag und dessen Dauer. Auch hier gibt also nur der Blick in die jeweilige Promotionsordnung Aufschluss.

Wie auch die Dissertation wird die Leistung der Disputation meist gemäß einer Notenskala beurteilt (siehe oben). Wie die Note der Dissertation und der Disputation zur Endnote verrechnet wird und welche Gewichtung dabei die Einzelnoten erhalten, ist in der jeweiligen Promotionsordnung beschrieben (z.B. WiWi HUB: doppelte Gewichtung der Dissertation gegenüber der Note der Verteidigung oder ErzWiss Uni Magdeburg: Berechnung im Verhältnis Dissertation zu Disputation 3:2). Die Berechnung ist weiterhin relevant für die Frage, inwieweit du dich durch die Verteidigung in deiner Gesamtbewertung der Promotion verbessern oder verschlechtern kannst. Wichtig ist auch die Angabe, was passiert, wenn die Disputation als „nicht bestanden" gewertet wird. Du solltest mit Blick in die Promotionsordnung oder per Nachfrage beim Dekanat oder Promotionsausschuss klären, ob du die Disputation gegebenenfalls wiederholen kannst und in welcher Frist dies geschehen muss bzw. welche Gründe als Entschuldigung beim Versäumen des Disputationstermins akzeptiert werden.

Willst du die Disputation in einer anderen Sprache als Deutsch durchführen, musst du dies beim Promotionsausschuss oder beim Prüfungsausschuss/bei der Prüfungskommission beantragen. Die Promotionsordnungen sagen zur Sprache der Disputation meist nichts, wenn dann findet sich z.B. die Formulierung „in der Regel in deutscher Sprache" (WiWi HUB).

3 Rigorosum

Das Rigorosum ist die andere Form der mündlichen Prüfung zur Promotion. Der Name vom lateinischen rigor = streng, starr stammend, lässt erahnen, dass das Rigorosum viel mehr als die Disputation als Prüfung gedacht ist. Es löste ab dem 18. Jahrhundert immer mehr die Disputation ab und stellte bis ins 20. Jahrhundert hinein für viele StudentInnen, die mit der Promotion ihr Studium beendeten, quasi das mündliche Abschluss-examen dar. Daher ist es zum einen nicht thematisch auf die Dissertation bezogen (manche Promotionsordnungen schließen das sogar aus) und beschränkt sich zum anderen nicht auf ein Fach. Das Rigorosum kann je nach Promotionsordnung in einem Hauptfach und einem oder zwei Neben-fächern oder zwei Hauptfächern stattfinden. Es ist meist nicht öffentlich (Soz.Wiss. Uni Bamberg), es können aber manchmal andere DoktorandIn-nen des Fachbereichs/der Fakultät zugelassen werden, was sicher eine gu-te Vorbereitung auf das eigene Rigorosum sein kann. Die Dauer variiert, üblich sind zwischen 30 und 60 Minuten im Hauptfach und 30 Minuten im Nebenfach. Sie können als eine Gesamtprüfung (Erz.Wiss. HUB) oder als einzelne Fachprüfungen (Soz.Wiss. Uni Bamberg) ablaufen. Auch beim Rigorosum gilt es zu klären, ob nach den informellen Regeln und Traditio-nen eine Vorabsprache mit den PrüferInnen über Themengebiete üblich ist oder nicht, da die Promotionsordnungen darüber nichts sagen.

Da PromovendInnen in der Regel einen Hochschulabschluss besit-zen und die Gründe für die Einführung des Rigorosums so zunehmend un-wichtiger werden, ist in vielen Promotionsordnungen mittlerweile die Disputation als Alternative zum Rigorosum aufgenommen worden oder hat das Rigorosum ganz ersetzt. Es gibt aber auch Promotionsordnungen, die Disputation und Rigorosum vorsehen (z.B. Philosophie Uni Halle-Witten-berg) und auch nach dem Sächsischen Hochschulgesetz § 27 (5) soll eine Verteidigung und ein Rigorosum stattfinden, wobei das Rigorosum auch durch andere Leistungen ersetzt werden kann. Dies ist unseres Erachtens eine noch übertriebenere Prüfungsbelastung für die PromovendInnen als es das Rigorosum ohnehin schon darstellt, vom organisatorischen und bürokratischen Aufwand ganz abgesehen. Der Wissenschaftsrat hat sich in seinen Empfehlungen für die Doktorandenausbildung (2002) für die Dispu-tation und gegen das Rigorosum ausgesprochen (S. 59). Dem können wir uns als Projektgruppe DoktorandInnen der GEW aus Sicht Promovierender nur anschließen und hoffen, dass eine organisierte Anstrengung von Dokto-randInnen zur Überarbeitung bestehender Promotionsordnungen in dieser Richtung an den Fachbereichen und Fakultäten erfolgreich ist.

Verwendete Promotionsordnungen:

Promotionsordnung am Fachbereich IV (Wirtschafts- und Sozialwissenschaften) der Universität Trier (**23.01.1989**): http://www.uni-trier.de/uni/fb4/dekanat/promotionsordnung.htm (09.03.05).

Promotionsordnung des Fachbereichs Wirtschaftswissenschaften und des Fachbereichs Philosophie und Sozialwissenschaften der Universität Hamburg (17.06.1998): http://www.econ.uni-hamburg.de/Dokumente/PromotionsOrdnung.pdf (09.03.05).

Promotionsordnung der Fakultät Bauingenieurwesen der Bauhaus-Universität Weimar (07.06.2000): http://www.uni-weimar.de/staa/henri-d/promotordnfakb.html (09.03.05).

Promotionsordnung der Fakultät für Geistes-, Sozial- und Erziehungswissenschaften an der Otto-von-Guericke-Universität Magdeburg (4.7.2001): http://www.uni-magdeburg.de/ k3/verwaltung/verwaltungshandbuch/proord/fgse.htm (09.03.05).

Promotionsordnung der Fakultät für Psychologie, Pädagogik und Soziologie der Universität Groningen (01.01.2004): http://www.rug.nl/ppsw/onderzoek/promoveren/promotieregeling/kortpromotiereglement?lang=en (09.03.05).

Promotionsordnung der Philosophischen Fakultät IV/Institute für Erziehungswissenschaften der Humboldt-Universität zu Berlin (13.02.2002): http://www.hu-berlin.de/forschung/ wiss_nachw/amb5002.html (09.03.05).

Promotionsordnung der Philosophischen Fakultät der Martin-Luther-Universität Halle-Wittenberg (14.07.1999): http://www.verwaltung.uni-halle.de/KANZLER/ZGST/GVBL/mbl-ord/1999/34_1370.htm (09.03.05).

Promotionsordnung der Universität Freiburg für die Fakultät für Chemie, Pharmazie und Geowissenschaften (02.12.2003): http://www.chemie.uni-freiburg.de/studium/promordnung/ Promotionsord.Chemie,Pharmazie,Geowiss..pdf (09.03.05).

Promotionsordnung der Universität Heidelberg für die Naturwissenschaftlich-Mathematische Gesamtfakultät (14.10.1986): http://www.zuv.uni-heidelberg.de/studsekr/rechtsgrundlagen/ordnungen/10/1000504.pdf (09.03.05).

Promotionsordnung der Wirtschaftswissenschaftlichen Fakultät der Humboldt-Universität zu Berlin (22.03.2002): http://appel.rz.hu-berlin.de/Zope/AMB/verwaltung/dateien/datkat/ amb2102.pdf (09.03.05).

Promotionsordnung für die Fakultäten – Pädagogik, Philosophie, Psychologie, - Sprach- und Literaturwissenschaften sowie Geschichts- und Geowissenschaften der Otto-Friedrich-Universität Bamberg (31.03. 2004): http://www.uni-bamberg.de/zuv/recht/satzungen/ pdf/ prompppsplitggeo.pdf (09.03.05).

Weitere LINKS:

Empfehlungen des Wissenschaftsrates zur DoktorandInnenausbildung (2002): http://www.wissenschaftsrat.de/texte/5459-02.pdf (09.03.05).

Liste sämtlicher im Netz einsehbarer Promotionsordnungen an deutschen Hochschulen: http://www.promotion-fh.de/index.cfm??fuseaction=contentPage.Display&pageID=12&anchor=2 (09.03.05).

Sächsisches Hochschulgesetz (11.06.1999): http://www.uni-leipzig.de/~eval/materialienund-downloads/saechshg.pdf (09.03.05).

D Schlüsselqualifikationen

Akademische Schlüsselqualifikationen

Claudia Koepernik, Ansgar Warner

Schlüsselqualifikationen? Ein Schlagwort aus der Personalentwicklung in einem Promotionsratgeber?

Warum dieses Thema durchaus für Promovierende interessant sein könnte, soll in diesem Beitrag dargelegt werden. Nach einer kurzen Begriffsklärung – die keinen Anspruch auf Vollständigkeit erhebt[1] – sollen nicht nur die Bedeutung der Schlüsselqualifikationen während und nach der Promotionsphase im Rahmen aktueller Entwicklungen erörtert werden, sondern auch die Möglichkeiten und Praxis der Vermittlung von Schlüsselqualifikationen an Promovierende im Blickpunkt stehen. In den anschließenden Artikeln dieses Themenclusters werden bestimmte Schlüsselqualifikationen vor allem für die Promotion – →Zeitmanagement, →Wissensmanagement, Netzwerkbildung (→Phil Agre's „Networking on the Network") und Kreatives Schreiben (→Schreibprobleme?) – näher vorgestellt.

1 Schlüsselqualifikationen und Promotion

Die Schlüsselqualifikationsdebatte ist im Hochschulbereich nichts wirklich Neues. Mit dem Begriff Schlüsselqualifikationen und den daran hängenden Problemen drängt erneut eine Debatte um Ziele und Inhalte von Bildung in den Hochschulbereich, die bereits in den siebziger Jahren aus dem Bereich der Berufspädagogik (vgl. Mertens 1974)[2] in den Sektor hochschulischer Bildung ausstrahlte. Insbesondere für die Fachhochschulen und Gesamthochschulen war diese Debatte damals äußerst aktuell. Während die Bildungskritik der 1968er die Kernkompetenzen „wissenschaftlichen Verhaltens" noch als allgemeinen Teil der Emanzipation des Subjekts verstanden

---

[1] Zur Begriffsdiskussion und Entwicklung von Schlüsselqualifikationen in den einzelnen Fächern empfiehlt sich zum Weiterlesen die Broschüre des Instituts Student und Arbeitsmarkt der LMU München (2003).

[2] Mertens (1974) konstatierte vier Arten von Schlüsselqualifikationen:
- Basisqualifikationen bezeichnen Qualifikationen höherer Ordnung, die das Allgemeinere über das Speziellere stellen.
- Horizontalqualifikationen meinen Informationen über Informationen und werden als so genannte horizonterweiternde Qualifikationen bezeichnet.
- Breitenelemente meinen allgemein verbreitete („ubiquitäre") Ausbildungselemente, also spezielle Kenntnisse und Fertigkeiten, die für das Tätigkeitsfeld als praktische Anforderungen am Arbeitsplatz auftreten.
- Vintage-Faktoren bezeichnen generationsbedingte Lehrstoffe und Begriffssysteme, die Differenzen im Bildungsstand zwischen Jüngeren und Älteren ausgleichen sollen.

hatte, verfolgte die Berufspädagogik und Hochschuldidaktik einen pragmatischeren Ansatz. Ausgangspunkt war die Feststellung, dass sich die Verfallszeit fach- und berufsspezifischer Ausbildungsinhalte durch die Dynamik der industrialisierten Gesellschaft immer weiter beschleunigte. Somit wurde es notwendig, einen Grundbestand an allgemeinen, relativ wandlungsresistenten Fähigkeiten zu sichern, der den Umgang mit den sich wandelnden Bedingungen der Arbeitswelt ermöglichte. Dazu gehören u.a. die Fähigkeit, in Zusammenhängen denken zu können, Arbeitsaufgaben in Gruppen kooperativ und verantwortlich bewältigen zu können, einschließlich kreativer Problemlösungsvorschläge und Ergebnisbeurteilung, sowie auch die Fähigkeit zu selbstverantwortlichem und selbständigem Weiterlernen – heutzutage unter dem Stichwort „lebenslanges Lernen" geläufig.[3]

Schlüsselqualifikationen sind somit ein Bündel von allgemeinen Fähigkeiten, Fertigkeiten sowie Wissen, das in Schule und Hochschule vermittelt werden soll, um die notwendige Handlungskompetenz für rasch wechselnde Anforderungen des Berufslebens zu sichern. Schlüsselqualifikationen bilden die Synthese zwischen der formal erworbenen Qualifikation z.B. der Promotion und der beruflichen Handlungskompetenz. Der Begriff der Schlüsselqualifikationen beinhaltet dabei auch den Kompetenzgedanken, daher werden die Begriffe Schlüsselqualifikationen und Schlüsselkompetenzen im Folgenden synonym verwendet.

Doch sollten sich Schlüsselqualifikationen und ihre Vermittlung bzw. ihr Erwerb nicht nur auf die Zeit nach der Promotion und eine Karriere in der Wissenschaft richten, sondern auch im Rahmen der Promotion benannt und gefördert werden. Diese Schlüsselqualifikationen werden hier als akademische Schlüsselqualifikationen bezeichnet.

Akademische Schlüsselqualifikationen sind solche Qualifikationen, die neben der allgemeinen Fachkompetenz speziell am Arbeitsplatz Hochschule notwendig sind. Da akademische Schlüsselqualifikationen auf allgemeinen Schlüsselqualifikationen aufbauen, sind sie zugleich außerhalb der Hochschule verwendbar. So umfassen diese Schlüsselkompetenzen auch etwa die Fähigkeit und Bereitschaft zur demokratischen Mitbestimmung am Arbeitsplatz.

---

[3] Mertens (1974) benannte damals folgende Kategorien von Schlüsselqualifikationen: Fähigkeit zu lebenslangem Lernen und zum Wechsel sozialer Rollen, Distanzierung durch Theoretisierung, Kreativität, Relativierung, Verknüpfung von Theorie und Praxis, Technikverständnis, Interessenanalyse, gesellschaftswissenschaftliches Grundverständnis, Planungsfähigkeit; Befähigung zur Kommunikation, Dekodierungsfähigkeit; Fähigkeit hinzuzulernen, Zeit und Mittel einzuteilen, sich Ziele zu setzen, Fähigkeit zur Zusammenarbeit, zur Ausdauer, zur Konzentration, zur Genauigkeit, zur rationalen Austragung von Konflikten, zur Mitverantwortung, zur Verminderung von Entfremdung und Leistungsfreude.

Hilfreich für eine nähere inhaltliche Bestimmung von akademischen Schlüsselqualifikationen ist ein Blick auf die Befähigung für die berufliche Praxis, die Schlüsselqualifikationen in der Summe vermitteln, also die spezifische Kompetenz bzw. Handlungskompetenz. Handlungskompetenz ist ein Schlüsselbegriff sowohl in der Pädagogik wie auch – allerdings ausschließlich auf ökonomische Verwertungszusammenhänge bezogen – in der Personalentwicklung.

Handlungskompetenz wird in der Fachliteratur übereinstimmend in vier Kompetenzbereiche aufgeteilt: Fachkompetenz, Methodenkompetenz, Sozialkompetenz sowie Persönlichkeitskompetenz.

Werden unter akademischen Schlüsselqualifikationen allgemeine, fachübergreifende Qualifikationen verstanden, bewegen sich diese auf dieser Grundlage in den drei Bereichen Methoden-, Sozial- und Persönlichkeitskompetenz. Darüber hinaus gehende Angebote – bedingt auch durch die stärkere Ausrichtung der universitären Ausbildung an den Bedürfnissen des außeruniversitären Arbeitsmarktes – sind dagegen stärker in den Bereichen von Sozial- und Persönlichkeitskompetenzen angesiedelt. Dieser Bereich wird im alltäglichen Sprachgebrauch auch mit dem Sammelbegriff „soft skills" bezeichnet.

2   Aktuelle Entwicklungen

In der gescheiterten 5. Novelle des Hochschulrahmengesetzes (HRG) wurden die Universitäten aufgefordert, DoktorandInnen „forschungsorientierte Studien anzubieten und den Erwerb akademischer Schlüsselqualifikationen zu ermöglichen". In der seit 2004 geltenden Gesetzgebung ist dieser Paragraph (§ 21) nicht mehr mit aufgenommen worden, jedoch haben bereits viele Landeshochschulgesetze diese Regelung übernommen.

Landeshochschulgesetz Nordrhein-Westfalen (Novellierte Fassung trat am 1. Januar 2005 in Kraft)

§ 97 Promotion

(2) Im Promotionsstudium sollen die Hochschulen für ihre Doktorandinnen und Doktoranden forschungsorientierte Studien anbieten und ihnen den Erwerb von akademischen Schlüsselqualifikationen ermöglichen.

Landeshochschulgesetz Mecklenburg-Vorpommern (Novellierte Fassung, trat am 21. Juni 2003 in Kraft)

§ 44 Doktorandinnen und Doktoranden

(3) Die Hochschulen sollen für ihre Doktorandinnen und Doktoranden forschungsorientierte Studien anbieten und ihnen den Erwerb von akademischen Schlüsselqualifikationen ermöglichen. Das Nähere regeln die Hochschulen.

Die Hochschulrektorenkonferenz und der Wissenschaftsrat, aber auch die Bildungsgewerkschaft GEW sehen den Erwerb von akademischen Schlüsselqualifikationen auch weiterhin als wichtigen Bestandteil der Promotionsphase an. Die Hochschulen müssen zukünftig mehr Verantwortung für ihre Promovierenden übernehmen und ihnen entsprechende Angebote zur Verfügung stellen, andererseits sollten Promovierende diese Angebote auch von den Hochschulen einfordern.

Die hochschulpolitische Schlüsselqualifikations-Debatte der letzten Jahre zeigt die wachsende Sensibilität für die Qualität der universitären Lehrangebote und ihre Auswirkungen auf die Tauglichkeit („Employability") der AbsolventInnen in der Berufswelt sowohl innerhalb wie außerhalb der Hochschulen. Die allenthalben erhobene Forderung, den Erwerb zentraler akademischer Qualifikationen sicherzustellen, weist zugleich auf die strukturellen Defizite der bisherigen Ausbildung des wissenschaftlichen Nachwuchses hin. Mittlerweile wird von Schulen wie auch von den Hochschulen gefordert, ein Qualifikationsprofil zu erzeugen, das die AbsolventInnen „als jeweils einzelne Subjekte dazu befähigt, in professionellen Handlungsvollzügen kompetent tätig zu sein" (Winkler 1995, S. 146).

Eine einheitliche Lösungsstrategie ist allerdings nicht absehbar. Die hochschulpolitischen Akteure sind sich nicht nur über die Definition des Begriffes akademische Schlüsselqualifikationen bisher uneinig. Es fehlt an klaren Empfehlungen, wie Schlüsselqualifikationen entwickelt werden können. Inwieweit Schule und Hochschule den veränderten Anforderungen der Arbeitswelt in den letzten Jahrzehnten gerecht geworden sind, ist zumindest fraglich. Seit den siebziger Jahren wird von Seiten der Wirtschaft kontinuierlich moniert, dass SchulabgängerInnen wie auch HochschulabsolventInnen ein gravierendes Defizit an solchen sozialen und kognitiven Fähigkeiten aufweisen, die unter dem Begriff „Schlüsselkompetenzen" zusammengefasst werden können. Nicht nur eine scharfe Abgrenzung zwischen allgemeinen und akademischen, auch auf nichtuniversitäre Berufsfelder bezogenen Schlüsselqualifikationen, erscheint in diesem Zusammenhang schwierig. Auch deren Vermittlung geschieht in der Praxis höchst unterschiedlich: Sie reicht von den neu gegründeten „Zentren für Schlüsselqualifikationen" (z.B. ZfS Freiburg: LINK) über ein qualifikationsbezogenes Studium Generale („Studium Professionale") und Ringvorlesungen bis zur schlichten Ergänzung bestehender Seminarangebote von hochschuldidaktischen Instituten und Campus Career Centern.

Die „Zentren für Schlüsselqualifikationen" sind im Zusammenhang mit der Modularisierung von Studiengängen und der Einführung von Bachelor-/Master-Abschlüssen im Zuge des Bologna-Prozesses zu sehen. In Zukunft gelten in Deutschland sechs bis achtsemestrige Bachelor-Studiengänge als erster berufsqualifizierender Hochschulabschluss (vgl. KMK-Beschluss vom 12.06.2003: LINK); der Übergang in die Masterphase wird deswegen nicht mehr der Regelfall sein. Die relativ kurze Verweildauer an den Hochschulen zwingt zur Veränderung der Curricula. Der Erwerb von reinem Fachwissen wird zum Teil auf spätere Lebensphasen ausgelagert und entspricht somit der Idee des lebenslangen Lernens. Das Bachelor-Studium muss als eine wichtige Schlüsselqualifikation die Befähigung vermitteln, entsprechende Fort- und Weiterbildungsbemühungen selbst zu steuern und erfolgreich bewältigen zu können. Wie oben bereits angedeutet wurde, ist die Bereitschaft und Fähigkeit zur Fort- und Weiterbildung in Zukunft jedoch auch in der akademischen Karriere von Bedeutung. Neben der Vertiefung des Fachwissens schließt die Vermittlung von akademischen Schlüsselqualifikationen in der Master- und Promotionsphase an die Ausbildung von allgemeineren Schlüsselqualifikationen in der Bachelor-Phase an. Durch die zahlreichen Überschneidungen zwischen allgemeinen Schlüsselqualifikationen und akademischen Schlüsselqualifikationen werden diese „Zentren für Schlüsselqualifikation" auch Angebote bereithalten, die für Promovierende von Interesse sind.

3 Schlüsselqualifikationen für die Zeit nach der Promotion

AbsolventInnen sollen zu professioneller Handlungskompetenz befähigt werden (vgl. Winkler 1995). Dies gilt ebenso für Promovierte. Die dazu notwendigen Schlüsselqualifikationen bewegen sich in den drei Bereichen Methoden-, Sozial- und Persönlichkeitskompetenz. Bisher wurde der Schwerpunkt der Vermittlung von akademischen Schlüsselqualifikationen eher auf dem Gebiet der Methodenkompetenz gesehen. Der Bildungs- und Hochschulforscher Jürgen Enders konstatiert aber auch in diesem Kompetenzbereich ein Umdenken hin zu mehr Verbindlichkeit insbesondere bei den hochschuldidaktischen Qualifikationen: „Was früher meist unstrukturiert ablief, wird jetzt Gegenstand von Bewertung und Gestaltung. In vielen Ländern hat etwa die Überzeugung, dass der gute Forscher auch ein guter Lehrer ist, an Boden verloren. Die Einführung von Lehrevaluationen und hochschuldidaktischen Maßnahmen zur Weiterqualifizierung belegen dies" (Enders 2004, S. 62).

Zentrale Bereiche wissenschaftlichen Arbeitens können durch Schlüsselqualifikationsangebote während der Promotionsphase verbessert werden und kommen vor allem dem Arbeitsfeld Wissenschaft und den neu entstandenen Berufsfeldern wie Juniorprofessuren entgegen.

Eine scharfe Abgrenzung zwischen akademischen und allgemeinen Schlüsselqualifikationen ist schwierig. Es gibt einen breiten Bereich von Qualifikationen, der beiden Bereichen zuzuordnen ist. So sind z.b. auch im Hochschulbereich Managementqualitäten immer wichtiger geworden. Die Kombination von allgemeinen und auf den nichtuniversitären Arbeitsmarkt zielenden Schlüsselqualifikationen wird angesichts leerer Kassen und der Streichung von Stellen an den Hochschulen immer wichtiger. Hochqualifizierte drängen immer mehr auf den nichtuniversitären Arbeitsmarkt und konkurrieren dort mit AbsolventInnen der dualen Berufsausbildung, bei denen die Schlüsselqualifikationsvermittlung Teil der beruflichen Qualifizierung ist. Die Universitäten beginnen, dieser Entwicklung Rechnung zu tragen und richten mittlerweile ihre Angebote auf dem Gebiet der Schlüsselqualifikationen mehr und mehr speziell nach allgemeinen berufsbezogenen Anforderungen aus. Zur Erfassung der bereits im Studium, durch Praktika, Engagement und die Promotion entwickelten Schlüsselqualifikationen bieten sich die Programme so genannter Assessment Center an.

4 Vermittlung von Schlüsselqualifikationen an Promovierende

Die Vermittlung von Schlüsselqualifikationen an Promovierende ist nicht an allen Hochschulen selbstverständlich und bestehende Angebote sind sehr differenziert. Vereinzelt finden sich Einzelveranstaltungen in den Weiterbildungsangeboten der jeweiligen Hochschule und Beratungsangebote unterschiedlicher Einrichtungen. Häufig erfordert es viel Zeit, sich über die entsprechenden Angebote der eigenen Hochschule zu orientieren, doch wurde das Angebot in den letzten Jahren ständig erweitert. Als neue Vermittlungsinstanzen treten neben die bereits älteren hochschuldidaktischen Zentren seit Ende der neunziger Jahre spezielle „Zentren für Schlüsselqualifikationen" oder Career Centers. Auch die Einrichtung von Graduiertenzentren und Graduiertenschulen nimmt zu, die als eine Aufgabe die Vermittlung von Schlüsselqualifikationen an ihre Promovierenden verstehen. Hochschuldidaktische Zentren vereinbaren häufig Angebote zur

Entwicklung von Schlüsselqualifikationen für nicht-angestellte Promovie-rende und promovierende Lehrende.

HDZ – Universität Dortmund (http://www.hdz.uni-dortmund.de)

Das Hochschuldidaktische Zentrum der Universität Dortmund bietet allen Gruppen der Universität verschiedene Angebote in Form von Seminaren und Workshops. Neben speziellen Angeboten für Promovierende gibt es auch hochschuldidaktische Angebote für Lehrende, die vor allem für Promovierende mit Qualifizierungsstellen, aber auch für Promovierende mit dem Berufsziel ProfessorIn interessant sind. Das Angebot im Wintersemester 2004/05 umfasste u.a. folgende interessante Veranstaltungen für Promovierende (und Lehrende):

■ Rhetorik und Präsentation von (Promotions-)Vorträgen (deutsch und englisch)
■ Auf dem Weg zur Professur: Informationen, Strategien und Karrierebegleitung
■ DoktorandInnenkolloquium
■ Workshops zur Förderung internationaler PromovendInnen: sprachlich, interkulturell, schreib-didaktisch
■ Beratung bei hochschuldidaktischen Fragen zu Lehr-/Lernthemen
■ Kollegiale Beratung im Unialltag: Supervisionsgruppe
■ Supervision und Beratung im beruflichen Alltag
■ Hochschuldidaktische Beratung
■ Reihe Alltagsprobleme in der Lehre
■ Arbeitsgemeinschaft Lehre
■ Lehrmethoden
■ Computervermittelte Kommunikation und Kooperation in der Lehre
■ Publizieren für Internet-unterstützte Lehrveranstaltungen: Folien-Präsentation, Texte und Text-Formate, Hypertexte
■ eCompetence-Intiative: Digitale Medien in der Lehre – CD-ROMs und Lernprogramme entwickel und einsetzen

Während solche Angebote eher auf universitäre Arbeitsfelder zielen, sind die Angebote von Campus Career Centern stärker auf Anforderungen außeruniversitärer Berufsfelder ausgerichtet. Angebote von Career Centern finden sich auch speziell für Frauen. Ziel dieser ist es, mehr Frauen in die Wissenschaft zu bringen. Diese Angebote beinhalten nicht nur die Ausbildung von Schlüsselqualifikationen, sondern zielen auch auf die Bildung von Netzwerken (→Promotion und Geschlechterverhältnis). Das „Women's Career Center" (LINK) der Universität Hamburg bietet beispiels-weise ein Seminar an, das sich an Frauen in der Frühphase der Promotion richtet und Fragen nach Betreuerauswahl und Themenfindung klären hilft. Auch das Mentorinnenprojekt „Meduse" der Universität Duisburg-Essen ist ein solches Angebot.

Meduse – Mentorinnennetzwerk der Universität Duisburg-Essen (http://www.uni-essen.de/meduse/)

Das Mentorinnennetzwerk MEDUSE bietet Doktorandinnen aller Fachrichtungen an der Universität Duisburg-Essen einen neuen Weg zur Förderung der Berufsorientierung und zur Unterstützung des Übergangs von der Hochschule in den Beruf oder die Promotion bzw. zur Unterstützung einer akademischen Karriere an. Zusätzlich besteht die Möglichkeit, an Seminaren und Trainings zur Aneignung bzw. Stärkung von Schlüsselqualifikationen sowie an Vernetzungsveranstaltungen teilzunehmen.

Somit soll auch Promovieren eine Perspektive für Frauen werden (http://www.uni-duisburg-essen.de/promovieren-mit-meduse/). An erster Stelle steht die Aufklärung über Arbeitsinhalte und -belastungen, Dauer, Betreuung und Finanzierung eines Promotionsvorhabens. Dazu gibt es eine Vielzahl von Angeboten – in Form von Infoveranstaltungen, Workshops, Vorträgen und Seminaren –, die sich ausschließlich an Frauen richten zu den Themen:

- Karriereorientierung
- Allgemeine Informationen + Finanzierung
- Themenfindung: Finden und Eingrenzen des Themas und Schreiben des Exposés
- Work-Life-Balance: Vereinbarung von Karriere in der Wissenschaft und Familienplanung
- Networking
- Forschungsmethoden
- Schreibwerkstatt: Workshop zum Erwerb wissenschaftlicher Schlüsselqualifikationen: Schreiben lernt man nur durch Schreiben, diese Erfahrung bestätigt sich gerade mit Blick auf umfangreichere Texte. Fragen der Strukturierung und Textorganisation, der Argumentation aber auch der Formulierung stellen sich beim Schreibvorhaben Doktorarbeit mit besonderer Relevanz: Wie lässt sich der rote Faden verdeutlichen? Wie macht man komplexe Gedankengänge nachvollziehbar? Welcher Stil ist angemessen? Kurz: Warum sollte der Text wie formuliert werden? Die Veranstaltung will diese und verwandte Fragen klären sowie grundlegende Strategien und Verfahren der Textoptimierung vermitteln.
- Zeitmanagement: Wie erstelle ich einen Arbeitsplan? Workshop zum Erwerb wissenschaftlicher Schlüsselqualifikationen: Kreative Aufgaben bekommt man zwar nicht per Patentrezept in den Griff, aber auch ein Forschungsvorhaben ist in wesentlichen Teilen kalkulierbar. Zeitmanagement ist vor allem Selbstmanagement. Die Erstellung eines Arbeitsplanes ist eine wertvolle Hilfe zur Strukturierung des zunächst unüberschaubar scheinenden Aufgabenberges. In dieser Veranstaltung soll am Beispiel eines Dissertationsvorhabens ein Zeitplan erarbeitet werden.
- Netzwerkplenum
- Disputation: Wie präsentiere ich meine Dissertation (und mich)?
- Veröffentlichung: Was zeichnet einen guten wissenschaftlichen Beitrag aus?

Durch die Öffnung des „klassischen" akademischen Aufgabenspektrums in Richtung Wissenschaftsmanagement ist eine Erweiterung der Methodenkompetenz durch Techniken aus anderen Bereichen zu beobachten: Konfliktmanagement, Zeitmanagement, Projektmanagement/Metaplantechniken, kreative Techniken wie Mind Mapping/Clustering, Mitarbeitermotivation, Verhandlungstechniken, bis hin zu Methoden aus dem Bereich Marketing, PR, Fund Raising/Sponsering. Neben der Beherrschung unterschiedlicher wissenschaftlicher Textsorten im Rahmen des „wissenschaftlichen Schreibens" (→Schreibprobleme?) bieten sich auch etwa in Teamarbeit durchgeführte Projekte wie die Planung und Durchführung von Publikationen, Tagungen und Lehrveranstaltungen an. Zu den gemachten Erfahrungen kommt noch die Entwicklung interkultureller Kompetenzen, die nicht nur die kritische Distanz zur eigenen Kultur im Allgemeinen, sondern auch zur nationalen Wissenschaftskultur ermöglichen und zum wissenschaftlichen Arbeiten in internationalen Kontexten befähigen.

Eine weitere Möglichkeit, akademische Schlüsselqualifikationen während der Promotionsphase zu vermitteln, sind promotionsbegleitende einzelne Lehrangebote von Graduiertenzentren (→Gießener Graduiertenzentrum Kulturwissenschaften) oder komplette Studienprogramme, die auch parallel zur Promotion in einem Master-Abschluss münden können. So bietet die Hans-Böckler-Stiftung ihren Promovierenden in Kooperation mit der Ruhr-Universität Bochum die Möglichkeit eines promotionsbegleitenden Aufbaustudiums, das organisationsorientierte Schlüsselqualifikationen vermittelt.

„Organisationsorientierte Schlüsselqualifikationen"

(http://www.ruhr-uni-bochum.de/wbz/wwb/qualifikationen.html)
In Kooperation mit der Ruhr-Universität Bochum bietet die Hans-Böckler-Stiftung ihren PromotionsstipendiatInnen seit dem Sommersemester 2004 einen promotionsbegleitenden Aufbaustudiengang mit dem Thema „Organisationsorientierte Schlüsselqualifikationen" an. Das weiterbildende Studium richtet sich an Promotionsstipendiaten und Altstipendiaten der Hans-Böckler-Stiftung, die nach der Promotion in Wirtschaft und in Verwaltungsorganisationen eine Beschäftigung aufnehmen wollen.
Die Studienzeit beträgt zwei Semester. Von den TeilnehmerInnen ist ein Eigenanteil von je 100 € pro Semester zu entrichten. Der Studienumfang umfasst je 96 Semesterwochenstunden. Das Programm umfasst acht Module à 24 Stunden, die als Blockveranstaltungen angeboten werden. Mindestens sechs Module müssen abgeschlossen werden, um zur Zertifikatsprüfung zugelassen zu werden, sowie eine ca. 20-seitige Studienarbeit über einen praktischen Anwendungsfall eingereicht werden.
Zielstellungen:
Vermittlung von beteiligungsorientiertem Managementwissen über Konzepte und Gestaltung der Führung von Unternehmen und Verwaltungen und darüber hinaus das Angebot in Praxismodulen die Möglichkeit zum Training partizipationsorientierter Entscheidungsfindung zu erhalten
Die Teilnehmerinnen und Teilnehmer sollen in die Lage versetzt werden, Geschäftsprozesse in Unternehmen und Verwaltung durch Interaktion zwischen Akteuren, Organisation und Umwelt sowie durch das Zusammenwirken von Unternehmensleitung und Betriebs- oder Personalräten aktiv zu gestalten
Inhalte:
■ Modul 1 – Erfolgreich Reorganisieren (Change Management): Fachliches Modul = Grundlagen, Organisationsverständnis, Beteilungsmanagement

- Modul 2 – Moderation und kreative Arbeitsmethoden: Überfachliches Modul = Instrumente des Verständigungs- und Problemlösungsprozesses
- Modul 3 – Grundlagen der Unternehmensrechnung: Fachliches Modul = Rechnungswesen, Balanced Scorecard, Krisenfrühwarnsysteme
- Modul 4 – Kommunikation und Gesprächsführung: Überfachliches Modul = Grundlagen und Modelle sozialer Interaktion, Konzepte und Praxis
- Modul 5 – Human Resource Management: Fachliches Modul = Grundlagen, Modelle der Motivation und Anwendung im Bereich des Wissensmanagements
- Modul 6 – Konfliktlösungs- und Problemlösungstechniken: Überfachliches Modul = Strukturen betrieblicher Konflikte und Grundlagen der Mediation
- Modul 7 – Gestaltung von Arbeits- und Geschäftsprozessen: Fachliches Modul = Integrierte Managementsysteme in den Bereichen Arbeits- und Gesundheitsschutz, KVP und EFQM
- Modul 8 – Beteiligungs- und prozessorientiertes Projektmanagement: Überfachliches Modul = Instrumente der Veränderung in und durch Beteiligungsprojekte

Handlungskompetenz wird in Schule und Hochschule idealerweise durch handlungs- und produktionsorientierte Unterrichts- bzw. Lehrangebote vermittelt. Überträgt man dies auf die methodischen Qualifikationen, die dem wissenschaftlichen Nachwuchs vermittelt werden sollen, müssen alle Bereiche wissenschaftlichen Arbeitens unter möglichst realistischen Bedingungen während der Promotionsphase erprobt werden, also z.b. Vorträge für wissenschaftliche Tagungen zu schreiben und zu präsentieren, wissenschaftliche Artikel zu schreiben und zu publizieren, Workshops, aber auch etwa – in Teamarbeit – Tagungen, Publikationen, Lehrveranstaltungen zu konzipieren und durchzuführen etc. Begabtenförderungswerke wie etwa die Hans-Böckler-Stiftung gehen dazu über, ihre Promovierenden durch den Abschluss von Promotionsvereinbarungen zur Gewinnung solcher Praxiserfahrungen verbindlich anzuregen oder zumindest den Erwerb bestimmter Fähigkeiten durch spezifische Seminarangebote zu fördern. Dies hat seine Entsprechung in aktuellen Trends der Hochschuldidaktik: Wissen, das bisher einfach vorausgesetzt bzw. nicht direkt gelehrt wurde – vgl. die Begriffe „hidden curriculum" oder „tacit knowledge" –, bewusst zu machen und dessen Erwerb methodisch zu operationalisieren, so z.B. in den mittlerweile zahlreich angebotenen Kursen zum wissenschaftlichen Schreiben, zu Präsentationstechniken oder fachbezo-gener Fremdsprachenpraxis (wie etwa „academic english") etc.

5   Fazit

Aufgrund der Schwierigkeit, eine einheitliche und scharf umrissene Definition von (akademischen) Schlüsselqualifikationen zu treffen, lässt sich in der Praxis auch kaum eine zufrieden stellende Antwort auf die Frage geben, welche Schlüsselqualifikationen während der Promotionsphase vermittelt werden sollten. So schießen teilweise Angebote aus dem Boden, die zwar behaupten, Schlüsselqualifikationen zu vermitteln, deren praktische Relevanz aber fragwürdig bleibt. Sicher ist allerdings angesichts wachsender beruflicher Anforderungen: Die Hochschulen müssen entsprechende auf die Bedürfnisse von DoktorandInnen abgestimmte Angebote, am besten kostenfrei, zur Verfügung stellen. Promovierende haben einen Anspruch darauf und sollten diesen auch einfordern. Für zukünftige Novellierungen des Hochschulrahmengesetzes wäre die Wiederaufnahme des § 21 wünschenswert, damit nicht nur ein eigenständiger DoktorandInnenstatus eingeführt wird, sondern die Hochschulen nicht nur regional von einzelnen Landesgesetzgebern, sondern bundesweit zur Vermittlung von Schlüsselqualifikationen und forschungsorientierten Studien an Promovierende aufgefordert werden. Der Wahrnehmung dieser Angebote sollte dabei zwar fakultativ bleiben, jedoch zertifiziert werden. Werden Qualifizierungsmöglichkeiten im Rahmen von Promotionsstudiengängen verbindlich angeboten, dürfen sie nicht zu umfangreich gestaltet werden, damit den Promovierenden genügend Zeit für die eigene Forschungsarbeit bleibt.

Die Entwicklung von Schlüsselqualifikationen kommt dabei nicht nur der späteren beruflichen Handlungskompetenz zugute, sondern verbessert bereits auch die Qualität der Promotionsphase selbst. So helfen bestimmte Schlüsselqualifikationen bei der Bewältigung des Promotionsprozesses, z.B. →Wissensmanagement für die Promotion, →Zeitmanagement, Netzwerkbildung (→Phil Agre's „Networking on the Network") und Techniken kreativen Schreibens (→Schreibprobleme?).

Die Debatte um Zweck und Inhalt von Schlüsselqualifikationen im Umfeld der Promotionsphase wird weitergehen. Klar ist: Eine stärkere Implementierung von Angeboten zur Schlüsselqualifikationsvermittlung in Studium und Promotionsphase ist zu begrüßen, wenn diese Angebote auf die Bedürfnisse der TeilnehmerInnen, aber auch Bedarfe potentieller Berufsfelder abgestimmt sind. Davon wird abhängen, ob die Verknüpfung von akademischen und allgemeinen Schlüsselqualifikationen gelingt, die zusammen die „Employability" von HochschulabsolventInnen sicherstellen. An der Beschäftigungsfähigkeit haben nicht zuletzt die Promovierenden selbst das größte Interesse: Denn es geht um den beruflichen Nutzen ihrer wissenschaftlichen Ausbildung und ihre mittel- bis langfristigen Chancen auf dem Arbeitsmarkt.

Literatur:

Enders, Jürgen (2004): Von der Ordinarienuniversität zum kognitiven Dienstleister. In: Gützkow, Frauke/Quaißer, Gunter (Hrsg.): Hochschule gestalten. Denkanstöße aus Hochschulpolitik und Hochschulforschung. UVW: Bielefeld. S. 53–66.

Institut Student und Arbeitsmarkt an der Ludwig-Maximilian-Universität München/Honolka, Harro (2003): Broschüre Schlüsselqualifikationen. München. unter; http://www.s-a.uni-muenchen.de/neues_web/2angebote_fuer_studierende/infothek_broschueren/schluessel.p df (10.03.05).

Mertens, Dieter (1974): Schlüsselqualifikationen. Thesen zur Schulung für eine moderne Gesellschaft. In: Mitteilungen aus der Arbeitsmarkt- und Berufsforschung 1/1974 (7). IAB: Nürnberg. S. 36–43; unter: http://doku.iab.de/mittab/1974/1974_1_MittAB_Mertens.pdf (02.03.05).

Winkler, Helmut (1995): Die Praxisorientierung des Studiums zwischen Berufs- und Lebenswelt der Studierenden. In: Das Hochschulwesen 3/1995 (43). UVW: Bielefeld. S. 142–151.

LINKS

Beschluss der Kultusministerkonferenz (KMK) vom 12.06.2003: 10 Thesen zur Bachelor- und Masterstruktur in Deutschland: http://www.kmk.org/doc/beschl/BMThesen.pdf (03.03.05).

Gesetz über die Hochschulen des Landes Mecklenburg-Vorpommern (Landeshochschulgesetz M-V): http://www.kultus-mv.de/_sites/bibo/gesetze/lhg2002.pdf (03.03.05).

Hochschuldidaktisches Zentrum der Universität Dortmund: http://www.hdz.uni-dortmund.de (27.02.05):

Hochschulgesetz Nordrhein-Westfalen in der Fassung des Gesetzes zur Weiterentwicklung der Hochschulreformen (Hochschulreformweiterentwicklungsgesetz). Lesefassung vom 30.11.2004: http://www.mwf.nrw.de/Hochschulen_in_NRW/Recht/hg_lesefassung.pdf (02.03.05).

Meduse-Mentorinnennetzwerk der Universität Duisburg-Essen: http://www.uni-essen.de/meduse/ (27.02.05).

Promotionsbegleitender Aufbaustudiengang „Organisationsorientierte Schlüsselqualifikationen" der Ruhr-Universität Bochum: http://www.ruhr-uni-bochum.de/wbz/wwb/qualifikationen.html (02.03.05).

Promovieren mit Meduse: http://www.uni-duisburg-essen.de/promovieren-mit-meduse/ (27.02.05).

Women's Career Center: Universität Hamburg: http://www.uni-hamburg.de/dlk/ womenscc.html (03.03.05)

Zentrum für Schlüsselqualifikationen: Universität Freiburg: http://www.zfs.uni-freiburg.de/ (03.03.05).

Zeitmanagement

Corinna Kaiser

Zeitmanagement ist inzwischen zum literarischen Gegenstand avanciert, der selbst vor der Hogwarts School of Witchcraft and Wizardry nicht Halt macht: Hermione schenkt ihren ewig hinter den zu erledigenden Hausaufgaben herhinkenden Freunden Harry Potter und Ron je einen homework planner, der bei jedem Öffnen neue Weisheiten des Zeitmanagements von sich gibt (Rowling 2003, S. 423, 456).

Da die wenigsten DoktorandInnen über magische – hier besser: genialische – Fähigkeiten verfügen dürften, sollen hier grundlegende Aspekte des Zeitmanagements vorgestellt werden. Die hier angeschnittenen Bereiche wie auch die gegebenen Hinweise sollen vor allem anregen zum Hinterfragen der eigenen Arbeitsweisen und die Aufmerksamkeit auf typische Vorgehensweisen lenken, die zum Problem werden könnten. Während die eine Doktorandin ihr notwendiges Maß an Chaos gefunden und in ihre Arbeitsweise integriert haben mag, so kann Chaos für den anderen Doktoranden eine die Arbeit hemmende Schwierigkeit sein. Der Umgang mit Zeit kann so immer nur unter Berücksichtigung der individuellen Lebensumstände und Arbeitsweisen optimiert werden. Als Themen stehen im Vordergrund das unerklärliche Verschwinden von Zeit und deren Beobachtung, das Zusammenspiel von Perfektionismus und Chaos, um mit einigen umfassenden Tipps zum Zeitmanagement während der Promotionsphase abzuschließen.

1 Perfektionismus

„If you've dotted the 'i's and crossed the 't's then you may do whatever you please!" (Rowling 2003, S. 425), so eine der Weisheiten aus dem von Hermione verschenkten homework planner. Ein „i" ohne Punkt ist sicher unvollständig, doch wo hält Perfektionismus von der Vollendung der Arbeit ab, wo dient er – auf Nebensächlichkeiten gelenkt – sogar als willkommene Entschuldigung für Probleme beim Schreiben?

Um der Perfektionismus-Falle zu entgehen, ist immer wieder die Frage zu stellen, welche Ziele mit der Dissertation erreicht, welche Qualifikationen unter Beweis gestellt werden sollen. Die Beantwortung dieser Fragen und die Überprüfung der Antworten im Verlauf der Arbeit sollen das Scheitern an unangemessenen und uneinlösbaren Nebenansprüchen vermeiden helfen. Eine Dissertation soll perfekt sein. Doch wird die Doktorarbeit angesichts sich immer schneller vermehrenden Wissens, einer weltweit wachsenden Anzahl von ForscherInnen, die sich trotz moderner Kommunikation nicht kennen, und im Hinblick auf bestimmte Moden, immer nur eine Momentaufnahme sein können, die beim Einreichen bereits überholt sein kann. Perfektionismus, also ein übertriebenes Streben nach Vollkommenheit, ist ein Gegner der Perfektion, „Perfektion" als Vollendung verstehend, denn eine Dissertation – sei die These noch so brillant – wird nie perfekt sein, wenn sie nicht vollendet wird.

Um dem Perfektionismus Einhalt zu bieten, ist eine Sicht von außen die beste Hilfe, da PerfektionistInnen der Maßstab für die Qualität der eigenen Arbeit verloren geht. Besonders in der Schreibphase entsteht leicht das Gefühl, alles Geschriebene bereits zu kennen, nichts Neues mehr zu bringen. Da im Moment des Niederschreibens die Problematik bereits durchdacht und das Material vorstrukturiert wurde, erscheint den Schreibenden das Niedergeschriebene bekannt und unbedeutend. Ein interessierter Freund, eine offene Kollegin, eine Gruppe Promovierender, denen Zwischenergebnisse zur Lektüre gegeben werden, sind die besten Justierungshilfen, können sie doch den verlorenen Distanzblick auf die Arbeit werfen, den Grad der Vollendung bestimmen und auf die noch zu erledigenden Aufgaben hinweisen.

2 Chaos

Einhergehend mit dem Drang zum Perfektionismus ist oftmals der Hang zum Chaos, fußend auf der Vorstellung, dass eine Dissertation genial zu sein habe und Genie sich – wenn schon nicht anders – zumindest in Chaos manifestiere. Dieser besonders in der deutschen Tradition verankerte Mythos der „genialischen wissenschaftlichen Arbeit" verstellt den Blick auf die handwerklichen Aspekte unserer Tätigkeit.

Chaos ist konzentrierter wissenschaftlicher Arbeit nur bedingt zuträglich und sollte auf ein individuell verträgliches Maß reduziert werden, vor allem sollte nach seinem Zweck gefragt werden: Soll ein chaotischer Schreibtisch signalisieren, dass dort ein Genie zu Werke geht? Imposante, ungeordnete Kopienstapel davon ablenken, dass die Gedanken noch ebenso ungeordnet sind? Besonders in frühen Phasen einer Dissertation kann ein gewisses Maß an Chaos die aktuelle Arbeitsphase abbilden, in der

Material noch sortiert und den sich entwickelnden Gedanken zugeordnet werden muss. Mit dem Fortschreiten der Arbeit sollte sich aber auch das äußere Chaos der Geordnetheit der Gedanken annähern, um nicht zu einem Hemmnis zu werden. Ungeordnete Papiere, immer wieder geänderte Systeme zur Verwaltung von Daten verlieren den Nimbus des Genialischen, wenn sie nur noch blockieren. Die wohl sinnvollste Lösung des Chaos-Problems ist die Einrichtung von „Ruhe- und Chaoszonen" (Plattner 1992, S. 10), deren Größen im Laufe der Promotion den sich ändernden Bedingungen angepasst werden können.

3   Zeitfresser

Perfektionismus wie Chaos sind zeitfressende Arbeitsstrukturen. Entgegen der Klagen Promovierender zerrinnt und verschwindet Zeit nicht, sie wird verbracht mit mehr oder minder sinnvollen Tätigkeiten oder auch mit Nichtstun. Wer Zeitprobleme hat, sollte sich daher zuerst auf die Suche begeben nach den „Zeitlöchern" und „Zeitfressern", also herausfinden, was tatsächlich während der verschwundenen Zeit getan wurde und welche Muster darin zu erkennen sind. In seiner Liste der 20 größten Zeitfresser hat Alec Mackenzie auch für Promovierende relevante aufgeführt, so z.B. die Unfähigkeit, Störungen von außen (Telefon, Unterbrechungen in der Bibliothek, Labor) abzublocken, das Nichtvollenden und Neubeginnen von Aufgaben, das Zu-viel-auf-einmal-erledigen-Wollen, persönliche Unorganisiertheit und das Aufschieben von Aufgaben (Mackenzie 1990, S. 203–221).

Um die individuellen hungrigsten Zeitfresser zu finden, ist es empfehlenswert, zumindest über einen begrenzten Zeitraum ein Zeitprotokoll zu führen, in dem noch so kleine Zeitabschnitte des Tages notiert werden, in der Art von „9.15 – 9.40 Uhr Wolken beobachtet/9.40 – 9.55 Uhr Kopien sortiert/9.55 – 11.20 Uhr Überschriften formatiert/11.20 – 12.00 Uhr Kaffeepause". Derartige Zeitprotokolle helfen nicht nur den Zeitfressern auf die Spur zu kommen, sie sind, so wie Zigarettenprotokolle, auch ein probates Mittel, das Verhalten zu ändern – wer möchte schon, auch wenn das Protokoll nur für die eigenen Augen gedacht ist, immer wieder lesen, dass 20% der Arbeitszeit für Tagträume und 35% für Computerspiele verwendet werden?

4 Zeitplanung

Zeitbeobachtung, z.B. in Zeitprotokollen, schafft die Grundlage zur Planung. Um den gesamten Zeitaufwand für eine Dissertation absehen und einteilen zu können, ist es zudem notwendig, eine Vorstellung davon zu haben, wie viel Zeit individuell zur Bewältigung bestimmter Arbeitsschritte (Lesen, Exzerpieren, Versuche, Interviews, Tippen...) benötigt wird.

Eine Zerlegung des Projektes „Dissertation schreiben" in diese kleinen Arbeitsschritte birgt zwei Vorteile: Zum Ersten lässt sich auf Basis der aus Eigenbeobachtung gewonnenen Daten ein Zeitaufwand kalkulieren, zum Zweiten wird aus der großen Unbekannten „Dissertation schreiben" eine Folge von Einzelaufgaben, die einzeln zumeist schon zuvor, im Studium, während des Examens, während der Berufstätigkeit, bewältigt wurden und somit als leistbar bekannt sind.

Der Aufwand für die einzelnen Arbeitsschritte lässt sich aufaddieren zu einem Gesamtzeitaufwand, der mit der verfügbaren Zeit korreliert werden kann. In der Zeitplanung wird es zu Recht als unumgänglich angesehen, sich für jedes Projekt einen Abschlusstermin zu setzen (vgl. Kruse 1995, S. 207), für den zuerst eine realistische Bestimmungsgrundlage geschaffen werden muss, da nur in den wenigsten Fällen durch Prüfungsordnungen o.Ä. ein Rahmen gesetzt wird. Wenn eine Kalkulation ergibt, dass der Arbeitsaufwand für die Dissertation bei 2400 Stunden – eine willkürliche Zahl – liegt und nur drei Tage pro Woche à acht Stunden zur Verfügung stehen, so ist leicht errechenbar, dass sich diese Arbeit über mindestens 100 Wochen erstrecken wird, ohne den „Sicherheitspuffer" von mindestens 20% (Mackenzie 1990, S. 61) und notwendigen Ruhe- und Erholungsphasen. Ein Abschlusstermin nach 1,5 Jahren wäre also unrealistisch und würde in dieser Situation nur zur Frustration führen. Angemessen wäre nach diesem Beispiel ein Zeitraum von mindestens drei Jahren und auch hier sind in die Planung sonstige Faktoren wie Berufstätigkeit, die finanzielle Situation oder Kindererziehung einzubeziehen.

Um den Gesamtzeitaufwand für eine Dissertation kalkulieren zu können, sind alle notwendigen Arbeitsschritte zu berücksichtigen, so z.B. das Recherchieren, die Lektüre inklusive des Exzerpierens, das Ordnen des Materials, die Entwicklung eines Leitfadens für die Dissertation, das Schreiben und Überarbeiten sowie die Abschlusskorrekturen. Je nach Art der Untersuchung kommen Laborarbeiten, Feldforschung oder anderes hinzu. Der errechnete Gesamtaufwand für die Dissertation sollte in entsprechende Großeinheiten, analog zu den großen Arbeitsschritten, und jene wiederum in Wochen- und Tageseinheiten mit kurzfristigen Aufgabenplänen und Zielen eingeteilt werden.

5 Fazit: Don't be too Hermione-y

Wir wissen nicht, was Hermiones homework planner als Top 10-Weisheiten des Zeitmanagements von sich geben würde, hier sollen die wichtigsten Aspekte für ganz normale Promovierende wie dich und mich zusammengefasst werden.

Es sind dies ein klares Ziel und ein Zeitpunkt, zu dem dieses erreicht werden soll. Um diese Vorgabe umsetzen zu können, sollten Perfektionismus und Chaos auf ein verträgliches Maß gebracht werden. Ein Zeitprotokoll hilft, Zeitfresser in den Arbeitsstrukturen auszumachen. Auf Basis dieser Erkenntnisse sollte „Dissertation schreiben" in kleine Arbeitsschritte zerlegt werden, denen jeweils Zeitlimits zugeordnet werden. Sowohl Zeit- wie auch Zielvorgaben bedürfen der wiederholten Überprüfung, ohne damit zur willkürlichen Verschiebung aller gesetzten Vorgaben auffordern zu wollen.

Und – zum Schluss – reservieren Sie genug Zeit für ein gutes Quidditch-Match, einen Urlaub, einen Kinoabend, denn selbst eine Promotion sollte weder zur sozialen Isolierung noch zum Burn-out führen.

Zwölf Fragen zum bewussteren Umgang mit Zeit während der Promotion (vgl. Kaiser 2001, S. 84):

1. Bestimmen Sie den Zweck und das Ziel Ihrer Arbeit: Was möchte ich mit der Dissertation erreichen?

2. Setzen Sie einen zeitlichen Endpunkt: Bis zu welchem Datum werde ich meine Dissertation abgeschlossen haben?

3. Reduzieren Sie Ihren Perfektionsanspruch und konzentrieren Sie sich auf das Vollbrachte anstatt nur das noch Fehlende vor Augen zu haben: Wie gut ist das, was ich bisher produziert habe?

4. Akzeptieren und berücksichtigen Sie Ihr Chaos: Wie viel Chaos brauche ich wann und wo? Wann ist es zu viel?

5. Beobachten Sie Ihren tatsächlichen Zeitaufwand: Wie lang benötige ich für eine bestimmte Tätigkeit?

6. Zerlegen Sie Ihre Aufgaben in handhabbare Einheiten: Mit welcher Teilaufgabe befasse ich mich derzeit? Welche Position nimmt sie im Gesamtkontext ein?

7. Planen Sie, aber planen Sie nicht zu viel: Benötige ich einen minutiösen Plan oder ein grobes Raster, das mir größere Flexibilität gibt?

8. Geben Sie Ihrem Tag eine Struktur: An welchen Tagen und zu welchen Zeiten kann und möchte ich regelmäßig arbeiten?

9. Führen Sie eine To-Do-Liste: Welche Aufgaben habe ich in dieser Woche/an diesem Tag zu erledigen?

10. Gehen Sie gegen Störungen von außen vor: Kann ich die Störungen verhindern? Genieße ich die Störung, wenn ich sie doch zulasse?

11. Führen Sie ein Zeittagebuch oder -protokoll, wenn Ihnen die Zeit entgleitet, Tagträume und zweifelnde Selbstgespräche zu viel Zeit einnehmen: Wovon träume ich? Welche Träume kann ich realisieren anstatt mich durch sie von der Arbeit abhalten zu lassen? Was habe ich schon geleistet?

12. Richten Sie Ihre Promotionszeit so ein, dass Sie diese genießen können (Ernährung, Sport, Freizeit, Familie, FreundInnen etc.): Welchen Stellenwert hat die Dissertation in meinem Leben? Bleibt mir genug Zeit für andere Tätigkeiten?

Literatur:

Kaiser, Corinna (2001): Zeitstrategien während der Promotion. „Vom Fünfjahresplan zur Fünf--Minuten-Terrine?". In: Brenner, Sabine (Hrsg.) (2001): Promotionsratgeber für die Doktorandinnen und Doktoranden der Philosophischen Fakultät. Düsseldorf, Grupello. S. 69–85.

Kruse, Otto (1995): Keine Angst vor dem leeren Blatt. Ohne Schreibblockaden durchs Studium. 4., erweiterte Aufl. FFM; New York, Campus.

Mackenzie, Alex (1990): The Time Trap. New York, AMACOM.

Plattner, Ilse (1992): Zeitberatung. Die Alternative zu Zeitplantechniken. München; Landsberg am Lech.

Rowling, J.K. (2003): Harry Potter and the Order of the Phoenix. London, Bloomsbury.

Wissensmanagement für die Promotion

Claudia Koepernik

1 Was ist Wissensmanagement?

Der Begriff des Wissensmanagements ist zu einem viel verwendeten Schlagwort geworden. Doch das, was heute als Wissensmanagement verstanden wird, ist nichts Innovatives, sondern es werden Tätigkeiten mit Wissensmanagementstrategien umschrieben, die eigentlich selbstverständlich sind. Daraus ergibt sich, wenn auch nicht zwangsläufig, ein Zusammenhang von Wissensmanagement und Promotion.

Der Begriff des Wissensmanagements kommt aus der Wirtschaft, der Managementlehre, und bezeichnet Erfolgsfaktoren, die darauf abzielen, in Organisationen vorhandenes Wissen zur Erreichung der Unternehmensziele optimal einzusetzen und zu entwickeln. Wissensmanagement wird als Lernprozess der Organisation verstanden und ebenso für individuelle Lern- und Arbeitsprozesse übernommen. Wie wird das eigene Wissen eingesetzt, um seine Ziele zu erreichen und wie kann es weiterentwickelt werden – dahinter steht immer eine Handlungsorientierung.

Um über Wissensmanagement zu reden, ist ein klarer Wissensbegriff, in Abgrenzung zu Information, wichtig. „Wissen mit Sinn und Bedeutung entsteht nur unter der Voraussetzung, dass Menschen auswählen, vergleichen, bewerten, Konsequenzen ziehen, verknüpfen, aushandeln und sich mit anderen austauschen. Wissen ist bedeutungsgerecht bewertete Information" (Reinmann-Rothmeier u.a. 2001, S. 16).

Wissensmanagement bezeichnet ein Metawissen, eine Metakompetenz. Es ist Wissen über Wissen, Wissen, wie Wissenslücken geschlossen werden, Wissen, wie neues Wissen aus Vorhandenem abgeleitet wird, Wissen, wie Wissen strukturiert und Neues hinzugefügt wird und Wissen, wie mit Wissen umzugehen ist. „Wissensmanagement ist der Versuch, Informationen so zu organisieren und strukturieren, dass sich aus ihnen bei einer maximalen Anzahl von Nutzern internes Wissen bilden kann. In Abgrenzung zum Informationsmanagement, wo Informationen ‚nur' verwaltet werden, ist die Aufgabe des Wissensmanagements die Anwendung von bestimmten Verfahren, die aus Informationen Wissen generieren." (Hammel: LINK)

Wissensmanagement setzt sich aus mehreren Einzelstrategien zusammen, welche die Aneignung dieser verschiedenen Wissensformen ebenso wie den Umgang damit ermöglichen.

2 Warum eigentlich Wissensmanagement für Promovierende?

Warum dieses Thema auch für Promovierende interessant sein kann, soll dieser Beitrag thematisieren. Die Literatur- und Linkliste enthält weitere Hinweise, wo es mehr über dieses Thema zu erfahren gibt und wie Wissensmanagement „erlernt" werden kann.

Eine Vielzahl von Tätigkeiten, die als Wissensmanagementstrategien bezeichnet werden, lässt sich auf die Promotion anwenden und bildet eine wichtige Schlüsselqualifikation zur Bewältigung der Promotion. Vielen Promovierenden ist vielleicht nicht bewusst, dass Handlungen, die sie bei der Promotion anwenden, unter dem Label Wissensmanagementstrategien laufen. So könnte vorab auch eine Bewusstmachung dieser Handlungen stehen, um diese dann für die Promotion strategisch zu nutzen und für das weitere berufliche Vorankommen nutzbar zu machen.

Übertragen auf die Promotion ist Wissensmanagement nicht unbedingt ein kollektiver Prozess, sondern er zielt darauf, dass sich gesammelte Informationen bei Promovierenden zu Wissen bilden, welches durch die Doktorarbeit und den Austausch mit der wissenschaftlichen Community verbreitet wird.

Wissensmanagementstrategien, die für die Promotion Bedeutung haben, betreffen u.a. →Zeitmanagement, Arbeitsplanung, Arbeitsmedien, Informationsmanagement, Motivation, Techniken wissenschaftlichen Arbeitens, Strategien zur Vorbereitung von Prüfungen, Präsentationen und öffentlichen Vorträgen, Arbeitsplatzgestaltung (→Arbeitsplatz Promotion), Arbeitskontrolle, Teamarbeit und Stressbewältigung. Kenntnisse über diese Strategien haben Promovierende bereits während ihres Studiums erworben. Einige der bereits „erlernten" Methoden lassen sich sicher noch ausbauen und können im Laufe des Promotionsprozesses Probleme und Arbeit ersparen. Da mittlerweile in einigen Bundesländern die Vermittlung von Schlüsselqualifikationen an die Promovierenden in den Landeshochschulgesetzen verankert ist, werden die Universitäten angehalten, den Promovierenden Kurse zur Vermittlung von Schlüsselqualifikationen (→Akademische Schlüsselqualifikationen) anzubieten. In diese sollten Angebote zum Wissensmanagement, als eine Schlüsselqualifikation, einfließen.

3   Bereiche des Wissensmanagements im Promotionsprozess

Der Gebrauch der jeweiligen Wissensmanagementstrategien ist immer abhängig von der jeweiligen Disziplin, in der promoviert wird. In den Sozial- und Geisteswissenschaften haben andere Strategien eine größere Bedeutung als in den Naturwissenschaften. Weiterhin ist die Anwendung von Wissensmanagementstrategien abhängig von der Situation, in der promoviert wird, ob diese individuell oder in kollektiven Zusammenhängen wie Kollegs erfolgt.

Es lassen sich vor allem vier Prozessbereiche feststellen (vgl. Reinmann-Rothmeier u.a. 2001, S. 21; S. 32–39), die sich im Umgang mit Wissen manifestieren und somit auch für die Promotionsphase Bedeutung haben – mit einer unterschiedlichen Gewichtung. Diese sind Wissensrepräsentation, Wissensgenerierung, Wissenskommunikation und Wissensnutzung. Ergänzt werden sollte dies durch den Prozess der Wissensabwehr.

Nicht nur am Anfang einer Promotion ist es unumgänglich, Wissen zu identifizieren, zu speichern, zu kodifizieren, aufzubereiten und zu dokumentieren sowie Wissen zugänglich zu machen. Dieser Prozessbereich wird Wissensrepräsentation genannt, d.h. Wissen wird repräsentiert durch die Literatur- und Datenbankrecherche, die Verknüpfung von verschiedenen gesammelten Informationen und die Literaturverwaltung. Gerade die Verwaltung der gesammelten Literatur ist von Anfang an wichtig, um die Übersicht zu behalten und sich am Ende der Promotion Arbeit zu ersparen. Programme zur Literaturverwaltung gibt es zu kaufen und können ebenso kostenfrei im Internet gedownloaded werden (z.B. LiteRat, Programm für Literaturverwaltung und -management: LINK).

Eine Promotion bedarf der Vernetzung, z.B. der Beratung durch den/die BetreuerIn und die Teilnahme an Kolloquien. Sollten diese an der Hochschule nicht bestehen, könnte diese durch Eigeninitiative eingerichtet werden (→DINQS – DoktorandInnennetzwerk Qualitative Sozialforschung). Die Auseinandersetzung mit anderen Promovierenden und den BetreuerInnen kann helfen, Probleme zu bewältigen und eine Rückmeldung über die eigene Arbeit und Methode zu erhalten. Dieser Prozess der Wissensgenerierung meint somit das Einrichten spezieller Wissensressourcen und den Aufbau von Netzwerken (→Phil Agre's „Neworking on the Network").

Durch den Austausch mit anderen, z.b. FreundInnen und der wissenschaftlichen Community, durch Teilnahme an Kolloquien, die aktive und passive Beteiligung an einschlägigen Mailinglisten, an Tagungen, Workshops, Konferenzen, usw. und durch das Verbreiten/Publizieren der fertig gestellten Doktorarbeit bzw. der Ergebnisse wird Wissen kommuniziert. Die Wissenskommunikation meint das Verteilen von Information und Wissen, die Vermittlung von Wissen, das Teilen und die kooperative Konstruktion von Wissen. Auch wenn das Kommunizieren von Wissen einen zusätzlichen Arbeitsaufwand – durch die Vorbereitungszeit – darstellt, kann es in vielerlei Hinsicht von Bedeutung sein, sowohl um ein Feedback für die Arbeit und als auch die verwendete Methode zu erhalten. Die reflektive Auseinandersetzung mit dem Thema, die Präsentation und Aufbereitung von Ergebnissen als auch die Bekanntmachung der Arbeit innerhalb der Scientific Community lassen Wissenskommunikation zu einem wichtigen Teil des Promotionsprozesses werden.

Die Doktorarbeit wird nicht nur für sich oder die BetreuerInnen geschrieben. Das produzierte Wissen sollte für andere zugänglich gemacht werden. So können bereits vor Abschluss der Promotion Elemente der Arbeit veröffentlicht werden. Auch dies dient wiederum dazu, sich und seine Arbeit innerhalb der wissenschaftlichen Gemeinschaft bekannt zu machen. Dieser Prozess nennt sich Wissensnutzung und meint die Umsetzung des Wissens in Entscheidungen und Handlungen sowie die Transformation von Wissen in Produkte und Dienstleistungen.

Diesen vier Prozessbereichen sollte ein weiterer Prozess hinzugefügt werden, der der Wissensabwehr. Damit die Promotion nicht zu einem Lebenswerk von 1000 Seiten wird, ist vor allem die Selektion, aber auch Eliminierung von Informationen wichtig. Hilfreich ist es, mit einer konkreten Forschungsleitfrage und einem klaren Konzept zu arbeiten, was jedoch nicht heißt, dass diese nicht erweitert oder verändert werden dürfen.

Die einzelnen Prozesse bekommen wiederum unterschiedliche Gewichtungen in den einzelnen Wissensmanagementstrategien, diese können nicht losgelöst voneinander betrachtet werden, sondern funktionieren nur im Zusammenspiel mit anderen Methoden.

Leguan – Leitsystem für einen guten Anfang

Das von der Ludwig-Maximilian-Universität München (vgl. LMU: LINK) entwickelte Programm hat das Thema Wissensmanagement für das grundständige Studium sehr anschaulich aufgearbeitet. Die Ausgangssituation gründet sich ausgehend von einer konstruktivistischen Lehr-Lern-Philosophie auf bestimmte Studienprobleme, die auftreten: defizitäre Informationsangebote, ein defizitäres Wissensmanagement der Studierenden und Defizite im Umgang mit Kommunikations- und Informationstechnologien. Ziel des Programms ist es, durch ein internetbasiertes Informations- und Wissensmanagementsystem Studierende in die Lage zu versetzen, ihr Studium effektiver zu organisieren und die genannten Defizite abzubauen:

- das System soll einen einfachen Zugriff zu studienrelevanten und studienunterstützenden Informationen ermöglichen und somit Defizite im Informationsangebot ausgleichen;
- das System soll über Strategien des Wissensmanagements informieren, die zur besseren Bewältigung der Studienanforderungen beitragen können, aber auch als Schlüsselqualifikationen für spätere Tätigkeiten von Nutzen sind;
- durch die Nutzung des Systems sollen Grundkenntnisse und Kompetenzen im Umgang mit den neuen Informations- und Kommunikationstechnologien erworben werden.

Die dargelegten Wissensmanagementstrategien sind:

- Motivation
- Zeitmanagement
- Arbeitsplatzgestaltung
- Lernplanung
- Lernmedien
- Lernkontrolle
- Stressbewältigung
- Lernen in Gruppen
- Anfertigen einer Seminararbeit
- Prüfungsvorbereitung
- Vorbereitung von Referaten/Präsentationen.

4 Wissensmanagementstrategien für die Promotion

So wie die Promotion komplex ist, sind auch Wissensmanagementstrategien ein komplexes System. Doch sollen hier einige Wissensmanagementstrategien herausgegriffen werden, die für die Promotionsphase mit erfolgreichem Abschluss eine besondere Bedeutung bekommen. Diese werden anhand des von der Ludwig-Maximilian-Universität München entwickelten Programms „Leguan – Leitsystem für einen guten Anfang" vorgestellt, da auch Promovierende gelegentlich mit ähnlichen Defiziten zu kämpfen haben wie Studierende.

Eine Vielzahl der beschriebenen Strategien sind Promovierenden bereits bekannt, können aber durchaus noch ausgebaut und verbessert werden. Dazu gehört auch, Tätigkeiten von Promovierenden als Wissensmanagementstrategien anzuerkennen.

Das vorgestellte Programm Leguan könnte für Promovierende mit den gleichen Zielen verbunden werden: Verbesserung des Informationsangebots, Erwerb von Wissensmanagementstrategien, Schlüsselqualifikationen und Medienkompetenz nicht nur für das Schreiben der Promotion, sondern ebenfalls für künftige berufliche Tätigkeiten, auch außerhalb der Hochschulen.

Ausgegangen werden müsste hier wie bei dem didaktischen Konzept der LMU von einer inhomogenen Zielgruppe, da jeder Promovierende andere Voraussetzungen und Bedürfnisse hat. Die Antwort darauf ist ein problemorientiertes Lernen an authentischen Problemen, unter multiplen Perspektiven als selbst gesteuertes, aber auch kooperatives Lernen.

Obwohl für Studierende entwickelt, empfiehlt sich der bei dem Programm angebotene Fragebogen zur Selbstdiagnose, der direkt ausgewertet wird und aufzeigt, bei welchen Wissensmanagementstrategien jemand Defizite aufweist.

Nicht alle der aufgeführten Strategien sind für Promovierende relevant, und die es sind, erhalten innerhalb der einzelnen Phasen des Promotionsprozesses verschiedene Gewichtungen. Einige der Tipps werden sicher für selbstverständlich gehalten, doch kann es durchaus helfen, bestimmte Fragen und Probleme zu konkretisieren.

Ein Problem beim Schreiben der Promotion betrifft häufig die mangelnde Motivation, konsequent daran zu arbeiten. Daher soll die Frage der Motivation als erste Wissensmanagementstrategie aufgegriffen werden. Jede/r Promovierende kennt das Problem des ewigen Aufschiebens. Um dieses zu beheben, ist ein erster Schritt die Analyse von Situationen, die dazu führen, dass die Arbeit an der Dissertation vor sich hergeschoben wird. Bei dem Programm der LMU findet sich ein Fragebogen, um die Ursachen für Motivationsmangel herauszufinden, z.B. Ausreden, Perfektionismus, Unzulänglichkeit und Unbehagen bzw. ist die Promotion überhaupt das Richtige für mich. Zu den gegebenen Tipps und Tricks zur Eigenmotivation gehören ein arbeitsförderliches Umfeld (→Arbeitsplatz Promotion) und eine klare Zeitplanung (→Zeitmanagement), die wiederum einzelne Wissensmanagementstrategien bilden. Prozesse der Wissensgenerierung und Wissenskommunikation können ebenso motivierend wirken und sind somit wichtig für die eigene Lern- bzw. Erfolgskontrolle.

Ein weiteres Problem Promovierender betrifft den Umgang mit Stress, vor allem, wenn mit der Promotion noch weitere Tätigkeiten zu vereinbaren sind – u.a. Stelle, Job, Engagement, Familienarbeit. In dem Programm werden Strategien zur Stressbewältigung und zum Stressmanagement genannt. Tipps, die dazu gegeben werden, reichen von einer realistischen Zielsetzung, gesunder Ernährung, genügend Freizeit und Bewegung und sozialen Kontakten, bis hin zu Entspannungsübungen zum Stressabbau. Weitere Hinweise gibt es zum Umgang mit Prüfungsstress und -angst, was vor allem in der Abschlussphase der Promotion eine bedeutende Dimension bekommen könnte.

Trotz der Einbindung in verschiedene Kontexte, z.B. BetreuerIn und Fakultät, ist die Promotion in den meisten Fällen ein individueller Prozess. Die zunehmende Einrichtung von Graduierten-/Promotionskollegs (→Promovieren in Kollegs und Zentren) und Graduiertenschulen soll die Isolierung der Promovierenden aufbrechen. Somit kommen zunehmend Gruppenprozesse zum Tragen, die, so motivierend sie auch sein mögen, Konflikte in sich bergen. Somit betreffen Wissensmanagementstrategien ebenso das Lernen und Arbeiten in Gruppen: Welche Voraussetzungen müssen erfüllt sein, damit Gruppenarbeit effektiv ist? Welche Schwierigkeiten können beim kooperativen Lernen und Arbeiten auftreten? Wie können diese Konflikte bewältigt werden? Welche Methoden gibt es, Gruppenprozesse zu gestalten? Wie wichtig ist die eigene Sozialkompetenz, damit Gruppenprozesse funktionieren usw.?

Promovierende sollten versuchen, sich und die Ergebnisse ihrer Forschungen in der wissenschaftlichen Community bekannt zu machen, dazu gehören nicht nur die Teilnahme an Konferenzen und das Publizieren, sondern auch das Halten von Vorträgen. Diese vorzubereiten und zu halten, erfordert wiederum eine Vielzahl von Handlungen, der Vorbereitung und des Umgangs mit der Aufregung oder gar Sprechangst. Durch die Teilnahme an Konferenzen können Promovierende erfahren, wie es innerhalb der jeweiligen Disziplin üblich ist, Vorträge zu halten. Wichtig ist eine vorherige Teilnehmeranalyse. So kann nicht die gleiche Präsentation vor Studierenden, anderen Promovierenden und auf wissenschaftlichen Fachtagungen gehalten werden. Zur Vorbereitung gehören nicht nur das Erarbeiten einer angemessenen Präsentation, sondern auch Elemente der Selbstevaluation, die vor und am Ende des Vortrags stehen sollten.

Auch beim Publizieren und vor allem der Erstellung von Texten gibt es Strategien, die sich nicht nur auf das kreative Schreiben (→Schreibprobleme?), sondern auch auf die Methoden des wissenschaftlichen Arbeitens mit der Spezifik der jeweiligen Disziplin beziehen. Weiterhin wird Wissen benötigt über die Art und Funktionsweise einer Publikation (→Publizieren).

4   Fazit

Nicht jedes Scheitern einer Promotion ist auf schlechtes Wissensmanagement zurückzuführen. Doch kann ein gutes Wissensmanagement dazu beitragen, bestimmte Probleme, die innerhalb eines Promotionsprozesses auftreten können, zu bewältigen oder gar zu vermeiden. Die hier so genannten Wissensmanagementstrategien sind dabei nicht unbedingt etwas Neues. Lediglich der Begriff des Wissensmanagements ist die Neuerung. Jedoch kann es helfen, bestimmte Fragen und Probleme zu thematisieren und Strategien zu ihrer Bewältigung aufgezeigt zu bekommen, aber auch sich die eigenen Wissensmanagementstrategien bewusst zu machen und zu nutzen. Ein Ansatz der Vermittlung von Wissensmanagementstrategien ist, dass diese problemorientiert anhand authentischer Probleme erfolgt, daher sollten sich Promovierende dafür einsetzen, dass entsprechende Angebote auf ihre Bedürfnisse abgestimmt werden.

Literatur

Henning, Klaus; Isenhardt, Ingrid; Zweig, Stephanie (1999): Zukunftsfähiges Wissensmanagement. Sicherung der wirtschaftlichen Entwicklungsfähigkeit in einer ungewissen Zukunft. In: Zeitschrift für Kompetenzentwicklung 1999. Münster, München, Berlin: Waxmann S. 213–251.

Reinmann-Rothmeier, Gabi; Mandl, Heinz (1998): Wissensmanagement. Eine Delphi-Studie. München. Forschungsbericht Nr. 90 der Ludwig-Maximilian-Universität München.

Reinmann-Rothmeier, Gabi; Mandl, Heinz; Erlach, Christine; Neubauer, Andrea (2001): Wissensmanagement lernen. Ein Leitfaden zur Gestaltung von Workshops und zum Selbstlernen. Weinheim, Basel: Beltz.

LINKS

Back, Andrea (2002): E-Learning durch Wissensmanagement bereichern: Impulse von einem umfassenden E-Learning-Verständnis für mediendidaktische Ausbildungen. 06.11.2002; unter: http://www.medienpaed.com/02-2/back1.pdf (18.02.05).

Hammel, Holger (2003): In: Beats Bibliotenz (2004): Begriffe: **Wissensmanagement;** unter: http://beat.doebe.li/bibliothek/w00467.html (18.02.05).

LiteRat (2004): Programm zu Literaturverwaltung und -management. Düsseldorf; unter: http://www.literat.net/index.html (18.02.05).

Ludwig-Maximilian-Universität München; Mandl, Heinz (2000): Fragebogen zur Selbstdiagnose. München. In: Leguan – Leitsystem für einen guten Anfang. Wissensmanagement für Studierende der Pädagogik; unter: http://leguan.emp.paed.uni-muenchen.de/einstieg/fragebogen.html (18.02.05).

Ludwig-Maximilian-Universität München; Mandl, Heinz (2000): Leguan – Leitsystem für einen guten Anfang. Wissensmanagement für Studierende der Pädagogik. München; unter: http://leguan.emp.paed.uni-muenchen.de/index.html (18.02.05).

Reinmann-Rothmeier, Gabi (2002): Mediendidaktik und Wissensmanagement. 30.10.2002; unter: http://www.medienpaed.com/02-2/reinmann1.pdf (18.02.05).

Phil Agre's „Networking on the Network – A Guide to Professional Skills for PhD Students"

Johannes Moes

Zu den Schlüsselqualifikationen für Wissenschaftlerinnen und Wissenschaftler gehört das „Networking". Das „Netzwerken" ist in der Sicht von Phil Agre keine Kunst oder Gabe, die die einen haben und die anderen nicht, sondern ein Handwerk, welches NachwuchswissenschaftlerInnen lernen können – und für ihre professionelle Entwicklung auch lernen müssen. Am „Netzwerken" ist in diesem Verständnis nichts Böses oder Geheimes, sondern Wissenschaft beruht als sozialer Prozess ganz wesentlich darauf, dass WissenschaftlerInnen kommunizieren, sich austauschen, neue Felder erschließen und neue Gemeinschaften aufbauen. „Netzwerken" stellt jedoch auch eine Gefahr für egalitäre und demokratische Strukturen dar, wenn es als Geheimwissen behandelt und nicht transparent von allen betrieben wird. Deswegen ist es das Anliegen von Phil Agre, Professor für „information studies" an der University of California in Los Angeles, sein Erfahrungswissen über das „Networking on the Network" auf (nach Jahren der Ergänzung und Diskussion) mehr als 100 Seiten explizit zu machen und an „alle Promovierenden der Welt" weiterzugeben. Dafür bietet der Text die besten Voraussetzungen: Er ist verständlich und konkret geschrieben, reich an Erfahrungen und wertvollen Tipps – und humorvoll.

Die „elektronische Vernetzung" ist dabei ein wichtiger, aber nicht der einzige Aspekt, es ist also kein „Internetführer", sondern es dreht sich um allgemeine Ratschläge, wie Promovierende in großen sozialen und auch thematischen Gemeinschaften ihren Platz finden bzw. selbst eine solche aufbauen können – von der Wissenschaft lässt sich das auch gut auf andere Kontexte (Arbeitsmärkte) übertragen. „Netzwerken" ist ein notwendiger Teil der ernst genommenen wissenschaftlichen Arbeit und verdient somit unsere Aufmerksamkeit. Weil die Notwendigkeiten und Mechanismen (wissenschaftlicher) Gemeinschaften so klar und konkret reflektiert werden, ist es ein im guten Sinne „kritischer" Text, jenseits von Verteufelung und Idealisierung:

> „In the past, the only ways to learn networking – not just being part of a social network, but having the skills for systematically seeking out and becoming acquainted with new people in the service of professional goals – were to be born to a socially well-connected family or to apprentice yourself to a master of the art. Many people resist the idea of networking because they associate it with 'playing the career game', 'knowing the right people', 'kissing up to the powerful', 'cynicism', or 'politics',

or because networking supposedly takes time away from 'getting real work done'. Some people grew up being told the dangerous half-truth that 'if you do good work then you will be rewarded', as if rewards magically appear whether anybody knows about your good work or not. Others are allergic to the Machiavellian overtones of 'How to Win Friends and Influence People'. Indeed, people will accuse you of all sorts of terrible things if you admit to having worked-out ideas about networking. This is all terribly unfortunate, not least because it helps to stratify the world of research: networking is about community, not hierarchy, and people who don't learn to network are less likely to succeed" (S. 4).

Beschrieben wird Schritt für Schritt, wie die „Arbeit des Netzwerkens" betrieben werden sollte, die neben dem Schreiben der Dissertation sozusagen der „Zweitberuf" von Promovierenden wird. Es geht darum, wichtige Personen im eigenen Forschungsfeld zu identifizieren und gezielt anzusprechen, wenn es um die Verbreitung eigener Ergebnisse geht. Weiterhin sich in ein Forschungsfeld bewusst einzuordnen und auf Basis der eigenen Forschung neue Forschungsfelder anzuregen oder Lücken zwischen existierenden Diskussionen zu überbrücken und somit in beharrlicher, jahrelanger Arbeit eine „professionelle Identität" innerhalb einer Scientific Community aufzubauen.

Die Frage stellt sich, warum die Elemente sinnvollen „Netzwerkens": ein Netzwerk zu erfassen, gezielt KollegInnen kennen zu lernen, Feedback zu geben und zu nehmen, professionelle und private Beziehungen zu unterscheiden, sich um Vorträge zu bewerben, Vorträge zu halten und in Zeitschriften zu publizieren, eine Publikationsstrategie zu entwickeln, als Schlüsselqualifikationen nicht systematisch schon früh beigebracht werden. Spätere Abschnitte betreffen Sinn und Unsinn von Fachsprachen, mögliche Bewerbungsstrategien, das Verhalten innerhalb eines ProfessorInnenkollegiums oder – hier tatsächlich mit einem ethischen Anspruch – das Verhalten als „Führungspersönlichkeit". Ein längerer Teil stellt die Gesetzmäßigkeiten der Wissenschaft dar, angelehnt an zahlreiche Studien und Theorien, ohne aber daraus eine trockene Literaturdiskussion zu machen.

Die Perspektive und Darstellung von Phil Agre ist konsequent praxisorientiert: Immer wieder wird deutlich, dass er viele wissenschaftssoziologische Studien und Theorien von Bourdieu bis Burt kennt, aber er verfällt nicht in Jargon oder in Übergeneralisierung, sondern nutzt sie für sein Anliegen, Promovierenden Rat zu geben. Dieser Rat ist umso leichter annehmbar, weil er sprachlich weder zu bescheiden noch mit Überlegenheitsdünkel daherkommt. Insofern ist er sein bestes Beispiel, denn um die richtige Mischung geht es auch im Text: wie sich Promovierende selber

ohne Größenwahn darstellen, wie mit Lob umzugehen ist, wie Promovierende bei Bewerbungsverfahren mit ProfessorInnen umgehen sollten etc.:
Manches mag banal klingen, das meiste ist aber sehr nützlich und setzt
direkt beim eigenen Alltag an.

Mancher wird jetzt sagen: „Das mag ja für die US-Wissenschaft
alles seine Richtigkeit haben, stimmt aber doch nicht für die deutschen
Verhältnisse". Hier ist eine mögliche Sichtweise: Wo es auf den ersten Blick
nicht zutrifft, stimmt es bei genauem Hinsehen vielleicht doch, oder es
stimmt in ein paar Jahren, oder an einer anderen Universität. Vielleicht
hilft es auch, um bei der Lektüre die Unterschiede zu erkennen. In jedem
Fall wird die Sichtweise von „Networking on the Network" dazu beitragen,
dass Promovierende bewusster ein professionelles Netzwerk aufbauen und
diese Schlüsselqualifikation nicht denen überlassen, die über Herkunft und
Familie schon über reichlich Netzwerk verfügen.

LINK

Networking on the Network: http://polaris.gseis.ucla.edu/pagre/network.html (16.03.05)

Schreibprobleme? Eine exemplarische Übersicht, wie Promovierende diese überwinden können

Eva Dreyer

„Und? Wie steht's mit deiner Arbeit?" „Ach... ganz gut soweit...die Ergebnisse/Empirie/Literatur habe ich zusammen, jetzt muss ich das Ganze nur noch aufschreiben ..."

1 Statt Textproduktion: Fragen über Fragen

Nur noch aufschreiben also – und wenn Promovierende damit beginnen, dann stellen sie fest, dass das Schreiben viel schwieriger, langwieriger und mühseliger ist als erwartet. Auf einmal stellen sich – erneut oder in dieser Vehemenz erstmalig – viele Fragen auf unterschiedlichen Ebenen: Wo fange ich mit dem Schreiben an? Vorne, oder irgendwo in der Mitte, und wenn in der Mitte, an welcher Stelle? Wie grenze ich mein Thema präzise, nachvollziehbar und akzeptabel ab? Welche Begriffe darf ich als bekannt voraussetzen, welche muss ich definieren? Für welche AdressatInnen schreibe ich: den Erstbetreuer – die Zweitbetreuerin – vorgestellte LeserInnen der späteren Publikation? Ist mein Schreibstil wissenschaftlich genug? Wann genügen die Inhalte dem Kriterium der Wissenschaftlichkeit? Wie kann ich den Stoff in eine sinnvolle und nachvollziehbare Abfolge bringen, wenn doch alles mit allem zusammenhängt? Wie viel eigene Meinung soll/darf/muss ich schreiben? Habe ich einen unverzichtbaren Bestandteil vergessen? Wie formuliere ich die Ergebnisse und Erkenntnisse anderer AutorInnen angemessen und treffend mit eigenen Worten? Schaffe ich es, logisch, klar und stilistisch schön zu schreiben?

All diese Fragen drängen sich bei Promovierenden typischerweise gerade dann in den Vordergrund, wenn sie vor dem unbeschriebenen Blatt auf dem Schreibtisch oder vor dem leeren Bildschirm sitzen. Die vielen ungeklärten Fragen verursachen Unlust, weitere Verunsicherung, Frustration, die das Schreiben weiter erschweren und oft zu den bekannten Vermeidungsstrategien (Fenster putzen, FreundInnen anrufen, Schreibtisch gründlich aufräumen etc.) führen. Das Aufschieben des Schreibens vergrößert wiederum das Problem, denn auf diese Weise steigt der Druck, irgendwann in möglichst kurzer Zeit ein Endprodukt herzustellen, und dieser Druck führt nicht selten zu einer echten Schreibblockade.

2 Fehlende Kenntnisse und praktische Fertigkeiten im wissenschaftlichen Schreiben hemmen die Textproduktion

Alle oben genannten Fragen sind berechtigt, wenn auch jede zu einem anderen Zeitpunkt und nicht in geballter Form. Sie weisen darauf hin, dass das Verfassen wissenschaftlicher Texte eine komplexe Aufgabe ist und keineswegs nur ein „Runterschreiben" dessen, was im Kopf schon gespeichert war. Vielmehr entwickeln sich viele Gedanken erst im Prozess des Schreibens (Ruhmann 1996, S. 115). Die Linearität, die ein wissenschaftlicher Text im Endstadium aufweisen soll, verlangt einen großen Kraftakt der Umsetzung der Gedanken, die assoziativ, kreisend, sprunghaft sind und dazu neigen, Unklarheiten und Widersprüche zu übergehen:

„Vieles glaubt man verstanden zu haben, bis man versucht hat, es zu schreiben." (Kruse 1999, S. 219).

Eine größere wissenschaftliche Arbeit zu schreiben, bedeutet demnach, ein selbst umrissenes Arbeitsfeld entsprechend der gewählten Aufgabenstellung schreibend zu erschließen. Es geht nicht um bloße Verschriftlichung von Ergebnissen und Erkenntnissen. Das Schreiben ist selbst Teil der wissenschaftlichen Erkenntnis. Als solcher erfordert es eigentlich die Aufmerksamkeit der Lehrenden und müsste fachübergreifend oder fachbezogen als Bestandteil der Methodenlehre den Studierenden vermittelt werden. Jedoch ist dies bisher überwiegend nicht der Fall. Daher fehlt es vielen Studierenden und Studierten an Kenntnissen über die inneren und äußeren Gesetzmäßigkeiten des wissenschaftlichen Schreibens.

Zudem mangelt es an Übung in der Produktion wissenschaftlicher Texte, also an der praktischen Anwendung dieser Kenntnisse. Der Lernalltag der Universität ist stark davon bestimmt, sich Fachwissen lesend anzueignen (Ruhmann 1997, S. 131). Leistungsnachweise werden schon in der Schule in vielen Disziplinen, aber auch an der Hochschule in Form von Klausuren erbracht. Klausurbedingungen erfordern es, (auswendig) gelernten Stoff in knapper Zeit möglichst in einem Zug linear so schriftlich darzulegen, dass er den Bewertungskriterien genügen kann. Solche Texte sind geprägt von klausurstrategischen Abwägungen; den Kriterien eines wissenschaftlichen Textes müssen sie nicht unbedingt genügen. Vielen Studierenden gelingt es, auch die Hausarbeiten oder Seminararbeiten während des Studiums in ähnlicher Weise zu bewältigen, mithin quasi als Schulaufsatz zu schreiben. Das fehlende Training im wissenschaftlichen Schreiben macht sich dann bei der Abschlussarbeit quälend bemerkbar und tritt erneut störend in den Vordergrund, wenn die Dissertation geschrieben werden will. Spätestens dann bietet es sich an, sich die notwendigen (wissenschaftlichen) Schreibkompetenzen anzueignen.

3 Erforderliche Kenntnisse und praktische Fertigkeiten im wissenschaftlichen Schreiben

Auf welche Weise lässt sich nun das Verfassen eines umfangreicheren wissenschaftlichen Textes erleichtern? Nennen lassen sich ohne Anspruch auf Vollständigkeit oder Abgeschlossenheit folgende Kenntnisse und praktische Fertigkeiten:

- Die Einsicht, dass die meisten wissenschaftlichen Arbeiten zunächst als Rohfassung entstehen, die sukzessive korrigiert und verbessert werden, bis ein gutes Ergebnis entsteht. Diese Arbeitsweise setzt ein entspanntes Verhältnis zum eigenen Produkt voraus. Distanz zum Text, Kritikfähigkeit oder die Fähigkeit, auch Kritik von anderen anzunehmen, ermöglicht die kontinuierliche Verbesserung der Arbeit. Auch wenn Promovierende herausragende WissenschaftlerInnen in ihrem Fachgebiet sind, so sind sie oft nicht gleichzeitig geniale SchreiberInnen.
- Der Erwerb von Praxis im mehrschrittigen Arbeiten, d.h. in der Erstellung einer Rohfassung und der mehrfachen Textüberarbeitung. Promotionswilllige und Promovierende sollten dementsprechend von Beginn an Texte verfassen, diese Korrektur lesen (lassen) und auf dieser Basis wiederholt überarbeiten.
- Früher Schreibbeginn durch die Technik, bereits beim Lesen von Texten selbst formulierte Exzerpte, Paraphrasen und Kommentare anzufertigen, die aus ganzen Sätzen bestehen. Lesen und Schreiben in dieser Weise eng zu verbinden, zwingt zu einer intensiveren und kritischeren Auseinandersetzung mit den Erkenntnissen anderer und erspart das Immer-wieder-lesen-müssen bereits gelesener Texte. Außerdem kann das anfängliche Arbeiten mit Unterstreichungen im fremden Text und die Notierung von Stichwörtern entfallen, mit denen nach kurzer Zeit ohnehin nicht mehr viel angefangen werden kann.
- Einsatz unterschiedlicher, insbesondere auch kreativer Arbeitstechniken wie z.B. Mindmapping, Clustering, Schreiben von

Textversionen aus unterschiedlicher Perspektive, Schreiben und Überarbeitung von Texten zum gewählten Thema für jeweils unterschiedliche Adressatenkreise, z.B. für eine Kindernachrichtensendung, für „Stern" oder „Spiegel" bzw. die Wissenschaftsseite der Süddeutschen Zeitung (Ruhmann 2003, S. 135), automatisches Schreiben.

- Ein reflektiertes und nach Möglichkeit entspanntes eigenes Verhältnis zum Thema Wissenschaftlichkeit und Wissenschaftssprache. Die eigenen Gedanken müssen strukturiert, logisch aufeinander aufbauend und nachvollziehbar dargestellt werden. Insbesondere bei der Nachvollziehbarkeit hilft eine möglichst einfache und vor allem präzise Sprache.

- Arbeit am Verhältnis zum/zur wissenschaftlichen BetreuerIn. Hierzu kann gehören, dass für sich selbst Klarheit hinsichtlich der Selbst- und Fremdwahrnehmung und der wechselseitigen Erwartungen gesucht wird (→Promotionscoaching und Forschungssupervision). In den meisten Fällen ist es aber auch einfach sinnvoll, die Arbeitstreffen gemeinsam mit dem Betreuer/der Betreuerin zeitlich festzulegen und somit Rückmeldungen zum Fortschritt der Arbeit in regelmäßigen Abständen zu institutionalisieren.

- Entwicklung eines guten Selbstmanagements. Um das Verfassen eines größeren wissenschaftlichen Textes auf die Dauer erfolgreich zu gestalten, ist eine realistische und regelmäßig zu überprüfende und anzupassende Zeitplanung sinnvoll. So sollte beispielsweise eine allererste Version (Rohfassung) der Arbeit ungefähr nach der Hälfte der für die gesamte Arbeit verfügbaren Zeit geschrieben sein. Dazu müssen erreichbare Zwischenziele gesetzt werden. Außerdem ist die banale Tatsache zu berücksichtigen, dass das Leben nicht nur aus der Dissertation besteht, sondern auch noch andere Verpflichtungen und Wünsche bereithält. Zum Selbstmanagement gehört es auch, einen effektiven Arbeitsstil zu entwickeln, der die eigene Leistungs- und Kreativitätskurve und das Bedürfnis nach Pausen und Belohnungen berücksichtigt. Nützlich ist es weiterhin, Techniken zur Überwindung von Schreibproblemen parat zu haben und zu wissen, wann es sinnvoll sein kann, Hilfe von außen in Anspruch zu nehmen. Aber Vorsicht, Vermeidungsstrategien sollten nicht mit der Leistungs- oder Kreativitätskurve entschuldigt werden.

4 Wie kann ich diese Kenntnisse und praktischen Fertigkeiten erwerben?

Yvonne hatte mal wieder eine schlaflose Nacht. Seit drei Wochen schon konnte sie kein Wort für ihre Dissertation zu Papier bringen. Sie fühlte sich elend und zweifelte so langsam an ihrer Fähigkeit, diese Arbeit jemals zu Ende zu bringen. Eigentlich müsste sie dringend mit jemandem über ihre Schwierigkeiten mit dem dritten Kapitel reden, aber zu ihrem wissenschaftlichen Betreuer wollte sie nicht gehen. Mit ihm hatte sie schon einmal über diesen Teil der Arbeit gesprochen und was er dazu gesagt hatte, war ihr nie so richtig klar geworden. Nach der langen Zeit noch einmal nachzu-fragen, das traute sie sich nicht. Was der dann denken würde... Doch es musste jetzt endlich irgend-etwas passieren. Beim einem ihrer vielen Ablenkungsmanöver am PC war ihr aufgefallen, dass an ihrer Uni ein Schreibzentrum existierte, dessen Internetseite sie angesprochen hatte. Diese Home-page würde sie sich jetzt anschauen. Die Angebote klangen interessant: Schreibgruppen, Schreib-seminare, individuelle Beratung bei akuten Schreibkrisen, außerdem zweimal in der Woche offene Sprechstunde. Yvonne entschloss sich, noch am selben Tage dorthin zu gehen. Die Beraterin machte einen freundlichen, offenen Eindruck. Sie hörte sich Yvonnes Schilderung ihrer derzeitigen Situation an und stellte dann einige Fragen zu dem Stand der Arbeit, der bisher gebrauchten und der noch zur Verfügung stehenden Zeit. Dann vereinbarte sie mit Yvonne einen Termin für eine Einzelberatung. Außerdem gab sie ihr einige Schreibanregungen: So sollte sie z.B. versuchen, einen privaten Brief an eine Freundin oder Verwandte über das schwierige Kapitel zu schreiben und darin auch erklären, was – oder wer – ihr bei diesem Thema die größten Probleme bereitete. Nach dem Gespräch fühlte sich Yvonne schon zuversichtlicher. Sie wollte gleich beginnen, die Anregungen umzusetzen und für das nächste Gespräch auch ihre Zeitplanung aktualisieren. In der nächsten Nacht würde sie dann hoffentlich besser schlafen!

■ Ratgeberliteratur: Es gibt zahlreiche Bücher zum Thema, die hier aus Platzgründen nicht besprochen werden können. Gewarnt sei auch davor, sich statt mit der eigenen Schreibaufgabe mit der Fülle der unterschiedlichen Ansätze und Angebote der Schreib-literatur zu beschäftigen, um sich sicherer zu fühlen (Ruhmann 1996, S. 111f.). Sicherheit im Schreiben kann schrittweise durch Arbeit an der eigenen Arbeit gewonnen werden. Für wirklich nützlich halte ich das Buch von Otto Kruse: „Keine Angst vor dem leeren Blatt", das seit 1993 regelmäßig in Neuauflage erscheint. Kruse geht immer von der Person des Schreibenden aus, deren Ängste und Abwehrreaktionen gegenüber dem Schreiben er auf-greift. Es gelingt ihm, die Schritte der Textproduktion schlüssig und nachvollziehbar aufzugliedern. Er macht transparent, wie die Probleme, die sich beim Schreiben wissenschaftlicher Arbei-ten unvermeidlich ergeben, zu lösen sind. Kruse beschränkt sich nicht – wie viele andere Werke – auf die Beschreibung kreativer Arbeitstechniken einerseits (die noch nicht zu einem wissenschaftlichen Text führen) oder auf die rein technische Anleitung zum wissenschaftlichen Schreiben andererseits. Lässt man sich von seinen Anregungen ein wenig leiten, so kann man auf dem eigenen Weg zum effektiven wissenschaftlichen Schreiben ein gutes Stück vorankommen.

- Schreibzentren an den Hochschulen: Wem persönliche Beratung und Austausch mit anderen in ähnlicher Situation besser hilft, der sollte sich über die Existenz von Schreibzentren bzw. hochschuldidaktischen Zentren informieren. Solche Zentren gibt es beispielsweise an Hochschulen/Fachhochschulen in Aachen, Duisburg-Essen, Köln, Bochum, Dortmund, Bielefeld, Freiburg, Marburg, Erfurt, Chemnitz. Die Angebote dieser Einrichtungen umfassen in der Regel Schreibseminare für verschiedene Zielgruppen, die Organisation von Schreibgruppen sowie Einzelberatungen.

- Studienstiftungen: Die Studienstiftungen bieten zum Teil Veranstaltungen zum Thema „Schreiben" an. Regelmäßige Angebote hält z.B. die Hans-Böckler-Stiftung für ihre StipendiatInnen bereit: Jedes Jahr werden mehrere so genannte Schreibwerkstätten durchgeführt. Auf diesen mehrtägigen, zweiteiligen Seminaren können die Teilnehmer ein Spektrum verschiedener wissenschaftlicher und kreativer Arbeitstechniken erproben und reflektieren, Erfahrungen austauschen sowie praxiserprobte Ansätze für die Weiterarbeit zu Hause bzw. an der Uni gewinnen.

- Praxis: Wer sich mit der Frage der Dissertation beschäftigt, hat in der Regel bereits eine Abschlussarbeit (Diplom oder Magister) geschrieben. Vielleicht gibt es darin ja auch Ergebnisse, die in einer wissenschaftlichen Konferenz oder sogar in einer Zeitschrift veröffentlicht werden können. Leider ist das Feedback der Programme-Committees oder LektorInnen oft nicht sehr hilfreich. Aber vielleicht kann der Betreuer/die Betreuerin für eine gemeinsame Veröffentlichung begeistert werden, um intensive Kritik und Feedback zu bekommen. Allerdings sollte hier keine Vermeidungsstrategie für die Beschäftigung mit der Dissertation entwickelt werden.

5   Fazit

Ein ganzer Strauß von Kenntnissen und praktischen Fertigkeiten kann das Schreiben wissenschaftlicher Arbeiten erleichtern. Es soll aber nicht der Eindruck erweckt werden, dass durch ihren Einsatz jegliche Schreibprobleme beseitigt werden könnten. Der Schreibprozess bleibt auch mit ihnen eine Phase ausgeprägter Hochs und Tiefs, mühseliger Kleinarbeit ebenso wie rauschhafter Schreiborgien. Haben Promovierende sich indessen mit den zur Verfügung stehenden Arbeitsweisen vertraut gemacht und sie praktisch eingeübt, die Rahmenbedingungen und Hintergründe bearbeitet sowie – ganz wichtig – ein Unterstützungsnetz geknüpft, dann sind die Voraussetzungen geschaffen, die Dissertation in einem angemessenen Zeitrahmen und Umfang abzuschließen und damit selbstorganisiert und selbstbestimmt zum Erfolg zu bringen.

Literatur

Eco, Umberto: Wie man eine wissenschaftliche Abschlussarbeit schreibt. 1988, Heidelberg, UTB.
Franck, Norbert: Fit fürs Studium. Erfolgreich reden, lesen, schreiben. 3. Auflage 1999, München, dtv.
Kruse, Otto: Keine Angst vor dem leeren Blatt. Ohne Schreibblockaden durchs Studium. 7. Auflage 1999, Frankfurt/New York, Campus.
Kruse, Otto (Hrsg.): Handbuch Studieren. 1998, Frankfurt/New York, Campus.
Rico, Gabriele L: Garantiert schreiben lernen. Sprachliche Kreativität methodisch entwickeln. 1984, Reinbek, Rowohlt.
Ruhmann, Gabriela/Perrin, Daniel (2003): Schreibstrategien in Balance. Was Wissenschaftler von Journalistinnen lernen können. In: Perrin, Daniel/Böttcher, Ingrid/Kruse, Otto/Wrobel, Arne (Hrsg): Schreiben von intuitiven zu professionellen Schreibstrategien. 2. Auflage Wiesbaden, Westdeutscher Verlag, S. 129–137.
Ruhmann, Gabriela (1997): Ein paar Gedanken darüber, wie man wissenschaftliches Schreiben lernen kann. In: Jakobs, Eva-Maria/Knorr, Dagmar: Schreiben in den Wissenschaften. Frankfurt/Main, Peter Lang, S. 125–139.
Ruhmann, Gabriela (1996): Schreibblockaden und wie man sie überwindet. In: Bünting, Karl-Dieter/ Bitterlich, Ulrike: Schreiben im Studium. Ein Trainingsprogramm. Berlin Cornelsen Verlag Scriptor GmbH & Co., S. 108–119.

LINKS

Schreiblabor an der Universität Bielefeld: http://www.uni-bielefeld.de/slab (24.02.05)
Schreibzentrum an der Universität Bochum: http://www.sz.ruhr-uni-bochum.de (24.02.05).
Schreibzentrum an der Universität Köln: http://www.kstw.de (24.02.05).
Schreibzentrum an der PH Freiburg: http://www.ph-freiburg.de/schreibzentrum (24.02.05).
Schreibzentrum an der TU Chemnitz: http://www.tu-chemnitz.de/phil/germanistik/sprachwissenschaft/schreibzentrum/ (24.02.05).
Schreibwerkstatt an der Universität Duisburg-Essen: http://www.uni-essen.de/schreibwerkstatt (24.02.05).
Schreibschule Erfurt (private Schreibschule): http://www.schreibschule-erfurt.de (24.02.05).

E Internationalisierung

Internationalisierung für Promovierende[1]

Johannes Moes

Die „Globalisierung" macht auch vor der Wissenschaft nicht Halt. Veröffentlichungen in anderen Sprachen und Ländern werden mehr und mehr zur Selbstverständlichkeit, Forschungskooperationen und -verbünde entstehen über Ländergrenzen hinweg, Forschungsgelder werden gerade in Europa zunehmend von transnationalen Einrichtungen oder nach internationalen Maßstäben vergeben. Auch wenn die Hochschulen und Forschungseinrichtungen weltweit von einem „globalen" Wissenschaftssystem noch weit entfernt sind, ist eine immer stärkere Internationalisierung der Wissenschaft sowohl erklärtes politisches Ziel als auch nüchterne Gegebenheit, in die der „wissenschaftliche Nachwuchs" hineinwächst und mit der Promovierende ihren Umgang finden müssen.

Wie in anderen Bereichen kommt es auch bei der Internationalisierung der Wissenschaft zu Ungleichzeitigkeiten und Ungleichheiten: Manche Fächer, WissenschaftlerInnen oder Länder gewinnen in diesem Prozess stärker als andere, und im Vordergrund steht oft nicht eine gerechtere Welt für alle, sondern der Vorteil für die (nationale) Wirtschaft. Bedeutet dies, die Internationalisierung der Wissenschaft zu kritisieren, sie abzulehnen oder eine bessere, gerechtere zu fordern? Vielleicht kann eine Internationalisierung für Promovierende in Deutschland von Vorteil sein? Für die eigene Promotion müssen DoktorandInnen individuell abwägen, welche Vor- und Nachteile sich für sie ergeben – und dafür die Möglichkeiten für Finanzierung, Organisation, Beratung und den Nutzen für das eigene Projekt je spezifisch recherchieren.

Die in diesem Kapitel versammelten Beiträge können nur Ansatzpunkte für dieses Abwägen bieten. Sie diskutieren die möglichen Vorteile, aber auch Probleme, die sich bei der individuellen Planung und Organisation von Aufenthalten im Ausland ergeben, präsentieren Fördermöglichkeiten (zum Beispiel beim DAAD und den →Marie-Curie-Förderprogrammen) und beleuchten das Modethema des „Gehirnabflusses" (vgl. Kasten „Brain drain"). Uns interessieren ferner konkrete Erfahrungen mit Auslandsaufenthalten oder Doppelabschlüssen: einem →Klimavergleich Deutschland –

---

[1] Anm. der Hg.: Für Vorarbeiten, besonders den Text „Erlernen und Vertiefen einer Sprache" und Diskussionsbeiträge zum gesamten Themenbereich danken wir besonders Andreas Bürger.

USA, dem Erlebnisbericht zum →Promovieren in den Niederlanden und den Möglichkeiten einer binationalen Promotion im Rahmen einer →„Cotutelle de Thèse". Ebenso geht es aber auch um die umgekehrte Perspektive: um die Situation internationaler Promovierender in Deutschland, beispielsweise am →Modell Internationales Doktorandenforum. Die zunehmende Europäisierung der Hochschulpolitik auch im Bereich der Promotion wird unter dem Titel →„Von Bologna nach London" beschrieben.

Prinzipiell finden sich an jeder Universität Einrichtungen, die zur Beratung in diesen Fragen da sind: Hier finden sich genauere, aktuellere und auch für die jeweilige Universität und ihre Partnereinrichtungen spezifische Informationen.

1 Motivationen

Die Motive und der angestrebte Nutzen während der Promotion ins Ausland zu gehen, können so vielfältig sein, dass die Strategien und Optionen, um mit der Promotion einen Auslandsaufenthalt zu verbinden, notwendig sehr verschieden sein müssen. Das Zielland, die Art des Aufenthaltes, seine Finanzierung und Länge: Sie sind von der genauen Bestimmung der Ziele abhängig, und je genauer diese geklärt werden, desto einfacher und erfolgreicher wird die Planung.

Manche/r verlegt die gesamte Promotion ins Ausland, weil dort die fachlichen Rahmenbedingungen für die eigene Promotion besser sind als hierzulande, oder weil die Finanzierung so (besser) gesichert werden kann (→Promovieren in den Niederlanden), und bleibt vielleicht auch nach erfolgreicher Promotion dort. Für andere ist es im Rahmen ihres Promotionsprojektes inhaltlich unverzichtbar, einige Monate im Ausland zu verbringen, ob sie nun in afrikanischen Gewässern oder in US-amerikanischen Nichtregierungsorganisationen Daten sammeln müssen oder weil das für ihre Promotion relevante Labor nun mal in einem entfernten Land steht. Dritte finden bestimmte Quellen und Literatur nur in speziellen Archiven und Bibliotheken anderer Länder, und vierte verschaffen sich durch eine Auslandsreise Gelegenheit, mit wichtigen Mitgliedern ihrer Scientific Community über ihre Ideen zu diskutieren. Vielleicht verbindet sich dies auch nur mit einem kürzeren Aufenthalt von wenigen Wochen, einer Konferenzreise oder einer „Summer School", die für das eigene Feld bedeutend ist. Und auch wenn es für die eigene Promotion an sich nicht zwingend notwendig ist, kann ein Auslandsaufenthalt, ein Sprachkurs, ein gezielt angestrebtes Praktikum oder auch einfach ein längerer Urlaub sehr wichtig sein für die eigene Entwicklung und die berufliche Orientierung und Qualifikation. Vielleicht sollte man aber mit der Internationalisierung auch vor der eigenen Haustür anfangen: In der Regel lassen sich ja auch Kontakte zu den nichtdeutschen KollegInnen im Labor oder der Bibliothek knüpfen. Und viele ausländische WissenschaftlerInnen sind sicher dankbar für das Gefühl, dass InländerInnen den Kontakt zu ihnen suchen oder ihnen die Eingewöhnung erleichtern wollen. Auch zuhause lassen sich so interkulturelle Kompetenz erwerben und internationale Netzwerke aufbauen.

Ob Wochen, Monate oder Jahre, ob Nowosibirsk oder New York, ob an der Uni oder im freien Feld: Dies alles sind Schritte der Internationalisierung, die während der Promotionsphase dank ihrer flexiblen Arbeits- und Zeiteinteilung möglich sind, zum Glück.

2 Voraussetzungen

Zu den wichtigsten Voraussetzungen für einen erfolgreichen Auslandsaufenthalt zählt der fachliche Kontakt. Manche (eher Natur-) Wissenschaften sind in ihrer fachlichen Diskussion völlig selbstverständlich in internationalen Austausch eingebunden. In diesen Fächern ist Englisch auch an den deutschen Instituten als internationale lingua franca eine geübte Publikations- und teilweise auch Unterrichtssprache. Insofern wird es auch leicht möglich sein, die relevanten Orte bzw. Personen im Ausland herauszufinden, zu denen schon Kontakte bestehen, sei es von Seiten der ProfessorInnen (nicht nur der eigenen BetreuerInnen) oder der entsprechenden Beratungsstellen an der eigenen Hochschule (die meist „Akademisches Auslandsamt", „Internationales Büro" o.Ä. heißen). Andere Disziplinen und Forschungsgebiete sind insgesamt sehr wenig international ausgerichtet. Hier erfordert es wesentlich mehr eigene Mühe und Kreativität, fachliche Kontakte ins Ausland zu knüpfen. Eine wesentliche Hilfe sind in jedem Fall die eigenen „peers", also persönlich bekannte NachwuchswissenschaftlerInnen, die selbst Auslandserfahrung oder entsprechende Kontakte haben und meist bei Fragen und Unsicherheiten ebenso behilflich sein können wie bei Kontaktaufnahmen. In welchem Fach auch immer: Das Knüpfen der fachlichen Netzwerke auf nationaler wie internationaler Ebene ist eine Schlüsselqualifikation, die eng mit dem Promotionsprozess verbunden ist und sich in kleine, handwerkliche Schritte auflösen lässt, wie sie anschaulich in →Phil Agre's „Networking on the Network" beschrieben werden.

Wo sich die Kontakte nicht über persönliche Beziehungen ergeben oder diese ergänzt werden müssen, helfen auch entsprechende Webportale, die von großen oder kleinen Akteuren gepflegt werden. Hier lassen sich Stipendienprogramme und Stellenausschreibungen recherchieren (vgl. den Abschnitt zu Finanzierungsmöglichkeiten und die Links).

Gerade die Dauer, mit etwas Glück auch die Finanzierung und Kontaktanbahnung für einen Auslandsaufenthalt sind stark abhängig vom individuellen Status des oder der Promovierenden hierzulande. Für StipendiatInnen ist ein Auslandsaufenthalt leichter in die Stipendienzeit zu integrieren als für Wissenschaftliche MitarbeiterInnen (die in Deutschland zahlenmäßig weit überwiegen, →Einleitung; →Finanzierung der Promotion). Letztere müssen eine Auslandsreise mit den Erfordernissen der Lehre, des jeweiligen Forschungsprojektes und mit ihren Dienstvorgesetzten und ihrer Einrichtung abstimmen. Mit viel Glück können sie – auch längere – Auslandsaufenthalte unter Fortführung ihrer Anstellung und Bezüge erreichen. Weit häufiger scheinen aber Regelungen zu sein, nach denen für die Dauer der Abwesenheit unbezahlter Urlaub gewährt und die Stelle entsprechend verlängert wird. Auf die Befristungsdauer für Promotionsstellen laut Hochschulrahmengesetz (§ 57b (4), 2.) werden solche Auslandsaufenthalte nicht angerechnet. Und schließlich gibt es ja noch viele Promovierende, die keine Finanzierung über eine Stelle oder ein Stipendium haben bzw. nicht mehr haben, da die Finanzierungsdauer besonders in den Sozial- und Geisteswissenschaften meist unter der tatsächlichen Promotionsdauer liegt (→Einleitung). Für diese Fälle dürfte ein Auslandsaufenthalt, wenn er eine zeitweilige Finanzierungsquelle bietet, oft auch entscheidend für die Fortführung der Promotion sein.

Außerdem sind die persönlichen Lebensumstände ein wichtiger Einflussfaktor für die Planung eines Auslandsaufenthaltes. Wer Familie und vielleicht die Verantwortung für kleine Kinder oder pflegebedürftige Angehörige hat, wenn der oder die PartnerIn an einen Ort gebunden oder auch wer in sozialen, politischen oder ehrenamtlichen Zusammenhängen eng eingebunden ist, der oder die wird schwerlich einen langen Auslandsaufenthalt in die Promotionsphase integrieren. Aber auch hier kann vielleicht der Besuch von internationalen Konferenzen oder von fachlichen Summer Schools eine internationale Perspektive eröffnen.

3   Erlernen und Vertiefen einer Sprache

Einer der wichtigsten Punkte bei der Vorbereitung und Durchführung eines Auslandsaufenthalts ist sicherlich das Erlernen der Sprache des Gastlandes. Wer aus wissenschaftlichem Interesse ins Ausland geht, muss sich gut verständigen können. Ein Fachwortschatz kann durch die Lektüre von Wissenschaftsliteratur in der jeweiligen Landessprache angeeignet werden, aber laufen die entscheidenden Gespräche nicht oft am Kaffeetisch? Manchmal läuft an wissenschaftlichen Einrichtungen mit internationaler Besetzung die Kommunikation auf Englisch. In solchen Fällen sollte man entsprechende Englischkenntnisse mitbringen. Wer Lust hat, wird die Chance nutzen und sich auch Grundkenntnisse der Landessprache aneignen, um das Gastland auch außerhalb der Arbeit kennen zu lernen. Die Sprache, das Land, die Kultur und neue FreundInnen kennen zu lernen ist so eng miteinander verbunden, dass sich nicht eins vom anderen trennen lässt. Die Sprache zu lernen lässt sich aber am ehesten bewusst anstreben.

Zum Erwerb einer Sprache sind Sprachkurse (vgl. die entsprechenden Links) sehr hilfreich, wobei gerade anfänglich Intensivkurse einen schnellen Einstieg ermöglichen. Unterstützt werden kann der Sprachunterricht durch „Sprachtandems", also den gegenseitigen Sprachaustausch in Paaren. Außerdem eignet sich das Lesen von Zeitungstexten (auch per Internet, fast alle Zeitungen und Zeitschriften der Welt haben eine Website) und das Anschauen und Hören von Fernseh- und Radiosendungen in der fremden Sprache zum Vertrautwerden mit der Alltagskommunikation.

Auch während des Aufenthalts ist der Besuch von Sprachkursen empfehlenswert. Selbst dann, wenn man bereits über gute Kenntnisse verfügt, macht es Sinn Sprachkurse zur Vertiefung und zum Ausbau zu belegen. Oft bieten Universitäten Sprachkurse an, die auch für bereits Fortgeschrittene geeignet sind. Ansonsten gibt es in fast jeder größeren Stadt außeruniversitäre Sprachkursanbieter, die sich über das Internet, Telefon- bzw. Branchenbücher und Reiseführer leicht ausfindig machen lassen.

Auch wer kurzfristig die Möglichkeit bekommt in ein Land zu gehen, dessen Sprache er oder sie überhaupt nicht kann, sollte sich nicht deswegen abschrecken lassen. Nirgendwo lernt man eine Sprache besser und schneller als im jeweiligen Land.

4   Mythos Mobilität

„Mobilität" wird in fast jeder Rede und Stellungnahme zur internationalen Hochschulpolitik beschworen. Worin ihr Sinn – als ein Zweck in sich selbst – bestehen soll, und was durch eine Erhöhung der Mobilität qualitativ erreicht werden soll, wird meist nicht benannt – kein Wunder, da dieser Sinn alles andere als klar ist, im Gegensatz zum klar erhöhten Aufwand an Zeit und Energie, den Mobilität von Promovierenden fordert.

Wer sich gegen diesen Aufwand entscheidet mag sich trösten, dass er oder sie zur deutlichen Mehrheit unter den (deutschen) Promovierenden gehört: Bei der von fast 10 000 Promovierenden beantworteten Befragung des Promovierendennetzwerkes THESIS (vgl. den Kasten in →Der Promotionsprozess als Arbeit) erwies sich, dass zwei Drittel der befragten Promovierenden noch an keiner internationalen Konferenz teilgenommen hat, dass nur ein Fünftel der Promovierenden bis zu drei Monate, und lediglich ein Zehntel mehr als drei Monate der Promotionszeit im Ausland verbracht hat. Studien in Italien oder Skandinavien ergaben ähnliche Zahlen: In Italien antworteten 26% der Befragten, schon einen Teil ihrer Promotion im Ausland verbracht zu haben (Avveduto o. J., S. 8), für z.B. Norwegen sieht es ähnlich aus (Vabø 2003, S. 10). Die unter dem Titel „Wissenschaft weltoffen" verzeichneten Zahlen von geförderten Auslandsaufenthalten deutscher Promovierender aller denkbaren Förderorganisationen summieren sich für 2002 auf knapp 3 000 – angesichts einer unbekannten, aber sicher zwischen 50 000 und 100 000 liegenden Gesamtzahl von Promovierenden. Daraus lässt sich schließen: Mobilität ist viel eher ein immer wieder beschworener Mythos als Realität, bestenfalls eine Zielvorstellung. Gefährlich wäre, diese Zielvorstellung mit der Realität gleichzusetzen – sei es für die persönliche Entscheidung über einen Auslandsaufenthalt, sei es in der Wissenschaftspolitik. Wenn z.B. ein Auslandsaufenthalt zum Auswahlkriterium für die Besetzung von Juniorprofessuren gemacht wird, verrät dies ein sehr einseitiges Verständnis einer „idealen" und „exzellenten" Wissenschaftslaufbahn, in das Mobilitätsbeschränkungen wie zum Beispiel eine entsprechende familiäre Situation nicht hineinpassen. Für Promovierende kommt es darauf an, sich nicht an äußerliche Ansprüche an die eigene Promotion anzupassen, sondern für sich selbst qualitative Maßstäbe zu entwickeln, die auch einen Auslandsaufenthalt für die eigene, individuelle Entwicklung bewerten helfen.

Ein ganz wichtiges Kriterium für die Entscheidung für oder wider einen Auslandsaufenthalt sollte sein, inwieweit er den Promotionserfolg steigert oder auch gefährdet: Selbstverständlich ist ein Auslandsaufenthalt und entsprechende Kontakte ein wichtiger Aspekt in der persönlichen Biografie und für manche Promotionsprojekte unverzichtbar oder doch dringend zu empfehlen. Andererseits nützt diese Zusatzqualifikation wenig, wenn dafür die Dissertation im Finanzierungszeitraum nicht beendet werden kann, weil der Auslandsaufenthalt, seine Vorbereitung oder Nachwirkungen zu viel kostbare Zeit in Anspruch genommen haben. Eine „Mobilitätsideologie" kann also manchem Promotionsprojekt eher schaden als nützen.

Hinzu kommt, dass einige Fächer an deutschen Hochschulen immer noch sehr stark national organisiert sind und die wissenschaftlichen Diskussionen streng im nationalen Rahmen geführt werden. So sehr dies zu kritisieren ist: Die eigene Mobilität nützt da wenig, sie kann vielmehr sogar zum Nachteil gereichen gegenüber peers, die sich konsequent innerhalb der deutschen Diskussion bewegen. In manchen Fällen blieb es WissenschaftlerInnen mit stark internationaler Ausrichtung nur übrig, sich auch für die weitere Karriere auf das Ausland auszurichten.

Brain Drain – die Rede vom Gehirnabfluss

In der Diskussion um das deutsche Wissenschaftssystem im internationalen Vergleich wird oft über die Attraktivität des „Standortes" Deutschland gestritten, meist verbunden mit recht plakativen Aussagen über „Brain Drain" hierzulande und „Brain Gain" in anderen Ländern. Für Promovierende ist dies eine zweischneidige Debatte: Einerseits können sie zumindest theoretisch mit Abwanderung drohen, wenn sie Defizite der deutschen Promotion kritisieren. Andererseits sind sie in einer „Brain Drain" – Debatte nur die körper- und identitätslosen Objekte, die Gehirne, deren Wanderungen sich durch politische Maßnahmen verändern lassen. Schnell wird auch unterstellt, dass die „Daheimgebliebenen" nicht gut genug zum Abfließen gewesen sind. Aber ist nicht die Debatte an sich suspekt? Der Ruf nach mehr Mobilität ertönt unisono von allen Verantwortlichen – aber nach wie viel Jahren eines Auslandsaufenthalts hört Mobilität auf und wo fängt Brain Drain an? Die USA sind ein klassisches Brain-Gain-Land, und ein hoher Prozentsatz der NachwuchswissenschaftlerInnen in den Natur- und Ingenieurwissenschaften stammt aus dem Ausland. Aber heißt das nicht lediglich, dass das amerikanische Schulsystem ungenügend ist, um auf eine Wissenschaftskarriere in diesen Fächern vorzubereiten? Und sind nicht einige Fächer mittlerweile so vernetzt, dass die entsprechenden Labore in Berkeley, Basel und Budapest näher an Berlin sind als Bremen?

Der Brain Exchange ist zudem teilweise ein politisches Phantom – belastbare empirische Zahlen gibt es nicht viele (Vgl. auch Backhaus/Ninke/Over 2002). Eine Studie zum Verbleib von DFG-StipendiatInnen findet nur 15% von ihnen nach vier Jahren im Ausland (Enders/Mugabushaka 2004).

Nichtsdestotrotz kann es sinnvoll sein, die Gründe für „akademische Arbeitsmigration", um ein vielleicht neutraleres Wort zu benutzen, herauszufinden und diese als Ansatzpunkt für deutsche Reformen zu nehmen. Laut der Studie von Backhaus et al. bekommen besonders in den USA WissenschaftlerInnen bei befristeten Forschungsaufenthalten schnell Angebote für Dauerstellen und ggf. auch berufliche Perspektiven für die Angehörigen. Solch attraktive Stellenangebote fehlen deutschen WissenschaftlerInnen ebenso zur Rückkehr wie auch ausländischen ForscherInnen, damit sie bleiben. Dies hieße, die Beschäftigungsmöglichkeiten in der Wissenschaft attraktiver zu machen. Hinter den US-amerikanischen Forschungsuniversitäten bleiben die deutschen Hochschulen in der Frage der renommierten Forschung übrigens deutlich zurück, eher konkurrieren können die außeruniversitären Forschungsinstitute.

Um das Wissenschaftssystem besonders für den wissenschaftlichen Nachwuchs attraktiver zu machen bedarf es allerdings nicht eines Ausspielens der verschiedenen Gruppen im In- und Ausland gegeneinander – von der Rede vom Gehirnabfluss sollten sich Promovierende nach Meinung des Autors eher distanzieren. Das hielte sie nicht davon ab, Verbesserungen zu fordern, auch und gerade im internationalen Vergleich.

5 „Mobstacles"

Trotz einiger finanzieller und organisatorischer Hilfen stellen sich den Promovierenden, die sich um einen Auslandsaufenthalt bemühen, vielfältige Hindernisse (die „mobility obstacles", verkürzt „mobstacles") in den Weg. Wer also einen Auslandsaufenthalt organisieren möchte, tut gut daran, sich früh um die Bewältigung der verbreiteten Hindernisse zu kümmern – ob dies nun Promovierende betrifft, die von Deutschland aus ins Ausland gehen wollen (outgoing) oder aus anderen Ländern hierher kommen (incoming). Wenn es um mehr geht als eine Konferenz- oder Forschungsreise kann die Organisation eines längeren Aufenthaltes und der Finanzierung leicht über ein Jahr dauern.

Wenn es nicht um einen langen Aufenthalt und um die förmliche Registrierung als StudentIn geht, gibt es meist keine formalen Sprachanforderungen. Wenn es aber um den Nachweis der Sprachkompetenz in der Sprache des Gastlandes geht, oder um den Nachweis von Englisch als Fremdsprache (der „Test of English as a foreign Language", TOEFL), dann empfiehlt sich eine frühzeitige Vorbereitung. Deutschland selbst ist bei der Benutzung der englischen Sprache in der Dissertation oder Disputation eher ein Nachzügler im Vergleich mit kleinen Ländern wie Schweden oder den Niederlanden – in vielen Promotionsordnungen ist lediglich Deutsch vorgesehen. In Projekt-Förderprogrammen wie dem „Internationalen Promotionsprogramm" (IPP) des DAAD wird daher eine entsprechende Anpassung der Promotionsordnungen zur Auflage gemacht.

Wird für den Aufenthalt ein Visum benötigt? BürgerInnen der EU können sich innerhalb dieser freizügig bewegen, aber schon ein Aufenthalt in den USA oder z.B. der Schweiz erfordert mittlerweile eine aufwändige Vorbereitung aufgrund der sich verschärfenden Visapolitik. Gerade die USA haben nach dem 11. September 2001 im Rahmen des „patriot act" ihre Visapolitik deutlich verschärft – auch wenn dies zum Nachteil ihrer Attraktivität in der internationalen wissenschaftlichen Kooperation ist. Weil auch in europäischen Ländern immer wieder Visaprobleme entstehen, wird nun die Einführung eigener „Wissenschaftsvisa" gefordert, die zum Beispiel die Teilnahme an internationalen Kongressen erleichtern sollen. Für die rechtzeitige und formal korrekte Beantragung eines Visums sollte unbedingt auch die Hilfe einer gastgebenden Institution (Universität, Forschungsinstitut etc.) in Anspruch genommen werden. Die GastgeberInnen haben meist die nötige Erfahrung und auch das Interesse, um diese Hilfe zu geben, allerdings besitzt nicht jede/r einladende ProfessorIn den nötigen Überblick über die Formalitäten, so dass man sich im Zweifelsfall auch an entsprechende Einrichtungen wie das „Akademische Auslandsamt" wenden sollte. Neben entsprechenden Einladungsschreiben wird teilweise auch ein Finanzierungsnachweis gefordert, für den neben einem Stipendium o.Ä. vielleicht auch ein kurzfristiger Kredit/eine Bürgschaft von FreundInnen oder Verwandten benötigt wird.

Außerdem gilt es Fragen der Sozialversicherungen und ggf. Besteuerung zu klären. Während eine Auslandskrankenversicherung meist unproblematisch abgeschlossen werden kann, ist die Übertragbarkeit von Ansprüchen der Arbeitslosen- oder Rentenversicherung ein leidiges Thema. Beitragszeiten in einem anderen Land werden bei Fortsetzung von Beschäftigung anscheinend in der Versicherung berücksichtigt, wenn entsprechende bilaterale Abkommen bestehen. Leistungen der Arbeitslosenversicherung können innerhalb der EU für drei Monate auch in ein anderes Land „mitgenommen" werden, danach erlöschen aber meist weitergehende Ansprüche. Vereinigungen wie die der europäischen DoktorandInnen EURODOC (→Einleitung) fordern hier einfache, einheitliche und flächendeckende zwischenstaatliche Abkommen, ohne dass hier bisher viel geschehen ist.

Berichtet wird auch immer wieder von Problemen bei der Anerkennung des Studienabschlusses, der für eine Zulassung zur Promotion im Ausland Voraussetzung ist. Eines der Ziele bei der Schaffung eines gemeinsamen Hochschulraumes (→Von Bologna nach London) besteht in der Einführung eines „diploma supplement", das als Abschlussnachweis europaweit anerkannt wird. Denn bislang können sich die Anerkennungsverfahren so lange hinziehen, dass Promovierende aufgrund formaler Hindernisse auf Auslandsaufenthalte verzichten.

Und schließlich bleiben, wenn alle formalen Fragen bewältigt sind, immer noch genug praktische Herausforderungen übrig, die sich aus den kulturellen Unterschieden ergeben: Welche ungeschriebenen Regeln gilt es bei den neuen Kontakten zu beachten? Wie lassen sich wissenschaftliche und soziale Kontakte knüpfen und vertiefen? Die Klimaunterschiede zwischen dem Heimat- und dem Gastland können aber das eigene wissenschaftliche Vorankommen befördern oder behindern, je nachdem, ob sie angemessen reflektiert werden (→Klimavergleich Deutschland – USA).

6 Finanzierung

Der entscheidende Faktor, besonders für einen längeren Auslandsaufenthalt, wird die Frage der Finanzierung sein. In einigen wenigen Fällen ist sie schon durch die Finanzierung der Promotion insgesamt abgedeckt. So können manche Wissenschaftliche MitarbeiterInnen im Rahmen ihrer Anstellung begrenzte Forschungsaufenthalte im Ausland durchführen und auch für Konferenzreisen auf die Reisekostenetats von Lehrstühlen und Forschungseinrichtungen zurückgreifen – dies dürfte eher in den naturwissenschaftlichen „Mangelfächern" vorkommen. StipendiatInnen der so genannten Begabtenförderwerke können bei ihren StipendiengeberInnen beantragen, einen Teil der Stipendienzeit im Ausland zu verbringen (daher sind sie von der DAAD-Förderung ausgeschlossen). Meistens werden für die Bewilligung inhaltliche Gründe des Promotionsprojektes relevant sein, in selteneren Fällen der Spracherwerb – die Förderung von Auslandspraktika ist von der Hans-Böckler-Stiftung bekannt. In manchen Förderprogrammen, wie den (internationalen) Graduiertenkollegs der DFG oder den – nicht mit Grundfinanzierungsstipendien ausgestatteten – Internationalen Promotions-Programmen (IPP) des DAAD ist ebenfalls ein eigenes Budget für Auslandsreisen und den internationalen Austausch vorgesehen.

Promovierende, die nicht über ihr Förderprogramm oder ihre Einrichtung finanziert werden können, werden sich gezielt um die finanzielle Förderung von Auslandsaufenthalten bemühen. In erster Linie betrifft dies Promovierende, die keine „Grundfinanzierung" durch eine Stelle oder ein Stipendium haben – oder diese noch nicht bzw. nicht mehr haben. Das ERASMUS-Programm steht übrigens auch Promovierenden offen. Es ist aber aufgrund der geringen finanziellen Unterstützung nicht eben attraktiv, und eine Auswertung auf europäischer Ebene (Mitchell Report 2002) ergab einen Anteil von nur einem Prozent von Promovierenden unter den TeilnehmerInnen.

Der Deutsche Akademische Austauschdienst (DAAD) finanziert sowohl Promovierende, die nach Deutschland kommen, als auch solche, die von hier ins Ausland gehen, über Stipendien. Die Laufzeiten der Stipendien reichen von einigen Wochen bis zu einem Jahr und in besonders begründeten Fällen auch darüber hinaus. Ein Stipendium umfasst Lebenshaltungs-, Reise- und Versicherungskosten und eventuell anfallende Studiengebühren. Nähere Informationen gibt es im Internet auf der sehr übersichtlichen Homepage des DAAD (LINK). Auch die Broschüre des DAAD „Studium, Forschung, Lehre im Ausland", die jährlich neu erscheint und die in den akademischen Auslandsämtern der Hochschulen ausliegt, bietet weit reichende Hinweise zur Planung und Initiierung von Auslandsaufenthalten.

In diesen Auslandsämtern erhält man auch persönliche Beratung und fachspezifische Hinweise auf weitere Förderprogramme. Denn auch andere Einrichtungen und Stiftungen vergeben Stipendien und Beihilfen: Insofern lohnt sich eine Recherche in entsprechenden Datenbanken für das Inland, aber auch im Gastland oder entsprechenden supranationalen Einrichtungen wie der EU. Eine gezielte Förderung kurzer oder auch langer Aufenthalte bieten die Angebote der →Marie-Curie-Förderprogramme der EU. Für manche Promovierende wird sich über diese Quellen, aber auch über die Kontakte in ihrer eigenen Scientific Community auch die Möglichkeit oder Frage ergeben, ob sie ihre gesamte Promotionszeit im Ausland verbringen wollen, wenn ihnen so eine Finanzierungsmöglichkeit geboten wird. Und spätestens jetzt stellt sich die Frage: Ab welchem Zeitpunkt gilt jemand nicht mehr als mobil, sondern als „emigriert"?

7 Promotion im Ausland und Doppelabschlüsse

„Etwas Besseres als den Tod findest du überall": Nicht ganz so drastisch wie im Märchen von den Bremer Stadtmusikanten, aber oft doch aus einer gewissen Not mit den deutschen Verhältnissen heraus verlagern manche DoktorandInnen ihre gesamte Promotion ins Ausland. Schließlich gibt es auch unter AkademikerInnen gewisse Wanderungsbewegungen dorthin, wo sich die besseren Chancen bieten (vgl. Kasten zu „brain drain"). Was zuerst ganz einfach der Finanzierungsmöglichkeit folgt, entwickelt sich vielleicht später auch unter anderen Aspekten zu einem erfolgreichen Schritt, wenn z.B. eine bessere Betreuung oder eine besser strukturierte Promotion geboten werden, wie der Erlebnisbericht zum →Promovieren in den Niederlanden verdeutlicht. Denn nicht nur die materiellen, sondern gerade auch die ideellen Belange der Promotion und das intellektuelle

Klima spielen für deren Erfolg eine große Rolle (siehe auch →Klimavergleich Deutschland – USA).

Wer sich nicht zwischen zwei Ländern entscheiden will, sondern sich zutraut, das Beste aus zwei Systemen für sich nutzbar zu machen, hat seit ein paar Jahren die Gelegenheit, auch bei der Promotion einen binationalen Abschluss zu erwerben. Diese oft auch so genannte „Cotutelle-dethèse" wurde in Frankreich 1994 eingeführt und erlaubt den gleichzeitigen Erwerb der Doktorgrade in Frankreich und einem beliebigen anderen Land, Deutschland liegt hier an dritter Stelle (vgl. DAAD 2004, S. 25 und den →Erfahrungsbericht Cotutelle de Thèse). Es handelt sich also nicht um einen einzigen, länderübergreifenden Abschluss, wie er als „Eurodoktor" teilweise diskutiert wird, sondern es werden die Anforderungen an die Promotion zwischen den zwei beteiligten Institutionen, die den Doktorgrad vergeben, im Einzelfall vertraglich geregelt. Zwei Promotionsordnungen, letztendlich aber auch zwei „Promotionskulturen" müssen unter einen Hut gebracht werden; eine nicht geringe Leistung, hinter der oft einzelne Promovierende stehen, die dies in vielen Gesprächen und Verhandlungen erreicht haben. Die französische Regierung hat mit einer kleinen Förderung (von ca. 5 000 € pro Verfahren) eine wichtige Entwicklung in Gang gesetzt: Mittlerweile werden jährlich immerhin 500 Cotutelle-Verfahren beantragt und 150 Verfahren gefördert. Solch eine kleine Summe könnte aber auch in Deutschland helfen, damit zumindest die entstehenden Fahrtkosten auch einer gemischt besetzten Prüfungskommission abgedeckt werden. Binationale Promotionen sind mittlerweile auch in Spanien und Italien möglich und Gegenstand hochschulpolitischer Diskussionen. In Deutschland sind dem Autor nur Fälle der „Doppelpromotion" mit den genannten Ländern, ohne ein eigenes Programm oder Konzept, bekannt. In den „Internationalen Graduiertenkollegs" der DFG arbeiten zwei Länder in der DoktorandInnenausbildung eng zusammen, ein Auslandsaufenthalt im jeweils anderen Land von sechs Monaten gehört zur Förderung dazu.

8 Internationalisierung@home

Internationalisierung findet nicht nur außerhalb Deutschlands statt, sondern ebenso hier, an der eigenen Universität. Allerdings liegt Deutschland in dieser Hinsicht weit hinter anderen bevölkerungsstarken Ländern wie Frankreich, Großbritannien oder den USA zurück: Der Ausländeranteil unter den Promovierten blieb in Deutschland zwischen 1975 und 2001 immer unter 8%, und ist erstmals 2003 auf 10% gestiegen – gegenüber 20% bis 35% in den genannten Ländern.

Nach den Angaben des Themenportals http://www.wissenschaft-weltoffen.de wurden 2002 insgesamt knapp 10 000 ausländische Graduierte bei einem Deutschlandaufenthalt gefördert, über die Hälfte davon durch den DAAD (meist wohl Kurzaufenthalte) sowie je 1 000 in den DFG-Graduiertenkollegs und der Max-Planck-Gesellschaft.

Bei den neueren Angeboten für eine strukturierte Promotion gehört die Internationalisierung stets mit zum Programm, nicht nur in den →„International Research Schools" der Max-Planck-Gesellschaft, den Internationalen Promotionsprogrammen (IPP) von DAAD und DFG oder den Internationalen Graduiertenkollegs im Graduiertenkollegprogramm der DFG, sondern auch in entsprechenden Länderinitiativen (→Promovieren in Zentren und Kollegs). Zum Teil haben hier über 50% der Promovierenden keinen deutschen Pass. Besonders bei den mit Stipendien ausgestatteten Programmen in den Natur- und Technikwissenschaften kam es zu sehr hohen Bewerberzahlen aus dem Ausland, verglichen mit einem eher mäßigen Interesse im Inland. Dies trug mit dazu bei, dass z.B. Graduiertenkollegs in so genannten „Mangelfächern" auch mit Stellen ausgestattet wurden, um die inländische Nachfrage zu erhöhen.

Dass bei der Internationalisierung der deutschen Hochschulland-schaft eine Fixierung auf Quantität falsch ist und es vielmehr auf eine neue internationale Qualität bei der Integration von (Nachwuchs-) Wissen-schaftlerInnen aus dem Ausland ankommt, macht zu Recht Ulrike Senger in ihrem Kurzbeitrag (→Das Modell Internationales Doktorandenforum) und ihrem dort genannten Buch deutlich. Steigende Zahlen lassen noch keinen Schluss zu, ob Deutschland nur von verschlechterten Bedingungen des Ziellandes USA profitiert, das nach dem 11. September die Einreise auch für ausländische WissenschaftlerInnen erschwert hat, oder ob es an den deutschen Hochschulen wirklich zu einem Umdenken kommt, die das deutsche Hochschulsystem ähnlich attraktiv macht wie es dies vor100 Jahren war. Eine „interkulturelle Kompetenz" wird gerade bei gut aus-gebildeten AkademikerInnen immer wichtiger sein – egal ob nun Unter-schiede zwischen Sprachen und Nationen, oder auch zwischen Disziplinen oder Wissenschaft und Praxis überbrückt werden müssen. Erwerben können Promovierende diese Kompetenz im aktiven Austausch mit Wissen-schaftlerInnen aus anderen Ländern – aber nicht nur im Ausland, sondern eben auch hier, an der eigenen Hochschule.

9 Europäische Perspektiven

Ein wichtiger Faktor für die Internationalisierung wird in den nächsten Jahren die europäische Einigung sein. Nicht nur die Europäische Union, sondern ein noch größerer Kreis von Ländern ist am Bologna-Prozess beteiligt, der nach der Bachelor- und Masterphase nun auch das Thema Promotion erfasst (→Von Bologna nach London). Parallel dazu sind die Pomovierenden aber auch als „Early Stage Researchers" für die Schaffung eines Europäischen Forschungsraumes ein wichtiger Faktor. Diese europäische Politik wird auch für die individuellen Internationalisierungspläne relevant, wenn es z.b. um die Zulassung zur Promotion in anderen Ländern geht, um die Finanzierung über europäische Austauschprogramme oder um binationale Abschlüsse. Eine europäische Harmonisierung oder doch zumindest ein erleichterter Austausch bietet also Internationalisierungsvorteile für Promovierende. Andererseits ist völlig offen, welche Dynamik die Europapolitik für die deutsche Situation entfachen kann: Wird die Europäisierung die Verhältnisse hierzulande verbessern oder verschlechtern?

Ein Vergleich der Promotionsbedingungen in Europa (vgl. Moes/ Kupfer 2004 oder auch CEPES 2004) zeigt, dass kleinere Länder, die seit den 1990er Jahren erfolgreich den Umbau zu einer wissensbasierten Gesellschaft betreiben, den Promovierenden attraktive Arbeitsbedingungen bieten. Für uns zählen die skandinavischen Länder oder die Niederlande dazu. In anderen Ländern wird aber oft der eine wichtige Reformaspekt, nämlich eine sinnvoll strukturierte Promotion, nicht mit der notwendigen anderen Medaillenseite, d.h. einer angemessenen sozialen Sicherung, verbunden, oder es fehlen gar beide Aspekte. Wohin der „europäische Zug" in den nächsten Jahren gehen wird, ist bislang ungewiss. Im Interesse der Promovierenden und guter Arbeitsbedingungen für den wissenschaftlichen Nachwuchs liegt es, positive Ansätze europäischer Politik zu stärken und in der nationalen Arena einzufordern. In der Diskussion um den „Europäischen Hochschulraum" liefert das Ergebnis der Bergen-Konferenz im Mai 2005 Stoff für Diskussionen. Was den „Europäischen Forschungsraum" angeht, erscheint uns die von der Europäischen Kommission vorgelegte Empfehlung über die „Europäische Charta für Forscher und einen Verhaltenskodex für die Einstellung von Forschern" ein wichtiger und gerade für Promovierende sehr in ihrem Interesse liegender Ansatzpunkt. In diese Diskussionen sollten Promovierende sich einmischen. Auf der europäischen

Ebene unternimmt es das Netzwerk nationaler DoktorandInnenvereinigungen EURODOC, die Interessen von Promovierenden zu vertreten. Ebenso ist es aber auch möglich, dies über den europäischen Zusammenschluss der entsprechenden Gewerkschaften zu tun. Egal, über welche Kanäle Promovierende sich artikulieren: Ihre Stimme als künftige WissenschaftlerInnengeneration wird zum Teil gern angehört, fehlt aber oft in den entsprechenden Diskussionen. Vielleicht ist insofern der Eindruck von Lesley Wilson, Generalsekretärin der European University Association (EUA) richtig, dass Promovierende diejenige Gruppe an der Hochschule bilden, die am schlechtesten über die Europäisierung informiert ist. Vielleicht könnte auch ein verstärktes Engagement von Promovierenden für bessere Promotionsbedingungen in Europa diesem Zustand abhelfen.

Kommentierte LINKS

Das „Researcher's Mobility Portal" der Europäischen Kommission bietet Datenbanken zu Stellenausschreibungen, Stipendien und praktische Hilfen für europaweite Mobilität sowie hilfreiche weitere Links: http://europa.eu.int/eracareers/index_en.cfm (31.03.05).

Das „Deutsche Mobilitätszentrum" bei der Alexander-von-Humboldt-Stiftung wird mit Mitteln des BMBF unterhalten. Es bietet sowohl für internationale NachwuchswissenschaftlerInnen, die nach Deutschland kommen wollen („incoming") als auch für inländische Promovierende („outgoing") wichtige Informationen: http://www.eracareers-germany.de/index.htm (31.03.05).

Der Deutsche Akademische Austauschdienst hat seine Homepage unter: http://www.daad.de (14.07.05).

Die Studie von Sveva Avveduto zur internationalen Mobilität italienischer Promovierender für die OECD (ohne Jahr, Ende der 1990er Jahre) findet sich unter: http://www.oecd.org/dataoecd/33/49/2096794.pdf (01.04.05).

Die Studie zu den „Barriers to mobility in research training in the nordic countries" von Agnete Vabø (2003), die auf die Situation in Skandinavien, aber auch allgemeine Mobilitätsbarrieren eingeht, findet sich unter: http://www.norfa.no/img/ACF106.pdf (02.04.05).

Die Website der Konferenz zur „Early stage researcher mobility in Europe" der Marie Curie Fellowship Association findet sich unter: http://www.mariecurie.org/esrm2004 (14.07.05).

Internationale Graduiertenkollegs bieten die Möglichkeit einer gemeinsamen Doktorandenausbildung zwischen einer Gruppe an einer deutschen Hochschule und einer Partnergruppe im Ausland: http://www.dfg.de/forschungsfoerderung/koordinierte_programme/graduiertenkollegs/int_gk/index.html (14.07.05).

Sprachkurse: Übersichtliche Suchmaske zum Vergleich von ca. 300 unterschiedlichen kommerziellen Anbietern (Sprache, Länder, Inhalte/Kursart/Preis): http://www.languagecourse.net/de (14.07.05).

Sprachschulen-Datenbank: http://www.sprachkurse-weltweit.com (14.07.05).

EURODOC, die Europäische Vereinigung von Promovierendenverbänden findet sich unter: http://eurodoc.net/ (14.07.05).

Kommentierte Literatur

DAAD: Studium, Forschung, Lehre im Ausland, Förderungsmöglichkeiten für Deutsche; 2004/2005: zu beziehen bei den Akademischen Auslandsämtern der Hochschulen.

DAAD: Studium und Forschung in Deutschland, Förderungsmöglichkeiten für ausländische Hochschulangehörige (deutsch, englisch); 2004/2005: zu beziehen beim DAAD in Bonn.

DAAD (Hrsg.): Studienführer (für viele Länder erhältlich): W. Bertelsmann Verlag; zu beziehen aus dem Buchhandel.

Enders, Jürgen und Mugabushaka/Alexis-Michel (2004): Wissenschaft und Karriere. Erfahrungen und Werdegänge ehemaliger Stipendiaten der DFG; Deutsche Forschungsgemeinschaft, Forschungsberichte des Bereichs Informationsmanagement; Bonn, online unter: http://www.dfg.de/dfg_im_profil/zahlen_und_fakten/statistisches_berichtswesen/stip2004/index.html (14.07.05).

Kupfer, Antonia/Moes, Johannes: Promovieren in Europa, Ein internationaler Vergleich von Promotionsbedingungen; 2., überarb. Aufl. 2004; Frankfurt/Main (GEW MatHoFo 104) (online unter http://www.promovieren.de.vu/pie.pdf (14.07.05)).

Mitchell, Irving (2002): European Doctoral Mobility; DG for Education and Culture, European Commission; online unter http://www.bologna-berlin2003.de/pdf/CordobaA.pdf (14.07.05).

Sadlak, Jan (Hrsg.) (2004): Doctoral Studies and Qualifications in Europe and the United States: Status and Prospects.; Bucharest (online unter http://www.cepes.ro/publications/pdf/Doctorate.pdf) (14.07.05).

Stifterverband für die Deutsche Wirtschaft (Hrsg.): Brain Drain – Brain Gain. Eine Untersuchung über internationale Berufskarrieren. Durchgeführt von der Gesellschaft für Empirische Studien, Beate Backhaus, Lars Ninke, Albert Over. Juni 2002, online unter: http://www.dfg.de/ wissenschaftliche_karriere/focus/2003/doppelkarriere_paare/download/braindrain_studie.pdf (14.07.05)

Marie-Curie-Förderprogramme

Dagmar M. Meyer

Als Teil ihrer Forschungsrahmenprogramme fördert die Europäische Union seit vielen Jahren die Ausbildung und Mobilität von WissenschaftlerInnen. Diese Förderungsangebote wurden unter dem gemeinsamen Label „Marie-Curie-Aktivitäten" zusammengefasst. Das Programm richtet sich sowohl an NachwuchswissenschaftlerInnen als auch an erfahrene Forschende, der Schwerpunkt liegt jedoch bei der Förderung von Postgraduierten und Postdocs.

Die Marie-Curie-Programme haben eine Besonderheit: Das „wissenschaftliche Alter" ist bei den Förderungsvoraussetzungen relevanter als das biologische. Auch ein Doktortitel oder das Anstreben eines solchen sind formal gesehen keine Voraussetzung für die Förderung. Die Förderprogramme sind eingeteilt in solche für so genannte Early Stage Researchers (ESR) und welche für Experienced Researchers. Zu den ESR zählt man, wenn man (noch) keinen Doktortitel und noch keine vier Jahre vollzeit-äquivalente Forschungserfahrung hat. Dies wird gezählt ab dem Abschluss, der die Zulassung zur Promotion ermöglicht, also z.B. Diplom oder Master. Hat man schon promoviert oder ist man schon länger als vier Jahre aktiv in der Forschung, dann gilt man als Experienced Researcher und nicht mehr als ESR. Man kann also ein ESR sein, ohne dass man explizit auf eine Promotion hinarbeitet, und man kann noch DoktorandIn sein, aber nicht mehr als ESR gelten.

Mit einer Förderung durch die Marie-Curie-Programme sind kurzfristige und langfristige Aufenthalte in einem EU-Mitgliedsland oder assoziierten Staat möglich, in dem man in den letzten Jahren nicht gelebt hat und dessen Nationalität man nicht besitzt. So genannte „third-country nationals", die nicht den Pass eines EU-Mitgliedslandes besitzen, können sich ebenfalls bewerben.

Wer während der Promotion eine Zeit lang in einem internationalen Umfeld forschen möchte, der kann sich nach einem Stipendium an einer Marie Curie Host Institution for Early Stage Research Training umsehen. Diese Institutionen haben bei der EU Gelder für ein strukturiertes Forschungstrainingsprogramm eingeworben und vergeben Stipendien mit Laufzeit zwischen drei Monaten und drei Jahren. Für diese Stipendien bewirbt man sich direkt bei der Institution (und nicht bei der EU). Das

Besondere an den Marie-Curie-Programmen ist, dass sich nicht nur Universitäten, sondern auch Forschungsinstitute und Industrieforschungsabteilungen um die Forschungstrainingsprogramme bewerben können. Ähnliche Möglichkeiten gibt es im Rahmen der Marie Curie Research Training Networks. Dies sind Europäische Forschungsnetzwerke, die ebenfalls Stipendien vergeben, wobei in erster Linie Early Stage Researchers gefördert werden, es aber unter Umständen auch Förderung für Postdocs gibt. Bei den Marie Curie Research Training Networks spielt das gemeinsame Forschungsprojekt des Netzwerkes eine größere Rolle. Die Stipendien werden teilweise in der Form eines Arbeitsvertrags, teilweise als eigentliche Stipendien angeboten. Sie schließen aber in jedem Fall eine angemessene soziale Absicherung mit ein. Um Projekte zu finden, die Stipendien vergeben, gibt es eine Datenbank mit Suchfunktion. Bewerbungen, die direkt an die Institutionen gehen, die eine Stelle oder ein Stipendium ausgeschrieben haben, sind meist erfolgreicher als die Individualbewerbungen, da aufgrund der Spezialisierung der Ausschreibung schon eine Vorauswahl stattfand.

Für Experienced Researchers (insbesondere für Postdocs) gibt es die Möglichkeit, sich direkt bei der EU für ein Individualstipendium zu bewerben. Die gibt es sowohl für Europa (Intra-European Fellowships) als auch für den Rest der Welt (Outgoing International Fellowships). Stipendien gibt es für maximal zwei Jahre, wobei die Internationalen Fellowships eine obligatorische Rückkehrphase mit einschließen. Da es jedes Jahr nur einen Termin zur Einreichung von Anträgen gibt, das Auswahlverfahren sich aber über mehr als sechs Monate hinziehen kann, sollte man eine solche Bewerbung sehr gut planen. Außer der eigenen wissenschaftlichen Qualifikation und der Qualität des Forschungsprojektes zählt vor allem auch das Renommee der Gastinstitution. Nähere Einzelheiten zu dem Programm findet man auf der offiziellen Internet-Seite des Marie-Curie-Programms.

Eine weitere sehr empfehlenswerte Informationsquelle in Bezug auf Forschungsförderungsmöglichkeiten ist das Europäische Mobilitätsportal. Neben einer Vielzahl von Links gibt es hier auch aktuelle Ausschreibungen für Stipendien und Forschungsstellen in ganz Europa. Außerdem besteht die Möglichkeit, kostenfrei den eigenen Lebenslauf in eine Datenbank einzugeben, die von wissenschaftlichen Institutionen konsultiert wird, die Stellen im Wissenschaftsbereich zu besetzen haben. Des Weiteren gibt es Links zu den verschiedenen nationalen Mobilitätsportalen und dem ERA-MORE Netzwerk von Mobilitätszentren. Das ERA-MORE Netzwerk kann bei praktischen Fragen in Verbindung mit wissenschaftlicher Mobilität Hilfe leisten, wie z.B. mit Informationen über die Forschungslandschaft des Gastlandes, Wohnungssuche oder Kinderbetreuung.

LINKS

Datenbank mit Suchfunktion unter der Adresse: http://mc-opportunities.cordis.lu (10.08.05).
Internet-Seite des Marie-Curie-Programms unter: http://europa.eu.int/mariecurie-actions (10.08.05).
Das Europäische Mobilitätsportal: http://europa.eu.int/eracareers (10.08.05).

Klimavergleich Deutschland – USA[1]

Christiane Fellbaum

Nach 33 Jahren in den USA kehrte ich durch einen ungeplanten Glückstreffer in Form des großzügig dotierten Wolfgang Paul-Preises wieder nach Deutschland zurück. Meine vergleichenden und sicher oft naiven Bemerkungen zum akademisch-sozialen Klimavergleich kommen aus meiner Rip van Winkle-Perspektive, wo weniges noch vertraut und vieles fremd ist.

In Deutschland ist es zurzeit sehr „in", angeblich erfolgreiche amerikanische Institutionen nachzuahmen. Im akademischen Bereich werden damit verbundene Konzepte oft neu interpretiert bzw. der deutschen Situation so angepasst, dass merk- und fragwürdige Hybriden entstehen; man denke an Eliteuniversitäten und Juniorprofessuren, die hauptsächlich den Namen mit ihrem US-Pendant teilen. Mein Fokus sind jedoch nicht die universitären Institutionen, sondern Aspekte des gesellschaftlichen akademischen Lebens – betrachtet aus ganz persönlicher Sicht. Und meine bescheidene Empfehlung für den USA-Import ist der Slogan, den man häufig als Autoaufkleber sieht: „Question Authority!"

1 Homo Academicus

In Deutschland scheint es manchmal, dass die glaub- und ehrwürdige akademische Person immer noch die Rolle eines nicht-warmblütigen Roboters zu spielen versucht; und dass die Trennung von Mensch und Mitarbeiter noch anerzogen und praktiziert wird.

Die meisten KollegInnen erzählen nichts oder nur auf Befragung von ihrem Privatleben. Gesellschaftlicher Verkehr findet hauptsächlich innerhalb von Gruppen statt, die sich auf der akademisch-sozialen Leiter definieren und abgrenzen. Anregungen zum gemeinsamen Mittagessen oder Kaffeetrinken kommen eigentlich immer nur „horizontal" oder „von oben", und im letzteren Fall hofft der Einladende, dass sie nicht als „Befehle" interpretiert und „ausgetragen" werden.

Die Grenze zwischen WissenschaftlerIn und Privatmensch fängt am Feierabend an (übrigens ein Wort, das es im Englischen nicht gibt). Privat-

[1] Wir entnehmen diesen Beitrag nach freundlicher Genehmigung durch Autorin und Verlag in gekürzter und überarbeiteter Form dem Heft 14 (Herbst 2004) der Gegenworte. Zeitschrift über den Disput über Wissen der Berlin-Brandenburgischen Akademie der Wissenschaften (BBAW). Kontakt: (BBAW), Jägerstraße 22/23, 10117 Berlin, http://www.bbaw.de Email: bbaw@bbaw.de

zeit wird streng von der Arbeit getrennt und der Feierabend wird meist pünktlich eingehalten. Am Wochenende fühle ich mich verpflichtet, dem Portier etwas entschuldigend zu erklären, dass ich mein (mir selbst gesetztes) Pensum nicht geschafft habe. Wenn ich zum Mittagessen das Gebäude verlasse, fragt er routinemäßig, ob ich denn noch einmal zurückkäme.

Die strenge Trennung von Arbeitszeit und „persönlicher" Zeit mag zum Teil anerzogen sein, vielleicht durch die mit dieser Trennung verbundene Bürokratie. Meine MitarbeiterInnen legen mir komplizierte graue Formulare mit detaillierten Urlaubsbeantragungen vor (manchmal nur für einen einzigen Tag), die ich widerwillig unterschreibe – nicht, weil ich den Urlaub nicht genehmigen möchte, sondern weil es mir scheint, dass Urlaub nicht mit Erlaubnis von anderen, sondern mit Sich-Selbst-Genehmigen verbunden werden sollte.

Ist nicht eine Grundvoraussetzung für das akademische Berufsleben die Annahme, dass WissenschaftlerInnen ihre Arbeit mit Engagement, Freude und Verantwortung ausführen, und anders als der gelangweilte Fließbandarbeiter ihren Feierabend und Urlaub – ebenso wie ihren Arbeitstag – zumindest teilweise nach diesen Kriterien selbst bestimmen? Ein Gesuch um Urlaub scheint nicht nur entmündigend und unnötig hierarchiefördernd, sondern impliziert, dass der/die WissenschaftlerInnen die Freiheit, selbst seine Urlaubszeit zu bestimmen, missbrauchen würde, wenn er nicht irgendwie kontrolliert wird. Diese „Gefangenenmentalität" mutet im akademischen Leben etwas merkwürdig an.

„My job is a jail" ist eine bekannte amerikanische Phrase. Diese Metapher bezieht sich nicht nur auf den Entzug der Freiheit und Freizeit, sondern auch auf Strafaspekte wie Eingeschlossenheit und Isolation. Die vielen totenstillen Korridore, hinter deren geschlossenen Türen sich zweifellos interessante KollegInnen verbergen, erwecken Neugier, denn in den USA ist eine geschlossene Tür suspekt, und dahinter vermutet man – von einem Privatgespräch abgesehen – eine Aktivität, von der die Öffentlichkeit nichts wissen darf.

Doch die geschlossenen Türen stimmen auch melancholisch, denn sie vermitteln den Eindruck einer Institution, wo jeder seine Zeit mehr oder weniger einsam absitzt. Die meisten Gesichter kenne ich nur aus kurzen Begegnungen im Korridor, die mit einem Besuch der Toiletten verbunden sind. Und da möchte man fast lieber aneinander vorbeischauen, als sich bekannt machen. Namensschilder an den Türen sind so klein, dass man ganz dicht herantreten muss, um sie zu entziffern. Soll das die LeserInnen abschrecken, KollegInnen zumindest dem Namen nach kennen zu lernen (man könnte ja die Tür in die Nase bekommen), oder im Gegenteil zum Nähertreten auffordern?

An den mir bekannten amerikanischen Institutionen spielt sich ein großer Teil des wissenschaftlich-gesellschaftlichen Lebens im Büro der KollegInnen oder an den „öffentlichen" Orten ab. Man steckt seine Nase unangemeldet in die Tür der KollegInnen, trinkt auf dem Korridor oder im Kaffeeraum (meist schlechten) Kaffee und diskutiert einfach immer da, wo man gerade aufeinander stößt. An vielen Korridorwänden sind Tafeln angebracht, die zum Stehen bleiben und Diskutieren einladen. Manche Institute haben regelmäßige „lunch meetings" oder „happy hours" (die natürlich nicht unbedingt immer happy sind), wo KollegInnen, die sonst nichts miteinander zu tun haben, sich kennen lernen und diskutieren können.

2 Ist Leichtigkeit schwer?

Das gesellige Zusammenleben am Arbeitsplatz (was natürlich einsame Stunden im eigenen Büro nicht ausschließt) verwischt vielleicht einerseits die künstliche Grenze zwischen Mensch und KollegIn/Mitgefangener/ Roboter, und erleichtert andererseits das berufliche Miteinander-Umgehen. Es erstaunt mich manchmal, wie wenig selbstverständlich es zu sein scheint, nicht persönlich bekannte Kollegen anzumailen oder anzurufen, auf Tagungen anzusprechen, oder sie nach einem Vortrag herauszufordern. (Die Befragung von SprecherInnen erfolgt – nach einigen Augenblicken allgemeiner Befangenheit im Saal – nach mir noch nicht ganz entschlüsselten Regeln, die auf der Hierarchie der anwesenden ZuhörerInnen beruhen.) Ich habe nicht nur einmal stundenlang in Gremien und auf Konferenzen am selben Tisch mit KollegInnen gesessen, die sich nicht vorgestellt hatten. Und sicher war das keine Unhöflichkeit, sondern eine Art Scheu.

Die Zurückhaltung, die ich oft fühle, mag mit der Selbsteinschätzung und dem Bewusstsein von seinem Platz in der Hierarchie zu tun haben. Als jüngerer Mensch ist man vorsichtig, weil man sich noch beweisen muss und jeglichen Fehler vermeiden möchte. Als Autoritätsfigur läuft man Gefahr, an Autorität zu verlieren, wenn man andere zu nahe an sich heran lässt. Aber ist dieser vermeintliche Verlust an Ansehen und Autorität die strenge Trennung von Arbeitsperson und Privatmensch wert?

Ich bin ein fester Anhänger des Glaubens, dass Lachen Menschen (und sogar KollegInnen) verbindet. Besonders wirkungsvoll ist gesunde Selbstironie und das Über-sich-selbst-Lachen, welches ich hier manchmal vermisse.

„Question Authority" bedeutet nicht nur die Infragestellung der vorgegebenen Autoritäten und Hierarchien, sondern auch die Frage nach der eigenen Autorität und der Selbstdarstellung. Wäre es nicht an der Zeit, die Autorität, die auf Status, Alter, Prestige und Geschlecht basiert, durch eine Autorität, die nur auf Talent und Leistung beruht, zu ersetzen? Letztere ist nicht mit bestimmten Verhaltensmustern verbunden und steht nicht im Widerspruch zu einer Verschmelzung von WissenschaftlerIn und Mensch.

Ich habe Bemerkungen überhört, in denen amerikanische KollegInnen als „forsch", und „selbstbewusst" charakterisiert wurden, mir selbst wurde nach einem Vortrag in Deutschland „Aggressivität" vorgeworfen. Von allen diesen Prädikaten würde ich mindestens eins, nämlich das Wörtchen „selbstbewusst", positiv bewerten.

Für Frauen bedeutet dieses Selbstbewusstsein oft, einiges von ihren männlichen Kollegen zu lernen, was sie eigentlich gar nicht lernen wollen. Etwas mehr Aggressivität (im positiven Sinne) und weniger Selbstzweifel (was ja nur ein Zeichen von Intelligenz und mangelnder Arroganz ist). Und das Bewusstsein, auch schon als ganz junge Wissenschaftlerin voll- und gleichwertig zu sein: Und: das Recht zu haben, als voll- und gleichwertig angesehen und behandelt zu werden.

Literatur

Fellbaum, Christiane (2004): Klimavergleich Deutschland – USA. Oder: Die unerträgliche Leichtigkeit des akademischen Lebens. In: Berlin-Brandenburgische Akademie der Wissenschaften (2004): Gegenworte. Zeitschrift für den Disput über Wissen. 14. Heft, Herbst 2004: Lebensläufe – Laufbahnen. Berlin. S. 28–30.

Promovieren in den Niederlanden – ein Erlebnisbericht

Stefan Petri

„Du darfst dich jetzt für ein Jahr ‚Junger Doktor' nennen" beglückwünschte mich ein Kollege nach meiner bestandenen Promotion in Groningen und verblüffte mich damit einmal mehr über die anderen Gebräuche und Traditionen in unserem Nachbarland. Als ich Anfang des Jahres 2001 nach zwei Jahren auf einer Projektstelle an einer deutschen Universität in die Niederlande ging, um dort meine Promotion in Psychologie fortzuführen, wusste ich kaum etwas über die niederländischen Hochschulverhältnisse. Die Promotionsvereinbarung, die ich gleich zu Beginn mit meiner Betreuerin abschloss, schien mir zwar sehr vernünftig zu sein, hatte jedoch auch den Beigeschmack einer Kontrollfunktion: bis dann und dann seien die Kapitel fertig zu stellen usw. Erst nach und nach begann ich zu realisieren, welche positiven Elemente in der Vereinbarung und auch in meinem Arbeitsvertrag standen. Im Gegensatz zu den meisten anderen ausländischen DoktorandInnen, die als „Beursalen", d.h. StipendiatInnen promovierten, hatte ich das Privileg wie die niederländischen DoktorandInnen als AiO (Assistent in Opleiding = Wissenschaftliche/r AssistentIn zur Ausbildung) angestellt zu werden. Das brachte nicht nur eine bessere Bezahlung, sondern auch sämtliche Vorteile einer sozialen Absicherung und einer Interessenvertretung als Angestellter in den Gremien der Universität mit sich. Die AiOs werden übrigens in den üblicherweise vier Jahren ihrer Anstellung nach progressivem Tarif bezahlt, d.h. im ersten Jahr ist das Salär recht niedrig (unter 1/2 BAT IIa), um bis zum vierten Jahr auf das Äquivalent einer vollen BAT IIa-Stelle anzuwachsen.

Schnell zeigten sich für mich die Vorteile der/s niederländischen DoktorandIn gegenüber der mir aus Deutschland vertrauten Situation: Von meiner Arbeitszeit (einer vollen Stelle) sollte ich etwa 25% für Lehre, Prüfungen und die Betreuung Studierender aufwenden und den Rest der Arbeitszeit konnte ich mich meiner Dissertation widmen. Das stand nicht nur auf dem Vertragspapier, sondern es wurde von mir erwartet. Welch ein Luxus! Darüber hinaus erwartete man, dass ich in der Zeit meiner Anstellung meine Arbeitsergebnisse auf internationalen Konferenzen vorstellen und wenn möglich auch publizieren sollte. Aus dieser Erwartungshaltung ergaben sich im Gegenzug auch eine Unterstützung bei der Vorbereitung dieser Tätigkeiten und die finanzielle Absicherung der Reisen etc.

Die Betreuung durch meine Doktormutter – im Niederländischen Promotor genannt – funktionierte ausgezeichnet. Es gab regelmäßige Gespräche über meine Arbeit und meine Situation, einmal im Jahr fand ein protokolliertes Funktionsgespräch statt, das eine Art Evaluation meiner Arbeit darstellte, aber mir auch die Möglichkeit bot, Beschwerden zu äußern oder Forderungen – etwa solche nach Weiterbildungsmaßnahmen – zu stellen. Darüber hinaus war ich in eine Arbeitsgruppe eingebunden, die regelmäßig gegenseitig die Arbeiten kommentierte. Dass die Betreuung so gut klappte, lag aber zu einem nicht geringen Teil an meiner Professorin, zu der ich ein gutes persönliches Verhältnis hatte. Niederländische KollegInnen berichteten mir häufig von konfliktbelasteten Verhältnissen zwischen DoktorandIn und PromotorIn, das ist also auch in den Niederlanden nicht unbedingt besser als in Deutschland oder anderen Ländern. Da Fachbereich und Universität jedoch für jede abgeschlossene Promotion Geld vom Staat bekommen, erhöhen sie die Reputation der BetreuerInnen und führen zu einem ausgeprägten Unterstützungswillen seitens der ProfessorInnen und der Universität.

In den Niederlanden sind die DoktorandInnen in (seit den 1990er Jahren flächendeckend aufgebauten) thematisch gegliederten Onderzoeksscholen (Graduate Schools) organisiert, in die man mit dem Beginn der AiO-schaft aufgenommen wird und die eine Art inhaltliche und methodische Ausbildungsfunktion für DoktorandInnen übernehmen. In der Schule, in die ich – da ich erst im dritten Jahr einstieg – nur als assoziiertes Mitglied aufgenommen worden war, bedeutete das, dass in den ersten beiden Jahren verschiedene thematische Seminare abgehalten wurden und einmal im Jahr eine Summerschool stattfand, zu der international ausgewiesene ExpertInnen eingeladen wurden. Im dritten und vierten Jahr wurden dann Winterschools veranstaltet, auf denen mit Blick auf den Fortgang der Dissertationen die eigenen Arbeiten der DoktorandInnen diskutiert wurden. Ich habe nur an den Gesamttreffen der Onderzoeksschool teilgenommen und war nicht in die Ausbildung eingebunden; meine Kollegin sprach immer positiv von den Summer- und Winterschools, klagte jedoch über den großen Arbeitsaufwand der Vor- und Nachbereitung.

Ein weiterer Pluspunkt der Betreuung war die Position der/s VertrauensdozentIn, der/die als AnsprechpartnerIn für Probleme zur Verfügung steht und die in meinem Fall auch eine Intervisionsgruppe aufbaute, die im kollegialen Austausch sehr hilfreich war.

Von meinen eigenen Erfahrungen ausgehend kann ich eine Promotion in den Niederlanden sehr empfehlen. Die sprachlichen Hürden sind für DeutschmuttersprachlerInnen viel leichter zu nehmen als für Menschen anderer Sprachräume. Ich habe innerhalb weniger Monate brauchbares Niederländisch gelernt, meine Lehrveranstaltung zunächst aber auf Englisch abgehalten, was kein Problem darstellte. Überhaupt kommt man mit Englisch in Holland – zumal an den Universitäten – sehr gut durch. Auch bei Dissertationen sind die meisten Fachbereiche offen gegenüber Fremdsprachen. In Groningen waren, wenn die BetreuerIn und die GutachterInnen die Sprachen verstehen, Arbeiten auf Englisch, Deutsch oder Französisch ohne besondere Antragstellung möglich. Negativ anzumerken ist die katastrophale Situation auf dem Wohnungsmarkt, gerade in der Randstad (Amsterdam, Rotterdam, Den Haag) oder in der StudenInnenmetropole Utrecht. Auch dem guten schweren deutschen Vollkornbrot habe ich manche Träne nachgeweint. In Sachen Promotion heißt es von mir aber unbedingt: Oranje boven!

Erfahrungsbericht Cotutelle de Thèse: Binationale Promotion

Ingrid Tucci

„Was ist eigentlich eine Cotutelle? Bekommen Sie dann etwa auch einen doppelten Doktortitel? Um Gotteswillen, nein!", antworteten mir automatisch die Zuständigen in den Universitäten in Deutschland. Tja, es war nicht einfach, ihnen klar zu machen, dass es im Interesse der Universität liegt, internationale Kooperationen auf der Ebene der Promotion auszuweiten, und auch im Interesse der DoktorandInnen, die sich ja dadurch internationale Kompetenzen aneignen. Die oft auch so genannte „Cotutelle-de-thèse" erlaubt nämlich den gleichzeitigen Erwerb der Doktorgrade in Frankreich und einem beliebigen anderen Land. Bis jetzt bereue ich es nicht, mich dafür entschieden zu haben. Es hat viel Mühe gekostet, den Antrag zu stellen und auch zu erreichen, dass alle Parteien sich über den Inhalt des Ko-Betreuungsvertrages einig waren.

Ich promoviere in Soziologie in Paris und Berlin und bin selbst Französin. Ich habe in Deutschland Soziologie studiert und die Cotutelle war für mich die Gelegenheit, in meinem Herkunftsland wieder Fuß zu fassen. Die Cotutelle ist jedoch auch für diejenigen interessant, die nicht französische Muttersprachler sind, und sei es, um die Sprachkenntnisse zu verbessern!

Man sollte am besten zwei BetreuerInnen wählen, die mehr oder weniger schon zueinander Kontakt haben. Das habe ich nicht geschafft: Meine zwei Doktorväter kennen sich nicht. Aber bis jetzt ist das kein Problem gewesen und ich hoffe es wird auch in Zukunft so bleiben. Auch auf der kulturellen Ebene gibt es Unterschiede, die kleine Hindernisse sein können. Eine Dissertation in Frankreich hat nicht ganz den gleichen Aufbau wie eine Dissertation in Deutschland und darüber sollte man ausführlich mit den BetreuerInnen sprechen. Abgesehen von den Anfangsschwierigkeiten überwiegen für mich die positiven Aspekte der Cotutelle. Durch die regelmäßigen Aufenthalte in Frankreich habe ich viele DoktorandInnen und ForscherInnen kennen gelernt, die in meinem Themenbereich arbeiten. In Frankreich – bzw. an der Ecole des Hautes Etudes en Sciences Sociales, wo ich promoviere – werden die Promovierenden automatisch dem Forschungsinstitut (Laboratoire de Recherche) angegliedert, an dem der/die BetreuerIn auch arbeitet. Das ist eine gute Sache, weil man dadurch Kontakte knüpfen kann und in einem institutionellen Rahmen integriert ist. Was mich betrifft, ist das Institut, an dem ich angegliedert bin, ein Ort, an dem ich vieles über methodologische Fragen lernen kann. (Ich arbeite quantitativ und das Institut hat mir auch die Daten für meinen empirischen Teil zur Verfügung gestellt.) Für die regelmäßigen Reisen in das „Partnerland" gibt es so genannte Mobilitätsstipendien, die auf drei Jahre ausgelegt sind und auf die man sich bewerben kann. Die Bewerbung sollte unbedingt im ersten Jahr geschehen!

Was mir vor allem an der Cotutelle gefällt, ist, dass man durch die verschiedenen Kontakte und Auseinandersetzungen einen anderen Blickwinkel hat, um das Dissertationsthema anzugehen. Ich arbeite im Bereich der Integration von MigrantInnen und gerade in diesem Bereich gibt es dort andere Ansätze und Forschungsergebnisse in der Soziologie und der Demographie, die die eigene Arbeit nur bereichern können.

Das Modell Internationales Doktorandenforum zur Integrationsförderung internationaler DoktorandInnen als Beispiel qualitativer Internationalisierung

Ulrike Senger

Die Internationalisierung deutscher Hochschulen und Forschungseinrichtungen wird zumeist quantitativ verankert, in der Außendarstellung vor allem sichtbar in der Öffentlichkeit präsentierten Statistiken zur Anzahl internationaler WissenschaftlerInnen und Studierender, in der Höhe des für Auslandsaufenthalte investierten Fördervolumens, in der Anzahl internationaler Forschungskooperationen usw. Betrachtet man aber die konkrete Situation internationaler DoktorandInnen als einer Zielgruppe der Internationalisierung, fällt auf, dass die quantitative Internationalisierung nicht selbstverständlich die qualitative Internationalisierung, nämlich die Integration internationaler DoktorandInnen in Deutschland, gewährleistet.

Die Betreuungserfahrungen des Tutoriums für ausländische DoktorandInnen an der Universität Heidelberg, 1998-2002, zeigen gravierende Betreuungsdefizite auf. Dies dokumentieren folgende Erfahrungsberichte internationaler DoktorandInnen:

„Der Weg vom Promotionsanfang bis zum akademischen Promotionserfolg in Deutschland ist ein sehr langwieriger und steiniger Weg. Dass die Promotion durch den Doktoranden allein angefertigt werden muss, ist eine Selbstverständlichkeit für jede seriöse wissenschaftliche Arbeit rund um den Globus. Jedoch zeigt die Realität, dass sich die Schwierigkeiten für die ausländischen Doktoranden aufgrund der sehr erheblichen kulturellen und sprachlichen Unterschiede zwischen dem Heimatland und der Bundesrepublik vervielfachen. Diese zusätzlichen natürlichen Hindernisse sind häufig der Grund, warum viele ausländische Doktoranden eine längere Forschungszeit als die deutschen Kollegen für die Promotion brauchen." Oder: „Die universitäre Organisation und Hierarchie sind dem ausländischen Doktoranden völlig unbekannt. Er sucht nach einem Anker, den er zusätzlich zur hohen Autorität der Doktormutter oder eines Doktorvaters braucht, um in Bezug auf die ‚ungeschriebenen Regeln und Gesetze' einer fremden Wissenschaftskultur informiert zu werden und zurechtzukommen."

Das Tutorium für ausländische DoktorandInnen legte in Konzeption und Durchführung seinen Schwerpunkt auf die ganzheitliche Betreuung internationaler DoktorandInnen mit dem Ziel der akademischen und soziokulturellen Integration in Deutschland. Das doktorandenpezifische Lehr- und Betreuungskonzept bot zusätzlich zur fachlichen Betreuung durch die ProfessorInnen ein fächerübergreifendes Lehrangebot zur Vermittlung der deutschen Wissenschaftssprache und Wissenschaftskultur und förderte den interkulturellen und interdisziplinären Austausch in Form transdisziplinärer Projektarbeit, nicht zuletzt in der Kontinuität einer internationalen Scientific Community über verschiedene Fächer und Kulturen hinweg. Die erfolgreiche Erprobung führte zur Ausbildung einer neuen universitären Struktur, dem Internationalen DoktorandInnenforum, das sich die internationale Qualifizierung sowohl ausländischer als auch deutscher DoktorandInnen, die mit Bitte um Teilnahme zu obigen Veranstaltungen hinzukamen, zur Aufgabe macht. Die Erarbeitung der Inhalte und der Didaktik zur internationalen Qualifizierung des wissenschaftlichen Nachwuchses sowie die internationale (Weiter-) Qualifizierung des Betreuungspersonals sind Desiderate qualitativer Internationalisierung und bedürfen noch grundlegender Pionierarbeit. Mit dem Ziel der qualitativen Internationalisierung des Promotionsstudiums in Deutschland entsteht derzeit an der TU Kaiserslautern ein Pilotzentrum Internationales Doktorandenforum, das bundesweit Überzeugungs- und Qualifizierungsarbeit in diesem Bereich leisten soll.

Zum Weiterlesen:

Senger, Ulrike (2003): Internationale Doktorandenstudien. Ein Modell für die Internationalisierung der Doktorandenausbildung an deutschen Hochschulen und Forschungseinrichtungen. Mit einem Vorwort von Prof. Dr. Klaus Landfried. S. 1–300. (Reihe Forum der Hochschulpolitik, herausgegeben von der Hochschulrektorenkonferenz).

Von Bologna nach London – Promovieren im Europäischen Hochschulraum

Andreas Keller

1999 kamen in Bologna die für das Hochschulwesen zuständigen Ministerinnen und Minister aus 29 europäischen Staaten zusammen und verständigten sich in einer gemeinsamen Erklärung darauf, bis zum Jahr 2010 einen Europäischen Hochschulraum zu konstituieren. Seitdem ist in diesem Zusammenhang vom „Bologna-Prozess" die Rede (vgl. grundlegend Keller 2004). Nach Prag (2001) und Berlin (2003) hat im Mai 2005 der vierte Hochschulgipfel im norwegischen Bergen stattgefunden. Der nächste Gipfel ist im Mai 2007 in London vorgesehen. Mittlerweile haben sich 45 Staaten innerhalb und außerhalb der Europäischen Union (EU) dem Bologna-Prozess angeschlossen.

Erklärtes Ziel des Bologna-Prozesses ist u.a. eine europaweite Angleichung der Studienstrukturen. Bis zum Jahr 2010 soll im Europäischen Hochschulraum das Studium einheitlich in zwei Zyklen gegliedert werden: Der erste Zyklus („undergraduate") mit einer Dauer von mindestens drei Jahren bis zum ersten Abschluss hat in erster Linie Qualifikationen für den Arbeitsmarkt zu vermitteln; der zweite Zyklus („graduate") kann entweder zu einem zweiten Abschluss oder – wie es die Bologna-Erklärung von 1999 explizit vorsieht – direkt zur Promotion führen. Nach angelsächsischem Vorbild erhalten die Studienabschlüsse der beiden Zyklen häufig die Bezeichnung „Bachelor" und „Master". Ziel der Harmonisierung der Studienstrukturen ist es, die Studienabschlüsse europaweit vergleichbar zu machen und die Mobilität von Lernenden und Lehrenden im Europäischen Hochschulraum zu fördern.

Auf dem Berliner Hochschulgipfel (2003) wurden diese zwei Hauptzyklen um einen dritten Zyklus des Hochschulstudiums – die Doktorandenausbildung – erweitert. Der zum Berliner Hochschulgipfel vorgelegte „Trend III"-Bericht hatte zuvor aufgezeigt, wie unterschiedlich die Promotionsphase in den europäischen Hochschulsystemen zurzeit ausgestaltet ist (Reichert/Tauch 2003, vgl. auch Kupfer/Moes 2004). Auch für die Promotionsphase werden im Rahmen des Bologna-Prozesses nun eine größere Mobilität der Doktorandinnen und Doktoranden sowie eine intensivere Kooperation der Hochschulen gefordert. Damit haben die europäischen Hochschulministerinnen und -minister die

Promotionsphase als eigenständigen Abschnitt der wissenschaftlichen Laufbahn anerkannt.

In ihrem Berliner Kommunikee geben die Ministerinnen und Minister zwar vor, die Promotion als Brücke zwischen Europäischem Hochschul- und Forschungsraum zu verstehen, tatsächlich aber haben sie diese als einen Teilaspekt der Studienstrukturreform wahrgenommen. Anders als von der GEW gefordert, haben sie die Promotion nicht als erste Phase der wissenschaftlichen Arbeit nach dem Studium, sondern als dritte Studienphase nach Bachelor und Master definiert.

Es ist zu befürchten, dass aus dieser Zuschreibung negative Implikationen für den hochschulpolitischen und sozialen Status von Doktorandinnen und Doktoranden abgeleitet werden – wenn diese eben nicht als junge Wissenschaftlerinnen und Wissenschaftler, sondern als fortgeschrittene Studierende angesehen werden. Dass Promovierende, wie in den nordischen Ländern üblich, vorrangig auf tariflich und sozial abgesicherten Stellen statt auf Basis von Stipendien oder Eigenfinanzierung ihre wissenschaftliche Arbeit erbringen, lässt sich nur schwer begründen, wenn diese als Studierende wahrgenommen werden.

Das in Deutschland maßgeblich von den Gewerkschaften unterstützte Plädoyer für „Stellen vor Stipendien" schließt nicht aus, auch für als Arbeitnehmerinnen und Arbeitnehmer beschäftigte Promovierende die wissenschaftliche Betreuung durch die Hochschulen zu verbessern. Auch die Frage, ob Promovierenden strukturierte Weiterbildungsangebote in Form von speziellen Curricula gemacht werden ob sie verstärkt projektbezogen im Rahmen von Kollegs, Zentren oder Research Schools gefördert werden sollen, muss unabhängig vom Status der Promovierenden diskutiert werden.

Der Bergener Hochschulgipfel 2005 hat in der Doktorandenfrage mit einer Kurskorrektur auf die von den europäischen Gewerkschaften angestoßene kritische Diskussion reagiert: Promovierende werden jetzt „both as students and as early stage researchers" – sowohl als Studierende als auch als Nachwuchswissenschaftlerinnen und -wissenschaftler – charakterisiert; an dem Verständnis der Promotion als drittem Zyklus des Hochschulstudiums wurde indes festgehalten. Als Kernelement der Promotionsphase sieht die Bergener Erklärung „die Förderung des Wissens durch unabhängige Forschung" an; gleichzeitig sollen die Doktorandenprogramme durch eine interdisziplinäre Ausbildung und Entwicklung beruflicher Qualifikationen den Anforderungen eines breiteren Arbeitsmarkts Rechnung tragen.

Letztlich bleiben die Festlegungen von Bergen also ambivalent, und die Promotion steht weiter auf der Agenda des Bologna-Prozesses: 2007 sollen die Ministerinnen und Minister in London erneut beraten. Von entscheidender Bedeutung wird sein, inwieweit sich die Doktorandinnen und Doktoranden bis dahin selbst aktiv in die weiteren Diskussionen einschalten können.

Literatur

Keller, Andreas (2004): alma mater bolognaise. Perspektiven eines Europäischen Hochschulraums im Rahmen des Bologna-Prozesses. Berlin/Potsdam/Frankfurt a. M./Hannover (GEW Analysen und Alternativen für Bildung und Wissenschaft, Bd. 1).

Kupfer, Antonia/Moes, Johannes (2004): Promovieren in Europa. Ein internationaler Vergleich von Promotionsbedingungen. Frankfurt a. M. 2. Aufl. (GEW Materialien und Dokumente Hochschule und Forschung, Bd. 104).

Reichert, Sybille/Tauch, Christian (2003): Trends 2003. Progress towards the European Higher Education Area. Bologna four years after: Steps toward sustainable reform of higher education in Europe. A report prepared for the European University Association. Brüssel.

LINK

Alle wichtigen Dokumente sind auf den offiziellen Internetseiten des Bergener Hochschulgipfels zu finden: http://www.bologna-bergen2005.no (14.07.05).

F Publikation und Profession

Einleitung – Publikation und Profession

Sandra Tiefel

Obwohl die Beiträge zum Publizieren der Dissertation und zu den beruflichen Perspektiven Promovierter am Ende dieses Handbuch stehen, ist es unseres Erachtens auch für Promotionswillige und PromotionsanfängerInnen aufschlussreich, sich schon früh mit der Endphase des Promovierens auseinander zu setzen. Denn im Zuge der wissenschaftlichen Arbeit vergisst man schon einmal, dass neben den inhaltlichen Auseinandersetzungen und Spezialisierungen auch die Einhaltung von Formalia (→Promotionsordnungen) für den Abschluss der Promotion ebenso wichtig ist wie für die Planung dessen, was danach kommen kann oder soll.

Promovierte in Deutschland dürfen sich erst mit ihrem Doktortitel schmücken, wenn ihre Dissertation publiziert ist. Zudem zählen Publikationen auch schon während der Promotion zu den einschlägigen Qualitätsmerkmalen in Wissenschaft und Forschung: Und die Publikationsliste ist bei Stellenbesetzungen nicht selten das ausschlaggebende Kriterium bei der BewerberInnenauswahl. Wir möchten mit den Beiträgen zum →Publizieren – Publikationen während der Promotionsphase und Veröffentlichung der Dissertation →Druckkostenzuschüsse und zu →Verlagsverhandlungen Mut machen, schon frühzeitig z.B. Teile der Dissertation zur Veröffentlichung anzubieten. Trotz erwartbarer Ablehnungen oder Überarbeitungsanforderungen übt sich das Publizieren nur im Tun und Veröffentlichungsmöglichkeiten eröffnen sich meistens erst, wenn man gezielt danach sucht.

Entgegen der tradierten Printpraxis erschließen sich mit dem Internet zudem weitere Publikationsräume. Nicht nur Dissertationen können inzwischen digital publiziert werden (→Digitale Dissertation), sondern auch Artikel, Forschungsberichte, Falldarstellungen etc. Die mit der Erweiterung dieser Publikationsmöglichkeiten im Zusammenhang stehenden Fragen wie z.B. die des Urheberrechts werden in dem Beitrag zu →Open access aufgeworfen und diskutiert: Was sind die Vor- und Nachteile für AutorInnen, wenn jedermann freien und uneingeschränkten Zugang zu den Ergebnissen z.B. von öffentlich finanzierter Forschung bekommt? Wie kann man sich und die eigene Forschung bekannt machen, ohne dass das geistige Eigentum „heimlich" kopiert wird? Welche Standards sollten bei open access herrschen? usw. usf.

Die Berufsaussichten für AkademikerInnen sind verglichen mit anderen Berufsgruppen gut. Promovierte haben statistisch gesehen allgemein gute bis sehr gute Beschäftigungsquoten. Und auch PromotionsabbrecherInnen finden in der Regel wie andere StudienabsolventInnen durchschnittlich nach ca. 25 ernst gemeinten Bewerbungen bzw. nach spätestens 18 Monaten eine Anstellung. In dem Artikel →Promotion und Berufsperspektiven wird eingehender auf Berufschancen nach der Promotion eingegangen. Ergänzend findet sich daran anschließend ein Beispiel ergebnisoffener akademischer Karriereberatung (→Academic Consult®). Da aber trotz der Varianz möglicher Berufsfelder viele Promovierende eine wissenschaftliche Laufbahn anstreben, endet das Handbuch mit einem Aufsatz zu den →Berufswegen in Wissenschaft und Forschung, in dem Übersichten über rechtliche und institutionelle Rahmenbedingungen, über mögliche wissenschaftliche Aufgabenfelder und Funktionen ebenso wie über verschiedene Finanzierungsmöglichkeiten gegeben werden.

Das Ende der Dissertation scheint in Sicht, wenn die Erhebungsphase abgeschlossen ist, die einschlägige Literatur gelesen wurde und die Ergebnisse eingegrenzt sind. Und trotz des berechtigten Wunsches nach Urlaub und Erholung braucht es jetzt neben dem Schreiben der letzten Kapitel und der Überarbeitung der von Freunden und KollegInnen Korrektur gelesenen Abschnitte noch zweier weiterer Kraftakte um auch die Promotion zu einem guten Ende zu führen:

1. die Beschäftigung mit der Frage, wie und wo die Dissertationsschrift publiziert werden soll oder kann und
2. die Notwendigkeit, sich mit den möglichen beruflichen Perspektiven auseinander zu setzen.

Da die Antworten auf diese Fragen selbstverständlich nicht nur durch Fächerunterschiede, sondern auch durch die individuellen Voraussetzungen und Möglichkeiten des Promovierten variieren, zielen die folgenden Beiträge darauf ab, eher allgemein gültige Informationen und Überblicke zu vermitteln und verweisen, dort wo Disziplin- oder Finanzierungsspezifika bekannt sind, auf weiterführende Literatur und Links.

Publizieren – Publikationen während der Promotionsphase und Veröffentlichung der Dissertation

Melanie Fabel-Lamla

Promovierende müssen sich spätestens nach der Fertigstellung und erfolgreichen Verteidigung der Dissertation mit dem Thema „Publizieren" auseinander setzen und sich für eine der verschiedenen Formen der Veröffentlichung entscheiden. Doch auch bereits während des Promovierens sollten Möglichkeiten des Publizierens gesucht und genutzt werden – nicht nur um sich in der scientific community zu präsentieren und eine Rückmeldung bezüglich der eigenen Forschungsarbeit und Präsentation zu erhalten, sondern auch um den eigenen Arbeits- und Dissertationsprozess zu strukturieren, sich Erfolgserlebnisse zu verschaffen und somit motivierter weiterarbeiten zu können. Allerdings ergeben sich Gelegenheiten zum Publizieren zumeist nicht von selbst, sondern NachwuchswissenschaftlerInnen benötigen FürsprecherInnen, Netzwerke und eine gehörige Portion Eigeninitiative. Im Folgenden werden verschiedene Aspekte des wissenschaftlichen Publizierens beleuchtet und Hinweise, Hilfestellungen und Tipps für das Publizieren während der Promotionsphase (1) und für die Veröffentlichung der Dissertation gegeben (2).

1 Publizieren während der Promotionsphase

Insbesondere für DoktorandInnen, die nach der Promotion im wissenschaftlichen Umfeld tätig sein möchten, ist es wichtig, bereits während der Promotionsphase erste Publikationen zu veröffentlichen. Denn nicht nur die Qualität der eigenen Forschungsarbeit, sondern auch die Länge der Publikationsliste ist ein entscheidendes Kriterium im Kampf um Stellen, Reputation und Forschungsgelder im Wissenschaftsbetrieb. Aber auch für jene, die sich diesen Zwängen nicht aussetzen wollen oder müssen, kann es trotz des damit verbundenen zeitlichen Aufwands aus verschiedenen Gründen durchaus sinnvoll sein, einzelne Aspekte der Promotionsarbeit bzw. Zwischenergebnisse zu publizieren: Das Verfassen kleinerer wissenschaftlicher Beiträge (wie ein Zeitschriftenartikel, ein Kurzreferat auf einem Workshop, ein Vortrag oder eine Rezension) kann helfen, den eigenen Forschungs- und Promotionsprozess in einzelne Abschnitte, Phasen und Teilschritte zu strukturieren.[1] Die Bearbeitung und Darstellung klar umrissener, kleinerer Problemfelder beim Schreiben eines „Papers" oder auch das Verfassen einer Rezension kann bei der Überwindung von Schreibblockaden und -problemen helfen. Schließlich ist auch der Stolz über die ersten eigenen Publikationen nicht zu unterschätzen, was wiederum Motivation und Energien für die weitere Promotionsphase freisetzen kann.

Die Bedingungen und Möglichkeiten, bereits während der Promotionsphase zu publizieren, sind unterschiedlich und hängen u.a. von der jeweiligen Fachkultur und den Arbeitszusammenhängen ab. So ergeben sich bei der Einbindung in Projekte bzw. interdisziplinäre Forschungszusammenhänge – im Gegensatz zu Promovierenden, die ihre Dissertation allein ohne institutionelle Forschungsnetzwerke verfassen (vor allem in den Geistes- und Sozialwissenschaften) – eher Möglichkeiten für die vielfach auch gemeinsame Publikation von (Zwischen)Ergebnissen.[2] Aber auch jenseits solcher Forschungszusammenhänge können Promovierende verschiedene Strategien verfolgen, um eigene wissenschaftliche Publikationen vorzubereiten und zu veröffentlichen:

- Doktorvater/-mutter, aber auch andere wissenschaftliche Mentoren können gemäß ihrer Verpflichtung zur Betreuung, Ausbildung und Förderung des wissenschaftlichen Nachwuchses als „Steigbügelhalter" fungieren und DoktorandInnen, z.B. als KoautorInnen, an die Praxis des wissenschaftlichen Schreibens heranführen, bei der Publikation wissenschaftlicher Beiträge beraten und Publikationsmöglichkeiten vermitteln. Dieses Anliegen sollten Promovierende gegenüber ihren BetreuerInnen deutlich machen und einfordern. Ein entsprechender Passus sowie Regelungen hinsichtlich der Teilhabe an der AutorInnenschaft können z.B. in eine Promotionsvereinbarung[3] Eingang finden und sicherstellen, dass die MitautorInnenschaft des Promovie-

---

[1] Auf wissenschaftliche Schreibstrategien und die unterschiedlichen Textsorten Vortrag, Abstract, Artikel und Rezension kann hier aus Platzgründen nicht weiter eingegangen werden. Hier sei auf die einschlägige Literatur zum wissenschaftlichen Schreiben verwiesen. Mediziner finden einen guten Leitfaden zur Erstellung eines Abstracts und eines Fachartikels in Janni/Friese (2004, S. 35–85).

[2] Nach Messing/Huber (2002, S. 127) ist es in manchen Fächern nicht üblich, vor Abschluss der Dissertation überhaupt zu veröffentlichen. Leider nennen sie keine Beispiele, so dass man sich selbst über die Gepflogenheiten in der jeweiligen Fachkultur erkundigen muss.

[3] Vgl. etwa die Punkte 6 und 8 in der Muster-Promotionsvereinbarung der Promovierenden-Initiative (PI) (LINK) und den Artikel zu Promotionsvereinbarungen in diesem Buch (→Promotionsvereinbarungen).

renden nicht nur benannt wird, sondern sich der Anteil an der
Publikation auch in der Platzierung in der AutorInnenliste widerspiegelt.[4]

- Eigeninitiativ kann man sich als NachwuchswissenschaftlerIn
  auf einen Call for papers mit einem Abstract für einen Vortrag
  auf Workshops, Tagungen oder Kongressen bewerben, die in den
  jeweiligen Mitteilungsheften bzw. Internetplattformen der Fachgesellschaften, in einschlägigen Fachzeitschriften sowie über
  Mailinglisten publik gemacht werden. Um die eigenen Chancen
  zu erhöhen, sollte man darauf achten, dass man zum eigenen
  Forschungsfeld inhaltlich passende Veranstaltungen aussucht,
  den eigenen Beitrag auf eines der vorgegebenen Themen fokussiert und die formalen Vorgaben (Abgabetermin, Abstract-/Expo-
  ségestaltung) beachtet. Eine Absage sagt nicht unbedingt etwas
  über die Qualität des Papers aus, vielfach spielen andere Dinge
  bei der Auswahl der Vortragenden mit hinein (mangelnde zeitliche Kapazitäten, inhaltliche Programmgestaltung, Bevorzugung des eigenen Nachwuchses auf Seiten der OrganisatorIn-
  nen/GutachterInnen etc.). Da die Vorträge auf Tagungen vielfach
  später in einem Sammelband herausgegeben werden, ist mit der
  Einladung für einen Vortrag auch oft die Möglichkeit einer Publikation des Beitrags verbunden. Die Beteiligung an der Organisation einer Tagung ermöglicht darüber hinaus oft die Mither-
  ausgabe des Dokumentationsbandes.
- Auch verschiedene Stiftungen bieten für ihre PromotionsstipendiatInnen im Rahmen von Tagungen, Dokumentationen, haus-
  eigenen Zeitschriften und Mitteilungsblättern, Sammelbänden
  etc. die Möglichkeit, eigene Beiträge, Berichte und Rezensionen
  zu platzieren.
- Möglicherweise kann es auch aussichtsreich sein, mit anderen
  NachwuchswissenschaftlerInnen bzw. wissenschaftlichen MentorInnen ein Konzept für einen Sammelband zu entwickeln und
  direkt an einen Verlag heranzutreten.
- Fachzeitschriften stellen in allen Disziplinen eine besonders hohe Hürde für die Publikation dar, da bekannte Journals nur ei-

---

[4] Hier haben die DFG, aber auch einzelne Fachgesellschaften Vorschläge zur Sicherung guter wissenschaftlicher Praxis vorgelegt. Vgl. die Empfehlungen der Kommission „Selbstkontrolle in der Wissenschaft" Januar 1998 (LINK).

nen Bruchteil der eingereichten Arbeiten veröffentlichen. Doch kann das Einreichen eines „runden", ausgereiften, d.h. vorher mit anderen kritisch diskutierten und überarbeiteten Zeitschriftenartikels aussichtsreich sein, wenn z.b. das eigene Dissertationsthema für den Themenschwerpunkt eines Heftes zentral ist. Zudem werden bei vielen Fachzeitschriften die eingereichten Manuskripte anonym begutachtet, so dass man, auch ohne bereits einen „Namen" in der Disziplin zu haben, Chancen hat. Um nicht bereits an formalen Vorgaben zu scheitern, sollte man die jeweiligen Manuskriptregeln, die vorgegebene Länge eines Beitrags sowie Standards wissenschaftlichen Arbeitens sorgfältig beachten. Da nur Originalarbeiten akzeptiert werden, ist es nicht möglich, einen Beitrag bei mehreren Journalen gleichzeitig einzureichen (nach einer Ablehnung aber schon). Die interne Qualitätskontrolle erfolgt entweder durch die HerausgeberInnen oder durch eine (zumeist anonyme) Begutachtung durch externe ExpertInnen (das so genannte peer review-Verfahren), deren Gutachten darüber entscheiden, ob das Manuskript unverändert, nach Überarbeitung oder überhaupt nicht in der Fachzeitschrift abgedruckt wird. Auch im letzteren Fall kann die Rückmeldung durch die GutachterInnen bzw. HerausgeberInnen der Zeitschrift durchaus hilfreich für das eigene Promotionsprojekt sein, wenn z.B. Schwächen in der Argumentation im Manuskript aufgedeckt werden. Publikationen in Peer-Review-Zeitschriften sind in der scientific community besonders anerkannt und spielen in den USA, aber auch zunehmend in Europa in Bewerbungsverfahren und bei der Vergabe von Forschungsmitteln insbesondere in den so genannten STM-Fächern (Scientific, Technical, Medical) eine entscheidende Rolle.[5]

- Viele Zeitschriften bieten ferner die Möglichkeit, wissenschaftliche Neuerscheinungen zu besprechen. Das Verfassen einer Rezension übt nicht nur im wissenschaftlichen Schreiben, sondern

---

[5] Als „Maß" für die Bewertung von Zeitschriften hinsichtlich des wissenschaftlichen Niveaus hat sich der „Impact Factor" (IF) etabliert, der die Häufigkeit erfasst, mit der Artikel einer Zeitschrift in anderen renommierten Zeitschriften zitiert werden. Dies hat insbesondere in den Naturwissenschaften und der Medizin dazu geführt, dass WissenschaftlerInnen bestrebt sind, viele Aufsätze in Zeitschriften mit einem hohen IF zu publizieren. Vgl. kritisch zum Impact Factor Weiß (2004) und LINK Universität Heidelberg. Vgl. zu möglichen Entscheidungskriterien für die Auswahl der richtigen Fachzeitschrift im Bereich Medizin Janni/Friese (2004, S. 28–32).

man kann sich auch einen Überblick über die aktuelle Fachdis-
kussion und den Forschungsstand verschaffen, wird über die
kritische Auseinandersetzung für Forschungs- und Argumenta-
tionslogiken sensibilisiert und erhält zumeist ein kostenloses Re-
zensionsexemplar.

- Das Internet als Medium der Information und Kommunikation
und das wachsende Angebot an frei zugänglichen und zugriffs-
beschränkten elektronischen Parallelausgaben von Printzeit-
schriften und an rein elektronischen Zeitschriften und Review-
Journalen[6] eröffnen neue Möglichkeiten im wissenschaftlichen
Bereich, die eigenen Ideen, Erkenntnisse und Forschungsergebnisse elektronisch zu publizieren. Da die damit verbundenen
Herausforderungen, Probleme und Potenziale des Online-Publi-
zierens derzeit noch breit diskutiert werden, vieles noch im Fluss
ist und die Akzeptanz von Online-Publikationen in den einzelnen
Fachdisziplinen sehr unterschiedlich ist, lassen sich hier kaum
generelle Empfehlungen geben (→Digitale Dissertation; →Open
access). Auch viele der im Internet entstehenden wissenschaftlichen Informations- und Kommunikationsnetzwerke sowie Plattformen von NachwuchswissenschaftlerInnen bieten – neben
Nachrichten zum wissenschaftlichen und hochschulpolitischen
Geschehen – die Möglichkeit, fachrelevante Informationen und
Ergebnisse in verschiedenen Beitragsformaten (z.B. Rezensionen, Tagungsberichte, Diskussionsforen) zu publizieren.[7]

2   Veröffentlichung der Dissertation

Der erste Weg, um sich über die Vorgaben für die Dissertationsschrift sowie deren Publikation zu erkundigen, sollte zur Promotionsordnung der jeweiligen Fakultät bzw. des Fachbereiches führen (→Promotionsordnun-

---

[6] Verschiedene Verzeichnisse und Sammlungen von elektronischen Zeitschriften listet die Bibliothek der
FU Berlin auf (http://www.ub.fu-berlin.de/literatursuche/literatur_im_web/zeitschriften/e-jour-
nals.html (01.01.05)). In der Elektronischen Zeitschriftenbibliothek (EZB) werden alle Zeitschriften aufgenommen, die Artikel im Volltext anbieten (http://www.bibliothek.uni-regensburg.de/ezeit/
ezb.phtml (01.01.05)). Auch das „Directory of open access journals (DOAJ)" ist ein Verzeichnis mit derzeit 1.404 im Internet frei verfügbaren wissenschaftlichen Online-Journalen (http://www.doaj.org/
(01.01.05)).
[7] Vgl. z.B. „Humanities. Sozial- und Kulturgeschichte (H-Soz-u-Kult)" (http://hsozkult.geschichte.hu-ber-
lin.de); „historicum.net – Geschichts- und Kunstwissenschaft im Internet" (http://www.historicum.net)
oder das Online-Rezensionsmagazin „KULT_online" des Gießener Graduiertenzentrums Kulturwissenschaften (GGK) (http://www.uni-giessen.de/graduiertenzentrum/magazin/kult.php).

gen). Angesichts unterschiedlicher Fächerkulturen zeigen sich hier große Unterschiede: Während kumulative Habilitationsschriften durchaus in allen Fächern verbreitet sind, ist die kumulative Promotion (vgl. hierzu Raithel 2002) – also die Anerkennung mehrerer Einzelveröffentlichungen des Kandidaten/der Kandidatin als Dissertationsschrift, die in ihrer Gesamtheit eine einer Dissertation gleichwertige Leistung darstellen – nur in wenigen Fällen (z.b. in der Medizin (Charité) und in mathematischen, natur- und ingenieurwissenschaftlichen Fächern (z.b. Universität Bremen)) anzutreffen. Als Dissertation werden in einigen Promotionsordnungen auch Beiträge des Bewerbers/der Bewerberin an Gemeinschaftsarbeiten anerkannt (z.B. Fakultät für Sozial- und Verhaltenswissenschaften der Universität Tübingen), wenn die individuelle Leistung klar erkennbar ist, also die eigenen Anteile nachweisbar selbständig abgefasst sind. In der Regel sind Dissertationen in deutscher Sprache abzufassen. Viele Promotionsordnungen sehen allerdings vor, dass der Promotionsausschuss auf Antrag gestatten kann, eine in einer anderen Sprache (zumeist englisch) geschriebene Dissertation vorzulegen. Angesichts der gegenwärtigen Bestrebungen zur Angleichung des europäischen Hochschulraumes kann es durchaus Erfolg versprechend sein, rechtzeitig einen Antrag bzw. auch eine Anfrage auf Änderung der Promotionsordnung beim Fakultäts- bzw. Fachbereichsrat zu stellen, wenn man die Arbeit in englischer oder einer anderen Fremdsprache einreichen oder auch die Disputation, das Kolloquium oder Rigorosum z.B. auf englisch durchführen möchte.

Nach dem erfolgreichen Abschluss der mündlichen Promotionsleistungen ist die Dissertation (wenn nicht bereits geschehen, z.B. bei kumulativen Promotionen) zumeist innerhalb von zwei Jahren zu veröffentlichen, erst dann gilt in Deutschland die Promotion als vollzogen und darf der akademische Titel mit der Aushändigung der Urkunde getragen werden.[8] Nun steht die Entscheidung für eine der in der jeweiligen Promotionsordnung vorgesehenen Publikationsmöglichkeiten (s. Beispiel einer Promotionsordnung) und die Vorbereitung der Veröffentlichung der Dissertation an. So sind z.B. die Auflagen zur Überarbeitung, die von Seiten der GutachterInnen für die Veröffentlichung gemacht wurden, oder Kürzungen vorzunehmen.

---

[8] Viele Promotionsordnungen sehen allerdings die Genehmigung eines vorzeitigen Vollzugs der Promotion vor, wenn z. B. durch die verbindliche Erklärung eines Verlages sichergestellt ist, dass die Arbeit in angemessener Frist veröffentlicht wird (z.B. Promotionsordnung der Philosophischen Fakultät der Martin-Luther-Universität Halle-Wittenberg).

Hinweis: Vor der Drucklegung ist zumeist eine Genehmigung beim Dekan einzuholen bzw. sind – wie im aufgeführten Beispiel – die Druckfahnen zur Revision vorzulegen.

Beispiel einer Promotionsordnung

§ 14 Veröffentlichung der Dissertation

(1) Die Dissertation ist zu veröffentlichen. Als Formen der Veröffentlichung sind zulässig:

a) die Publikation als selbständige Schrift in einem wissenschaftlichen Verlag;

b) die Vervielfältigung im photomechanischen Verfahren im Format DIN A 5; ausnahmsweise kann der Fakultätsrat gestatten, daß die photomechanische Vervielfältigung im Format DIN A 4 erfolgt;

c) die Eingabe der Dissertation in das Dissertationen-Archiv auf dem zentralen WWW-Server der Otto-von-Guericke-Universität Magdeburg (nach Einrichtung des Archivs);

d) die Veröffentlichung auf Microfiche oder 34 CD-ROM.

e) der Abdruck in einer wissenschaftlichen Zeitschrift; in Sonderfällen kann der Fakultätsrat gestatten, daß sich dieser Abdruck auf einen wesentlichen Teil der Dissertation beschränkt. In diesem Fall sind sechs Exemplare der vollständigen Dissertation der Fakultät zu übergeben.

(2) Der Fakultät sind 40 Exemplare der gedruckten oder photomechanisch vervielfältigten Dissertation einzureichen. Im Falle der Veröffentlichung als selbständige Schrift durch einen wissenschaftlichen Verlag oder in einer wissenschaftlichen Zeitschrift oder bei Ablage der Datei der Dissertation im Dissertationen-Archiv auf dem zentralen WWW-Server der Otto-von-Guericke-Universität Magdeburg sind sechs Sonderdrucke an das Dekanat abzuliefern. Über Ausnahmen entscheidet der Fakultätsrat.

(3) Die Ablieferungsstücke sind mit einem Titelblatt zu versehen, dessen Vorderseite nach dem Muster der Anlage 2 zu gestalten ist. Am Schluß der Dissertation ist ein kurzer, den wissenschaftlichen Bildungsgang darstellender Lebenslauf anzufügen, der auch Angaben über Geburtstag und -ort, Staatsangehörigkeit und Dauer des Studiums an den einzelnen Hochschulen nach der Reihenfolge ihres Besuches enthalten muß. Von diesen Vorschriften kann der Fakultätsrat Befreiung bewilligen. Sie gelten nicht für die im Buchhandel erscheinenden Exemplare der Dissertation.

(4) Die Druckfahnen, einschließlich Titelblatt und wissenschaftlicher Werdegang, sind einem Mitglied der Promotionskommission, das ein Gutachten angefertigt hat, vor Vollendung des Druckes zur Revision vorzulegen. Die sich bewerbende Person hat den unterschriebenen Revisionsschein mit den Pflichtexemplaren an das Dekanat einzureichen.

(5) Die Pflichtexemplare müssen innerhalb von zwei Jahren nach bestandener Verteidigung eingereicht werden.

Liegt ein Verlagsvertrag entsprechend § 14 Abs. 1 Satz a) oder e) vor, so gilt diese Pflicht als erfüllt. Ist innerhalb eines Zeitraumes von drei Jahren die Verlagspublikation bzw. der Abdruck in einer wissenschaftlichen Zeitschrift oder die Eingabe ins Internet nicht erfolgt, sind der Fakultät entsprechend § 14 Abs. 2 sechs Pflichtexemplare einzureichen. Versäumt die sich bewerbende Person diese Fristen, so erlöschen alle durch die Verteidigung erworbenen Rechte. Ausnahmsweise kann der Fakultätsrat die Ablieferungsfrist verlängern. Hierzu bedarf es eines vor Ablauf der Frist gestellten begründeten Antrages.

(Promotionsordnung der Fakultät für Geistes-, Sozial- und Erziehungswissenschaften an der Otto-von-Guericke-Universität Magdeburg vom 04.07.2001)

Die Veröffentlichung der Dissertation ist oft mit erheblichen finanziellen Mitteln verbunden (→Druckkostenzuschüsse), doch zeichnen sich in den letzten Jahren neben der Drucklegung in Eigenregie oder in einem renommierten Fachverlag auch kostengünstigere Varianten ab: die Publikation in einem „Dissertationsverlag", über Books on demand, als Mikrofiche oder die elektronische Veröffentlichung. Sind nur die Drucklegung oder Verlagspublikation in der Promotionsordnung vorgesehen, so kann es auch hier durchaus Erfolg versprechend sein, „Pionierarbeit" zu leisten und früh genug beim Dekan, Prüfungsamt oder der Universitätsbibliothek nachzufragen, ob nicht auch eine Veröffentlichung als Mikrofiche, Books on demand oder Online-Dissertation akzeptiert wird bzw. die Promotionsordnung dementsprechend modifiziert werden kann. Die verschiedenen Publikationsformen haben jeweils ihre Vor- und Nachteile:

a Drucklegung im Selbstverlag (Pflichtexemplare) – der schnellste Weg

Promotionsordnungen sehen vor, dass man eine festgelegte Anzahl von Pflichtexemplaren (im obigen Beispiel 40 Stück) kostenfrei an die Fakultät/den Fachbereich oder die Universitätsbibliothek abliefern muss, die man in Eigenregie und sozusagen im Selbstverlag vervielfältigt. Hinweis: Vielfach müssen mögliche Auflagen bzgl. der Papierqualität, der Bindung, des Formats und der Gestaltung (z.B. Titelblatt) beachtet werden.

Zwar ist auf diesem Wege die Veröffentlichung der Dissertation innerhalb weniger Tage zu realisieren (günstig, wenn man den Titel schnell für Bewerbungen o.Ä. braucht), doch zum einen kann das bei einer hohen Anzahl von abzuliefernden Pflichtexemplaren recht teuer werden und zum anderen werden selbst gedruckte Arbeiten kaum zur Kenntnis genommen, da sie nicht über den Buchhandel erhältlich sind. Die Zahl der abzuliefernden gedruckten Pflichtexemplare reduziert sich demgegenüber erheblich (im obigen Beispiel auf sechs Stück), wenn man sich für eine Veröffentlichung der Dissertation als Abdruck in einer anerkannten Fachzeitschrift oder durch einen gewerblichen Verleger in Buchform bzw. als Mikrofiche mit ISBN-Nummer und CIP-Einheitsaufnahme[9] der Deutschen Bibliothek oder – falls vorgesehen – in elektronischer Form entscheidet.

---

[9] Der Cataloging-in-Publication-Eintrag gewährleistet die standardisierte Katalogisierung eines Titels in allen Bibliotheken.

**b   Drucklegung durch einen gewerblichen Verleger –
„Das gedruckte Buch, Ihre Visitenkarte!"[10]**

Insbesondere in den geistes- und sozialwissenschaftlichen Fächern sowie
in den Wirtschafts- und Rechtswissenschaften ist für viele DoktorandInnen
noch immer die gedruckte und in einem einschlägigen Verlag veröffentlichte Dissertation die erste Wahl – trotz der damit verbundenen oft hohen
Kosten. Wenn man sich für einen Verlag entschieden hat, werden in einem
Vertrag zwischen Verlag und AutorIn die Konditionen festgehalten (→Ver-
lagssuche und Vertragsverhandlungen), u.a. die Höhe des Druckkostenzu-
schusses, den der/die AutorIn zu zahlen hat (dieser beträgt z.b. beim
VS Verlag für Sozialwissenschaften 6,00 € pro Seite zzgl. Mehrwertsteuer;
vgl. zur Kostendämpfung →Druckkostenzuschüsse). Allerdings gibt es eine
Reihe von Verlagen, die sich auf Dissertationsveröffentlichungen spezialisiert haben[11], meist kostengünstiger[12] und schneller in der Drucklegung
als die renommierten Fachverlage sind und den AutorenInnen zum Teil
sogar einen Gewinn versprechen. Im Vertrag verpflichtet sich der/die AutorIn, eine reprofähige Druckvorlage termingerecht abzuliefern, wobei die
Verlage meist eine entsprechende Formatvorlage zur Verfügung stellen.

Folgende Vorteile sprechen für diese Buchdruckvariante: Jeder
Verlag bietet eine ISBN-Nummer, einen CIP-Eintrag und die Aufnahme in
das VLB (Verzeichnis lieferbarer Bücher), so dass die Dissertation im
Buchhandel erhältlich und damit auch für interessierte PraktikerInnen
leicht zugänglich ist, und verpflichtet sich zur Werbung für die Veröffentlichung. Damit verspricht die Publikation in Buchform die größte Rezeptionswirkung. Zudem weisen von einem Verleger gedruckte Dissertationen
ein professionelles Erscheinungsbild auf und genügen damit auch am
ehesten ästhetischen Ansprüchen. Insbesondere in einem renommierten
Fachverlag bzw. auch innerhalb einer wissenschaftlichen Buchreihe wird
die Veröffentlichung von anderen Mitgliedern der Disziplin am ehesten

---

[10] So der Werbeslogan des Nomos-Verlages (LINK).
[11] Hierzu gehören etwa der Verlag Dr. Kovač (LINK), der Verlag „dissertation.de" (bietet Online-Publikationen mit gleichzeitiger Veröffentlichung als reguläres Buch mit ISBN; (LINK)), „Der Andere Verlag"
(LINK), der Shaker Verlag (LINK), der Tectum Verlag Marburg (LINK), der W. Bertelsmann Verlag und im
Bereich der Geistes-, Sozial-, Rechts- und Wirtschaftswissenschaften die Verlagsgruppe Peter Lang
(LINK) und die Martin Meidenbauer Verlagsbuchhandlung (LINK). Siehe außerdem die Liste mit weiteren Verlagen auf der Website „docphilol" der Universität München (LINK).
[12] Der Verlag Dr. Kovač nennt folgendes Kostenbeispiel: „Ihre Dissertation aus dem Fachgebiet Erziehungswissenschaften umfasst 200 Seiten. Bei einer Auflage von 200 Büchern erhalten Sie 50 Exemplare zu einem Stückpreis von 9,80 €. Weitere Kosten entstehen Ihnen nicht." Damit belaufen sich
die Gesamtkosten auf 490,- € (inkl. 50 Exemplare). Als Zeitspanne von der Abgabe bis zur Veröffentlichung gibt der Verlag Dr. Kovač ca. 6–8 Wochen an (LINK).

wahrgenommen (z.b. in Verlagskatalogen, Newslettern, Werbung in den einschlägigen Fachzeitschriften oder auch auf Büchertischen bei Veranstaltungen, Tagungen und Kongressen), was für die wissenschaftliche Karriere nützlich sein kann. Nachteilig ist neben den hohen Kosten bei Fachverlagen, dass von der Abgabe des Typoskriptes bis zur Drucklegung Wochen bis Monate vergehen können.

Hinweis: Promotionsordnungen sehen vielfach vor, dass bei gedruckten Schriften ein bestimmtes Kürzel oder Siegel bzw. ein Hinweis im Impressum mit aufgenommen wird, dass es sich um eine Dissertation zur Erlangung des jeweiligen Doktorgrades an der entsprechenden Universität handelt. Auch die Geldgeber und finanziellen Förderer sind im Impressum zu erwähnen (z.b. „Gefördert aus Mitteln …").

Fazit: Der Fachverlag ist wohl die teuerste Variante, doch für die Bibliophilen unter den DoktorandInnen und vor allem unter Rezeptions- und Karrieregesichtspunkten noch immer am attraktivsten.

c   Books on demand – günstiger Buchdruck, aber nur auf Nachfrage

Eine preisgünstigere Alternative sind Books on demand – ein Verfahren, welches verschiedene Verlage bzw. Unternehmen anbieten.[13] Hier wird die Dissertation erst gedruckt, wenn diese jemand kaufen will. Das Buch erhält eine ISBN, einen CIP-Eintrag und einen Eintrag in das VLB (kostet meist extra!) und ist damit im deutschsprachigen Buchhandel direkt bestellbar bzw. über wichtige Online-Buchshops erhältlich. Die Auftragsabwicklung dauert in der Regel nur wenige Wochen, der/die AutorIn hat Einfluss auf die Höhe des Ladenpreises und er oder sie wird sogar mit einem bestimmten Prozentsatz am Nettoverkaufspreis des Buches beteiligt. Der jeweilige Gesamtpreis für verschiedene „Pakete", die sich hinsichtlich der Ausstattung unterscheiden, kann auf den jeweiligen Homepages der Verlage meist selbst kalkuliert werden.[14] Der/die AutorIn muss das Manuskript entsprechend vorgegebener Standardformate aufbereiten, formatieren und eine PDF- oder eine PostScript-Datei abliefern sowie ein fertiges Cover erstellen.

---

[13] Die Book on Demand GmbH (BoD) (LINK) bietet auch eine digitale Edition von Publikationen als Electronic Book on demand (eBoD) an.

[14] Das Basispaket von BoD enthält die Erstellung der digitalen Druckvorlage, den Druck von zwei Referenzexemplaren, die Katalogisierung für den (Internet-)Buchhandel und eine ISBN inklusive Meldung ans VLB und ist ab 369,00 € erhältlich. Hinzu kommen Druckkosten für Kleinauflagen für den Eigenbedarf mit einer Mindest-Abnahmemenge von 25 Stück und eine geringe monatliche Gebühr für das Datenmanagement.

Fazit: Sicherlich stellen Books on demand eine kostengünstige Alternative zur Publikation durch einen gewerblichen Verleger dar, doch können diese Bücher außerhalb der jeweiligen Verlagshomepage nicht beworben werden, so dass die Rezeptionswirkung eher begrenzt ist.

d   Verfilmung auf Mikrofiche – eine inzwischen überholte Technik

Einige Verlage bieten die Möglichkeit an, die Dissertation auf Mikrofiche zu veröffentlichen und nur die Pflichtexemplare auf Papier zu drucken[15] – eine Variante, die vor allem in den Natur- und Ingenieurwissenschaften sowie der Medizin verbreitet ist. Auch als Mikrofiche erhält die Arbeit eine ISBN-Nummer, kommt in das VLB, ist weltweit über den Buchhandel zu beziehen, uneingeschränkt zitationsfähig und damit rechtlich gesehen einem gedruckten Buch gleichgestellt. Die Arbeit kann innerhalb weniger Tage veröffentlicht werden, die Verfilmung auf Mikrofiche ist zudem wenig kostenintensiv, meist zahlt der/die AutorIn nur die gedruckten und gebundenen Pflichtexemplare, die abgegeben werden müssen. Ein gravierender Nachteil ist der erschwerte Zugang für Interessierte zu den Ergebnissen der Arbeit, da hier ein besonderes Lesegerät erforderlich ist, man an Öffnungszeiten der Bibliotheken gebunden ist und Kopien recht teuer sind.

Fazit: Die Veröffentlichung auf Mikrofiches ist eine veraltete, wenn auch kostengünstige Variante für jene DoktorandInnen, die ihre Arbeit in erster Linie zur Erlangung des Doktortitels, nicht aber für LeserInnen geschrieben haben.

e   Die elektronische Veröffentlichung – Weltweit sofort online verfügbar

Eine Reihe von Hochschulbibliotheken bietet mittlerweile die elektronische Veröffentlichung von Dissertationen an. Diese Variante ist jedoch nur möglich, wenn dies in der Promotionsordnung der betreffenden Fakultät/des Fachbereiches ausdrücklich vorgesehen ist (wie in dem obigen Beispiel). Inzwischen sind eine Reihe von Problemen des Publizierens im Netz gelöst worden.[16] Trotz der damit geschaffenen Voraussetzungen und des Be-

---

[15] Hierzu zählen z.B. der Tectum-Verlag Marburg (LINK) und der K.G. Saur-Verlag (LINK).

[16] So wurden urheberrechtliche Unklarheiten, Fragen der Beständigkeit des Zugriffsortes, der Dokumentformate, ihrer Konvertierbarkeit, die Authentifizierung und Unveränderbarkeit sowie die Katalogisierung anhand einheitlicher und dissertationsspezifischer Metadaten weitgehend geklärt. Das DFG-Projekt „Dissertationen Online" hat sich 1998-2000 mit der digitalen Produktion, Retrieval und Archivierung von Hochschulschriften beschäftigt. Daran anschließend richtete die Deutsche Bibliothek die Koordinierungsstelle DissOnline (LINK) ein, die seit 1998 elektronische wissenschaftliche Publikationen sammelt.

schlusses der Kultusministerkonferenz vom 30. Oktober 1997, der die elektronische Veröffentlichung anerkannt hat, sehen (noch) nicht alle Promotionsordnungen die Möglichkeit von Online-Dissertationen vor.[17]

Für die elektronische Publikation eines Werkes im Internet wird zwischen AutorIn und Universitätsbibliothek ein Vertrag geschlossen, der der Universitätsbibliothek und der Deutschen Bibliothek das Recht überträgt, die elektronische Version in Datennetzen zu veröffentlichen. Der/die AutorIn übergibt der jeweiligen Universitätsbibliothek die elektronische Version seiner/ihrer Arbeit in der Regel als Postscriptdatei oder PDF-Datei auf einem Datenträger.[18] Die Universitätsbibliothek veröffentlicht die Publikation in Datennetzen, garantiert die Zugriffsfähigkeit und sorgt für die Langzeit-Archivierung und Bekanntgabe der bibliographischen Daten.

Die Vorteile gegenüber gedruckten Exemplaren liegen auf der Hand: Mit der elektronischen Publikation sind im Gegensatz zur Abgabe in Druckform oder bei einer Verlagsveröffentlichung nur sehr geringe Kosten verbunden (lediglich die abzugebenden gedruckten Pflichtexemplare müssen finanziert werden). Die Online-Publikation ist innerhalb kürzester Zeit möglich (die Veröffentlichungspflicht ist damit erfüllt) (→Digitale Dissertation).[19]

Besonders attraktiv ist eine Parallelpublikation, da man hier von allen Vorteilen profitieren kann: Einige Verlage (insbesondere jene, die sich auf Dissertationsveröffentlichungen spezialisiert haben) akzeptieren neben einer gedruckten Verlagsausgabe die parallele Online-Veröffentlichung der Dissertation auf einem Universitätsserver.[20] Insbesondere Fachverlage lehnen jedoch eine digitale Volltextveröffentlichung ab, da diese als Konkur-

---

[17] Das Interdisziplinäre Netzwerk THESIS für Promovierende und Promovierte e.V. (LINK) bietet eine (un-vollständige) Liste jener Universitäten/Fakultäten, an denen elektronische Dissertationen veröffentlicht werden können. Besser ist die Übersicht über alle Universitätsbibliotheken, die bundesweit elektronische Dissertationen zulassen, sowie über laufende Projekte und Dissertations- bzw. Hochschulschriftarchive in Deutschland von der „Koordinierungsstelle DissOnline an Der Deutschen Bibliothek" (LINK). In den USA ist man schon ein Stück weiter. Dort verlangen verschiedene Bibliotheken elektronische Versionen von Diplomarbeiten und Dissertationen und akzeptieren kein Papier mehr.

[18] Die Universitätsbibliotheken stellen auf ihren Websites Informationen über die genauen Modalitäten und Vorgaben sowie technische Hinweise zur Verfügung. Einige Universitäten (z.B. HU-Berlin) bieten auch Kurse für die Formatierung von Online-Dissertationen an. Allgemeine Informationen rund um das elektronische Publizieren von Dissertationen und zu Verträgen bietet auch hier die Informationsbörse DissOnline (LINK).

[19] Vgl. Punkt 7 der „Sieben Punkte zur Modernisierung von Promotionsordnungen" der Promovierenden-Initiative (http://www.promovierenden-initiative.de/ (01.01.2005)), den Flyer „Elektronisches Publizieren der Dissertation – Etwas für Sie?" (2004) der Informationsbörse „DissOnline.de", S. 1 (LINK) und Messing/Huber (2002, S. 129).

[20] Vgl. die (unvollständige) Liste jener kooperativen Verlage unter http://www.dissonline.de/Volltexte/Verlagsvertrag.pdf (01.01.05) auf S. 10.

renz und nicht als Werbung für das Print-Produkt gesehen wird (vgl. zu möglichen Argumenten bei der Vertragsverhandlung →Verlagssuche und Vertragsverhandlungen).

Fazit: Online-Dissertationen sind eine kostengünstige und zukunftsträchtige Publikationsform, die hinsichtlich der Verfügbarkeit und wissenschaftlichen Rezeption über vielerlei Vorteile gegenüber dem Buchdruck verfügt, wie die nicht zu überbietende Aktualität, die Verfügbarkeit und den medienspezifischen Mehrwert und zwar in Form von Suchmöglichkeiten, Interaktivität, Multimedialität und Kopierbarkeit.

3   Fazit

Wissenschaftliches Publizieren sollte nicht erst mit der Veröffentlichung der Dissertation beginnen, sondern bereits begleitend zum Forschungsprozess während der Promotion erfolgen, um wissenschaftliches Schreiben zu üben, sich mit dem Wissenschaftsbetrieb vertraut zu machen und die Arbeit an der eigenen Dissertation zu unterstützen. Dabei sollte man mit einfacheren Textsorten, wie einer Rezension, oder mit möglichst klar abgrenzbaren Problemen und Fragestellungen beginnen, sich dann weiter zum Fachartikel vortasten und sich die Beratung durch wissenschaftliche MentorInnen sichern. Da sich Gelegenheitsstrukturen für Publikationen selten „einfach so" eröffnen, ist Eigeninitiative z.B. über Recherche, Kontakte und Netzwerkpflege gefordert. Bei der Entscheidung für ein Medium zur Veröffentlichung der Dissertation sollten die finanziellen Kosten der Publikation nicht das einzige Kriterium sein, da es hier mehrere Faktoren zu berücksichtigen und abzuwägen gilt. Ratsam ist es, möglichst Angebote von mehreren Verlagen einzuholen, sich mit anderen Promovierten der jeweiligen Disziplin zu beraten und die verschiedenen Plattformen für DoktorandInnen im Internet als Austauschforen zu nutzen.

Literatur

Elektronisches Publizieren der Dissertation – Etwas für Sie? (2004): Flyer der Informationsbörse „DissOnline.de", S. 1 (http://www.dissonline.de/aktuell/flyer_promovend_ddb.pdf) (01.01.05).
Empfehlungen der Kommission „Selbstkontrolle in der Wissenschaft" (Januar 1998): http://www.dfg.de/aktuelles_presse/reden_stellungnahmen/ download/empfehlung_ wiss_praxis_0198.pdf (01.01.05).
Janni, Wolfgang/Friese, Klaus: Publizieren, Promovieren – leicht gemacht. Step by Step. Berlin/ Heidelberg/New York: Springer 2004.
Messing, Barbara/Huber, Klaus-Peter: Die Doktorarbeit – Vom Start zum Ziel: Leit(d)faden für Promotionswillige. 2. Auflage. Berlin/Heidelberg: Springer 2002.

Muster-Promotionsvereinbarung der Promovierenden-Initiative (PI): http://userpage.fu-berlin.de/~jmoes/pi/materialien/pv_muster.rtf (01.01.05).

Raithel, Jürgen: Kumulative Promotion in Deutschland. Ein erster Überblick. In: Das Hochschulwesen. Forum für Hochschulforschung, praxis und politik 50 (2002), Heft 2, S. 72–73.

Weiß, Helmar: Publizieren um jeden Preis? Peer-Review, Impact Factor und die Erstautorenschaft http://www.thieme.de/viamedici/medizin/wissenschaft/peer_review.html (01.01.05).

LINKS

Book on Demand: http://www.book-on-demand.de (01.01.05) http://www.bod.de (01.01.05).

Directory of open access journals (DOAJ) - ein Verzeichnis mit derzeit 1.404 im Internet frei verfügbaren wissenschaftlichen Online-Journalen: http://www.doaj.org/ (01.01.05).

Elektronische Zeitschriften der Bibliothek der FU Berlin, Verzeichnisse und Sammlungen: http://www.ub.fu-berlin.de/literatursuche/literatur_im_web/zeitschriften/e-journals.html (01.01.05).

Elektronische Zeitschriftenbibliothek (EZB) mit Artikeln im Volltext: http://www.bibliothek.uni-regensburg.de/ezeit/ezb.phtml (01.01.05).

historicum.net – Geschichts- und Kunstwissenschaft im Internet: http://www.historicum.net (01.01.05).

Humanities. Sozial- und Kulturgeschichte (H-Soz-u-Kult): http://hsozkult.geschichte.hu-berlin.de (01.01.05).

Impact Factor: http://www.ma.uni-heidelberg.de/bibl/litsuche/jcr/weitere_informationen.html (01.01.05).

Koordinierungsstelle DissOnline, Deutsche Bibliothek: http://www.dissonline.de (01.01.05)

KULT_online: Online-Rezensionsmagazin des Gießener Graduiertenzentrums Kulturwissenschaften (GGK): http://www.uni-giessen.de/graduiertenzentrum/magazin/kult.php (01.01.05).

Promovierenden-Initiative: Muster Promotionsvereinbarung http://www-user.tu-chemnitz.de/~toste/pi/materialien/pv_muster.pdf (01.01.05).

THESIS - Interdisziplinäres Netzwerk für Promovierende und Promovierte e.V.: http://www.the-sis.de/ (01.01.05).

Verlag „Der Andere Verlag": http://www.der-andere-verlag.de/intro.html (01.01.05).

Verlag „dissertation.de": http://www.dissertation.de/ (01.01.05).

Verlag Dr. Kovač: http://www.verlagdrkovac.de/ (01.01.05).

Verlag Nomos-Verlag: http://www.nomos.de/nomos/d/wissen/wiss_start.lasso (01.01.05).

Verlag K.G. Saur: http://www.saur.de/ (01.01.05).

Verlag Shaker: http://www.shaker.de/ (01.01.05).

Verlag Tectum Marburg: http://www.tectum-verlag.de/ (01.01.05).

Verlagsbuchhandlung Martin Meidenbauer: http://www.m-verlag.net/ (01.01.05).

Docphilol: http://www.docphilol.uni-muenchen.de/modules.php?name=News&file=categories&op=newindex&catid=8 (01.01.05).

Verlagsgruppe Peter Lang: http://www.peterlang.de (01.01.05).

Verwertungsgesellschaft Wort (VG Wort): http://www.vgwort.de (01.01.05).

W. Bertelsmann Verlag: http://www.wbv.de (01.11.05).

Druckkostenzuschüsse zur Publikation der Dissertation

Melanie Fabel-Lamla

Als VerlagsautorIn einer Dissertation hat man Anspruch auf die volle Autorenvergütung der Verwertungsgesellschaft Wort (VG Wort), wenn man einen Wahrnehmungsvertrag abgeschlossen hat. Für jede wissenschaftliche Publikation schüttet die VG Wort im jeweils folgenden Sommer (falls rechtzeitig bis zum 31. Januar gemeldet wurde) einen entsprechenden Anteil ihrer Erlöse aus urheberrechtlichen Vergütungen aus, der abhängig von der Seitenzahl ist und sich daher bei Dissertationen durchaus rechnet (bei einem Umfang von 300 Seiten können das einige hundert Euro sein). Neben Dissertationen, die in einem Verlag oder auch im Selbstverlag (Pflichtexemplare) erschienen sind, haben grundsätzlich auch Mikrofiche-AutorInnen auf die Einbeziehung der Tantieme von der VG Wort einen Anspruch, bei einigen Verlagen muss diese allerdings an den Verlag weitergeleitet werden. Eine im Books on demand-Verfahren erschienene Dissertation wird von der VG Wort nur dann als vergütungsfähig anerkannt, wenn mindestens 100 verkaufte Exemplare nachgewiesen werden oder eine angemessene Verbreitung des Werkes in wissenschaftlichen Bibliotheken gegeben ist (mindestens fünf Standorte in mindestens zwei regionalen Verbundsystemen).[1] Darüber hinaus fördert die VG Wort mit den „Förderungs- und Beihilfefonds Wissenschaft" Druckwerke mit einmaligen Zuschüssen – allerdings nur Dissertationen, die mit dem höchsten Prädikat bewertet wurden und einen wesentlichen Beitrag für die Wissenschaft leisten.[2] Daneben gibt es noch weitere Möglichkeiten bzw. Anlaufstellen, um Druckkostenzuschüsse für die Publikation der eigenen Dissertation zu erhalten:

- Die Kosten für eine aus beruflichen Gründen erfolgte Promotion, also auch Druckkostenzuschüsse, können steuerlich als Werbungskosten abgesetzt werden.[3]

---

[1] Vgl. http://www.bod.de/wissenschaft/vgwort.html (01.01.05).

[2] Hinweis: Da die Bearbeitungszeit des Antrags ca. sechs Monate dauert und Werke, die vor Abschluss des Bewilligungsverfahrens vom Verlag angekündigt werden bzw. im Druck vorliegen, von einer Förderung ausgenommen sind, muss man hier frühzeitig aktiv werden (http://www.vgwort.de/foerderungsfonds.php (01.01.05)).

[3] Dies ergibt sich aus der BFH-Rechtsprechung vom 27.5.2003 (VI R 33/01). Vgl. http://www.steuerlexikononline. de/Promotion.html (01.01.05) und für weitere Hinweise auch Preißner (2001): Promotionsratgeber (S. 277–282).

- Für die Veröffentlichung der Dissertationen ihrer Promotionssti-pendatInnen gewähren einige Stiftungen Druckkostenzuschüsse (evtl. abhängig von der Bewertung).
- Auch bei anderen (fachlich einschlägigen) Stiftungen kann man, falls diese das vorsehen, einen Antrag auf Druckkostenbeihilfe für die Unterstützung der Veröffentlichung von Forschungser-gebnissen stellen.[4] Die Deutsche Forschungsgemeinschaft (DFG) gewährt nach der Neuregelung ihrer Publikationsförderung lei-der nur noch in Ausnahmefällen Zuschüsse für Dissertationen.
- Einige Universitäten gewähren Zuschüsse bei Summa-cum-lau-de-Dissertationen bzw. unterstützen die Drucklegung als Univer-sitätsschrift (z.B. LMU München).
- Der Verlag Dr. Kovaã hat einen Förderfonds eingerichtet, mit dem wissenschaftliche Publikationen unterstützt werden.

Literartur:

Preißner, Andreas (Hrsg.): Promotionsratgeber. München u.a. 2001.

LINKS

Verlag Dr. Kovač: http://www.verlagdrkovac.de/ (01.01.05) VG Wort: http://www.vgwort.de (01.01.05)

---

[4] Eine Liste mit Stiftungen ist beim Stifterverband für die Deutsche Wissenschaft zu finden (http://www.stifterverband.de (01.01.05)).

Verlagssuche und Vertragsverhandlungen

Melanie Fabel-Lamla, Sandra Tiefel

Bei der Suche nach einem geeigneten Verlag ist zunächst zu entscheiden, ob man die Arbeit in einem fachlich renommierten Verlag oder in einem der auf Dissertationsveröffentlichungen spezialisierten Verlage platzieren möchte.[1] Sinnvoll ist es, verschiedene Angebote einzuholen und diese einem sorgfältigen Preis- und Leistungsvergleich zu unterziehen, da sich die Konditionen erheblich unterscheiden! Neben den Kosten können folgende Kriterien bei der Wahl eines Verlages eine Rolle spielen:

- das Renommee eines Verlags bzw. einer Buchreihe (anerkannte Verlage sind zumeist disziplinabhängig, bekannte und geschätzte WissenschaftlerInnen veröffentlichen dort und es gibt lange Traditionen, z.B. auch Zeitschriften zu zentralen Themen eines Faches),
- das Zielpublikum (soll eine bestimmte LeserInnengruppe angesprochen werden, sollte man sich zuvor erkundigen, welche Verlage oder Reihen in bestimmten Zirkeln bevorzugt werden),
- die Qualität der Druckleistung (zwischen Paperback und Hardcover gibt es eine große Spanne unterschiedlicher Drucklegungen. Das Layout variiert hier je nach Profil des Verlages zwischen traditionell und modern: wichtig ist allein, dass der Satz stimmt, der Text gut lesbar ist und Rechtschreib- sowie Zeichensetzungsfehler nicht ins Auge springen.)
- die zu erwartende Unterstützung bei der Vermarktung der Publikation (z.B. Druck von Werbebroschüren, Präsentation auf Messen, Aufnahme in Verlagskataloge und -prospekte, gezielte Anzeigen in Fachzeitschriften, Werbebriefe an Institute etc.). Und die
- Vertragsbedingungen, auf die weiter unten noch präzis eingegangen wird.

---

[1] Hinweis: Manche Fakultäten/Fachbereiche führen eine Positivliste von anerkannten Verlagen bzw. behalten sich die Entscheidung darüber vor, welche Schriftenreihe, Verlage, wissenschaftliche Zeitschriften oder Sammelwerke für die Veröffentlichung geeignet sind (z.B. Fakultät für Sozial- und Verhaltenswissenschaften der Universität Heidelberg). Renommierte Fachverlage akzeptieren oft nur Arbeiten, die mit dem höchsten Prädikat bewertet wurden.

Die meisten Verlage verfügen auf ihren Websites über Hinweise für Autor-Innen.[2] Während die „Dissertationsverlage" lediglich Angaben zur Person, Seitenzahl und zu Gestaltungswünschen, Titel und Fachgebiet für ihr Angebot haben möchten, sind bei Fachverlagen darüber hinaus meist ein Exposé, die Gutachten, ein kompletter Ausdruck der Dissertation sowie Angaben für die Werbemaßnahmen einzureichen.

Trotz der Freude über den Abschluss der Promotion und der damit eventuell einhergehenden Sorglosigkeit sollten aber nicht nur die Verlags-wahl, sondern auch die Vertragsverhandlungen entsprechend der eigenen Vorstellungen, Karrierepläne und im Hinblick auf die Promotionsordnung gut vorbereitet sein. Die Grundlage jedes Verlagsvertrags ist das Gesetz über das Verlagsrecht. Bei wissenschaftlichen Publikationen gibt es noch eine zusätzliche Vereinbarung über Vertragsnormen bei wissenschaftlichen Verlagswerken, die vor Gericht als Urteilsgrundlage herangezogen werden.

Jeder Verlagsvertrag kann auch formfrei, also mündlich vereinbart werden. Sobald aber Druckkosten zu entrichten sind, wie es bei Dissertationen häufig der Fall ist, wird ein schriftlicher Vertrag erforderlich. Zumeist bekommt man für die Veröffentlichung einer Dissertation bei den Verlagen einen standardisierten Vertrag. Ein solcher Vertrag orientiert sich zumeist an dem so genannten Verlagsrecht, regelt Fragen zum Umfang und zur Auflage (Hinweis: in manchen Promotionsordnungen ist eine Mindestauflage gefordert!) und legt Vorgaben für das abzuliefernde Typoskript, die Anzahl der Freiexemplare, macht Regelungen über Neuauflagen bzw. Restbestände, Verjährung und vor allem den Druckkostenzuschuss, den der/die AutorIn zu leisten hat, fest. Ferner verpflichtet sich der Verlag für Werbemaßnahmen, indem z.B. zugesichert wird, dass der Verlag sich um Rezensionen in einschlägigen Zeitschriften bemüht, die Publikation in Bibliographien angezeigt und ein bestimmter Anteil der Auflage für Werbe- und Rezensionsexemplare zur Verfügung gestellt wird. Die meisten Verträge der Fachverlage sehen die Übertragung des ausschließlichen oder alleinigen Rechts der Vervielfältigung und Verbreitung an dem Werk gedruckt wie digital[3] und der so genannten Nebenrechte an den Verlag vor (z.B. das Recht der Übersetzung des Manuskripts in fremde Sprachen,

---

[2] Siehe z.B. das Angebotsformular des Verlags Dr. Kovač (http://www.verlagdrkovac.de/autorwerden_angebot.htm (01.01.05)) oder den Autorenfragebogen des VS Verlags für Sozialwissenschaften (http://www.vsverlag. de/binary/autorenfragebogen.doc (01.01.05)).

[3] Das bedeutet, dass die Dissertation nicht zusätzlich als Online-Veröffentlichung an der Universität erscheinen darf bzw. dass eine bereits auf einem Hochschulserver veröffentlichte Dissertation zurückgezogen werden muss.

zur Erstellung anderer Ausgaben wie Taschenbuch, des Nachdrucks in Zeitungen und Zeitschriften).

Plant man eine Parallelpublikation, also neben der Verlagsveröffentlichung eine Online-Version auf dem Universitäts-Server, so sollte man beim jeweiligen Verlag anfragen und bei den Vertragsverhandlungen versuchen, eine Klausel bezüglich des Verbreitungsrechtes in den Vertrag mit aufzunehmen, die die kostenfreie Online-Veröffentlichung auf Hochschul- und Bibliotheksservern vorbehält (→Digitale Dissertation). Insbesondere der Hinweis, dass man die Publikation der Dissertation im Verlag durch die Druckkostenbeteiligung mitfinanziert, kann ebenso wie die Verpflichtung, nicht das gesamte Skript, sondern die Kapitel einzeln als PDF-Dateien ins Netz zu stellen, die Wahrscheinlichkeit für die Erlaubnis einer parallelen Publikation erhöhen.

Im Folgenden wird stichwortartig aufgeführt, welche Inhalte ein solcher Vertrag abdeckt und welche Möglichkeiten der Einflussnahme von den AutorInnen genutzt werden können:

Recht der Vervielfältigung und Veröffentlichung

Mit dem Vertrag überträgt die Autorin/ der Autor das Recht der Vervielfältigung und Veröffentlichung der Dissertation auf den Verlag, was ja auch das Anliegen der DoktorandInnen sein sollte. Aber aufgepasst: Dieses Veröffentlichungsrecht gibt dem Verleger oft auch die Möglichkeit, Einfluss auf die Publikation von Teilen der Dissertation z.B. in Fachzeitschriften zu nehmen oder diese zu unterbinden. Ebenso wird in der Regel die Umarbeitung der Dissertation zu einem leichter lesbaren Sachbuch verboten. Und generell „verlagssittenwidrig" ist es, wenn die Doktorandin/der Doktorand während der Verlagslaufzeit ein Buch ähnlichen Inhalts, das dieselbe Leserschaft anspricht, bei einem Konkurrenzverlag veröffentlicht.

Die Veröffentlichung von Teilen der Dissertation als Fachartikel sollten sich DoktorandInnen nicht nehmen lassen und entsprechende Klauseln in den Vertrag aufnehmen bzw. die Formulierung „für alle Auflagen und Auslagen in Buchform" wählen und damit Artikel von Anfang an nicht mit in den Vertrag integrieren.

Nebenrechte

Neben dem Recht zur Veröffentlichung der Dissertation gibt es verschiedene so genannte Nebenrechte, die sich Verlage häufig durch die Formulierung „der Autor/die Autorin überträgt dem Verlag alle Nebenrechte" zu sichern versuchen. Wie bei dem Publikationsrecht sollten aber auch die Nebenrechte genau geprüft werden, bevor sie in den Vertrag aufgenommen werden:

a) Dem Verlag das Recht auf Übersetzung in andere Sprachen zu überlassen, ist nur sinnvoll, wenn der Verlag auch im Ausland publiziert oder Kooperation mit ausländischen Verlagen pflegt. Ansonsten bietet sich bei bi- oder international interessierenden Werken eine Zweitveröffentlichung in den jeweiligen Ländern an. Bei guten Absatzzahlen in Deutschland kann dabei eventuell auch ein Honorar ausgehandelt werden. Dies ist im Einzelfall zu prüfen.

b) Mit dem Recht auf Lizenzausgaben behält sich der Verlag vor, die Dissertation auch in einer Buchgemeinschaft- oder Taschenbuchausgabe zu veröffentlichen. Der Autor/die Autorin hat dabei keine Nachteile, sondern eher Vorteile zu erwarten: größerer Bekanntheitsgrad und evtl. günstigere Druckkosten.

c) Wie schon oben erwähnt, sollten AutorInnen sich das Recht auf Vorab- oder Nachdruck in Fachzeitschriften sichern. Es ist ohnehin nicht anzunehmen, dass der Verlag das Verfassen eines Artikels einer anderen Person als der Autorin/dem Autor auferlegt, zumal dies die Urheberrechte untergraben würde.

d) Bei stetig zunehmender medialer Kommunikation auch im Wissenschaftsbetrieb bietet die Online- oder CD-ROM-Publikation eine größere Verbreitung der Dissertation. DoktorandInnen sollten sich diese Möglichkeit zu sichern versuchen, auch wenn viele Fachverlage noch immer die „hausgemachte" Konkurrenz zur Druckversion fürchten.

Auf jeden Fall nicht unterschreiben sollten AutorInnen Verträge mit Klauseln, die eine Optionsabrede (Verpflichtung alle weiteren Bücher im selben Verlag zu veröffentlichen) oder eine Abtretungsklausel (Verpflichtung z.B. die VG-Wort-Tantiemen an den Verlag abzutreten) beinhalten. Sie sind sittenwidrig und bedeuten für die AutorInnen nur Nachteile.

Drucktermin und Qualität des Drucks

Aufgrund der bundesdeutschen Regelung, dass der Doktortitel erst nach Erfüllung der Publikationspflicht geführt werden darf, sollten Promovierte einen zeitlich nahen Drucktermin nach Manuskripteingang im Vertrag festlegen. Nicht selten kann es aufgrund anderer dem Verlag lukrativ erscheinender Aufträge zu Druckterminverschiebungen kommen, die die

Publikation um Monate hinauszögern. Um Einfluss auf die Drucklegung nehmen zu können, ist eine vertragliche Vereinbarung zum Drucktermin unumgänglich. Drei Monate sind aber in den meisten Fällen mindestens einzurechnen, bis aus einem Typoskript ein fertiges Buch geworden ist. Übernimmt der Verlag Lektorats- sowie Formatierungsarbeiten, können mit Druckfahnenkorrektur auch schon einmal sechs Monate vergehen, ohne dass hier Schlampigkeit zu vermuten wäre.

Die allgemeine Qualität des Druckes lässt sich schon im Vorfeld bei der Verlagssuche anhand der Publikationen des Verlags im Buchhandel und in Bibliotheken recherchieren. Für das eigene Werk empfiehlt es sich zusätzlich Probedrucke bzw. Druckfahnen zu vereinbaren, die eine letzte Korrektur vor Drucklegung auch von Formatierungen und Seitenumbrüchen ermöglicht.

→Druckkostenzuschüsse

Unbekannte AutorInnen, und dazu zählen in den meisten Fällen DoktorandInnen, erhalten in der Regel kein Honorar, sondern müssen sich an den Druckkosten beteiligen. Die Verlage machen sich hier zu Nutze, dass Promotionsordnungen in Deutschland die Publikation der Dissertationsschriften vorschreiben. Insbesondere da die Universitätsbibliotheken aufgrund der allseits um sich greifenden Sparmaßnahmen nicht mehr selbstverständlich, sondern nur noch auf Bestellung Dissertationen bestellen, wird auf diese Weise die finanzielle Verantwortung für den potentiellen „Ladenhüter" an die AutorInnen abgetreten. Die Druckkosten variieren stark von Verlag zu Verlag und hängen zudem davon ab, ob Satz und Lektorat vom Verlag übernommen werden oder die Doktorandin/der Doktorand ein satzfertiges Typoskript einreicht. Auch die Form der Werbung für das Werk kann ausschlaggebend sein für die Berechnung der Druckkosten (Verlagskatalog oder nur Website, Verteilung von Rezensionsexemplaren und Abdruck von Rezensionen ...). Ein Preis zwischen sechs und zwanzig Euro pro Seite zuzüglich Mehrwertsteuer ist realistisch und orientiert sich daran, wie viel Lektorats- und Redaktionsarbeit von den AutorInnen selbst geleistet wird und welche Aufgaben der Verlag übernimmt.

Stückzahl und Freiexemplare

Nicht von hohen Auflagen- und Verkaufszahlen blenden lassen. Wissenschaftliche Literatur verkauft sich nur im Lehrbuchbereich und von renommierten WissenschaftlerInnen gut. Zudem erwerben auch wissenschaftliche Bibliotheken nicht mehr generell alle Neuerscheinungen, sondern ordern für ihren Bestand nach den Wünschen und Bestellungen der Lehrenden. Wie viele Exemplare gedruckt werden sollten, richtet sich dabei weniger nach der gewünschten Menge interessierter LeserInnen, sondern ergibt sich aus der Zahl der notwendigen Pflichtexemplare für die Universität (je nach Promotionsordnung verschieden) oder andere Förderer der Promotion wie Stiftungen u.Ä., der Zahl der Lehrstühle, die sich für das bearbeitete Thema interessieren könnten und der Zahl der KollegInnen, Freunde, Bekannten, Verwandten, die mit der Dissertation beglückt werden sollen. Für Doktorarbeiten reicht dementsprechend eine geringere Stückzahl aus: Mit max. 400 Exemplaren sollte der gesamte Bedarf gedeckt werden können. Eine solche Stückzahlbegrenzung kann auch den Druckkostenzuschuss merklich verkleinern. In diesem Kontext ist es auch wichtig, eine bestimmte Menge an Freiexemplaren für den eigenen Gebrauch zu vereinbaren. Zumeist steht den AutorInnen pro 100 Exemplare ein Freiexemplar zu. Aufgrund der Entrichtung von Druckkostenzuschüssen können aber eventuell weitere Freiexemplare herausgehandelt werden.

Dauer des Vertragsverhältnisses

Ein Verlagsvertrag endet nicht mit der Drucklegung. Aufgrund der Möglichkeit, dass eine Dissertation sich besser verkauft, als ursprünglich gedacht, behalten sich Verlage das Recht auf Nachdruck von weiteren Auflagen vor. In einem solchen Fall sollte noch einmal neu über Druckkostenzuschüsse verhandelt werden. Dabei haben AutorInnen eine bessere Verhandlungsbasis, wenn sie im Vertrag vorausschauend festgehalten haben, dass bei einer weiteren Auflage keine Druckkostenzuschüsse anfallen oder sogar Honorar gezahlt wird. Kommt es zu keiner weiteren Auflage, endet der Vertrag mit dem Verramschen der übrigen Bücher: In der Regel wird die Verramschung frühestens nach fünf Jahren vorgenommen, wenn in den letzten beiden Jahren weniger als 5% der Bücher verkauft wurden. Häufig wird den AutorInnen der Restbestand zu einem günstigen Preis angeboten, so dass ihnen das eigene Werk nicht unvorbereitet als Remittenden beim „Restseller" begegnet.

Ladenpreis

Entscheidend für den Verkauf einer Dissertation ist neben der wissenschaftlichen Brillanz und Innovation leider auch der Ladenpreis. Insbesondere andere NachwuchswissenschaftlerInnen überlegen es sich genau, ob sie bis zu 80 Euro für eine Dissertation ausgeben, was kein ungewöhnlicher Preis ist, wenn das Werk mehr als 400 Seiten stark ist und als Hardcover-Version daherkommt. Da Verlage feste Kalkulationen haben, können AutorInnen nur über den Umfang und die Druckqualität (keine farbigen Abbildungen, Paperback etc.) Einfluss auf den Preis nehmen. Kürzungen bieten sich bei den meisten Dissertationen an. Aber Vorsicht: Veränderungen zwischen Abgabeexemplar und Druckversion bedürfen in vielen Fällen eines formellen Antrags bei der jeweiligen Fakultät oder dem Fachbereich, wo die Dissertation angenommen wurde (→Promotionsordnungen).

Der frühzeitige Vergleich verschiedener Verlage lohnt sich nicht nur finanziell, sondern auch im Hinblick auf die Einflussnahme bei der Drucklegung. Ein guter Zeitpunkt für die Verlagssuche ist die Wartezeit auf die Gutachten nach der Abgabe der Dissertation. Da Promovierende sich zur Disputation oder zum Rigorosum ohnehin wieder mit ihrem Werk beschäftigen, können sie schon einmal Formatvorlagen ausprobieren und über Kürzungen nachdenken. Der Vertrag wird in der Regel aber erst nach dem Bestehen der Abschlussprüfung unterzeichnet, da die Prüfer z.T. Änderungen für die Publikation vorschlagen.

Nach verschiedenen Promotionsordnungen kann die Promotionsurkunde, die zum Führen des Doktortitels im Namen berechtigt, auch mit Vertragsunterzeichnung ausgehändigt werden, so dass nicht auf die Publikation gewartet werden muss.

LINKS

DissOnline.de gibt Hinweise für die Vertragsverhandlungen: http://deposit.ddb.de:8080/cocoon/xml-xsl/homepage/texte-neu/mustervertrag.xml (01.01.05) und hat einen Mustervertrag entwickelt http://www.dissonline.de/Volltexte/Verlagsvertrag.pdf (01.01.05).

F | 5 Digitale Dissertation

Claudia Koepernik

Eine kostengünstige und vor allem schnelle Alternative zur Veröffentlichung der Dissertation bietet eine Online-Veröffentlichung. Bisher erlauben jedoch noch nicht alle Promotionsordnungen eine solche Online-Publikation. Hier könnten Promovierende schon frühzeitig aktiv werden, damit diese Möglichkeit in ihre Promotionsordnungen aufgenommen wird.

Wer eine Online-Veröffentlichung seiner Dissertation plant, schließt einen Vertrag (Mustervertrag: LINK) mit seiner Universitätsbibliothek und überträgt ihr und der Deutschen Bibliothek Frankfurt/Leipzig das Recht, die elektronische Dissertation in ihren Datennetzen zu veröffentlichen. Aufgabe des Promovierenden ist es, der Bibliothek die Arbeit in standardisierter Form, in der Regel als Postscripdatei oder als PDF-Datei, auf einem Datenträger (z.b. CD-ROM) zur Verfügung zu stellen. Die genauen Modalitäten sind bei den Universitätsbibliotheken zu erfragen. Die Humboldt-Universität in Berlin bietet z.b. Kurse für die Formatierung der Online-Dissertation an.

Unter www.dissonline.de, ein Service, der von der Deutschen Bibliothek eingerichtet wurde und verwaltet wird, sind die wichtigsten Hinweise zur Online-Veröffentlichung zu finden. Für Promovierende gibt es hier einen Info-Flyer, der die wichtigsten Fragen zusammenfasst (Info-Flyer für Promovenden, LINK: 2004).

Die Vorteile für AutorInnen einer Online-Veröffentlichung liegen auf der Hand:

- Dem Doktoranden/der Doktorandin entstehen nur sehr geringe Kosten im Gegensatz zur Abgabe in Druckform oder bei Verlagsveröffentlichung.
- Die Dauer bis zur fertigen Publikation ist sehr gering, so dass die Veröffentlichungspflicht durch das Bereitstellen im Internet erfüllt wird. Dadurch wird eine schnelle Vergabe des akademischen Titels möglich, was für den weiteren beruflichen Werdegang wichtig sein kann.
- Digitale Dissertationen bieten vielfältige Darstellungsmöglichkeiten: neben Texten, Bildern und Graphiken sind auch Tonaufnahmen, Videosequenzen, Animationen, Simulationen, Programme usw. integrierbar.

- Die Arbeit ist kurz nach der Veröffentlichung weltweit verfügbar und über beigefügte Metadaten recherchierbar. So erleichtert sich der Zugriff auf die Arbeit und damit erhöht sich natürlich auch die Bekanntheit des Autors/der Autorin.

Zudem ergeben sich mit digitalen Dissertationen aber auch Vorteile für die Scientific Community. Die Diskurse werden durch aktuelle Studien und Erkenntnisse befruchtet, da

- das Dokument sofort verfügbar ist (keine langen Fernleihzeiten),
- die neuen Ergebnisse rasch in eigene Forschung und Lehre integriert werden können,
- die Überprüfbarkeit von Verweisen und Zitaten schneller möglich ist (vgl. Digitale Dissertationen im Internet LINK: 2002).

Als Nachteil wird noch immer das Fehlen eines gebundenen Werkes gesehen: Bibliotheken können digitale Dissertationen eben nicht ins Regal stellen. Wem es wichtig ist, die Früchte langer Arbeit auch gedruckt zu sehen, sollte über eine Kombination der digitalen Dissertation mit book on demand (→Publizieren) in Erwägung ziehen. Die digitale Veröffentlichung der Dissertation schließt eine Parallelpublikation in Buchform nicht aus. Einige Verlage (vor allem solche, die sich auf Dissertationsveröffentlichungen spezialisiert haben) akzeptieren neben der gedruckten Verlagsfassung die Online-Veröffentlichung auf einem Bibliotheksserver. Welche Verlage dies sind, ist ebenfalls auf den Seiten von Dissonline zu erfahren. Allerdings lehnen Verlage, vor allem Fachverlage, diese Parallelveröffentlichung ab, da sie insbesondere Komplettversionen im Netz nicht als Werbung, sondern als Konkurrenz verstehen. Bei den einzugehenden Verlagsverhandlungen (→Verlagssuche und Verlagsverhandlungen) ist also darauf zu achten, dass eine Klausel mit aufgenommen wird, die eine kostenfreie Online-Veröffentlichung auf einem Hochschul- und Bibliotheksserver erlaubt.

LINKS

Deutsche Bibliothek, Digitale Dissertationen im Internet. Frankfurt/Main 2002: http://www.dissonline.de (18.02.05).

Info-Flyer für Promovenden. In: Deutsche Bibliothek, Digitale Dissertationen im Internet. Frankfurt/Main 2004; unter: http://www.dissonline.de/aktuell/flyer_promovend_ddb.pdf (18.02.05).

Mustervertrag Autor – Verlag. In: Deutsche Bibliothek, Digitale Dissertationen im Internet. Frankfurt/Main 2002; unter http://www.dissonline.de/Volltexte/Verlagsvertrag.pdf (18.02.05).

Open access: Offener Zugang und geistiges Eigentum der Promotion[1]

Johannes Moes

Es geht in diesem Beitrag um Strategien eines offenen Zugangs (Open Access) zu wissenschaftlichen Ergebnissen und die damit verbundenen Möglichkeiten für die eigenen Publikationsstrategien (vgl. die anderen Beiträge zu diesem Thema), aber auch um die Konsequenzen für die Rechte der Promovierenden als UrheberInnen geistiger Werke. Aus unserer Sicht ist das Thema von Relevanz für Promovierende in einer Doppelrolle als RezipientInnen wie als ProduzentInnen wissenschaftlicher Ergebnisse: Als ForscherInnen brauchen gerade Promovierende einen möglichst einfachen und ressourcenschonenden Zugang zu aktuellen Forschungsergebnissen, Daten und Veröffentlichungen. Gerade sie tragen mit ihren Arbeiten einen großen Teil zum wissenschaftlichen Fortschritt bei und bewegen sich oft in Themenfeldern, in denen der schnelle und einfache Zugang zu neuesten Forschungsergebnissen für die eigene Arbeit wichtig ist. Zum anderen haben Promovierende ein Interesse daran, ihre eigenen Forschungsergebnisse und Publikationen einfach und preiswert einem möglichst großen Fachpublikum zur Verfügung stellen zu können. Das Folgende bezieht sich dabei immer auf Fragen des Urheberrechts, nicht auf das Recht auf die Patentierung von Erfindungen – ein Feld, in dem zwar die Konfliktlinien teilweise ähnlich gelagert sind, das aber zu viele eigene Differenzierungen erfordert.

1 Der offene Zugang zum Wissen

Seitdem das vorhandene Wissen nicht mehr von emsigen Mönchen in mühsamer Handarbeit kopiert und so verbreitet und der Nachwelt erhalten wird, ist mit der Druck- und Verlagsindustrie eine privatwirtschaftliche Verwertungskette für die, in den meisten Fällen mit staatlichen Mitteln finanzierten, Wissenschaftsprodukte entstanden. Die privatwirtschaftliche Leistung bezieht sich in erster Linie auf die (papiergebundene) Vervielfältigung und Verteilung: die Auswahl und Redaktion der Produkte übernehmen die WissenschaftlerInnen oft unbezahlt im peer-review oder in wissenschaft-

[1] Für einen Textvorschlag und Hinweise zum Themenfeld Open Access/Online Publizieren danken wir Katja Mruck und Claudia Koltzenburg.

lichen Beiräten, auch die Archivierung übernehmen die öffentlichen Bibliotheken (zur Problemstellung vgl. auch Pflüger/Ertmann 2004). Die eigentlichen UrheberInnen haben vom Verlagsgeschäft kaum direkte materielle Vorteile: Honorare sind für wissenschaftliche Texte eher die Ausnahme als die Regel, und ein einmaliger Scheck von der VG Wort (→Druckkostenzuschüsse) ist vielleicht ein Zuschuss zum nächsten Urlaub, dient aber bei keinem/r WissenschaftlerIn als Lebensunterhalt. Die Druckkosten von Dissertationen, aber auch Tagungsbänden etc. werden sogar noch mit privaten oder öffentlichen Mitteln bezuschusst. Ihren Lebensunterhalt sichern WissenschaftlerInnen durch den immateriellen Profit aus Publikationen, durch den Zugewinn innerwissenschaftlicher Reputation, den sie durch viele Publikationen oder wichtiger noch: Publikationen in einem angesehenen Verlag oder Journal bekommen. Mehr Reputation bedeutet mehr oder länger gesicherte öffentliche oder auch private Mittel für die eigene Forschung, den Lehrstuhl, das Fach oder Thema etc. Dieses gewachsene Arrangement war für alle Seiten vorteilhaft, solange es alternativlos und die Wissenschaft ökonomischen Zwängen relativ enthoben war. In den letzten zehn Jahren aber hat sich über das Internet ein alternativer Distributionskanal etabliert, der die Rezeption, Veröffentlichung und auch das Auffinden wissenschaftlicher Ergebnisse ungeheuer erleichtert, so dass die Folgen für die Wissenschaft noch gar nicht richtig absehbar sind. Im selben Zeitraum hat bei den Verlagen eine starke internationale Konzentration stattgefunden; das Geschäft ist jetzt in den Händen einiger weniger Konzerne. Diese sehen sich durch die neuen Distributions- und Archivierungsmöglichkeiten in ihrer Existenz bedroht. Gleichzeitig haben die Ökonomisierung der Forschung, die Unterfinanzierung der Universitäten und die internationale Konzentration des Verlagswesens einen Teufelskreis in Gang gesetzt, in dem die Produkte immer teurer wurden und die Versorgung mit dem Bedarf immer weiter auseinander klaffte. Dies führt zu solch paradoxen Situationen, dass für den eigentlich einfachen elektronischen Zugang zu Wissensgütern künstliche Barrieren errichtet werden, um die gewachsene ökonomische Nutzung aufrechtzuerhalten, deren wesentliche Legitimation, die papierene Kopie, entfallen ist. Inzwischen verkaufen Verlage teilweise einmalige Leserechte für elektronische Versionen bedeutender Fachzeitschriften, was die Kosten für Bibliotheken vollends unkalkulierbar macht.

Insofern ist auch eine zähe politisch-juristische Konfliktsituation zwischen den divergierenden Interessen von ProduzentInnen, VerwerterInnen und NutzerInnen von Wissenschaft entstanden, mit manchen

Parallelen zu ähnlich gelagerten Auseinandersetzungen in der Musik- oder Softwareindustrie. In diesem Konflikt müssen auch Promovierende sich positionieren; aus unserer Sicht liegt es in ihrem Interesse, auch durch ihre eigenen Publikations- und Nutzungsstrategien das Anliegen der im Folgenden skizzierten Open Access-Initiativen zu stärken. Die folgenden Anmerkungen können hier nur Hinweise für die eigene Orientierung und Tipps zum Weiterlesen bieten.

2 Initiativen und Projekte

Inzwischen hat sich eine vielfältige Zahl von Initiativen und Projekten ergeben, die das etablierte Veröffentlichungswesen von Grund auf ändern, wenn nicht sogar ganz ersetzen wollen. Unter dem Schlagwort des „Open Access" wird im Wissenschaftsbereich der offene, d.h. der mit keinen zum Internetzugang zusätzlichen Barrieren oder Kosten verbundene Zugang auf die Produkte von Wissenschaft verstanden, in erster Linie über das Internet. Die „Berliner Erklärung" (s.u.) z.B. definiert „Open Access" folgendermaßen:

„Beiträge nach dem ‚Prinzip des offenen Zugangs' müssen zwei Bedingungen erfüllen:

1. Die Autoren und Rechteinhaber solcher Veröffentlichungen erteilen allen Benutzern das freie, unwiderrufliche und weltweite Zugangsrecht und die Erlaubnis, die Veröffentlichung für jeden verantwortlichen Zweck zu kopieren, zu benutzen, zu verteilen, zu übertragen und abzubilden unter der Bedingung der korrekten Nennung der Urheberschaft (wie bisher werden die Mechanismen der korrekten Berücksichtigung der Urheberschaft und der verantwortlichen Nutzung durch die Regeln der wissenschaftlichen Gemeinschaft zur Geltung gebracht) sowie das Recht, eine beschränkte Anzahl gedruckter Kopien für den persönlichen Gebrauch zu machen.

2. Eine vollständige Fassung der Veröffentlichung samt aller zugehörigen Begleitmaterialien wird zusammen mit einer Kopie der oben erwähnten Erlaubnis in einem geeigneten elektronischen Format auf mindestens einem online zugänglichen Archivserver mit geeigneten technischen Standards (wie die von Open Archive) hinterlegt und damit veröffentlicht. Der Archivserver muss betrieben werden von einer wissenschaftlichen Institution oder Gesellschaft, einer öffentlichen Institution oder einer anderen etablierten Organisation, die das ‚Prinzip des offenen Zugangs', uneingeschränkte Verbreitung, Interoperabilität und Langzeitarchivierung zu verwirklichen sucht." (Berliner Erklärung: LINK)

Fast schon eine politische Bewegung, stößt Open Access dabei auf unterschiedliche Bedingungen und Traditionen in den jeweiligen Fächern, Ländern oder Forschungsbereichen. Ein bedeutender Entwicklungsschritt der Open Access-Geschichte ist die Budapest Open Access Initiative (LINK) von

Anfang 2002, in der namhafte Personen und Institutionen dazu aufgerufen haben, wissenschaftliche Ergebnisse frei zugänglich zu machen. Sie setzen vor allem auf die Strategie der „Selbstarchivierung" und die Gründung neuer Open Access-Fachzeitschriften. Die Initiative richtet sich sowohl an WissenschaftlerInnen wie auch Universitäten, Forschungseinrichtungen oder Förderinstitutionen und empfiehlt ihnen differenzierte Aktivitäten.

Die Selbstarchivierung würde bedeuten, dass alle WissenschaftlerInnen ihre Ergebnisse öffentlich zugänglich machen, in erster Linie über Archive von Internetservern, die von öffentlichen Einrichtungen wie Universitäten oder Bibliotheken betrieben werden. Die „Open Archives Initiative" (LINK) ist bemüht, für lokale Archive dieser Art einen technischen Standard zu entwickeln, der eine übergreifende Suche nach Informationen erlaubt. Dies setzt voraus, dass die WissenschaftlerInnen auch die entsprechenden Verwertungsrechte für ihre Texte behalten, anstatt sie an die Verlage abzugeben, die in ihren Verträgen versuchen, darauf zu bestehen. Eine abgemilderte Form der Selbstarchivierung hat sich ausgehend von der Physik in den Naturwissenschaften etabliert: Hier werden auf „Preprint"-Servern Versionen von Texten vor der gedruckten Veröffentlichung archiviert, für die insofern ein eigenes Verwertungsrecht besteht, teilweise werden auch die Unterschiede zur späteren Druckversion aufgelistet, so dass nur wenig Nachteile gegenüber der nicht frei zugänglichen Version entstehen. Eigentlich unvereinbar mit dem Open Access-Gedanken ist der Versuch, durch eine „Sperrfrist" den Verlagen ein Erstverwertungsrecht einzuräumen, das dann nach einer gewissen Zeit von z.B. sechs Monaten durch Selbstarchivierung (auf einem so genannten „postprintserver") abgelöst wird. Einige Diskussionsbeiträge wollen auch die mit öffentlichen Mitteln bezahlten ForscherInnen verpflichten, ihre Forschungsergebnisse immer offen zugänglich zu machen, ob nun per Dienstvorschrift oder einer Regelung im Urheberrechtsgesetz (zur Frage einer „Anbietepflicht" der öffentlich bezahlten WissenschaftlerInnen vgl. Pflüger und Ertmann 2004). Nach einer gemeinsamen Entschließung vom Juni 2005 verpflichten nun die britischen Forschungsräte die EmpfängerInnen ihrer Drittmittel zur Veröffentlichung ihrer Publikationen auf Open-Archive Servern, wo diese vorhanden sind (LINK).

Die Budapester Initiative ruft parallel dazu auf, Open Access-Journale (OAJ) aufzubauen, die sich den Prinzipien des freien Zugangs verpflichten. Das Ansehen der bisher von Verlagen auf Papier vertriebenen Zeitschriften hängt dabei weder am Medium Papier noch an der Leistung der Verlage, sondern an den etablierten Gutachtersystemen („Peer Review"), den meist durch die Wissenschaft finanzierten Redaktionen und dem über Jahrzehnte gesammelten Ansehen und der Aufmerksamkeit, die den für das jeweilige Fach zentralen Zeitschriften zuteil wird. All dies würde nicht dagegen sprechen, die etablierten Zeitschriften auf das Open Access-Prinzip umzustellen, dies passiert allerdings selten. Aktivitäten zu Neugründungen, die die hohen Qualitätsstandards bisheriger gedruckter Fachzeitschriften beibehalten, gibt es in vielen Ländern, in erster Linie in den Naturwissenschaften. Das „Directory of Open Access Journals" (DOAJ: LINK), das im Mai 2003 initiiert wurde, verzeichnete im Juli 2005 insgesamt 1.641 Open Access-Zeitschriften.

Für den deutschen Sprachraum ist als eine Art Fortschreibung der Budapester Initiative die Berliner Erklärung über offenen Zugang zu wissenschaftlichem Wissen vom Oktober 2003 relevant. Sie stärkt den Open Access-Gedanken und setzt sich für einen offenen Zugang, Qualitätsregeln für und Anerkennung von Open Access-Publikationen ein. Unter den UnterzeichnerInnen finden sich praktisch alle großen hochschulpolitischen Akteure, von der Hochschulrektorenkonferenz über den Wissenschaftsrat bis zur Max-Planck-Gesellschaft. Von Letzterer, aber auch von der DFG, der Bundesregierung und anderen werden einzelne Open Access-Projekte gefördert. Die Neufassung des Urheberrechtsgesetzes droht im Übrigen die RechteverwerterInnen gegenüber Bildung und Wissenschaft ungleich zu bevorteilen, dagegen wehrt sich dieselbe Allianz, die auch die Berliner Erklärung beschlossen hat (LINK: Stand Juli 2005).

Für eine relevante Nutzung kommt es vor allem darauf an, das Konzept des Open Access über eine gewisse Bekanntheitsschwelle zu heben (was wir mit diesem Beitrag versuchen). Am bekanntesten ist Open Access in den Naturwissenschaften, in den Sozial- und Geisteswissenschaften ist es am wenigsten verbreitet (knapp 25% gegenüber weniger als 15% laut einer Umfrage der DFG: LINK), die bisherigen Anteile an den Veröffentlichungen oder auch die Häufigkeit von Pre- oder Postprints liegt in allen Fächern unter einem Fünftel.

3   Die Verwertung der eigenen Werke

Im deutschen Recht wird für geistige Werke anders als im Fall des angelsächsischen Copyright zwischen dem unveräußerlichen Recht auf Urheberschaft, das immer bei dem oder der AutorIn bleibt, und den ver-

äußerbaren Nutzungsrechten unterschieden (§§ 29 bzw. 31ff. UrHG).
Bisher treten AutorInnen ihre Nutzungsrechte an die Verlage ab, was so
lange kein Problem war, wie es keine alternativen Distributionskanäle gab.
Heute ergibt sich ein differenziertes Bild: Manche Zeitschriften oder auch
Buchverlage unterstützen die gleichzeitige Open Access-Veröffentlichung
wissenschaftlicher Publikationen, weil sie dadurch ihre Reichweite erhöhen und nach einigen Untersuchungen tatsächlich auch wenig an Auflage
verlieren. Zeitschriften und Verlage mit einem hohen Ansehen und einer
zentralen Stellung im Fach (und einem hohen „impact factor" →Publizie-
ren) versuchen dagegen teilweise ihre starke Position auszunutzen, um
ein exklusives Verwertungsrecht durchzusetzen. Hier kommt es auch für
Promovierende darauf an, in entsprechenden Verhandlungen die eigenen
Verwertungsrechte durchzusetzen. Sie sollten sich auch überlegen, ob sie
wirklich mit Verlagen zusammenarbeiten wollen, die wissenschaftliches
Wissen absichtlich verknappen. Im schlimmsten Fall bietet sich weiterhin
die Möglichkeit, Preprints oder (nach entsprechender Vereinbarung) Postprints nach dem Open Access-Prinzip zu veröffentlichen.

Wo dies in den einzelnen Fächern oder Hochschulen möglich ist,
darüber kann hier kein Überblick gegeben werden. Wenn es im deutschen
und dann auch im internationalen Raum keine Möglichkeit zur Archivierung der eigenen Publikation auf einem Open Access Server gibt, haben
die meisten Promovierenden trotzdem die Möglichkeit, ihre Texte auf
eigenen Seiten (meist an ihrer Universität) einzustellen.

Wie nun lassen sich die nach dem Open Access-Prinzip online
gestellten Werke schützen? Wer seine eigenen Texte online stellt, kann
sie durch mehrere Varianten von Open Access-Lizenzen schützen, abhängig vom Grad der Nutzungsrechte, die den NutzerInnen zugestanden
werden sollen (in erster Linie die Veränderung oder kommerzielle Nutzung). Die in der einschlägigen Diskussion bekannteste Lizenz ist die
„Creative Commons"-Lizenz, die mittlerweile für das deutsche Rechtssystem übersetzt ist. Eine mögliche Alternative besteht z.B. in der „Digital Peer Publishing"-Lizenz (dipp: LINK). Auch hier gilt, dass die Bedingungen für die eigene Open Access-Veröffentlichung so abhängig vom
eigenen Fach oder der Hochschule sind, dass Promovierende sich diesbezüglich besser ebenda oder auch bei KollegInnen oder ProfessorInnen
erkundigen – mit dem eleganten Nebeneffekt, das Open Access-Prinzip
breiter bekannt zu machen.

4 Das Recht auf Urheberschaft

Das Nutzungsrecht für wissenschaftliche Werke spielt für ihre UrheberInnen meist eine geringe materielle Rolle, aus unserer Sicht sollten Promovierende sich für eine möglichst einfache und breite Nutzungsmöglichkeit einsetzen. Ganz anders verhält es sich mit dem Recht auf AutorInnenschaft: Gerade Promovierende sind darauf angewiesen, dass ihr Anteil an neuen Erkenntnissen, ihre Urheberschaft bei neuen Ideen und ihr Beitrag zu wissenschaftlichen Publikationen deutlich gemacht wird, da dies für ihre innerwissenschaftliche Reputation und ihre berufliche Zukunft entscheidend ist. Auch eine Veröffentlichung, ob nun über einen Verlag oder nach einer Open Access-Lizenz, ändert nichts an diesem Recht.

Gegen das Urheberrecht wird aber in der wissenschaftlichen Praxis teilweise verstoßen, wo die enge Betreuungsbeziehung zu dem oder der BetreuerIn in einseitigen Abhängigkeiten resultiert und wissenschaftlicher Produktionsdruck die Verletzung dieser Regeln nahe legt. Wenn schon nicht aus eigener Erfahrung, dann kennen viele Promovierende doch vom Hörensagen Fälle, die mindestens in einer ethischen Grauzone liegen, ob nun wichtige Zuarbeiten zu einer Publikation ungenannt bleiben, bei einem Betreuerwechsel die Mitnahme der bisherigen Arbeit verweigert wird oder sogar interne Texte von Promovierenden in die eigene Publikation eingebaut werden. Dies ist auch die Folge der im deutschen Promotionsmodell unglücklichen Verknüpfung von Dienstvorgesetzten, Betreuung und Bewertung der Dissertation in einer Person (→Der Promotionsprozess als Arbeit).

Andere Verstöße gegen das Urheberrecht kommen selbstverständlich ebenfalls vor. Dies reicht von der unredlichen Aneignung der wissenschaftlichen Ideen anderer bis hin zu tatsächlichen Plagiaten, d.h. der Veröffentlichung der Texte anderer unter eigenem Namen, ohne Zitate deutlich zu machen. Gerade Promotionsprojekte sind in einem diesbezüglich sehr sensiblen Bereich angesiedelt, denn es geht um neue und originale Forschungsergebnisse. Promovierende sind hier auf Schutz ihrer Rechte angewiesen. Für Betroffene ist es in der bisherigen Praxis ein großer Schritt, diesen Schutz formal einzufordern und gegen Rechtsverletzungen zu klagen.

Die Deutsche Forschungsgemeinschaft und ihr folgend die Hochschulrektorenkonferenz haben 1997 bzw. 1998 als Folge von entsprechenden Wissenschaftsskandalen Empfehlungen verabschiedet, die Universitäten, Forschungseinrichtungen und Fachgesellschaften auffordern, „Ethik-Kodizes" oder „Regeln zur Sicherung guter wissenschaftlicher Praxis" festzulegen. Die Vergabe von Forschungsmitteln wird von deren Einhaltung abhängig gemacht. In den Regeln spielt auch immer der Schutz der AutorInnen, deren vollständige Nennung, der Ausschluss einer „Ehrenautorenschaft" und das Verbot von Plagiaten und Ideendiebstahl etc. eine Rolle. Meist wird auch die Verantwortung für die Betreuung des wissenschaftlichen Nachwuchses ausdrücklich betont. Bei einer Verletzung ihrer AutorInnenschaft oder auch der Aneignung ihrer Ideen können sich Promovierende also auch an die von ihrer Einrichtung oder Fachgesellschaft festgelegten Vertrauenspersonen (Ombudspersonen) wenden, die zu Vertraulichkeit verpflichtet sind. Dies ist der erste Schritt in einem formellen Verfahren zur Feststellung der Regelverletzung.

Deutlich sollte auch sein, dass auch und gerade Promovierende sich an die Regeln guter wissenschaftlicher Praxis halten und sie weiter vermitteln sollen. In den entsprechenden Kodizes werden Universitäten und Forschungseinrichtungen zwar darauf verpflichtet, diese Regeln schon den Studierenden und dem wissenschaftlichen Nachwuchs zu vermitteln, dies ist aber nach unserer Kenntnis nicht unbedingt generelle Praxis. Bei der eigenen Forschungsarbeit sollten alle Promovierenden ihre Quellen sorgfältig offen legen und jeden Verdacht auf Plagiierung vermeiden. Und sie sollten diesen Maßstab auch in ihren eigenen Lehrveranstaltungen vermitteln. Nach verschiedenen Untersuchungen sind nämlich Plagiate, die durch die Verbreitung des Internet erleichtert werden, im Bereich studentischer Arbeiten leider recht häufig (LINKS). Und die Hochschulen haben bisher keine Routine entwickelt, um dagegen vorzugehen.

Wissenschaft verändert sich durch die Etablierung des Internet grundlegend. Sich auf die neuen Produktionsbedingungen einzustellen kann Promovierenden leichter gelingen als den etablierten WissenschaftlerInnen. Dies sollten sie als Verpflichtung ansehen, die Verbreitung wissenschaftlicher Erkenntnisse und die Diskussion unter WissenschaftlerInnen zu erleichtern, ohne den Respekt vor der Leistung anderer zu vernachlässigen.

Literatur und LINKS

Allianz der Wissenschaftsorganisationen (April 2005): Urheberrecht für Bildung und Wissenschaft. Zentrale Forderungen der Allianz der Wissenschaftsorganisationen an das Zweite Gesetz zur Regelung des Urheberrechts in der Informationsgesellschaft; online unter http://www.hrk.de/de/download/dateien/Allianz_Position_Urheberrecht.pdf (11.07.05).

Allianz der Wissenschaftsorganisationen (Oktober 2003): Berliner Erklärung über öffentlichen Zugang zu wissenschaftlichem Wissen http://www.mpg.de/pdf/openaccess/BerlinDeclaration_dt.pdf (02.08.05).

Berlin-Brandenburger Akademie der Wissenschaften (Januar 2003): Eine Handreichung der BBAW beschäftigt sich auf Grundlage der BBAW-Verträge mit der Ausgestaltung von Verlagsverträgen in Bezug auf die elektronische Publikation: http://www.bbaw.de/initiativen/telota/intern/images/handreichung.pdf (02.08.05).

Budapest Open Access Initiative: http://www.soros.org/openaccess/g/index.shtml (02.08.05).

Creative Commons Lizenz (auch für das deutsche Rechtssystem): http://creativecommons.org/license/ (02.08.05).

Deutsche Forschungsgemeinschaft DFG (1998): Regeln guter wissenschaftlicher Praxis, Bonn; http://www.dfg.de/aktuelles_presse/reden_stellungnahmen/ download/ empfehlung_wiss_praxis_0198.pdf (02.08.05).

Deutsche Forschungsgemeinschaft DFG (2005): Einige Ergebnisse einer Umfrage im Auftrag der DFG zur Nutzung und Bekanntheit von Open Access (Präsentation von Dr. Ebel-Gabriel, HRK) http://www.dini.de/veranstaltung/workshop/goettingen_2005-05-23/slides/ebel-gabriel/Ebel-Gabriel.pdf (02.08.05).

Deutsche Forschungsgemeinschaft DFG (März 2005): Positionspapier elektronisches Publizieren: http://www.dfg.de/forschungsfoerderung/ wissenschaftliche_infrastruktur/lis/download/ pos_papier_elektron_publizieren_0504.pdf (02.08.05).

Digital Peer Publishing Lizenz: Die Open-Access Initiative „Digital Peer Publishing NRW" ist vom Ministerium für Wissenschaft und Forschung NRW ins Leben gerufen worden, um Entwicklungen im wissenschaftlichen Informationsmanagement im digitalen Zeitalter zu unterstützen. Hier wurde für Open Access-Journale eine eigene Lizenzform entwickelt. http://www.dipp.nrw.de (02.08.05).

Forum Qualitative Sozialforschung FQS (August 2002): Deutschsprachiger Open Access FAQ: http://www.qualitative-research.net/fqs/boaifaq.htm (02.08.05).

German Academic Publishers GAP (Dezember 2003): Working Paper No. 4. Hier werden für Monografien vier Beispielverträge deutscher Universitätsverlage nebeneinander gestellt aufgeführt, die eine Open Access-Veröffentlichung ermöglichen: http://www.ubka.uni-karlsruhe.de/gap-c/arbeitsergebnisse/index_de.html (02.08.05).

Hochschulrektorenkonferenz (1998): Zum Umgang mit wissenschaftlichem Fehlverhalten in den Hochschulen; Empfehlung des 185. Plenums vom 6. Juli 1998: http://www.hrk.de/de/beschluesse/109_422.php?datum=185.+Plenum+am+6.+Juli+1998+ (02.08.05).

Mruck, Katja/Gradmann, Stefan/Mey, Günter (April 2004). Open Access: Wissenschaft als Öffentliches Gut [32 Absätze]. Forum Qualitative Sozialforschung / Forum: Qualitative Social Research [On-line Journal], 5(2), Art. 14. Verfügbar über: http://www.qualitative-research.net/fqs-texte/2-04/2-04mrucketal-d.htm (02.08.05).

Open Access-Zeitschriften: Directory of Open Access Journals unter http://www.doaj.org (02.08.05).

Pflüger, Thomas/Ertmann, Dieter (2004): E-Publishing und Open Access – Konsequenzen für das Urheberrecht im Hochschulbereich; in: Zeitschrift für Urheber- und Medienrecht, Heft 6, S. 436–443. Online unter: http://www.ub.uni-konstanz.de/kops/ volltexte/2004/1337/ pdf/ Pflueger_2004.pdf (02.08.05).

Preprintserver Naturwissenschaften: http://www.sciencedirect.com/preprintarchive (02.08.05).

Preprintserver Philosophie: http://philsci-archive.pitt.edu/ (02.08.05).

Preprintserver Physik: "ArXiv is an e-print service in the fields of physics, mathematics, nonlinear science, computer science, and quantitative biology. The contents of arXiv conform to Cornell University academic standards. arXiv is owned, operated and funded by Cornell University, a private not-for-profit educational institution. ArXiv is also partially funded by the National Science Foundation". Deutscher Mirror: http://de.arxiv.org (02.08.05).

Printserver: CERN Document Server: http://cds.cern.ch (02.08.05).

Public Library of Science: eine Initiative, die eigene (naturwissenschaftliche) Open Access-Journale aufbaut: http://www.plos.org (02.08.05).

Severiens, Thomas/Hilf, Eberhard R. (Juli 2004): Elf Argumente für Open Access: http://www.isn-oldenburg.de/publications/11argumente.html (02.08.05).

UK Research Councils verpflichten Forschungsgeldempfänger zu Open Access: http://www.rcuk.ac.uk/access/statement.pdf (02.08.05).

Universität Bielefeld (o.J.): Informationen und Linksammlung der Uni Bielefeld zum Thema Plagiate: http://www.uni-bielefeld.de/Benutzer/MitarbeiterInnen/Plagiate (02.08.05).

Urheberrechtsbündnis Göttinger Erklärung zum Urheberrecht (Juli 2004): http://www.urheberrechtsbuendnis.de/index.html (02.08.05).

Urheberrechtsgesetz: http://bundesrecht.juris.de/bundesrecht/urhg/ (02.08.05).

Wikipedia: Der deutsche Wikipedia-Eintrag zu Open Access bietet weitere Informationen: http://de.wikipedia.org/wiki/Open_Access (02.08.05).

Promotion und Berufsperspektiven

Johannes Moes

Wer sich über die berufliche Entwicklung nach der Promotion Gedanken macht, ist entweder noch im Entscheidungsprozess für oder wider eine Promotion, in der Promotion weit fortgeschritten oder einfach vorausschauend. In jedem Fall ist es sinnvoll, die eigenen Berufsperspektiven mit oder ohne Promotion (Vgl. →Der Promotionsprozess als Arbeit) zu klären – und zwar für sich persönlich, möglichst jenseits von den guten Ratschlägen anderer. Denn auch ProfessorInnen, Personalchefs oder andere „ExpertInnen" urteilen meist aus ihrem speziellen (und auch eher kleinen) Erfahrungshorizont heraus und neigen manchmal trotzdem zu sehr verallgemeinernden Aussagen. In welchem Sinn eine Promotion sich „lohnt" ist Ansichtssache oder zumindest fächerspezifisch zu beantworten. Allgemein gilt: eine (abgeschlossene) Promotion schadet der späteren beruflichen Karriere wahrscheinlich nicht – die Erwerbslosigkeit von Promovierten liegt im Durchschnitt noch unter der sowieso niedrigen Quote der erwerbslos registrierten AkademikerInnen. Neben den statistisch als gut ausgewiesenen Beschäftigungschancen ist aus unserer Sicht wissenswert, dass Promovierte ihre Arbeit meist als inhaltlich interessanter wahrnehmen und damit von ihrer Qualifikation deutlicher profitieren als eine nichtpromovierte Vergleichsgruppe (Enders/Bornmann 199ff.).

Über den finanziellen Vorteil gibt es verschiedene Aussagen, nimmt man aber die teilweise geringer bezahlten oder sogar eigenfinanzierten Jahre der Promotion in die Rechnung auf und vergleicht das Einkommen von Promovierten mit dem von Menschen, die entsprechend mehr Jahre im Beruf stehen, dann relativiert sich der finanzielle Nutzen. Entscheidend, auch für ein insgesamt wohl höher liegendes Lebensarbeitseinkommen, ist wohl eher, dass der Doktortitel für das Erreichen bestimmter Positionen nützlich oder sogar inoffiziell oder offiziell Voraussetzung ist. Von Ärzten wird der Doktortitel häufig vor allem aufgrund des damit verbundenen gesellschaftlichen Ansehens angestrebt, aber auch in Beratungs- und Dienstleistungsfirmen, teilweise im Medienbereich und in Führungsetagen ist damit ein Reputationsgewinn verbunden. In manchen Bereichen wie z.B. Museumsleitungen ist der Doktortitel durch seine Verbreitung schon fast ein Muss, in anderen, wie der Hochschullehrerlaufbahn und fortgeschrittenen Positionen in der Forschung, ist er auch offiziell Bedingung für eine

Beschäftigung. Auf die beruflichen Möglichkeiten als „Postdoc" im Wissenschaftsbereich geht der Beitrag →Berufswege in Wissenschaft und Forschung im Detail ein.

Karriere mit Doktortitel?
Ausbildung, Berufsverlauf und Berufserfolg von Promovierten

Das Buch von Jürgen Enders und Lutz Bornmann, das die Ergebnisse einer Befragung aus dem Jahre 1999 wiedergibt, gehört zu den fundiertesten Studien zur Promotion in Deutschland. 2.200 AbsolventInnen aus sechs verschiedenen Fächern, d.h. Elektrotechnik, Biologie, Mathematik, Wirtschaftswissenschaften, Sozialwissenschaften und Germanistik, und aus drei verschiedenen ‚Kohorten', mit Abschlüssen in den akademischen Jahren 1979/80, 1984/85 und 1989/90 wurden mittels eines umfassenden Fragebogens über Entwicklung ihres Bildungs- und Berufsweges, zur Promotionsphase und zur eigenen Bewertung der Promotion befragt.

In nüchternem Ton werden auf 250 Seiten die Zusammenhänge von Promotion und Berufserfolg diskutiert. Dabei werden manche Vorurteile entkräftet: Doktorinnen und Doktoren sind nicht zum Taxifahren verdammt, nicht am Arbeitsmarkt vorbeiqualifiziert und insgesamt recht gut beschäftigt, was die Erwerbslosigkeit und auch die berufliche Zufriedenheit angeht. Behauptungen, die von einer immer schwieriger werdenden Berufseinfädelung und überall grassierenden „flexibilisierten" Arbeitsbedingungen reden, stimmen folglich nicht ohne weiteres. „Eine verloren geglaubte Generation geht ihren Weg", nennen es die beiden Forscher. Bei den guten Nachrichten bleiben Enders und Bornmann aber nicht einfach stehen. Sie differenzieren ihre Ergebnisse sehr sorgfältig nach Fach oder auch Geschlecht, und untersuchen auch den Einfluss anderer Faktoren wie der sozialen Herkunft, des Promotionsalters usw. auf die berufliche Entwicklung.

Vielleicht ist die Studie aufgrund ihrer trockenen Sachlichkeit und der in erster Linie auf Analyse anstatt auf praktische Konsequenzen angelegten Darstellung nicht unbedingt als „Ratgeberlektüre" zu empfehlen. Dennoch lässt sich einiges auch für die eigene Situation aus dem Buch ableiten. Insofern „lohnt" sich nicht nur die Promotion, sondern auch das Nachdenken über deren Wert für die berufliche Entwicklung. Das Buch von Enders und Bornmann kann dabei helfen, und es ist gut zu wissen, dass anscheinend eine Nachfolgestudie auf dem Weg ist (Stand 2005), die von der DFG finanziert wird und bei Professor Enders am niederländischen CHEPS-Forschungsinstitut angesiedelt ist.

In diesem Beitrag geht es nun darum, vor allem auf der Datenbasis der Studie von Enders und Bornemann (1) die Erkenntnisse über den Übergang von der Promotion in anschließende Erwerbstätigkeit zusammenzufassen, (2) die Bedeutung der Promotion für unterschiedliche Arbeitsmärkte und Karriereverläufe darzustellen und (3) einige Schlussfolgerungen für eine berufliche Orientierung schon während der Promotionsphase zu ziehen.

1   Berufseinfädelung

Nur wenige Studien beschäftigen sich explizit mit dem Berufsverlauf und -erfolg von Promovierten. Die Befragung von Enders und Bornmann aus dem Jahr 1999 steht hier nahezu allein, was die Breite und Tiefe angeht. Dadurch, dass sie Promovierte in sechs Fächern fünf, zehn und fünfzehn Jahre nach der Promotion befragt haben, kommen sie unter Berücksichtigung der Fächerunterschiede zu einer guten Längsschnittperspektive auf Berufsverläufe nach der Promotion. Der Verbleib von Promovierten wird außerdem in allgemeinen Studien zur Berufsentwicklung von AkademikerInnen abgefragt und sollte auch in fachspezifischen Untersuchungen extra berücksichtigt werden. Es lohnt sich hier, auf die Suche nach Studien im eigenen Fach zu gehen.

Denn auf jeden Fall sind die Berufswege fächerdifferenziert und es wäre Unsinn, Strategien vorzuschlagen, die für Chemie, Architektur und Kunstgeschichte die gleiche Gültigkeit beanspruchen. In der Chemie ist die Promotion ähnlich wie in Medizin fast ein „Regelabschluss", zwei Drittel der Diplom-AbsolventInnen promovieren zusätzlich. Hier dürfte die Berufseinfädelung sich nicht wesentlich von den Diplom-ChemikerInnen unterscheiden. In Architektur oder Kunstgeschichte ist die Promotion dagegen die Ausnahme und insofern eine seltene Anforderung oder Qualifizierung im Arbeitsmarkt. Entsprechend individuell muss die Berufseinfädelungsstrategie für Promovierte sein. Was in dem einen Fall zu einer Abwertung des Doktortitels führt, sorgt im anderen Fall für dessen Aufwertung und Promovierende sollten sich schon vor ihrem Abschluss bewusst machen, ob sie eher mit großer Konkurrenz zu rechnen haben oder Arbeitgeber von dem Nutzen dieser wissenschaftlichen Qualifikation überzeugen müssen.

Beachtenswert ist: Für einen nicht geringen Teil der frisch Promovierten ergibt sich keine direkte Notwendigkeit, nach der Promotion auf Beschäftigungssuche zu gehen. Laut Enders und Bornmann (S. 89ff.) sind etwa ein Drittel der Promovierten – häufiger die Männer – zum Zeitpunkt der Promotion unbefristet beschäftigt oder es stand zumindest ihre Tätigkeit fest, so dass sich für diese durch die Promotion keine berufliche Zäsur ergab. Dies war besonders in Germanistik und Sozialwissenschaften der Fall, wo eine Promotion auf befristeten Stellen an der Universität seltener ist und oft „extern" promoviert wird – DoktorandInnen in Germanistik oder Sozialwissenschaften sind daher oft schon außeruniversitär unbefristet beschäftigt.

Aber auch für die Personen bzw. Fächer, bei denen es nach der Promotion zur Beschäftigungssuche kommt, ergaben sich in der genannten Studie eher positive Perspektiven: Innerhalb eines Jahres verringerte sich deren Erwerbslosigkeit nach eigenen Angaben stark; selbst bei überproportional von Arbeitslosigkeit betroffenen Akademikergruppen (SozialwissenschaftlerInnen, WirtschaftswissenschaftlerInnen) halbierte sich diese oder sank noch stärker. Trotzdem spielen Fächerunterschiede bei der Eingliederung in den Arbeitsmarkt eine große Rolle: So haben ElektroingenieurInnen und WirtschaftswissenschaftlerInnen mit hoher Wahrscheinlichkeit ein Leben im „Normalarbeitsverhältnis" vor sich, mit unbefristeten Vollzeitstellen und einem geringen Risiko von Arbeitslosigkeit. Dieses Modell ist für Germanistik, Biologie oder Sozialwissenschaften weit weniger etabliert. Im Zehnjahresvergleich konnten Enders und Bornmann aber keine großen Unterschiede zwischen den Promotionsjahrgängen feststellen: die „flexibilisierten" bzw. „prekarisierten" Beschäftigungsverhältnisse sind in bestimmten Berufsbereichen verbreitet (an der Universität sowie im Kultur- und Weiterbildungsbereich). Sie übertragen sich aber nicht unbedingt auf andere Bereiche.

Egal welches Fach, ein Phänomen trifft für alle Disziplinen und Berufsbereiche zu: Die Beschäftigungssituation ist immer geschlechtsspezifisch: Bei Frauen sind befristete und Teilzeitbeschäftigungen wie auch Elternzeit oder Erwerbslosigkeit deutlich häufiger anzutreffen.

Weit weniger bedeutend als die Fächerunterschiede sind z.B. Beschäftigungsstaus, die Überproduktion von Promovierten in manchen Fächern oder Konjunktureffekte. So lässt sich zwar beispielsweise für die Germanistik ein merklicher Wechsel beim LehrerInnenberuf ablesen, dessen Aufnahmefähigkeit ab den 1980er Jahren stark eingeschränkt ist. Und ElektroingenieurInnen hatten in den 1990er Jahren schlechtere Berufseinstiegschancen als vorher. Vielleicht hat auch der „Sinkflug" der Promotionszahlen in den 2000er Jahren etwas mit dem Boom der New Economy Ende der 1990er Jahre zu tun. Diese Veränderungen schlagen sich aber nicht so deutlich in der Beschäftigungsstatistik nieder wie andere Faktoren. Entscheidend für die generell als gut zu bezeichnenden Beschäftigungschancen von Promovierten ist in erster Linie die (Beschäftigungs-)Situation im jeweiligen Fach, die seit den letzten 15 Jahren relativ konstant blieb. Zudem stellt sich für Akademiker mit Doktortitel die Frage, wie sich individuelle Wünsche und Vorstellungen mit den vorhandenen Arbeitsplätzen vereinen lassen. Hier gilt es, Spielräume zu entdecken und zu nutzen.

2 Karriereverläufe und Arbeitsmarktsektoren

Über eine längere Zeit hinweg sind die Promovierten nur in geringem Maß erwerbslos: zumindest nach der Studie von Enders und Bornmann (2001, S.102), die Verläufe zwischen neun und 20 Jahre nach der Promotion nachzeichnet. Bei den sechs untersuchten Fächern haben besonders die Promovierten in Elektrotechnik und Wirtschaftswissenschaften eine hohe „Erwerbsbeteiligung", am ehesten problematisch ist die Lage in Germanistik und Biologie. Deutlich ist der Unterschied zwischen den Geschlechtern: demnach sind 97% der promovierten Männer durchgehend erwerbstätig, aber nur etwa 80% der promovierten Frauen: Sie sind einerseits häufiger erwerbslos (was auch an der für sie ungünstigen Verteilung über die Fächer liegen könnte), andererseits nehmen fast ausschließlich Frauen Auszeiten für die Kinderversorgung.

Wo die Promovierten letztlich arbeiten, ist verständlicherweise fachspezifisch stark different: Beispielsweise haben BiologInnen in der chemisch-pharmazeutischen Industrie gute Beschäftigungschancen, GermanistInnen in den Medien und im Bildungsbereich, WirtschaftswissenschaftlerInnen und MathematikerInnen in Banken und Versicherungen (Enders/Bornmann 2001, S.109). Auffallend ist die durchgängig hohe Bedeutung des „öffentlichen Sektors" für alle Disziplinen: Hier arbeiten mit Ausnahme der WirtschaftswissenschaftlerInnen oder ElektrotechnikerInnen mindestens 40, oft auch über 50 Prozent der promovierten AbsolventInnen. Dies ist zuerst auf die Hochschulen als Arbeitgeberinnen zurückzuführen, die in fast allen Fächern 30 oder mehr Prozent aller Promovierten beschäftigen. Bis auf die Elektrotechnik sind die Hochschulen für alle von Enders und Bornmann untersuchten Fächer der Hauptarbeitgeber.

Da an den Hochschulen bislang fast nur die Professur eine Dauerstelle bietet (anstatt dass es z.B. eine ausgebaute Chance für Daueranstellung unterhalb der Professur gäbe, wie es die GEW fordert), ist die Frage relevant, inwieweit die Promovierten in diese „Führungspositionen" an der Hochschule wechseln. Nach der Studie von Enders und Bornmann (2001, S.117ff) erreichen ein Sechstel der Promovierten dieses Berufsziel.

In der Studie stechen besonders zwei Auffälligkeiten des deutschen Wissenschaftssystems hervor. Zum einen zeigt sich, dass schon die Einbindung der Promovierenden in die Scientific Community sehr einflussreich für eine spätere Beschäftigung an der Hochschule ist. Diese „interne

Promotion" (also eine Einbindung in die Forschungszusammenhänge, meist über die BetreuerIn) ist zwar abhängig von der Finanzierungsart und in den sechs untersuchten Fächern unterschiedlich verbreitet: 90 Prozent der Promovierenden in Biologie, Elektrotechnik oder Mathematik sind in diesem Sinne fachlich und institutionell eingebunden, gegenüber unter 60 Prozent in Germanistik oder den Sozialwissenschaften. In jedem Fach aber ist die Wahrscheinlichkeit ungleich höher, nach der Promotion an der Hochschule beschäftigt zu werden, wenn dies auch schon während der Promotion der Fall war (ebd. S.101). Wer also „in Einsamkeit und Freiheit" promoviert hat, hat schlechtere Karten, um an der Universität zu bleiben.

Die zweite Besonderheit des deutschen Wissenschaftssystems kann als eine Art „Einbahnstraße" von der Wissenschaft in die übrigen öffentlichen und den privaten Sektor beschrieben werden: Über die Hälfte derjenigen, die nach der Promotion zunächst an den Hochschulen beschäftigt waren, wechselt nach ein paar Jahren entweder in den privaten Sektor (ca. 70%) oder in öffentliche Einrichtungen (ca. 30%). Ein Wechsel von Promovierten aus dem privaten Sektor oder aus öffentlichen Einrichtungen in die Wissenschaft ist hingegen über alle Fächer hinweg eher selten. Die geringe Durchlässigkeit zwischen verschiedenen Beschäftigungsbereichen heißt also, dass die erste Wahl nach der Promotion quasi den künftigen Arbeitssektor bestimmt, bis auf diejenigen, die heraus aus der Hochschule in andere Arbeitsmärkte wechseln. Den Ansprüchen an „intersektorielle Mobilität" steht, wie so oft in Fragen der Mobilität, nur eine recht schmale Praxis gegenüber.

Die erreichten Einkommen sind wieder sehr abhängig vom jeweiligen Fach, am meisten verdienen mit Abstand die WirtschaftswissenschaftlerInnen, auch weil in der Privatwirtschaft höhere Einkommen erzielt werden können als im öffentlichen Sektor. Die geringere Spreizung der Tarife im öffentlichen Dienst führt dazu, dass die Frauen, die durchschnittlich weniger Einkommen erzielen als die Männer, hier weniger oft benachteiligt sind als in der Wirtschaft. Enders und Bornmann untersuchen verschiedene Thesen für den unterschiedlichen Berufserfolg von Promovierten: Das Geschlecht läuft danach immer weiter mit; aber wenigstens verblasst der Einfluss der sozialen Herkunft der Promovierten – wer bis hierher gekommen ist, hat auch aus niedrigeren sozialen Schichten in etwa die gleichen Chancen wie andere DoktorInnen.

3 Was ist schon während der Promotion wichtig?

Die Ergebnisse von Studien über den beruflichen Verbleib von Promovierten sind eine wichtige Anregung zum Nachdenken über die eigenen beruflichen Möglichkeiten und Wünsche – aber Statistiken sind Durchschnittswerte und können die individuelle Entwicklung nicht berücksichtigen. Eine zielbewusste Promotion nützt nicht nur beruflich, sondern ermöglicht auch, die Promotion mehr im Rahmen der allgemeinen Ansprüche zu sehen und dadurch das oft von vielen Hoffnungen und Erwartungen belastete Werk auch für die eigene Biografie zu relativieren, anstatt es zu einem Lebenswerk zu machen. Kontakte in mögliche Berufsfelder geben einen Einblick in die Beschäftigungsmöglichkeiten und Qualifikationsanforderungen der „Praxis". Dabei zählt als diese Praxis nicht nur das, was außerhalb der Universität, oft in einem „Praktikum" passiert. Schon aufgrund der hohen Zahl derer, die mindestens mittelfristig an der Hochschule bleiben, ist auch die Einbettung der eigenen Arbeit in die „wissenschaftliche Praxis"' der Scientific Community ein wichtiger Qualifikationsaspekt. Wie die Studie von Enders und Bornmann ergeben hat, ist auch der Anteil der Promovierten nicht gering, für die die Promotion ohnehin eingebettet ist in den Zusammenhang einer gesicherten, dauerhaften Beschäftigung.

Die Perspektive, die wir für unser Handbuch wichtig finden, dass nämlich Promovieren Arbeit ist und als solche anerkannt gehört (→Einleitung), bedeutet für das Thema Berufsorientierung, dass mit der Promotion schon Berufserfahrung erworben wird, nicht nur von den (zahlreichen) Wissenschaftlichen MitarbeiterInnen auf Qualifikationsstellen und in Forschungsprojekten. Damit dies aber auch künftigen ArbeitgeberInnen bewusst wird, sollte der Erwerb von →Akademischen Schlüsselqualifikationen – die im Englischen oft treffend als „transferable (übertragbare) skills" bezeichnet werden – gezielt in die Promotionsphase integriert werden. Dies geschieht ja nicht nur durch die Teilnahme an entsprechenden Seminaren, sondern durch die eigene Tätigkeit in der Forschung, Datengewinnung, Datenverarbeitung, Lehre und Betreuung, Organisation von Veranstaltungen, Veröffentlichungen etc. Allerdings ist es auf jeden Fall sinnvoll, diese Erfahrungen in entsprechenden (Seminar-) Zusammenhängen reflektieren zu können.

Als zentrale Schlüsselqualifikation taucht hier wieder das Thema „Netzwerken" auf (→Phil Agre's „Networking on the Network"). Innerhalb der Scientific Community oder darüber hinaus in Netzwerken außerhalb der Forschung sind die Arbeitsmärkte für Promovierte in der Regel sehr klein und daher die Bedeutung entsprechender Kontakte nicht zu unterschätzen. Damit soll nicht gesagt werden, dass Stellen für Promovierte nicht über reguläre Ausschreibungen vergeben werden. Auch die „Agentur für Arbeit" ist ein wichtiger Anlaufpunkt nach erfolgreicher Promotion. Aber je nach Fachzusammenhang der Dissertation ist es eine realistische Möglichkeit, sich den zukünftigen Beruf zu einem Teil selbst zu schaffen. Und dafür bedarf es nicht nur der fachlichen Qualifikation, sondern auch entsprechender Vernetzung der eigenen Arbeit mit der Arbeit anderer, die ähnliche Ziele verfolgen. Weiterhin hilft dies auch, um den Kontext der eigenen Promotion im Blick zu halten – und damit die Gefahr von „Überspezialisierung" (besser wäre von „Fehlspezialisierung", „Fehlqualifizierung"etc. zu reden) zu vermeiden. Die eigene Arbeit in den Kontext einer (wie auch immer wissenschaftlichen, unternehmerischen, gesellschaftlichen) Praxis zu stellen, gibt der eigenen Wissenschaft auch über die eigene Qualifizierung hinaus Sinn.

Hilfreich zur Einordnung der eigenen Leistung ist das Bewusstmachen der unterschiedlichen Zeitrhythmen in universitärer Forschung und außeruniversitärer Praxis. Beispielsweise herrscht im Gegensatz zur Grundlagenforschung an der Hochschule in außeruniversitärer Forschung ein viel engerer und effizienzorientierterer Zeitrahmen. Die Ergebnisse sind dementsprechend weniger tief und ausgefeilt. Ein intensiverer Kontakt zur außeruniversitären Forschungspraxis hilft vielleicht, die eigene Qualifizierung auch als planbares Ziel zu verstehen und die ganzen guten Ideen und Erkenntnisse in den Nebenpfaden der Dissertation für die spätere Berufspraxis aufzuheben ohne ins Oberflächliche abzurutschen.

Nicht nur die mit der Erstellung der Dissertation eng verbundenen Tätigkeiten können als Berufserfahrung gewertet werden. Auch der durch die unzureichende Finanzierung verbreitete Zwang, mit „promotionsfernen" Tätigkeiten Geld zu verdienen, kann positiv gewendet werden, auch wenn er die Promotionszeit unnötig verlängert. Die im Zusammenhang dieser Nebentätigkeiten erworbenen Fähigkeiten und Kontakte können gezielt mit einer Berufsfindung verbunden werden. Bei der Hans-Böckler-Stiftung gehören bezahlte Praktika während oder auch nach der Förderungszeit zum Angebot der ideellen Förderung (→Promovieren mit Stipendien).

Zu den Tätigkeiten, die zur Berufserfahrung und „Beschäftigungsfähigkeit" im Interesse der Promovierenden beitragen, gehören schließlich nicht nur die eigentliche Promotion oder Gelderwerbsarbeit. Politisches

Engagement zählt unserer Ansicht nach nicht nur für die Auswahl für Stipendien der meisten Begabtenförderwerke als Pluspunkt, sondern kann auch der Berufsfindung dienen, nicht nur für SozialwissenschaftlerInnen. Und, als letzter aber nicht weniger wichtiger Punkt, muss auch die „Familienarbeit" als Berufsqualifizierung gelten. Nicht nur in Elternkreisen, sondern auch in manchen Unternehmen und Institutionen hat es sich herumgesprochen, dass Elternschaft nicht unbedingt eine Einschränkung der „Beschäftigungsfähigkeit", sondern durchaus auch deren Erweiterung bedeuten kann für Tätigkeiten, die effizientes Arbeiten, enge Kooperation mit anderen und das routinierte Management knapper zeitlicher Ressourcen erfordern. Aber nicht immer und in allen Fällen bereitet eine geschickte Kombination von „Nebentätigkeit" und Fertigkeitserwerb die postdoktorale Phase vor: Wenn der Zwang zum Geldverdienen dominiert und die Arbeit an der Dissertation mangels Fortschritt quälend wird, sollte auch ein Abbruch der Promotion als sinnvolle Option erwogen werden.

Auch wenn die Befunde von Enders und Bornmann eher relativierend sind, ist eine gewisse Tendenz besonders für die Promovierten der letzten 15 Jahre (die von der Studie aus dem Jahr 1999 nicht erfasst werden) anzunehmen: die Trennung zwischen „Qualifizierungs"- und „Produktionsphasen" verschwimmt, neben die „Normalerwerbsbiografie" tritt die „Patchworkbiografie" als Alternative, die nur selten frei gewählt wird. Individuell, aber auch gemeinsam, über entsprechende politische Interessenvertretung, sollten Promovierende sich dafür einsetzen, dass die verschwimmende Trennung nicht zur Folge hat, dass die Erwerbstätigkeit von Promovierten immer weiter „prekarisiert" wird, also befristete, schlecht bezahlte und ungesicherte Beschäftigungen zur Regel werden. Angesichts der hohen Bedeutung, die in der (hochschul-)politischen Rhetorik den hochqualifizierten WissensarbeiterInnen in einer künftigen „Wissensgesellschaft" zugemessen wird, sollten gesicherte und attraktive Beschäftigungsbedingungen nicht als Gegensatz zu beruflicher Flexibilität, sondern als deren Voraussetzung gesehen und gefordert werden. Die Berufsperspektiven der Promovierten sind allgemein positiv: Dies soll nicht als Beruhigung verstanden werden, sondern als Möglichkeit, sich selbstbewusst und zielbewusst eine berufliche Zukunft zu schaffen.

Literatur

Enders, Jürgen/Bornmann, Lutz (2001): Karriere mit Doktortitel? Ausbildung, Berufsverlauf und Berufserfolg von Promovierten; Frankfurt/Main (campus).

Academic Consult® – ein Beispiel akademischer Karriereberatung

Gunta Saul-Soprun

„Können Sie nicht mal etwas unternehmen, damit unsere Doktorandinnen und Doktoranden ihre Dissertation schneller beenden? Wir haben Leute hier, die schon 6 bis 10 Jahre an ihrer Doktorarbeit schreiben." Mit dieser Frage überrascht mich der Anruf einer Professorin aus einer Universitätsstadt. „Nein", sage ich, „das kann ich nicht. Ich kann höchstens darstellen, wie sich eine lange Promotionsphase auf die wissenschaftliche Karriere auswirkt. Und ich kann mit den Betroffenen gemeinsam darüber nachdenken, welche persönlichen Vor- und Nachteile es bringt, so lange an einer Dissertation zu sitzen."

In diesem Telefonat biete ich der Professorin deshalb an, interessierten Promovierenden ihrer Universität im Rahmen einer Informationsveranstaltung den Verlauf und die Bedingungen einer universitären Laufbahn zu schildern, dabei zu erörtern, welche Rolle Befristungen spielen, eine Untersuchung über die Auswirkungen der Promotionslänge auf die Benotung zu präsentieren und schließlich die Möglichkeit zu bieten, über berufliche Alternativen zum universitären Wissenschaftsbetrieb zu diskutieren.

Im Programm einer solchen Veranstaltung ist des Weiteren vorgesehen, dass sich die Teilnehmerinnen und Teilnehmer danach mit ihrem beruflichen Profil beschäftigen sowie ihre Lebensläufe reflektieren. Wenn diese Phase erfolgreich verläuft, treffen die TeilnehmerInnen in der Regel daraufhin anhand der gewonnenen Informationen Entscheidungen für ihre Zukunft: ob sie sich von der Wissenschaft verabschieden, ob sie noch einmal alles auf eine Karte setzen und sich durchbeißen oder ob sie eventuell einen Mittelweg wählen wollen.

Mit dem Versprechen, am Folgetag der Veranstaltung zusätzlich eine individuelle Beratung für diejenigen vorzusehen, die über Nacht die „grausamen Wahrheiten" des Tages verarbeiten müssen, verabreden wir ein Informationsseminar an ihrer Universität.

Unter den zwölf Doktorandinnen und Doktoranden des Seminars fällt mir besonders Jens H. auf, dessen Mimik im Verlauf des Seminars zunehmend Verzweiflung verrät. In der Sequenz um das berufliche Profil ruft er schließlich gequält aus, er könne nichts und hätte überhaupt keine

Chance, jemals ins Berufsleben einzumünden. Ihm stünde aber das Wasser bis zum Hals, weil er mit 41 Jahren demnächst Vater werde und seine Lebensgefährtin ihn vor die Alternative gestellt hatte, mit ihr und dem Kind oder mit seiner Dissertation zu leben. Es stellt sich heraus, dass er Historiker ist und bereits im neunten Jahr an einer Dissertation zur Medizingeschichte schreibt.

Auf Nachfrage zur Sicherung seines Lebensunterhalts in den letzten Jahren erklärt Jens H., die erste Zeit nach dem Studienabschluss noch als wissenschaftliche Hilfskraft im Historischen Institut gearbeitet zu haben. Als er keine Stelle mehr als Wissenschaftlicher Mitarbeiter bekam, hatte er sich mit Nachtdiensten in einem Krankenhaus über Wasser gehalten, wo er inzwischen die Pflegedienstleitung übernommen hat.

Aufgrund dieses Zwischenfalls verabreden wir uns zur individuellen Beratung am folgenden Tag, um herauszufinden, warum Jens bisher seine Dissertation weder beenden noch abbrechen konnte und was er für berufliche Fähigkeiten und Erfahrungen hat.

Bei diesem Treffen gibt Jens zu, dass er wenig geschlafen hatte, weil ihm ganz deutlich geworden war, dass seine Beschäftigung mit der Wissenschaft nicht mehr in den Beruf des Wissenschaftlers an einer Universität münden würde, weil er inzwischen schlicht zu alt geworden war. Außerdem sei er als externer Doktorand nicht entsprechend in der wissenschaftlichen Gemeinde präsent gewesen. Er hatte an die Kränkung gedacht, die ihm zugefügt wurde, als ein Kollege die Wissenschaftliche Mitarbeiterstelle erhalten hatte sowie daran, dass sein Doktorvater, anstatt seine intensiven Bemühungen für das Detail zu würdigen, daran Anstoß nahm, dass er inzwischen 700 Seiten an seiner Dissertation geschrieben hat. Der Doktorvater weigert sich eine Dissertation dieses Umfangs zu lesen.

Trotz dieser Rückmeldung hatte Jens bislang gehofft, durch die unwiderlegbare Qualität seiner Arbeit seinen Doktorvater überzeugen und darlegen zu können, dass er besser war als seine Konkurrenten, vielleicht sogar wissender als das Gremium, welches ihn beurteilen würde. Insgeheim hatte er nach wie vor davon geträumt, letztlich doch noch eine attraktive Position im Wissenschaftsbetrieb zu erhalten.

Im Verlauf der Veranstaltung sei ihm aber klar geworden, dass niemand auf ihn warte. Er allein würde die Früchte seiner Arbeit in vollem Umfang genießen. Er erkannte, dass es lediglich darauf ankam, kleine Teile darzubieten, die dem Prozedere des Promotionsverfahrens angemessen waren. Wir fanden im Gespräch heraus, dass die Assistentin seines Doktorvaters ihm schon öfter ihre Hilfe angeboten hatte und sie die richtige Person sein könnte, die ihn bei den Kürzungen unterstützen könnte.

Im nächsten Schritt der Beratung überarbeiteten wir gemeinsam Jens' Lebenslauf. Nach dem Abitur war Jens Zivildienstleistender in einem Krankenhaus gewesen. Das medizinische Umfeld hatte ihm gefallen, und da er unsicher war, was er studieren wollte, hatte er eine Ausbildung zum Krankenpfleger absolviert. Diese Ausbildung hatte ihm nicht nur ermöglicht, sein Studium zu finanzieren, sondern auch seinen Lebensunterhalt zu gewährleisten, als seine Stelle an der Universität während der Promotionsphase zu Ende ging. Im Rahmen dieser Tätigkeit hatte er nicht nur umfangreiche medizinische Kenntnisse erworben, sondern auch seine Teamfähigkeit gezeigt und während der jahrelangen Doppelbeanspruchung sein Organisationstalent voll unter Beweis stellen können. Die Anerkennung seiner guten Arbeit zeigt sich darin, dass ihm nach und nach Führungsaufgaben übertragen wurden. Auf diese Weise hatte Jens die Sache noch nicht gesehen. Er hatte bei der Reflexion seiner beruflichen Fähigkeiten immer nur an seine Forschungstätigkeit gedacht.

Zwei Jahre nach dieser Beratung mit Jens H. treffe ich ihn zufällig auf dem Umsteigebahnsteig des ICE in Mannheim. Er trägt seinen Sohn auf den Schultern und erzählt fröhlich, dass er jetzt nachts nur noch wegen seines Sohnes manchmal nicht schlafen kann und ansonsten als Leiter eines Behindertenwohnheims tätig ist, wobei er viel Gestaltungsspielraum in seiner Position genießt. Zum Abschied steckt er mir eine Visitenkarte zu, Dr. Jens H. steht darauf.

LINK

http://www.academic-consult.de/ (23.08.05).

Berufswege in Wissenschaft und Forschung

Nicolle Pfaff

Über 25 000 Promotionen werden in Deutschland jährlich abgeschlossen, davon die meisten in den medizinischen und naturwissenschaftlichen Fakultäten, die wenigsten im Bereich der Rechts- und Wirtschaftswissenschaften. Im Durchschnitt ist DoktorIn nach Erreichen des Titels 32,6 Jahre alt und hat dafür etwa zwischen vier (Mathematik) und sieben Jahre (Sozialwissenschaft) aufgewandt (Enders/Bornmann 2001). Ebenso fachspezifisch wie die Zahl der PromovendInnen und die durchschnittliche Dauer der Promotion ist deren Nutzen für den weiteren beruflichen Werdegang. Strebt man aber eine wissenschaftliche Karriere an, so ist der Doktortitel in allen Disziplinen Voraussetzung. In wirtschaftlich schwierigen Zeiten ist es aber bedauerlicherweise so, dass, selbst wenn die häufig geforderten Qualifikationen, Erfahrungen und Kompetenzen wie jugendliches Alter, Auslandserfahrung, kurze Promotionsdauer, lange Publikationsliste und Prädikatsnote von den BewerberInnen erfüllt werden, dies kein Garant für eine schnell und kontinuierlich verlaufende Wissenschaftskarriere ist. Sinnvoll für Promovierende mit einer Karriereperspektive ist es deshalb, sich neben der eigenen Forschungsleistung frühzeitig auch um die Einbindung in wissenschaftliche Netzwerke zu bemühen und ihr Wissen um Hochschul- und Forschungsstrukturen zu erweitern, um zum richtigen Zeitpunkt an der richtigen Stelle zu sein. Dieser Beitrag gibt einen Überblick über Arbeitsorte und mögliche Karrierewege in der Wissenschaft und soll dazu motivieren, den eigenen wissenschaftlichen Werdegang durch gezielte Informationsbeschaffung, Kontaktpflege und das Ausloten von Fördermöglichkeiten aktiv voranzutreiben.

1 Berufsfelder

In Deutschland sind derzeit etwa 460 000 Personen mit Forschung und Entwicklung in Hochschulen, staatlichen und wirtschaftlichen Forschungsinstituten und in Unternehmen betraut (vgl. Franck/Opitz 2004). Mehr als 60 Prozent des Forschungspersonals arbeitet in privatwirtschaftlichen Betrieben. Anders als in den angelsächsischen Ländern und in Frankreich, wo der Titel in erster Linie als Qualifikation für eine wissenschaftliche Karriere verstanden wird, galt die Promotion hierzulande lange als hilfreich für den Aufstieg in die Spitzenpositionen von Großunternehmen. Neuerdings es gibt jedoch Hinweise darauf, dass die Promotion auch in der deutschen Wirtschaft ihre Bedeutung als Karrieresprungbrett verliert (ebd.). Deshalb soll es im Folgenden nur um die Arbeitsfelder von Promovierten in Hochschulen und außeruniversitären Forschungseinrichtungen gehen.

Universitäten

Für eine Karriere an deutschen Hochschulen ist die Promotion unerlässlich – in allen Fächern. Durch neuere Entwicklungen in Politik und Wissenschaftsförderung wird der Abschluss z.B. mit Einführung der Juniorprofessur als Alternativmodell zur Habilitation gegenüber den nachfolgenden Qualifikations- und Besoldungsstufen sogar aufgewertet.

Auch für die Zeit nach der Promotion gilt nach der Reparatur-Novelle zum Hochschulrahmengesetz (HRG) vom 31.12.2004 die so genannte 6-Jahres-Regelung. Das heißt, wenn alle befristeten Arbeitsverhältnisse an Hochschulen oder außeruniversitären Forschungseinrichtungen nach der Promotion zusammengerechnet sechs Jahre (bei Medizinern neun Jahre) ergeben, kann eine Beschäftigung als wissenschaftliche/r MitarbeiterIn an einer deutschen Hochschule nicht mehr erfolgen. Diese Frist verlängert sich um die sechs Jahre unterschreitende Dauer der Promotionszeit.

An Universitäten arbeiten Promovierte vorwiegend auf MitarbeiterInnenstellen, als AssistentInnen oder auf einer Juniorprofessur, in Forschungsprojekten oder mit PostDoc-Stipendien (siehe Abschnitt 3). Verbeamtete Akademische Ratsstellen gibt es nur noch vereinzelt in einigen wenigen Bundesländern (z.B. Rheinland-Pfalz) und finden als „Auslaufmodell" im Weiteren keine Berücksichtigung.

Fachhochschulen

Wer zusätzlich zu seiner Promotion bereits umfangreiche Erfahrungen in praktischen Berufsfeldern (mind. drei Jahre) sammeln konnte, hat gerade in den Ingenieurs- und Sozialwissenschaften gute Chancen auf eine Stelle an den fast 200 Fachhochschulen in Deutschland (BMBF 2004). ProfessorInnen erhalten hier zwar in der Regel eine geringere Besoldung und haben ein deutlich höheres Lehrdeputat als an Universitäten (16-18 Semesterwochenstunden im Vergleich zu in der Regel acht Semesterwochenstunden an der Uni). Seit Anfang der 1990er Jahre fördern aber sowohl der Wissenschaftsrat wie auch die Kultusministerkonferenz (KMK) mit speziellen Programmen die anwendungsorientierte Forschung und Entwicklung an Fachhochschulen. Auch hier gelten für wissenschaftliche MitarbeiterInnen in Forschungsprojekten die genannten Befristungsregelungen.

Sowohl an Fachhochschulen als auch an Universitäten finden Promovierende und Promovierte, falls sie nicht schon als wissenschaftliche MitarbeiterInnen tätig sind, einen guten Einstieg über eigene Lehrveranstaltungen, wissenschaftliche Hilfskraftstellen oder Werkverträge. In Einzelfällen sollten DoktorandInnen dabei prüfen, ob sie zu Beginn auch ohne Entlohnung Lehraufträge übernehmen, um Erfahrungen in der Lehre zu sammeln und die Universitätsstrukturen besser kennen zu lernen. Von Vorteil ist dabei, mit Seminaren Themenstellungen der Dissertation bzw. aus anderen eigenen Forschungsarbeiten aufzugreifen, so dass weniger Vorbereitungszeit benötigt und Synergieeffekte genutzt werden können. Ein solcher Einstieg in den Lehrbetrieb der Universität ermöglicht dann eventuell auch den Zugang zu bezahlten Lehraufträgen oder Werkverträgen und steigert die Chancen, informell zum Beispiel über Umstrukturierungen oder Vakanzen informiert zu werden. Zudem steigert der Nachweis über eigenverantwortlich gehaltene Lehre spätere Bewerbungschancen.

Außeruniversitäre Forschungseinrichtungen

Wissenschaftliche Zentren, wie die Max-Planck-, Fraunhofer- oder Helmholtz-Institute, bieten oft attraktive Arbeitsbedingungen für WissenschaftlerInnen – auch nach Ablauf von Beschäftigungszeiten an Universitäten. Allein für die Max-Planck-Gesellschaft arbeiten derzeit rund 11 000 WissenschaftlerInnen und 7500 Nachwuchskräfte, allerdings zumeist nur in natur- und ingenieurswissenschaftlichen Disziplinen. Für Sozial- und GeisteswissenschaftlerInnen sind u.a. das Deutsche Jugendinstitut (DJI) das Deutsche Institut für Erwachsenenbildung (DIE) oder das Deutsche Institut für pädagogische Forschung (DIPF) als außeruniversitäre Forschungseinrichtungen bekannt. Neben den unbefristet angestellten KoordinatorInnen und ReferentInnen spezifischer Arbeitsbereiche werden in Forschungsinstituten insbesondere befristete Projektstellen angeboten. Die Fluktuation ist dadurch relativ hoch und erleichtert – um einmal einen positiven Effekt der gestiegenen Flexibilitätserwartungen im Erwerbsleben zu nennen – den Einstieg junger WissenschaftlerInnen. Die Bezahlung an Forschungszentren entspricht in etwa der an Universitäten, Gleiches gilt für die Struktur der Stellen. Die Kooperation zwischen Forschungsinstituten und Hochschulen ist in der Regel eng.

Stellenangebote der Institute finden sich in der Tagespresse. Erfolgversprechender ist es aber, Routinen bei der Internetrecherche zu entwickeln und in festen Zeitabständen regelmäßig auf den Websites der interessierenden Institute nach potentiellen Stellenangeboten zu suchen. Dabei helfen in einigen Fachgebieten auch einschlägige Mailinglisten, wie zum Beispiel HSozuKult (LINK) im Bereich der Geschichts-, Kultur- und Sozialwissenschaften. Passt das eigene Forschungsprofil zu den Forschungsabteilungen in den Instituten, sind mittel- bis langfristig auch Initiativbewerbungen Erfolg versprechend.

FH-Abschluss + Promotion keine BAT IIa-Qualifizierung?

Als ob Fachhochschulabsolventinnen, die promovieren wollen, nicht schon genug Steine in den Weg gelegt werden, so setzen sich diese Benachteiligungen auch noch nach erfolgreicher Promotion fort. Dies liegt an einer willkürlichen Einstellungspraxis der Bundesländer bzw. Hochschulen und einer höchst restriktiven Auslegung des Bundesangestelltentarifs. In vielen Fällen ist dies aber sicher auch auf einen „universitären Standesdünkel" gegenüber Fachhochschulen zurückzuführen.

Im vorliegenden Fall aus Nordrhein-Westfalen ist einer Promovierten die Einstellung nach BAT IIa durch den Kanzler höchstpersönlich verweigert worden, mit der Begründung, dass sie keinen wissenschaftlichen Hochschulabschluss hat. Ihrer erfolgreichen Promotion waren ein sechssemestriges Fachhochschulstudium und so genannte promotionsvorbereitende Studien vorangegangen.

In der offiziellen Begründung war zu lesen:

„Auch eine zwischenzeitlich erfolgreich abgeschlossene Promotion kann leider den geforderten wissenschaftlichen Hochschulabschluss nicht ersetzen. So hat die Tarifgemeinschaft der deutschen Länder (TdL) in einer Mitgliederversammlung bei Fachhochschulabsolventen, die zusätzlich das Promotionsverfahren erfolgreich abgeschlossen haben, die Gleichstellung verneint."

Weiterhin wurde gesagt, dass laut einer Protokollnotiz des nordrhein-westfälischen Hochschulgesetzes für eine Einstufung nach BAT IIa eine Mindeststudienzeit von mehr als sechs Semestern erforderlich ist.

Aufgrund dieser Begründungen bot der Kanzler der Kandidatin an, dass sie allerhöchstens und ausnahmsweise maximal auf BAT III eingestuft werden könnte.

Bleibt zu hoffen, dass sich andere Hochschulen nicht auf die genannte Beschlusslage berufen. Hier scheint eine Gesetzeslücke vorzuliegen. Es bedarf einer Gleichstellung aller Promovierten, denn Promovierte mit vorherigem Fachhochschulstudium sind keine Promovierten zweiter Klasse.

Quelle:

Mailingliste der DoktorandInnen der GEW, September 2004; unter:
http://listserv.gewerkschaften.de/mailman/listinfo/doktorandinnen (23.02.05).

Claudia Koepernik

2 Wege der wissenschaftlichen Weiterqualifikation

Wer gegenwärtig in Deutschland eine wissenschaftliche Karriere anstrebt, hat die Qual der Wahl zwischen verschiedenen Qualifikationswegen. Dabei stellt sich angesichts neuer Regelungen im Hochschulwesen nicht nur die Frage, ob man/frau habilitieren soll oder nicht. Es geht auch und, insofern man Studien zur Berufungspraxis an Universitäten aus dem Bereich der Psychologie verallgemeinern kann, vor allem um die Entwicklung dauerhafter Kooperationsbeziehungen und den Aufbau von sozialen Netzwerken. Denn Letztere sind die wirksamsten Indikatoren bei der Berufung auf Professuren (Lang/Neyer 2004).

Wissenschaftliche MitarbeiterInnen

In den Universitäten und Fachhochschulen wird ein großer Teil der Lehrveranstaltungen neben den ProfessorInnen von wissenschaftlichen MitarbeiterInnen im so genannten Mittelbau abgedeckt, die im Einzelfall sogar unbefristete Stellen innehaben. Je nach Stellenumfang und Forschungsauftrag variiert die Lehrverpflichtung dabei zwischen zwei und 18 Semesterwochenstunden. Sie üben darüber hinaus auch die Selbstverwaltung innerhalb der Hochschulen in Form von Gremienarbeit oder der personellen Vertretung spezifischer Angelegenheiten aus (z.B. Gleichstellungs- oder Behindertenbeauftragte). Auch so genannte Funktionsstellen, wie z.B. PraktikumsbetreuerInnen oder LaborleiterInnen bieten z.T. Promovierten interessante Berufsperspektiven an Hochschulen.

Ein Großteil der promovierten WissenschaftlerInnen an Hochschulen arbeitet auf so genannten Projektstellen wie häufig auch schon vor Erwerb des Doktortitels – meist mit der gleichen Bezahlung nach BAT IIa. Diese Stellen sind in der Regel mit Forschungsaufträgen verbunden und beinhalten keine Lehrverpflichtungen. Zunehmend gibt es in der Wissenschaft auch zeitlich befristete Funktionsstellen z.B. zur Vorbereitung von Tagungen oder Kongressen, zur Organisation und Koordination von neuen Studiengängen oder Weiterbildungsangeboten etc.

Stellenausschreibungen finden sich analog zu Forschungsinstituten auf den Websites der Hochschulen. Zur Verbesserung der eigenen Stellenaussichten gilt es aber auch hier, die Entwicklungen der Forschungs- und Lehrinhalte interessierender Universitäten, Fakultäten oder Fachbereiche im Vorfeld zu antizipieren und sich selbst initiativ den Verantwortlichen vorzustellen. Wichtige Hinweise über angestrebte Umstrukturierungen geben beispielsweise Universitätszeitschriften (zumeist online abrufbar).

PostDoc-Stipendien

Über spezielle Förderprogramme vergeben einige Stiftungen ganz unterschiedliche Stipendien für die Zeit nach der Promotion. Post-DoktorandInnen-Stipendien sind in der Regel an einen bestimmten Forschungskontext (z.B. Graduiertenkollegs, Forschungsaufenthalte) bzw. ein bestimmtes Forschungsvorhaben (z.B. Forschungsstipendien) gebunden (vgl. Übersicht 1). Die Höhe der Stipendien liegt gegenwärtig zwischen 1200 und 1500 € zuzüglich Zusatzzahlungen (z.B. Familienzuschlag).

AssistentInnenstellen und Habilitation

Die traditionelle Lehrstuhlstruktur in deutschen Universitäten sieht jeweils eine AssistentInnenstelle pro C4-Professur vor, auf denen sich Promovierte in max. sechs Jahren habilitieren können. AssistentInnen werden auf Zeit verbeamtet und gegenwärtig noch nach C1-Kriterien vergütet. Neben der Forschungsarbeit sind sie in den Lehrbetrieb mit max. vier Semesterwochenstunden eingebunden. Dieses MentorInnenmodell zwischen ProfessorIn und AssistentIn wurde lange Zeit als idealer Weg zur Qualifizierung von NachwuchswissenschaftlerInnen insbesondere auch zur Einführung in die wissenschaftliche Community interpretiert. Habilitieren können Promovierte aber auch ohne Lehrstuhlanbindung; sie verfassen ihre Habilschrift dann in „Einsamkeit und Freiheit" und suchen sich eine/n HochschullehrerIn, welche/r die Arbeit betreut. Dieser deutsche Sonderweg des Habilitierens als zusätzliche akademische Qualifikation auf dem Weg zum eigenen Lehrstuhl ist ins Gerede gekommen. Er gilt als langwierig, ineffizient und hierarchisch organisiert. Abhängigkeit von vorgesetzten ProfessorInnen, Einschränkungen in Lehre und Forschung und der Zwang zu einer erneuten individuellen Leistung sind die zentralen Kritiken an der Habilitation. Derzeit jedoch ist sie noch immer Voraussetzung für eine Berufung in den meisten Fachgebieten.

Die Besetzung einer AssitentInnenstelle setzt neben der exzellenten Promotion meist den Kontakt zu dem oder der jeweiligen LehrstuhlinhaberIn voraus. Neben Bewerbungen auf Stellenausschreibungen bietet es sich deshalb an, bereits während der Promotion Forschungskooperationen mit interessierenden Lehrstühlen anzustreben und sich damit eventuell als potentielleN NachfolgerIn ins Spiel zu bringen.

Juniorprofessur

Die 2002 mit einer Novelle zum HRG eingeführte und zwei Jahre später vom Bundesverfassungsgericht vorerst wieder für ungültig erklärte Juniorprofessur sollte die beschriebenen Mängel der Habilitation überwinden und dem wissenschaftlichen Nachwuchs frühzeitig die Rechte von HochschullehrerInnen zugestehen. In max. zwei bis drei Jahren erhalten Promovierte bei diesem Modell eigene Lehr- und Personalmittel, können selbstständig Forschungsanträge schreiben, müssen aber auch die vollen ProfessorInnen-Pflichten in Lehre und Verwaltung übernehmen. Mit positiver Evaluierung soll nach Ablauf der Befristung die Berufung auf einen Lehrstuhl möglich sein. Erfahrungen damit gibt es aufgrund der kurzen Laufzeit des Modells jedoch noch nicht. Juniorprofessuren werden aufgrund der gegenwärtig unklaren Rechtslage wahrscheinlich nicht – wie vom Gesetzgeber zunächst geplant – die Habilitation ersetzen, sich eventuell aber als zweiter Weg zum Lehrstuhl etablieren.

Juniorprofessuren werden öffentlich ausgeschrieben. Die Voraussetzungen dafür regeln die jeweiligen Landeshochschulgesetze. Eine Altersgrenze gibt es nicht, die Promotion darf aber nicht länger als fünf Jahre zurückliegen.

ForscherInnengruppen

Die Deutsche Forschungsgemeinschaft (DFG), die Max-Planck-Gesellschaft, die Volkswagenstiftung und auch einige fachspezifische Stiftungen (z.B. Human Frontier Science Program) ermöglichen Promovierten für begrenzte Zeiträume (max. drei bis fünf Jahre) die weitgehend selbstständige wissenschaftliche Arbeit in sog. Nachwuchsgruppen. Sie sind in den meisten Fällen an ausgewiesene Institutionen oder Forschungsbereiche, wie z.B. Sonderforschungsbereiche oder DFG-ForscherInnengruppen gekoppelt, die auch die Stellen (LeiterIn: BAT 1, MitarbeiterInnen: BATIIa/2) ausschreiben. Das Antragsrecht für ForscherInnengruppen liegt bei den Hochschulen, AntragstellerInnen müssen nach ihrer in der Regel nicht mehr als sechs Jahre zurückliegenden Promotion eine Postdoc-Zeit (möglichst im Ausland) absolviert haben. Die Einrichtung von DFG-Nachwuchsgruppen an Sonderforschungsbereichen ist auch aus dem Emil-Noether-Programm (s. Übersicht 1) heraus möglich.

Sich selbst eine Stelle schaffen

Inzwischen bestehen in der Forschungsförderung auch spezielle Programme, über die Promovierte Stellen für die eigene Person beantragen können. Im Zusammenhang mit Forschungsprojekten finanzieren verschiedene Institutionen (z.B. DFG, Max-Plack-Gesellschaft) für max. drei Jahre auf Antrag auch Stellen für Projektleiter- und -mitarbeiterInnen (BAT IIa + Zusatzleistungen, wie Sach-, Hilfskrafts-, Reise- und Publikationskosten). Die Antragstellung muss zumeist maximal sechs Jahre nach der Promotion und minimal vier Monate vor Beginn des Forschungsvorhabens erfolgen. Als Voraussetzungen für eine Förderung gelten darüber hinaus wissenschaftliche Exzellenz, eine einschlägige Promotion bzw. Forschungserfahrung, eine hohe fachliche Relevanz des Forschungsthemas, die Einbettung des/r AntragstellerIn in Forschungsnetzwerke am aufnehmenden Forschungsinstitut sowie eine rechtlich verbindliche Erklärung dieser Institution darüber, dass sie die Funktion des Arbeitgebers übernimmt und die Rahmenbedingungen für eine erfolgreiche Durchführung des Forschungsvorhabens schafft.

Institution/ Programm	Art der Förderung/	Arbeitsort Tätigkeitsfeld	Voraus- setzungen/ Alters- grenzen[1]	Förder- dauer	Leistungen[2]	Internet- adressen
DFG/Länder: PostDoc- Stipendien	Gestaltung des Lehr- und Forschungs- programms im Graduier- tenzentrum	Graduierten- zentren	Bewerbung auf Aus- schreibung, DFG: max. 35 Jahre	max. 2 Jahre (Länder tw. + 1 Jahr)	Stipendium + ZL	www.dfg.de
DFG: Forschungs- stipendien	eigenes Forschungs- projekt	-	Forschungsein- richtung der Wahl	max. 2 Jahre	Stipendium + ZL	www.dfg.de
DFG: Emmy Noether- Programm (2-phasig)	Phase 1: Vorbereitung eines For- schungs- projekts Phase 2: Durchführung des Projekts	Forschungs einrichtung in Phase 1 im Ausland, in Phase 2 in Deutschland	max. 30 Jahre für Phase 1, 32 Jahre für Phase 2	Phase 1: 2 Jahre, Phase 2: 4 Jahre	Phase 1: Auslands- stipendium, Phase 2: BAT 1a/ 1b	www.dfg.de

Übersicht 1: (Teil A) Fördermöglichkeiten für promovierte Wissenschaftler/innen an deutschen Forschungsinstituten

Institution/ Programm	Art der Förderung/	Arbeitsort Tätigkeitsfeld	Voraus-setzungen/ Alters-grenzen[1]	Förder-dauer	Leistungen[2]	Internet-adressen
DFG: Heisenberg-Stipendien	Vorbereitung auf eine Professur Durchführung eines selbst gewählten Forschungs-vorhabens	Forschungs-einrichtung in Deutschland,	max. 35-40 Jahre	max. 5 Jahre	etwa 3000 € + ZL	www.dfg.de
DFG: Eigene Stellen	eines bean-tragten For-schungspro-jektes	Forschungs-einrichtung (Arbeitgeber)		max. 3 Jahre	BATIIa/(O)	www.dfg.de
Max-Planck-Gesellschaft: PostDoc-Stipendien	Durchführung eines abge-sprochenen Forschungs-vorhabens	Max-Planck-Institute in Deutschland	auf Aus-schreibung	max. 3 Jahre	Stipendium + ZL	www.mpg.de
Volkswagen-stiftung: u.a. Tandem-Förderung	Kooperatio-nen zwischen 2-3 Wissen-schaftlerInnen verschiedener Fachgebiete	Forschungs-einrichtung der Wahl	max. 2 Jahre nach der Promotion	max. 3 Jahre	BATIIa/(O)	www. volkswagen-stiftung.de

1 Anrechenbar sind in der Regel Wehr- und Zivildienstzeiten, Familienzeiten, in einigen Fällen auch Aus-landsaufenthalte
2 Die Höhe der Stipendien ist i.d.R. abhängig vom Alter und vom Dienstort, in den meisten Fällen werden Zuschläge z.B. für Familie, Arbeitsmittel oder Reisekosten erteilt

Übersicht 1: (Teil B) Fördermöglichkeiten für promovierte Wissenschaftler/innen an deutschen Forschungsinstituten

3 Globale Arbeitsmärkte

Gerade im Bereich der Forschungsförderung gibt es neben den deutschen Stiftungen und Fördertöpfen eine Vielzahl von fächerübergreifenden und fachspezifischen Förderungsmöglichkeiten für Nachwuchswissenschaft-lerInnen im europäischen und internationalen Bereich (siehe Übersicht 2). Aber auch ohne diese Maßnahmen gehen viele WissenschaftlerInnen, be-sonders NaturwissenschaftlerInnen, ins Ausland und dabei vorwiegend in die USA, um ihre berufliche Karriere dort fortzusetzen (BMBF 2001). Ins-gesamt arbeitet abhängig von der Fachrichtung etwa ein Drittel der Promovierten für eine Zeit lang im Ausland (vgl. Enders/Bornmann 2001).

Studien zum so genannten Brain Drain beschreiben als Hauptmotive für eine Beschäftigung nach der Promotion im Ausland bessere Karrierechancen und Forschungsmöglichkeiten sowie das Renommee dortiger wissenschaftlicher Einrichtungen (ebd.) Auch für ausländische Promovierte, die in Deutschland wissenschaftlich arbeiten möchten, gibt es spezielle Förderprogramme (z.B. DAAD, EU und fachspezifische Stiftungen).

Institution/ Programm	Art der Förderung/	Arbeitsort Tätigkeitsfeld	Voraussetzungen/ Altersgrenzen	Förderdauer	Leistungen	Internetadressen
DAAD Förderprogramme für PostDoktorantInnen	Weiterqualifizierende Forschungsaufenthalte (Fach-, Länder- und Institutsprogramme)	Forschungsinstitute	Promotion bis 30 vor max. 2 Jahren abgeschlossen	Kurz- (6 Monate) und Langzeitstipendien (max. 2 Jahre)	Landesabhängiges Stipendium	www.daad.de
Max-Kade-Foundation: Forschungsstipendien	selbstständige Forschungstätigkeit für Mediziner und Naturwissenschaftler	Forschungseinrichtungen in den USA	max. 45 Jahre, Vergabe über die DFG	i.d.R. 1 Jahr	Stipendium + RK	www.dfg.de
Alexander von Humboldt-Stiftung: Forschungsstipendien	mit dem naturwissenschaftlichen Gastinstitut abgesprochener Forschungsplan	ausländische Forschungseinrichtungen	max. 38 Jahre	Lang- und Kurzzeitstipendien (max. 2 Jahre)	Stipendium + RK	www. humboldt-foundation.de
EU: Marie-Curie Fellowships	Institutsmaßnahmen, Individualmaßnahmen, Exzellenzmaßnahmen und Rückkehrmaßnahme	Forschungsinstitute im europäischen und internationalen Ausland	programm- und landesabhängige Förderung			http://europa. eu.int/comm/ research/fp/ mariecurie-actions/ fellow_en. html

Übersicht 2: Ausgewählte Fördermöglichkeiten für Promovierte an ausländischen Forschungsinstituten

4   Frauen in der Wissenschaft

Die Bildungsbeteiligung von Mädchen und jungen Frauen an Schulen und Universitäten ist inzwischen höher als die ihrer männlichen Altersgenossen. Doch gerade in der Wissenschaft gilt nach wie vor: Je höher die Qualifikation oder die Position, desto geringer wird der Anteil der Frauen. Immerhin noch jede dritte Dissertation wird von einer Frau verfasst. Unter den Habilitanden finden sich jedoch nur 18 Prozent Frauen. Zur Professorin wurden 2001 gerade mal 15,2 Prozent berufen. Insgesamt liegt der Frauenanteil an Professorenstellen – die neu geschaffenen Juniorprofessuren eingeschlossen – derzeit bei rund 11 Prozent, im Bereich der C4-Stellen sind es nur 6 Prozent. Angesichts dieser Daten beruhigt es wenig, wenn auf Basis empirischer Untersuchungen festgestellt wird, dass die Promotion bei Frauen eine „beflügelndere Wirkung auf den Berufsweg" hat als bei Männern (vgl. Enders/Bornmann 2001, S. 232).

Inzwischen bieten viele Institutionen spezielle Förderprogramme für Frauen an Universitäten, wie das Mathilde-Planck-Programm in Baden-Württemberg, das Dorothea-Erxleben-Programm in Niedersachsen und Sachsen-Anhalt oder das Fachprogramm „Chancengleichheit für Frauen in Forschung und Lehre" des Hochschul- und Wissenschaftsprogramms (HWP), das vom Center of Excellence Women and Science (CEWS) in Bonn begleitet wird (→Promotion und Geschlechterverhältnis) und neu: Christiane Nüsslein-Volhard-Stiftung (LINK).

5   Fazit

Allen Unkenrufen über die dramatische Lage des wissenschaftlichen Nachwuchses in Deutschland zum Trotz sind die Berufschancen von promovierten WissenschaftlerInnen hierzulande wie anderswo vergleichsweise gut (vgl. Enders/Bornmann 2001, S. 231 →Promotion und Berufsperspektiven). Aufgrund der Strukturänderungen in der Hochschullandschaft und trotz der unsicheren und auf Flexibilität bauenden Beschäftigungsverhältnisse in der Wissenschaft bieten sich vielerorts Chancen, auch wenn man nicht zu den jungen, exzellenten, auslandserfahrenen, mobilen LeistungsträgerInnen gehört. Es ist allerdings auch in der Wissenschaft dringend geboten, sich von der Idee der dauerhaften Beschäftigung in einer Einrichtung ebenso zu verabschieden wie von der Vorstellung des bruchlosen Aufstiegs auf der Karriereleiter. Die Zugehörigkeit zur Bildungselite unter den AkademikerInnen sorgt zwar langfristig für bessere Aufstiegschancen, ist aber kein Garant für sicherere Jobs und höhere Gehälter (ebd.). In diesem Zusammenhang scheinen vor allem Ausdauer, Kooperation, Eigeninitiative und Netzwerkbildung schon während der Promotion gefragt zu sein (ebd., S. 198) sowie die aufmerksame Beobachtung von Entwicklungen in der Wissenschaftslandschaft und etwas Wagemut bei Bewerbungen ebenso wie beim Schreiben von Forschungsanträgen.

Literatur

Bundesministerium für Bildung und Forschung (BMBF) (Hrsg.) (2004): Deutsche Nachwuchswissenschaftler in den USA. Perspektiven der Hochschul- und Wissenschaftspolitik („Talent-Studie"). Durchgeführt von Christoph Buechtemann, Center for Research on Innovation & Society. Mai 2001.

Bundesministerium für Bildung und Forschung (BMBF) (Hrsg.) (2004): Die Fachhochschulen in Deutschland. Bonn/Berlin.

Enders, Jürgen/Bornmann, Lutz (2001): Karriere mit Doktortitel? Ausbildung, Berufsverlauf und Berufserfolg von Promovierten. Frankfurt/New York. Campus.

Franck, Egon/Opitz, Christian (2004): Zur Filterleistung von Hochschulsystemen: Bildungswege von Topmanagern in den USA, Frankreich und Deutschland. In: Schmalenbachs Zeitschrift für betriebswirtschaftliche Forschung 56, S. 75–87.

Lang, Frieder R./Neyer, Franz J. (2004): Kooperationsnetzwerke und Karrieren an deutschen Hochschulen. Der Weg zur Professur am Beispiel des Fachs Psychologie. In: Kölner Zeitschrift für Soziologie und Sozialpsychologie, Jg. 56, Heft 3, S. 520–538.

Nerad, Maresi/Cerny, Joseph (2001): Postdoctoral Patterns, Career Advancement and Problems. In: Science, Vol. 285, 3.9.1999, S. 1533–1535.

Wissenschaftsrat (2001): Personalstruktur und Qualifizierung: Empfehlungen zur Förderung des wissenschaftlichen Nachwuchses. http://www.wissenschaftsrat.de/texte/4756–01.pdf (10.02.05).

LINKS

Auf der DFG-Site finden sich regelmäßig aktualisiert sowohl Fördertöpfe der DFG als auch Netzwerke von NachwuchswissenschaftlerInnen aufgelistet: http://www.dfg.de/wissenschaftliche_karriere/index.html (15.02.05).

Die europäische Kommission berichtet auf ihrer Forschungsseite über aktuelle Fördermaßnahmen, Kooperationsnetzwerke und Veranstaltungen: http://europa.eu.int/comm/research/ (15.02.05).

Eine ausführliche Übersicht über allgemeine und fachspezifische Förderungsmöglichkeiten für die Zeit nach der Promotion im In- und Ausland gibt die Seite: http://www.fu-berlin.de/forschung/foerderung/postdoc/ (15.02.05).

HSozuKult im Bereich der Geschichts-, Kultur- und Sozialwissenschaften: http://hsozkult. geschichte.hu-berlin.de (15.02.05).

Wer sich für die europäische Forschungsförderung interessiert, dem sei auch das EU-Büro des BMBF als Kontaktstelle empfohlen: http://www.eubuero.de (15.02.05).

Zentrales Erkenntnisinteresse ist die
Frage, wie es dazu kommt, dass die
Zweigeschlechtlichkeit ~~als~~ ~~Tatbestand~~
im Alltag als unhinterfragter
Tatbestand gilt. Dabei ist oder

Ausgangspunkt der wissenschaftlichen
Perspektive die Annahme, dass zB
Deutungsmuster Interaktionen strukturieren,
Objekten + Objektivationen eingeschrieben
sind

Anhang

Kommentierte Literaturliste:
Ratgeber und andere Literatur zur Promotion

Johannes Moes, Stefan Petri

Die Zahl der Promotionsratgeber ist überraschend übersichtlich. Sieht man von den Büchern ab, die sich an ein spezielles Publikum wenden, wie etwa die Ratgeber für eine Promotion in der Medizin (vgl. Kasten →Einleitung), dann scheint der Markt auf ein halbes Dutzend Titel beschränkt. Zu diesen geben wir hier eine kurze Einschätzung, weitere Literatur findet sich, teilweise mit kurzen Anmerkungen, weiter unten. Denn für eine so wichtige Qualifizierungsphase wie die Promotion lohnt es sich sicher, auch ein zweites oder drittes Buch zu Rate zu ziehen.

Der Promotionsratgeber von Engel und Preißner (erste Auflage von 1994, 4. Auflage von 2001) ist von der Seitenzahl der umfassendste Ratgeber auf dem Markt und bis ins Detail gegliedert. Er kommt also mit einer Fülle von Informationen und sehr wissenschaftlich gehalten daher. Dabei werden auch Themen detailliert abgearbeitet, die wir in unserem Handbuch ausgespart haben. Diese sind vielleicht zum Teil nicht für alle Promovierenden relevant (Grundlagen der Statistik), oder es kann nicht immer auf Unterschiede zwischen den Fächern oder Schulen eingegangen werden (Wissenschaftstheorie) oder sie sind einfach schwer aktuell zu halten (Computerausstattung). Mit Ratschlägen oder Praxisanweisungen hält sich das Buch seinerseits weitgehend zurück. Wer sich aber für umfassende Information interessiert, ist hier jedenfalls richtig und kann sich anhand der detaillierten Gliederung schnell über die relevanten Passagen orientieren.

Die beiden Bücher „Der Weg zum Doktortitel" von Knigge-Illner und „Die Doktorarbeit" von Messing/Huber sind demgegenüber sehr viel deutlicher als Ratgeber konzipiert und wollen durch ein großzügiges Layout das Lesevergnügen fördern – so werden etwa Informationen durch leicht verständliche Übungen (Knigge-Illner) bzw. durch Arbeitsbögen und Illustrationen (Messing/Huber) ergänzt. Da wir uns in unserem Handbuch einer direkten „Ratgeber-Haltung" eher enthalten haben, bieten diese Bücher eine sinnvolle Ergänzung für diejenigen, denen wirkliche Ratgeber und das Durcharbeiten von Übungen hilfreich erscheinen. Helga Knigge-Illner konzipiert ihr Buch aufgrund ihrer Erfahrung in der Studienberatung der FU Berlin eng angelehnt an die verbreiteten Probleme von Promovierenden, dort gibt es auch, wie an anderen Universitäten, konkrete Angebote für Beratung und Workshops. Im Buch geht es z.b. um die belastende Arbeitssituation, die Beziehung zu Doktorvater oder -mutter, Projekt- und Zeitmanagement und das kreative wissenschaftliche Schreiben.

Verständlicherweise kreist das Buch von Messing und Huber (ursprünglich von 1998) um ähnliche Themen. Neben den genannten Arbeitsbögen wurde das Buch in der dritten Auflage von 2004 um ein Kapitel zur Wissenschaftstheorie und zu Frauen an der Hochschule sowie um eine Liste häufig gestellter Fragen (FAQ) und eine ausführliche Linkliste ergänzt. Aus Gründen der Aktualität haben wir uns unsererseits dafür entschieden, FAQ und Linkliste online über die Website der GEW anzubieten (LINK: http://www.promovieren.gew.de)

Der ehemalige Hamburger Juraprofessor Ingo von Münch fasst in seinem Buch „Promotion" seine Erfahrungen als Betreuer mit dieser schwierigen Qualifikationsphase zusammen. In 14 Kapiteln widmet er sich den nahe liegenden Themen in diesem Zusammenhang, nicht so sehr als Ratgeber, sondern eher aus der Sicht eines emeritierten Professors. Somit bietet es, neben unserer Sicht als Promovierende bzw. PostdoktorandInnen und der Sichtweise von StudienberaterInnen, eine Art dritte Perspektive auf die Promotion. Preislich liegt sein Buch an der Spitze der Literatur, da aber die entsprechenden Bibliotheken sowohl dies wie auch andere Bücher in ihren Beständen haben sollten, eignet auch dieses sich als weitere Lektüre.

Für das Buch „Promovieren mit Plan" von Gunzenhäuser und Haas ist unseres Wissens keine Neuauflage geplant, und das ist vielleicht auch nicht nötig. Denn der Lesegewinn ist nach dem Eindruck verschiedener LeserInnen hier vergleichsweise gering, wenn oft sehr allgemeine Wahrheiten oder weniger interessante Detailratschläge verbreitet werden. Dennoch ist der chronologische Aufbau der Buches hervorzuheben, es ist entlang von fünf Promotionsphasen organisiert („Einstiegsphase", „Konkretisierungsphase", „Forschungsphase", „Erstellungsphase" und „Endphase") und differenziert sinnvollerweise außerdem deutlich zwischen den unterschiedlichen Promotionswegen inner- bzw. außerhalb der Uni.

Einen weiteren Promotionsratgeber, der aus der Sicht von Promovierenden bzw. Promovierten geschrieben ist, können wir hier leider bisher nicht vorstellen, sein Erscheinen ist aber absehbar. Denn nur kurz nach unseren Bemühungen hat auch THESIS – das Interdisziplinäre Netzwerk für Promovierende und Promovierte e.V. – es unternommen, ein solches Buch herauszugeben. Für unsere LeserInnen dürfte dies ein interessanter Vergleich sein.

Die restlichen uns bekannten deutschsprachigen Titel (zu den englischen vgl. unten) wenden sich an eingegrenzte Zielgruppen, die allerdings auch recht breit zugeschnitten sein können, wie der Promotionsratgeber für die Doktoranden der Philosophischen Fakultät von Sabine Brenner zeigt. Die dort versammelten Beiträge sind sicher für Promovierende individuell unterschiedlich nützlich, den Beitrag zum Exposéschreiben konnten wir dankenswerterweise für unser Handbuch übernehmen.

Die hier kommentierten Promotionsratgeber:

Brenner, Sabine (2001): Promotionsratgeber für die Doktoranden der Philosophischen Fakultät. Düsseldorf: Grupello Verlag. 14,80 Euro (127 S.).

Engel, Stefan/Preißner, Andreas (2001): Promotionsratgeber. München: Oldenbourg Verlag 24,80 Euro (300 S.).

Gunzenhäuser, Randi und Erika Haas (2000): Promovieren mit Plan. Ihr individueller Weg – von der Themensuche zum Doktortitel. Frankfurt a. M./Wien: Ueberreuter Wirtschaftsverlag. 15,90 Euro [Vergriffen, keine Neuauflage geplant, aber in vielen Bibliotheken vorrätig].

Knigge-Illner, Helga (2002): Der Weg zum Doktortitel: Strategien für die erfolgreiche Promotion. Frankfurt a. M.: Campus Verlag 15,90 Euro. (200 S.).

Messing, Barbara/Huber, Klaus-Peter (2004): Die Doktorarbeit, Vom Start zum Ziel. Ein Leit(d)faden für Promotionswillige. Berlin: Springer Verlag. 16,95 Euro (220 S.).

Münch, Ingo von (2003): Promotion. München: Mohr Siebeck Verlag. 29,00 Euro (240 S.).

Weitere Ratgeber zur Promotion:

Löchner, Sabine et al. (Hg. 2000): Promovieren - Christlicher Promotionsratgeber. Marburg: Francke-Verlag. (100 S.) [Nicht mehr im Handel erhältlich, aber manchmal im Antiquariat für unter 10,00 Euro zu haben und in Bibliotheken vorhanden].

Meuser, Thomas (2000): Promo-Viren. Zur Behandlung promotionaler Infekte und chronischer Doktoritis. Wiesbaden: Gabler Verlag. 26,90 Euro (258 S.) [Eine Sammlung humoristischer Abhandlungen über das Auf und Ab des Promovierens. Amüsant, aber recht teuer. Wenn, dann schenken lassen].

Englischsprachige Promotionsratgeber:

Bolker, Joan (1998): Writing Your Dissertation in Fifteen Minutes a Day. A Guide to Starting, Revising, and Finishing Your Doctoral Thesis. New York: Owl Books. ca. 14,00 Euro (256 S.).

Rudestam, Erik Kjell/Newton, Rae R. (2000): Surviving Your Dissertation: A Comprehensive Guide to Content and Process. London: Sage Publications. ca. 32,00 Euro (312 S.).

Ratgeber mit speziellem fachlichem Zielpublikum

Baring, Robert (2003): Wie finde ich einen guten und schnellen Doktorvater an einer deutschen Universität? Erfolgreich promovieren für Wirtschafts-, Rechts-, Natur-, Ingenieur- und Geisteswissenschaftler Düsseldorf: VDM Verlag Dr. Müller. 14,80 Euro (44 S.).

Ebel, Hans/Bliefert, Claus (2003): Diplom- und Doktorarbeit. Anleitungen für den naturwissenschaftlich-technischen Nachwuchs. Weinheim: Wiley VCH. 27,90 Euro (192 S.).

Janni, Wolfgang/Friese, Klaus (2004): Publizieren, Promovieren leicht gemacht. Berlin: Springer. 12,95 Euro (110 S.) [MEDIZIN].

Roulet, Jean-Francois/Viohl Joachim (2005): Der Weg zum Doktorhut. Berlin: Quintessenz (Nachdruck). 20,00 Euro (144 S.) [ZAHNMEDIZIN].

Wagner, Gerhard (2002): Die Promotion in Kultur-, Kunst- und Medienwissenschaften. Ein Ratgeber für externe Doktoranden. Bergisch-Gladbach: Dr. F. Grätz Verlag. 12,80 Euro (56 S.).

Weiß Christel/Bauer Axel W. (2004): Promotion. Stuttgart: Thieme Verlag. 19,95 Euro (232 S.) [MEDIZIN].

Ratgeber Kreatives und Wissenschaftliches Schreiben

Becker, Howard S. (2000): Die Kunst des professionellen Schreibens. Ein Leitfaden für die Geistes- und Sozialwissenschaften. Frankfurt a. M.: Campus 15,90 Euro (223 S.) [Ein oft empfohlener Klassiker, ursprünglich von 1986, hier gibt's auch eine englische Zusammenfassung: http://www.brint.com/papers/writing.htm (22.08.05)].

Eco, Umberto (2003): Wie man eine wissenschaftliche Abschlussarbeit schreibt. Doktor-, Diplom- und Magisterarbeit in den Geistes- und Sozialwissenschaften. (10. Auflage, dt. von 1977) Heidelberg: Müller. 14,90 Euro (271 S.).

Kruse, Otto (2004): Keine Angst vor dem leeren Blatt – ohne Schreibblockaden durchs Studium Frankfurt a. M.: Campus. 12,90 Euro (269 S.)
[Ein sehr empfehlenswertes Buch zum Sich-Freischreiben, auch wenn es sich eher aufs Studium bezieht].

Pyerin, Brigitte (2001): Kreatives wissenschaftliches Schreiben – Tipps und Tricks gegen Schreibblockaden. Weinheim und München: Juventa. 12,00 Euro (157 S.).

Sonstiges

Berning, Ewald/Falk, Susanne (2005): Promovieren an den Universitäten in Bayern. Praxis – Modelle – Perspektiven. München, Bayrisches Staatsinstitut für Hochschulforschung und Hochschulplanung (im Erscheinen). [Aktuelle Umfrage unter Promovierenden in Bayern, vgl. den Kasten zu Studien über die Promotion →Einleitung].

Deutscher Akademischer Austauschdienst (DAAD, 2004): Promotion; Reihe: Die Internationale Hochschule. Ein Handbuch für Politik und Praxis, Band 3; Bielefeld: W. Bertelsmann. [Es werden die meisten der neueren Pilotprojekte zur Reform der Promotion vorgestellt].

Enders, Jürgen/Bornmann, Lutz (2001): Karriere mit Doktortitel? Ausbildung, Berufsverlauf und Berufserfolg von Promovierten; Frankfurt/Main (campus), [vgl. die ausführliche Zusammenfassung in →Promotion und Berufsperspektiven].

Herrmann, Dieter/Verse-Herrmann, Angela (1999): Geld fürs Studium und die Doktorarbeit. Frankfurt a. M.: Eichborn 13,90 Euro (169 S.).

Kupfer, Antonia/Moes, Johannes (2004): Promovieren in Europa. Ein internationaler Vergleich von Promotionsbedingungen. 2., überarb. Aufl. Frankfurt/Main, GEW MatHoFo 104: 97; [Online unter: . 15,90 Euro (vterautng. http://www.promovieren.de.vu/ pie.pdf (22.08.05): Darstellung der Promotion in zwölf Ländern Europas und USA – kürzer als Sadlak (2004), aber dafür auf deutsch und mit Bewertung].

Rechberger, Christian (1988): Leben, Leiden, Doktorhut – Studienbiographien als erzählte Leidensgeschichte. Stuttgart: Akademischer Verlag. [Sehr amüsant zu lesen].

Sadlak, Jan (Hg., 2004): Doctoral Studies and Qualifications in Europe and the United States: Status and Prospects. UNESCO-CEPES Studies on Higher Education. Bucarest. [Online unter: http://www.cepes.ro/publications/pdf /Doctorate.pdf (22.08.05): ExpertInnen aus dreizehn Ländern stellen die Promotionsstruktur in ihren Ländern dar].

THESIS (2004): Zur Situation Promovierender in Deutschland. Ergebnisse der bundesweiten THESIS-Doktorandenbefragung 2004; duz SPECIAL, 3.12.2004, Berlin: RAABE; 32 S.

Wissenschaftsrat (2002): Empfehlungen zur Doktorandenausbildung; Saarbrücken Drs. 5459/02; [Online unter: http://www.wissenschaftsrat.de/text e/5459-02.pdf (22.08.05): Gute Basisinformationen zur deutschen Promotionsstruktur, auch wenn man den Empfehlungen nicht ganz folgen mag].

Wollgast, Siegfried (2001): Zur Geschichte des Promotionswesens in Deutschland; Bergisch-Gladbach: Dr. Frank Grätz Verlag; 176 S.; ca. 20 Euro. [Sehr negativ rezensiert unter http://hsozkult.geschichte.hu-berlin.de/rezensik nen/type=rezbuecher&id=776 (22.08.05), aber vielleicht ja doch von historischem Interesse].

Autorinnen und Autoren

Adamczak, Wolfgang, Dr. ist Forschungsreferent an der Universität Kassel und dort verantwortlich für den Bereich Forschungsförderung, Nachwuchsförderung und Forschungsberichterstattung. Er ist Vertrauensdozent der Hans-Böckler-Stiftung. E-Mail: adamczak@uni-kassel.de

Adams, Andrea, studierte Neuere und Neueste Geschichte, Politik- und Erziehungswissenschaften u.a. mit dem Schwerpunkt Frauen- und Geschlechterstudien in Berlin und Amsterdam. 2003/2004 arbeitete sie als Wissenschaftliche Mitarbeiterin an der Universität Flensburg. Seit 2005 ist sie Stipendiatin der Hans-Böckler-Stiftung und promoviert an der Humboldt-Universität zu Berlin über ein Thema der historischen Antisemitismusforschung und Wissenschaftsgeschichte. Sie ist Mitglied der Projektgruppe DoktorandInnen der GEW. E-Mail: andrea-adams@web.de

Alemann, Ulrich von, Prof. Dr. ist Inhaber des Lehrstuhls Politikwissenschaft II an der Heinrich-Heine-Universität Düsseldorf. E-Mail: alemann@uni-duesseldorf.de

Barkhausen, Anita, Dr. ist Psychologin, Mitarbeiterin der Therapie- und Beratungsstelle für Frauen (TuBF e.V.) in Bonn und freiberuflich als Forschungssupervisorin tätig. E-Mail: post@anita-barkhausen.de

Brand, Heike, ist Sozialpädagogin (FH), Mitarbeiterin einer Einrichtung für Menschen mit Behinderungen, Promotionsstudentin an der Otto-von-Guericke-Universität Magdeburg und Teilnehmerin am Aufbaustudiengang „Qualitative Bildungs- und Sozialforschung" der Universitäten Halle-Wittenberg und Magdeburg am Graduiertenzentrum für Qualitative Bildungs- und Sozialforschung (GZBS). E-Mail: heibrand@web.de

Briede, Ulrike, ist Biologin und promoviert an der Justus-Liebig-Universität Gießen im Bereich Pflanzenökologie. Sie ist Mutter von 2 Töchtern und Mitglied in THESIS e.V., dem interdisziplinären Netzwerk für Promovierende und Promovierte. Email: Ulrike.Briede@web.de

Dreyer, Eva, Dr. ist Juristin und arbeitet freiberuflich (auch für die Hans-Böckler-Stiftung) in den Bereichen Schreibdidaktik, Schreibcoaching und Promotionscoaching. E-Mail: EvaDreyer@aol.com

Fabel-Lamla, Melanie, Dr. ist Erziehungswissenschaftlerin und Wissenschaftliche Assistentin am Institut für Erziehungswissenschaft der Universität Kassel. E-Mail: fabel@uni-kassel.de

Fellbaum, Christiane, ist Linguistin, geboren in Braunschweig, promovierte sie an der Princeton University, wo sie seither als Senior Research Scientist forscht. 2001 kam sie nach Berlin, um das vom Wolfgang Paul-Preis finanzierte Projekt „Kollokationen im Deutschen des 20. Jahrhunderts" an der Berlin-Brandenburgischen Akademie der Wissenschaften aufzubauen und zu leiten. E-Mail: fellbaum@princeton.edu

Fiedler, Werner, ist Referatsleiter der Promotionsförderung der Hans-Böckler-Stiftung. E-Mail: Werner-Fiedler@ boeckler.de

Fischer, Peter, ist Soziologe, Promotionsstipendiat der Hans-Böckler-Stiftung und Mitglied der Projektgruppe DoktorandInnen der GEW. E-Mail: fischep@uni-muenster.de

Hartung, Dirk, Dr. ist Soziologe und Wissenschaftlicher Mitarbeiter am Max-Planck-Institut für Bildungsforschung, Berlin, auch ist er Vorsitzender des Gesamtbetriebsrats der Max-Planck-Gesellschaft. E-Mail: hartung@mpib-berlin.mpg.de

Hebecker, Eike, Dr. ist Referent der Promotionsförderung der Hans-Böckler-Stiftung. E-Mail: Eike-Hebecker@boeckler.de

Jäger, Ulle, Dr. ist Wissenschaftliche Assistentin am Zentrum für Gender Studies an der Universität Basel und arbeitet außerdem als Supervisorin (DGSV) im Bereich Wissenschaft und Hochschule. Bietet seit 2000 Workshops zur Angeleiteten kollegialen Beratung für Promovierende und Studierende in der Examensphase gemeinsam mit Dipl. Pol. Gerald Flinner an. E-Mail: ulle.jaeger@unibas.ch

Kaiser, Corinna, ist Linguistin und promoviert am Franz Rosenzweig Research Center for German-Jewish Literature and Cultural History in Jerusalem, Israel. E-Mail: kaiserco@mscc.huji.ac.il

Kaiser-Belz, Manuela, ist Sozialwissenschaftlerin, promoviert als Promotionsstipendiatin der Hans-Böckler-Stiftung an der Universität Göttingen und ist Mitglied im DoktorandInnennetzwerk Qualitative Sozialforschung (DINQS). E-Mail: Manuela.Kaiser@sowiss.uni-goettingen.de

Keller, Andreas, Dr. ist Politologe und Geschäftsführer des Aufsichtsrats der Charité/Universitätsmedizin, Berlin. E-Mail: andreas.keller@charite.de

Köhler, Gerd, ist Leiter des Vorstandsbereichs Hochschule und Forschung beim Hauptvorstand der Gewerkschaft Erziehung und Wissenschaft (GEW) in Frankfurt/Main. E-Mail: gerd.koehler@gew.de

Koepernik, Claudia, ist Erziehungswissenschaftlerin, Wissenschaftliche Mitarbeiterin und Promovendin am Institut für Allgemeine Erziehungswissenschaft der Technischen Universität Dresden und Mitglied der Projektgruppe DoktorandInnen der GEW. E-Mail: Claudia.Koepernik@tu-dresden.de

Krückels, Malte, ist Promotionsstipendiat der Hans-Böckler-Stiftung. Er war 2003/2004 für anderthalb Jahre Mitglied im Sprechergremium (LK) der Promovierenden der Hans-Böckler-Stiftung. In dieser Zeit vertrat er die Promovierenden u.a. bei den VertrauensdozentInnen der Stiftung und im „Gesprächskreis Studienförderung". Er ist Mitglied bei ver.di. E-Mail: krueckels@web.de

Matysiak, Stefan, Dr. ist Kommunikationswissenschaftler, Altstipendiat der Hans-Böckler-Stiftung und arbeitet als freier Journalist für die Themen Behindertenfragen, Medien, Soziales und Forst. Für die Hans-Böckler-Stiftung erstellte er eine interne Studie zu den Problemen von Behinderten und chronisch Kranken in der Promotionsförderung. E-Mail: s.matysiak@web.de

Meyer, Dagmar M., Dr. arbeitet als wissenschaftliche Assistentin am Mathematischen Institut der Universität Göttingen. Von 1998-2001 war sie Postdoktorandin an der Universität Paris 13, gefördert u.a. durch ein Marie Curie Fellowship der Europäischen Union. Seitdem engagiert sie sich in der Marie Curie Fellowship Association (MCFA) aktiv für die Belange des wissenschaftlichen Nachwuchses. Seit Mai 2003 ist sie Präsidentin der MCFA. E-Mail: dmeyer@mariecurie.org

Moes, Johannes, ist Politikwissenschaftler, Promovend an der Freien Universität Berlin und Mitglied der Promovierenden-Initiative und der Projektgruppe DoktorandInnen der GEW. E-Mail: jmoes@gmx.de

Nünning, Ansgar, Prof. Dr. ist Inhaber des Lehrstuhls für Englische und Amerikanische Literatur- und Kulturwissenschaft, Justus-Liebig-Universität Gießen. Außerdem ist er Gründungs- und Geschäftsführender Direktor des Gießener Graduiertenzentrums Kulturwissenschaften (GGK), Projektkoordinator des internationalen Promotionsstudiengangs „Literatur- und Kulturwissenschaft" (IPP) sowie Teilprojektleiter im SFB „Erinnerungskulturen". E-Mail: Ansgar.Nuenning@anglistik.uni-giessen.de

Petri, Stefan, Dr. ist Psychologe und promovierte 2004 an der Universität Groningen in den Niederlanden mit einer Arbeit zur Geschichte der Militärpsychologie. Er arbeitet an der Freien Universität Berlin im Studienbüro Psychologie und ist Mitglied der Projektgruppe DoktorandInnen der GEW. E-Mail: petris@zedat.fu-berlin.de

Pfaff, Nicolle, Dr. ist PostDoc-Stipendiatin am Zentrum für qualitative Bildungs-, Beratungs- und Sozialforschung (ZBBS) an der Martin-Luther-Universität Halle-Wittenberg. E-Mail: nicolle.pfaff@paedagogik.uni-halle.de

Saul-Soprun, Gunta, ist Soziologin, Gründerin und Leiterin der Beratungsagentur ACADEMIC CONSULT®, außerdem als Kaufmännische Geschäftsführerin am Ausbildungsprogramm Psychologische Psychotherapie an der Johann Wolfgang Goethe-Universität Frankfurt/Main tätig. E-Mail: kontakt@academic-consult.de

Senger, Ulrike, Dr. ist Projektleiterin der DAAD-Pilotstudie zum Sprachlern- und Intergrationsverhalten ausländischer DoktorandInnen an deutschen Hochschulen und Forschungseinrichtungen an der Technischen Universität Kaiserslautern. E-Mail: senger@rhrk.uni-kl.de

Sommer, Roy, Dr. habil. ist Geschäftsführer des Gießener Graduiertenzentrums Kulturwissenschaften (GGK). E-Mail: roy.sommer@graduiertenzentrum.uni-giessen.de

Szczyrba, Birgit, Dr. ist Sozial- und Erziehungswissenschaftlerin, wissenschaftliche Mitarbeiterin am Hochschuldidaktischen Zentrum der Universität Dortmund und Altstipendiatin der Hans-Böckler-Stiftung. Ihre Forschungs- und Weiterbildungsschwerpunkte sind: Kooperationsforschung (Soziale Perspektivenübernahme/Perspektivenkoordination in interprofessionellen/interdisziplinären/interkulturellen Forschungs-, Entwicklungs- und Praxisprojekten); Hochschulische Beratungsformate in der Organisations- und Personalentwicklung (Supervision, Coaching, Organisationsberatung, Aus-, Fort- und Weiterbildung insbesondere des wissenschaftlichen Nachwuchses). E-Mail: birgit.szczyrba@uni-dortmund.de

Tiefel, Sandra, Dr. ist Erziehungswissenschaftlerin, Wissenschaftliche Mitarbeiterin am Institut für Erziehungswissenschaft an der Otto-von-Guericke-Universität Magedeburg und Mitglied der Projektgruppe DoktorandInnen der GEW. E-Mail: satiefel@gmx.de

Tucci, Ingrid: ist Soziologin. Ihre Dissertation zum Thema „Migration und Soziale Ungleichheit in Frankreich und Deutschland" schreibt sie an der Humboldt-Universität zu Berlin und an der Ecole des Hautes Etudes en Sciences Sociales in Paris (Cotutelle). Für den Zeitraum ihrer Promotion ist sie Stipendiatin der Hans-Böckler-Stiftung und als wissenschaftliche Mitarbeiterin an das Deutsche Institut für Wirtschaftsforschung (SOEP-Abteilung) angegliedert. Ihre Arbeitsschwerpunkte sind Integration von MigrantInnen, soziale Ausgrenzung und Armut. E-Mail: itucci@diw.de

Warner, Ansgar, arbeitet als Post-Doc im DFG-Graduiertenkolleg „Transnationale Medienereignisse" der Justus-Liebig-Universität Gießen und war Mitglied der Projektgruppe DoktorandInnen der GEW.
E-Mail: ansgar.warner@germanistik.uni-giessen.de

Werner, Markus, ist Sozialarbeiter/Sozialpädagoge (FH) und promoviert an der Otto-von-Guericke-Universität Magdeburg im Fach Allgemeine Pädagogik. E-Mail: howling-mad@onlinehome.de

Würmann, Carsten, ist Literaturwissenschaftler und freier Journalist, Promotionsstipendiat der Hans-Böckler-Stiftung und Mitglied der Projektgruppe DoktorandInnen der GEW. E-Mail: Cwurmann@gmx.de

Würmann, Cord, ist Jurist, Wissenschaftlicher Mitarbeiter am Institut für Volkswirtschaftslehre und Wirtschaftsrecht an der Technischen Universität Berlin und Mitglied der Projektgruppe DoktorandInnen der GEW. E-Mail: C.Wuermann@ww.tu-berlin.de

Gewerkschaft Erziehung und Wissenschaft

Antrag auf Mitgliedschaft
Bitte in Druckschrift ausfüllen

Persönliches

Frau / Herr

Zuname (Titel)

Vorname

Straße, Nr.

Postleitzahl, Ort

Geburtsdatum   Nationalität

gewünschtes Eintrittsdatum   Telefon

bisher gewerkschaftlich organisiert bei   von   bis   (Monat/Jahr)

Name / Ort der Bank

Kontonummer

Bankleitzahl

Berufliches

Berufsbezeichnung für Studierende: Berufsziel   Fachgruppe

Diensteintritt / Berufsanfang

Tarif- / Besoldungsgruppe   Bruttoeinkommen € monatlich

Betrieb / Dienststelle

Träger des Betriebs / der Dienststelle

Straße, Nr. des Betriebs / der Dienststelle

Postleitzahl, Ort des Betriebs / der Dienststelle

Beschäftigungsverhältnis

☐ angestellt
☐ beamtet
☐ in Rente
☐ pensioniert
☐ Invalidität
☐ Altersübergangsgeld
☐ arbeitslos

☐ Honorarkräfte
☐ beurlaubt ohne Bezüge
☐ teilzeitbeschäftigt mit ____ Std./Woche
☐ im Studium
☐ ABM
☐ Vorbereitungsdienst/Berufspraktikum
☐ befristet bis____
☐ Sonstiges

Jedes Mitglied der GEW ist verpflichtet, den satzungsgemäßen Beitrag zu entrichten und seine Zahlungen daraufhin regelmäßig zu überprüfen. Änderungen des Beschäftigungsverhältnisses mit Auswirkungen auf die Beitragshöhe sind umgehend der Landesgeschäftsstelle mitzuteilen. Überzahlte Beiträge werden nur für das laufende und das diesem vorausgehende Quartal auf Antrag verrechnet. Die Mitgliedschaft beginnt zum nächstmöglichen Termin. Der Austritt ist mit einer Frist von drei Monaten schriftlich dem Landesverband zu erklären und nur zum Ende eines Kalendervierteljahres möglich.

Mit meiner Unterschrift auf diesem Antrag ermächtige ich die GEW zugleich widerruflich, den von mir zu leistenden Mitgliedsbeitrag vierteljährlich von meinem Konto abzubuchen. Die Zustimmung zum Lastschrifteinzug ist Voraussetzung für die Mitgliedschaft. Wenn mein Konto die erforderliche Deckung nicht aufweist, besteht seitens des kontoführenden Geldinstituts keine Verpflichtung zur Einlösung.

Ort, Datum   Unterschrift

wird von der GEW ausgefüllt

GEW-KV/-OV	Dienststelle		Fachgruppe	Kassiererstelle
Tarifbereich	Beschäftigungsverhältnis		Mitgliedsbeitrag €	Startmonat

Bitte senden Sie den ausgefüllten Antrag an den für Sie zuständigen Landesverband der GEW bzw. an den Hauptvorstand. Die Anschriften finden Sie auf der Rückseite.

Vielen Dank!
Ihre GEW

Fachgruppe

Nach § 11 der GEW-Satzung bestehen folgende Fachgruppen:

- Erwachsenenbildung
- Gesamtschulen
- Gewerbliche Schulen
- Grundschulen und Hauptschulen
- Gymnasien
- Hochschule und Forschung
- Kaufmännische Schulen
- Realschulen
- Schulaufsicht und Schulverwaltung
- Sonderschulen
- Sozialpädagogische Berufe

Bitte ordnen Sie sich einer dieser Fachgruppen zu.

Betrieb/Dienststelle

Hierunter versteht die GEW den jeweiligen Arbeitsplatz des Mitglieds. Im Hochschulbereich bitte den Namen der Hochschule/der Forschungseinrichtung und die Bezeichnung des Fach-bereichs/Fachs angeben.

Berufsbezeichnung

Geben Sie hier bitte Ihren Beruf oder Ihre Tätigkeit an, eingetragen werden sollen auch Arbeitslosigkeit oder Ruhestand.

Tarifgruppe/Besoldungsgruppe

Die Angaben Ihrer Vergütungs- oder Besoldungsgruppe ermöglicht die korrekte Berechnung des satzungsgemäßen Beitrags. Sollten Sie keine Besoldung oder keine Vergütung nach BAT erhalten, bitten wir Sie um die Angabe Ihres Bruttoeinkommens.

Unsere Anschriften

GEW Baden-Württemberg
Silcherstraße 7, 70176 Stuttgart
Telefon: 07 11/2 10 30-0
Telefax: 07 11/2 10 30 45
E-Mail: land@bawue.gew.de

GEW Bayern
Schwanthalerstraße 64,
80336 München
Telefon: 0 89/5 44 08 1-0
Telefax: 0 89/5 38 94 87
E-Mail: info@bayern.gew.de

GEW Berlin
Ahornstraße 5, 10787 Berlin
Telefon: 0 30/21 99 93-0
Telefax: 0 30/21 99 93-50
E-Mail: info@gew-berlin.de

GEW Brandenburg
Alleestraße 6a, 14469 Potsdam
Telefon: 03 31/2 71 84-0
Telefax: 03 31/2 71 84-30
E-Mail: info@gew-brandenburg.de

GEW Bremen
Löningstraße 35, 28195 Bremen
Telefon: 04 21/3 37 64-0
Telefax: 04 21/3 37 64-30
E-Mail: info@gew-hb.de

GEW Hamburg
Rothenbaumchaussee 15,
20148 Hamburg
Telefon: 0 40/41 46 33-0
Telefax: 0 40/44 08 77
E-Mail: info@gew-hamburg.de

GEW Hessen
Zimmerweg 12,
60325 Frankfurt am Main
Telefon: 0 69/97 12 93-0
Telefax: 0 69/97 12 93-93
E-Mail: info@hessen.gew.de

GEW Mecklenburg-Vorpommern
Lübecker Straße 265a,
19059 Schwerin
Telefon: 03 85/48 52 70
Telefax: 03 85/48 52 72 4
E-Mail: landesverband@mvp.gew.de

GEW Niedersachsen
Berliner Allee 16,
30175 Hannover
Telefon: 05 11/3 38 04-0
Telefax: 05 11/3 38 04-46
E-Mail: E-Mail@gew-nds.de

GEW Nordrhein-Westfalen
Nünningstraße 11,
45141 Essen
Telefon: 02 01/29 40 30-1
Telefax: 02 01/29 40 3-51
E-Mail: info@gew-nw.de

GEW Rheinland-Pfalz
Neubrunnenstraße 8,
55116 Mainz
Telefon: 06131/28988-0
Telefax: 06131/28988-80
E-Mail: gew@gew-rheinland-pfalz.de

GEW Saarland
Mainzer Straße 84,
66121 Saarbrücken
Telefon: 06 81/6 68 30-0
Telefax: 06 81/6 68 30-17
E-Mail: info@gew-saarland.de

GEW Sachsen
Nonnenstraße 58,
04229 Leipzig
Telefon: 03 41/4 94 74 04
Telefax: 03 41/4 94 74 06
E-Mail: gew-sachsen@t-online.de

GEW Sachsen-Anhalt
Markgrafenstraße 6,
39114 Magdeburg
Telefon: 03 91/7 35 54-0
Telefax: 03 91/7 31 34 05
E-Mail: info@gew-lsa.de

GEW Schleswig-Holstein
Legienstraße 22-24, 24103 Kiel
Telefon: 04 31/55 42 20
Telefax: 04 31/55 49 48
E-Mail: info@gew-sh.de

GEW Thüringen
Heinrich-Mann-Straße 22,
99096 Erfurt
Telefon: 03 61/5 90 95-0
Telefax: 03 61/5 90 95-60
E-Mail: info@gew-thueringen.de

GEW-Hauptvorstand, Parlamentarisches Verbindungsbüro Berlin
Wallstraße 65, 10179 Berlin
Telefon: 0 30/23 50 14-11 bis -15
Telefax: 0 30/23 50 14-10
E-Mail: berlinerbuero@gew.de

Gewerkschaft Erziehung und Wissenschaft Hauptvorstand
Postfach 90 04 09
60444 Frankfurt am Main
Reifenberger Straße 21
60489 Frankfurt am Main
Telefon: 0 69/7 89 73-0
Telefax: 0 69/7 89 73-2 01
E-Mail: info@gew.de

Die GEW im Internet:
http://www.gew.de

GEW-Hauptvorstand,
Frankfurt am Main, März 2004

Akkreditierung von Studiengängen

Handbuch Akkreditierung von Studiengängen

Eine Einführung für Hochschule, Politik und Berufspraxis

GEW-Materialien aus Hochschule und Forschung, Band 110

FALK BRETSCHNEIDER
JOHANNES WILDT (HRSG.)

Bielefeld 2005, 440 Seiten, 34,90 €
ISBN 3-7639-3288-7
Best.-Nr. 60.01.585

Das Handbuch Akkreditierung von Studiengängen bietet erstmalig in zusammenfassender und übersichtlicher Form einen Einblick in die Hintergründe und Grundlagen von Akkreditierung als Instrument der Qualitätssicherung. Es informiert über die europäische Einbettung der Akkreditierung, gibt einen ausführlichen Überblick über die Strukturen und Verfahren der Akkreditierung in Deutschland und einen Ausblick auf die Handlungsmöglichkeiten und -strategien der Akteure. Ein ausführliches Glossar und zahlreiche Querverweise sowie Quellenangaben geben zusätzlich schnelle Orientierung.

Ihre Bestellmöglichkeiten: W. Bertelsmann Verlag, Postfach 10 06 33, 33506 Bielefeld
Tel.: (05 21) 9 11 01-11, Fax: (05 21) 9 11 01-19, E-Mail: service@wbv.de, Internet: www.wbv.de

W. Bertelsmann Verlag Fachverlag für Bildung und Beruf

GEW-Materialien aus Hochschule und Forschung

Falk Bretschneider, Johannes Wildt (Hrsg.):
Handbuch Akkreditierung von Studiengängen.
Eine Einführung für Hochschule, Politik und Berufspraxis,
wbv: Bielefeld 2005
Best.-Nr. 60.01.585, bitte direkt beim W. Bertelsmann Verlag bestellen:
service@wbv.de; Tel. 05 21/9 11 01-11

Für alle anderen Titel:
Bezug über den GEW-Hauptvorstand, Reifenberger Straße 21, 60489 Frankfurt am Main
info@gew.de, Tel.: 0 69/7 89 73-0

Jürgen Enders, Egbert de Weert (Ed.):
The International Attractiveness of the Academic Workplace in Europe,
Frankfurt/Main 2004
Best.-Nr. MatHoFo 107, Euro 15,-

Stefanie Schwarz, Don F. Westerheijden (Ed.):
Accreditation in the Framework of Evaluation Activities. A Study in the European
Area, Frankfurt/Main 2004
Best.-Nr. MatHoFo 105, Euro 15,-

Antonia Kupfer, Johannes Moes:
Promovieren in Europa. Ein internationaler Vergleich von Promotionsbedingungen,
2. überarb. Aufl. Frankfurt/Main 2004
Best.-Nr. MatHoFo 104, Euro 5,-

Gerd Köhler, Gunter Quaißer (Hrsg.):
Bildung – Ware oder öffentliches Gut?
Über die Finanzierung von Bildung
und Wissenschaft. Die Dokumentation
der 22. GEW-Sommerschule 2002,
Frankfurt/Main 2003
Best.-Nr. MatHoFo 103, Euro 5,-

Gerd Köhler, Robert Erlinghagen (Hrsg.):
Tarifvertrag Wissenschaft. Über die
Arbeitsbedingungen des wissenschaftlichen Personals an skandinavischen
Hochschulen und ihre tarifrechtlichen
Regelungen, Frankfurt/Main 2003
Best.-Nr. MatHoFo 102, Euro 5,-

Gerd Köhler (Hrsg.):
Alternativen denken – Blockaden überwinden – strategisch handeln.
Management of Change in Hochschule
und Forschung. Die Dokumentation
der 21. GEW-Sommerschule 2001, Frankfurt/Main 2002
Best.-Nr. MatHoFo 101, Euro 5,-

Gerd Köhler und Falk Bretschneider (Hrsg.):
Autonomie oder Anpassung?
Die Dokumentation der 20. GEW-Sommerschule 2000, Frankfurt/Main 2001
Best.-Nr. MatHoFo 100, Euro 5,-

Jürgen Enders (ed.):
Employment and Working Conditions of Academic Staff in Europe,
Frankfurt/Main 2000
Best.-Nr. MatHoFo 99, Euro 5,-

Frauke Gützkow und Gerd Köhler (Hrsg.):
Differenzierung, Durchlässigkeit und Kooperation. Perspektiven der Fachhochschulen im Tertiären Bereich.
Dokumentation des Forums „Fachhochschulen" 1997, Frankfurt/Main 1999
Best.-Nr. MatHoFo 93, Euro 5,-

Frauke Gützkow und Gerd Köhler (Hrsg.):
Als Bachelor – fitter für den Arbeitsmarkt?
Über die Einführung von Bachelor- und
Master-Studiengängen an deutschen
Hochschulen. Dokumentation des Wissenschafts-Forums 1998, Frankfurt/Main 1998
Best.-Nr. MatHoFo 92, kostenlos

Gerd Köhler, Uli Jahnke, Andreas Köpke (Hrsg.):
Professionalität und Polyvalenz. Die Lehrerbildung auf dem Prüfstand.
Die Dokumentation der 18. GEW-Sommerschule '98, Frankfurt/Main 1999
Best.-Nr. MatHoFo 91, Euro 5,-

Gerd Köhler, Ulrich Jahnke, Andreas Köpke (Hrsg.):
Grenzenlose Wissenschaft? Die Dokumentation der 17. GEW-Sommerschule '97, Frankfurt/Main 1998
Best.-Nr. MatHoFo 90, Euro 5,-

Roland Richter:
Der niederländische Weg zur Modernisierung der Hochschulen.
Ein Bericht über die Hochschulreform der 80er und 90er Jahre, Frankfurt/Main 1998
Best.-Nr. MatHoFo 89, kostenlos

Jürgen Schlicher, Gerd Köhler (Hrsg.):
Hochschule und Forschung gegen Rassismus. Die Dokumentation des GEW-Kongresses „Internationalisierung statt Ausgrenzung", Frankfurt/Main 1998
Best.-Nr. MatHoFo 88, Euro 3,-

Andreas Keller (Hrsg.):
Die Deregulierung des Hochschulrahmengesetzes. Eine Synopse der Vorschläge zur Novellierung des Hochschulrahmengesetzes und ausgewählter Landeshochschulgesetze, Frankfurt/Main 1997
Best.-Nr. MatHoFo 87, kostenlos

Margot Gebhardt-Benischke:
Das Hochschulrahmengesetz aus der Perspektive des Art. 3 des Grundgesetzes.
Ein Rechtsgutachten im Auftrag der Max-Traeger-Stiftung und der Bundeskonferenz der Frauen- und Gleichstellungsbeauftragten an Hochschulen, Frankfurt/Main 1996
Best.-Nr. MatHoFo 85, kostenlos

Dieter Dohmen:
Kosten der BAföG-Reform. Über die fiskalischen Wirkungen unterschiedlicher Modelle zur Reform der Ausbildungsförderung, Gutachten, Frankfurt/Main 1996
Best.-Nr. MatHoFo 83, kostenlos

Gerd Köhler, Larissa Klinzing, Matthias Jähne (Hrsg.):
Wissenschaftler-Integrationsprogramm (WIP). Leistungen und Perspektiven.
Tagung der GEW und des WiP-Rates, 5. Dezember 1995, Humboldt-Universität Berlin, Frankfurt/Main 1996
Best.-Nr. MatHoFo 80, kostenlos

Alicja Zielinska:
Polens Hochschulen im Umbruch.
Ein Bericht, Frankfurt/Main 1996
Best.-Nr. MatHoFo 79, kostenlos

Aggiornamento im Hochschulrecht.
Über die Novellierung der Hochschulgesetze der Länder und des Bundes von Andreas Kehler, Frankfurt/Main 1997
Best.-Nr. MatHoFo 78, kostenlos

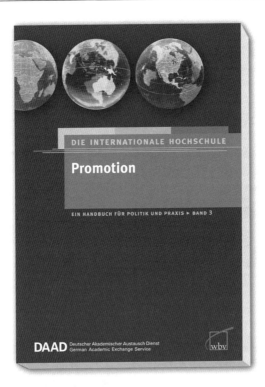

Arbeitsplatzorganisation

Den Schreibtisch im Griff
Checklisten von Ablage bis Zeitplanung

wbv.business

REGINA UMLAND

2. aktualisierte Auflage,
Bielefeld 2005, 128 Seiten, 19,90 €
ISBN 3-7639-3321-2
Best.-Nr. 60.01.335a

Die zweite aktualisierte und erweiterte Auflage bietet dem gestressten Schreibtischarbeiter neben Altbewährtem eine Reihe neuer Techniken und Kniffe: Projektpräsentation und -management, Selbstorganisation und Dokumentenverwaltung. Nicht lange lesen, sondern direkt ordnen und organisieren: Der Ratgeber gibt kurz und knapp die besten Tipps, Checklisten und Arbeitstechniken, um den Büroalltag zu meistern – in kurzen Texten, mit hilfreichen Listen und Selbst-Checks, wie beispielsweise zum Ablagesystem oder zur Prioritätensetzung.

Ihre Bestellmöglichkeiten: W. Bertelsmann Verlag, Postfach 10 06 33, 33506 Bielefeld
Tel.: (05 21) 9 11 01-11, Fax: (05 21) 9 11 01-19, E-Mail: service@wbv.de, Internet: www.wbv.de

W. Bertelsmann Verlag Fachverlag für Bildung und Beruf